Medizinische Leitlinien

Recht und Medizin

Bd./Vol. 139

Zur Qualitätssicherung und Peer Review der vorliegenden Publikation

Die Qualität der in dieser Reihe erscheinenden Arbeiten wird vor der Publikation durch Herausgeber der Reihe geprüft.

Notes on the quality assurance and peer review of this publication

Prior to publication, the quality of the work published in this series is reviewed by editors of the series.

Torsten Nölling

Medizinische Leitlinien

Eine zivil- und urheberrechtliche Untersuchung der Erstellung, Verbreitung und Veröffentlichung wissenschaftlich-medizinischer Leitlinien

PETER LANG

Bibliografische Information der Deutschen Nationalbibliothek
Die Deutsche Nationalbibliothek verzeichnet diese Publikation in der Deutschen Nationalbibliografie; detaillierte bibliografische Daten sind im Internet über http://dnb.d-nb.de abrufbar.

Zugl.: Leipzig, Univ., Diss., 2019.

Gedruckt auf alterungsbeständigem,
säurefreiem Papier.
Druck und Bindung: CPI books GmbH, Leck

D 15
ISSN 0172-116X
ISBN 978-3-631-81381-2 (Print)
E-ISBN 978-3-631-81382-9 (E-PDF)
E-ISBN 978-3-631-82722-2 (EPUB)
E-ISBN 978-3-631-82723-9 (MOBI)
DOI 10.3726/b17181

Peter Lang – Berlin · Bern · Bruxelles · New York ·
Oxford · Warszawa · Wien

Diese Publikation wurde begutachtet.

www.peterlang.com

Meiner Familie, Helga, Lutz und Aenne

Vorwort

Die vorliegende Arbeit wurde im Oktober 2018 von der Juristenfakultät der Universität Leipzig als Dissertation angenommen. Rechtsprechung und Literatur wurden bis dahin berücksichtigt, einige aktuelle Ergänzungen konnten noch bis Herbst 2019 eingefügt werden.

Mein herzlicher Dank gilt meinem Doktorvater, Herrn Prof. Dr. Bernd-Rüdiger Kern, der die Anfertigung dieser Arbeit über seine Emeritierung hinaus begleitet hat. Herrn Prof. Dr. Adrian Schmidt-Recla danke ich für die zügige Anfertigung des Zweitgutachtens.

Besonders danke ich Herrn Rechtsanwalt Dr. iur. Albrecht Wienke, Präsident der Deutschen Gesellschaft für Medizinrecht und Mitglied des Präsidiums der AWMF, der das Thema der Arbeit angeregt hat, während der Erstellung der Dissertation für Diskussionen stets zur Verfügung stand und es sich nicht nehmen ließ, die Arbeit nach ihrer Fertigstellung auch Korrektur zu lesen.

Ferner danke ich Frau Prof. Dr. med. Ina B. Kopp, Leiterin des AWMF-Instituts für Medizinisches Wissensmanagement an der Philipps-Universität Marburg, für die Auskunft über die tatsächlichen Abläufe der Leitlinienarbeit.

Für das profunde Korrektorat danke ich Herrn Dr. phil. Werner Barlmeyer und Herrn Rechtsanwalt Olivier Jérôme Delacroix.

Immer unterstützt haben mich meine Eltern und Geschwister. Ihnen gilt mein tiefer Dank. Ganz besonders danke ich Helga Barlmeyer für ihre Geduld, ihr Verständnis und ihre Unterstützung.

Leipzig, im April 2020 Torsten Nölling

Inhaltsübersicht

Inhaltsverzeichnis

Literaturverzeichnis

1.	Arbeitsgemeinschaft Adipositas im Kindes- und Jugendalter	S3-Leitlinie Therapie der Adipositas im Kindes- und Jugendalter (AWMF-Registernummer 050-002), Stand 01.01.2009, abrufbar unter www.awmf.ogr/leitlinien/detail/ll/050-002.html.
2.	AWMF	Empfehlungen der AWMF zum Umgang mit Interessenkonflikten bei Fachgesellschaften, Stand 2010, S. 4; www.awmf.org/fileadmin/user_upload/Leitlinien/Werkzeuge/empf-coi.pdf (Stand: 04.10.2018).
3.	ders.	Leitlinienreport S3-Leitlinie „Screening, Diagnostik und Behandlung des schädlichen und abhängigen Tabakkonsums“, abrufbar unter www.awmf.org/leitlinien/detail/ll/076-006.html.
4.	ders.	Projektplan LL-Entwicklung, 2007, Abrufbar unter www.awmf.org/fileadmin/user_upload/Leitlinien/Werkzeuge/Projektplan_LL-Entwicklung.pdf (Stand: 04.10.2018).
5.	ders.	Richtlinien der AWMF für die LL-Publikation, abrufbar unter: www.awmf.org/leitlinien/awmf-regelwerk/ll-entwicklung/awmf-regelwerk-07-publikation/richtlinien-der-awmf-fuer-die-ll-publikation.html (Stand: 04.10.2018).
6.	ders.	S3-Leitlinie „Screening, Diagnostik und Behandlung des schädlichen und abhängigen Tabakkonsums“ (AWMF-Registernummer 076–006), abrufbar unter www.awmf.org/leitlinien/detail/ll/076-006.html (Stand: 04.10.2018).
7.	ders.	Satzung, abrufbar unter: www.awmf.org/die-awmf/satzung.html (Stand: 04.10.2018).

8.	AWMF und ÄZQ	Leitlinien-Manual von AWMF und ÄZQ, ZaeFQ, 2001, 95 Suppl. I, S. 14; oder: http://www.awmf.org/leitlinien/awmf-regelwerk/awmf-publikationen-zu-leitlinien/leitlinien-manual.html (Stand: 04.10.2018).
9.	dies.	Leitlinienglossar – Begrifflichkeiten und Kommentare zum Programm für Nationale VersorgungsLeitlinien, ÄZQ Schriftenreihe Band 30, abrufbar unter: www.leitlinien.de/leitlinienmethodik/leitlinien-glossar/autoren (Stand: 04.10.2018).
10.	AWMF, BÄK, KBV	Methoden-Report des NVL-Programms, 4. Aufl., Version 1.0, Stand 30.07.2010.
11.	dies.	Methoden-Report des NVL-Programms, 5. Aufl., 2017, Version 1.0.abrufbar unter: https://www.leitlinien.de/methodik (Stand: 04.10.2018).
12.	dies.	Methoden-Report Patientenbeteiligung, 2. Aufl. 2007, abrufbar unter: http://www.versorgungsleitlinien.de/methodik/pdf/nvl_pat_methode.pdf (Stand: 14.09.2014).
13.	dies.	Vertrag über eine Kooperation zwischen der Bundesärztekammer und der Kassenärztlichen Vereinigung einerseits und der Arbeitsgemeinschaft der Wissenschaftlichen Medizinischen Fachgesellschaften andererseits zum Zwecke der Entwicklung und Beschlussfassung im Rahmen des Nationalen Programms für Versorgungsleitlinien. *NVL-Vertrag*; abrufbar unter www.leitlinien.de/mdb/edocs/pdf/vertraege/awmfvertragfinal.pdf
14.	AWMF, Delegiertenkonferenz	Resolution vom 09.11.2013; abrufbar unter: http://www.awmf.org/fileadmin/user_upload/Stellungnahmen/Forschung_und_Lehre/AWMF-Resolution_Wiss-Anerkennung-LL-Arbeit.pdf.

15.	*Axer*, Peter	Normsetzung der Exekutive in der Sozialversicherung, Reihe Jus Publicum, Band 49, Verlag Mohr Siebeck, Tübingen 2000.
16.	ÄZQ	Checkliste Methodische Qualität von Leiltlinien, DÄBl. 2000 97 (17), A-1170, B-997, C-934.
17.	BÄK/KBV	Beurteilungskriterien für Leitlinien in der medizinischen Versorgung, DÄBl. 1997, 94 (33) A-2154/B-1831/C-1635.
18.	Bamberger/Roth-*Bearbeiter*	Bamberger, Georg; Roth, Herbert (Hrsg.) Beck'scher Online-Kommentar, 39. Edition, C.H.Beck, München 2016.
19.	*Bauer*, Hartwig	Finanzierungsprobleme und Lösungsansätze; Vortrag auf der 22. Leitlinienkonferenz der AWMF, 09.12.2011, Vortragsfolien abrufbar unter www.awmf.org.
20.	*Bauer*, Hartwig; *Gogol*, Manfred; *Graf-Baumann*, Toni; *Haverich*, Axel; *Klemperer*, David; *Selbmann*, Hans-Konrad; *Spies*, Claudia; *Wichert*, Peter von; *Wienke*, Albrecht	Empfehlungen der AWMF zum Umgang mit Interessenkonflikten bei Fachgesellschaften vom 23.04.2010, abrufbar unter: http://www.awmf.org/fileadmin/user_upload/Leitlinien/Werkzeuge/empf-coi.pdf (Stand: 18.01.2017).
21.	Baumgartner/Ewald-*Bearbeiter*	Baumgartner, Ulrich/Ewald, Konstantin, Apps und Recht, C.H.Beck, München 2013.
22.	BeckOK GG-*Bearbeiter*	Epping, Volker; Hillgruber, Christian (Hrsg.) Beck'scher Online-Kommentar Grundgesetz, 29. Edition, Stand 01.06.2016, C.H. Beck, München 2016.
23.	BeckOK-BGB-*Bearbeiter*	Bamberger, Heinz Georg/Roth, Herbert; Beck'scher-Online-Kommentar, 42. Edition, Stand 01.02.2017.
24.	BeckOK-UrhG-*Bearbeiter*	Hartwig Alberg, Horst-Peter Götting (Hrsg.); Beck'scher Online Kommentar Urheberrecht, 16. Edition, München 2017.

25.	BeckOK-VerlG-*Bearbeiter*	Beck'scher Onlinekommentar Urheberrecht; Ahberg/Götting (Hrsg.), Edition 4, Stand 01.02.2014.
26.	*Behrens*, Angelika et al;	S3-Leitline „Sedierung in der gastrointestinalen Endoskopie“: Was kostet die neue Leitlinie im stationären Alltag? Ein Rechenmodell und eine Analyse der Umsetzung 2011 unter den Mitgliedern der ALGK, Z Gastroenterol 2012; 50: 1002–1007.
27.	*Bergmann*, Karl Otto; *Müller*, Reinhold Theodor	Risikomanagement in Chirurgie und Orthopädie, MedR 2005, 650–658.
28.	*Bergmann*, Karl Otto; *Wever*, Carolin	Leitlinien und Empfehlungen im klinischen Alltag, und im Arzthaftungsprozess; das Krankenhaus, 2012 Heft 2, 140 – 144.
29.	*Beyer*, Martin et al.	AWMF und ÄZQ (Hrsg.) Deutsches Instrument zur methodischen Leitlinien-Bewertung (DELBI) – Fassung 2005/2006 + Domäne 8, abrufbar unter www.delbi.de.
30.	*Bockelmann*, Paul	Strafrecht des Arztes, Georg Thieme Verlag, Stuttgart 1968.
31.	*Boecken*, Tobias Heinrich	Die Haftung der Stiftung Warentest für Schäden der Verbraucher aufgrund irreführender Testinformationen, Dunker & Humblot Berlin 1998.
32.	*Brucker*, S.; *Krainick*, U.; *Bamberg*, M.; *Aydeniz*, B.; *Wagner*, U.; *Du Bois*, A.; *Claussen*, C.; *Kreienberg R.*; *Wallwiener*, D.	Brustzentren – Rationale, funktionelles Konzept, Definition und Zertifizierung; Gynäkologe 2003 (36), 862–877.
33.	*Buchborn*, Eberhard.	Wurzeln der wissenschaftlichen Medizin, in: Neuhaus (Hrsg.) Pluralität in der Medizin – der geistige und methodische Hintergrund, Frankfurt a.M. 1980.

34.	ders.	Ärztlicher Standard: Begriff – Entwicklung – Anwendung, MedR 1993, 328, 329.
35.	Bundesarbeitsgemeinschaft der überörtlichen Träger der Sozialhilfe Bundesvereinigung, der kommunalen Spitzenverbände, Vereinigungen der Träger der Pflegeeinrichtungen GKV-Spitzenverband	Gemeinsame Pressemitteilung: Verbindliche Expertenstandards zur Qualität in der Pflege – der erste Schritt ist getan Berlin, den 12. September 2008. Abrufbar unter https://www.gkv-spitzenverband.de/presse/pressemitteilungen_und_statements/pressemitteilung_3202.jsp (Stand: 04.10.2018).
36.	*Cahn*, Andreas	Produkthaftung für verkörperte geistige Leistung, NJW 1996, 2899 – 2905.
37.	*Carstensen*, Gert	Vom Heilversuch zum medizinischen Standard, DÄBl. 1989, A-2431, 2432, B-1736, 1737, C-1531, 1532.
38.	DDG	Deutsche Diabetes Gesellschaft, Finanzierung und Methodik der Leitlinien, https://www.deutsche-diabetes-gesellschaft.de/fileadmin/Redakteur/Leitlinien/Finanzierung_und_Methodik_der_Erstellung_der_evidenzbasierten_Leitlinien_der_DDG.pdf (Stand: 04.10.2018).
39.	*Dencker*, Friedrich	Fahrlässigkeit in formalen Organisationen, Amelung, Knut (Hrsg.) Individuelle Verantwortung und Beteiligungsverhältnisse bei Straftaten in bürokratischen Organisationen des Staates, der Wirtschaft und der Gesellschaft, Sinzheim 2000, S. 63ff.
40.	*Deutsch*, Erwin	Anmerkung zu BGH Urt. v. 10.02.1987 – VI ZR 68/86 – NJW 1987, 1479, 2480.
41.	ders.	Haftungserhebliche Standards, JZ 1997, S. 1030ff.
42.	ders.	Haftungsfreistellung von Arzt oder Klinik und Verzicht auf Aufklärung durch Unterschrift des Patienten, NJW 1983, 1351 – 1354.

43.	ders.	Problematik des Begriffs der „Allgemeinen wissenschaftlichen Anerkennung“ in der Medizin, in: Neuhaus, Günther A. (Hrsg.), Pluralität in der Medizin – der geistige und methodische Hintergrund, Frankfurt a.M. 1980, S. 141ff.
44.	Deutsche Gesellschaft für Kardiologie	Pocket Leitlinie Akutes Koronarsyndrom (ACS) 2004.
45.	Deutsches Cochrane Zentrum	Health Technology Assessment (HTA) – Definition und Hintergrund; www.cochrane.de/hta.
46.	DGMR	Medizinischer Standard und Leitlinien Ökonomisierung der Medizin DGMR Workshop 2003 – Empfehlungen; ZaeFQ (2004) 98: 240–242 = MedR 2003, 711.
47.	DIN e.V.	Grundsätze für das Anwenden von DIN-Normen, Punkt II. 3., DIN-Normenheft 10, Grundlagen der Normungsarbeit des DIN, mit Stand 01.04.2012 abrufbar unter: www.din.de/sixcms_upload/media/2896/Grundsaetze%fuer%das%Anwenden%von%DIN-Normen.pdf.
48.	*Donner-Banzhoff*, N.; *Dörr*, C.; *Maisel*, P.; *Baum*, E.; *Beyer*, M.; *Kampmann* R.	DEGAM-S3-Patientenleitline „Müdigkeit“, abrufbar unter: www.awmf.org/uploads/tx_szleitlinien/053-002p_S3_Muedigkeit_2011.pdf (Stand: 14.09.2014).
49.	*Doshi*, Peter	Neuraminidase inhibitors—the story behind the Cochrane review. BMJ 2009;339: b5164., S. 1348–1351; DOI: 10.1136/bmj.b5164.
50.	Dreier/Schulze-*Bearbeiter*	Dreier, Thomas/Schulze, Gernot; Urheberrechtsgesetz, Urheberrechtswahrnehmungsgesetz, Kunsturhebergesetz – Kommentar, 5. Aufl., C. H. Beck Verlag, München 2015.
51.	*Dressler*, Wolf-Dieter	Ärztliche Leitlinien und Arzthaftung in: Festschrift für Karlmann Geiß, S. 379–388.
52.	Dreyer/Kotthoff/Meckel-*Bearbeiter*	Dreyer, Gunda, Kotthoff, Jost; Meckel, Astrid; Urheberrecht, 3. Aufl., C.F. Müller, Heidelberg 2013.

53.	*Dubben*, Hans-Hermann, *Beck-Bornholdt*, Hans-Peter	Unausgewogene Berichterstattung in der medizinischen Wissenschaft – publication bias -, 2. Aufl., Institut für Allgemeinmedizin des Universitätsklinikums Hamburg-Eppendorf, 2004, abrufbar unter: https://www.researchgate.net/publication/228390859_Unausgewogene_Berichterstattung_in_der_medizinischen_Wissenschaft-publication_bias (Stand: 04.10.2018).
54.	*Elster*, Tobias	Ärztliche Leitlinien in der vertraglichen Arzthaftung, Dissertation Augsburg 2011, Peter Lang, Frankfurt a.M., 2012.
55.	*Emanuel*, E. J. and *Thompson*, D. F.	The Concept of Conflicts of Interest. The Oxford Textbook of Clinical Research Ethics. Emanuel, E. J., Grady, C., Crouch, R. A.et al. Oxford 2008, Oxford University Press: 758–766.
56.	*Engisch*, Karl	Ärztlicher Eingriff zu Heilzwecken und Einwilligung, Zeitschrift für die Gesamte Strafrechtswissenschaft (ZstrW) Band 58, 1939, 1–52.
57.	*Ertl*, Kilian	Der allgemein anerkannte Stand der medizinischen Erkenntnis, NSZ 2016, 889–896.
58.	*Finn*, Markus	Zur Haftung des Sachverständigen für fehlerhafte Wertgutachten gegenüber Dritten, Besprechung von BGH, Urt. v. 20. 4. 2004 – X ZR 250/02, NJW 2004, 3035.NJW 2004, 3752 - 3754.
59.	*Fleischer*, Holger	Zur Verantwortlichkeit einzelner Vorstandsmitglieder bei Kollegialentscheidungen im Aktienrecht, BB 2004, 2645–2652.
60.	*Foerste*, Ulrich	Die Produkthaftung für Druckwerke, NJW 1991, 1433 - 1439.
61.	Foerste/v. Westphalen-*Bearbeiter*	Foerste, Ulrich, Westphalen, Friedrich Graf von (Hrsg.) Produkthaftungshandbuch, 3. Aufl. C.H.Beck, München 2012.

62. *Follmann*, Markus; *Kopp*, Ina; *Kohlhuber*, Franz — Das Leitlinienprogramm Onkologie der AWMF, DKG und DKH; Meeting Abstract bei: Evidenz und Entscheidung: System unter Druck. 10. Jahrestagung des Deutschen Netzwerks Evidenzbasierte Medizin, Berlin, 05.-07.03.2009. Düsseldorf: GMS Publishing House; 2009. Doc09ebmP8.2; abrufbar unter DOI: 10.3205/09ebm086 = http://dx.doi.org/10.3205/09ebm086 oder URN: urn: nbn: de:0183–09ebm0856.

63. *Folmann*, Markus — IQWiG – Neue Leitlinienkompetenz, in: AG RA im MedR e.V. (Hrsg.), Dokumentation und Leitlinienkonkurrenz – die Verschriftlichung der Medizin, MedR Schriftenreihe, Springer-Verlag, Heidelberg 2007, S. 81–84.

64. Forschung und Lehre — Forschung und Lehre, Heft 1 2014.

65. *Frahm*, Wolfgang, *Nixdorf*, Wolfgang, *Walter*, Alexander — Arzthaftungsrecht, 4. Aufl., Schriftenreihe Versicherungsrecht, VVW Verlag, Karlsruhe 2009.

66. *Francke*, Robert — Leitlinien und Sozialrecht, in: Hart, Dieter (Hrsg.) Klinische Leitlinien und Recht, Nomos Verlag, Baden-Baden 2005, S. 123–145.

67. *Franke*, Einhard — Kriminologische und strafrechtsdogmatische Aspekte der Kollegialdeliquenz, Schwind, Hans-Dieter (Hrsg.) Festschrift für Günther Blau zum 70. Geburtstag, Berlin 1985, S. 227 ff.

68. *Franzki*, Harald — Von der Verantwortung des Richters für die Medizin – Entwicklung und Fehlentwicklung der Rechtsprechung zur Arzthaftung, MedR 1994, S 171 – 179.

69. Freiwillige Selbstkontrolle für die Arzneimittelindustrie e.V. — FSA-Kodex zur Zusammenarbeit mit Fachkreisen („FSA-Kodex Fachkreise“), abrufbar unter: http://www.fs-pharma.de/verhaltenskodzes/fachkreise/ (Stand: 03.08.2017).

70. ders. Leitlinien des Vorstands des FSA gemäß § 6 Abs. 2 FSA-Kodex Fachkreise, abrufbar unter: http://www.fs-pharma.de/verhaltenskodzes/fachkreise/ (Stand: 03.08.2017).

71. Fromm/Nordemann-*Bearbeiter* Nordemann, Axel; Nordemann, Jan Bernd (Hrsg.) Kommentar zum Urheberrechtsgesetz, Verlagsgesetz, Urheberrechtswahrnehmungsgesetz, 11. Aufl. 2014, W. Kolhammer Stuttgart.

72. *Geier*, Artur Anspruch des Patienten auf eine Behandlung contra legem, MedR 2017, 293–296.

73. Geiß/Greiner-*Bearbeiter* Geiß, Karlmann; Greiner, Hans-Peter (Hrsg.) Arzthaftpflichtrecht, 7. Aufl. Verlag C.H.Beck, München 2014.

74. *Gevers*, Sjef Clinical Practice Guidelines; Legal aspects, Med Law 1996, 15: 407–411.

75. *ders.* Legal Issues in the Development and Use of Clinical Practice Guidelines, Med Law 2001, 20: 183–191.

76. Goethe-Institut A format Eine deutsche Erfindung, die den Alltag erleichtert, abrufbar unter: www.goethe.de/ins/se/prj/afo/evo/deindex.htm (Stand: 04.10.2018).

77. *Grams*, Hartmut Arzthaftungsrecht – Die Relevanz medizinischer Leitlinien nimmt zu; DÄBl. 2005, 102(12); A814, B687, C640.

78. *Groves*, Trish What does oseltamivir do, and how will we know?; BMJ 2013;347: f4687 doi: 10.1136/bmj.f4687.

79. *Hart*, Dieter Arzthaftungsrecht – Wissensbasis und Rezeption in Literatur und Rechtsprechung; In: Hart (Hrsg) Ärztliche Leitlinien im Medizin- und Gesundheitsrecht – Recht und Empirie professioneller Normbildung, Baden-Baden 2005.

80. ders. Ärztliche Leitlinie und Haftungsrecht; In: Hart (Hrsg.) Ärztliche Leitlinien – Empirie und Recht der professionellen Normsetzung, Nomos, Baden-Baden 2000, S. 137 – 159.

81. ders. Ärztliche Leitlinien – Definitionen, Funktionen, rechtliche Bewertungen. Gleichzeitig ein Beitrag zum medizinischen und rechtlichen Standardbegriff, MedR 1998, S. 8 – 16.

82. ders. Ärztliche Leitlinien – Rechtsrahmen, DÄBl. 2005, 102(40), A-2693, B-2272, C-2146.

83. ders. Evidenzbasierte Medizin und Recht: Haftungsrecht; Lehrbuch Evidenzbasierte Medizin in Klinik und Praxis, Deutscher Ärzteverlag, 2. Aufl., Köln, 2007, S. 393–400.

84. ders. Hart (Hrsg.) Ärztliche Leitlinien im Medizin- und Gesundheitsrecht – Recht und Empirie professioneller Normbildung, Nomos Verlag Baden-Baden, 2005.

85. ders. Leitlinien und Haftung: Grundlagen, GesR 2011, 387–390.

86. ders. Leitlinien und Haftungsrecht – Inkorporation, Rezeption und Wissensbasis in Wissenschaft und Praxis. In ders. (Hrsg.), Klinische Leitlinien und Recht, Nomos Verlag, Baden-Baden 2005, S. 81–103.

87. ders. Leitlinien und Medizinrecht – Arzthaftungsrecht,; In: Hart (Hrsg) Ärztliche Leitlinien im Medizin- und Gesundheitsrecht – Recht und Empirie professioneller Normbildung.

88. ders. Zur Bedeutung von Leitlinien, Richtlinien, anderweitigen Handlungsanweisungen und elementaren medizinischen Grundregeln bei der Feststellung eines groben Behandlungsfehlers, BGH Urt. v. 20.09.2011 – VI ZR 55/09 –, MedR 2012, 450–454, 453.

89.	*Hase*, Friedhelm	Verfassungsrechtliche Bewertung der Normsetzung durch den gemeinsamen Bundesausschuss, MedR 2005, Heft 7, S. 391 – 397.
90.	*Heinze*, Meinhard	Zum Arbeitsrecht der Musiker, NJW 1998, 2112 – 2121.
91.	*Heitz*, Simone	Leitlinien und Medizinrecht – Rechtsvergleichungen. In Hart (Hrsg.), Ärztliche Leitlinien im Medizin- und Gesundheitsrecht, Baden-Baden 2005.
92.	Henssler/Willemsen/Kalb-*Bearbeiter*	Henssler/Willemsen/Kalb (Hrsg.) Arbeitsrecht Kommentar, 7. Aufl. 2016.
93.	*Hess*, Reiner	Der Begriff des medizinischen Standards aus der Sicht der vertragsärztlichen Versorgung. In: Nagel, Fuchs, (Hrsg.) Leitlinien und Standards im Gesundheitswesen – Fortschritt in sozialer Verantwortung oder Ende der ärztlichen Therapiefreiheit?, Köln, 1997.
94.	*Hesse*, Gerhard; *Laubert*, A	Zur Pharmakotherapie des akuten und chronischen Tinnitus, HNO 2010 (58), S. 690–998.
95.	*Hilgendorf*, Eric	Einführung in das Medizinstrafrecht, C.H.Beck, München 2016.
96.	*Hillienhof*, Arne	Evidenz- nicht Eminenzbasiert, Neurotransmitter 2007 (9), 24–25.
97.	*Hirte*, Heribert	Berufsrecht – Ein Beitrag zur Entwicklung eines einheitlichen Haftungsmodells für Dienstleitungen, C.H.Beck Verlag, München 1996.
98.	HK-AKM-*Bearbeiter*	Rieger, Hans-Jürgen (Hrsg.) Heidelberger Kommentar- Arztrecht, Krankenhausrecht, Medizinrecht, Titel, Band, S., Rn., C.F.Müller Verlag, 47. Aktualisierung, Heidelberg 2013.
99.	Hoeren/Sieber/Holznagel-*Bearbeiter*	Hoeren, Thomas; Sieber, Ulrich; Holznagel, Bernd (Hrsg.) Handbuch Multimedia-Recht, 43.Erg.-Lfg. Juli 2016.

100. *Honsel*, Heinrich — Probleme der Haftung für Auskunft und Gutachten, JuS 1976, S. 621–629.

101. ders. — Produkthaftungsgesetz und allgemeine Deliktshaftung, JuS 1995, S. 211–215.

102. *Hulst*, E — Clinical Guidelines and their Civil Law effects, Med Law 2002, 51: 651–660.

103. *Igloffstein*, Tobias — Regelwerke für die humanmedizinische Individualbehandlung, Baden-Baden 2003.

104. *Ihle*, Judith — Medizinische Leitlinien und juristische Entscheidungen, GesR 2011, 394, 397.

105. *Institute of Medicine* — Conflict of Interest in Medical Research, Education, and Practice; Washington, DC: The National Academies Press, 2009. doi:10.17226/12598.

106. IQWiG — Gesundheitsinformationen des IQWiG: Mindestmengen in Krankenhäusern: Sind die Ergebnisse in Krankenhäusern mit großen Operationszahlen besser?, m.w.N., abrufbar unter: www.gesundheitsinformation.de/mindestmengen-in-krankenhaeusern-sind-die-ergebnisse-in.242.de.pdf (Stand: 03.06.2011).

107. dass. — Institut für Qualität und Wirtschaftlichkeit im Gesundheitswesen (IQWiG) (Hrsg.) Allgemeine Methoden, Version 5.0 abrufbar unter: https://www.iqwig.de/de/methoden/methodenpapier.3020.html (Stand: 04.10.2018).

108. dass. — Institut für Qualität und Wirtschaftlichkeit im Gesundheitswesen (IQWiG) (Hrsg.) Allgemeine Methoden, Version 4.2 vom 22.04.2015, abrufbar unter: https://www.iqwig.de/de/methoden/methodenpapier/allgemeine-methoden-fruehere-versionen.3021.html (Stand: 04.10.2018).

109. *Jack*, Andrew — Tamiflu: “a nice little earner”, BMJ 2014;348: g2524 doi: 10.1136/bmj.g2524.

110.	*Jarass,* Hans Dieter	Bundesimmissionsschutzgesetz – Kommentar unter Berücksichtigung der Bundes-Immissionsschutzverordnungen, der TA Luft sowie der TA Lärm, 9.Aufl., C.H. Beck Verlag, München 2012.
111.	Jarass/Pieroth-*Verfasser,*	Grundgesetz Kommentar, 14. Aufl. C.H. Beck Verlag, München 2016.
112.	Jauering-*Bearbeiter*	Stürner, Rolf (Hrsg.) Jauering – Bürgerliches Gesetzbuch – Kommentar, 16. Aufl., C.H.Beck-Verlag, München 2015.
113.	*Jefferson* Tom, *Jones* Mark, *Doshi* Peter, *Del Mar* CB, *Hama* R, *Thompson* MJ, *Spencer* EA, *Onakpoya* Igho, *Mahtani* KR, *Nunan* D, *Howick* J, *Heneghan* Carl J.	Neuraminidase inhibitors for preventing and treating influenza in healthy adults and children; Cochrane Database of Systematic Reviews 2014, Issue 4. Art. No.: CD008965, S. 1 – 559; DOI: 10.1002/14651858.CD008965.pub4.
114.	*Jefferson,* Tom; *Jones,* Mark; *Doshi,* Peter; *Spencer,* Elizabeth A; *Onakpoya,* Igho; *Heneghan,* Carl J	Oseltamivir for influenza in adults and children: systematic review of clinical study reports and summary of regulatory comments; BMJ 2014;348: g2545, S. 1–18; doi: 10.1136/bmj.g2545.
115.	*Jefferson,* Tom/*Doshi,* Peter	Multisystem failure: the story of anti-influenza drugs; BMJ 2014;348: g2263, S. 1–3; doi: 10.1136/bmj.g2263.
116.	Jorzig-*Bearbeiter*	Jorzig, Alexandra (Hrsg.); Handbuch Arzthaftungsrecht, C.F.Müller, Heidelberg 2018.
117.	*Jorzig,* Alexandra, *Feifel,* Eckart	Leitlinien und Standard – Grenzen einer Systematisierung im Arzthaftungsprozess, GesR 2004, 310–316.
118.	*Jürgens,* Oliver	Die Beschränkung der strafrechtlichen Haftung für ärztliche Behandlungsfehler, Peter Lang Verlag, Frankfurt a.M., 2005.

119.	*Kaiser* L, *Wat* C, *Mills* T, *Mahoney* P, *Ward* P, *Hayden* F.	Impact of oseltamivir treatment on influenza-related lower respiratory tract complications and hospitalizations. Arch Intern Med 2003;63:1667–72.
120.	Kalbheim, Eva; Müller, Wolfgang.	‚Leitlinienprogramm Onkologie' unterzeichnet. GMS Mitt AWMF. 2008;5: Doc2; abrufbar unter: https://www.egms.de/static/en/journals/awmf/2008-5/awmf000145.shtml
121.	KassKomm-*Bearbeiter*	Kasseler Kommentar Sozialversicherungsrecht, Leitherer (Hrsg.), Verlag C.H.Beck, München.
122.	*Katzenmeier*, Christian	BGH: Voraussetzungen eines groben Behandlungsfehlers, Urteilsanmerkung zu BGH, Urteil vom 20.09.201 – VI ZR 55/09 –, LMK 2012, 327738.
123.	*Kelsen*, Hans	Reine Rechtslehre, 2. Aufl., Wien 1960.
124.	*Kern*, Bernd-Rüdiger	Aushöhlen des ärztlichen Berufsrechts durch die Bundesgesetzgebung? MedR 2015, S 787 – 790.
125.	*ders.*	Führt die Vorgabe von Standards, Leitlinien und ökonomischen Begrenzungen auch zu einer Veränderung des zivilrechtlichen Haftungsmaßstabs? ZaeFQ 2004, 222–225.
126.	*Kienle,* Gunvar-Sophie; *Kiene*, Helmut	Stiftung Warentest – „Die Andere Medizin" Evidenz- oder Eminenz-basiert, DÄBl. 2005; 102(48), A 3310, B 2800, C 2618.
127.	*Kienle*, Gunver-Sophia	Vom Durchschnitt zum Individuum, DÄBl. 2008; 105(25): A-1381–1384.
128.	Kilian/Heusen-*Bearbeiter*	Kilian, Wolfgang/Heusen, Benno (Hrsg.); Computerrechtshandbuch, 33. Ergänzungslieferung, C.H.Beck, München 2017.
129.	*Kirchner*, H; *Fiene,* M; *Ollenschläger*, G	Disseminierung und Implemetierung von Leitlinien im Gesundheitswesen; Dtsch Med Wochenschr 2001, 126, 1215–1220.

130. *Klemperer*, David — Lieb Klaus, Klemperer David, Ludwig Wolf-Dieter (Hrsg,): Interessenskonflikte in der Medizin – Hintergründe und Lösungsmöglichkeiten, Springer Verlag 2011.

131. *Kluth*, Wilfried — Verfassungsrechtliche Vorgaben für die Reglementierung ärztlichen Handelns, ZaeFQ 2004, 232 – 235.

132. *Knauer*, Christoph — Die Kollegialentscheidung im Strafrecht, C.H.Beck, München 2001.

133. *Köbberling*, Johannes — Die Rolle der Konsensbildung in Leitlinien Eine Einführung in die Problematik, ZaeFQ (2007) 101: 85–87.

134. *Koch*, Frank — Software-Urheberrechtsschutz für Multimedia-Anwendungen, GRUR 1995, 459–469.

135. Köhler/Bornkamm-*Verfasser* — Gesetz gegen den unlauteren Wettbewerb Kommentar, 35 Aufl. C.H. Beck Verlag, München 2017.

136. *Kopp*, I, *Encke*, A, *Hartig*, S, *Müller*, W, *Lorenz*, W — Zur Empirie hochwertiger Leitlinien im System der AWMF: Gibt es sie und wie viele?, in Hart (Hrsg.) Klinische Leitlinien und Recht, Nomos Verlag, Baden-Baden 2005, S. 41–61.

137. *Kopp*, Ina — Perspektiven der Leitlinienentwicklung und -implemantation aus der Sicht der AWMF, Zeitschrift für Rheumatologie 2010 (69), S. 298ff.

138. *dies.* — Von Leitlinien zur Qualitätssicherung, Bundesgesundheitsblatt 2011 (54), S. 160–165.

139. *dies.* — Wissensgewinnung und Leitlinien die Sicht der Medizin, GesR 2011, 385–387.

140. *Kopp*, Ina; *Lelgemann*, Monika; *Ollenschläger*, Günter — Evidenzbasierte Medizin und Leitlinien, in Kunz et al. (Hrsg.) Lehrbuch Evidenzbasierte Medizin in Klinik und Praxis, Deutscher Ärzteverlag, 2 Aufl., Köln, 2007, S. 361 – 373.

141. *Kopp*, Ina; *Selbmann*, Hans-Konrad; *Koller*, Michael — Konsenusfindung in evidenzbasierten Leitlinien – vom Mythos zur rationalen Strategie, ZaeFQ (2007) 101: 89–95.

142. Kötz/Wagner-*Bearbeiter* — Wagner, Gerhard, Deliktsrecht, 13. Aufl. Verlag Franz Vahlen, München 2016.

143. *Koyuncu*, Adem — Das Haftungsdreieck Pharmaunternehmen – Arzt – Patient, Springer 2004.

144. *Krüger*, Anna — Anmerkung zu BSG, Urt. v. 14.10.2014 – B1 KR 33/13 R, MedR 2015, S. 537–538.

145. *Kullmann*, Hans Josef — Gesetz über die Haftung für fehlerhafte Produkte – Kommentar, 6. Auflage, Erich Schmidt Verlag, Berlin 2010.

146. Küttner-Personalbuch-*Bearbeiter* — Küttner-Personalbuch, 23. Auflage 2016 Stand: 01.01.2016.

147. *Ladeur*, Karl-Heinz — Wissenserzeugung im und durch Recht – und das Problem der „evidenzbasiert en Medizin“, GesR 2011, 455–459.

148. *Lang*, Elisbeth — Die Haftung für Fehler in Druckwerken, J. Schweitzer Verlag 1982.

149. *Langer*, Thomas; *Conrad*, Susann; *Fishman*, LIat; *Gerken*, Martin; *Schwarz*, Sabine; *Weikert*, Beate; *Ollenschläger*, Günter; *Weinbrenner*, Susanne — Interessenkonflikte bei Autoren medizinischer Leitlinien – Eine Analyse der Leitlinien deutscher Fachgesellschaften 2009–2011, DÄBl. 2012; 109 (48): A 836–842.

150. *Lankisch*, P.G.; *Weber-Dany*, B.; *Lerch*, M.M. — Diagnose und Therapie der akuten Pankreatitis: Werden die Leitlinien akzeptiert, Dtsch Med Wochenschr 2005, 130, 1627–1632.

151. *Larenz*, Karl — Karl Larenz, Lehrbuch des Schuldrechts II. Band: Besonderer Teil, 1. Halbband, 13. Aufl. C.H. Beck, München 1986.

152. ders. Lehrbuch des Schuldrechts, Band II, Halbband I Besonderer Teil, 13. Aufl., C. H. Beck Verlag, München 1986.

153. Laufs/Kern-*Bearbeiter* Laufs, Adolf; Kern, Bernd-Rüdiger (Hrsg.) Handbuch des Arztrechts, 4.Aufl., Verlag C.H.Beck, München 2010.

154. Laufs/Katzenmeier/Lipp-*Bearbeiter* Laufs, Adolf; Katzenmeier, Christian; Lipp, Volker; Arztrecht, 7. Aufl. 2015.

155. *Lelgemann*, Monika Kritische Bewertung medizinischer Leitlinien – eine Analyse und Diskussion der Ergebnisse des Deutschen Leitlinien-Clearingverfahrens, Diss. Köln 2009, https://www.aezq.de/mdb/edocs/pdf/literatur/diss-ml-2009.pdf (Stand: 04.10.2018).

156. *Lelgemann*, Monika; *Sauerland*, Stefan Gefälschte Studien und nicht publizierte Daten: Auswirkungen auf die Erarbeitung von Leitlinien und evidenzbasierten Empfehlungen, ZaefQ 104(2010) 284–291. DOI10.1016/j.zefq.2010.03.035.

157. *Lelgemann*, Monika; *Thole*, Henning Von der Evidenz zur Empfehlung Einfluss von Konsensprozessen auf Empfehlungsgrade- „kontra Konsens“?, ZaeFQ (2007) 101: 97–101.

158. *Lenz*, Jörn Rechtliche Stellung von App-Stores – Eine zivil- und wettbewerbsrechtliche Analyse, Springer Fachmedien, Wiesbaden 2018.

159. *Lieb*, Klaus; *Klemperer*, David; *Koch*, Klaus; *Baethge*, Christopher; *Ollenschläger*, Güner; *Ludwig*, Wolf-Dieter Interessenkonflikte in der Medizin: Mit Transparenz Vertrauen stärken, DÄBl., 2011; 108 (6): A 256–60.

160. *Loder*, Elizabeth; *Tovey*, David; *Godlee*, Fiona The Tamiflu trials – Progress towards data sharing but many battles still to fight; BMJ 2014;348: g2630, S. 1; doi: 10.1136/bmj.g2630.

161. Loewenheim-*Bearbeiter* Loewenheim (Hrsg.) Handbuch des Urheberrechts, 2. Aufl. Frankfurt am Main, 2010, C.H.Beck München 2010.

162. *Lorenz*, Werner — Die Einbeziehung Dritter in vertragliche Schuldverhältnisse – Grenzen zwischen vertraglicher und deliktischer Haftung, Juristen Zeitung 1960, S. 108–114. Zitiert: *Lorenz*, JZ 1960 S.

163. *Ludwig*, Wolf-Dieter *et al.* — Im Auftrage der Akademie der deutschen Ärzteschaft vom 23.01.2012, Der Einfluss pharmazeutischer Unternehmen auf ärztliche Leitlinien, abrufbar unter: www.akdae.de/Stellungnahmen/Weitere/20120123.pdf.

164. *Lutterotti*, Nicola von — Löchrige Leitplanken für vielbeschäftigte Ärzte, Frankfurter Allgemeine Zeitung vom 17.08.2005.

165. *Marburger*, Peter — Bedeutung des Normenvertrages aus juristischer Sicht, Auszug aus den DIN-Mitteilungen 8 – 2005, 10 – 14; abrufbar unter: www.din.de/sixcms_upload/media/2896/Kolloquium.pdf.

166. ders. — Die Regeln der Technik im Recht, Heymann Verlag, Köln 1979.

167. *Martin*, Iris — Technische Regelwerke und Haftung des Herausgebers – Haftet der Herausgeber für die inhaltlichen Aussagen eines technischen Regelwerks, Der Sachverständige 2008, S. 176 – 181.

168. *Matthews*, J. Rosser — Practice Guidelines and Tort Reform: The Legal System Confronts the Technocratic Wish; J Health Polit Policy Law, 1999 (24) 2: 275–304.

169. *Meder*, Stephan — Risiko als Kriterium der Schadensverteilung, JZ 1993, S. 539 – 545.

170. *Medicus*, Dieter, *Lorenz*, Stephan — Schuldrecht I – Allgemeiner Teil, 18. Aufl. Verlag C. H. Beck, München 2008.

171. *Medicus*, Dieter, *Lorenz*, Stephan — Schuldrecht II – Besonderer Teil, 15. Aufl. Verlag C. H. Beck, München 2010.

172. *Meins*, Wolfgang — Medizinische Sachverständige: Objektiv oder interessengeleitet? DÄBl. 2016; 113(16): A-760/B-641.

173. *Mengel*, Constanze — Sozialrechtliche Rezeption ärztlicher Leitlinien; Gesundheitsrecht und Gesundheitswissenschaften, Band 6, Nomos Verlagsgesellschaft, Baden-Baden 2004.

174. *Meyer*, Andreas — Die Haftung für fehlerhafte Aussagen in wissenschaftlichen Werken, Zeitschrift für Urheber und Medienrecht, 1997, S. 26 – 34.

175. *Moß*, Anja — Erstellung evidenzbasierter Leitlinien zur Therapie der Adipositas im Kindes- und Jugendalter, Dissertation zur Erlangung des Doktorgrades der Humanbiologie der Medizinischen Fakultät der Universität Ulm, Abrufbar unter: http://vts.uni-ulm.de/docs/2010/7238/vts_7238_10217.pdf (Stand: 04.10.2018).

176. Motive BGB Band II — Motive zu dem Entwurfe eines Bürgerlichen Gesetzbuches für das Deutsche Reich Band II – Recht der Schuldverhältnisse, Berlin und Leipzig 1888.

177. *Muche-Borowski* Cathleen, *Selbmann* Hans-Konrad, *Nothacker* Monika, *Müller* Wolfgang, *Kopp*, Ina — Das AWMF-Regelwerk Leitlinien, Version 1.1, Ständige Kommission „Leitlinien" der Arbeitsgemeinschaft der Wissenschaftlichen Medizinischen Fachgesellschaften (AWMF) (Hrsg.), Stand 27.03.2013, abrufbar unter: http://www.awmf.org/leitlinien/awmf-regelwerk.html (Stand: 04.10.2018).

178. MüKo-*Bearbeiter* — Münchener Kommentar zum Bürgerlichen Gesetzbuch, Band 1, 7. Aufl. 2016, C.H. Beck Verlag, München 2016.

179. MüKo-*Bearbeiter, 5. Aufl.,* — Münchener Kommentar zum Bürgerlichen Gesetzbuch, Band 5, 5. Aufl. 2009, C.H. Beck Verlag, München 2009.

180.	*Müller-Osten,* W; *Hempel,* K.; *Uter, P.; Opderbecke,* H. W.	Vereinbarung über die Zusammenarbeit bei der operativen Patientenversorgung vom 28. August 1982, Entschließungen, Empfehlungen und Vereinbarungen, 5. Aufl. abrufbar im Internet unter http://www.dgai.de/06_1_00tabelle.htm.
181.	*Müller,* Gerda	Macht und Grenzen ärztlichen Handelns, GesR 2004, 257–266.
182.	*Müller,* Wolfgang	Empfehlung der AWMF zum Umgang mit Interessenkonflikten bei Fachgesellschaften, GMS Mitt AWMF. 2010:7: Doc8.
183.	ders.	Erweiterte Regeln zur Publikation von Leitlinien bei der AWMF, GMS Mitt AWMF. 2010;7: Doc14. DOI: 10.3205/awmf000212, URN: urn: nbn: de:0183–awmf0002129; online abrufbar unter: http://www.egms.de/en/journals/awmf/2010-7/awmf000212.shtml.
184.	MünchHdb. GesR I/Bearbeiter	Münchener Handbuch Gesellschaftsrecht Band I, 3. Aufl. C. H. Beck Verlag, München 2009.
185.	MünchHdb. gewerblicher Rechtsschutz-*Bearbeiter*	Hasselblatt (Hrsg.) Münchener Anwaltshandbuch Gewerblicher Rechtsschutz, 4 Aufl. 2012, C.H. Beck München.
186.	*Neugebauer,* Edmund	Leitlinienqualität = Evidenzqualität + Konsensqualität?; ZaeFQ (2007) 101: 83–84.
187.	*Noble,* Alice et al.	Snyder v. American Association of Blood Banks: a re-examination of liability for medical practice guideline promulgators, Journal of Evaluation in Clinical Practice 1998 (4) 1: 49–62.
188.	*Nölling,* Torsten; *Wienke,* Albrecht	Erläuterungen zum Mustervertrag zur Einräumung von Nutzungsrechten an Leitlinien, Version 1.1 vom 14.08.2014 – abrufbar unter: www.awmf.org/leitlinien/awmf-regelwerk/ll-entwicklung.html (Stand: 04.10.2018).

189. *Nölling*, Torsten; *Wienke*, Albrecht — Leitlinien-Mustervertrag zur Einräumung von Nutzungsrechten, Version 1.1 vom 14.08.2014 – Abrufbar unter: www.awmf.org/leitlinien/awmf-regelwerk/ll-entwicklung.html (Stand: 04.10.2018).

190. *Nowak*, Oliver — Leitlinien in der Medizin – Eine haftungsrechtliche Betrachtung, Diss. Göttingen 2001, Erschienen in: Deutsch/Laufs/Schreiber (Hrsg.) Recht & Medizin Band 51, Peter Lang Verlag, Frankfurt/Main 2002.

191. *Ollenschläger*, Günter; *Kopp*, Ina; *Lelgemann*, Monika; *Sänger*, Sylvia; *Heymans*, Lothar; *Thole*, Henning; *Trapp*, Henrike; *Lorenz*, Wilfried; *Selbmann*, Hans-Konrad; *Encke*, Albrecht — Nationale Versorgungsleitlinien von BÄK, AWMF und KBV – Hintergrund, Methodik und Instrumente; Medizinische Klinik 2006; 101, 840–5.

192. *Ollenschläger*, Günther; *Kopp*, Ina — Nationale Versorgungsleitlinien von BÄK, AWMF und KBV – Eine Zwischenbilanz; Medizinische Klinik 2007; 102, 383–7.

193. Palandt-*Bearbeiter* — Bürgerliches Gesetzbuch, 76. Aufl., C.H.Beck Verlag, München 2017.

194. *Planck*, Max — Wissenschaftliche Selbstbiographie, Johann Ambrosius Barth Verlag, Leipzig 1948.

195. *Platon* — Politikos (zitiert nach der Stephanus-Paginierung: Edidit Henricus Stephanus, Genf 1578), abrufbar im Internet z.B. unter: www.opera-platonis.de/Politikos.pdf (Stand: 04.10.2018).

196. *Rahn*, Karl Heinz — Aufgaben und Ziele der Arbeitsgemeinschaft der Wissenschaftlichen Medizinischen Fachgesellschaften, Pressemitteilung der AWMF 111.06.2010 Abrufbar unter: www.awmf.org/fileadmin/user_upload/Service/Presse/Pressekonferenz_2010/pk-2010-rahn.pdf (Stand: 04.10.2018).

197. *Raspe*, Heiner — Der „allgemein anerkannte Stand der medizinischen Erkenntnisse“ – das Konzept der Evidence-Based Medicine, GesR 2011, 449, 453.

198. ders. — Von der Erfahrung zur Evidenz – Zum Wandel der Wissensgrundlagen in der Medizin, GesR 2012, 584–591.

199. Ratzel/Lippert-*Bearbeiter* — Ratzel, Rudolf / Lippert, Hans-Dieter (Hrsg.); Kommentar zur Musterberufsordnung der deutschen Ärzte (MBO), 5. Aufl., Springer-Verlag, Heidelberg 2010.

200. Ratzel/Lippert-*Bearbeiter* — Ratzel, Rudolf / Lippert, Hans-Dieter (Hrsg.); Kommentar zur Musterberufsordnung der deutschen Ärzte (MBO), 6. Aufl., Springer-Verlag, Heidelberg 2015.

201. Ratzel/Lessel-*Bearbeiter* — Handbuch des Medizinschadensrechts, München 2013.

202. Ratzel/Luxenburger-*Bearbeiter* — Ratzel, Rudolf / Luxenburger, Bernd (Hrsg.); Handbuch Medizinrecht, 2. Aufl., Deutscher Anwaltverlag, Bonn 2011.

203. Ratzel/Luxenburger-*Bearbeiter* — Ratzel, Rudolf / Luxenburger, Bernd (Hrsg.); Handbuch Medizinrecht, 3. Aufl., C.F. Müller, 2015.

204. *Reihlen*, Helmut — Hintergründe und Entstehung des Normenvertrages, Auszug aus den DIN-Mitteilungen 8 – 2005, 7 – 9; abrufbar unter: www.din.de/sixcms_upload/media/2896/Kolloquium.pdf.

205. *Riering*, Wolfgang — Gemeinschaftliche Schulden, Dunker und Humblot, Berlin 1991.

206. *Riphaus*, Andrea et al. — Update – S3-Leitlinie Sedierung in der gastrointestinalen Endoskopie nebst Leitlinien-Report. Abrufbar unter: www.awmf.org/leitlinien/detail/ll/021-014.html (Stand: 04.10.2018).

207.	dies.	S3-Leitlinie Sedierung in der gastrointestinalen Endoskopie – Stand 2008. Abrufbar unter: https://www.dgvs.de/wissen-kompakt/leitlinien/leitlinien-der-dgvs/sedierung/?archiv=true (Stand: 04.10.2018)
208.	*Rixen*, Stephan	Macht wissenschaftliches Fehlverhalten unwürdig? NJW 2014, 1058–1062.
209.	*Röhl*, Klaus	Fehler in Druckwerken, JZ 1979, S 369 – 378.
210.	*Ross*, Alf	Theorie der Rechtsquellen. Ein Beitrag zur Theorie des positiven Rechts auf Grundlage dogmenhistorischer Untersuchungen; Leipzig, Wien 1929.
211.	Roxin/Schroth-*Bearbeiter*	Handbuch des Medizinstrafrechts, Richard Boorberg Verlag, 4. Aufl. Stuttgart 2010.
212.	*Rumler-Detzel*, Pia	Therapiefreiheit und Berufshaftpflicht des Arztes, VersR 1989, 1008–1010.
213.	*Savigny*, Friedrich Carl von	System des heutigen Römischen Rechts, Band 4, Berlin 1841, abrufbar unter: www.deutschestextarchiv.de/book/view/savigny_system04_1841 (Stand: 04.10.2018)
214.	*Schmidt*, Karsten	Die BGB-Außengesellschaft: rechts- und parteifähig – Besprechung des Grundlagenurteils II TR 331/00 vom 29.1.2001, NJW 2001, 993.
215.	*Schmidt*, Karsten	Gesellschaftsrecht, 4. Aufl., Carl Heymanns Verlag, Köln 2002.
216.	*Schott*, Gisela; *Lieb*, Klaus; *König*, Jochem; *Mühlbauer*, Bernd; *Niebling*, Wilhelm; *Pachl*, Henry; *Schmutz*, Stephan; *Ludwig*, Wolf-Dieter	Deklaration und Umgang mit Interessenkonflikten in deutschen Leitlinien, DÄBl 2015; 112(26): A 224–51 DOI:10.3238/arztebl.2015.0445.

217.	*Schott*, Gisela; *Pachl*, Henry; *Limbach*, Ulrich; *Gundert-Remy*, Ursula; *Lieb*, Klaus; *Ludwig*, Wolf-Dieter	Finanzierung von Arzneimittelstudien durch pharmazeutische Unternehmen und die Folgen – Teil 1, DÄBl. 2010 107(16), 279–285.
218.	dies.	Finanzierung von Arzneimittelstudien durch pharmazeutische Unternehmen und die Folgen – Teil 2, DÄBl. 2010 107(17), 295–301.
219.	*Schricker*, Gerhard	Verlagsrecht, Kommentar zum Verlagsrecht vom 19.06.1901, München, 2001.
220.	Schricker/ Loewenheim-*Bearbeiter*	*Loewenheim*, Ulrich et al. (Hrsg.) Urheberrecht Kommentar, 4. Aufl. 2010, C.H. Beck, München 2010.
221.	*Schroeder-Printzen*, Jörn	Anm. zu BSG, Urt. v. 05.07.1995 – 1 RK 6/95, MedR 1996, 379.
222.	*Selb*, Walter	Mehrheiten von Gläubigern und Schuldnern in: Gernhuber, Joachim (Hrsg.); Handbuch des Schuldrechts; Mohr Siebeck, Tübingen 1984.
223.	*Selbmann*, Hans-Konrad	Leitlinien und Interessenkonflikte; Pressemitteilung der AWMF, Berlin 11.06.2010; Abrufbar unter: www.awmf.org/fileadmin/user_upload/Service/Presse/Pressekonferenz_2010/pk-2010-selbmann.pdf (Stand: 04.10.2018).
224.	*Silber*, Sigmund; *Borggrefe*, · M.; *Hasenfuß*, G.; *Falk*, V.; *Kastrati*, A.; *Weis*, M.; *Hamm*, C.W.	Kommentare zu den Leitlinien der Europäischen Gesellschaft für Kardiologie (ESC) zur Diagnostik und Therapie von Patienten mit ST-Streckenhebungsinfarkt (STEMI), Kardiologe 2010, 4:84–92 DOI:10.1007/s12181-009-0246-6.
225.	Soergel-*Bearbeiter*	Soergel, Bürgerliches Gesetzbuch, 13. Auflage, Kohlhammer, Stuttgart.
226.	Spickhoff-*Bearbeiter*	*Spickhoff*, Andreas (Hrsg.) Medizinrecht, 2. Aufl. 2014.

227. *Spies* C, *Kopp* I, *Krämer* M, *Kastrup* M, *Braun* J, *Taeger* K, *Schüttler* J. Leitlinien und deren Relevanz in klinischen Behandlungspfaden – Grundlagen und Stellenwert in der interdisziplinären Zusammenarbeit. Anästh Intensivmed 2006; 47:675–683.

228. *Spies*, Claudia Empfehlungen der AWMF zum Umgang mit Interessenkonflikten bei Fachgesellschaften – Vortrag zum Berliner Forum 2016, abrufbar unter: http://www.awmf.org/fileadmin/user_upload/Die_AWMF/Veranstaltungen/Berliner_Forum/BerlinerForum-2016/BF_2016_Spies.pdf (Stand: 18.01.2017).

229. *Spies*, Claudia; *Wienke*, Albrecht et al. Empfehlung der AWMF zum Umgang mit Interessenkonflikten bei Aktivitäten wissenschaftlich-medizinischer Fachgesellschaften – Fassung vom 10.11.2017, abrufbar unter www.awmf.org. (Stand: 04.10.2018).

230. *Spindler*, Gerald Ohly, Ansgar; Bodewig, Theo u.a. (Hrsg.) Perspektiven des Geistigen Eigentums und Wettbewerbsrecht – Festschrift für Gerhard Schricker zum 70. Geburtstag, C.H.Beck, München 2005.

231. ders. Rechtsfragen der Open Source Software – Gutachten im Auftrag der Software Industrie Deutschlands e.V. www.unigoettingen.de/de/document/download/035cb3109455169625e840892422916e.pdf/studie_final.pdf (Stand: 04.10.2018).

232. Spindler/Schuster-*Bearbeiter* Gerald Spindler; Fabian Schuster (Hrsg.) Recht der elektronischen Medien – Kommentar, 3. Aufl. 2015, C.H. Beck.

233. Staudinger-*Bearbeiter* Staudinger, Julius von; Kommentar zum Bürgerlichen Gesetzbuch mit Einführungsgesetz und Nebengesetzen, Neubearbeitung 2013.

234. Steffen/Pauge-*Bearbeiter* Steffen, Erich und Pauge, Burkhard; Arzthaftungsrecht: neue Entwicklungslinien der BGH-Rechtsprechung, 11. Aufl., Verlag RWS Kommunikationsforum, Köln 2010.

235.	*Stergiopoulos*, Kathleen; *Brown*, David L.	Initial Coronary Stent Implantation With Medical Therapy vs Medical Therapy Alone for Stable Coronary Artery DiseaseMeta-analysis of Randomized Controlled Trials, Archives of Internal Medicine, Bd. 172, 2012, S. 312–319; abrufbar unter: doi:10.1001/archinternmed.2011.1484. Zitiert: *Arch Intern Med.* 2012;172(4):312–319.
236.	*Stöhr*, Karlheinz	Leitlinien, Richtlinien und ärztliche Haftung, Festschrift für Günter Hirsch zum 65. Geburtstag, C.H.Beck, 2008, S. 431 – 441.
237.	ders.	Leitlinien, Richtlinien und ärztliche Haftung; In: Müller, Gerda; Osterloh, Eilert; Stein, Torsten (Hrsg.) Festschrift für Günter Hirsch zum 65. Geburtstag, Verlag C.H.Beck, München 2008, S. 431 – 441.
238.	*Strauss*, Joseph	Beier, Fridrich-Karl; Götting, Horst-Peter; Lehman, Michael; Moufang Rainer; Urhebervertragsrecht – Festgabe für Gerhard Schricker zum 60. Geburtstag, C.H. Beck Verlag 1995.
239.	*Strech*, Daniel; *Klemper*er, David; *Knüppel*, Hannes; *Kopp*, Ina; *Meyer*, Gabriele; *Koch*, Klaus	Interessenkonfliktregulierung: Internationale Entwicklung und offene Fragen. Ein Diskussionspapier, abrufbar unter: www.ebm-netzwerk.de/netzwerkarbeit/images/interessenkonfliktregulierung-2011.pdf (Stand: 04.10.2018).
240.	*Taeger*; Jürgen	Außervertragliche Haftung für fehlerhafte Computerprogramme, Mohr-Siebeck, Tübingen 1995.
241.	*Taeger*; Jürgen	Produkt- und Produzentenhaftung bei Schäden durch fehlerhafte Computerprogramme, Computer und Recht 1996, S. 257–271.
242.	*Taupitz*, Jochen	Rechtliche Möglichkeiten der Beschränkung diagnostischen und therapeutischen Aufwands, insbesondere aus verfassungsrechtlicher und haftungsrechtlicher Sicht; in: Dietrich/Immhoff/Kliemt (Hrsg.): Standardisierung in der Medizin, Stuttgart 2004, S. 263–269.

243.	ders.	Richtlinien in der Transplantationsmedizin, NJW 2003, 1145–1150.
244.	ders.	Verbindlichkeit unterschiedlicher Leitlinien, in AG RAe im MedR e.V. (Hrsg.), Dokumentation und Leitlinienkonkurrenz – die Verschriftlichung der Medizin, MedR Schriftenreihe, Springer-Verlag, Heidelberg 2007, S. 101–121.
245.	*Terner*, Paul	Die Vereinsklassenabgrenzung und das DIN Deutsches Institut für Normung e.V., 1. Aufl., Beuth Verlag GmbH, Berlin 2005.
246.	*Thompson*, DF	Understanding Financial Conflicts of Interest. N Engl J Med 1993;329(8):573–576.
247.	*Uhl*, Martin	Die Richtlinien der Bundesärztekammer – Ein verfassungsrechtlicher Beitrag zur exekutiven Rechtsnormsetzung, Verlag Dr. Kovač, Hamburg 2008.
248.	Ulmer-Eilfort/Obergfell-*Bearbeiter*	Ulmer-Eifort, Constanze; Obergfell, Eva Inés; Verlagsrecht, C.H. Beck, 2013.
249.	Ulsenheimer –*Bearbeiter*	Ulsenheimer, Klaus (Hrsg.); Arztstrafrecht in der Praxis, 5. Aufl., C.F.Müller Verlag, Heidelberg 2015.
250.	*Ulsenheimer*, Klaus., *Biermann*, Elmar.	Leitlinien – medico-legale Aspekte, Anästhesie und Intensivmedizin, 2008, S. 105f.
251.	*Ungern-Sternberg*, Joachim von	Urheberrechtlicher Werknutzer, Täter und Störer im Lichte des Unionsrechts, GRUR 2012, S. 576 – 582.
252.	*Velten*, Wolfram	Der medizinische Standard im Arzthaftungsprozess, Nomos Verlagsgesellschaft, Baden-Baden, 2001.
253.	*Vießmann*, Thomas	Die demokratische Legitimation des Gemeinsamen Bundesausschuss zu Entscheidungen nach § 135 Abs. 1 Satz 1 SGB V, Nomos Universitätsschriften Recht, Band 623, Baden-Baden 2009.

254.	*Westphalen*, Friedrich Graf von	Das neue Produkthaftungsgesetz, NJW 1989, 83–93.
255.	*Vosteen*, Karl-Heinz	Leitlinien der Wissenschaftlichen Fachgesellschaften; In: Hart (Hrsg.) Ärztliche Leitlinien – Empirie und Recht der professionellen Normsetzung, Nomos Verlag, Baden-Baden 2000.
256.	Wandtke/Bullinger-*Bearbeiter*	Arthur Axel Wandtke und Wilfried Bullinger (Hrsg.) Praxiskommentar zum Urheberrecht, 4. Aufl. München 2014.
257.	*Weinbrenner*, Susanne; *Conrad*, Susann; *Weikert*, Beate; *Kopp*, Ina	7 Jahre Nationale VersorgungsLeitlinien (NVL) – Quo vadis?; Z. Evid. Fortbild. Qual. Gesundh. wesen (ZEFQ) 104 (2010) 533–539.
258.	*Weisbach*, Lothar; *Hart*, Dieter	Leserbrief „Leitlinien – Am Bedarf ausrichten“, DÄBl. 1999; 96(6), A-314, B-250, C-238.
259.	Wenzel-*Bearbeiter*	Wenzel, Karl Egbert; Burkhardt, Emanuel, Gamer, Waldemar; Strobel-Albeg, Joachim Ritter von (Hrsg.) Das Recht der Wort- und Bildberichterstattung, 5. Aufl. 2003.
260.	Wessels/Beulke-*Bearbeiter*	Wessels, Johannes; Beulke, Werner; Strafrecht Allgemeiner Teil, 42. Auflage, Verlag C.F. Müller, Heidelberg 2012.
261.	*Westphalen*, Friedrich Graf von	Das neue Produkthaftungsgesetz, NJW 1990, 83ff.
262.	WHO (World Health Organization)	WHO Model List of Essential Medicines, 18. Aufl, April 2013, abrufbar unter www.who.int/medicines/publications/essentialmedicines/en/index.html (Stand: 04.10.2018).
263.	*Wieland*, Wolfgang	Die Problematik des Begriffs der „Allgemeinen wissenschaftlichen Anerkennung“ in der Medizin, in: Neuhaus, Günther A. (Hrsg.), Pluralität in der Medizin – der geistige und methodische Hintergrund, Frankfurt a.M. 1980, S. 145ff.

264. *Wienke*, Albrecht Leitlinien als Mittel der Qualitätssicherung in der medizinischen Versorgung, MedR 1998, 172 – 174.

265. *Wienke*, Albrecht/*Nölling*, Torsten Urheberrechte an medizinisch-wissenschaftlichen Leitlinien: Rechteinhaber, Rechteverwertung und Rechteübertragung. GMS Mitt AWMF. 2012;9: Doc17. DOI: 10.3205/awmf000265, URN: urn: nbn: de:0183-awmf0002659 Artikel online abrufbar unter: http://www.egms.de/en/journals/awmf/2012-9/awmf000265.shtml.

266. *Ziegler*, Hans Berndt Leitlinien im Arzthaftungsrecht, VersR 2003, S. 545 – 549.

267. *Zwanzger*, Michael Der mehrseitige Vertrag – Grundstrukturen, Vertragsschluss, Leistungsstörungen, Mohr Siebeck, Tübingen 2013.

Abkürzungsverzeichnis

Die in dieser Arbeit verwendeten Abkürzungen folgen den Empfehlungen des Duden und von *Kirchner*, Abkürzungsverzeichnis der Rechtssprache, 8. Aufl. 2015. Soweit spezielle Abkürzungen verwendet wurden, werden diese im Folgenden erläutert:

AGA	Arbeitsgemeinschaft Adipositas im Kindes- und Jugendalter.
App	Application software = Anwendungssoftware bei mobilen Betriebssystemen, insb. für Smartphones und TabletPC.
AWMF	Arbeitsgemeinschaft der Wissenschaftlichen Medizinischen Fachgesellschaften e.V.
AWMF-Leitlinien	Leitlinien der wissenschaftlich-medizinischen Fachgesellschaften, die im Register der AWMF gelistet sind.
ÄZQ	Ärztliches Zentrum für Qualität in der Medizin.
BÄK	Bundesärztekammer; Die Bundesärztekammer (Arbeitsgemeinschaft der Deutschen Ärztekammern) ist die Spitzenorganisation der ärztlichen Selbstverwaltung. Sie ist entgegen ihres offiziell lautenden Namens keine Körperschaft des öffentlichen Rechts sondern ein (privatrechtlich organisierter) nichteingetragener Verein.
BÄO	Bundesärzteordnung.
BGB	Bürgerliches Gesetzbuch.
BMG	Bundesministerium für Familie und Gesundheit.
D&O-Versicherung	Directors-and-Officers-Versicherung, auch Organ- oder Manager-Haftpflichtverischerung. Eine Vermögensschadenhaftpflichtversicherung, die Unternehmen für ihre Organe, Geschäftsführer und Manager abschließen können.
DÄBl.	Deutsches Ärzteblatt.
DDG	Deutsche Diabetes Gesellschaft.
DELBI	Deutsches Instrument zur methodischen Leitlinien-Bewertung = Deutsches Leitlinien-Bewertungs-Instrument.
DGMR	Deutsche Gesellschaft für Medizinrecht e.V.

DKG	Deutsche Krankenhausgesellschaft; Die Deutsche Krankenhausgesellschaft e.V. ist der Zusammenschluss von Spitzen- und Landesverbänden der Krankenhausträger.
G-BA	Gemeinsamer Bundesausschuss nach § 91 SGB V.
GesR	GesundheitsRecht, Zeitschrift, Verlag Otto Schmidt.
GKV	Gesetzliche Krankenversicherung.
GMG	Gesetz zur Modernisierung der gesetzlichen Krankenversicherung – GKV Modernisierungsgesetz.
GRUR	Gewerblicher Rechtsschutz und Urheberrecht; Zeitschrift, C.H. Beck, München.
HNO	Hals-Nasen-Ohrenheilkunde.
HNO	Zeitschrift der Deutschen Gesellschaft für Hals-Nasen-Ohrenheilkunde, Kopf- und Halschirurgie e.V., der Deutschen Gesellschaft für Phoniatrie und Pädaudioogie e.V. u.a. ISSN 0017-6192.
HTA	Health-Technology-Assessment; der Prozess der systematischen Bewertung medizinischer Verfahren und Technologien mit Bezug zur gesundheitlichen Versorgung der Bevölkerung.
IQWiG	Institut für Qualität und Wirtschaftlichkeit im Gesundheitswesen; Das IQWiG ist ein rechtsfähiges, fachlich unabhängiges Institut gem. § 139a SGB V welches vom G-BA mittels einer Stiftung des öffentlichen Rechts (Stiftung für Qualität und Wirtschaftlichkeit im Gesundheitswesen) gegründet wurde; Auftraggeber des unabhängigen IQWiG sind ausschließlich der G-BA und das BMG. Das IQWiG kann allerdings auch in eigener Verantwortung Themen aufgreifen (Generalauftrag). Es wird durch Zuschläge für stationäre und ambulante medizinische Behandlungen finanziert.
J Health Polit Policy Law	Journal of Health Politics, Policy and Law (Zeitschrift des Departments of Health Administration der Duke University, NC, USA, Duke University Press ISSN: 0361-6878).
JZ	Juristenzeitung, Großfeld (Hrsg.) Verlag Mohr Siebeck, Tübingen.

KBV	Kassenärztliche Bundesvereinigung; KBV ist die Einrichtung der ärztlichen Selbstverwaltung in der Gesetzlichen Krankenversicherung auf Bundesebene und eine Körperschaft des öffentlichen Rechts.
MBO	Musterberufsordnung für die deutschen Ärztinnen und Ärzte der BÄK.
Med Law	Medicine and Law (Zeitschrift der World Association for Medical Law, International Center for Health, Law and Ethics, University of Haifa, Law Faculty) ISSN 0723-1393.
MedR	Medizinrecht, Zeitschrift, C.H.Beck Verlag, München und Springer-Verlag, Heidelberg.
MPBetreibV	Verordnung über das Errichten, Betreiben und Anwenden von Medizinprodukten (Medizinprodukte Betreiber Verordnung).
MPG	Gesetz über Medizinprodukte (Medizinproduktegesetz).
RKI	Robert-Koch-Institut.
S1-, S2-, S3-Leitlinien	Leitlinien der wissenschaftlich-medizinischen Fachgesellschaften, die der jeweiligen Stufe nach AWMF-Klassifikation genügen und im Register der AWMF gelistet sind.
SGB V	Fünftes Buch Sozialgesetzbuch.
STIKO	Ständige Impfkommission am Robert Koch Institut.
TPG	Gesetz über die Spende, Entnahme und Übertragung von Organen und Geweben (Transplantationsgesetz).
VersR	Versicherungsrecht – Zeitschrift für Versicherungs- Haftungs- und Schadensrecht, Verlag Versicherungswirtschaft GmbH.
Z Gastroenterol	Zeitschrift für Gastroenterologie.
ZaeFQ	Zeitschrift für ärztliche Fortbildung und Qualität im Gesundheitswesen, Seit 2008 ZEFQ, Zeitschrift für Evidenz, Fortbildung und Qualität im Gesundheitswesen.
ZEFQ	Zeitschrift für Evidenz, Fortbildung und Qualität im Gesundheitswesen, bis 2008 ZaeFQ, Zeitschrift für ärztliche Fortbildung und Qualität im Gesundheitswesen.

A Einleitung

I. Problemstellung

Die Medizin ist eine humane Praxiswissenschaft,[1] in ihrer Ausprägung als klinische Medizin gehört sie zu den Handlungswissenschaften.[2] Ihre Grundlage bilden die Naturwissenschaften. Die (klinische) Medizin ist keine strenge, nur auf den Erkenntnisgewinn bedachte Wissenschaft, sondern wendet andere, insbesondere die Naturwissenschaften eklektisch an, derer Methoden und Resultate sie zur Erfüllung ihres Heilauftrages bedarf.[3] Der stetige Erkenntnisgewinn der Medizin als angewandte Naturwissenschaft[4] schöpft zu einem erheblichen Teil aus diesen Grundlagen und ist somit heteronom. Dieser Erkenntnisgewinn verlief und verläuft nicht linear. Vielmehr zeichnet er sich durch Versuch und Irrtum aus. In der angewandten, der klinischen Medizin sind Irrtümer regelmäßig mit negativen, mitunter gravierenden Folgen für die Beteiligten, insbesondere die Patienten verbunden. Somit ist der wissenschaftliche Irrtum für die Fortentwicklung der medizinischen Wissenschaft so wichtig wie er in Form seines Spiegelbildes in der angewandten Medizin als Behandlungsfehler unerwünscht ist. Es liegt daher nahe, Regeln über gutes, über richtiges, d.h. fehlerfreies ärztliches Handeln aufzustellen. Die Idee, das Wissen der Medizin nicht nur in Lehrbüchern festzuhalten, sondern in einer verbindlichen Form niederzulegen, ist nicht neu. Bereits der antike griechische Geschichtsschreiber Diodor (erstes Jahrhundert v.Chr.) berichtete unter Berufung auf Hekataios von Abdera (um 300 v. Chr.) über die Kodifizierung der ägyptische Medizin in Form eines schriftlichen Gesetzes (nómos engraphos), das von berühmten Ärzten aufgestellt und niedergelegt worden war.[5] Verstarb ein Patient während einer Behandlung und war der Arzt den geschriebenen Regeln gefolgt, blieb er straffrei; war er jedoch von den Regeln abgewichen, sollte er mit dem Tod bestraft werden.[6] Dieser Gedanke findet sich auch bereits bei Platon (um 400 v.Chr.), der in seinem Dialog Politikos den jüngeren Sokrates mit einem Fremden beispielhaft (in dem Dialog geht es eigentlich um die Kunst der Staatslenkung)

---

1 *Raspe*, GesR 2011, 449, so wohl auch *Wieland*, Die Problematik des Begriffs der „Allgemeinen wissenschaftlichen Anerkennung" in der Medizin, S. 147; *Hilgendorf*, Einführung in des Medizinstrafrecht, S. 1, RN 1–3, spricht von der Medizin als den Naturwissenschaften eng verwandte angewandte Wissenschaft, die mit der Rechtswissenschaft ihre Humanorientierung teilt.

2 *Raspe*, GesR 2012, 584.

3 *Buchborn*, Wuzeln der wissenschaftlichen Medizin, S. 19.

4 So auch *Hilgendorf*, Einführung in des Medizinstrafrecht, S. 1, RN 3.

5 *Leven*, DÄBl. 2000, 97(33); A2158, B1832, C1724.

6 *Leven*, a.a.O., der selbst die Frage aufwirft, ob dieser Bericht die Situation im alten Ägypten wiedergibt oder nur griechische Vorurteile gegen Ägypten widerspiegelt.

die Frage diskutieren ließ, wie es wäre, wenn sich Ärzte (und Steuermänner) bei der Ausübung ihrer Kunst an Gesetze halten müssten, die zuvor durch die Gemeinschaft niedergelegt worden wären

(„Was dann ... gut dünkt über diese Dinge, mögen nun Ärzte und Schiffer oder mögen Unkundige dabei geraten haben, das schrieben wir auf Tafeln oder auf Säulen, oder auch ungeschrieben würde es als wohlhergebrachter Gebrauch festgestellt, und hiernach müsste dann von nun an die Schifffahrt betrieben und die Pflege der Kranken eingerichtet werden.“[7]).

Bei Zuwiderhandlung sollten die Ärzte oder sonstigen Heilbehandler – denn ein Arzt war nicht mehr nötig, jeder konnte nun mit Hilfe der niedergelegten Regeln heilen – bestraft werden oder Schadensersatz zahlen.[8] Nicht nur ließ Platon Sokrates diese Vorstellung als „wunderlich“[9] bezeichnen, auch erkannte er durch diesen:

„Offenbar würden uns alle Künste gänzlich untergehen und könnten sich auch in Zukunft gar nicht wieder erzeugen wegen des das Forschen untersagenden Gesetzes, so dass das Leben, welches jetzt schon schlecht genug ist, zu einer solchen Zeit gar nicht würde zu leben sein.“[10]

In Deutschland wurde zuletzt im frühen 19. Jahrhundert der Gesetzgeber zur Bestimmung des geschuldeten Standards aktiv.[11] Dass die Normierung in der Medizin aktuell fortschreitet liegt, nicht zuletzt, auch an den Ärzten selbst. Mit *Ratzel/Lippert* gilt:

Leitlinien, Richtlinien, Standards und das ärztliche Berufsrecht: Ärzte lieben – entgegen anderslautender Stellungnahmen – Vorschriften über alle Maßen, um sich aber im gleichen Atemzug über die Regelungswut – auch über die selbst betriebene – lautstark und häufig zu beklagen.[12]

Moderne medizinische Leitlinien sind weit von diesem Grad der rechtlichen Verbindlichkeit und Konsequenz bei Nichtbeachtung entfernt. Der hinter der Idee der Leitlinie stehende Gedanke ist jedoch noch der gleiche. Es sollen Regeln über die gute, die richtige Behandlung für bestimmte Behandlungssituationen aufgestellt werden. Über die Bedeutung von Leitlinien, insbesondere über die Frage einer rechtlichen Verbindlichkeit, wird kontrovers diskutiert. In jüngerer Zeit nimmt die Bedeutung von Leitlinien in der Medizin stetig zu. Sie sind im klinischen Alltag

---

7 *Platon*, Politikos, 298dSt – 298eSt.

8 *Platon*, a.a.O., 299bSt – 299cSt.

9 *Platon*, a.a.O., 298dSt.

10 *Platon*, a.a.O., 299eSt – 300aSt

11 *Kern*, ZaeFQ 2004, 222, 222.

12 Ratzel/Lippert-*Ratzel/Lippert*; MBO-Komm, 5. Aufl. 2010, Vorwort, S, VII. In der aktuellen 6. Aufl. aus 2015 wiederholen die Autoren diese Einschätzung mit einem leicht abgewandelten Wortlaut, dort S. V.

zu einem festen Bestandteil der Erkenntnisquellen geworden. Der Inhalt der Leitlinien wird dabei fortwährend diskutiert und führt mitunter zu intensiven Auseinandersetzungen in der Fachwelt. Damit rücken rechtliche Fragestellung in den Fokus, die bisher keine oder nur geringe Beachtung gefunden haben und in dieser Arbeit beleuchtet werden sollen. Neben den zivilrechtlichen Verantwortlichkeiten bei der Erstellung von medizinischen Leitlinien ist auch die Frage der Urheberschaft solcher Schriftwerke zu betrachten. Bei all dem herrscht über die Bedeutung des Begriffs Leitlinie selbst und auch in Abgrenzung zum Begriff des medizinischen Standards bisher kein Einvernehmen.

II. Gang der Untersuchung

Um die tatsächliche und rechtliche Bedeutung von Leitlinien beurteilen zu können, wird in einem ersten Schritt der Begriff der wissenschaftlich-medizinischen Leitlinie – auch in Abgrenzung zum Begriff des medizinischen Standards – bestimmt, um sodann die juristische Bedeutung medizinischer Leitlinien im Recht darzulegen. Im zweiten Teil der Arbeit wird die Erstellung solcher Leitlinien aus juristischer Sicht untersucht und insbesondere die dabei be- und entstehenden Rechtsbeziehungen der Beteiligten näher beleuchtet werden.

Schließlich untersucht die Arbeit in ihrem dritten Teil, ob die Ersteller oder sonstige (natürliche oder juristische) Personen für Fehler bei der Erstellung von Leitlinien rechtlich einzustehen haben, mithin rechtliche Verantwortung tragen; insbesondere wird beleuchtet, ob haftungsrechtliche oder sonstige (Rechts-) Ansprüche gegenüber den beteiligten Autoren und Institutionen bestehen. Diese Frage wurde bisher wenig beachtet.[13] Rechtliche Parallelen zu den hier untersuchten Fragestellungen lassen sich finden in Bezug auf DIN-Normen und Warentests. Die dortigen Verhältnisse wurden vergleichsweise gut untersucht, insbesondere die hier ebenfalls interessierende Frage der Haftung der Beteiligten (juristischen und natürlichen) Personen für die Erstellung fehlerhafter technischer Normen[14] und Warentests[15]. Darüber hinaus finden sich in der Rechtsprechung einige höchstrichterliche Urteile zu Warentests, die an dieser Stelle fruchtbar gemacht werden können.

---

13 *DGMR*, ZaeFQ, 2004, 240, 241.

14 In Bezug auf DIN-Normen ist die Habilitationsschrift von *Marburger*, Technische Regeln im Recht von 1979, zu nennen. Darauf aufbauend unter anderem auch *Terner*, Die Vereinsklassenabgrenzung und das DIN von 2005.

15 Eine umfassende Untersuchung findet sich bei *Boeken*, Die Haftung der Stiftung Warentest, 1998.

B Medizinische Leitlinien

Der Begriff der medizinischen Leitlinie ist oft definiert worden und bleibt dennoch schwierig zu fassen. Eng hängt er mit dem des medizinischen Standards zusammen. Historisch gilt seit Hippokrates: Primum nihil nocere (zunächst nicht schaden),[16] daneben und gleichberechtigt gilt der „therapeutische Imperativ“, der jedoch einen bewussten, dann aber begründungspflichtigen Diagnose- und Therapieverzicht nicht ausschließt.[17]

Die Festlegung medizinischer Standards wird von der Ärzteschaft als ureigene Angelegenheit verstanden.[18] In der Vergangenheit sahen sich in erster Linie die Organe der Selbstverwaltung, insbesondere die Ärztekammern, berufen in diesem Bereich tätig zu werden. 1951 wurde dem Vorstand der Bundesärztekammer (BÄK)[19] der Wissenschaftliche Beirat zur Seite gestellt, der jenen in medizinischen Fragestellungen unterstützen sollte und mit der Erstellung von Normen[20] betraut wurde.[21] Im Laufe der Jahre sind eine Vielzahl von Normen unterschiedlichster Qualitäts- und Verbindlichkeitsstufen auf diesem Weg entstanden.[22] Auch die Kassenärztliche Bundesvereinigung war in den 1970er Jahren in diesem Bereich aktiv und verantwortete die Herausgabe von „Merkblättern zur Diagnostik und Therapie in der kassenärztlichen Versorgung“, zusammengefasst in einer „grünen Sammelmappe“ für Kassenärzte.[23] Dieses Projekt wurde in späteren Jahren aus einer Kumulation von Gründen eingestellt.[24] Erstens fand es keine große Beachtung unter den angesprochenen Kassenärzten, zweitens war der Inhalt regelmäßig wissenschaftlich umstritten[25], drittens geriet es in Kollision mit den wirtschaftlichen Interessen der Arzneimittelindustrie[26] und schließlich konnte es nicht auf aktuellem

16 Buchborn, Ärztlicher Standard: Begriff – Entwicklung – Anwendung, MedR 1993, 328, 329.

17 *Raspe*, GesR 2012, 584.

18 *Nowak*, Leitlinien in der Medizin, S. 10.

19 Die Bundesärztekammer (Arbeitsgemeinschaft der Deutschen Ärztekammern) ist die Spitzenorganisation der ärztlichen Selbstverwaltung. Sie ist entgegen ihres offiziell klingenden Namens keine Körperschaft des öffentlichen Rechts sondern ein (privatrechtlich organisierter) nichteingetragener Verein.

20 Mit dem Begriff „Norm“ ist jede verbindliche Regel, nicht nur die Rechtsnorm im Sinne des Art. 2 EGBGB, gemeint.

21 *Nowak*, a.a.O.

22 *Nowak*, a.a.O.

23 *Hess*, Der Begriff des medizinischen Standards aus der Sicht der vertragsärztlichen Versorgung, S. 59.

24 *Hess*, a.a.O. S. 59f.

25 *Hess*, a.a.O., S. 60.

26 *Hess*, a.a.O., S. 60f., nennt ohne weiter Details anzugeben als Beispiel eine Einstweilige Anordnung, die eine Ausgabe des Deutschen Ärzteblattes betraf, in der ein

Stand gehalten werden[27]. Später haben die medizinischen Fachgesellschaften in ihren jeweiligen Fachgebieten aber häufig auch fachgebietsübergreifend[28] eine Normierung des ärztlichen Handelns durch die Erstellung von Leitlinien vorangetrieben. Verstärkt wurde diese Bewegung im Jahr 1995 durch die Aufforderung des „Sachverständigenrates für die Konzertierte Aktion im Gesundheitswesen“[29] an die Fachgesellschaften, für typische Krankheitsbilder und Standardsituationen Leitlinien ärztlichen Handelns aufzustellen.[30] Der Entwicklungsprozess der Erstellung von ärztlichen Leitlinien setzte international etwa Ende der 1970er Jahre, in Deutschland Mitte der 1990er Jahre ein.[31]

Aktuell lässt sich der Anspruch der Ärzteschaft auf die Definitionshoheit zum Standardbegriff neben der hier beleuchteten Leitlinienentwicklung auch bei der Einrichtung und insbesondere bei der verstärkt erfolgenden Zertifizierung von medizinischen Zentren erkennen. So müssen sich z.B. in Nordrhein-Westfalen die in der Krankenhausplanung als Brustzentrum aufgeführten Häuser von ÄKzert, der Zertifizierungsstelle der Ärztekammer Westfalen-Lippe, zertifizieren lassen.[32] Die dort aufgestellten Kriterien decken sich weitestgehend mit den Kriterien der Deutschen Krebsgesellschaft und der Deutschen Gesellschaft für Senologie, die mit OnkoZert eine eigene privatrechtlich organisierte Zertifizierungsstelle für Brustzentren eingerichtet hat[33]. Die entsprechenden Zertifizierungsrichtlinien von

---

Warnhinweis zu einem Präparat enthalten war, und welche in der Folge zur Gänze eingestampft wurde.

27 *Hess*, a.a.O., S. 61, nennt als Beispiel den unten wiedergegebenen Fall der veralteten Mutterschaftsrichtlinie, deren Einhaltung vor dem OLG Düsseldorf den behandelnden Arzt keine Exkulpation brachte.

28 Z.B.: *Riphaus et al.;* S3-Leitlinie „Sedierung in der gastrointestinalen Endoskopie“, die in Zusammenarbeit zwischen der Deutsche Gesellschaft für Verdauungs- und Stoffwechselkrankheiten (DGVS), der Deutsche Gesellschaft für Allgemein- und Viszeralchirurgie e.V. (DGAV) und der Deutsche Gesellschaft für Endoskopie und Bildgebende Verfahren (DGE-BV) sowie unter Beteiligung des Bundesverbandes niedergelassener Gastroenterologen Deutschlands e. V. (BnG) und der Deutschen Morbus Crohn/Colitis ulcerosa Vereinigung e. V. (DCCV) entstanden ist.

29 Der Rat wurde 1985 ins Leben gerufen. Nach Abschaffung der Konzertierten Aktion im Gesundheitswesen durch das GMG 2003 erfolgte die Umbenennung in: Sachverständigenrat zur Begutachtung der Entwicklung im Gesundheitswesen. Seine Aufgabe nach § 142 SGB V besteht in der Erstellung von Gutachten zur Entwicklung der gesundheitlichen Versorgung mit ihren medizinischen und wirtschaftlichen Auswirkungen.

30 Sondergutachten 1995, Gesundheitsversorgung und Krankenversicherung 2000 – Kurzfassung, abrufbar unter: www.svr-gesundheit.de (Stand: 11.02.2011).

31 HK-AKM-*Hart*, Band I, 530, RN 9.

32 *Brucker et. al.*; Brustzentren – Rationale, funktionelles Konzept, Definition und Zertifizierung; Gynäkologe 2003 (36), 862, 876. Siehe hierzu auch die Internetseite der Ärztekammer Westfalen-Lippe, www.aekwl.de (Stand: 03.06.2011).

33 *Brucker et. al.* a.a.O., S. 873. Siehe auch: www.onkozert.de (Stand 03.06.2011).

OnkoZert beruhen wiederum auf den jeweiligen Leitlinien der Fachgesellschaften.[34] Auch auf europäischer Ebene wurde von der European Society of Mastology (EUSOMA) ein Anforderungskatalog erstellt, der für eine Zertifizierung durch diese erfüllt werden muss.[35]

Diese privatrechtlichen Zertifizierungsaktivitäten sind insbesondere dann nachvollziehbar, wenn man sich vor Augen führt, dass sich namhafte Vertreter der Rechtswissenschaft vehement dagegen aussprechen, „die Definitionsmacht über den Umfang der ärztlichen Sorgfaltspflichten an die medizinische Profession abzutreten und sie dem ärztlichen Berufsethos oder der faktischen Übung im Bereich der Heilbehandlung zu überantworten“[36]

Der Gesetzgeber hatte bereits im Gesetzesentwurf zur GKV-Gesundheitsreform 2000[37] geplant, Leitlinien durch eine Verknüpfung von öffentlich-rechtlicher Zertifizierung und normenkonkretisierender dynamischer Verweisung in den Gesetzesrang zu heben und somit die Leistungserbringer im Bereich der GKV an den Inhalt von Leitlinien zu binden.[38] Dieses Vorhaben ist jedoch letztlich nicht in Gesetzeskraft erwachsen.

---

34 *Brucker et. al.* a.a.O., S. 876.

35 *Brucker et. al.* a.a.O., S. 875. Siehe auch: European Journal of Cancer, 36 (2000) 2288–2293 EUSOMA: Die Anforderungen an spezialisierte Brustzentren 1. Aufl. – Originaltext mit deutscher Übersetzung; abrufbar unter: www.bcaction.de/pdf/03info/eusoma_1ed_requirements_brustzentren.pdf

36 MüKo-*Wagner*, 7. Aufl. 2016, § 630a BGB, RN 107.

37 BT-Drs. 14/1245, S. 21

38 *Francke*, Leitlinien und Sozialrecht, S. 136f. mit ausführlichen Erläuterungen zu den verfassungsrechtlichen Gründen für die Nicht-Umsetzung des Vorhabens, die er insbesondere in der starren Bindung an den Inhalt der Leitlinien und in der Ermangelung der Regelung eines Verfahrens zur Akkreditierung der entsprechenden Leitlinien sieht. *Francke* schlägt als gangbaren Weg anstelle einer starren Rezeption eine Vermutensregelung dergestalt vor, dass bei Befolgung der Leitlinie vermutet wird, dass §§ 2, 12 SGB V eingehalten worden sind. Daneben schlägt er die Schaffung einer Akkreditierungsverfahrensordnung durch KBV, BÄK, Spitzenverbänder der Krankenkassen und DKG vor, somit eine Beteiligung von zwei öffentlich-rechtlichen Körperschaft und zwei Vereinen des Privatrechts. Ein solches Vorhaben dürfte aber unabhängig von der Frage des Akkreditierungsverfahrens an den verfassungsrechtlichen Anforderungen zur demokratischen Legitimation und an Art. 12 GG scheitern, da den behandelnden Ärzten durch eine solche Vorgabe ihre Therapiefreiheit genommen würde. Eine allgemeine Beweislastregelung – auch wenn sie nur in Form eines prima-facie-Beweises begründet wird, stößt auf dieselben verfassungsrechtlichen Bedenken.

I. Der Begriff der medizinischen Leitlinie

1 Definition des Begriffs medizinische Leitlinie

Der Begriff Leitlinie wird für Dokumente mit unterschiedlichen Inhalten und Zielrichtungen verwendet. Vorliegend soll die Leitlinie in ihrer Form als Behandlungs- oder Therapieleitlinie, also als klinische Leitlinie (auch Praxis- oder Behandlungsleitlinie) betrachtet werden. Andere als Leitlinien bezeichnete Dokumente, z.B. solche mit Strukturkomponenten, wie dies zum Beispiel bei den interprofessionellen Vereinbarungen der Fall ist, sollen hier nicht betrachtet werden.

a) Legaldefinition

Der Begriff Leitlinie ist nicht legaldefiniert. Er wird vom Gesetzgeber im SGB V an verschiedenen Stellen verwendet. Dabei wird seine Bedeutung vorausgesetzt. In § 23 Abs. 5 und § 40 Abs. 3 SGB V wird er in Bezug auf medizinische Vorsorgeleistungen und Rehabilitationsleistungen verwendet. In diesen Bereichen sollen die Spitzenorganisationen der betroffenen Verbände Leitlinien erstellen. Bei der hausarztzentrierten Versorgung soll der Behandlungsstandard durch die Anwendung von Leitlinien sichergestellt werden, die gem. § 73b Abs. 2 Nr. 2 SGB V für die hausärztliche Versorgung entwickelt, evidenzbasiert und erprobt sein müssen. Die Mindestvorgaben zur Personalausstattung in den Qualitätssicherungsrichtlinien des G-BA sollen nach § 136a Abs. 2 S. 3 SGB V zu einer leitliniengerechten Behandlung beitragen. Auch im Rahmen der Entwicklung von strukturierten Behandlungsprogrammen bei chronischen Krankheiten soll gem. § 137f SGB V auf evidenzbasierte Leitlinien zurückgegriffen werden. Schließlich soll das Institut für Qualität und Wirtschaftlichkeit im Gesundheitswesen (IQWiG) gem. § 139a Abs. 3 NR. 3 SGB V bei Fragen von grundsätzlicher Bedeutung für die Qualität und Wirtschaftlichkeit der im Rahmen der gesetzlichen Krankenversicherung erbrachten Leistungen evidenzbasierte Leitlinien für die epidemiologisch wichtigsten Krankheiten bewerten.

Der Gesetzgeber setzt die Existenz von Leitlinien also voraus, ohne den Begriff zu definieren. Dabei ist erkennbar, dass das SGB V den Begriff nicht einheitlich verwendet.[39]

b) AWMF

Die Arbeitsgemeinschaft der Wissenschaftlichen Medizinischen Fachgesellschaften e.V. (AWMF)[40] hat zusammenfassend definiert:

---

39 Siehe hierzu unten, Punkt B.III.3.

40 Die Arbeitsgemeinschaft der Wissenschaftlichen Medizinischen Fachgesellschaften e.V. (AWMF) wurde 1962 auf Anregung der Deutschen Gesellschaft für Chirurgie von 16 Fachgesellschaften gegründet. Derzeit (September 2011) gehören ihr 158

„Die ‚Leitlinien' der Wissenschaftlichen Medizinischen Fachgesellschaften sind systematisch entwickelte Hilfen für Ärzte zur Entscheidungsfindung in spezifischen Situationen. Sie beruhen auf aktuellen wissenschaftlichen Erkenntnissen und in der Praxis bewährten Verfahren und sorgen für mehr Sicherheit in der Medizin, sollen aber auch ökonomische Aspekte berücksichtigen. Die ‚Leitlinien' sind für Ärzte rechtlich nicht bindend und haben daher weder haftungsbegründende noch haftungsbefreiende Wirkung.“[41]

Diese oder ähnliche Definitionen werden auch von weiteren Institutionen im medizinischen Bereich verwendet. Die BÄK verweist schlicht auf die Definition der AWMF.[42] Das ÄZQ[43] verwendet in seinem Instrument DELBI[44] eine im Wortlaut abweichende, inhaltlich identische Definition.

c) Zwischenergebnis

Leitlinien beruhen demnach auf zwei Aspekten:

1. Sie beruhen auf aktuellen Erkenntnissen aus Wissenschaft und Praxis und
2. sie sind systematisch entwickelte Hilfen für Ärzte in spezifischen Situationen.

Ziele der Erstellung von Leitlinien sind

1. eine Erhöhung der Sicherheit in der Medizin und
2. die Sicherung und qualitative Verbesserung der Patientenbetreuung[45]
3. unter Berücksichtigung von ökonomischen Aspekten.

Fachgesellschaften an. Neben der Publikation der Leitlinien ihrer Fachgesellschaften betreibt die AWMF generell Beratung und Interessenvertretung ihrer Fachgesellschaften.

41 Homepage der AWMF; www.awmf.org/leitlinien.html (Stand: 19.07.2018).

42 https://www.bundesaerztekammer.de/richtlinien/ (Stand:18.07.2018).

43 das Ärztliche Zentrum für Qualität in der Medizin (ÄZQ) Das ÄZQ ist eine Gesellschaft bürgerlichen Rechts (GbR). Sie ist eine gemeinsame Einrichtung der BÄK und der KBV und wurde 1995 gegründet und hieß bis zum 23.01.2003 unter „Ärztliche Zentralstelle Qualitätssicherung“. Das ÄZQ berät und unterstützt die BÄK und die KBV bei ihren gesetzlichen und satzungsgemäßen gemeinsamen Aufgaben der Qualitätssicherung in der ärztlichen Berufsausübung.

44 DELBI: Deutsches Instrument zur methodischen Leitlinien-Bewertung. DELBI ist eine Weiterentwicklung der Checkliste „Methodische Qualität von Leitlinien“ und basiert auf dem validierten AGREE-Instrument (*Folmann*, IQWiG – Neue Leitlinienkompetenz, S. 83).

45 *Kopp/Lelgemann/Ollenschläger*, Lehrbuch Evidenzbasierte Medizin in Klinik und Praxis, S. 361, 362; KBV und BÄK, DÄBl, 1997, 94,33 A-2154, B-1831, C-1635, sprechen von der Sicherung und Verbesserung der gesundheitlichen Versorgung der Bevölkerung.

Gerade auf die Disseminierung des in den Leitlinien enthaltenen Wissens wird besonderer Wert gelegt.[46] Leitlinien sollen als Vektoren für den Wissenstransfer aus der Wissenschaft in den Versorgungsalltag dienen.[47] Um dieses Ziel zu erreichen, haben Leitlinien die konkrete Aufgabe, das umfangreiche Wissen (wissenschaftliche Evidenz und Praxiserfahrung) zu speziellen Versorgungsproblemen

1. explizit darzulegen,
2. unter methodischen und klinischen Aspekten zu bewerten,
3. gegensätzliche Standpunkte zu klären sowie
4. unter Abwägung von Nutzen und Schaden das derzeitige Vorgehen der Wahl zu definieren.[48]

Explizit klargestellt wird weiter, dass Leitlinien nicht rechtsverbindlich seien und daher keinen haftungsbegründenden oder –befreienden Charakter hätten.

Aus medizinischer Sicht überwiegen somit die Gesichtspunkte der Praktikabilität. Durch den Hinweis auf die Berücksichtigung ökonomischer Aspekte soll der Spagat zwischen der gewünschten (und haftungsrechtlich relevanten) Idealversorgung und dem der sozialversicherungsrechtlichen Realität entsprechenden Kostenbewusstsein gelingen. Leitlinien dienen aus Sicht der Medizin daher mehreren Zielen. Das primäre und hehre Ziel der Behandlungs- und Versorgungsoptimierung muss neben sich auch das präventive Ziel der Haftungsvermeidung dulden. Insoweit befinden wir uns bereits in den Anfängen der oft befürchteten Defensivmedizin. Die noch 1999 von *Weißbach* und *Hart* geäußerte Ansicht, Leitlinien dienten dem Ziel, dem „bestehenden Anreiz zu einer Defensivmedizin entgegenzuwirken“[49] kann unter Berücksichtigung dieser (aktuellen) Ziele von Leitlinien nicht mehr vertreten werden. In der medizinischen Fachpresse werden Leitlinien bereits als Türöffner der Defensivmedizin bezeichnet.[50]

---

46 *Kopp*, GesR 2011, S. 385, 385, bezeichnet die Verbesserung der medizinischen Versorgung durch die Vermittlung von aktuellem Wissen als „vorrangiges Ziel“ von Leitlinien.

47 *Kopp/Lelgemann/Ollenschläger*, a.a.O. S. 361, 361.

48 *Kopp, Lelgmann, Ollenschläger*, Evidenzbasierte Medizin und Leitlinien, in Kunz et al. (Hrsg.) Lehrbuch Evidenzbasierte Medizin in Klinik und Praxis, S. 361, 362.

49 a.A. *Weisbach*, und *Hart*; Leserbrief „Leitlinien – Am Bedarf ausrichten“, DÄBl. 1999; 96(6), A-314, B-250, C-238.

50 *Kienle*, Evidenzbasierte Medizin und ärztliche Therapiefreiheit – Vom Durchschnitt zum Individuum, DÄBl. 2008; 105(25); A-1381, B-1193, C-1161.

2 Abgrenzung zu anderen Normen für die medizinischen Behandlung

Neben Leitlinien existieren weitere Regelwerke unterschiedlichster Provenienz. Zur weiteren Präzisierung des Begriffs Leitlinie werden die wichtigsten dieser Regelwerke kurz dargestellt und zur Leitlinie abgegrenzt.

a) Richtlinien

Im hier interessierenden medizinischen Bereich findet sich der Begriff im SGB V, wo er jedoch nicht einheitlich verwendet wird.

Richtlinien werden durch die Organe der (gemeinsamen) Selbstverwaltung erlassen. Dabei ist zwischen den Richtlinien des Gemeinsamen Bundesausschuss (G-BA) nach § 92 SGB V und solchen der ärztlichen Standesorganisationen zu unterscheiden.

aa) Richtlinien des G-BA

Der Gemeinsame Bundesausschuss (G-BA) ist ein Gremium der Gemeinsamen Selbstverwaltung von Ärzten, Krankenhäusern und Krankenkassen. Seine gesetzliche Grundlage findet sich in § 91 SGB V[51]. Der G-BA erlässt auf Grundlage des § 92 SGB V „die zur Sicherung der ärztlichen Versorgung erforderlichen Richtlinien über die Gewähr für eine ausreichende, zweckmäßige und wirtschaftliche Versorgung der Versicherten". Diese Richtlinien sind gemäß § 92 Abs. 8 SGB V Bestandteil der Bundesmantelverträge nach § 82 SGB V und jedenfalls für Leistungsträger und -erbringer sowie die gesetzlich Versicherten im Bereich der GKV verbindlich, § 92 Abs. 1 i.V.m. § 91 Abs. 6 SGB V. Die vom G-BA beschlossenen Richtlinien sind gem. § 94 Abs. 1 S. 1 SGB V dem BMG vorzulegen, welches – im Rahmen der Rechtsaufsicht[52] – ein Beanstandungsrecht hat.

(i) Verbindlichkeit der Richtlinien des G-BA

Die Verbindlichkeit der Richtlinien des G-BA, vormals der Bundesausschüsse, in Form einer Außenwirkung war lange Zeit umstritten[53], von der Rechtsprechung des BSG jedoch spätestens seit der sog. Methadon-Entscheidung[54] anerkannt. Mit

51 Der G-BA wurde zum 01.01.2004 durch das GMG eingeführt und ersetzte damit die bisher bestehenden, nach Themen sortierten Bundesausschüsse.

52 BSG Urt. v. 06.05.2009 – B 6 A 1/08 R – = BSGE 103, 106–134 RN 34.

53 Einen guten Überblick über die (rechtswissenschaftliche) Entwicklung bietet: *Axer*, Normsetzung der Exekutive in der Sozialversicherung, S. 117 ff.

54 BSGE 78, 70–90 = BSG Urt. v. 20.03.1996 – 6 RKa 62/94 – RN 20–22 (Methadon-Entscheidung). Noch 1993 hielt das BSG an dem Charakter von Richtlinien als Verwaltungsbinnenrecht fest, bezeichnete sie jedoch als grundsätzlich für die Gerichte „maßgeblich", BSG Urt. v. 16.12.1993 – 4 RK 5/92 – = BSGE 73, 271 ff.

der Regelung des § 91 Abs. 6 SGB V, eingefügt durch das Gesetz zur Stärkung des Wettbewerbs in der gesetzlichen Krankenversicherung (GKV-WSG)[55], ist diese Verbindlichkeit nunmehr auch gesetzlich normiert.

In der Normenhierarchie sind die Richtlinien des G-BA unterhalb eines Gesetzes und oberhalb von vertraglichen Regelungen anzusetzen.[56] Hier muss unterschieden werden. Gem. § 92 Abs. 8 SGB V sind die Richtlinien des G-BA Bestandteil der Bundesmantelverträge. Als Bestandteil dieser Verträge können sie aber keinen Bedeutungsvorrang gegenüber diesen beanspruchen. Dieser Vorrang kann daher nur gegenüber sonstigen Verträgen, z.B. solchen nach § 112 Abs. 1 SGB V gelten.

Die verbindlichen Richtlinien des G-BA wirken nicht nur inter partes, d.h. zwischen Leistungsträgern und –erbringern, sondern auch gegenüber den Patienten, die gem. § 91 Abs. 2 S. 1 SGB V bei den Beschlüssen des G-BA nicht stimmberechtigt sind. Eine Hauptaufgabe der Richtlinien des G-BA nach § 92 SGB V ist die Kosten- und Wirtschaftlichkeitskontrolle zugunsten der Sicherstellung der Finanzierbarkeit der gesetzlichen Krankenversicherung. Der G-BA richtet sich bei Erlass seiner Richtlinien nicht allein nach dem medizinischen Nutzen der Behandlung als solcher, sondern auch (gleichberechtigt) nach deren Wirtschaftlichkeit.

(ii) Richtlinien des G-BA und medizinischer Standard

Nach einer von (ehemaligen) Richtern des für Arzthaftungsrecht zuständigen Sechsten Senats des BGH in der Literatur vertretenen Meinung stellen die Richtlinien des G-BA aufgrund ihrer Verbindlichkeit die Untergrenze des medizinischen Standards dar, der jedoch mehr verlangen können soll.[57] In seinem Beschluss vom 28.03.2008 hat der BGH im zweiten Leitsatz in einem obiter dictum festgestellt, dass

> *„Leitlinien von ärztlichen Fachgremien oder Verbänden ... (im Gegensatz zu den Richtlinien der Bundesausschüsse der Ärzte und Krankenkassen) nicht unbesehen mit dem zur Beurteilung eines Behandlungsfehlers gebotenen medizinischen Standard gleichgesetzt werden [können]“.*[58]

Es kann davon ausgegangen werden, dass der Einschub in Klammern bewusst vorgenommen wurde. Der BGH geht als offenbar von einem Gleichlauf zwischen sozialrechtlicher Verbindlichkeit und haftungsrechtlichem Sorgfaltsmaßstab aus. Darüber hinaus ist bisher nicht ersichtlich, ob er die standardfestsetzende Wirkung der Richtlinien auf die Untergrenze des Standards, wie dies in der Literatur

55 G. v. 26.03.2007 BGBl. I S. 378 (Nr. 11).

56 KassKomm-*Roters*; § 91 SGB V, RN 24.

57 Geiß/Greiner-*Greiner*, Arzthaftpflichtrecht, RN B 9a; *Müller*, Macht und Grenzen ärztlichen Handelns, GesR 2004, 257, 260; *Stöhr*, Leitlinien, Richtlinien und ärztliche Haftung, Festschrift Hirsch, S. 431, 438.

58 BGH, Beschluss. v. 28.03.2008 – VI ZR 57/07 – = GesR 2008, 361–362. Der Senat entschied in der Besetzung: Müller, Wellner, Diederichsen, Stöhr, Zoll.

erfolgte, beschränken möchte. In einem Urteil aus 2003[59] hat er es als Aufgabe des Gerichts angesehen, festzustellen, welche Fassung der Mutterschaftsrichtlinie in dem entscheidungserheblichen Zeitraum gegolten hat. Eine Aufgabe, die nur dann dem Gericht zukommen kann, wenn dem Inhalt der Mutterschaftsrichtlinie Entscheidungsrelevanz zukommt. Entsprechend ist auch die Judikatur der Obergerichte auf dieser Linie. So stellte das KG Berlin mit Urteilen aus 1994[60] und 2003[61], das OLG Köln mit Urteil vom 21.09.2011[62] fest: *„Die Mutterschafts-Richtlinien spiegeln den ärztlichen Standard wider.“*[63] In Bezug auf die Mutterschaftsrichtlinie[64] ist somit zu konstatieren, dass die Rechtsprechung prima vista davon ausgeht, dass diese in ihrer jeweils aktuellen Fassung den ärztlichen Standard, jedenfalls dessen Untergrenze, widerspiegelt. Bemerkenswert dabei ist, dass die Judikatur zur Mutterschaftsrichtlinie dabei sowohl darauf abstellte, dass der Arzt keine Behandlung schulde, die über den Inhalt der jeweils aktuellen Mutterschaftsrichtlinie hinausgeht[65], als auch – so in einem vom OLG Düsseldorf[66] entschiedenen Fall – darauf abstellt, dass der Arzt verpflichtet ist – bei „veralteter“ Mutterschaftsrichtlinie über den dort enthaltenen Inhalt hinaus tätig zu werden. Mithin ist in der Praxis der Rechtsprechung festzustellen, dass die Gerichte die Mutterschaftsrichtlinie jedenfalls bisher nicht unbesehen mit dem geschuldeten Standard gleichsetzen, vielmehr im Einzelfall prüfen, ob der Inhalt der Mutterschaftsrichtlinie dem geschuldeten Standard im konkreten Fall entspricht. Das KG Berlin[67] z.B. formuliert in seinem 1. Leitsatz:

> *„Die vom Bundesausschuss der Ärzte und Krankenkassen erstellten Mutterschaftsrichtlinien geben den ärztlichen Standard wieder; sie dürfen nicht unterschritten, müssen aber* ***ohne Anlass*** *nicht überschritten werden.“*
>
> (Hervorhebung durch den Autor)

Ein solcher Anlass dürfte insbesondere ein Voranschreiten des Standards sein, der sich in den dann veralteten Richtlinien noch nicht wiederfindet, wie dies in dem vor dem OLG Düsseldorf verhandelten Fall geschehen ist. In sämtlichen Verfahren wurde daher auch ein Sachverständiger hinzugezogen, um unter anderem diese Frage beantworten zu können.

---

59 BGH, Urt. v. 25.11.2003 – VI ZR 8/03, 2. Leitsatz = NJW 2004, 1452–1454.
60 KG Berlin, Urt. v. v. 10.10.1994 – 20 U 4469/93 = VersR 1996, 332.
61 KG Berlin, Urt. v. 02.10.2003 – 20 U 402/01 = GesR 2004, 65–67.
62 OLG Köln, Urt. v. 21.09.2011 – 5 U 11/11 –.
63 OLG Köln, a.a.O., RN 20 (nach juris).
64 Abrufbar unter www.g-ba.de/informationen/richtlinien/19/
65 So explizit, OLG Köln und KG Berlin a.a.O. inhaltlich genauso BGH a.a.O.
66 OLG Düsseldorf, Urt. v. 19.12.1985 – 8 U 155/84 – bestätigt in einem vergleichbaren Fall, OLG Düsseldorf, Urt. v. 07.07.2011 – I-8 U 2/10, 8 U 2/10 –.
67 KG Berlin, Urt. v. 02.10.2003 – 20 U 402/01 = GesR 2004, 65–67.

Ob das oben genannte obiter dictum des BGH[68], nach dem Richtlinien *„unbesehen"* mit dem ärztlichen Standard gleichzusetzen seien, auch dann Bestand haben wird, wenn diese Frage entscheidungserheblich wird, darf daher bezweifelt werden.

Die Richtlinien des G-BA sind jedoch geeignet, den Standard an seinem unteren Rand zu beeinflussen. Da ein Vertragsarzt verpflichtet ist, die Richtlinien des G-BA zu befolgen, würde eine – theoretisch – hinter dem Inhalt der Richtlinie zurückbleibende Behandlungsmethode, die bis dahin noch vom Standard gedeckt war, mangels praktischer Verwendung in der Praxis (ca. 85 % der Bevölkerung sind in der GKV versichert[69]) bald nicht mehr dem Standard entsprechen. Eine konstitutive standardfestsetzende Wirkung kommt der Richtlinie dadurch nicht zu.

Dennoch hat die oben zitierte Rechtsprechung erhebliche Auswirkungen auf die Praxis. Insbesondere die Feststellung des KG Berlin aus 2003[70], dass die Mutterschaftsrichtlinie den ärztlichen Standard wiedergebe, klassifiziert diese Richtlinie prima vista zum haftungsrechtlichen Immunitätsleitfaden. Dass dem tatsächlich nicht so ist, wird durch den zweiten Halbsatz des genannten KG-Leitsatzes deutlich: *„sie dürfen nicht unterschritten, müssen aber ohne Anlass nicht überschritten werden."*

(iii) Zwischenergebnis

Richtlinien des G-BA und Leitlinien verfolgen unterschiedliche Ziele und nutzen hierzu unterschiedliche Wege. Während die Richtlinien kraft gesetzlicher Regelung Normwirkung entfalten und insbesondere der Sicherstellung der Finanzierbarkeit der gesetzlichen Krankenversicherung dienen,[71] kommt Leitlinien keine solche Normwirkung zu. Wirtschaftliche Aspekte werden von ihnen nur untergeordnet betrachtet. Hauptziele der Leitlinien sind die Erhöhung der Sicherheit in der Medizin und die Verbesserung der Patientenversorgung.

bb) Richtlinien der Ärztekammern

(i) Richtlinien der Bundesärztekammer

Die Bundesärztekammer (BÄK) ist die Arbeitsgemeinschaft der deutschen Ärztekammern in der Rechtsform eines nichteingetragenen Vereins. Eine eigene Rechtssetzungskompetenz gegenüber den Ärzten kommt ihr nicht zu. Mitglieder der BÄK sind die einzelnen Ärztekammern. Nur über den Umweg der Umsetzung der BÄK-Richtlinien durch die einzelnen Ärztekammern können diese mittels

68 BGH, Beschluss. v. 28.03.2008 – VI ZR 57/07 – = GesR 2008, 361–362.
69 Statistisches Bundesamt, Zahlen für 2006, abrufbar z.B. unter: www.bpb.de/files/LQ7Y05.pdf (Stand: 05.08.2011).
70 KG Berlin, Urt. v. 02.10.2003 – 20 U 402/01 = GesR 2004, 65–67.
71 Vgl. *Bergmann*, GesR 2006, 337, 338.

Satzungsrechts rechtliche Verbindlichkeit gegenüber deren Mitglieder (den Ärzten) erlangen.[72] Dennoch kommen der BÄK faktisch weitreichende Kompetenzen zu.

(1) Vom Gesetzgeber geforderte oder anerkannte Richtlinien der BÄK

Der Gesetzgeber anerkennt oder verlangt einige der von der BÄK veröffentlichten Richtlinien, wie z. B. die Richtlinie zur Organtransplantation. Dogmatisch betrachtet handelt es sich bei der gewählten Form der Rezeption um eine normkonkretisierende dynamische Verweisung.[73] Damit überträgt der Gesetzgeber einer privatrechtlich organisierten Institution den Auftrag, den für das gesamte Transplantationswesen leitenden, generell-abstrakten Maßstab „Stand der Erkenntnisse der medizinischen Wissenschaft" in Richtlinien festzustellen.[74] Weiter bestimmt er, dass ein Abweichen von dieser Richtlinie als Abweichen vom Standard anzusehen ist – mit der prozessualen Folge einer vom Gesetzgeber vorgegebenen Beweisregel im Sinne eines prima-facie-Beweises.[75] Weicht der Arzt bei der Behandlung von einer solchen Richtlinie ab, muss er also die Vermutung eines Behandlungsfehlers vor Gericht durch entsprechenden Vortrag oder Beweisantritt erschüttern.[76]

Neben dem Transplantationsgesetz wird die BÄK auch in § 18 Abs. 1 S. 1 Transfusionsgesetz (TFG), in § 5 Abs. 11 Betäubungsmittelverschreibungsverordnung (BtMVV) und weiteren Vorschriften beauftragt, verbindliche Feststellungen zum „allgemein anerkannte Stand der medizinischen Wissenschaft und Technik" zu treffen.

Damit stattet der Gesetzgeber die BÄK mit einer weitreichenden Kompetenz aus. Dennoch ist die BÄK kein legitimierter Normgeber,[77] sie kann keine Rechtsnorm aufstellen, sondern im Wege eines antizipierten Sachverständigengutachtens nur den vom Gesetzgeber gewählten unbestimmten Rechtsbegriff für den jeweiligen Anwendungsbereich ausfüllen.[78]

(2) Sonstige Richtlinien der BÄK

Weiter abgesichert wird die Kompetenz der (Landes-)Ärztekammern zum Erlass von Richtlinien und deren Verbindlichkeit für Ärzte durch § 13 Abs. 1

72 *Taupitz*, Richtlinien in der Transplantationsmedizin, NJW 2003, 1145ff. mit weiteren Ausführungen zu der Frage der Rechtssetzungskompetenz der BÄK, insbesondere zu der verfassungsrechtlichen Dimension der normkonkretisierenden Verweisung.

73 *Taupitz*, Richtlinien in der Transplantationsmedizin, NJW 2003, 1145, 1147; *Francke*, Leitlinien und Sozialrecht, S. 135.

74 *Mengel*, Sozialrechtliche Rezeption ärztlicher Leitlinien, S. 164.

75 *Jorzig/Feifel*, GesR 2004, 310, 311, sprechen sogar von einer Beweislastumkehr.

76 So für die vergleichbare Regelung in § 16 EnWG a.F. (nunmehr § 49 EnWG): *Francke*, Leitlinien und Sozialrecht, S. 134.

77 So auch nach umfangreicher Darlegung, *Uhl*, S. 315ff, 327.

78 *Taupitz*, Richtlinien in der Transplantationsmedizin, NJW 2003, 1145, 1147.

Musterberufsordnung für die deutschen Ärztinnen und Ärzte (MBO)[79]. Danach sind solche Empfehlungen der Ärztekammern für Ärzte verbindlich, die Indikationen für spezielle medizinische Verfahren zum Inhalt haben und deren Ausführung ethische Probleme aufwerfen. Diese sprachliche Ungenauigkeit („verbindliche Empfehlungen") in der MBO wurde von einigen Landesärztekammern korrigiert. So spricht zum Beispiel die Berufsordnung für die nordrheinischen Ärztinnen und Ärzte anstelle von Empfehlungen von Richtlinien, während z.B. in Sachsen der Text der MBO unverändert übernommen wurde.

(ii) Richtlinien der Landesärztekammern

Neben der BÄK erlassen auch die 17[80] (Landes-)Ärztekammern verbindliche Richtlinien[81]. Die Verbindlichkeit ergibt sich aus dem rechtlichen Status der Kammern. Diese können als Körperschaften des öffentlichen Rechts im Rahmen ihres Satzungsrechts rechtsverbindliche Normen für Ihre Mitglieder aufstellen.[82]

Die Richtlinien der Ärztekammern haben in erster Linie die Qualitätssicherung und Einheitlichkeit der Behandlung zum Ziel. Bei Nichtbeachtung dieser Richtlinien drohen dem Arzt berufsrechtliche Konsequenzen vor dem zuständigen Berufsgericht, die je nach einschlägigem Heilberufe(kammer)gesetz von Warnung und Verweis über Geldstrafen bis zur – jedenfalls in der Theorie – Feststellung der Unwürdigkeit zur Ausübung des Berufs[83] reichen.

(iii) Zwischenergebnis

Richtlinien der Ärztekammern unterschieden sich nicht nur in ihrem Rechtsgeltungsanspruch von Leitlinien. Inhaltlich fehlt Richtlinien die logische Entscheidungs- und Handlungsbezogenheit auf den Behandlungsfall wie dies bei Leitlinien der Fall ist. Richtlinien der BÄK und LÄKs beinhalten zwar einen

---

79 Die MBO ist ein unverbindliches Muster welches von den einzelnen Ärztekammern als Satzung umgesetzt werden muss um Rechtswirksamkeit zu erlangen. Die MBO wurde bisher von den Landesärztekammern in großen Teilen unverändert übernommen.

80 In NRW existieren mit der Ärztekammer Nordrhein und der Ärztekammer Westfalen-Lippe historisch bedingt zwei Ärztekammern.

81 z.B. die „Richtlinie zur Durchführung der assistierten Reproduktion gemäß § 13 und Kapitel D II Nr. 4 der Berufsordnung der Nordrheinischen Ärztinnen und Ärzte" der Ärztekammer Nordrhein, die gemäß § 13 BO NRW für die Mitglieder verbindlich ist.

82 z.B. gem § 23 Abs. 1 Heilberufsgesetz NRW; So auch *Uhl*, S. 150.

83 Siehe z.B. § 60 Heilberufsgesetz NRW. Bei dieser Feststellung handelt es sich nicht um einen Widerruf der Approbation. Diesen kann nur die Approbationsbehörde vollziehen, § 5 Abs. 2 BÄO. Nicht eingegangen werden kann an dieser Stelle auf die (hoch umstrittene) Frage der verfassungsrechtlichen Legitimation einer Feststellung der Unwürdigkeit zur Ausübung des Berufs durch ein Berufsgericht.

Handlungskorridor bezogen auf die Behandlungssituation. Dieser ist aber stärker administrativer Struktur als in klinischen Leitlinien.[84]

b) Empfehlungen der BÄK/KBV

Von der BÄK und der Kassenärztlichen Bundesvereinigung (KBV) werden Empfehlungen verabschiedet. Diese haben – im besten Wortsinne – nur empfehlenden Charakter. Die BÄK führt dazu aus: *„Empfehlungen ... wollen die Aufmerksamkeit der Ärzteschaft und der Öffentlichkeit auf änderungsbedürftige und beachtenswerte Sachverhalte lenken."*[85]

c) Empfehlungen des RKI

Das Robert Koch-Institut (RKI) ist ein Bundesinstitut im Geschäftsbereich des Bundesministeriums für Gesundheit. Seine Kernaufgaben sind die Erkennung, Verhütung und Bekämpfung von Krankheiten, insbesondere der Infektionskrankheiten.[86] Es wird im Auftrag des Gesetzgebers in verschiedenen Bereichen, in erster Linie beratend und durch die Veröffentlichung von Empfehlungen, tätig. Diese Tätigkeit wird z.B. im Infektionsschutzgesetz (IfSG) normiert.

Am bekanntesten dürften in diesem Bereich die Empfehlungen der Ständigen Impfkommission am Robert-Koch-Institut (STIKO) nach § 20 Abs. 2 IfSG sein. Nach § 20 Abs. 3 IfSG soll die jeweilige oberste Landesgesundheitsbehörde „öffentliche Empfehlungen für Schutzimpfungen oder andere Maßnahmen der spezifischen Prophylaxe auf der Grundlage der jeweiligen Empfehlungen der Ständigen Impfkommission aussprechen". Nach § 20 Abs. 4 IfSG kann das BMG durch Rechtsverordnung die Träger der GKV verpflichten, die Kosten für bestimmte Impfungen zu übernehmen. Schließlich kann für bestimmte Bevölkerungsgruppen nach § 20 Abs. 6 IfSG, eine Impfpflicht durch Rechtsverordnung erfolgen. Darüber hinaus sind die Empfehlungen der STIKO gemäß § 20d Abs. 1 SGB V Grundlage für die Richtlinien des G-BA, in denen Schutzimpfungen als Leistung der gesetzlichen Krankenversicherung bestimmt werden. Versäumt der G-BA die dreimonatige Umsetzungsfrist, ist die Empfehlung der STIKO bis zu einer Entscheidung des G-BA aus sich heraus verbindlich, § 20d Abs. 1 S. 5 SGB V. Somit kommt den Empfehlungen der STIKO hohe Bedeutung zu.

---

84 Die Richtlinien zur prädiktiven genetischen Diagnostik vom 14. 2. 2003, DÄBl. 2003, 100(19), A 1297–1305, geben z.B. Inhalt und Umfang der Aufklärung oder Aufbewahrungsfristen vor.

85 BÄK, www.bundesaerztekammer.de/page.asp?his=0.7 (Stand 23.04.2011).

86 RKI; www.rki.de/cln_178/nn_205760/DE/Content/Institut/institut__node.html?__nnn=true (Stand: 23.04.2011).

3 Abgrenzung zu Unfallverhütungsvorschriften

Unfallverhütungsvorschriften sind als Satzung erlassenes autonomes Verbandsrecht der gesetzlichen Unfallversicherung auf Basis des § 15 SGB VII, die jedoch der Genehmigung durch das zuständige Bundesministerium nach § 15 Abs. 4 SGB VII bedürfen. Sie können zur Konkretisierung der allgemeinen Verkehrssicherungspflicht des Unternehmers herangezogen werden, da sie auf langjähriger Erfahrung mit betrieblichen Unfallrisiken aufbauen.[87]

Jedoch bieten diese Vorschriften keine abschließende Regelung. Die Anforderungen des Deliktsrechts können über diejenigen des berufsgenossenschaftlichen Satzungsrechts hinausgehen.[88] Für solche Gefahren jedoch, die von der jeweiligen Vorschrift erkannt und (vermeintlich) abgedeckt sind, bieten sie insoweit eine abschließende Regelung, als dass ihre Einhaltung den Schuldvorwurf entfallen lässt.[89] Auf der anderen Seite führt ein Verstoß gegen Vorgaben einer Unfallverhütungsvorschrift zu einem Vermuten dahingehend, dass die eingetretene Rechtsgutverletzung auf diesem Verstoß beruht; eine Beweislastumkehr hinsichtlich der haftungsbegründenden Kausalität greift ein[90] – vergleichbar einem festgestellten groben Behandlungsfehler. In Bezug auf das Verschulden wird dieses im Wege des Anscheinsbeweises als erwiesen angesehen, wenn ein objektiver Verstoß gegen Unfallverhütungsvorschriften feststeht.[91]

Damit kommt den Unfallverhütungsvorschriften eine erhebliche Bedeutung und ein hoher Grad an formeller Verbindlichkeit zu. Ihr Anwendungsbereich gilt als eröffnet, sobald das Verhalten von der Zielrichtung der Vorschrift erfasst wird. Zwar stellen sie keine – einem Gesetz vergleichbare – absoluten Vorgaben auf. Aufgrund der Beweislastregeln kommt ihnen jedoch ein hohes Maß an Verbindlichkeit zu. Mithin sind Unfallverhütungsvorschriften im täglichen Leben für die Betroffenen quasiverbindlich.

---

87 BGH, Urt. v. 15.07.2003 – VI ZR 155/02 – RN 11 = VersR 2003, 1319f. = NJW-RR 2003, 1459.

88 BGH, Urt. v. 15.07.2003 – VI ZR 155/02 – RN 11 = VersR 2003, 1319f. = NJW-RR 2003, 1459.

89 BGH, Urt. v. 15.07.2003 – VI ZR 155/02 – RN 11 = VersR 2003, 1319f. = NJW-RR 2003, 1459.

90 RG, Urt. v. 03.04.1919 – VI 11/19 = RGZ 95, 238, 239; RG, Urt. v. 28.04.1930 – VI 458/29 – = RGZ 128, 320, 329; BGH, Urt. v. 10.11.1954 – VI ZR 154/53 = VersR 1955, 105, 106; BGH, Urt. v. 03.02.1961 – VI ZR 49/60 – = VersR 1961, 419, 420; BGH, Urt. v. 20.06.1978 – VI ZR 15/77 – = NJW 1978, 2032, 2033; BGH, Urt. v. 14.12.1993 – VI ZR 271/92 – = NJW 1994, 945, 946; OLG Hamm NJW-RR 1998, 1328, 1329.

91 BGH VersR 1956, 435; 1955, 105, 106; BGH, Urt. v. 13.07.1965 – VI ZR 73/64 – = 1965, 1055, 1056; MüKo-*Wagner*, 5. Aufl. 2009, § 823 RN 283, 325.

4 Abgrenzung zu technischen Regeln

Große faktische Bedeutung in ihrem Anwendungsbereich kommt auch den technischen Normen im weiteren Sinne, insbesondere den sogenannten DIN-Normen des DIN e.V. und den im Bereich des Immissionsschutzes nach § 48 BImSchG erlassenen Verwaltungsanweisungen TA Lärm und TA Luft, zu.

a) Verwaltungsvorschriften

Die soeben angesprochenen Verwaltungsvorschriften „Technische Anleitung zum Schutz gegen Lärm" (TA Lärm) und „Technische Anleitung zur Reinhaltung der Luft" (TA Luft) konkretisieren die Anforderungen des BImSchG hinsichtlich ihrer Anwendungsbereiche.[92] Streng genommen haben solche Verwaltungsvorschriften unmittelbar bloße Innenwirkung, d.h. sie binden die Verwaltung, sofern sie nicht rechtswidrig sind.[93] Insbesondere die hier angesprochenen TA Luft und TA Lärm haben aber auch eine erhebliche Außenwirkung. Sie werden als normenkonkretisierende Verwaltungsvorschriften eingestuft[94] und haben somit im Gegensatz zu normeninterpretierenden Verwaltungsvorschriften auch für die Gerichte in bestimmten Grenzen eine verbindliche Wirkung.[95]

Sowohl aufgrund dieser die Gerichte bindenden Wirkung als auch insbesondere aufgrund der jeweils vorhandenen gesetzlich Grundlage (z.B. § 48 BImSchG) ist eine Vergleichbarkeit zwischen Leitlinien und Verwaltungsvorschriften nicht gegeben.

b) Normen privater Institutionen, insbesondere DIN-Normen

Neben den soeben beschriebenen staatlichen oder jedenfalls staatlicherseits in Bezug genommenen technischen Regeln existieren eine Vielzahl technischer und sonstiger Regeln in Form von Normen privater Institutionen.

aa) Kurzer geschichtlicher Abriss der privaten Normung

Die Geschichte der privaten Normung heutiger Prägung geht zurück auf die industrielle Revolution seit der Mitte des vorvergangenen Jahrhunderts.[96] Durch die industrielle Fertigung war es erstmals möglich, vollständig identische Teile in hoher Stückzahl zu produzieren. Damit bestand die Notwendigkeit, Form und Beschaffenheit dieser Teile zu bestimmen, um ihre Austauschbarkeit zu gewährleisten.

---

92 *Jarass*, BImSchG, § 48 RN 14.

93 *Jarass*, BImSchG, § 48 RN 41.

94 *Jarass*, BImSchG, § 48 RN 42.

95 BVerwG Urt. v. 20.12.1999 7 C 15/98 RN 9 = BVerwGE 110, 216,218; BVerwG, Beschl. v. 10.01.1995 – 7 B 112/94; BVerwG, Beschl. v. 21.03.1996 – 7 B 165/95.

96 *Terner*, Vereinsklassenabgrenzung, S. 146 m.w.N.

Die zuvor bestehenden technischen Regeln bezogen sich nicht auf Form und Beschaffenheit einzelner Teile sondern auf Qualität und Herstellungsmethoden handwerklicher Technik und wurde durch die bis ins ausgehende 19. Jahrhundert bestehenden Zünfte geschaffen, die deren Einhaltung jedenfalls in ihrer Blütezeit im Spätmittelalter und früher Neuzeit autonom kontrollierten.[97]

Die nunmehr im Verlauf der Industrialisierung aufkommende Normierung war ebenfalls privatwirtschaftlich motiviert und betrieben und wurde zunächst vom 1856 gegründeten Verein deutscher Ingenieure (VDI), später auch von weiteren Vereinigungen, betrieben.[98]

bb) Das DIN Deutsches Institut für Normung e.V.

Trotz dieser Entwicklung war diese Normierungsarbeit Anfang des 20. Jahrhunderts noch nicht koordiniert, es bestanden für einen Gegenstand unterschiedliche Normen.[99] Zur Koordinierung der Rüstungsindustrie wurde am 18.05.1917 der „Normalienausschuß für den allgemeinen Maschinenbau beim VDI" gegründet,[100] der als eingetragener Verein ab 1926 unter dem Namen Deutscher Normenausschuß" (DNA) arbeitete, bevor er 1975 seinen heutigen Namen erhielt.[101]

(i) Kooperationsvertrag zwischen DIN e.V. und Bundesrepublik Deutschland

Obwohl die völlige Unabhängigkeit des DIN bzw. seiner Vorgänger von staatlicher Einflussnahme anfänglich als erstrebenswert galt und die Schaffung einer Behörde abgelehnt wurde,[102] wuchs die praktizierte enge Kooperation zwischen DIN und Staat stetig.[103] 1975 wurde schließlich ein öffentlich-rechtlicher Kooperationsvertrag zwischen DIN e.V. und der Bundesrepublik Deutschland abgeschlossen (DIN-BRD-Vertrag), der die Rechtsbeziehungen der Vertragspartner regelt.[104] Von einer zunächst präferierten gesetzlichen Regelung in Form eines „Normenorganisationsgesetzes" wurde abgesehen.[105] In diesem Vertrag erkennt die Bundesrepublik Deutschland[106] den DIN e.V. *„als die zuständige Normenorganisation*

---

97 *Marburger*, Die Regeln der Technik im Recht, S. 149 m.w.N.
98 *Terner*, Vereinsklassenabgrenzung, S. 147.
99 *Terner*, a.a.O.
100 *Marburger*, Die Regeln der Technik im Recht, S. 197; *Terner*, S. 148.
101 *Marburger*, Die Regeln der Technik im Recht, S. 197; *Terner*, S. 148.
102 *Terner*, S. 149.
103 *Terner*, S. 151.
104 Beil. zum BAnz. Nr. 114 v. 27.06.1975, abrufbar im Internet unter: www.din.de/sixcms_upload/media/2896/Vertrag_BRD_DIN.pdf und www.delegibus.com/2004,7.pdf (nebst offizieller Erläuterungen der Vertragsparteien) (Stand: jeweils 27.05.2013).
105 *Marburger*, Die Regeln der Technik im Recht, S. 204.
106 Vertragspartner sind das DIN e.V. und die Bundesrepublik Deutschland. Anderslautende Formulierungen in der Literatur nach denen Vertragspartner auf staatlicher

für das Bundesgebiet ... sowie als die Nationale Normenorganisation in nichtstaatlichen Internationalen Normenorganisationen an", § 1 Abs. 1.[107] Weiter erklärt die Bundesrepublik ihre Absicht, die Normungsarbeit wie bisher auch weiterhin mit Haushaltsmitteln zu fördern, § 1 Abs. 3, und verpflichtet sich, eine Liste der neu erschienenen DIN-Normen und Normentwürfe im Bundesanzeiger zu veröffentlichen, § 9. Im Gegenzug verpflichtet sich das DIN, *„bei seinen Normungsarbeiten das öffentliche Interesse zu berücksichtigen"*, § 1 Abs. 2, und der Bundesregierung auf Antrag Sitze in den Lenkungsgremien der Normausschüsse einzuräumen, sowie die *„jeweils in Betracht kommenden behördlichen Stellen bei der Durchführung der Normungsarbeit zu beteiligen"*, § 2. *Marburger*[108] weist darauf hin, dass tatsächlich Vertreter der Bundesrepublik in dieser Funktion nicht – wie vertraglich vereinbart – nur in den Lenkungsgremien, sondern darüber hinaus auch im Präsidium des DIN e.V. sowie in den Normenausschüssen vertreten sind.[109] Weiter verpflichtet sich das DIN, *„Anträge der Bundesregierung auf Durchführung von Normungsarbeiten, für die von der Bundesregierung ein öffentliches Interesse geltend gemacht wird, bevorzugt zu bearbeiten"*, § 4 Abs. 1. Gegenseitige Informationspflichten werden in § 5 des Vertrages begründet.

(ii) Bedeutung des Kooperationsvertrages

Die Bedeutung des Kooperationsvertrages insbesondere auch für die Legitimationskraft von Leitlinien ist nicht zu unterschätzen.

Die gewählte Vertragsform zur Konkretisierung und Verstetigung der bestehenden Kooperation zwischen Staat und DIN e.V. wurde als Muster für vergleichbare Vereinbarungen, etwa auf europäischer Ebene, gewählt. So besteht ein vergleichbarer Kooperationsvertrag zwischen der Europäischen Union und dem Europäischen Normungsinstitut CEN/CENELEC/ETSI.[110]

Auch wenn zurecht immer wieder betont wird, dass DIN-Normen nicht aus sich heraus (rechtlich) verbindlich sind,[111] ist ihre bereits zuvor bestehende erhebliche

Seite, „die Bundesregierung" oder auch „das Bundeswirtschaftsministerium" seien, sind auf die ungenaue Wortwahl im Vertragstext zurückzuführen, der die richtige Parteibezeichnung allein im Titel verwendet.

107 Beil. zum BAnz. Nr. 114 v. 27.06.1975, abrufbar im Internet unter: www.din.de/sixcms_upload/media/2896/Vertrag_BRD_DIN.pdf und www.delegibus.com/2004,7.pdf (nebst offizieller Erläuterungen der Vertragsparteien) (Stand: jeweils 27.05.2013).

108 *Marburger*, Auszug aus den DIN-Mitteilungen 8 – 2005, 10, 13.

109 Zwar stehen diesen bei Abstimmungen keine statuierten Sonderrechte – etwa in Form eines Vetorechts zu, der Einfluss des Staates auch auf den Inhalt der Normen ist aber nicht zu übersehen.

110 *Reihlen*, Auszug aus den DIN-Mitteilungen 8 – 2005, 7, 9.

111 So zu Recht anstatt Vieler: *Marburger*, Auszug aus den DIN-Mitteilungen 8 – 2005, 10, 11.

rechtliche wie faktische Bedeutung insbesondere durch das aufgrund von § 1 Abs. 1 DIN-BRD-Vertrag begründete Exklusivverhältnis[112], erneut gestärkt worden.

Die Hauptleistungspflichten sind von Seiten der Bundesrepublik die Anerkennung des DIN e.V. als primus inter pares, § 1 Abs. 1, sowie die Verpflichtung zur dauernden[113] finanziellen Unterstützung der Arbeit des DIN e.V., § 1 Abs. 3; von Seiten des DIN e.V. sind es die Verpflichtung zur Wahrung des öffentlichen Interesses bei der Normarbeit, § 1 Abs. 2, und die Einräumung von Mitentscheidungsrechten, § 2.

Von herausgehobener Bedeutung im hier interessierenden Zusammenhang ist daneben das Recht des Staates, auf die vorgezogene Erstellung bestimmter als dem öffentlichen Interesse entsprechend bezeichneter Normen zu bestehen und die Pflicht des DIN e.V. Normen, die im Widerspruch zu staatlichen Regelungen stehen, „anzupassen, zurückzuziehen oder nicht herauszugeben", § 4 Abs. 4. Diese vertraglichen Regelungen, verbunden mit dem vertraglichen Recht, Behördenvertreter in die Lenkungsgremien und die Normenausschüsse zu entsenden,[114] sowie der finanziellen Unterstützung, die bis zu 75% der Kosten im Einzelfall deckt,[115] bedeutet eine erhebliches faktisches Einflusspotential des Staates, nicht nur auf die Methodik der Normerstellung, sondern auch auf den Inhalt der Normen.

---

112 Zwar wurde keine Exklusivität dahingehend vereinbart, dass der Staat ausschließlich mit dem DIN e.V. kooperieren wird, dies schon aus rechtsstaatlichen Gründen. Die Formulierung in § 1 Abs. 1, „Die Bundesregierung erkennt das DIN Deutsches Institut für Normung e.V. ... als die zuständige Normenorganisation für das Bundesgebiet ... sowie als die Nationale Normenorganisation in nichtstaatlichen Internationalen Normenorganisationen an", lässt aber keinen Zweifel an der besonderen Rolle, die das DIN e.V. auch aus Sicht des Staates einnimmt und weiter einnehmen soll.

113 *Marburger,* Auszug aus den DIN-Mitteilungen 8 – 2005, 10, 13, weißt zurecht darauf hin, dass die nach Vertragswortlaut unverbindliche Finanzierungszusage aus dem Gesichtspunkt des Vertrauensschutzes tatsächlich im Rahmen des Angemessenen bindend ist. Ob dieses Vertrauen durch eine Kündigung des Vertrages wirksam zerstört werden kann, kann an dieser Stelle dahinstehen.

114 § 2 Abs. 1 sieht eine Entsendung in die Lenkungsgremien vor. Nach § 9 der Satzung des DIN e.V. (abrufbar unter www.din.de/sixcms_upload/media/2896/Satzung.69883.pdf (Stand: 28.05.2013)) soll jeder Normenausschuss einen eigenen Lenkungsausschuss haben. Die Erläuterung zu § 2 erklärt, dass Behördenvertreter sowohl in den Lenkungs- als auch in den Arbeitsgremien tätig sein sollen.

115 Gemäß dem sogenannten „Töpfervertrag", einer vertraglichen Vereinbarung zwischen dem Bundesminister für Umwelt, Naturschutz und Reaktorsicherheit und dem DIN e.V., gestützt auf § 10 Abs. 1 DIN-BRD-Vertrag, übernimmt das BMU 75% der Kosten der „Koordinierungsstelle Umweltschutz" beim DIN (§ 2 der Vereinbarung) sowie bis zu 75% der Kosten des Normenausschuss Grundlagen des Umweltschutzes (NAGUS), § 3 Vereinbarung). Allein das Bundesumweltministerium, so *Troge,* Auszug aus den DIN-Mitteilungen 8 – 2005, 15, fördert das DIN jährlich mit einer Summe von ca. 3,5 Mio. EUR. *Troge,* a.a.O. betont weiter, dass mit direkter Beteiligung des BMU mehrere hundert Normen entstanden seien.

Insgesamt belaufen sich die finanziellen Beiträge der öffentlichen Hand auf ca. 13 % des DIN-Budgets, ca. 25% trägt die Privatwirtschaft, 62% speisen sich schließlich aus Eigenmitteln, insbesondere dem Verkauf von Normen über den Beuth-Verlag.[116] Die Normungsaktivitäten sind formell sowohl dem Einfluss des Staates[117] als auch dem des DIN e.V.[118] entzogen. Da der Staat seine Beiträge jedoch zweckgebunden in den Gebieten leistet, in denen er ein „öffentliches Interesse“[119] erkennt, entfalten diese Beiträge dort auch gezielt Steuerungswirkung.[120] Allein die Tatsache, dass ein gewichtiger Finanzier der Normungsarbeit verlangen kann[121], dass zu einem bestimmten Thema eine Norm erstellt wird, hat Einfluss auch auf den Inhalt der Norm. Durch entsprechenden thematischen Zuschnitt ist es möglich, das Ergebnis der Normenarbeit zu beeinflussen. Die finanzielle Beteiligung des

---

116 *Terner*, S. 173f.

117 Der DIN-BRD-Vertrag verhält sich allein zu der Methodik der Normerstellung, nicht zu deren Inhalt.

118 *Terner*, S. 160, führt aus, „ an der Normungsaktivität als solcher ist das DIN nicht beteiligt, über den materiellen Inhalt der technischen Regeln entscheidet allein der zuständige Ausschuss.“

119 *Marburger*, Auszug aus den DIN-Mitteilungen 8 – 2005, 10, 12, weist zwar zurecht darauf hin, dass „öffentliches Interesse“ im Sinne des Vertrages nicht etwa „die Interessen der Bundesrepublik Deutschland“ sind, sondern das auf das Gemeinwohl gerichtete Interesse der Allgemeinheit ist. Da jedoch der Staat nach § 4 Abs. 1 bestimmt, ob ein öffentliches Interesse besteht, ist eine objektive Festlegung nicht garantiert.

120 *Terner*, S. 174.

121 § 4 Abs. 1 DIN-BRD-Vertrag spricht zwar nur davon, dass Anträge der Bundesrepublik prioritär zu bearbeiten sind, was grundsätzlich auch eine Ablehnung des Normungsantrages miteinschließt (Siehe hierzu DIN 820 sieht bei Ablehnung ein Einspruchsverfahren beim Präsidium des DIN e.V. vor). Dennoch ist bei einem Antrag der Bundesrepublik nach § 4 Abs. 1 DIN-BRD-Vertrag davon auszugehen, dass eine Ablehnung nicht vorgesehen ist. Andernfalls sind die in § 4 Abs. 1 S. 2 und in den Absätzen 2 – 4 enthaltenen Vorgaben nicht zu verstehen. Nach § 4 Abs. 1 S. 2 DIN-BRD-Vertrag kann eine Frist vereinbart werden, bis zu der die „Normungsarbeit“, und nicht etwa die Entscheidung über das ob der Normung, abgeschlossen sein muss. Die Abs. 2 – 4 regeln das Verhalten während des Fristlaufs und für den Fall der Fristversäumnis. Auch aus den zum Vertrag gehörenden Erläuterungen (§ 10 Abs. 3 DIN-BRD-Vertrag) lässt sich der Wille der Vertragsparteien entnehmen, dass eine Ablehnung des Normungsantrags nicht vorgesehen ist. Die Sätze 1 und 2 der Erläuterung zu § 4 lauten: „*Die Regelung sieht ein bestimmtes Verfahren vor, wenn die Bundesregierung die Erarbeitung einer Norm wünscht. Falls die Bundesregierung die Absicht hat, sich einer DIN-Norm zu bedienen, muss das DIN bei vorliegendem öffentlichem Interesse im Einvernehmen der Vertragspartner gesetzte Fristen einhalten.*“ Damit stellen die Vertragsparteien klar, dass auf Antrag der Bundesrepublik ein Normungsverfahren abweichend von dem üblichen Ablehnungsrecht des DIN e.V. zu erfolgen hat.

Staates an der Arbeit des DIN e.V. ist – insbesondere aufgrund der bestehenden Zweckbestimmung der Mittel – anfällig für eine inhaltliche Einflussnahme.

(iii) Das Normungsverfahren

Das Normungsverfahren des DIN e.V. ist in DIN 820, insbesondere Teil 4 „Normungsarbeit; Geschäftsgang“, detailliert niedergelegt. Daraus ergeben sich zehn wesentliche Grundsätze des Normungsverfahrens:[122]

1. *Freiwilligkeit*: die Normungsarbeit erfolgt auf Basis freiwilliger Mitarbeit, die spätere Anwendung ist ebenfalls nicht verpflichtend.
2. *Öffentlichkeit*: Normungsvorhaben werden öffentlich bekannt gegeben, um Mitarbeit und Interessenwahrung zu ermöglichen.
3. *Beteiligung aller interessierten Kreise*: Jeder ist zur Mitarbeit eingeladen.
4. *Öffentliches Interesse*: Die Normung hat sich an ihrem Nutzen für die Allgemeinheit zu orientieren. Gesamtgesellschaftliche Zusammenhänge sind zu berücksichtigen.
5. *Sachbezogen*: DIN-Normen sollen die Wirklichkeit, also den Stand der Technik in Wissenschaft und Praxis, wiedergeben und nicht Meinungen oder Weltanschauungen.
6. *Konsens*: Konsens des Normenausschusses ist oberstes Gebot. Anstelle von zu vermeidenden formellen Abstimmungen soll Verständigung erreicht werden.
7. *Stand der Technik*: Die Normen sollen den aktuellen Stand der Technik umfassend darstellen.
8. *Wirtschaftliche Gegebenheiten*: Nur solche Normen, an denen ein wirtschaftliches Interesse besteht, sollen erstellt werden. Normung ist Mittel zum Zweck, nicht Selbstzweck.
9. *Einheitlichkeit des Deutschen Normwerks*: Die Gesamtheit der DIN-Normen muss einheitlich und widerspruchsfrei sein.
10. *Internationalität*: Internationale Normen stehen hierarisch über nationalen Normen, da das Ziel der Normung Schaffung und Sicherung eines freien Welthandels ist.[123]

Ziel dieser „Leitsätze der Normungsarbeit“ ist es, den so entstandenen Normen, auch ohne normative Wirkung im strengen juristischen Sinne, eine möglichst hohe Legitimationskraft zu verschaffen und damit Geltung z.B. als „anerkannte Regeln der Technik“ oder „Stand der Technik“ zu verschaffen.[124]

---

122 Im Einzelnen dazu: *Terner*, S. 165ff. m.w.N.

123 Zum Vorstehenden, *Terner, S. 165f.* Auf diese Grundsätze der Normungsarbeit, enthalten in DIN 820, verweist die Satzung des DIN explizit in § 9, abrufbar unter www.din.de/sixcms_upload/media/2896/Satzung.69883.pdf (Stand: 28.05.2013).

124 *Terner*, S. 167.

Der Entstehungsprozess von DIN-Normen ist in DIN 820 detailliert geregelt. Danach kann jedermann beim zuständigen Normenausschuss oder der Geschäftsstelle des DIN e.V. einen Antrag stellen, der nach Möglichkeit bereits einen Normvorschlag enthalten soll.[125] Der erhebliche Aufwand, der mit der Erstellung eines solchen Normenvorschlags verbunden ist, schränkt den Kreis derer, die faktisch dafür in Betracht kommen, erheblich ein. Zudem ist eine nicht unerhebliche Beeinflussung der späteren Norm zu befürchten, wenn interessengeleitete Gruppen entsprechend formulierte Vorschläge unterbreiten.

Bei Annahme des Antrages erstellt der zuständige Arbeitsausschuss einen Rohentwurf, die sogenannte Norm-Vorlage.[126] Auf dessen Basis wird sodann vom Ausschuss ein Norm-Entwurf erstellt und nach Prüfung auf Einhaltung der methodischen Vorgaben durch die Normprüfungsstelle[127] von der Beuth-Vertrieb GmbH veröffentlicht[128]. Sodann schließt sich eine öffentliche Konsultationsphase von regelmäßig vier Monaten an, während derer jedermann Stellung nehmen kann.

Bei Erledigung aller Einwendungen wird der finale Norm-Entwurf vom Arbeitsausschuss an die Normprüfungsstelle weitergeleitet. Diese nimmt den Entwurf nach erneuter Überprüfung im Auftrag des Präsidiums in das „Deutsche Normenwerk“ auf und veranlasst die Disseminierung.[129] Zuletzt wird das Erscheinen in den vereinseigenen Mitteilungen bekannt gegeben.[130]

Die Normenausschüsse und die Arbeitsausschüsse des DIN e.V. sind mit ehrenamtlichen Fachleuten besetzt. Diese müssen von den entsendenden Stellen „autorisiert und entscheidungsbefugt“ sein.[131] Die Normenausschüsse sind satzungsrechtlich Organe des DIN e.V., die Arbeitsausschüsse sind Hilfseinrichtungen dieser.[132] Die entsendenden Stellen sind die Mitglieder des DIN e.V.; Mitglied können nur Unternehmen und juristische Personen werden.[133] Bei der Zusammensetzung der Arbeitsausschüsse müssen die interessierten Kreise (z.B. aus Handel, Handwerk, Industrie, Wissenschaft, Verbraucherschutz etc.) in einem angemessenen Verhältnis vertreten sein, über das in Streitfällen das Präsidium des DIN

---

125 *Marburger*, Die Regeln der Technik im Recht, S. 200.
126 DIN 820, Bl. 4 Nr. 2.2.1.
127 DIN 820, Bl. 4 Nr. 2.3.2.
128 DIN 820, Bl. 4 Nr. 2.4.1.
129 DIN 820, Bl. 4 Nr. 2.5.1 – 2.6.2.
130 DIN 820, Bl. 4 Nr. 8.
131 DIN 820, Bl. 1 Nr. 3.4.
132 Zu der Organstellung der Normenausschüsse gibt es unterschiedliche Ansichten. Da diese Frage für die vorliegende Arbeit unerheblich ist, kann sie dahinstehen. Zur Problematik siehe *Marburger*, Die Regeln der Technik im Recht, S. 199 und *Terner*, S. 164, FN 612, jeweils m.w.N.
133 § 2 Abs. 1 Satzung DIN e.V., abrufbar unter www.din.de/sixcms_upload/media/2896/Satzung.69883.pdf (Stand: 28.05.2013).

e.V. entscheidet.[134] 2003 gab es 76 Normausschüsse und 3.306 Arbeitsausschüsse; in diesen Ausschüssen des DIN arbeiteten ca. 34.000 ehrenamtliche Mitarbeiter.[135]

cc) Bedeutung von DIN-Normen

Dieses Ziel der Normungsarbeit, eine möglichst hohe Legitimationskraft der erstellten Normen zu erreichen, ist so richtig wie ehrenwert. Privatrechtlich erstellten Normen kommt ohne Inkorporation durch den Gesetzgeber keine unmittelbare rechtliche Verbindlichkeit zu, da ihnen der Geltungsgrund fehlt.[136] Faktisch besitzen DIN-Normen aber eine erhebliche rechtliche Bedeutung,[137] nicht zuletzt durch die häufige Inbezugnahme durch Gesetze und Verordnungen mittels Verweisung oder als Erkenntnisquelle für Behörden und Gerichte.

Die Rechtsnatur von DIN-Normen wird regelmäßig sowohl im Zivil- als auch im Verwaltungsgerichtsprozess virulent. In der Regel liegt die zu beantwortende Frage im Bereich der Beweiswirkung von DIN-Normen.

(i) Verwaltungsrecht

Das Bundesverwaltungsgericht steht auf dem – zutreffenden – Standpunkt, dass DIN-Normen[138] und auch sonstige technische Regelwerke[139] keine eigenständige rechtliche Verbindlichkeit aufweisen und ihr Inhalt nur nach Rezeption durch den Gesetzgeber verbindlich wird. Dies ist bei DIN-Normen insoweit in Abgrenzung zu den erwähnten Verwaltungsvorschriften regelmäßig nicht der Fall. Solche technische Regelwerke dürfen aber im Einzelfall als tatrichterliche Orientierungshilfe herangezogen werden.[140] Jedoch, so das BVerwG, sei der Inhalt von DIN-Normen mit Vorsicht zu bewerten, da die Zusammensetzung der Normenausschüsse durch Lobbygruppen geprägt sei und daher Partikularinteressen Einfluss auf diese nehmen könnten.[141]

(ii) Zivilrecht

Zivilrechtlich ist zu klären, ob DIN-Normen den objektiv-typisierenden Sorgfaltsmaßstab definieren.

---

134 DIN 820, Bl. 1 Nr. 3.4.

135 *Terner*, S. 164.

136 S.u., Punkt B.III.1. umfassend dazu auch: *Marburger*, Die Regeln der Technik im Recht, S. 330ff.

137 *Marburger*, Auszug aus den DIN-Mitteilungen 8 – 2005, 10, 11.

138 BVerwG, Beschl. v. 30.09.1996 – 4 B 175.96 – = NVwZ 1997, 214, 215, RN 3, 5 (nach juris).

139 BVerwG, Beschl. v. 28.07.2010 – 4 B 29.10 – RN 3 (nach juris) m.w.N.

140 BVerwG, Beschl. v. 28.07.2010 – 4 B 29.10 – RN 3 (nach juris) m.w.N.

141 BVerwG, Urt. v. 22.05.1987 – 4 C 33–35.83 – RN 19 = BVerwGE 77, 285.

Der BGH beantwortet diese Frage uneinheitlich. Zunächst sieht der VI. Zivilsenat des BGH wie das BVerwG[142] keine unmittelbare rechtliche Verbindlichkeit von DIN-Normen und erkennt zunächst, dass DIN-Normen nicht zwingend den Stand der Technik wiedergeben.[143] Ein Jahr später ist derselbe Zivilsenat jedoch der Ansicht, dass genau dies, die Wiedergabe des Standes der Technik durch DIN-Normen gegeben sei.[144] Schließlich geht der V. Zivilsenat unter Bestätigung dieser Konstitutivwirkung von DIN-Normen davon aus, dass bei der Verletzung einer DIN-Norm eine widerlegliche Kausalitätsvermutung für den eingetretenen Schaden zugunsten des Klägers streitet.[145] Anderer Ansicht ist hingegen der VII. Zivilsenat des BGH, der für das private Baurecht feststellt, dass *„die bloße Beachtung der DIN- Normen nicht besagt, daß damit den anerkannten Regeln der Technik genügt ist.“*[146]

Von besonderer praktischer Bedeutung für die vorliegende Arbeit ist diese Rechtsprechung des BGH auch, weil der mit der Frage der Bedeutung von DIN-Normen betraute VI. Zivilsenat des BGH, der eine Verbindlichkeit von DIN-Normen annimmt, auch mit dem Arzthaftungsrecht betraut ist und daher auch die dieser Arbeit unter anderem zugrundliegende Frage der (haftungsrechtlichen) Verbindlichkeit von medizinischen Leitlinien maßgeblich zu beantworten hat. Diese Frage hat der VI. Zivilsenat unterdessen auch (und wohl vorerst abschließend) beantwortet. Nach seiner aktuellen Rechtsprechung gilt für Leitlinien, dass diese nicht unbesehen mit dem medizinischen Standard gleichgesetzt werden dürfen. Sie ersetzen kein Sachverständigengutachten.[147]

---

142 BVerwG, Urt. v. 22.05.1987 – 4 C 33–35.83 – RN 19 (nach juris) = BVerwGE 77, 285.

143 BGH, Urt. v. 10.03.1987 – VI ZR 144/86 –, RN 14ff.

144 BGH, Urt. v. 01.03.1988 – VI ZR 190/87 –, RN 10.

145 BGH, Urt. v. 19.04.1991 – V ZR 349/89 – = BGHZ 114, 273, 276; NJW 1991, 2021, 2022. „Werden bei der Aushebung und Sicherung einer Baugrube DIN-Normen nicht beachtet, so spricht eine widerlegliche Vermutung dafür, daß im örtlichen und zeitlichen Zusammenhang mit der Aushebung auf einem Nachbargrundstück entstandene Schäden auf die Verletzung der DIN-Normen zurückzuführen sind. Ein wegen der Schäden in Anspruch genommener Beklagter hat darzulegen und zu beweisen, daß die Schäden nicht auf die Verletzung der DIN-Normen zurückzuführen sind.“

146 BGH, Urt. v. 14.05.1998 – VII ZR 184/97 – RN 7, 13ff. (nach Juris) = BGHZ 139, 16–20; MDR 1998, 1026–1027. Unter RN 16 formuliert der VII. Senat sodann zutreffend: *„Maßgebend ist nicht, welche DIN-Norm gilt, sondern ob die Bauausführung zur Zeit der Abnahme den anerkannten Regeln der Technik entspricht. DIN-Normen können die anerkannten Regeln der Technik wiedergeben oder hinter diesen zurückbleiben.“*

147 BGH, Urt. v. 15.04.2014 – VI ZR 382/12 – = VersR 2014, 879–883. Siehe hierzu unten, Punkt B.III.2.b).

(iii) Parallelen zu Leitlinien

Die sich aufdrängende materielle Frage bei DIN-Normen und Leitlinien ist identisch: Sind sie aufgrund ihrer Systematik und Entstehung als qualitativ so hochwertig anzusehen, dass ihr Inhalt als aktuell geltender „Standard" anzuerkennen ist?

Hierbei gilt zu beachten, dass Zielsetzung des Normungsverfahrens beim DIN e.V. die Ausrichtung am und Wiedergabe des Standes der Technik sind. Dabei weißt jedoch der DIN e.V. selbst darauf hin[148], dass

> *„die Regeln für das Aufstellen der DIN-Normen zwar das Berücksichtigen des Standes der Technik verlangen, diese Forderung aber schon wegen der fortwährenden Weiterentwicklung in der Technik äußerst schwer zu realisieren ist".*

Weiter ist dabei zu beachten, dass – ähnlich der Leitlinienerstellung – die Erstellung einer DIN-Norm erhebliche Zeit beansprucht. Zwar bemüht sich der DIN e.V. um eine schnellere Ausarbeitung der Normen mit dem Ziel im Durchschnitt nicht mehr als 36 Monate zu benötigen. In der Vergangenheit dauerte die Erstellung aber durchschnittlich 70 Monate.[149]

Damit steht zunächst fest, dass auch DIN-Normen den Stand der Technik zunächst nicht konstitutiv bestimmen können. Andernfalls wäre eine Ausrichtung an diesem ausgeschlossen. Erreichbar ist eine deklaratorische Wiedergabe des aktuellen Standes der Technik. Aufgrund der erheblichen Erstellungszeit von mehreren Jahren ist aber auch dieses Ziel nicht durchgängig zu erreichen. Auch wenn man unterstellt, dass im Bereich der Technik die Entwicklung nicht in der gleichen Geschwindigkeit voranschreitet wie in der Medizin, wird es rein statistisch betrachtet zu jedem Zeitpunkt eine nennenswerte Zahl veralteter DIN-Normen geben. Dies kann nur dann anders sein, wenn DIN-Normen, aufgrund ihres hohen Ansehens und ihrer weiten Verbreitung den von ihnen einmal festgestellten Stand der Technik durch ihre reine Existenz konservierten. Damit würde aber ein fortschrittsfeindliches Element, das jeder Perpetuierung von Standards immanent ist, überbetont. Selbst die wohl bekannteste DIN-Norm, DIN 476[150], die das Papierformat (DIN A4 etc.) festlegte, schuf diese Norm nicht originär.[151] Ohne die

---

148 DIN e.V. Grundsätze für das Anwenden von DIN-Normen, Punkt II. 3., DIN Normenheft 10 abrufbar unter: www.din.de/sixcms_upload/media/2896/Grundsaetze%fuer%das%Anwenden%von%DIN-Normen.pdf

149 *Terner*, S. 166 FN 620 m.w.N.

150 DIN 476 ist nach Einführung der sie ersetzenden DIN EN ISO 216 seit 2002 nicht mehr existent.

151 Tatsächlich hatte *Porstmann*, der als Schöpfer des Papierformats mit dem Seitenverhältnis 1:√2 gilt, dieses System nicht als erster entdeckt. Bereits im postrevolutionären Frankreich soll, so das Goethe-Institut, dieses Seitenverhältnis durch das „Loi sur le timbre" eingeführt worden sein, mit identischen Bogengrößen. *Goethe-Institut*, A format Eine deutsche Erfindung, die den Alltag erleichtert, abrufbar unter: www.goethe.de/ins/se/prj/afo/evo/deindex.htm (Stand: 31.07.2013).

Normierung durch den DIN e.V. – so darf wohl unterstellt werden – wäre es aber zweifelhaft, ob das so gefundene einheitliche Format sich auch in der Weise durchgesetzt hätte wie geschehen. Mithin kann diese Norm, die in den 1970er Jahren auch international umgesetzt wurde,[152] als Beispiel für eine konstitutive Bestimmung des Standes der Technik herangezogen werden, sofern man die Bestimmung eines Papierformates als „Stand der Technik" in diesem Sinne verstehen will. Solche freischöpfenden Normierungen sind in Bezug auf die hier relevanten (klinischen) Leitlinien jedoch ausgeschlossen. Klinische Leitlinien haben immer die Behandlung von Patienten im Fokus. Dementsprechend können die Autoren von Leitlinien nicht – wie der damals tätige DIN-Normenausschuss – frei entscheiden, welche – übertragen auf die Medizin – Behandlungsweise die praktikabelste oder materialsparenste[153] ist, sondern sie müssen sich primär am Wohl des Patienten orientieren. Dennoch kann auch die in einer Leitlinie enthaltene Behandlungsmethode, die zum Zeitpunkt der Veröffentlichung noch nicht dem medizinischen Standard entsprach, im Verlauf der Zeit zu diesem avancieren.[154]

Der Stand der Technik kann damit nicht durch DIN-Normen verbindlich definiert werden. Das System der Erstellung von DIN-Normen beinhaltet zu viele Schwachstellen, an denen Bias[155] nicht ausgeschlossen werden kann. Es ist noch nicht einmal erforderlich, dass im Normen- oder Arbeitsausschuss aufgrund der Zusammensetzung bewusst Eigeninteressen von bestimmten Beteiligten oder der diese entsendenden Organisationen verfolgt werden. Entsprechende Beeinflussung kann auch unbewusst geschehen: z.B. weil der mit System X aufgewachsene Ingenieur, der dies im Rahmen seiner Tätigkeit bei der ihn in das den Arbeitsausschuss entsendenden Organisation Y erlernt hat und täglich praktiziert, das konkurrierende System Z bereits aufgrund fehlenden „Stallgeruchs" für unterlegen hält. Wenn aber System Z, das in unserem fiktiven Fall von einem kleinen Unternehmen entwickelt wurde, das keine Marktmacht besitzt und daher auch keine Lobby in dem entscheidenden Arbeitsausschuss besitzt, objektiv überlegen ist, wird es sich eventuell dennoch in der Praxis durchsetzen können. In diesem Fall entspräche die DIN-Norm nicht mehr dem Standard, sie hätte seine Entstehung jedoch verzögert. Die Interessen, neue Erkenntnisse nicht in DIN-Normen aufzunehmen, können erheblich sein. Eventuell erweisen sich bis dato lukrative Patente als überholt oder ganze Produktionsstraßen müssen angepasst werden. Unter Berücksichtigung

152 1975 wurde mit der ISO 216 eine entsprechende international Norm geschaffen.

153 Ein wichtiger Grund für den Erfolg des neuen Papierformats war unter anderem, dass beim Zuschneiden kaum Abfall entstand. Im Kaiserreich ging noch ca. 1/10 des produzierten Papiers beim Zuschnitt verloren, *Goethe-Institut*, A format Eine deutsche Erfindung, die den Alltag erleichtert, abrufbar unter: www.goethe.de/ins/se/prj/afo/evo/deindex.htm (Stand: 31.07.2013).

154 Siehe hierzu unten, Punkt B.I.1.c) und unten, Punkt B.III.2.c).dd).i).

155 Zum Begriff „Bias" s.u., Punkt B.III.2.c).dd)(iii).

dieser Umstände erscheint es unzulässig anzunehmen, dass DIN-Normen geeignet sind den objektiv-typisierenden Sorgfaltsmaßstab zu begründen.

c) Zwischenergebnis

Leitlinien und DIN-Normen haben in vielen Punkten Ähnlichkeiten, die bis hin zu einer Identität gehen. In beiden Fällen bemühen sich privatrechtliche Institutionen Regeln für ihr Fachgebiet zu erstellen, die gutes, sicheres Vorgehen beschreiben. Auch stellen beide Institutionen (DIN e.V. und AWMF) klar, dass die von ihnen herausgegebenen Regelwerke keine eigenständige Verbindlichkeit aufweisen.

Dennoch sind Leitlinien im Ergebnis nicht mit DIN-Normen gleichzusetzen. Leitlinien enthalten Empfehlungen für die Behandlung eines bestimmten Erkrankungsbildes, welches bei jedem Patienten unterschiedliche Ausprägungen annehmen kann und daher unter Berücksichtigung dieser individuellen Umstände zu behandeln ist. Sofern die individuellen Besonderheiten zu weit vom „Standardpatienten" abweichen, ist die Leitlinie aus ihrem eigenen Verständnis heraus nicht anzuwenden. DIN-Normen hingegen regeln primär technische Fragen. Sofern und soweit die zu beantwortende technische Frage von dem Regelungsumfang der DIN-Norm abgedeckt wird, existiert kein Anlass mehr aufgrund „individueller Besonderheiten" von den Vorgaben abzuweichen. Technische Systeme sind im Unterschied zum menschlichen Organismus bis ins Detail vergleichbar und insbesondere normierbar. Der menschliche Körper ist nicht normierbar. Zudem existieren eine Vielzahl von natürlichen „Normvarianten". Schließlich ist auf die erheblichen Einflussmöglichkeiten der Industrie und der Bundesregierung auf den Inhalt der DIN-Normen bei der Erstellung derselben hinzuweisen, die in dieser Form bei Leitlinien nicht gegeben sind.

Unabhängig von der Frage, ob DIN-Normen geeignet sind, den Stand der Technik oder den objektiv-typisierenden Sorgfaltsmaßstab zu definieren, bleibt somit festzuhalten, dass sie nicht mit Leitlinien gleichzusetzen sind. Daher sind rechtliche Überlegungen und insbesondere die existierende Rechtsprechung zu DIN-Normen und ihrer Verbindlichkeit nicht auf Leitlinien übertragbar.

II. Medizinischer Standard

Untrennbar mit dem Thema medizinische Leitlinien ist der Begriff des medizinischen oder ärztlichen Standards verbunden.

1 Lex artis

Der Begriff Standard hat den früher gebräuchlichen Terminus „die Regeln der ärztlichen Kunst" im Sprachgebrauch abgelöst.[156] Auch die Rechtsprechung verwendet

156 So z.B. auch in der Musterberufsordnung für die in Deutschland tätigen Ärztinnen und Ärzte (MBO). Während noch bis zur letzten Änderung 2011 im damaligen Teil C –

diesen Begriff.[157] Diese Ersetzung wird der Sache aber nicht gerecht.[158] Die Formel „die Regeln der ärztlichen Kunst", die „lex artis", ist weitergehend als der Begriff des medizinischen Standards: dieser – soweit vorhanden – prägt die lex artis.[159] Die lex artis ist die positiv formulierte Entsprechung des Begriffs Behandlungsfehler.[160] Ein Arzt, der lege artis handelt, handelt nicht behandlungsfehlerhaft. Ein medizinischer Standard existiert hingegen nicht für alle Behandlungssituationen. Zwar hat der Arzt die Therapiehoheit im Sinne einer Therapiefreiheit (§ 1 Abs. 2 2. HS BÄO), dennoch ist er auch in einer solchen Situation in seiner Behandlungsentscheidung nicht frei im Sinne einer Willkür. Er muss in Ermangelung eines medizinischen Standards u.U. Maßnahmen der Neulandmedizin in Betracht ziehen und, wenn auch solche Methoden nicht existieren, auf Basis seines professionellen Wissens eine Behandlungsmethode – soweit vorhanden – anwenden, die die nicht ganz fernliegende Hoffnung auf Erfolg verspricht;[161] er muss somit lege artis handeln. Aktuell wird allgemein vom „medizinischen Standard" oder dem „allgemein anerkannten Stand der medizinischen Erkenntnis gesprochen".[162]

Grundsätze korrekter ärztlicher Berufsausübung Punkt 2 MBO von der *„gewissenhaften Ausführung der gebotenen medizinischen Maßnahmen nach den Regeln der ärztlichen Kunst"* die Rede war, heißt es in der aktuellen MBO unter Teil B – Regeln der Berufsausübung – in § 2 Abs. 3 MBO: *„Eine gewissenhafte Ausübung des Berufs erfordert insbesondere die notwendige fachliche Qualifikation und die Beachtung des anerkannten Standes der medizinischen Erkenntnisse."*; *Müller*, GesR 2004, 257, 258 und *Uhl*, Richtlinien der Bundesärztekammer, S. 52, gehen davon aus, dass der Begriff medizinischer Standard den Terminus Regeln der ärztlichen Kunst vollständig ersetzt hat.

157 z.B. BGH, Beschluss v. 28.03.2008 – VI ZR 57/07 – unter Verweis auf Geiß/Greiner-*Greiner*, RN A 9a.

158 So wohl auch: *DGMR*; Medizinischer Standard und Leitlinien – Ökonomisierung der Medizin, DGMR- Workshop 2003 – Empfehlungen, MedR 2003, 711f. a.A. *Hart*, Leitlinien und Medizinrecht – Arzthaftungsrecht, S. 103, der ohne weitere Begründung ausführt, man solle *„zwischen die Begriffe Leitlinie und Standard [nicht] noch den zusätzlichen Begriff der ‚aktuellen Regeln der Medizin' ... schieben."* Diese schaffe *„weder Präzision noch Klarheit, sondern nur Verwirrung. Tertium non datur."*

159 *Taupitz*, Verbindlichkeit unterschiedlicher Leitlinien, S. 107.

160 So schon *Marburger*, Die Regeln der Technik im Recht, S. 312, für den damals noch verwendeten Begriff „Kunstfehler".

161 In diesem Sinne ist auch der sog. Nikolaus-Beschluss des BVerfG (Beschl. v. 06.12.2005 – 1 BvR 347/98 –) zu verstehen. Das BVerfG stellte die Leistungspflicht der GKV außerhalb der anerkannten Behandlungsmethoden auf Basis des Art. 2 Abs. 1 GG auch für den Fall fest, dass „eine nicht ganz entfernt liegende Aussicht auf Heilung oder auf eine spürbare positive Einwirkung auf den Krankheitsverlauf besteht".

162 Der Gesetzgeber spricht in § 2 Abs. 1 SGB V von dem allgemein anerkannten Stand der medizinischen Erkenntnisse.

2 Keine Legaldefinition

Eine Legaldefinition des Begriffs „medizinischer Standard" existiert nicht. Der Begriff wird jedoch vom Gesetzgeber verwendet.

a) BGB

Mit Aufnahme des Behandlungsvertrages in das BGB durch das Patientenrechtegesetz[163] wurde in § 630a Abs. 2 BGB normiert, dass die Behandlung *„nach den zum Zeitpunkt der Behandlung bestehenden, allgemein anerkannten fachlichen Standards zu erfolgen* [hat], *soweit nicht etwas anderes vereinbart ist."* Damit hat der Gesetzgeber den „medizinischen Standard" als einzuhaltenden Standard explizit zur Leistungspflicht des Arztes gemacht, ohne ihn legal zu definieren.[164] Aus der Gesetzesbegründung wird allerdings ersichtlich, dass der Gesetzgeber die herrschende Definition der medicolegalen Literatur zugrundegelegt hat. Dort[165] heißt es:

> *„Ergänzend zur allgemeinen Regelung des § 276 Absatz 2 legt Absatz 2 fest, dass die Behandlung grundsätzlich nach den zum Zeitpunkt der Behandlung bestehenden, allgemein anerkannten fachlichen Standards durchzuführen ist ... Entscheidend ist, welcher Behandlungsgruppe der Behandelnde zuzuordnen ist .... Handelt es sich ... um einen Arzt, so schuldet er im Regelfall eine Behandlung nach den allgemein anerkannten Standards der Medizin. ... Für Ärzte ist im Regelfall auf den jeweiligen Stand naturwissenschaftlicher Erkenntnis und ärztlicher Erfahrung abzustellen, der zur Erreichung des Behandlungsziels erforderlich ist und sich in der Erprobung bewährt hat..."*

Der Gesetzgeber zieht wörtlich die Definition von Carstensen[166] heran. Im unmittelbaren Anschluss an das obige Zitat verlässt der Gesetzgeber dann die bisherige weitestgehend einheitliche Auffassung von Literatur und Rechtsprechung zum Thema medizinischer Standard, indem er Leitlinien der medizinischen Fachgesellschaften als „regelmäßig maßgeblich" bezeichnet, ohne auf die damit aufgeworfenen Probleme einzugehen:

> *„Maßgeblich sind insoweit regelmäßig Leitlinien, die von wissenschaftlichen Fachgesellschaften vorgegebenen werden. Dies entspricht der jüngsten Rechtsprechung des Bundesgerichtshofs (BGH VersR 2010, 214 f.; vgl. auch OLG Hamm NJW 2000, 1801 ff., Carstensen, DÄBl. 1989, B 1736, B 1737)."*

---

163 Gesetz zur Verbesserung der Rechte der Patientinnen und Patienten vom 20.02.2013, In Kraft getreten am 26.02.2013, BGBl. I S. 277, Gesetzesbegründung BT Drs. 17/10488.

164 so, mit unverhohlener Enttäuschung über das Gesetz insgesamt, auch *Thurn*, Das Patientenrechtegesetz – Sicht der Rechtsprechung, MedR 2013, 153, 154.

165 Reg-Entwurf Patientenrechtegesetz, BT-Drs. 17/10488, S. 19, linke Spalte.

166 *Carstensen*, DÄBl. 1989, B 1736, B 1737; siehe zum Stand der Diskussion in der Literatur, unten: B. II. 4.

Im Rahmen des Gesetzgebungsverfahrens zum Patientenrechtegesetz wurde betont, dass keine Neuregelung des Behandlungsvertrages mit seinen Rechten und Pflichten erfolgen soll, sondern allein eine Kodifizierung zu Klarstellungszwecken. Entsprechende Erklärungen finden sich auch an verschiedener Stelle der Gesetzesbegründung.[167]

Umso mehr überrascht es, dass der Gesetzgeber diesen in der Gesetzesbegründung – nicht im Gesetzestext[168] – liegenden Widerspruch nicht bemerkt hat. Zur Frage der heranzuziehenden Haftungsgrundlage heißt es noch zutreffend[169]:

> *„Zentrale Haftungsvorschrift ist die … für alle besonderen Schuldverhältnisse geltende allgemeine Regelung in § 280, wonach der Gläubiger, wenn der Schuldner eine Pflicht aus dem Schuldverhältnis verletzt, Ersatz des hierdurch entstehenden Schadens verlangen kann. Diese Regelung findet schon bislang beim allgemeinen Dienstvertrag, der ebenfalls keine spezielle Haftungsnorm kennt, Anwendung. Entsprechendes galt bislang auch für den Bereich der Arzthaftung; dort hat die Rechtsprechung die vertragliche Haftung auf § 280 gestützt.* ***Sie ist daher folgerichtig zur Vermeidung von Inkongruenzen und der Gefahr von unbeabsichtigten Umkehrschlüssen zum allgemeinen Dienstvertragsrecht und zum übrigen Schuldrecht des BGB auch bei der Haftung von Pflichten aus dem Behandlungsvertrag als speziellem Dienstvertrag als Anspruchsgrundlage heranzuziehen.***
>
> (Hervorhebung nicht im Original)

Hier erkennt der Normersteller noch die Gefahr, die besteht, wenn geltendes fein ausdifferenziertes Richterrecht in allgemeingültiges Gesetzesrecht überführt werden soll.

---

167 Reg-Entwurf Patientenrechtegesetz, BT-Drs. 17/10488; S. 9: *„Mit dem Gesetzentwurf werden … die bisherigen richterrechtlich entwickelten Grundsätze des Arzthaftungs- und Behandlungsrechts gesetzlich im Bürgerlichen Gesetzbuch (BGB) in einem neuen Untertitel „Behandlungsvertrag" kodifiziert… Damit leistet das Gesetz einen wesentlichen Beitrag zu mehr Transparenz und Rechtssicherheit…. Schließlich sichert die Bezugnahme auf die Grundsätze der bisherigen Rechtsprechung Kontinuität und Verlässlichkeit."* Weiter heißt es auf S. 10, rechte Spalte: *„Mit dem Gesetzentwurf stellt die Bundesregierung für alle Beteiligten im Gesundheitswesen Rechtsklarheit und Rechtssicherheit her und schreibt Rechte fort… Richtschnur ist das bisherige Recht und die dazu ergangene Rechtsprechung.*
Aufgrund der Systematik des BGB wird an dieser Stelle davon abgesehen, eine spezielle vertragliche Haftungsnorm für die Verletzung von Pflichten aus dem Behandlungsvertrag zu schaffen."

168 Der Wortlaut der gesetzlichen Neuregelung in § 630a Abs. 2 lautet allein: *„Die Behandlung hat nach den zum Zeitpunkt der Behandlung bestehenden, allgemein anerkannten fachlichen Standards zu erfolgen, soweit nicht etwas anderes vereinbart ist."* Leitlinien werden nicht erwähnt.

169 Reg-Entwurf Patientenrechtegesetz, BT-Drs. 17/10488; S. 11, linke Spalte.

In Bezug auf den einzuhaltenden Standard stellte es eine diametrale Änderung der geltenden Rechtslage da, wenn zur Bestimmung des medizinischen Standards Leitlinien der medizinischen Fachgesellschaften herangezogen werden sollten. Entgegen der Ausführungen in dem Regierungsentwurf entspricht und entsprach es zum Zeitpunkt des Erlasses des Gesetzes gerade nicht der Rechtsprechung der Zivilgerichtsbarkeit, den Inhalt von Leitlinien zur Bestimmung des haftungsrechtlich relevanten medizinischen Standards als „maßgeblich" zu betrachten. In den von dem Normersteller zitierten Urteilen des BGH (VersR 2010, 214 f) und des OLG Hamm (OLG Hamm NJW 2000, 1801) wird gerade gegenteilig entschieden, dass der Inhalt von Leitlinien nicht zur Bestimmung des medizinischen Standards herangezogen werden kann. Das OLG Hamm äußerte sich zudem zu Richtlinien der Bundesärztekammer[170], mithin nicht zu Leitlinien. Der Leitsatz des Urteils[171] lautet:

> *„Die ärztliche Sorgfaltspflicht beurteilt sich nach dem Erkenntnisstand der medizinischen Wissenschaft zur Zeit der Behandlung. Die von der Bundesärztekammer herausgegebenen Richtlinien können den Erkenntnisstand der medizinischen Wissenschaft nur deklaratorisch wiedergeben, nicht aber konstitutiv begründen."*

Das vom Normersteller als weiterer Beleg für seine Annahme einer standardbestimmenden Wirkung von Leitlinien genannte Urteil des BGH vom 10.11.2009[172] verhält sich mit keinem Wort zu Leitlinien, Richtlinien oder sonstigen Formen der Perpetuierung des medizinischen Standards. Thema dieses Urteils ist die Frage, wann Ansprüche eines Patienten aus einem Behandlungsverhältnis wegen grobfahrlässiger Unkenntnis der anspruchsbegründenden Tatsachen (Behandlungsfehler) verjähren.

Tatsächlich hat sich der BGH aber mehrfach zu der Frage Verbindlichkeit/standardkonstituierende Wirkung von Leitlinien geäußert. Mit Beschluss vom 07.02.2011[173] stellte er fest, dass Leitlinien keine konstitutive Bedeutung in Bezug auf den medizinischen Standard zukomme. Auch nach in Kraft treten des Patientenrechtegesetzes am 26.02.2013 hat er mit Urteil vom 15.04.2014[174] an dieser Linie festgehalten.

Unter Berücksichtigung dieser Umstände ist daher davon auszugehen, dass es nicht Wille des Gesetzgebers ist, den haftungsrechtlich relevanten medizinischen Standard durch die Fachgesellschaften im Rahmen von Leitlinien festlegen zu lassen. Vielmehr ist (leider) anzunehmen, dass es sich bei dem missverständlichen Absatz der Gesetzesbegründung um ein Versehen handelt. Dafür spricht insbesondere der falsche Fundstellennachweis in Bezug auf die „jüngste" BGH-Rechtsprechung.

---

170 Siehe zu diesen und zu den rechtlichen und systematischen Unterschieden zwischen Richt- und Leitlinien, oben, Punkt B.I.2.a).

171 OLG Hamm, Urt. v. 27.01.1999 – 3 U 26/98 – = NJW 2000, 1801.

172 BGH, Urt. v. -10.11.2009 – VI ZR 247/08 – = VersR 2010, 214f.

173 BGH, Beschl. v. 07.02.2011 – VI ZR 269–09 – = VersR 2011, 1202.

174 BGH, Urt. v. 15.04.2014 – VI ZR 382/12 – Leitsatz, und RN 17f. = GesR 2014, 404 – 408.

b) SGB V

Im SGB V wird der Begriff zwar an verschiedenen Stellen[175] verwendet, eine (Legal) Definition erfolgt nicht. In § 2 Abs. 1 Satz 3 SGB V wird auf den allgemein anerkannten Stand der medizinischen Erkenntnis zur Bestimmung der Leistungspflicht der GKV abgestellt. Aufgrund des Wirtschaftlichkeitsgebotes nach § 12 SGB V und der Aufnahme der evidenzbasierten Medizin als Kriterium, insbesondere auch bei der Methodenbewertung durch den G-BA, ist der sozialrechtliche Standardbegriff nicht mit dem hier relevanten zivilrechtlichen Standardbegriff gleichzusetzen.[176]

c) Berufsrecht

Die Musterberufsordnung[177] verzichtet auf die Verwendung des Begriffs. Sie verpflichtet den Arzt in Kapitel B § 11 Abs. 1 MBO allein zur gewissenhaften Versorgung mit geeigneten Untersuchungs- und Behandlungsmethoden, was eine Ausformung der Verpflichtung zur Einhaltung der im Verkehr erforderlichen Sorgfalt des § 276 BGB im Berufsrecht darstellt.[178]

3 Definition in der Rechtsprechung

Der Bundesgerichtshof definiert den medizinischen Standard in seiner Rechtsprechung als *„diejenigen Maßnahmen, die von einem gewissenhaften und aufmerksamen Arzt aus berufsfachlicher Sicht seines Fachbereichs vorausgesetzt und erwartet werden kann“.*[179] Der Standard, so der BGH weiter, repräsentiere *„den jeweiligen*

---

175 Insbesondere zu nennen ist § 92 SGB V – Richtlinien des G-BA. Daneben wird der Begriff Standard od. Stand der Wissenschaft vor allem im Rahmen von Vorgaben zur Wirtschaftlichkeit in der (vertrags(zahn)ärztlichen) Versorgung verwendet. Dabei setzt das SGB V den Standard mit Ausnahme der Kieferorthopädischen Behandlung in § 29 SGB V als extern vorgegeben voraus. Nach § 29 Abs. 4 SGB V wird der Standard in diesem Bereich mittels einer Richtlinie des G-BA nach § 92 Abs. 1 SGB V bestimmt, was mit der Richtlinie Kieferorthopädie (Bundesanzeiger Nr. 226 (S. 24 966) vom 03. Dezember 2003) geschehen ist. Nicht in das Ermessen des G-BA gestellt worden ist aber die Bestimmung des Behandlungsstandards und damit des Kerns des maßgeblichen, hier interessierenden medizinischen Standards.

176 Zum Standardbegriff im SGB V ausführlich *Ertl*, NZS 2016, 889–896.

177 Die Musterberufsordnung für die deutschen Ärztinnen und Ärzte (MBO) wird vom Deutschen Ärztetag (zuletzt 114. In Kiel 2011) beschlossen und ist ein unverbindliches Muster welches von den einzelnen Ärztekammern als Satzung umgesetzt werden muss, um Rechtswirksamkeit zu erlangen. Die MBO wurde bisher von den Landesärztekammern in großen Teilen unverändert übernommen.

178 Ratzel/Lippert-*Ratzel*, MBO-Komm, § 11, RN 2.

179 Ständige Rechtsprechung des BGH, z.B: Urt. v. 27.09.1983 – VI ZR 230/81 -, Urt. v. 29.11.1994, – VI ZR 189/93 – RN 14, Urt. v. 16.05.2000 – VI ZR 321/98, RN 20 (nach juris).

Stand der naturwissenschaftlichen Erkenntnisse und der ärztlichen Erfahrung, der zur Erreichung des ärztlichen Behandlungsziels erforderlich ist und sich in der Erprobung bewährt hat".[180] Damit setzt er den medizinischen Standard mit dem geschuldeten Facharztstandard gleich und definiert jenen haftungsrechtlich als weitestgehend identisch mit dem geschuldeten Sorgfaltsmaßstab.[181] Für den Fall, dass der konkrete Arzt mehr zu leisten im Stande ist als der medizinische Standard erfordert, ist er nach Ansicht des BGH verpflichtet auch dieses Mehr zu leisten.[182]

4 Definition in der Literatur

In der Literatur wird der „medizinische Standard" üblicherweise definiert als *„der jeweilige Stand der naturwissenschaftlichen Erkenntnis und ärztlichen Erfahrung, der zur Erreichung des ärztlichen Behandlungszieles erforderlich ist und sich in der Erprobung bewährt hat"*.[183] Der medizinische Standard ruht danach auf zwei Säulen. Zum einen die wissenschaftlich gesicherte Erkenntnis und Erfahrung (Erkenntnissäule), zum anderen die Anerkennung dieser Erkenntnis in der täglichen Praxis (Umsetzungssäule).[184] Beide Voraussetzungen müssen vorliegen, damit eine neue Behandlungsmethode zum Standard avancieren kann[185], allein wissenschaftliche Erkenntnisse begründen noch keinen Standard.[186] Andere Autoren unterscheiden drei Elemente: Wissenschaftliche Erkenntnis (systematisches Wissen), Praktische Erfahrung (intuitives Wissen) und Akzeptanz in der Profession.[187] Hierbei handelt es sich im Grunde um eine weitere Unterteilung der Erkenntnissäule, die keinen weiteren Erkenntnisgewinn bringt.[188] Dies gilt auch für die Definition der Deutschen Gesellschaft für Medizinrecht, die zur Definition des medizinischen Standards formuliert: *„Der medizinische Standard gibt den jeweils aktuellen medizinisch-wissenschaftlichen Erkenntnisstand unter Berücksichtigung praktischer*

---

180 Ständige Rechtsprechung des BGH, zuletzt Urt. v. 24.02.2015 – VI ZR 106/13 – RN 7 = NJW 2015, 1601–1603, MedR 2015 724–725; Urt. v. 21.12.2010 – VI ZR 284/09, BGHZ 188, 29 RN 9, 12; Urt. v. 15.04.2014 – VI ZR 382/12, VersR 2014, 879 RN 11.

181 BGH, Urt. v. 29.11.1994 – VI ZR 189/93 – RN 14.

182 BGH, Urt. v. 10.02.1987 – VI ZR 68/86 – RN 11.

183 *Carstensen*, DÄBl. 1989, A-2431, 2432, B-1736, 1737, C-1531, 1532 auf den die Definition, soweit ersichtlich, zurückgeht; siehe auch: Laufs/Kern-*Laufs*; § 3 RN 17.

184 Ulsenheimer-*Ulsenheimer*, Arztstrafrecht in der Praxis, § 1, RN 56. Der Begriff „Umsetzungssäule" ist nicht dahingehend zu verstehen, dass die Anwendung der Methode in der Praxis flächendeckend erfolgt, vielmehr kommt es auf die Anerkennung ihrer Überlegenheit in der Fläche an. So auch OLG Köln, Urt. v. 15.10.2018 – 5 U 76/16 = MedR 2019, 725–729. Siehe hierzu, unten Punkt B.II.6.

185 Ulsenheimer-*Ulsenheimer*, a.a.O.

186 OLG Hamm, Urt. v. 31.08.2005 – 3 U 277/04 -; MedR 2006, 111,112; RN 13 (juris).

187 HK-AKM-*Hart*; Band I, Ärztliche Leitlinien, RN 16; Kern, ZaeFQ 2004, 222, 223, *Elster*, S. 101.

188 Siehe hierzu auch unten, Punkt B.II.4.

Erfahrung und professioneller Akzeptanz wieder".[189] Wissenschaftliche Erkenntnis allein besteht daher (zunächst) losgelöst von der tatsächlichen Umsetzung in der Praxis.[190]

Damit entspricht die Definition des Begriffs Medizinischer Standard weitestgehend der von *Marburger* entwickelten Definition des Terminus „allgemein anerkannte Regeln der Technik", die dieser definiert als *„im Recht der Sicherheitstechnik solche zur Gefahrenabwehr und -vorsorge objektiv geeigneten Strukturbedingungen technischer Systeme, die in der Praxis erprobt sind und sich bewährt haben."*[191]

Nach einer weitergehenden Definition ist der Standard als *„die Norm [zu verstehen], die sich aus der Qualität ergibt, wobei sich in der Praxis Qualität oft als mittlere Leistungsbreite darstellt und die Standards dann die jeweiligen Grenzen liefern".*[192] Der Begriff Qualität wird definiert als *„die Summe aller Eigenschaften* [eines Vorgangs oder einer Sache], *unabhängig davon, ob es sich um gute oder schlechte Eigenschaften handelt, aber immer bezogen auf einen Zweck, der damit verfolgt wird".*[193] Der Begriff Qualität wird auch vom Gesetzgeber aufgegriffen, der in § 70 Abs. 1 SGB V fordert, die Versorgung der Versicherten müsse in der fachlich gebotenen Qualität erbracht werden. Durch diese vom Standard definierten Grenzen werden am oberen Ende neue, un- oder noch nicht ausreichend erprobte Methoden ausgegrenzt; der medizinische Standard grenzt am oberen Ende an den Heilversuch.[194] Am unteren Ende werden solche Methoden aus dem Bereich des Standards entlassen, die nicht mehr den aktuellen Erkenntnissen entsprechen; ein Unterschreiten des Standards bedeutet einen Behandlungsfehler[195]. Es besteht somit ein Handlungskorridor in dem (auch unterschiedliches) ärztliches Handeln dem Standard entspricht.

5 Dynamischer Standard

Der Standard hängt unlöslich mit dem medizinischen Fortschritt zusammen. Was heute Standard ist, kann morgen schon überholt sein.[196] Eine Behandlungsmethode durchläuft in Bezug auf ihre wissenschaftlich-medizinische Anerkennung einen Prozess. *Schroeder-Printzen* formuliert knapp *„Die Außenseitermethode von gestern ist der Standard von heute, ist der Behandlungsfehler von morgen"*[197]. Nach der

189 *DGMR*, ZaeFQ (2004) 98: 240–242 = MedR 2003, 711.

190 *Elster*. S. 102.

191 *Marburger*, Die Regeln der Technik im Recht, S. 157.

192 *Vosteen*, Leitlinien der Wissenschaftlichen Fachgesellschaften, S. 24.

193 *Vosteen*, Leitlinien der Wissenschaftlichen Fachgesellschaften; in: *Hart* (Hrsg.) Ärztliche Leitlinien, Nomos Verlag, Baden-Baden 2000, S. 24.

194 *Hart*, MedR 1998, 8, 9.

195 Jorzig-*Kern*, S. 6 RN 22.

196 *Engisch*, ZstrW 58 (1939), 1ff, 30 notiert bereits: *„... wie oft haben sich zunächst scheinbar treffliche Behandlungsweisen der fortschreitenden Erkenntnis als bedenklich und verhängnisvoll enthüllt!"*

197 *Schroeder-Printzen*, Anm. zu BSG, Urt. v. 05.07.1995 – 1 RK 6/95, MedR 1996, 379.

Rechtsprechung des OLG Hamm führt allein das Vorhandensein neuerer wissenschaftlicher Erkenntnisse noch nicht zwangsläufig dazu, eine bestimmte Behandlungsmethode als überholt und nicht mehr vertretbar anzusehen. Vielmehr sei eine Unterschreitung des zu fordernden Qualitätsstandards erst dann gegeben, wenn die Vorzugswürdigkeit der neuen Methode im Wesentlichen unumstritten sei.[198]

Der (medizinische) Standard setzt sich daher aus zwei Teilen zusammen. Zum einen gibt es solche Bereiche der ärztlichen Kunst, die als abgeschlossen und weitestgehend gesichert angesehen werden können, z.B. die grundlegenden Gebote der Sterilität[199] oder auch der hergebrachte Grundsatz: *„vor die Therapie haben die Götter die Diagnose gesetzt“*[200]. Diese Bereiche werden auch als Basisstandard bezeichnet.[201] Sie sind als logische Grundlagen (erst Diagnose, dann Therapie) oder aufgrund ihrer Einfachheit und Grundsätzlichkeit (Sterilität) als quasi unumstößliche Grundregeln allgemein anerkannt und der (ständigen) Überprüfung und Hinterfragung enthoben. Zu diesem Basisstandard zählt *„auch der Grundsatz, dass ein Anästhesist bei jeder seiner Handlungen sicherzustellen hat, dass das Sauerstoffangebot den Sauerstoffbedarf des Patienten deckt, da die oberste Richtschnur bei Durchführung einer Anästhesie stets die optimale Sauerstoffversorgung des Patienten ist“*[202]. Diese *„gesicherten medizinischen Erkenntnisse“*, also *„elementare medizinische Grundregeln, die im jeweiligen Fachgebiet vorausgesetzt werden“*, gelten nach ständiger Rechtsprechung des BGH unabhängig von ihrer Verschriftlichung, ob in Leitlinien oder an anderer Stelle.[203] Zum anderen gibt es *„eine dynamische Komponente, die nur solange Bestand hat, bis das Bessere das Gute überholt hat“*[204]. In diesem *„dynamischen Standard liegt die Zukunft der Medizin“*[205]. Dieser Teil des Standards ist es, der bei der Erstellung und Betrachtung von medizinischen Leitlinien besonderer Aufmerksamkeit bedarf. Dabei gilt es jedoch zu beachten, dass der medizinische Standard systemimmanent nicht exakt und absolut zu bestimmen ist. Auch nicht im Bereich des Basisstandards. Die Medizin als angewandte

198 OLG Hamm, Urt. 31.08.2005 – 3 U 277/04 –, RN 13 (nach juris).

199 *Carstensen*, a.a.O., B-1738.

200 *Buchborn*, Ärztlicher Standard: Begriff – Entwicklung – Anwendung, MedR 1993, 328, 329.

201 *Carstensen*, a.a.O., B-1738.

202 BGH, Urt. 20.09.2011 – VI ZR 55/09 –, RN 11 (nach juris). Allein das Verfehlen dieses Ziels kann hingegen nicht als behandlungsfehlerhaft angesehen werden. Die entsprechende Passage des Urteils (RN 11 a.E.) ist potentiell missverständlich. Auch in dem konkret vom BGH zu beurteilenden Sachverhalt war es nicht so, dass die diensthabende Anästhesistin diesen Grundsatz missachtet hätte. Allein war streitig, ob der von ihr eingeschlagene Weg zur Sicherstellung der Sauerstoffversorgung der richtige war.

203 BGH, a.a.O.

204 *Carstensen*, a.a.O., B-1738.

205 *Carstensen*, a.a.O., B-1738.

Praxiswissenschaft ist keine Naturwissenschaft. Bei dem vorhandenen Wissen der Medizin handelt es sich nie um sicheres, sondern um bloßes Wahrscheinlichkeitswissen.[206]

Aktuell gültige Behandlungsstandards, z.B. Beatmungsschemata der Anästhesie, um im oben gezeichneten Bild zu bleiben, decken beide Bereiche des Standards ab. So liegt jedem Beatmungsschema als Basisstandard die Vorgabe zu Grunde, den Sauerstoffbedarf des Patienten nach Möglichkeit zu jedem Zeitpunkt mittels Sauerstoffangebot zu decken. Der Weg, auf dem dieses Angebot bereitgestellt wird, unterliegt hingegen der Dynamik der wissenschaftlichen Erkenntnis, sodass z.B. die Beatmungsfrequenz anhand neuer Erkenntnisse gegebenenfalls zu ändern ist.[207]

---

206 *Velten*, Der medizinische Standard im Arzthaftungsprozess, S. 66, 126.

207 Der BGH befasste sich mit Urteil vom 19.06.2012 – VI ZR 77/11 – mit einem Sachverhalt, in dem ein Säugling im Rahmen der Frühgeborenenversorgung durch die behandelnden Ärzte falsch beatmet wurde. Nach Feststellung der Instanzgerichte auf Basis des eingeholten SV-Gutachtens war das Beatmungsgerät mit einer zu hohen Frequenz eingestellt. Zum Zeitpunkt der Behandlung gehörte es noch nicht zum Standardwissen, dass ein zu hohe Beatmungsfrequenz bei Neugeborenen zu Gehirnschädigungen führen kann, allerdings waren andere schwere Folgen bekannt. Die entscheidende Passagen im Urteil lauten (RN 4): *„Der Sachverständige habe – ausgehend vom medizinischen Standardwissen zum Zeitpunkt der Geburt – die ärztliche Handlungspflicht damit begründet, dass die Reduzierung der künstlichen Beatmung notwendig gewesen sei, um die Gefahr von Druckschädigungen an der noch unreifen Lunge zu vermeiden. Auch sei seinerzeit schon bekannt gewesen, dass durch ein Überangebot an Sauerstoff infolge fehlerhafter Beatmung Augenschäden verursacht werden könnten. Das Risiko einer Minderdurchblutung des Gehirns durch eine Hyperventilation habe hingegen zum damaligen Zeitpunkt noch nicht zum medizinischen Standardwissen gehört.“* Der 6. Senat hatte die vorliegend nicht relevante Frage zu entscheiden, ob dieser Behandlungsfehler als grob im Sinne der Rechtsprechung anzusehen sei. Er bejahte dies mit folgendem Argument: *„Die Hyperventilation war bereits aus damaliger (objektiver) Sicht nicht tolerabel, mögen auch nicht alle möglichen gesundheitlichen Schäden dieses unphysiologischen Vorgangs bekannt gewesen sein.“* Die Erkenntnis, dass Hyperventilation durch eine zu hohe Beatmungsfrequenz zu Sauerstoffunterversorgung und somit zu einer Schädigung des Gehirns führen kann, musste sich noch durchsetzen. Dies ist aber nach Ansicht des BGH für die Frage des Vorliegens eines groben Behandlungsfehlers unerheblich (RN 11): *„Dass die Kenntnis von diesem Zusammenhang ... zum damaligen Zeitpunkt noch nicht zum medizinischen Standardwissen gehörte, ist angesichts der gebotenen objektiven Betrachtung unerheblich.“* Auf den ersten Blick scheint dieses Urteil gegen die hier vertretene Auffassung zu sprechen, nach der eine Methode erst zum Standard gehört, wenn Sie sich auch in der Praxis bewährt hat. Tatsächlich aber nimmt der BGH zu dieser Frage gar nicht Stellung. Der Standardverstoß lag aus Sicht des BGH vor, da die zu hohe Beatmungsfrequenz aus anderen als den im konkreten Fall eingetretenen Folgen, standardwidrig war. Die rechtsdogmatische Fragestellung, die

6 Grad der Anerkennung/Bewährung in der Praxis

Zu klären bleibt in diesem Zusammenhang die Frage, wann eine neue Erkenntnis als ausreichend anerkannt in der Praxis gilt, um den Standard zu definieren.

Bereits im Rahmen der Erkenntnissäule sind erste Erfahrungen mit der neuen Behandlungsmethode, namentlich im Rahmen klinischer Studien erforderlich. Eine rein auf theoretischen Erwägungen oder Erkenntnissen aus Laborversuchen beruhende wissenschaftliche Erkenntnis erfüllt das für die Erkenntnissäule erforderliche Maß an praktischer Erfahrung nicht. Die Medizin als humane Praxiswissenschaft kann nicht auf die Anwendung neuer, bisher nur in der Theorie vorhandener Erkenntnisse am Patienten verzichten, ohne ihre eigenen wissenschaftlichen Grundsätze zu verleugnen. Die theoretische Erkenntnis gemeinsam mit der in klinischen Studien erlangten praktischen Erfahrung stellt also den ersten Teil des medizinischen Standards, die Erkenntnissäule, dar.

Wie oben ausgeführt ist daneben aber auch die Anerkennung dieser Erkenntnis in der Praxis erforderlich, um die neue Methode als medizinisch verbindlichen Standard anzuerkennen. Entscheidend für die Beantwortung dieser Frage ist, welchen Grad an Akzeptanz die neue Methode in der Praxis haben muss, um als neuer Standard zu gelten und somit den bisherigen Standard als veraltet zu verdrängen.

Die Aussage *Max Plancks*, eine neue Wahrheit pflege sich nicht in der Weise durchzusetzen, dass ihre Gegner überzeugt würden und sich belehrt erklärten, sondern vielmehr, dass die Gegner allmählich ausstürben und die heranwachsende Generation von vornherein mit der Wahrheit vertraut gemacht würde,[208] ist wohl nicht in der von *Planck* gewählten letalen Stringenz, aber in ihrem Prinzip nicht ganz von der Hand zu weisen. Tatsächlich setzen sich – nicht nur in der Medizin – Neuerungen besonders nach einem Wechsel des Führungspersonals bzw. der Meinungsführer verstärkt durch.[209] Diskutiert wird dieses Phänomen heute gerne unter dem Stichwort „Eminenzbasierte Medizin“[210] in Abgrenzung zur Evidenzbasierten Medizin.

---

der BGH zu beantworten hatte, war also vielmehr die des Schutzzweckzusammenhangs, nicht die des medizinischen Standards.

208 *Planck*, Wissenschaftliche Selbstbiographie, S. 22.

209 Dies gilt in der Medizin, z.B. abteilungsintern bei einem Wechsel des Chefarztes genauso wie beim Sport nach einem Trainerwechsel. Für die Meinungsbildung in einem medizinischen Fachbereich ist der Einfluss sog. opinion-leader, mitunter in Personalunion mit entsprechenden Positionen im Fachverband, nicht zu unterschätzen.

210 Der Begriff findet vielfältig Verwendung in der medizinischen Literatur und hat mitunter den Aspekt eines „Kampfbegriffes“. Z.B. *Kienle, Keine*; Stiftung Warentest – „Die Andere Medizin“ Evidenz- oder Eminenz-basiert, DÄBl. 2005; 102(48), A 3310, B 2800, C 2618; *Hillienhof*, Evidenz- nicht Eminenzbasiert, Neurotransmitter 2007 (9), 24–25.

Eine absolute Einigkeit im Sinne eines Konsenses der Fachwelt kann nicht erforderlich sein, wenn man nicht jeglichen Fortschritt unterbinden will. Andererseits reicht auch nicht die Überzeugung einiger Weniger für eine Anerkennung in der Praxis. Solche Vorreiter sind für den medizinischen Fortschritt unverzichtbar. Ihnen allein jedoch die Definitionshoheit über den einzuhaltenden medizinischen Standard zuzubilligen wäre riskant. Allzu oft erweist sich eine vermeintlich neue bahnbrechende Erkenntnis in der Praxis als untauglich oder nebenwirkungsreich. Wäre sie bereits als Standard verbindlich, sobald nur einige wenige sie befürworten, wäre die sichere Versorgung der Bevölkerung mit möglichst risikoarmen Therapiemethoden gefährdet.

Einer vergleichbaren Fragestellung sieht sich die Jurisprudenz im Bereich der Schnittstelle zwischen Technik und Recht gegenüber.[211] Eine Gleichsetzung der Problematik darf jedoch nicht erfolgen. Im Gegensatz zur Technik, die naturwissenschaftlichen Gesetzen folgt und insofern die praktische Anwendung exakter Disziplinen wie der Mathematik und Physik darstellt, arbeitet die klinische Medizin auf Basis der wissenschaftlichen Medizin, bei der es sich um eine Praxiswissenschaft handelt. Während im Bereich der naturwissenschaftlich dominierten Technik Ereignisse reproduzierbar sind, ist dies im Bereich der patientenindividuellen Medizin nicht der Fall. Obwohl also das Medizinrecht im Unterschied zum Technikrecht gerade keine *„konkreten naturwissenschaftlichen Anwendungen“* zum Gegenstand hat,[212] ist eine vergleichende Betrachtung der Erkenntnisse des Technikrechts durchaus sinnvoll.[213] Die Nichteinhaltung der „allgemein anerkannten Regeln der Technik“ ist Tatbestandsmerkmal des § 319 StGB. Im Bereich der Strafrechtswissenschaft wird der Begriff der Anerkennung so verstanden, dass die allgemeine Bekanntheit und Anerkennung bei vorgebildeten Praktikern genügen soll, um die Regel als „allgemein anerkannt“ zu bewerten, während einzelne Außenseitermeinungen unbeachtlich seien.[214]

Ob eine so weitgehende Durchdringung der Fachwelt tatsächlich erforderlich ist, darf bezweifelt werden. Bei allen Überlegungen zum medizinischen Standard muss das Ziel der Medizin, die Heilung und Verhinderung von Krankheiten und die Linderung von Schmerzen bei konkreten Individuen, berücksichtigt bleiben. Gerade im Bereich der Medizin kann es mitunter dazu kommen, dass neue Erkenntnisse sich nicht nur mangels Verbreitung der Erkenntnis nicht flächendeckend

211 Zu den Parallelen in der Definition des jeweiligen Standards, s.u., Punkt B.I.4.

212 So aber *Uhl*, Richtlinien der Bundesärztekammer, S. 54, der die Medizin zu den Naturwissenschaft zählt, S. 64.

213 Zu der Vergleichbarkeit dieser Begriffe „Stand der Technik“ und „allgemein anerkannte Regeln der Technik“ mit dem hier interessierenden „medizinischen Standard“ s.o., Punkt B.I.4.b).

214 Vgl. *Fischer*, StGB, § 319 RN 11. Zu den „allgemein anerkannten Regeln der Technik“, dem „Stand der Technik“ und dem „Stand von Wissenschaft und Technik“ vertiefend, *Marburger*, Die Regeln der Technik im Recht, S. 145ff.

durchzusetzen vermögen. Häufig ist es z.B. eine Frage der vorhandenen Infrastruktur, ob eine als überlegen anerkannte Methode nur in speziellen, gut ausgestatteten Zentren angewendet wird oder auch in der Breite vorgehalten werden kann.[215] Auch die Rechtsprechung[216] geht zutreffend davon aus, dass es einen abgestuften medizinischen Standard je nach vorhandener Infrastruktur gibt. *Kern* spricht von einem *„Gruppenstandard“*.[217] Krankenhäuser der Maximal- oder der Supramaximalversorgung müssen früher neue Erkenntnisse umsetzen als Krankenhäuser der Grund- und Regelversorgung oder Ärzte im niedergelassenen Bereich. Nicht weiter eingegangen werden soll an dieser Stelle auf die in solchen Fällen mitunter bestehende Pflicht, den Patienten in ein entsprechendes Zentrum zu überweisen, eine Frage, die Literatur und Rechtsprechung unter dem Stichwort „Übernahmeverschulden“ behandeln.[218]

Zu weitgehend sind daher die Stimmen in der Literatur, die davon ausgehen, dass bereits der Konsens der Experten, die an der Erstellung einer Leitlinie beteiligt gewesen sind, ausreiche, um von einer Anerkennung und Umsetzung in der medizinischen Praxis auszugehen.[219]

Andererseits kann die (verbreitete) Weigerung der Umsetzung neuer, gesicherter Erkenntnis nicht zu einer Verhinderung eines neuen Standards führen oder gar eine Haftungsimmunisierung zur Folge haben. Allein die Tatsache, dass eine große Zahl von Ärzten oder Krankenhäusern eine neue Behandlungsmethode nicht anwendet, kann nach Rechtsprechung des BGH den einzelnen Arzt, der Kenntnis von dieser Methode und ihrer Überlegenheit hätte haben müssen, nicht von der Verpflichtung zu ihrer Anwendung befreien, sofern die technischen Voraussetzungen zu ihrer Anwendung gegeben sind.[220]

---

215 Als Beispiel soll hier die Perkutane Koronarintervention (PCI) genannt werden. Die nach aktuellem Erkenntnisstand bei akutem ST-Hebungsinfarkt (Herzinfarkt mit ST-Streckenhebung) der Lysetherapie überlegen sein soll. Da diese Methode jedoch ein entsprechend ausgerüstetes Herzkatheterlabor mit entsprechendem, qualifizierten Personal verlangt, ist es in Gegenden, in denen ein solches Labor nicht zeitnah zur Verfügung steht, üblich, bei einem Herzinfarktpatienten ausschließlich eine Lysetherapie durchzuführen, die vor Einführung der PCI überall geltender Standard war, siehe hierzu: *Silber et al.*; Kardiologe 2010, 4:84–92; Deutsche Gesellschaft für Kardiologie, Pocket Leitlinie Akutes Koronarsyndrom (ACS) 2004.

216 BGH, Urt. v. 22.09.1987 – VI ZR 238/86 RN 16 = BGHZ 102, 17–27, BGH, Urt. v. 31.05.1988 – VI ZR 261/87 – = NJW 1988, 2302–2303; BGH, Urt. v. 14.12.1993 – VI ZR 67/93 – RN 10 = NJW 1994, 1596; OLG Oldenburg, Urt. v. 05.03.1996 – 5 U 174/95 – = VersR 1996, 1023, LG Koblenz, Urt. v. 03.12.1993 – 13 O 14/92 – = VersR 1994, 1349.

217 Ratzel/Lissel-*Kern*, § 2 RN 20.

218 Laufs/Kern-*Kern*; § 97 RN 21 m.w.N.

219 So aber *Elster*, S. 103f. Im Ergebnis zustimmend auch *Hart*, Ärztliche Leitlinien – Rechtsrahmen, DÄBl. 2005, 102(40), A-2693, B-2272, C-2146. Wie hier im Ergebnis wohl auch *Uhl*, Richtlinien der Bundesärztekammer, S. 62ff.

220 BGH, Urt. v. 10.05.1983 – VI ZR 270/81 – RN 13.

Wörtlich heißt es in dieser Entscheidung des BGH[221] (Hervorhebungen durch den Verfasser):

> Die Annahme, *„die regelmäßige Messung des Sauerstoffpartialdruckes habe ... noch nicht zum Standard der ärztlichen Versorgung gerechnet werden können, weil nach den Ausführungen des Sachverständigen ... seinerzeit solche Messungen in den meisten Kliniken der Bundesrepublik und wohl auch in der Hälfte der Universitätskliniken in vergleichbaren Fällen nicht vorgenommen worden seien*[, ist unzutreffend]. *Es kommt nicht darauf an, ob eine* ***medizinisch ... für erforderlich gehaltene*** *Behandlungsmaßnahme in der Praxis allgemein* **durchgeführt** *wird, sondern nur darauf ... ob von dem behandelnden Arzt die Kenntnis der gesundheitlichen Gefahren und der dagegen nach gesichertem medizinischem Wissen möglichen ärztlichen Maßnahmen verlangt werden kann sowie zusätzlich auf die Möglichkeit, mit vorhandenen technischen Mitteln diese Behandlung auch durchzuführen.“*

Bei genauer Lektüre des Urteils fällt auf, das der BGH nicht darauf abstellt, ob die Methode in der Praxis allgemein *anerkannt* ist. Er führt allein aus, dass eine mangelnde *Umsetzung* für das Bestehen eines Standards unschädlich ist. Das Erfordernis der *Anerkennung* ergibt sich aus der weiteren Rechtsprechung des BGH. Zwar ist nach der Rechtsprechung des BGH die Wahl der Behandlungsmethode primär Sache des Arztes.[222] Dieser muss deshalb auch nicht das jeweils neueste Therapiekonzept verfolgen; *„eine bestimmte Behandlungsmethode genügt aber dem einzuhaltenden Qualitätsstandard nicht mehr, wenn es neue Methoden gibt, die risikoärmer oder für den Patienten weniger belastend sind und/oder bessere Heilungschancen versprechen und in der medizinischen Wissenschaft im Wesentlichen unumstritten, sind.“*[223] Damit folgt auch der BGH dem Erfordernis der allgemeinen Anerkenntnis (*„im wesentlichen unumstritten“).*

Damit eine neue Methode zum Standard avancieren kann, muss sie mithin nach Überzeugung des wesentlichen Anteils der mit dem jeweiligen Fachgebiet Befassten der bisherigen Methode überlegen sein. Diese Durchdringung des fachärztlichen Standes ist nicht bereits erreicht, wenn einige wenige Spitzenforscher von der Überlegenheit überzeugt sind. Andererseits ist auch nicht die Überzeugung des letzten Verfechters der alten Methode erforderlich. Das OLG Köln[224] sieht einen Standard jedenfalls dann (noch) nicht als etabliert an, wenn sich die „Empfehlung bei einem wesentlichen Teil der betroffenen Medizinerkreise nicht durchgesetzt hat.“ Aus Sicht des OLG ist ein solcher wesentlicher Teil erst dann erreicht, wenn

---

221 BGH, Urt. v. 10.05.1983 – VI ZR 270/81 – RN 13. Von der dieser Entscheidung zugrundeliegenden Betrachtung der subjektiven Fähigkeiten und Kenntnisse des einzelnen Arztes wurde vom BGH in der späteren Rechtsprechung aufgegeben, BGH, Urt. v. 26.11.1991 – VI ZR 389/90 – RN 20.

222 BGH, Urt. v. 26.11.1991 – VI ZR 389/90 – RN 14 m.w.N.

223 BGH, Urt. v. 26.11.1991 – VI ZR 389/90 – RN 14 m.w.N.

224 OLG Köln, Urt. v. 15.10.2018 – 5 U 76/16, 1. Leitsatz = MedR 2019, 725–729.

deutlich mehr als die Hälfte der betroffenen Mediziner der Empfehlung folgen[225]. Jedenfalls dann, wenn die Methode nicht mehr Gegenstand von Diskussionen auf Fachkongressen ist und ernstzunehmende Fachzeitschriften zu diesem Thema keine Publikationen mehr annehmen, wenn sie Bestandteil von Lehr- und Handbüchern ist, dürfte sich die Methode durchgesetzt haben und als Standard gelten.[226] Wohl nicht (mehr) erforderlich ist hingegen, dass die neue Methode von „der erdrückenden Mehrheit der Fachkollegen für notwendig" gehalten wird.[227] Vielmehr kommt es darauf an, dass der durchschnittlich tätige, regelmäßig fortgebildete Facharzt des jeweiligen Fachgebiets, der in einer der individuell betroffenen Einrichtung vergleichbaren Einrichtung tätig ist, von der Überlegenheit überzeugt und willens ist, diese neue Methode anzuwenden. In diesem Fall hat sich die neue Methode als überlegen durchgesetzt, sie entspricht dem aktuellen medizinischen Standard.

7 Medizinischer Standard und Evidenzbasierte Medizin (EbM)

Nicht zu verwechseln ist dieser medizinische Standard mit der Evidenzbasierten Medizin (EbM) und ihren Ergebnissen.

Die Evidenzbasierte Medizin ist eine Methodik zur Schaffung neuer Erkenntnisse. Ihre Ergebnisse können somit als Quelle der wissenschaftlichen Erkenntnis herangezogen werden, welche wiederum eine Komponente des medizinischen Standards darstellt. Der Begriff Evidenzbasierte Medizin ist eine unzureichende Übersetzung des englischen evidence-based medicine. „Evidenz" in diesem Sinne ist also nicht mit der deutschen Bedeutung „augenfällig" im Sinne der kontinentaleuropäischen Evidenz(Philosophie), sondern mit der aus dem englischen Prozessrecht stammenden Bedeutung für „Beweismittel" zu übersetzen.[228] Dies ergibt sich auch aus der Verwendung des Begriffs in der medizinischen Literatur. Der „höchstmögliche Grad an Evidenz", eine „Evidenzbewertung"[229] oder ein „Evidenzgrad"[230] kann sinnlogisch nur gefordert werden, wenn Evidenz als Beweismittel verstanden wird. Wäre Evidenz im (absoluten) Sinne des lateinischen Wortes zu verstehen, könnte eine Evidenz entweder vorliegen oder nicht, eine Abstufung, wie für eine Evidenzbewertung erforderlich, wäre hingegen ausgeschlossen. Evidenz in diesem Sinne wird in erster Linie durch wissenschaftlich fundierte Forschungsergebnisse generiert. Zur Validierung der gefundenen Ergebnisse sollte eine (neutrale)

---

225 OLG Köln, a.a.O. RN 21.

226 *Wieland*, Allgemeine wissenschaftliche Anerkennung, S. 145.

227 So aber *Deutsch*, Problematik, S. 143. Die Ansicht von *Deutsch* ist unter Berücksichtigung der Zeit des Erscheinens (1980) eher nachvollziehbar. Die Ausdifferenzierung der Medizin und die Spannweite zwischen Supramaximal- und Basisversorgung war 1980 wohl noch nicht so ausgeprägt wie heute.

228 *Raspe*, GesR 2011, 449, 451 m.w.N.

229 Leitlinien-Manual von AWMF und ÄZQ, ZaeFQ, 2001, 95 Suppl. I, Domäne 5, S. 35ff.

230 Leitlinien-Manual von AWMF und ÄZQ, ZaeFQ, 2001, 95 Suppl. I, S. 27.

Kontrolle erfolgen. Der derzeitige Goldstandard im Bereich der EbM zur Generierung neuer Erkenntnisse zur Wirksamkeit interventioneller Therapien ist die sogenannte randomisierte, kontrollierte (klinische) Studie, englisch: randomised controlled trial (RCT).[231] Diese wird in Anlehnung an das arzneimittelrechtliche Zulassungsrecht auch als „Phase-III-Studie bezeichnet.[232] Aber auch unter (und über) dieser „Königsklasse“ sind wissenschaftliche Erkenntnisse möglich. Zu nennen sind auf der einen Seite Einzelbeobachtungen, einfache klinische Anwendungsbeobachtungen und klinische Erfahrungsberichte, auf der anderen Seite sogenannte Metastudien in Form von Übersichtsarbeiten, die die Ergebnisse mehrerer RCTs auswerten. *Raspe* spricht in diesem Zusammenhang von einem „Instanzenzug der Datenbeurteilung“[233], um die Diskussion über die auf verschiedenen Wegen gefundenen Erkenntnisse näher zu beleuchten. Festzuhalten bleibt, dass unter EbM eine Vielzahl von (wissenschaftlich-methodischen) Erkenntnisquellen und -verfahren zusammengefasst sind, nicht nur RCT.

Im Rahmen der vorliegenden Arbeit ist in Bezug auf die EbM relevant, dass Leitlinien evidenzbasiert sein müssen.[234] Dabei ist weiter relevant, dass zwar der höchstmögliche Grad an Evidenz angestrebt wird, jedoch auch Evidenz niedrigerer Qualität, nämlich jeweils die beste verfügbare wissenschaftliche Evidenz[235] ausreichend für Empfehlungen in Leitlinien ist, die ihrerseits mit der zugrundeliegende Evidenz verknüpft sind[236]. Bei dieser wissenschaftlichen Evidenz spricht man auch von „externer Evidenz“ in Abgrenzung zur „internen Evidenz“, die ein Synonym für nicht validierbare Erkenntnisse ist, wie z.B. nicht publizierte Studien

---

231 *Raspe*, GesR 2011, 449,451.

232 Die Einteilung geht zurück auf die Vorgaben des Code of Federal Regulations (CFR) der US-Amerikanischen Zulassungsbehörde FDA (Food and Drug Administration). Dort wird in Titel 21, Chapter I, Subchapter D, Part 312, Subpart B, Sec. 312.21 (21CFR312.21) definiert, in welcher Form und Reihenfolge für neu zuzulassende Medikamente durch klinische Studien deren Wirksam- und Unbedenklichkeit nachgewiesen werden muss (Abrufbar unter: www.accessdata.fda.gov/scripts/cdrh/cfdocs/cfcfr/CFRSearch.cfm?fr=312.21 Stand: 11.01.2013). Die dortige Einteilung liegt auch dem deutschen und dem europäischen Zulassungsrecht zugrunde. Siehe hierzu insb. §§ 24, 40ff AMG sowie die Richtlinien 2001/20/EG und 2005/28/EG.

233 *Raspe*, GesR 2012, 584, 589. *„auf die Kritik der Einzelveröffentlichung folgen die der klinisch-narrativen Übersichtsarbeiten und der methodisch ausgefeilten systematischen Übersichten. Noch schlagendere Urteile sind Health Technology-Agenturen vorbehalten und wissenschaftlichen Institutionen, die gesundheitspolitische Entscheidungen mehr oder weniger direkt zuarbeiten.“*

234 Dies gilt jedenfalls für Leitlinien der AWMF, Leitlinien-Manual von AWMF und ÄZQ, ZaeFQ, 2001, 95 Suppl. I, S. 7. Die dortige Definition von Leitlinien liegt auch dieser Arbeit zugrunde.

235 Leitlinien-Manual von AWMF und ÄZQ, ZaeFQ, 2001, 95 Suppl. I, S. 38.

236 Leitlinien-Manual von AWMF und ÄZQ, ZaeFQ, 2001, 95 Suppl. I, S. 44.

oder Erfahrungen der Experten[237]. Medizinisch-wissenschaftliche Evidenz und EbM sowie ihre Ergebnisse sind daher nicht mit dem medizinischen Standard gleichzusetzen. Die EbM stellt eine Methode zur Wissensgenerierung dar – vergleichbar den medizinischen canones der Behandlungsmethoden früherer Zeiten, die ihrerseits auf der Grundlage der jeweiligen wissenschaftlichen Erkenntnis im Rahmen der medizinischen Behandlungspraxis als brauchbare Muster spontan herausgebildet und verbreitet worden sind.[238] Beide, EbM und die canones sind aber nicht in der Lage klinische Erfahrung zu ersetzen[239] und insbesondere dem einzelnen Arzt vorzugeben, in welchem der jeweils individuellen Behandlungsfälle eine Anwendung des jeweiligen Wissens indiziert ist. Dazu braucht es die beiden weiteren oben aufgezeigten Elemente des medizinischen Standards, die Erprobung der jeweiligen Erkenntnis in der Praxis (praktische Erfahrung) und die Umsetzung in der Praxis, die professionelle Akzeptanz. Denn diese Elemente sind erforderlich, um den Transfer der Erkenntnis in den anwendenden medizinischen Alltag zu ermöglichen.

8 Medizinischer Standard, rechtlicher Standard und Sorgfaltsmaßstab

a) Der Standardbegriff im Recht

Nachdem der Begriff des Standards Einzug in die medicolegale Literatur und Rechtsprechung gefunden hat, ist es erforderlich, diesen Begriff näher zu betrachten. Der Gesetzgeber verwendet die Begriffe „medizinischer Standard" und „Stand der medizinischen Wissenschaft" ohne diese zu definieren.[240] Vielmehr scheint er auf die aus dem Bereich der Technik stammende und dort gebräuchliche Verwendung der Begriffe abzustellen.

Im Bereich der Technik wird zwischen den „anerkannten Regeln der Technik", dem „Stand der Technik" und dem „Stand von Wissenschaft und Technik" unterschieden. Während unter den „anerkannten Regeln der Technik" dasjenige verstanden wird, was wissenschaftlich begründet, praktisch erprobt und ausreichend bewährt ist[241], wird mit dem „Stand der Technik" dasjenige umschrieben, was nach dem technischen und wirtschaftlichen Gegebenheiten (gerade) noch umsetzbar ist,

---

237 NVL Typ-2-Diabetes Netzhautkomplikationen Langfassung, Februar 2010, Vers. 2.6, S. 9; abrufbar unter: www.awmf.org/leitlinien/leitlinien-suche.html (Stand: 02.04.2014).

238 *Ladeur*, GesR 2011, 455, 458.

239 Zu den Risiken einer entpersonalisierten „Kochbuchmedizin" allein anhand von EbM und Leitlinien siehe z.B. *Kienle*, DÄBl. 2008; 105(25): A-1381–1384.

240 S.o. Punkt B.II.2.

241 *Martin*, Der Sachverständige 2008, 176.

die Spitze der technischen Entwicklung gilt als Orientierungspunkt.[242] Noch weiter geht der „Stand von Wissenschaft und Technik“. Wird auf diesen verwiesen, muss *„diejenige Vorsorge gegen Schäden getroffen werden, die nach den neuesten wissenschaftlichen Erkenntnissen für erforderlich gehalten wird. ...die erforderliche Vorsorge wird mithin nicht durch das technisch gegenwärtig Machbare begrenzt.“*[243]

Den Begriffen Standard, Stand der Technik und Stand von Wissenschaft und Technik ist gemein, dass sie auf den statischen „Stand“ zurückgehen. Ein solches statisches Element aber ist im Bereich der Medizin – wie auch in dem der Technik[244] – ungeeignet, den dort systemimmanenten ständigen Fortschritt im Sinne eines dynamischen Prozesses abzubilden.[245] Mit dem Stand(ard) kann also nur ein fiktiver Stand zum Beurteilungszeitpunkt gemeint sein, da ein objektiv feststehender Stand zu keinem Zeitpunkt besteht.[246]

Aus rechtlicher Sicht schuldet der Arzt sowohl vertrags-[247] als auch deliktsrechtlich die Einhaltung der im Verkehr erforderlichen Sorgfalt, §§ 276 Abs. 2, 823 BGB. Darüber hinaus ist er vertragsrechtlich nach § 630a Abs. 2 BGB zur Einhaltung des nach den zum Zeitpunkt der Behandlung bestehenden allgemein anerkannten fachlichen Standards verpflichtet. Damit ist nichts anderes gemeint als der hier erörterte medizinische Standard. Um die Bedeutung dieses Begriffs zu fassen, ist daher zu klären, in welchem Verhältnis dieser medizinische Standard, der rechtliche Standard und die im Verkehr erforderliche Sorgfalt zueinander stehen.

b) *Sorgfaltsmaßstab i. S. d. § 276 Abs. 2 BGB/ Verkehrswidrigkeit i. S. d. § 823 Abs. 1 BGB*

Unabhängig von der Frage, ob die ärztliche Behandlung unter vertrags- oder deliktsrechtlichen Vorzeichen geprüft wird, gilt, dass der Arzt die im Verkehr erforderliche Sorgfalt einzuhalten hat.[248] Bei einem vorsätzlichen Verstoß haftet der Arzt ohnehin gemäß § 276 Abs. 1 BGB bzw. nach § 823 Abs. 1 BGB. In der Praxis relevant ist hingegen die Haftung für fahrlässiges (Fehl-)Verhalten. Im Rahmen der Überprüfung gilt zivilrechtlich ein objektiv-abstrakter Prüfungsmaßstab.[249] Daraus folgt, dass es (grundsätzlich) nicht auf die subjektiven Fähigkeiten des Arztes ankommt, sondern auf die Fähigkeiten und Kenntnisse, die von einem

---

242 BVerfG, Beschl. v. 08.08.1978 – 2 BvL 8/77 – (Kalkar I, Schneller Brüter), RN 108 = NJW, 1979, 359ff

243 BVerfG, Beschl. v. 08.08.1978 – 2 BvL 8/77 – (Kalkar I, Schneller Brüter), RN 109 = NJW, 1979, 359ff.

244 Dazu *Marburger*, Die Regeln der Technik im Recht, S. 158.

245 Dazu s.o. Punkt B.II.4.

246 So auch *Marburger*, Die Regeln der Technik im Recht, S. 158.

247 Beim Behandlungsvertrag handelt es sich um einen Dienstvertrag.

248 Ratzel/Lissel-*Kern*, § 2 RN 1 bietet einen umfassenden Überblick über die Verwendung des Begriffs „Sorgfaltsmaßstab“ im Zusammenhang mit dem medizinischen Standard in der Literatur.

249 MüKo-*Grundmann*, § 276, RN 54ff.

Angehörigen des entsprechenden Verkehrskreises in der jeweiligen Situation erwartet werden können.[250] Wenn und soweit ein Verstoß gegen diesen Sorgfaltsmaßstab vorliegt, besteht ein Schadensersatzanspruch des geschädigten Patienten gegenüber dem behandelnden Arzt auf Basis des Behandlungsvertrages in Verbindung mit §§ 280 Abs. 1, 276 BGB und/oder nach § 823 Abs. 1 BGB.[251]

Der relevante Verkehrskreis besteht aus den Ärzten gleicher Facharztbezeichnung und –tätigkeit. Der Arzt schuldet dem Patienten eine Behandlung unter Einhaltung des geschuldeten Sorgfaltsmaßstabs, er muss grundsätzlich diejenigen Maßnahmen ergreifen, die von einem gewissenhaften und aufmerksamen Arzt aus berufsfachlicher Sicht seines Fachbereichs vorausgesetzt und erwartet werden.[252] Bei der Bestimmung dieser im Verkehr erforderlichen – und nicht etwa nur der eigenüblichen – Sorgfalt ist allein auf objektive Gesichtspunkte abzustellen; auf die subjektiven Fähigkeiten des behandelnden Arztes kommt es grundsätzlich nicht an.[253] Subjektive Komponenten werden im Zivilrecht nur in Ausnahmefällen berücksichtig. Zu nennen sind insbesondere die Fälle der sogenannten Anfängeroperationen[254]. Bei diesen schuldet der Anfänger mangels persönlicher Fähigkeit nicht den objektiven Facharztstandard. Er schuldet jedoch, die Behandlung nur unter Aufsicht eines entsprechend qualifizierten Facharztes durchzuführen, andernfalls eine Haftung wegen Übernahmeverschuldens eintritt.[255] Auf diesem Umweg wird die Einhaltung des Facharztstandard somit im Ergebnis weiterhin nicht erlassen. In diesem engen Ausnahmefall können Mängel im Bereich der persönlichen Kenntnisse – entgegen der allgemeinen Regelung des § 276 BGB[256] – haftungsausschließend wirken.[257]

250 Vgl. *Deutsch*, AcP 202 (2002), 889, 905. *Elster*, Ärztliche Leitlinien in der vertraglichen Haftung, S. 39.

251 Die bestehende Diskussion, ob und in welcher Form die Verschuldensregelung des § 280 Abs. 1 Satz BGB nach der Schuldrechtsreform auf Arzthaftungsfälle anwendbar ist, soll hier nicht dargestellt werden, da sie für die Zielrichtung dieser Arbeit nicht relevant ist. Aufgrund der ohnehin in jedem Fall bestehenden Haftung nach § 823 Abs. 1 BGB ist sie hier nicht erheblich. Insoweit wird auf die umfangreiche Darstellung bei Elster, S. 43ff. verwiesen, der zutreffend zu dem Ergebnis kommt, dass die Vorschrift des § 280 Abs. 1 Satz 2 BGB uneingeschränkt auch auf arzthaftungsrechtliche Fälle anzuwenden ist.

252 St. Rspr. z.B. BGH Urt. v. 16.05.2000 – VI ZR 321/98 – NJW 2000, 2737–2741 -; 29. November 1994 – VI ZR 189/93 – NJW 95, 776, 777; 16. März 1999 – VI ZR 34/98 – NJW 99, 1778.

253 St. Rspr. z.B. BGH Urt. v. 06.05.2003 – VI ZR 259/02 – VersR 2003, 1128, 1130.

254 Die Sonderregelung gilt trotz des Namens auch in nicht-invasiven Behandlungssituationen.

255 St. Rechtsprechung, z.B. BGH, Urt. v. 27.09.1983 – VI ZR 230/81 – = NJW, 1984, 655ff. mit Ausführungen, zu den Voraussetzungen, unter denen einen Operation durch einen Anfänger durchgeführt werden darf.

256 MüKo-*Grundman*, 7.Aufl. 2016, § 276 BGB, RN 50ff.

257 Die Begründung für diesen Haftungsausschluss ist der Umstand, dass andernfalls die Ausbildung von ärztlichem Nachwuchs schlicht unmöglich sei, die Ausnahme

Die geschuldete Sorgfalt entspricht im Arzt-Patienten-Verhältnis somit regelmäßig dem anzuwendenden (Facharzt-)Standard. Dennoch ist es nicht richtig, wenn Deutsch für den Bereich der Arzthaftung feststellt, dass „in Wirklichkeit ... der Standard ... nichts anderes dar[stelle], als die erforderliche Sorgfalt, jedenfalls was die Haftung nach § 823 Abs. 1 BGB angeht“[258]. Vielmehr kann eine Gleichsetzung der erforderlichen Sorgfalt mit dem Begriff lex artis oder als negative Entsprechung mit dem Behandlungsfehler diskutiert werden.[259] Denn bei einem Behandlungsfehler liegt sinnlogisch zumindest eine Sorgfaltspflichtverletzung vor, die Behandlung war nicht lege artis. Wenn aber der Standard mit der erforderlichen Sorgfalt gleichgesetzt werden würde, wäre ein Abweichen vom Standard immer auch ein Behandlungsfehler. Dies ist aber weder haftungsrechtlich noch medizinisch sinnvoll. Im Bereich der medizinischen Behandlung kann nicht, wie etwa im produzierenden Gewerbe, von immer gleichbleibenden Rahmenbedingungen ausgegangen werden. Patienten sind keine Werkstücke. Jeder Patient, jeder Organismus, hat seine individuellen Besonderheiten, nach denen sich der Arzt bei der Wahl der Behandlung(smethode) richten muss.[260] Entsprechend sind auch Gleichsetzungen des medizinischen Standards mit DIN Normen[261] oder dem rechtswissenschaftlichen Begriff der herrschenden Meinung[262] verfehlt. Während in der Medizin die Abweichung vom Standard im Einzelfall gerade erforderlich, ein blindes Befolgen sogar behandlungsfehlerhaft sein kann, ist dies bei DIN-Normen wohl nur dann der Fall, wenn sie veraltet sein sollten[263] oder hinter der erforderlichen Schutzhöhe

---

also der „sozialen Wichtigkeit der Anfängeroperation“ geschuldet sei, *Nowak*, Leitlinien in der Medizin, S. 81.

258 *Deutsch*, JZ 1997, 1030, 1032, anders offenbar ders. Anmerkung zu BGH, Urt. v. 10.02.1987 – VI ZR 68/86 – NJW 1987, 1479, 2480. A.A. insoweit zutreffend MüKo-*Wagner*, 5. Aufl., § 823 RN 745f.

259 So z.B. *Jürgens*, Die Beschränkung der strafrechtlichen Haftung für ärztliche Behandlungsfehler, S. 41, m.w.A.u.N. zum Begriffswandel vom Kunstfehler zum Behandlungsfehler; zur Differenzierung zwischen „Medizinischen Standard und lex artis, s.u., Punkt B.II.1.

260 So auch *Franzki*, MedR 1994, S. 171, 171, der davon spricht, dass der Arzt es nicht – wie etwa ein Techniker – mit toter Materie zu tun habe, sondern mit einem lebenden oft unberechenbaren Organismus.

261 So wohl *Ziegler*, Leitlinien und Arzthaftungsrecht, VersR 2003, S. 545ff., der Leitlinien und DIN-Normen gleichsetzt (a.a.O., S. 547) und gleichzeitig behauptet, Leitlinien legten den medizinischen Standard fest (a.a.O., S. 548).

262 So Ratzel/Lippert-*Ratzel*, Kommentar zur Musterberufsordnung der deutschen Ärzte (MBO), § 11, RN 12

263 So *Ziegler*, Leitlinien und Arzthaftungsrecht, VersR 2003, S. 545, 547.

im Einzelfall zurückbleiben.[264] Die Beratung eines Mandanten durch den Rechtsanwalt auf Basis einer in der Literatur vorhandenen Mindermeinung entgegen der herrschenden Meinung, insbesondere der geltenden Rechtsprechung, dürfte ohne entsprechenden Wunsch des Mandanten und nach eingehender Aufklärung ebenfalls fehlerhaft sein.[265] Der Arzt kann also verpflichtet sein, von dem medizinischen Standard abzuweichen, wenn er nach gewissenhafter Prüfung überzeugt ist, einer anderen Methode folgen zu müssen[266].

Auch ein weiterer Gedanke aus der haftungsrechtlichen Dogmatik spricht gegen eine Gleichsetzung von Standard und geschuldeter Sorgfalt. Während Mängel im individuell-persönlichen Bereich grundsätzlich nicht haftungsausschließend oder schuldmindernd wirken, haben persönliche Kenntnisse und Fähigkeiten, die über den aktuellen medizinischen Standard hinausgehen, eine haftungsverschärfende Wirkung.[267] Dies ist stringent. Der Arzt schuldet nicht (nur) den aktuellen Standard, im Haftungsrecht allgemein auch als Facharztstandard bezeichnet,[268] er schuldet die Erbringung der Leistung nach den Regeln der Kunst, somit lege artis. Dies kann aber – bei entsprechender Kenntnis oder Fähigkeit – über den aktuellen medizinischen Standard, z.B. in Form eines Heilversuchs, hinausgehen. Bei Berücksichtigung der obigen Definition des medizinischen Standards, als „des jeweiligen Standes der naturwissenschaftlichen Erkenntnis und ärztlichen Erfahrung, der zur Erreichung des ärztlichen Behandlungszieles erforderlich ist und sich in der Erprobung bewährt hat", ist es dem dynamischen Standard immanent, dass es Ärzte geben muss, die neue und überlegene Behandlungsmethoden kennen und anwenden, bevor diese sich in der „Erprobung bewährt haben". Solche „Vorreiter" schulden ihren Patienten aber auch die Anwendung ihrer besonderen Kenntnisse und können sich nicht auf den von ihnen bereits als überholt erkannten – allgemein noch geltenden – Standard zurückziehen.[269]

264 So BGH, Urt. v. 29.11.1983 – VI ZR 137/82 – zur Frage der erforderlichen Schutzvorkehrungen in einer Eishockeyhalle. Nach Ansicht des BGH waren die in DIN 18036 niedergelegten Anforderungen nicht ausreichend, um die vom Veranstalter geschuldete Verkehrssicherungspflicht Genüge zu tun, RN 13f (nach juris). DIN-Normen bestimmen danach „nicht stets das Äußerste, was im Einzelfall verlangt werden kann, sondern sind ergänzungsbedürftig und entlassen den Richter nicht aus der Pflicht, das Integritätsinteresse des potentiell Geschädigten selbst zu bewerten, RN 14 (nach juris).

265 Vgl. *Hirte*, Berufshaftung, S. 16f., m.w.N.

266 *Rumler-Detzel*, VersR 1989, 1008, 1009 unter Verweis auf *Bockelmann*, Strafrecht des Arztes, S. 86 mit Verweis auf RGSt 67, 12,22; Steffen/Pauge, Arzthaftungsrecht RN 206. Im Ergebnis genauso: *Francke*, Leitlinien und Sozialrecht, S. 128.

267 BGH, Urt. v. 10.02.1987 – VI ZR 68/86 – NJW 1987, 1479, 2480 mit Anmerkung von Deutsch.

268 Vgl. z.B: *Stöhr*, Leitlinien, Richtlinien und ärztliche Haftung, Festschrift für Günther Hirsch zum 65. Geburtstag, 431, 431.

269 So auch vertiefend *Elster*, Ärztliche Leitlinien in der vertraglichen Arzthaftung, S. 81. Allgemein zur vertraglichen Haftung auch MüKo-*Grundmann*, § 276 RN 56 m.w.N.,

c) Verhältnis zwischen rechtlichem und medizinischem Standard

Aus medizinischer Sicht ist – soweit existent – der aktuelle medizinische Standard für den Arzt verbindlich. Abweichungen nach unten sind nicht zulässig, weder aufgrund mangelnder Kenntnis[270] noch aufgrund eines „üblichen Schlendrians“[271]. Abweichungen nach oben[272] sind nur in dem Fall zulässig, in dem die neue Erkenntnis allein aufgrund fehlender Disseminierung und somit fehlender Anerkenntnis in der Praxis noch nicht zum (neuen) Standard avanciert ist.[273]

Aus rechtlicher Sicht ist zunächst die im Verkehr erforderliche Sorgfalt einzuhalten. Diese definiert sich durch den rechtlichen Standard. Wie oben dargestellt existiert nicht für jede Behandlung ein medizinischer Standard. Dennoch hat der Arzt auch bei solchen Behandlungen den rechtlichen Standard, mithin die geschuldete im Verkehr erforderliche Sorgfalt einzuhalten.

Die vormals bestehende Diskussion zum Verhältnis zwischen medizinischen und rechtlichen Standard wurde durch das Patientenrechtegesetz wenn nicht beendet, so doch erheblich entschärft. Bis dahin wurden drei Ansätze vertreten, der Hierarchieansatz, der Identitätsansatz (auch medizinische Ansicht) und die vermittelnde Ansicht. Kurz zusammengefasst sieht der Hierarchieansatz einen Geltungsvorrang der autonomen juristischen Bewertung vor der medizinischen.[274] Dagegen sieht der Identitätsansatz (auch medizinische Ansicht) einen „Professionsvorbehalt“[275] der dazu führe, dass allein die Ärzteschaft die Fähigkeit und Kompetenz für diese Feststellungen hat und diese daher von der Rechtsordnung akzeptiert (und rezipiert) werden müssen.[276] Schließlich bemühte sich die vermittelnde Ansicht,

---

der diese Haftungsverschärfung dogmatisch zutreffend als im Verhältnis zur grundsätzlich nicht möglichen Haftungserleichterung bei mangelhafter persönlicher Fähigkeit zwar als inkonsequent bezeichnet, jedoch weiter ausführt, im Ergebnis sei eine solche Haftungsverschärfung „für den Verkehrs- und Vertrauensschutz jedoch nur hilfreich und angesichts der grundsätzlichen Überlegenheit der Garantie- und Gefährdungshaftung im Ergebnis nicht zu kritisieren“.

270 Zur Besonderheit der „Anfängeroperation“ s.o., Punkt B.II.8.b).

271 *Elster*, Ärztliche Leitlinien in der vertraglichen Arzthaftung, S. 99.

272 Ob es sich tatsächlich um eine Abweichung „nach oben“ gehandelt hat oder der Arzt eine nicht der geschuldeten Sorgfalt entsprechenden (Un-)Heilmethode angewandt hat, ist im jeweiligen Einzelfall zu prüfen.

273 Dieses „Abweichen nach oben“ ist nicht mit einem Heilversuch zu verwechseln. Ein Heilversuch ist immer aber auch nur dann zulässig oder gar geschuldet, wenn für die konkrete Erkrankung in der konkreten Behandlungssituation (Stichwort: „austherapiert“) gerade keine Standardbehandlung (mehr) zur Verfügung steht.

274 Siehe *Elster*, Ärztliche Leitlinien in der vertragliche Arzthaftung, 106f., mit zahlreichen Nachweisen.

275 *Hart*, Ärztliche Leitlinien im Medizin- und Gesundheitsrecht, 57.

276 *Hart*, Arzthaftungsrecht – Wissensbasis und Rezeption in Literatur und Rechtsprechung, S. 115, *ders.*, Ärztliche Leitlinien – Rechtsrahmen, DÄBl. 2005, 102(40), A-2693, B-2272, C-2146.

beides zu kombinieren und sprach von einem Primat des Rechts, der aber im Regelfall ein Gleichlauf zwischen rechtlichen und medizinischen Standard vorangehe. Die Gerichte seien nur in Wahrnehmung der ihnen obliegenden Letztentscheidungskompetenz verpflichtet, zu überprüfen, ob die angewendete medizinischen Behandlung besondere Risiken enthalte oder Sorgfaltsanforderungen außer Acht lasse.[277]

Durch das Patientenrechtegesetz wurde in § 630a Abs. 2 BGB bestimmt, dass die Behandlung nach den zum Zeitpunkt der Behandlung bestehenden, allgemein anerkannten fachlichen Standards zu erfolgen hat. Damit ist dem Hierarchieansatz eine klare Absage erteilt. Die beiden verbleibenden Theorien kommen in aller Regel zum gleichen Ergebnis, sodass die Frage hier offen bleiben kann.

9 Zwischenergebnis

Der medizinische Standard ist eine berufsspezifische Norm, eine Richtschnur und Mindestanforderung, immer bezogen auf das „Wie" des Handelns, d.h. auf die Qualität[278], der wissenschaftliche Erkenntnis, ärztliche Erfahrung und professionelle Akzeptanz zugrunde liegen[279]. Er unterliegt dem Wandel, ist nicht statisch, sondern dynamisch und verändert sich mit den Erkenntnissen der medizinischen Wissenschaft.[280] Der Behandlungsstandard, auch soweit er Grundlage für die haftungsrechtliche Beurteilung anhand des zivilrechtlichen Sorgfaltsmaßstabes ist, kann nur nach den Maßstäben der Medizin bestimmt werden.[281] Dies gilt auch für die nunmehr in Gesetzesrang erhobene Leistungskonkretisierung des § 630 a Abs. 2 BGB. Der Gesetzgeber ist nicht in der Lage den medizinischen Standard zu definieren, entsprechend verzichtet er durchweg bereits auf eine Legaldefinition des Begriffs als solchen.[282] Auch die Rechtsprechung kann nicht über den Inhalt des (medizinischen) Standards befinden.[283] Stringent fordert sie daher auch im Regelfall die Hinzuziehung eines medizinischen Sachverständigen, um diesen im jeweiligen Einzelfall zu determinieren.[284] Allein in Bereichen, die nicht der unmittelbaren medizinisch-therapeutischen Tätigkeit zuzurechnen sind, wie bei rein organisatorischen Fragen, kann das Recht selbst durch die Gerichte den (rechtlichen) Standard bestimmen.[285]

---

277 Laufs/Katzenmeier/Lipp-*Katzenmeier*, Arztrecht, Kapitel X, RN 16; *Steffen*, MedR 1995, 190.

278 *Wienke*, MedR 1998, 172, 172.

279 *Hart*, MedR 1998, 8, 10.

280 Vgl. Laufs/Kern-*Laufs/Kern*; § 97, RN 15.

281 *Stöhr*, a.a.O., S. 432; Dressler, Festschrift Geiß, S. 379, 381.

282 S.u., B.II.2.

283 *Carstensen*, a.a.O., S. B-1738.

284 St. Rspr. z.B: BGH Urt. v. 28.05.2002 – VI ZR 42/01 – VersR. 2002, 1026, 1027.

285 Steffen/Pauge; Arzthaftpflichtrecht, B 180.

III. Juristische Bedeutung von Leitlinien

Nach der Feststellung, dass Leitlinien Regelwerke eigener Art sind und mit keinem der existierenden Regelwerke im medizinischen Bereich gleichzusetzen sind, stellt sich die Frage nach ihrer juristischen Bedeutung und Einordnung.

1 Rechtsnormqualität

Zunächst ist zu klären, ob und ggfls. in welcher Form Leitlinien Rechtsnormqualität zukommt.

a) Möglichkeit abweichenden Verhaltens

Grundvoraussetzung für das Bestehen einer Rechtsnorm ist mit *Kelsen*, dass grundsätzlich die Möglichkeit zu einem vom normierten Verhalten abweichenden denkbaren tatsächlichen Alternativverhalten besteht.[286] Naturgesetze können damit keine Rechtsnormen sein. Ein Alternativverhalten ist sowohl praktisch als auch theoretisch ausgeschlossen, wenn der Inhalt der Norm aus naturwissenschaftlichen Gründen zwingend vorgegeben ist, es sich also um normativ formulierte Naturgesetze handelt.[287] Leitlinien zielen auf eine Implementierung neuer Erkenntnisse als Standard ab. Damit steht jedoch zugleich fest, dass es sich bei den in Leitlinien enthaltenen Handlungsempfehlungen nicht um solche handelt, die naturgesetzlich determiniert sind. Eine abweichende Empfehlung für ein abweichendes Vorgehen ist denkbar.

b) Rechtsquellen

Normen, die rechtliche Verbindlichkeit beanspruchen, also perpetuiertes Recht, entstehen, wenn ein zur Rechtsetzung legitimierter Normautor mit Rechtsschöpfungswillen in einem förmlichen Verfahren die Norm schafft und die Möglichkeit der förmlichen Sanktion bei Zuwiderhandlung besteht.[288]

aa) Formelle Gesetze und andere hergebrachte Rechtsquellen

Die klassische und herrschende Rechtsquellenlehre ist etatistisch.[289] Neben den staatlichen Gesetzen, insbesondere den formellen (Parlaments-)gesetzen und seinen Derivaten wird von ihr nur das Gewohnheitsrecht als Rechtsquelle anerkannt. Dies beruht auf dem verfassungsrechtlichen Grundsatz des staatlichen Rechtssetzungsmonopols, Artt. 1 Abs. 3, 70 Abs. 1 GG. Die klare Orientierung an der

---

286 *Kelsen*, Reine Rechtslehre, S: 10f.
287 *Ross*, Theorie der Rechtsquellen, S. 11, 271ff, 272.
288 *Taupitz*, Verbindlichkeit unterschiedlicher Leitlinien, S. 103.
289 *Marburger*, Die Regeln der Technik im Recht, S. 330.

formalisierten (und verfassungsrechtlich begründeten) Normerstellung (insb. das verfassungsgemäße Gesetzgebungsverfahrens) ist auf die Verfassungskämpfe des 19. Jahrhunderts zurückzuführen,[290] aus denen die parlamentarische Demokratie und die Gesetzgebungskompetenz des Parlaments zum Erlass „formeller Gesetze" hervorgingen. Damit ist der Begriff „Gesetz" in gewissem Umfang ideologisch aufgeladen[291] und ermöglicht eine klare Abgrenzung zu anderen, insb. untergesetzlichen Normen.

bb) Verwaltungsvorschriften

Neben den beschriebenen Rechtsquellen werden auch Verwaltungsvorschriften als (nur intern unmittelbar bindend geltende) Rechtsquellen anerkannt. Wie oben dargestellt können auch Regelwerke privater Institutionen, wie z.B. die TA Lärm und Luft durch Aufnahme in eine Verwaltungsvorschrift Rechtsnormqualität erlangen.

c) Zwischenergebnis

Bei klinischen Leitlinien fehlt es nicht nur am Rechtschöpfungswillen der Herausgeber, auch sind diese nicht legitimiert, für andere verbindliche Normen aufzustellen.[292] Ihnen kommt somit keine Rechtsnormqualität im Sinne der klassischen Rechtsquellenlehre zu. Schließlich fehlt es auch an einer förmlichen Sanktionsmöglichkeit bei Zuwiderhandlung. Auch hat der Gesetzgeber davon abgesehen, Leitlinien oder deren Inhalte z.B. im Wege der Aufnahme in eine Verwaltungsvorschrift in seinen Willen mit aufzunehmen und auf diesem Wege Rechtsnormqualität zu verleihen. Dennoch wird die Verbindlichkeit der in Leitlinien enthaltenen Regeln für die Ärzte diskutiert. Diese Diskussion findet in erster Linie im Haftungsrecht, aber auch im Recht der gesetzlichen Krankenversicherung statt.

2 Haftungsrecht

a) Gesetzeslage

Mit Aufnahme des Behandlungsvertrages in das BGB durch das Patientenrechtegesetz wurde in § 630a Abs. 2 BGB normiert, dass die Behandlung „nach den zum Zeitpunkt der Behandlung bestehenden, allgemein anerkannten fachlichen Standards zu erfolgen [hat], soweit nicht etwas anderes vereinbart ist." Damit hat der Gesetzgeber den „medizinischen Standard" als einzuhaltenden Standard explizit

---

290 *Uhl*, S. 103 m.w.N.

291 *Uhl*, S. 103 m.w.N.

292 So auch *Marburger*, Die Regeln der Technik im Recht, S. 340 für – insoweit mit Leitlinien vergleichbare – überbetriebliche Normen und ungeschriebene Regeln der Technik.

zur Leitungspflicht des Arztes gemacht. Wie oben[293] gezeigt, war es aber nicht Wille des Gesetzgebers, den haftungsrechtlich relevanten medizinischen Standard durch die Fachgesellschaften im Rahmen von Leitlinien festlegen zu lassen.

Damit scheidet schließlich, wie auch bei DIN-Normen, eine Qualifizierung von Leitlinien als Schutzgesetz im Sinne des § 823 Abs. 2 BGB, auch bei Berücksichtigung des § 630a Abs. 2 BGB, aus. Dazu fehlt es wie oben[294] gezeigt an der zwingend erforderlichen Rechtsnormqualität. Schutzgesetz im Sinne des § 823 Abs. 2 BGB können nur Rechtsnormen im Sinne des Art. 2 EGBGB[295] sein. Leitlinien erfüllen diese Voraussetzung nicht und § 630a Abs. 2 BGB verweist, gerade nicht auf Leitlinien, sondern auf den medizinischen Standard als entscheidendes Kriterium.

b) Rechtsprechung

Die Rechtsprechung billigt Leitlinien ohne Ansehung ihrer Qualität keinen eigenständigen Beweiswert zu. Insbesondere können Leitlinien nach Ansicht der Rechtsprechung verbindliche oder quasiverbindliche Handlungsanweisungen nicht festlegen.[296] Daraus folgt, dass sie den gebotenen Standard nicht konstitutiv bestimmen können.[297]

Während das OLG Naumburg im Jahr 2001[298] in Bezug auf AWMF-Leitlinien allgemein noch einschränkend ausführte, diese Leitlinien hätten „derzeit" lediglich Informationscharakter für Ärzte und könnten ein Sachverständigengutachten im Einzelfall nicht ersetzen, verzichtet es auf diese zeitliche Einschränkung in Bezug auf S3-Leitlinien in seinem diesbezüglich aktuellen Urteil[299] aus dem Jahr 2006. Auch das OLG Köln[300] kommt in einer Entscheidung betreffend NationaleVersorgungsLeitlinien zu diesem Ergebnis indem es ausführt:

> *„Bei der NVL-KS handelt sich nicht um eine die angesprochenen Ärzte und Therapeuten bindende Richtlinie. Ihr Ziel ist es vielmehr, Ärzten sowie Angehörigen nichtärztlicher Berufsgruppen, die an der Versorgung von an nichtspezifischem Kreuzschmerz leidenden Patienten beteiligt sind, auf der Basis des derzeit besten Standes der Erkenntnisse aus Wissenschaft und Praxis Hilfen für die Versorgung der vorbezeichneten Patienten und in diesem Sinne Therapieempfehlungen zu geben."*

293 S.o. Punkt B.II.2.a).
294 S.o. Punkt B.III.1.
295 Art. 2 EGBGB lautet: *„Gesetz im Sinne des Bürgerlichen Gesetzbuches und dieses Gesetzes ist jede Rechtsnorm."*
296 OLG Naumburg, Urt. v. 11.07.2006 – 1 U 1/06 –, RN 58.
297 BGH, Beschluss v. 07.02.2011 – VI ZR 269/09 –, RN 2; BGH, Beschluss v. 28.03.2008 – VI ZR 57/07 –; siehe auch: Stöhr, Leitlinien, Richtlinien und ärztliche Haftung, Festschrift Hirsch, S. 431, 433, mit einer zusammenfassenden Übersicht.
298 OLG Naumburg, Urt. v. 19.12.2001 – 1 U 46/01 = MedR 2002, 471.
299 OLG Naumburg, Urt. v. 11.07.2006 – 1 U 1/06 –, RN 58.
300 OLG Köln, Urt. v. 06.11.2012 – 15 U 221/11 – RN 3.

Diese Auffassung bestätigt das OLG Köln[301] in einer Folgeentscheidung zu einer Behandlungsleitlinie der Deutschen Gesellschaft für Orthopädie und Orthopädische Chirurgie (DGOOC) zur Therapie bei Hallux valgus.[302] Die AWMF hatte diese als S1-Handlungsempfehlung klassifiziert. Gestützt auf das vor dem LG Köln[303] eingeholte Sachverständigengutachten führt das OLG im 2. Leitsatz aus:

> *„Eine postoperative Behandlung ist nicht deshalb behandlungsfehlerhaft, weil sie in der entsprechenden AWMF-Leitlinie nicht ausdrücklich als Behandlungsmöglichkeit erwähnt ist. Leitlinien sind nur dann eine zu beachtende Erkenntnisquelle, wenn sie den maßgeblichen Facharztstandard abschließend wiedergeben...“*

In den Entscheidungsgründen formuliert das OLG Köln[304] sodann völlig zutreffend:

> *„Zum einen haben die Ärztlichen Leitlinien der Arbeitsgemeinschaft der Wissenschaftlichen Fachgesellschaften (AWMF) unbeschadet ihrer wissenschaftlichen Fundierung (zumindest derzeit) lediglich Informationscharakter für die Ärzte. Einer weiter gehenden Bedeutung, etwa als verbindliche Handlungsanleitung für praktizierende Arzte, steht die anhaltende Diskussion um ihre Legitimität als auch um ihre unterschiedliche Qualität (s. Bemühungen um ihre schrittweise Implementierung nach den Grundsätzen der evidenzbasierten Medizin) und Aktualität (angesichts des teilweise rasanten Fortschritts in der medizinischen Wissenschaft und Praxis) entgegen (vgl. auch den entsprechenden Hinweis in der AWMF-Leitlinie „Hallux valgus“ der Deutschen Gesellschaft für Orthopädie und Orthopädische Chirurgie [DGOOC] und des Bundesverbandes der Arzte für Orthopädie [BVO], AWMF-Leitlinien-Register Nr. 0331018). Das bedeutet, dass eine medizinische Behandlung, die nicht den Leitlinien entspricht, nicht zwingend behandlungsfehlerhaft ist. Die Leitlinien können zwar eine zu beachtende Erkenntnisquelle sein und sind dies auch regelmäßig, allerdings nur dann, wenn sie den maßgeblichen Facharztstandard für den zu begutachtenden Fall mit seinen individuellen Gegebenheiten wiedergeben.“*

Der BGH teilte diese Rechtsauffassung in einem Beschluss[305] aus dem Jahr 2008. In einem weiteren Beschluss[306] aus demselben Jahr entschied der BGH, dass die Nichteinhaltung von Leitlinien nicht „per se“ zu einer Beweislastumkehr führten, *„sondern regelmäßig ... der zusätzlichen Feststellung eines groben Behandlungsfehlers“* bedürften.[307] In diesem Sinne entschieden auch die anderen mit der Frage

301 OLG Köln, Beschl. v. 16.05.2012 u. 01.08.2012 – 5 U 234/11 – = GesR 2013 (7), S. 411ff.

302 Die Leitlinie Hallux valgus mit der AWMF-Register Nummer 033/018 ist aufgrund fehlender Aktualisierung nicht mehr auf den Seiten der AWMF zu finden. Im Internet ist sie jedoch z.B. noch auf anderen Seiten abrufbar. Z.B. unter: www.krankenhaus-rummelsberg.de/fileadmin/Lehre/leitlinie_hallux_valgus.pdf (Stand: 30.07.2013).

303 LG Köln, Urt. v. 04.11.2011 – 25 0 444/09 – nicht veröffentlicht.

304 OLG Köln, Beschl. v. 16.05.2012 u. 01.08.2012 – 5 U 234/11 – = GesR 2013 (7), S. 411ff.

305 BGH, Beschl. v. 28.03.2008 – VI ZR 57/07 –.

306 BGH, Beschl. v. 08.01.2008 – VI ZR 161/07 –.

307 BGH, a.a.O. – Leitsatz.

der Verbindlichkeit von Leitlinien betrauten Gerichte soweit ersichtlich.[308] Auch eine spätere Entscheidung des BGH[309], die einen potentiell missverständlichen[310] Leitsatz enthalt, ändert an dieser Rechtsprechung nichts. Der BGH hält in seinem Leitsatz fest:

> *„Gesicherte medizinische Erkenntnisse, deren Missachtung einen Behandlungsfehler als grob erscheinen lassen kann, sind nicht nur die Erkenntnisse, die Eingang in Leitlinien, Richtlinien oder anderweitige ausdrückliche Handlungsanweisungen gefunden haben. Hierzu zählen vielmehr auch die elementaren medizinischen Grundregeln, die im jeweiligen Fachgebiet vorausgesetzt werden."*

Damit stellt der BGH, auch unter Berücksichtigung der Urteilsgründe nicht fest, dass Leitlinien oder deren Inhalt verbindlich seien. Vielmehr stellt er allein fest, dass „gesicherte medizinische Erkenntnisse", mithin eine verkürzte Definition des Begriffs „medizinischer Standard" verbindlich seien.[311] Diese Erkenntnis ist aber nicht neu. Ein anderes Verständnis, etwa, dass der BGH seine Rechtsprechung betreffend die Verbindlichkeit von Leitlinien, Richtlinien und sonstigen Handlungsanweisungen ändern wollte, ist nicht begründbar.[312] In einem weiteren Urteil bestätigt der BGH[313] diese Einschätzung und beendet jegliche Diskussion zur Auslegung seiner Rechtsprechung. Dort führt er zutreffend aus:

> *„Handlungsanweisungen in Leitlinien, klinischen Leitfäden und Lehrbüchern dürfen nicht unbesehen mit dem medizinischen Standard gleichgesetzt werden; sie ersetzen kein Sachverständigengutachten."*[314]

Dieses Ergebnis ist auch bei der verfassungsrechtlich gebotenen Berücksichtigung der Berufsausübungsfreiheit der Ärzte richtig, die durch verbindliche Regelungen eingeschränkt werden würde. Das Bundesverfassungsgericht hat die Berufsfreiheit der Ärzte gem. Art. 12 GG zuletzt durch Kammerbeschluss vom 01.02.2011[315] erneut bestätigt, indem es eine absolute Tätigkeitsbeschränkung des Arztes auf sein Fachgebiet nach der jeweils geltenden Weiterbildungsordnung, und somit aufgrund Satzungsrechts, im Lichte der Berufsfreiheit untersagte und eine begrenzte

---

308 Z.B.: OLG Hamm, Urt. v. 06.05.2002 – 3 U 31-01 – VersR 2004, 516–517 = ArztR 2006, 98; OLG Hamm, Urt. v. 09.05.2001 – 3 U 250–99 – (für Richtlinien, Leitlinien und Empfehlungen, RN 16 nach juris); OLG Hamm, Urt. v. 27.01.1999 – 3 U 26–98 – (in Bezug auf Richtlinien der BÄK – Arg. a maiore ad minus); OLG Stuttgart, Urt. v. 22.02.2001 – 14 U 62-00 –.

309 BGH, Urt. v. 20.09.2011 – VI ZR 55/09 –.

310 So auch *Katzenmeier*, Urteilsanmerkung, LMK 2012, 327738 (beck-online).

311 So auch *Katzenmeier*, Urteilsanmerkung, LMK 2012, 327738 (beck-online).

312 *Katzenmeier*, a.a.O. Im Ergebnis auch: *Hart*, Urteilsanmerkung, MedR 2012, 450, 453, 454.

313 BGH, Urt. v. 15.04.2014 – VI ZR 382/12 – Leitsatz, und RN 17f. = GesR 2014, 404 – 408.

314 BGH, Urt. v. 15.04.2014 – VI ZR 382/12 – Leitsatz, und RN 17f. = GesR 2014, 404 – 408.

315 BVerfG, Kammerbeschl. v. 01.02.2011 – 1 BvR 2383/10 –.

Tätigkeit außerhalb des eigenen Fachgebietes allein aufgrund der Approbation explizit billigte. Im Sinne eines argumentum a fortiori dürfte daher eine Einschränkung der ärztlichen Berufsfreiheit im Sinne der Therapiefreiheit durch Leitlinien gegen Art. 12 GG verstoßen, wenn die Einschränkung der Therapiefreiheit allein formaljuristisch durch die Existenz der Leitlinie und nicht medizinisch-inhaltlich durch deren den aktuellen medizinischen Standard wiedergebenden Inhalt begründet wird. Denn wenn schon eine Einschränkung durch Satzungsrecht (Weiterbildungsordnung der Landesärztekammer) verfassungsrechtlich unzulässig ist, dann erst recht (a maiore ad minus) eine Einschränkung durch eine privatrechtliche Leitlinie.

Betont werden soll an dieser Stelle noch die richtige Feststellung des BGH, dass Leitlinien ein Sachverständigengutachten nicht ersetzen können. Daraus folgt insbesondere auch, dass Leitlinien unter keinen Umständen als „antizipierte Sachverständigengutachten“ betrachtet werden können, wie dies in der Literatur unter Hinweis auf eine vermeintliche Vergleichbarkeit von Leitlinien mit technischen Normen diskutiert wird.[316]

Soweit einige Gerichte[317] Leitlinien als standardbegründend oder verbindlich bezeichnet haben, stellten sich diese Bezeichnungen bei genauer Lektüre der Urteilsgründe als missverständliche Formulierungen heraus. Tatsächlich stützen sich die Gerichte ausnahmslos auf die Gutachten der geladenen Sachverständigen, welche wiederum die entsprechenden Leitlinien bei der Erstellung ihrer Gutachten herangezogen hatten.

Von Bedeutung für die arzthaftungsrechtliche Rechtsprechung ist eine sich abzeichnende Tendenz, nach der Leitlinien – jedenfalls solche der Stufe S3 – eine gewisse Indizwirkung für den Standard entfalten. So hat das OLG Hamm entschieden, dass ein Sachverständiger genau darlegen muss, warum er in seinem Gutachten von einer Empfehlung einer S3-Leitlinie abweicht.[318] Zwar erkennt auch das OLG Hamm die Rechtsprechung des BGH an, dass Leitlinien keine standardkonstituierende Wirkung zukommt. Gleichwohl, so das OLG Hamm, stellten solche Leitlinien einen Wegweiser für den medizinischen Standard dar. Sie gäben den anerkannten und gesicherten Stand der medizinischen Wissenschaft oder die Überzeugung maßgeblicher ärztlicher Kreise von der Richtigkeit einer bestimmten Behandlung im Behandlungszeitpunkt regelmäßig wieder. Eine Abweichung von

---

316 *Koyuncu*, Das Haftungsdreieck Pharmaunternehmen – Arzt – Patient, S. 96; *Taupitz*, Möglichkeiten der Beschränkung, S. 263, 270; *Ziegler*, VersR 2003, 545, 547, 549.

317 LG Freiburg (Breisgau) Urt. v. 30.10.2007 – 2 O 194-06 -: „Wie gesagt handelt es sich hier nur um eine S 1-Leitlinie. Diese gibt aber, wie der Sachverständige bestätigt hat, den medizinischen Standard wieder.“ (RN 81); OLG Düsseldorf, Urt. v. 15.06.2000 – 8 U 99-99 – VersR 2000, 1019 – 1020.

318 OLG Hamm, Beschl. v. 18.06.2014 – I-3 U 66/14, 3 U 66/14 – RN 28f. (nicht veröffentlicht).

solchen Leitlinien bedürfe daher besonderer Rechtfertigung.[319] Das OLG Köln hat entschieden, dass eine Empfehlung in einer Leitlinie erst dann als Standard anzusehen sei, wenn sie von deutlich über der Hälfte der betroffenen Ärzte auch tatsächlich befolgt wird.[320] Mithin hat das OLG auf die zweite Säule des medizinischen Standards, die Umsetzungssäule rekurriert.

c) Literatur

In der medizinrechtlichen Literatur sind zwei Strömungen erkennbar. Es wird die Meinung vertreten, Leitlinien komme zwar keine standardbegründende Wirkung aus sich heraus zu, sie könnten den Standard im Einzelfall aber deklaratorisch wiedergeben und hätten gegebenenfalls eine den Standard beeinflussende Wirkung. Vereinzelt wird vertreten, Leitlinien, zumindest solche der Stufe S3, würden den Standard konstitutiv festlegen.

aa) Keine standardfestlegende Wirkung von Leitlinien

Die Literatur – nicht nur in Form von Veröffentlichungen (ehemaliger) Richter am BGH – teilt in weiten Teilen die Auffassung der Rechtsprechung.[321] Dabei wird die derzeit eingeschränkte Bedeutung von Leitlinien in der arzthaftungsrechtlichen Praxis mit der bestehenden allgemeinen konzeptionellen und strukturellen Schwäche von Leitlinien erklärt.[322] Jedoch ist eine Entwicklung in der Literatur hin zu einer höheren Bedeutung der Leitlinien zu erkennen.[323] Diese verläuft parallel

---

319 OLG Hamm, Beschl. v. 18.06.2014 – I-3 U 66/14, 3 U 66/14 – RN 28f. (nicht veröffentlicht). Die Auffassung des 3. Zivilsenats des OLG Hamms, das Leitlinien eine Indizwirkung wird in dieser Stringenz vom 26. Zivilsenat nicht geteilt. Mit Urteil vom 18.03.2014 hat der 26. Zivilsenat (OLG Hamm, Urt. v. 18.03.2014 – I-26 U 81/13, 26 U 81/13 – (nicht veröffentlicht) festgestellt, dass die Empfehlung einer Behandlungsmethode in einer Leitlinie auch nur eine Empfehlung von mehreren sei (RN 28). ZU beachten ist jedoch, dass dieser Entscheidung die Behandlung eines hallux valgus zugrunde lag, eine Erkrankung für die es nach Feststellung des Senats noch keinen Goldstandard gebe. Spannend wäre zu sehen, wie der 3. Und der 26. Senat des OLG Hamm den jeweils anderen Fall beurteilt hätten. Es drängt sich der Verdacht auf, dass die Entscheidung des 3. Senats weniger abstrakt-dogmatisch (Qualität der Leitlinie hat immer Indizwirkung zu Folge) zu verstehen ist, und diese Ausführungen vielmehr den (vermeintlich) dogamtischen Überbau einer Einzelfallentscheidung darstellen.

320 OLG Köln, Urt. v. 15.10.2018 – 5 U 76/16, RN 21 = MedR 2019, 725–729.

321 Geiß/Greiner-*Greiner*, Arzthaftpflichtrecht, RN B 9a; Ulsenheimer-*Ulsenheimer*, Arztstrafrecht, RN 61bff.; Frahm/Nixdorf/Walter, Arzthaftungsrecht, RN 130; *Müller*, GesR 2004, 257, 260; Dressler, Ärztliche Leitlinien und Arzthaftung, in: Festschrift Geiß, S. 380ff.; *Katzenmeier*, LMK 2012, 327738.

322 *Grams*, DÄBl. 2005, 102(12); A814, 816, B687, 689, C640, 642.

323 *Grams*, DÄBl. 2005, 102(12); A814, 816, B687, 689, C640, 642; *Jorzig/Feifel*, GesR 2004, 310, 310.

zu der qualitativen Verbesserung der publizierten Leitlinien[324], insbesondere nach Implementierung des Stufen-Schemas der AWMF.

Prozessrechtlich wird vertreten, eine (S3-)Leitlinie könne im Einzelfall eine Indizwirkung für den medizinischen Standard entfalten, wenn zunächst mittels Sachverständigengutachten die Anwendbarkeit der Leitlinie auf den konkreten Fall festgestellt wurde.[325] Jedenfalls könnten Leitlinien den zukünftigen Standard beeinflussen.[326] Hierher gehört auch die richtige Feststellung von der normativen Kraft des Faktischen.[327] Selbstverständlich wird durch die Veröffentlichung von wissenschaftlicher Erkenntnis oder Anwendungsbeobachtungen in der Fachwelt ein Denkanstoß gegeben, der zu einem Umdenken und final zu einer Änderung des Standards führen kann. Dieser Prozess ist aber nicht an das Instrument Leitlinie gebunden. So hat die explizit nicht als Leitlinie bezeichnete Empfehlung der Arbeitsgemeinschaft Medizinrecht in der DGGG[328] „Zur Frage der erlaubten Zeit zwischen Indikationsstellung und Sectio (E-E-Zeit) bei einer Notlage“[329]dazu geführt, dass die dort genannten 20 Min. zwischen Entschluss zur Notsectio und Entwicklung des Kindes als im Regelfall zuzubilligender maximaler Zeitbedarf in der Haftungsrechtsprechung Eingang gefunden hat.[330] Grundsätzlich wird Leitlinien jedoch nur eine deklaratorische Wirkung zugebilligt.[331] Leitlinien entfalten

---

324 *Kopp* et al. Zur Empirie hochwertiger Leitlinien im System der AWMF, in: Hart (Hrsg.) Klinische Leitlinien und Recht, S. 41,45.

325 *Jorzig/Feifel*, , GesR 2004, S. 310, 316; im Ergebnis auch: Ulsenheimer-*Ulsenheimer*, Arztstrafrecht in der Praxis, § 1, RN 64 und *Steffen/Pauge*, Arzthaftungsrecht, B 178; *Grams*, DÄBl. 2005, 102(12); A814, 816, B687, 689, C640, 642, sieht diese Indizwirkung unabhängig vom Einzelfall für die Zukunft.

326 *Dressler*, Ärztliche Leitlinien und Arzthaftung; in: Festschrift Geiß, S. 379,380.

327 Vgl. Ratzel/Lippert-*Ratzel*, Kommentar zur Musterberufsordnung der deutschen Ärzte (MBO), B § 11 RN 14.

328 Deutsche Gesellschaft für Gynäkologie und Geburtshilfe.

329 https://www.dggg.de/leitlinien-stellungnahmen/stellungnahmen/zu-frage-der-erlaubten-zeit-zwischen-indikationsstellung-und-sectio-e-e-zeit-432/ (Stand: 19.07.2018).

330 LG Gera, Urt. v. 06.05.2009 – 2 O 15/05 –, das unter RN 21 unter Hinweis auf den Sachverständigen auf die Empfehlung der DGGG Bezug nimmt. Bestätigt durch OLG Thüringen, Beschl. v. 14.08.2009 – 4 U 459/09 –. A.A. OLG Koblenz, Urt. v. 05.02.2009 – 5 U 854/08 –, das eine E-E-Zeit von 28 min. unter Hinweis auf den Umstand, dass dieses Intervall in einer erheblichen Zahl von Kaiserschnitten nicht erreicht würde. Damit verweist das OLG Koblenz auf das für die Etablierung eines Standards erforderliche Moment der Anerkennung der Erkenntnis in der Praxis. Der BGH hat sich zu dieser Frage soweit ersichtlich noch nicht verbindlich geäußert. Mit Urt. v. 06.10.2009 – VI ZR 24/09 – hat er die Feststellung des Berufungsgerichts, dass der medizinische Standard einen Korridor von 20–30 min gestatte, unkommentiert hingenommen, da diese nicht entscheidungserheblich war.

331 Ulsenheimer-*Ulsenheimer*, Arztstrafrecht in der Praxis, § 1, RN 61; *Bergmann, Wever*, das Krankenhaus, 2012, 140, 143; *Ulsenheimer, Biermann*, Anästhesie und Intensivmedizin, 2008, S. 105;

als solche somit keine eigene Bindungswirkung; diese geht allein von dem medizinischen Standard aus, an dessen Verbindlichkeit die Leitlinie teilnimmt, sofern sie ihn korrekt wiedergibt.[332]

bb) Standardfestlegende Wirkung von (S3-)Leitlinien

Nach einer abweichenden, insbesondere von *Hart* vertretenen Auffassung in der Literatur, haben Leitlinien standardfestsetzende Wirkung – jedenfalls solche, die der Stufe S3 der AWMF entsprächen, da sie die rechtlich rezipierte medizinische Norm darstellten.[333] Von dem – zwar im Ergebnis nicht falschen aber ohne eigenen Erkenntnisgewinn bleibenden – Gedanken ausgehend, eine Leitlinie sei medizinisch verbindlich, wenn sie dem Standard entspreche und sei – dies vorausgesetzt – rechtlich verbindlich, weil sie dem Standard entspreche[334], wird mit Verweis auf die hohe methodische und wissenschaftliche Qualität einer S3-Leitlinie postuliert, die evidenzbasierte Konsensus-Leitlinie (S3-Leitlinie) sei medizinisch verbindlich, weil sie den Standard festsetze; sie sei deshalb auch rechtlich verbindlich.[335] „Hochwertige Leitlinien", so *Hart*, seien „das seriöse Normbildungsverfahren und stellen oder setzen den Standard fest."[336]

Begründet wird diese Schlussfolgerung mit dem Argument, es stünde kein besseres Verfahren der medizinischen Normbildung zur Verfügung als die Kombination aus evidenzbasierter Medizin (EbM)[337] und Konsensfindung nach einem konsentierten formellen Verfahren,[338] somit einer S3-Leitlinie. Daraus wird geschlossen, dass der Arzt, der die Leitlinie indikationsgerecht befolgt, kein haftungsrechtliches Risiko eingehe, da die Leitlinie gerade den haftungsrechtlich relevanten Standard festlege.[339]

Stringent vermutet diese Ansicht einen Behandlungsfehler bei Abweichen von einer solchen den Standard konstitutiv festlegenden Leitlinie.[340] Wobei ein Abweichen von dieser Leitlinie dann gerechtfertigt sein soll (Entkräftung der Vermutungswirkung), wenn entweder ein individuelles Abweichen plausibel dargelegt werden kann oder sich die Leitlinie generell als veraltet darstellt.[341] Diese

---

332 *Kluth*, ZaeFQ, 2004, 232, 233.

333 *Hart*, Lehrbuch Evidenzbasierte Medizin in Klinik und Praxis, S. 393, 397.

334 *Hart*, Leitlinien und Medizinrecht – Arzthaftungsrecht, S. 115; *ders.*, GesR 2011, 387, 390.

335 *Hart*, Leitlinien und Haftungsrecht – Inkorporation, Rezeption und Wissensbasis in Wissenschaft und Praxis. In *ders.* (Hrsg.), Klinische Leitlinien und Recht, 2005, S. 81–103, 96.

336 *Hart*, Lehrbuch Evidenzbasierte Medizin in Klinik und Praxis, S. 393, 396.

337 S.o., Punkt B.II.7.

338 *Hart*, Lehrbuch Evidenzbasierte Medizin in Klinik und Praxis, S. 393, 397.

339 *Hart*, DÄBl. 2005, 102(40), A-2693, B-2272, C-2146.

340 *Hart*, GesR 2011, 387, 390.

341 *Hart*, Lehrbuch Evidenzbasierte Medizin in Klinik und Praxis, S. 393, 397.

Meinung billigt einer solchen Leitlinie im Ergebnis also prozessual die Funktion eines Beweises des ersten Anscheins (prima facie-Beweis) zu.[342] Damit rüttelt sie an einer Grundfeste des deutschen Arzthaftungsrechts, dem Erfordernis der Einzelfallbeurteilung. Nach ständiger Rechtsprechung des BGH und der Instanzgerichte kann ein Behandlungsfehler regelmäßig nicht durch das Gericht selbst, sondern nur mittels Sachverständigengutachten festgestellt werden. Nach der Logik dieser Meinung wäre ein solches aber überflüssig, wenn bereits die Leitlinie den Standard konstitutiv festlegen könnte und somit ein Abweichen bereits als Behandlungsfehler gewertet werden müsste.[343]

Eine noch weitergehende Wirkung spricht eine Einzelmeinung[344] Leitlinien zu. Danach haben Leitlinien nicht nur eine standardfestsetzende Wirkung, da sie die im Verkehr erforderliche Sorgfalt konkretisieren.[345] Bei Nichtbeachtung der Leitlinie soll es nach dieser Einzelmeinung zu einer Beweislastumkehr kommen.[346] Diese Meinung setzt Leitlinien mit DIN-Normen gleich und versteht Leitlinien als ein Regelwerk, das den *„Blankettbegriff ‚im Verkehr erforderliche Sorgfalt'"* ausfülle und somit selbst Bestandteil der anzuwendenden Rechtsnorm würde.[347] Darüber hinaus soll der Tatrichter, abgesehen von nicht näher definierten Notfällen, ohne Sachverständigen prüfen, ob sich der Arzt an die Leitlinie gehalten habe.[348] Eine Auffassung, die implizit voraussetzt, dass das Gericht ebenfalls ohne

---

342 *Hart*, a.a.O., S. 393, 397, 399.

343 *Hart* behauptet zwar, der Sachverständige sei weiterhin erforderlich, erklärt aber im selben Zusammenhang auch: „Die Anwendung der Leitlinie (Norm) auf den Einzelfall ist (rechtlich) Subsumtion." a.a.O., S. 398,. *Hart* sieht die Aufgabe des Sachverständigen darin, festzustellen, ob der konkrete Fall mit der Leitlinienindikation übereinstimmt und ob der Arzt entsprechend der Empfehlung gehandelt hat. Diese Fragen aber kann (und muss), wenn die Leitlinie tatsächlich Normcharakter haben soll, das Gericht selbst beantworten (do mihi facta, dabo tibi ius).

344 *Ziegler*, VersR 2003, S. 545 – 549.

345 *Ziegler*, a.a.O., S. 545, 549.

346 *Ziegler*, a.a.O., S. 545, 549. *Ziegler* beruft sich für seine Behauptung einer Beweislastumkehr auf die „medizinrechtliche Literatur". Die von ihm angegebenen Quelle, *Rehborn*, Aktuelle Entwicklung im Arzthaftungsrecht, MDR 2000, 1100, 1108 führt lediglich aus, dass es eine Beweiserleichterung möglicherweise bei der Nichtbeachtung von Leit- und Richtlinien geben könne und verweist auf *Rehborn*, Arzt-Patient-Krankenhaus, dtv 2000, S. 160. Dort heißt es, einen Anscheinsbeweis für einen Arztfehler wird man allerdings beim bloßen Abweichen von solchen Regeln (Richt- und Leitlinien) noch nicht sehen können. Gleichwohl wird hier eine Beweislastumkehr diskutiert (zutreffend die Differenzierung bei *Ratzel*, Schriftenreihe der AG Medizinrecht im DAV Bd 1, 1999, S. 13, 15). Die andere von *Ziegler* angegebene Quelle, *Ziegler*, Schwarzkittel und Weißkittel, JR 2002, 266 verweist wieder auf Rehborn, MDR 2000, 1100, 1108. Es bleib festzustellen, dass *Ziegler* mit seiner Meinung tatsächlich – zu Recht – allein steht.

347 *Ziegler*, VersR 2003, S. 545, 547.

348 *Ziegler*, a.a.O., S. 545, 549.

Sachverständigen zunächst feststellen muss, ob die Leitlinie auf den konkreten Behandlungsfall überhaupt anwendbar ist.

cc) Exkulpationswirkung von Leitlinien

Eine Weitere Meinung findet sich bei *Wagner.*[349] Er vertritt eine grundsätzliche Exkulpationswirkung von Leitlinien bei deren Befolgung. Dogmatisch verortet er diese Wirkung in § 276 BGB. Wenn, so *Wagner*, die Leitlinie insgesamt „fehlerärmer ist als konkurrierende Instrumente der Therapiewahl", solle dem Arzt die Realisierung des dennoch unvermeidlichen Restrisikos nicht als Fehlverhalten angerechnet werden.[350] Dennoch sind Leitlinien nach seiner Ansicht kein Mittel zur Festlegung von Standards. Die Bestimmung des Standards und somit der geschuldeten Sorgfaltspflicht obliegt, so *Wagner*, nicht den Medizinern, sondern ausschließlich den Zivilgerichten.[351]

Wagner führt weiter aus, dass Standards in den ärztlichen Leitlinien der Arbeitsgemeinschaft der Wissenschaftlichen Medizinischen Fachgesellschaften niederlegt seien.[352] Jedoch betont er weiter, dass *„die Schwierigkeiten, das allgemeine Sorgfaltsgebot auf den Einzelfall anzuwenden [es nicht] rechtfertigen (....), die Definitionsmacht über den Umfang ärztlicher Sorgfaltspflichten an die medizinische Profession abzutreten"*. Dabei betont er, dass dieser Standard nur ein Hilfsmittel sei, an dem sich der Sachverständige im Prozess zur Bestimmung des individuell verbindlichen Sorgfaltsstandards zu orientieren habe.[353] *Wagner* scheint der Ansicht zu sein, dass Leitlinien den Standard konstitutiv bestimmen können, allein ist er als Vertreter des Hierarchieansatzes[354], der einen Vorrang des rechtlichen Standards vor dem medizinischen Standard erkennt, gehindert, aus dieser Einschätzung auch eine rechtliche Verbindlichkeit von Leitlinien zu folgern. Tatsächlich scheitert die Verbindlichkeit aus Sicht von Wagner also nicht an einer von ihm angenommen fehlenden standardkonstituierenden Wirkung von Leitlinien, sondern an der Vorrangstellung des juristischen über den medizinischen Standardbegriff.[355] Andererseits sieht er den Patienten auch bei Verstoß des Arztes gegen den Inhalt einer Leitlinie grundsätzlich in der Beweislast. Dieses Abweichen des Arztes vom Standard will *Wagner* (nur) als Indiz für einen Behandlungsfehler werten, der aber den Gegenbeweis des Arztes nicht ausschließe.[356]

---

349 MüKo-*Wagner*, 5. Aufl. 2009, § 823 RN 746.
350 MüKo-*Wagner*, a.a.O.
351 MüKo-*Wagner*, a.a.O. RN 745.
352 MüKo-*Wagner*, a.a.O.
353 MüKo-*Wagner*, a.a.O.
354 siehe hierzu unten, Punkt B.II.8.c).
355 MüKo-*Wagner*, a.a.O.
356 MüKo-*Wagner*, a.a.O.

dd) Diskussion

Der ersten Meinung, die Leitlinien grundsätzlich nur deklaratorischen Charakter zubilligt, ist zuzustimmen. Die Gegenmeinungen gehen von einer falschen Grundannahme aus. Eine fixe Normierung des medizinischen Standards über den Einzelfall hinaus durch Leitlinien ist weder möglich noch nötig.

(i) Sinn und Zweck einer klinischen Leitlinie

Wie oben[357] dargestellt ruht der medizinische Standard auf zwei Säulen. Autoren von Leitlinien können als Maximalziel nur die Erkenntnissäule, also das aktuelle vorhandene Wissen nach dem letzten Stand der Wissenschaft in den Leitlinien berücksichtigen. Nicht vorgesehen ist eine Feststellung der Umsetzung dieses Wissens in der Praxis, mithin die Kontrolle der Existenz der Umsetzungssäule, des zweiten Pfeilers, auf der der Standard ruht. Tatsächlich wären Leitlinien, die nur den etablierten Standard wiedergeben, auch wenig sinnvoll. Auch wäre eine weitere nennenswerte Kostensteigerung zu erwarten. Denn eine wissenschaftlich fundierte und damit belastbare Aussage über die Umsetzung einer neuen Erkenntnis würde eine professionelle Erhebung unter den betroffenen Ärzten erfordern. Nicht nur dürfte die Bereitschaft an der Teilnahme an solchen Umfragen, die ständig durchzuführen wären, gering sein, auch brächte es keinen medizinischen Nutzen. Auch aus juristische Sicht wäre ein solches Vorgehen kaum nützlich: Eine auf diese Weise erstellte Leitlinie würde zwar (eventuell) zum Zeitpunkt ihres Erscheinens (wenn dieser nicht zu weit nach den Ergebnissen der Umfrage läge) tatsächlich den aktuellen medizinischen Standard wiedergeben, so dass dieser nicht individuell bestimmt werden müsste. Die Frage, ob die Leitlinie auf den konkreten Fall (z.B. im Rahmen eines Haftungsprozesses) anzuwenden ist, bliebe jedoch genauso weiterhin einem Sachverständigen zur Beantwortung überlassen, wie die, ob die Leitlinien nicht aufgrund neuer Erkenntnisse überholt ist. Damit wäre also auch in dieser Hinsicht nichts gewonnen. Zudem dienen Leitlinien der Disseminierung[358] neuer Erkenntnisse und sollen es den in der Praxis tätigen Ärzten auf diesem Weg erleichtern, an dem neuen Wissen teilzuhaben. Der immense Aufwand, der betrieben werden muss, um eine Leitlinie zu erstellen, wäre nicht zu rechtfertigen, wenn es allein um die Feststellung des status quo ante ginge. Dennoch kann auch die in einer Leitlinien enthaltene Behandlungsmethode, die zum Zeitpunkt der Veröffentlichung noch nicht dem medizinischen Standard entsprach, im Verlauf der Zeit zu diesem avancieren. Genau genommen ist dies das eigentliche Ziel der Leitlinienarbeit: Neue Erkenntnisse aus der Wissenschaft, die ihre Eignung in der Praxis bereits unter Beweis gestellt haben, zu disseminieren und somit für eine breite Anwendung in der Medizin zu propagieren, um die Umsetzung dieser Erkenntnisse

---

357 S.u., Punkt B.II.
358 S.o., Punkt B.I.1.c).

zu realisieren.[359] Auf diesem Wege ist es daher möglich, dass Leitlinien tatsächlich helfen, einen neuen Standard zu etablieren. Dieser Effekt tritt nicht nur aufgrund der großen Expertise ihrer Autoren und der überlegenen Methoden der Evidenzrecherche und –bewertung ein, sondern insbesondere schlicht aufgrund des den Leitlinien zukommenden hohen Stellenwertes und ihrer im Wortsinne bestehenden Leitfunktion. Zudem ersparen sie dem einzelnen Arzt die eigene Recherche und Bewertung der vorhandenen Literatur. Diese Überzeugung gelingt jedoch nicht immer. Vielmehr existieren Leitlinien, deren Empfehlungen aus unterschiedlichen Gründen in der Praxis keinen Widerhall finden. Beispielweise zu nennen ist die zwischenzeitlich durch eine Neuauflage[360] ersetzte S3-Leitlinie Sedierung in der gastrointestinalen Endoskopie von 2008.[361] Auf heftige Kritik, insbesondere unter den betroffenen Gastroenterologen, aber auch von Seiten der Krankenhausträger, ist eine Empfehlung der Leitlinien gestoßen, nach der bei bestimmten Patientengruppen ein intensivmedizinisch erfahrener Arzt während der Untersuchung anwesend sein soll. Dieses Erfordernis wurde als übertrieben angesehen und aus personellen und damit letztlich finanziellen Gründen abgelehnt, zumal eine Erhöhung der Vergütung erst mit erheblicher Zeitverzögerung[362] zu erwarten war. Im Zuge einer entsprechenden Studie wurde festgestellt, dass wegen erheblicher Mehrkosten durch das Erfordernis einer dritten qualifizierten Person (neben dem endoskopierenden Arzt und der assistierenden Pflegekraft) eine Vielzahl der gastroenterologischen Stationen sich nicht an diese Empfehlung der Leitlinie hielten.[363] Die Autoren der Studie gelangen zu dem Schluss, dass die Umsetzung der Forderung der Leitlinie im Alltag „de facto unmöglich" sei.[364] Vorausgesetzt die Ergebnisse der Studie treffen zu und eine Umsetzung der Empfehlung der Leitlinie ist nicht erfolgt, hat sich die neue Erkenntnis, dass eine dritte Person erforderlich

359 S.o., Punkt B.I.1.c).

360 Die aktuelle Version mit der Registernummer 021-014 hat den Stand 15.05.2015 und ist gültig bis zum 14.05.2020.

361 *Riphaus et al.*, S3-Leitlinie „Sedierung in der gastrointestinalen Endoskopie, Z Gastroenterol 2008; 46: 1298–1330 = AWMF-Leitlinienregister 021/041 mit Stand vom 01.10.2008.

362 Hintergrund ist das DRG-Erlössystem in stationären Einrichtungen auf Basis des KHEntgG. Diese System „lernt" – jedoch erst mit einer Verzögerung von einigen Jahren.

363 *Behrens*, et al; S3-Leitline „Sedierung in der gastrointestinalen Endoskopie": Was kostet die neue Leitlinie im stationären Alltag? Ein Rechenmodell und eine Analyse der Umsetzung 2011 unter den Mitgliedern der ALGK, Z Gastroenterol 2012; 50: 1002–1007 kommen zu dem Ergebnis, dass sich die zusätzlichen Arbeitgeberbruttokosten bei 8.000 stationären Endoskopien auf 257.462 EUR, mithin auf rund 32 EUR pro Endoskopie belaufen. Weiter stellen sie fest, dass trotz gestiegener juristischer Risiken eine Umsetzung dieser Empfehlung nicht erfolgt ist.

364 *Behrens* et al., a.a.O. S. 1006 mit dem weiteren Hinweis, dass auch die der Leitlinienempfehlung zugrundegelegte Evidenz so nicht bestehe.

sei, nicht in der Praxis durchsetzen können. Unabhängig von der Frage, ob diese Empfehlung eine ausreichende Evidenzbasis vorweisen kann, was die Autoren der Studie bestreiten, konnte sie sich nach den Ergebnissen der Studie nicht in der Praxis durchsetzen. Damit fehlt es an einem entscheidenden Element des oben gefundenen Standardbegriffes, der Umsetzung in der Praxis. Die Anwesenheit einer dritten Person bei einer Sedierung in der gastrointestinalen Endoskopie konnte, diese Annahme zugrunde gelegt, somit nicht zum medizinischen Standard avancieren.[365] Tatsächlich lässt sich bei einem Vergleich der ursprünglichen S3-Leitlinie aus 2008 und der aktuellen aus 2015 feststellen, dass die Frage der personellen Mindestausstattung umfassend neu geregelt wurde. Der diesbezügliche medizinische Standard ist also stark im Fluss und damit besonders dynamisch. In diesem Sinne hat auch das OLG Köln in einem aktuellen Urteil[366] entschieden. Inhaltlich ging es um die Frage, ob eine in der zum Behandlungszeitpunkt bereits veröffentlichten Leitlinie enthaltene Empfehlung zu einem bestimmten Vorgehen (Operative Versorgung einer Trokaröffnung mit einem Durchmesser von mehr als 10 mm) dem medizinischen Standard entsprochen habe. Sachverständig beraten kam das OLG Köln zu dem überzeugenden Ergebnis, dass aufgrund der fehlenden Umsetzung dieser Empfehlung in der Anwendungspraxis zum Zeitpunkt der Behandlung die fragliche Verschließung der Trokaröffnung nicht dem geschuldeten Standard entsprochen habe. Wörtlich heißt es im Urteil: „Ging ein großer Teil der Ärzte im Jahr 2010 [laut Sachverständigen: etwa die Hälfte, Anm. des Autors] nach anders vor, kann trotz der Empfehlung in der Leitlinie nicht davon ausgegangen werden, dass allein ein Verschluss größerer Trokarzugänge dem Stand der naturwissenschaftlichen Erkenntnis und der ärztlichen Erfahrung entsprach."[367]

(ii) Fehlende Standardisierbarkeit des individuellen Behandlungsfalls

Die ärztliche Heilbehandlung ist keine standardisierbare Methode, wie dies bei technischen Verfahren möglich ist. Standards in der Medizin können nur den Regelfall abbilden. Der menschliche Organismus unterliegt biologischen Unwägbarkeiten, nicht juristisch fixierbaren Verhaltensmustern.[368] Eine Methode kann bei einem Patienten so richtig wie bei einem anderen falsch sein.[369] EbM ist nicht

365 Die Sachlage ist bedeutend komplexer als hier dargestellt. Tatsächlich differenzieren Leitlinie und Studie nach unterschiedlichen Risikogruppen und Eingriffsarten. In diesen verschiedenen Kategorien lässt sich ein unterschiedlicher Grad der Umsetzung erkennen. Bei Hochrisikopatienten und komplexen Eingriffen ist nach den Ergebnissen der Studie tatsächlich von einer Umsetzung in der Praxis auszugehen. Damit ist für diese Untergruppe auch die Etablierung eines neuen Standards anzunehmen.

366 OLG Köln, Urt. v. 15.10.2018 – 5 U 76/16 = MedR 2019, 725 – 729.

367 OLG Köln, a.a.O., RN 22.

368 So auch *Frahm/Nixdorf/Walter*, RN 130 m.w.N.

369 So bereits *Engisch*, ZstrW 58 (1939), 1ff, 30: *„Und alles Wissen, alle Kunst, aller Fortschritt können nicht jenen Rest von Ungewissheit auflösen, über das, was im konkreten*

geeignet, Lösungen für diese Einzelfälle zu bieten, da immer nur statistische Durchschnittswerte und Ergebnisse dargelegt werden können. Hinzu tritt das Risiko der Fehlinterpretation von Studien.[370]

Leitlinien befassen sich mit einem bestimmten Erkrankungsbild, nicht mit einem bestimmten Erkrankten. Gerade bei multimorbiden Kranken kommen häufig verschiedene Leitlinien in Betracht deren Empfehlungen sich mitunter im konkreten Anwendungsfall widersprechen, da die Autoren gerade nicht diesen Einzelfall sondern einen „Normalfall“ bei der Erstellung der Leitlinie im Blick hatten. Der behandelnde Arzt darf in einem solchen Fall nicht die Empfehlungen der Leitlinien befolgen, vielmehr muss er, ggfls. unter Berücksichtigung solcher Empfehlungen in den Leitlinien, die nicht im Widerspruch stehen, in Anbetracht der individuellen Situation entscheiden, welche Therapie angezeigt ist.[371] Bei einem Patienten, der an Diabetes, Herzinsuffizienz und einer chronischen Bronchitis leidet, kamen im Jahr 2005 mehrere Leitlinien in Betracht. Wenn der Arzt alle Empfehlungen befolgt hätte, hätte er dem Patienten 12 Medikamente verordnen müssen.[372] Bei einem chronisch Kranken kommt es bei der Einnahme von 12 verschiedenen Medikamenten nicht nur mit einer gewissen Wahrscheinlichkeit zu unerwünschten Wechselwirkungen, auch muss bei einer solchen Vielzahl von Medikamenten ärztlicherseits beachtet werden, ob eine ausreichende Therapietreue in der ambulanten Versorgung zu erwarten ist. Der Arzt muss daher abwägen, welche Medikamente die wichtigsten sind, und ob und in welcher Form diese unter Berücksichtigung eventueller Wechsel- und Nebenwirkungen und der zu erwartenden Therapietreue des Patienten verordnet werden können.[373] Gerade dieses Abwägen der vorhandenen Erkenntnisse und die ggfls. modifizierte Anwendung auf den konkreten Behandlungsfall ist es, was als ärztliche Kunst oder eben lex artis gilt und somit vom Arzt geschuldet wird.

(iii) Publikation bias

Schließlich gilt es zu beachten, dass nicht alle tatsächlich durchgeführten Studien veröffentlicht werden, also auch im Bereich der EbM nicht alle vorhandene Evidenz tatsächlich verfügbar ist.[374] Einige Untersuchungen zu dieser Frage ergaben, dass teilweise mehr als die Hälfte der durch die Pharmaindustrie finanzierten Studien

---

Fall zweckmäßig und angemessen ist, zumal die individuelle Konstitution des Kranken in einer oft unberechenbaren Weise hereinspielt.“.

370 Vgl. hierzu instruktiv: *Raspe*, GesR 2011, 449, 453.

371 So auch: *Taupitz*, Verbindlichkeit von Leitlinien, S. 114.

372 Beispiel von *von Lutterotti*, Löchrige Leitplanken für vielbeschäftigte Ärzte, FAZ vom 17.08.2005.

373 So auch *Taupitz*, Verbindlichkeit von Leitlinien, S. 114 in Bezug auf das auch hier wiedergegebene Beispiel von *von Lutterotti*.

374 Dubben/Beck-*Bornholdt*, Unausgewogene Berichterstattung in der medizinischen Wissenschaft – publication bias -.

nicht veröffentlich wurden.[375] Auch kommt es zu multiplen Publikationen derselben Ergebnisse und zum selektiven Publizieren von ausgewählten Daten einer Studie.[376] Diese Verzerrungen werden als Publikationsbias[377] bezeichnet. In Bezug auf die Nichtveröffentlichung „negativer" Studien, dem sogenannten „file drawer problem"[378] ist von Seiten der Europäischen Union nunmehr im Rahmen der Überarbeitung der Richtlinie 2001/20/EG („good clinical practice") der Versuch unternommen worden, dem Publikationsbias entgegen zu wirken. Bemerkenswert ist dabei zunächst, dass nunmehr auf das Instrument der unmittelbar verbindlichen Verordnung im Sinne des Art. 288 Abs. 2 AEU (Ex-Art. 249 EGV) zurückgegriffen wurde, während in der Vergangenheit die Thematik mittels Richtlinie geregelt wurde. Inhaltlich ergibt sich aus der neuen Verordnung (EU) Nr. 536/2014[379] eine bedeutend strengere Regulierung der Report- und Veröffentlichungspflichten des jeweiligen Studiensponsors (in der Regel das Pharmaunternehmen). So sieht Art. 37 Abs. 4 (EU) Nr. 536/2014 vor, dass der Sponsor innerhalb eines Jahres nach Ende der klinischen Prüfung bei der EU-Datenbank eine Zusammenfassung der Ergebnisse der klinischen Prüfung einreichen muss. Darüber hinaus gibt es Verschärfungen der bisherigen Mitteilungspflichten insbesondere in Bezug auf unter- oder abgebrochene Studien, Art. 38 (EU) Nr. 536/2014.

Untersuchungen haben schließlich Hinweise ergeben, dass pharmazeutische Unternehmen das Studienprotokoll zu Gunsten positiver Studienergebnisse beeinflussen.[380]

(iv) Interessenkonflikte

Nicht unerwähnt bleiben dürfen zuletzt (potentielle) Interessenkonflikte der Autoren, die ebenfalls zu fehlerhaften Leitlinien führen können. Während die oben genannte fehlerhafte Evidenzgrundlage aufgrund mangelhafter Studienpublikation außerhalb des Einflussbereichs der Autoren liegt, sind auch bei diesen mitunter Motive für ein Abweichen von der anzustrebenden Objektivität denkbar. Interessenkonflikte sind allgemein definiert als *„Gegebenheiten, die ein Risiko dafür*

---

375 *Schott* et al., DÄBl. 2010 107(17), 295, 295.

376 *Schott* et al., a.a.O.

377 Unter dem Begriff Bias wird allgemein ein verzerrender Effekt verstanden. Im Rahmen von Studien wird unter Bias z.B. die Tendenz von Studienergebnissen verstanden, systematisch von den „wahren" Ergebnissen abzuweichen. Dadurch kommt es zu einer über- oder Unterschätzung der tatsächlichen Wirkung der untersuchten Maßnahme, AWMF-Leitlinien-Glossar, S. 20f.

378 Zu Deutsch etwa: Schubladenproblem.

379 Verordnung (EU) Nr. 536/2014 des Europäischen Parlaments und des Rates v. 16.04.2014 über klinische Prüfungen mit Humanarzneimitteln und zur Aufhebung der Richtlinie 2001/20/EG, Amtsblatt der EU L158/1 v. 27.05.2014, abrufbar unter: eur-lex.europa.eu.

380 *Schott* et al., DÄBl. 2010 107(16), 279, 279

schaffen, dass professionelles Urteilsvermögen oder Handeln, welches sich auf ein primäres Interesse bezieht, durch ein sekundäres Interesse unangemessen beeinflusst wird.“[381] Als sekundäre Interessen kommen materielle, psychologische oder soziale Anreize in Betracht.[382]

Auch in Bezug auf ganz konkrete Therapieempfehlungen ist mit Interessenkonflikten zu rechnen. Bestimmte Eingriffe, bestimmte Therapien sind eventuell mit dem Namen eines der Autoren als Koryphäe seines Fachgebietes eng verbunden oder schlicht mit erheblichen Verdienstmöglichkeiten für die Ärzte des jeweiligen Fachgebietes. Neue wissenschaftliche Erkenntnisse, die gegen die bisher praktizierte Vorgehensweise sprechen, werden daher ggfls. nicht oder nur verspätet in Leitlinien berücksichtigt.[383] Der Effekt gilt grundsätzlich auch im umgekehrten Vorzeichen, nämlich dass eine neue Methode ohne die eigentlich nötige Überprüfung empfohlen wird. Dabei ist zu beachten, dass die Entscheidung, wann eine bestimmte Methode zu empfehlen ist, nicht leicht zu treffen ist. Die Grenzen sind fließend. Welcher Grad an Evidenz, welches Maß an Konsens ist erforderlich, um (guten Gewissens) eine angestammte Therapiemethode als veraltet anzusehen und nicht weiter zu empfehlen, welche Gewissheit, um eine neue Methode für die flächendeckende Anwendung zu empfehlen? In diesem, einer angewandten Praxiswissenschaft wesenseigenen Graubereich sollen die strengen methodischen Vorgaben der AWMF[384] Grenzziehungen erleichtern. Jegliche Form von Bias sicher ausschließen können sie nicht.[385]

Unter Berücksichtigung dieser Unsicherheitsfaktoren im tatsächlichen Bereich sollte im Zusammenhang von Leitlinien nicht von Normierung gesprochen werden. In keinem Fall kann eine Leitlinie aus sich heraus rechtlich verbindlich sein, da sie den Standard nicht festsetzen[386], nur wiedergeben kann. Dies gilt allein

---

381 *Bauer et al.*; Empfehlung der AWMF zum Umgang mit Interessenkonflikten. Die Autoren verweisen auf das englische Original: *Institute of Medicine;* Conflict of Interest in Medical Research, Education and Practice, S. 6; *„Conflicts of interest are defined as circumstances that create a risk that professional judgments or actions regarding a primary in terest will be unduly influenced by a secondary interest“*; das zurückgeht auf: *Thompson DF*; N Engl J Med 1993;329(8):573–576; So auch: Schott et al.; DÄBl 2015; 112: 445 m.w.N.

382 *Klemperer*; Was ist ein Interessenkonflikt und wie stellt man ihn fest? In: Lieb et al.: Interessenskonflikte in der Medizin – Hintergründe und Lösungsmöglichkeiten, S. 11ff, 16.

383 Dieser Verdacht besteht zum Beispiel in Bezug auf das sogenannte Stenten bei Patienten mit einer Chronischen Herzkrankheit in Form einer stabilen angina pectoris. *Stergiopoulos/Brown*; *Arch Intern Med.* 2012;172(4):312–319.

384 S.u., Punkt C.II.

385 AWMF-Regelwerk, Anlage 8, S. 79.

386 So auch: BGH, Beschluss v. 28.03.2008 – VI ZR 57/07 -.

schon aufgrund des dynamischen Elements im Standardbegriff. Selbst gerade veröffentlichte evidenzbasierte Leitlinien können am Tag ihres Erscheinens schon veraltet sein.[387]

(v) Dogmatische Überlegungen

Auch aus dogmatischen Gründen sind die hier abgelehnten Auffassungen nicht überzeugend.

(1) Ansicht von *Wagner*

Jedenfalls missverständlich ist die Formulierung von *Wagner*. *Wagner* unterscheidet zwischen dem Standard aus medizinischer Sicht und dem juristisch relevanten Sorgfaltsstandard. Dies ist – wie oben[388] gezeigt – ein durchaus richtiger Ansatz. Allerdings ist die Theorie von *Wagner* nicht praktikabel. Auch *Wagner* scheint ihr in letzter Konsequenz die praktische Umsetzung im Arzthaftungsrecht verwehren zu wollen, indem er ein Abweichen vom Standard (= Leitlinie) nicht per se als Behandlungsfehler wertet. Anders lässt sich seine Flucht in die Beweislastregeln nicht erklären. Einerseits sollen Leitlinien den Standard definieren. Auch soll sich der gerichtliche Sachverständige zur Bestimmung des Sorgfaltsstandards an diesen Leitlinien orientieren. Andererseits sei selbst dann, wenn festgestellt wurde, dass der Arzt sich an die Leitlinie gehalten hat, weiterhin der Beweis eines Behandlungsfehlers durch den Patienten möglich, wobei das Abweichen vom Standard (= Leitlinie) durch den Arzt einen Behandlungsfehler indizieren soll (Gegenbeweis möglich). Dies ist nur dann schlüssig, wenn *Wagner* den Begriff Standard als allgemeine Handlungsempfehlung ohne verpflichtenden Charakter versteht.

Richtig erkennt *Wagner*, dass der medizinische Standard nicht gleichzusetzen ist mit dem juristisch relevanten Sorgfaltsstandard. Er geht jedoch fehlerhaft davon aus, dass Leitlinien in der Lage sind, den medizinischen Standard konstitutiv festzulegen. Um auf Basis dieser falschen Annahme dennoch zu dem richtigen Ergebnis zu kommen, dass ein Abweichen von Leitlinien möglich sein muss, geht er den Weg über die Beweislast und die damit verbundenen Unwägbarkeiten (Indizwirkung, Gegenbeweis etc.). Dogmatisch sauber und medicolegal zutreffend ist es aber, zwischen den unverbindlichen Empfehlungen in Leitlinien und dem grundsätzlich verbindlichen medizinischen Standard zu unterscheiden. Wenn bereits auf dieser Ebene die Differenzierung erfolgt, ist ein Klimmzug, wie von *Wagner* durchgeführt, nicht mehr erforderlich, um zum richtigen Ergebnis der rechtlichen Unverbindlichkeit von Leitlinien zu kommen.

---

387 *Kern*, ZaeFQ 2004, 222, 223; *Raspe*, GesR 2011, 449,453.
388 S.o., Punkt B.III.2.c).dd).(iii).

(2) Ansicht von *Hart*

Bereits in der Ausgangsüberlegung von *Hart*,[389] eine Leitlinie, die dem Standard entspreche, sei medizinisch verbindlich und daher auch rechtlich verbindlich, ruht zumindest eine sprachliche Ungenauigkeit. Durch die Wiedergabe einer verbindlichen Regelung, wird das wiedergebende Medium selbst nicht verbindlich. Nicht die Leitlinie per se ist verbindlich, mit der Folge, dass auch etwaige darin enthaltene Fehler verbindlich wären, sondern der darin im Idealfall enthaltene Standard ist es. In jedem Fall ist die diese Auffassung weiterentwickelnde Behauptung, (S3-) Leitlinien setzten den Standard fest und seien daher medizinisch und in der Folge auch rechtlich verbindlich, unhaltbar. Wie oben[390] dargestellt, ruht der Standard auf zwei[391] – nach anderer Ansicht[392] auf drei – Säulen. Neben der gesicherten wissenschaftlichen Erkenntnis und der (praktischen) Erfahrung muss die Methode auch in der praktischen Anwendung durch die Profession anerkannt sein. Leitlinien dienen aber unter anderem gerade der Disseminierung des noch nicht im Versorgungsalltag angekommenen Wissens,[393] die Verbesserung der Versorgung durch Vermittlung von Wissen wird sogar als vorrangiges Ziel von Leitlinien benannt.[394] Daraus folgt aber, dass gerade das letzte der genannten Elemente des Standardbegriffs, die Anerkennung der Methode in der Praxis, zum Zeitpunkt der Veröffentlichung von Leitlinien häufig noch gar nicht vorliegt. Somit können Leitlinien aber den (neuen) Standard nicht unmittelbar bestimmen, da eine der o.g. konstitutiven Voraussetzungen, die Anerkennung in der Praxis, (noch) nicht erfüllt ist. Vielmehr ist es das Ziel von Leitlinien einen neuen Standard zu etablieren – das Bessere soll das Gute ersetzen. Wenn die Leitlinie hingegen den bereits existierenden Standard zutreffend wiedergibt, ihn also perpetuiert, kommt ihr ebenfalls keine konstitutive, sondern nur eine deklaratorische Wirkung zu. Daher können an ein Abweichen von Leitlinien auch keine beweislastrechtlichen Folgen geknüpft werden. Insbesondere eine Beweislastumkehr, aber auch eine Vermutungswirkung, ist zu weitgehend[395] und verkennt den Beibringungsgrundsatz des Zivilprozesses. Eine Beweiserleichterung wäre aus Billigkeitserwägungen und nur dann statthaft, wenn dem Patienten die Beweisführung durch ein Verhalten des Arztes erschwert

---

389 s.o. Punkt B. III.2.c).bb).

390 Siehe oben, Punkt B.II.

391 Ulsenheimer-*Ulsenheimer*, Arztstrafrecht in der Praxis, § 1, RN 56.

392 HK-AKM-*Hart*; Band I, Ärztliche Leitlinien, RN 16; Laufs/Katzenmeier/Lipp-*Katzenmeier*, S. 337, RN 7.

393 S.o. Punkt B.I.1.c); *Kopp/Lelgemann/Ollenschläger*, Evidenzbasierte Medizin und Leitlinien, in Kunz et al. (Hrsg.) Lehrbuch Evidenzbasierte Medizin in Klinik und Praxis, S. 361, 361; *Kopp*, Wissensgewinnung und Leitlinien die Sicht der Medizin, GesR 2011, 385.

394 *Kopp*, Von Leitlinien zur Qualitätssicherung, Bundesgesundheitsblatt 2011 (54), S. 160.

395 *Frahm/Nixdorf/Walter*, RN 130.

oder unmöglich gemacht wird, wie dies bei einem groben Behandlungsfehler von der Rechtsprechung angenommen wird.[396] Ein solches Fehlverhalten liegt bei einem Abweichen von einer Leitlinie aber gerade nicht regelhaft vor. Sofern *Hart*[397] ausführt, dass ein unbegründetes Abweichen von einer Leitlinie für den Patienten eine vergleichbare Situation darstelle, allein dadurch mithin die Aufklärung des Behandlungsgeschehens in besonderer Weise erschwert werde, geht er fehl. Solange und soweit der Arzt – auch unter (undokumentierter) Abweichung von einer Leitlinie – die Behandlung ordentlich dokumentiert, erschwert allein das Abweichen von der Leitlinie die Aufklärung des Behandlungsgeschehens nicht. Vielmehr erleichtert die bloße Existenz der Leitlinie regelmäßig bereits die Aufklärung, da anhand der Leitlinie jedenfalls ein potentielles alternatives Behandlungsprozedere erkennbar und beschrieben ist.

3 Leitlinien im SGB V

Wie oben ausgeführt existiert weder eine Legaldefinition des Begriffs der Leitlinie noch des medizinischen Standards. In § 2 Abs. 1 Satz 3 SGB V wird auf den allgemein anerkannten Stand der medizinischen Erkenntnis zur Bestimmung der Leistungspflicht der GKV abgestellt. Für die Rezeption von Leitlinien im Sozialrecht gilt – im Vergleich mit dem Haftungsrecht – ein erweitertes Konformitätsgebot.[398] Neben der Übereinstimmung mit dem medizinischen Standard ist zusätzlich auch eine Übereinstimmung mit dem Wirtschaftlichkeitsgebot und den speziellen leistungsrechtlichen Regelungen des SGB V erforderlich.[399] Nach einer abweichenden Ansicht in der Literatur stellen Leitlinien den aktuellen Stand der medizinischen Erkenntnis im Sinne des § 2 Abs. 1 Satz 3 SGB V unabhängig vom fehlenden Rechtsnormcharakter dar, da sie den zu berücksichtigenden ärztlichen

---

396 BGH, Urt. v. 26.11.1991 – VI ZR 389/90 – VersR 1992, 238 = NJW 1992, 754. Nach dieser grundlegenden Entscheidung gilt: „Die Beweiserleichterungen, welche die höchstrichterliche Rechtsprechung bei groben Behandlungsfehlern gewährt, sind keine Sanktion für ein besonders schweres Arztverschulden. Sie knüpfen vielmehr daran an, daß die Aufklärung des Behandlungsgeschehens wegen des Gewichts des Behandlungsfehlers und seiner Bedeutung für die Behandlung in besonderer Weise erschwert worden ist, so daß der Arzt nach Treu und Glauben dem Patienten den (vollen) Kausalitätsbeweis nicht zumuten kann. Bei einem groben Behandlungsfehler in diesem Sinne muß deshalb ein Fehlverhalten vorliegen, das nicht aus subjektiven, in der Person des handelnden Arztes liegenden Gründen, sondern aus objektiver ärztlicher Sicht nicht mehr verständlich erscheint, weil ein solcher Fehler dem behandelnden Arzt aus dieser Sicht „schlechterdings" nicht unterlaufen darf. Es kommt also nur darauf an, ob das ärztliche Verhalten eindeutig gegen gesicherte und bewährte medizinische Erkenntnisse und Erfahrungen verstieß."

397 *Hart*, MedR 2010, 450, 454.

398 *Francke*, Leitlinien und Sozialrecht, S. 125.

399 *Francke*, Leitlinien und Sozialrecht, S. 125.

Standard konstituieren.[400] Diese Auffassung beruft sich nicht nur auf *Hart*, sie steht im Sozialrecht auch auf denselben tönernen Füssen wie die Auffassung von *Hart* im Haftungsrecht. Im Sozialrecht kommt hinzu, dass über den Umweg der Verbindlichkeit von Leitlinien und unter Anwendung des §§ 2 Abs. 1 Satz 3, 12 Abs. 1 Satz 1 SGB V der Inhalt der Leitlinien auch den Leistungskatalog der GKV konstitutiv festlegen soll. Damit könnten aber die Ersteller der Leitlinien – regelmäßig Ärzte und somit Leistungserbringer im System der GKV – nicht nur ihre Leistungspflicht festlegen, sondern auch noch die Frage der (grundsätzlichen) Abrechenbarkeit der dort beschriebenen Leistungen selbst entscheiden. Denn wenn eine Behandlungsmethode in einer Leitlinie nicht auftaucht, würde sie nach dieser Meinung nicht dem aktuellen Stand der medizinischen Erkenntnis im Sinne des § 2 Abs. 1 Satz 3 SGB V entsprechen; ihre Unzweckmäßigkeit im Sinne des § 12 Abs. 1 Satz 3 SGB V wäre die Folge[401] und die Behandlungsmethode grundsätzlich nicht abrechenbar – und vice versa. Wenn über diesen Weg der Leitlinienerstellung der Leistungskatalog der GKV festgelegt werden könnte, würde ein in keiner Weise demokratisch legitimierter privater Normgeber entscheiden, welche Leistungen im Rahmen der GKV erbracht werden.[402] Entsprechend ist auch eine im Entwurf des GKV-Gesundheitsstrukturgesetzes 2000 vorgesehene Vorschrift, nach der Vertragsärzte, zugelassene Krankenhäuser sowie Erbringer von Vorsorgeleistungen oder Rehabilitationsleistungen bei der Leistungserbringung anerkannte Leitlinien für eine wissenschaftlich gesicherte, zweckmäßige und wirtschaftlich sinnvolle Diagnostik und Behandlung zu beachten hätten, nie Gesetz geworden.[403]

a) Vorsorge- und Rehabilitationsleistungen, §§ 23 Abs. 5, 40 Abs. 3 SGB V

§ 23 Abs. 5 Satz 3 SGB V ermächtigt den GKV-Spitzenverband in Bezug auf den Leistungsumfang bei Vorsorgeleistungen, nach Anhörung der Spitzenorganisationen der ambulanten und stationären Vorsorgeeinrichtungen, Indikationen festzusetzen und diesen jeweils eine Regeldauer zuzuordnen. Dabei handelt es sich um eine abstrakt- generelle Regelung und somit um eine Rechtsnorm.[404] Diese Festsetzung nennt der Gesetzgeber Leitlinie. Sie kann als autonomes und die Versicherten bindendes Satzungsrecht der beteiligten Versicherungsträger gewertet

400 Ratzel/Luxenburger-*Beeretz*, Handbuch Medizinrecht, § 6 RN 27 unter Verweis auf die nicht den aktuellen Stand der Diskussion widerspiegelnden Werke: *Hart*, MedR 1998, 8 und Laufs/Kern-*Laufs*; § 5 RN 11.

401 *Francke*, Leitlinien und Sozialrecht, S. 127.

402 So wohl auch: *Francke*, Leitlinien und Sozialrecht, S. 125, der von „private government“ spricht.

403 So § 136 Abs. 3 SGB V-E, BT-Drs. 14/1977, S. 21; siehe: *Ihle*, Medizinische Leitlinien und juristische Entscheidungen, GesR 2011, 394, 394.

404 KassKomm-*Becker*, 94. Erg-Lfg., § 23 SGB V, RN 18a.

und legitimiert werden.[405] Eine parallele Regelung findet sich in § 40 Abs. 3 Satz 3 SGB V betreffend die medizinische Rehabilitation.

Diese „Leitlinien" sind in ihrer Begrifflichkeit, ihrem Sinnzusammenhang und ihrer Zielrichtung deutlich von den hier betrachteten wissenschaftlich-medizinischen Leitlinien der Ärzteschaft abzugrenzen. Anstelle von konkreten Informationen bei bestimmten Situationen in der Krankenbehandlung mit dem Primärziel der Behandlungs- und Versorgungsoptimierung werden mit den Leitlinien nach §§ 23, 40 SGB V in erster Linie ökonomische Aspekte verfolgt, indem bestimmte Indikationen und entsprechende Behandlungen in den Leistungskatalog der GKV aufgenommen werden, während andere ausgeschlossen bleiben. Vergleichbar sind diese „Leitlinien" daher eher mit den Richtlinien des G-BA, deren Rechtsnormqualität sie auch teilen.

b) Hausarztzentrierte Versorgung, § 73b SGB V

In § 73b Abs. 2 Nr. 2 SGB V verweist der Gesetzgeber zur Bestimmung der Anforderungen an die von den Krankenkassen anzubietende hausarztzentrierte Versorgung auf für die hausärztliche Versorgung entwickelte, evidenzbasierte und praxiserprobte Leitlinien. Er verzichtet auf eine genauere Bestimmung, wer unter welchen Kautelen diese Leitlinien erstellen soll. Aus der Gesetzesbegründung des mit dem GKV- WSG eingeführten Paragraphen und dem Sinn und Zweck der Norm lässt sich erkennen, dass mit diesen Leitlinien die hier besprochenen wissenschaftlich-medizinischen Leitlinien der Ärzteschaft gemeint sind.[406] In den einzelnen Verträgen nach § 73b SGB V werden daher in erster Linie die Leitlinien der Deutschen Gesellschaft für Allgemeinmedizin und Familienmedizin (DEGAM) genannt.[407] Dabei ist zu beachten, dass in den Verträgen nach § 73b SGB V regelmäßig klargestellt wird, dass sich die Behandlung entweder nur an den Leitlinien „orientieren" soll, diese „berücksichtigen"[408] soll oder aber die *„Behandlungsfreiheit des Hausarztes (...) gewahrt* [bleiben soll]"[409]. Ein Abweichen des Arztes von

---

405 KassKomm-*Becker*, a.a.O. m.w.N.

406 BT-Drs. 16/3100, S. 112.

407 z.B. Anlage 4 zum Vertrag über die hausarztzentrierte Versorgung nach § 73b SGB V ab 01.03.2007 zwischen der KV Nordrhein und der BKK-Versichertengemeinschaft NRW, https://www.kvno.de/downloads/vertraege/haus_vert_bkk.pdf (Stand: 21.04.2017).

408 z.B. § 6 des Vertrages über die hausärztliche Versorgung nach § 73b SGB V zwischen der AOK SA, dem Hausärzteverband und der KV Sachsen-Anhalt, abrufbar unter http://www.kvsa.de/fileadmin/user_upload/PDF/Praxis/Hausarztzentrierte_Versorgung/Hausarztvertrag_AOK_Sachsen_Anhalt_01.pdf (Stand: 21.04.2017).

409 § 6 des Vertrages über die hausärztliche Versorgung nach § 73b SGB V zwischen der AOK und der KV Hessen, abrufbar unter https://www.kvhessen.de/fileadmin/media/documents/Mitglieder/Qualitaet/Sonstige_Vertraege/AOK_Hausarztvertrag/170329_AOK_-_HAUSARZTVERTRAG.pdf (Stand: 21.04.2017)

den Empfehlungen der Leitlinie hat also selbst im Rahmen der Hausarztzentrierten Versorgung nicht zur Folge, dass damit die Behandlung fehlerhaft wäre, auch wenn der reine Wortlaut der gesetzlichen Regelung ein solches Verständnis zuließe.

Bei einem Vergleich der Regelung in § 73b Abs. 2 Nr. 2 SGB V mit der des § 3 Abs. 2 i.V.m. § 5 Abs. 2 ProdSG[410] fällt auf, dass die sozialversicherungsrechtliche Norm darauf verzichtet zu bestimmen, ob die „Leitlinien" durch die Vertragsparteien konkretisiert werden sollen, während § 5 Abs. 2 ProdSG dies in Bezug auf die anzuwendenden DIN-Normen der Bundesanstalt für Arbeitsschutz und Arbeitsmedizin explizit aufgetragen wird. Damit handelt es sich wegen der verbleibenden Unklarheiten bei § 73b Abs. 2 Nr. 2 SGB V nicht um ein dem § 3 Abs. 2 ProdSG vergleichbares Schutzgesetz im Sinne des § 823 Abs. 2 BGB.

c) Chronische Krankheiten, § 137f SGB V

Nach § 137f Abs. 1 Satz 1 SGB V legt der G-BA diejenigen chronischen Krankheiten, für die strukturierte Behandlungsprogramme (im Rahmen der Disease-Management-Programme (DMP)) entwickelt werden sollen, fest. Bei der Auswahl der geeigneten Krankheiten ist gemäß § 137f Abs. 1 Satz 2 Nr. 3 SGB V neben anderen Aspekten insbesondere die Verfügbarkeit evidenzbasierter Leitlinien zu berücksichtigen. In der Gesetzesbegründung wird dies mit dem Erfordernis begründet, dass eine gesicherte Beeinflussung des Krankheitsverlaufs die Behandlung auf der Grundlage wissenschaftlich orientierter Leitlinien voraussetzt.[411] Auch bei diesen Leitlinien handelt es sich somit um wissenschaftlich-medizinische Leitlinien im hier besprochenen Sinne. Daraus folgt keine strikte rechtliche Bindung an die Leitlinien; der Normgeber muss diese Leitlinien beachten, ist aber nicht an sie gebunden.[412]

Auch der Inhalt dieser Behandlungsprogramme ist unter Berücksichtigung von Leitlinien nach § 137f Abs. 2 Satz 2 Nr. 1 SGB V zu fassen. Zwar legt § 137f Abs. 2 Satz 3 fest, dass die ärztliche Therapiehoheit im Einzelfall nicht eingeschränkt werden soll. Faktisch führt die Teilnahme des Arztes und des Patienten an diesen Programmen aber zu einer Bindung an die Leitlinie über die strukturierten Behandlungsprogramme nach § 137f SGB V.

Erwähnenswert in diesem Zusammenhang ist, dass nach dem aktuellen, in soweit auf das GMG[413] zurückgehenden, Wortlaut des § 137f Abs. 2 Nr. 1 SGB V der G-BA die Richtlinien nach dem aktuellen Stand der medizinischen Wissenschaft unter Berücksichtigung von evidenzbasierten Leitlinien oder nach der jeweils besten verfügbaren Evidenz erlässt. Nach der ursprünglichen, mit dem Gesetz

---

410 s.o., Punkt B.I.4.b).cc).(ii).
411 BT-Drs. 14/6432, S. 11.
412 *Francke*, Leitlinien und Sozialrecht, S. 131.
413 Gesetz zur Modernisierung der gesetzlichen Krankenversicherung vom 14.11.2003,. I, 2190.

zur Reform des Risikostrukturausgleichs in der GKV[414] eingeführten und vom 01.01.2004 bis 29.03.2005 gültigen Fassung, erfolgte eine Ausrichtung allein nach evidenzbasierten Leitlinien. Diese Formulierungsänderung wurde vom Gesetzgeber damit begründet, dass die bisherige Formulierung zu Auslegungsunsicherheiten in den Fällen geführt habe, in denen keine entsprechenden Leitlinien bestanden hätten, und dass durch die Änderung eine weitgehende Kongruenz zum Wortlaut des § 28b Abs. 1 Nr. 1 RSAV[415] erzielt worden sei.[416] Diese explizite Änderung des Wortlauts zeigt, dass im Bereich des SGB V nicht die Leitlinie als solche für verbindlich erachtet wird, sondern der in der Leitlinie idealerweise wiedergegebene medizinische Standard. Deswegen wird bei Nichtexistenz einer entsprechenden Leitlinie auf die jeweils bestverfügbare Evidenz zurückgegriffen. Der Schwerpunkt liegt somit auf der Evidenzbasierung, die Leitlinie ist nur Mittel zum Zweck.[417]

d) IQWIG, § 139a ff. SGB V

Das Institut für Qualität und Wirtschaftlichkeit im Gesundheitswesen wurde mit dem GKV-Modernisierungsgesetz 2004 als fachlich unabhängiges, rechtsfähiges, wissenschaftliches Institut in das SGB V aufgenommen und vom G-BA als Stiftung bürgerlichen Rechts gegründet. Aufgaben des Instituts sind neben der ursprünglich genannten Nutzenbewertung von Arzneimitteln seit April 2007 (GKV-WSG) auch die Kosten-Nutzen-Bewertung von zugelassenen Arzneimitteln. Dabei soll es gemäß § 139a Abs. 3 Nr. 3 SGB V auch evidenzbasierte Leitlinien für die epidemiologisch wichtigsten Krankheiten unter dem Gesichtspunkt der Qualität und Wirtschaftlichkeit der im GKV-System erbrachten Leistungen bewerten. Aufgrund von begrenzten Ressourcen verzichtet das IQWiG auf eine vollständige inhaltliche Bewertung der zu prüfenden Leitlinien.[418] Vielmehr fokussiert es auf ausgewählte Kernaussagen, um auf diese Weise festzustellen, wie die verschiedenen Leitlinien sich verhalten und auf welcher Evidenzbasis sie zu ihren Empfehlungen gelangen.[419]

e) Europäische Leitlinien nach § 25a SGB V

§ 25a SGB V fand mit dem Krebsfrüherkennungs- und –registergesetz (KFRG)[420] vom 3. April 2013 seinen Weg in das SGB V. Nach dieser Vorschrift haben

---

414 BGBl. I, 3465.

415 Verordnung über das Verfahren zum Risikostrukturausgleich in der gesetzlichen Krankenversicherung (Risikostruktur-Ausgleichsverordnung – RSAV) vom 03.01.1994, BGBl. I, S. 55.

416 BT-Drs. 15/1727, S. 127.

417 So wohl auch: *Ihle*, GesR 2011, S. 394, 395.

418 *Follmann*, IQWiG – Neue Leitlinienkompetenz, S. 84.

419 *Follmann*, IQWiG – Neue Leitlinienkompetenz, S. 84.

420 Gesetz zur Weiterentwicklung der Krebsfrüherkennung und zur Qualitätssicherung durch klinische Krebsregister vom 03.04.2013, BGBl. I, 617ff.

Versicherte der GKV unter bestimmten Bedingungen Anspruch auf Krebsvorsorgeuntersuchungen. Dazu sollen gem. § 25a Abs. 1 SGB V für solche „Krebserkrankungen nach § 25 Abs. 2 SGB V, für die von der Europäischen Kommission veröffentlichte Europäische Leitlinien zur Qualitätssicherung von Krebsfrüherkennungsprogrammen vorliegen", sogenannte „organisierte Krebsfrüherkennungsprogramme" angeboten werden. Gemäß § 25a Abs. 2 SGB V „regelt der G-BA das Nähere". Die Empfehlung stellt also allein auf sogenannte „Europäische Leitlinien" ab, ohne nationale oder internationale Leitlinien zu berücksichtigen.

Aus der Gesetzesbegründung ergibt sich, dass die Bundesregierung mit diesem Gesetz die Empfehlung des Rates der Europäischen Union (EU) vom 2. Dezember 2003 zur Krebsfrüher- kennung[421] umsetzen wollte.[422] Laut Ziff. 1 b 2003/878/EG empfiehlt der Rat der Europäischen Union den Mitgliedstaaten Krebsfrüherkennungsprogramme nach europäischen Leitlinien für vorbildliche Praktiken (soweit vorhanden) durchzuführen. Solche Empfehlungen des Rates der Europäischen Union sind für die Mitgliedstaaten nicht verbindlich, Art. 15 Abs. 1 EU-Vertrag. Eine Verpflichtung der Bundesrepublik Deutschland zur Umsetzung dieser Empfehlung bestand also nicht. Daraus folgt, dass nicht nur die Frage des Ob, sondern insbesondere die Frage des Wie einer Umsetzung dieser Empfehlung im Ermessen des Gesetzgebers lag. Trotz erheblichen Widerstandes im Gesetzgebungsverfahren seitens der wissenschaftlich-medizinischen Fachgesellschaften, vertreten durch die AWMF[423] und der organisierten Ärzteschaft, vertreten durch die BÄK[424], übernahm der Gesetzgeber weitestgehend die Empfehlung des Rates. Gegenstand der Kritik war insbesondere die Fokussierung allein auf „Europäische Leitlinien" und der Verzicht auf das Heranziehen nationaler Leitlinien zu den jeweiligen Themen.

Unabhängig von der Kritik seitens der AWMF und BÄK ist festzuhalten, dass der Gesetzgeber keine unmittelbare Umsetzung des jeweiligen (unverbindlichen) Leitlinieninhaltes durch den G-BA in Form von (verbindlichen) Richtlinien nach § 92 SGB V bestimmt hat. Ausweislich der Gesetzesbegründung geht die Bundesregierung zutreffend davon aus, dass Europäische Leitlinien inhaltlich nicht verbindlich sind.

Für die hier relevante Frage nach der Rechtsnatur von Leitlinien bleibt es damit auch in Bezug auf die im Rahmen von § 25a SGB V heranzuziehenden

---

421 2003/878/EG, Empfehlung des Rates der Europäischen Union vom 02.12.2003, Amtsblatt der Europäischen Union v. 16.12.2003, L327/37.

422 BT-Drs. 17/11267 S. 14.

423 AWMF, Stellungnahme zum Referentenentwurf des Bundesministeriums für Gesundheit: "Entwurf eines Gesetzes zur Umsetzung von Empfehlungen des Nationalen Krebsplans (Krebsplan-Umsetzungsgesetz)", abrufbar unter: www.awmf.org/die-awmf/awmf-stellungnahmen.html (Stand: 02.04.2014).

424 BÄK, Stellungnahme v. 06.12.2012 zum Gesetzentwurf der Bundesregierung zur Weiterentwicklung der Krebsfrüherkennung und zur Qualitätssicherung durch klinische Krebsregister BT-Drs. 17/11267, abrufbar unter: www.bundesaerztekammer.de/downloads/StellBAeK_Krebsfueherkennung_07122012.pdf (Stand:02.04.2014).

„Europäischen Leitlinien“ dabei, dass diesen weder unmittelbar noch über den Umweg einer G-BA-Richtlinie mittelbar verbindliche Wirkung zukommt. Sie sind ausweislich des Gesetzeswortlautes weder im Wege der Inkorporation noch der Verweisung von Gesetzgeber in seinen Willen aufgenommen worden. Verbindlichkeit kommt ihnen nicht zu. Vielmehr dienen Sie neben den übrigen Quellen, wie nationale Leitlinien, Studien etc. als Erkenntnisquelle für den Inhalt der G-BA-Richtlinien. Eine herausgehobene Stellung nehmen sie allein insoweit ein, als dass ihre Existenz gem. § 25a Abs. 1 SGB V eine Pflicht des G-BA gem. § 25a Abs. 2 SGB V nach sich zieht, sich dem jeweiligen Thema der Leitlinie im Rahmen einer Richtlinie nach § 92 SGB V zu widmen.

IV. Zwischenergebnis

Medizinische Leitlinien sind nach all dem Regelwerke eigener Art. Sie beinhalten konkrete Empfehlungen für konkrete Behandlungssituationen. Sie beanspruchen keine rechtliche Verbindlichkeit und es kommt ihnen auch keine eigenständige rechtliche Verbindlichkeit zu. Die Ersteller und/oder Herausgeber haben in Abgrenzung zu Richtlinien des G-BA keine eigene gesetzliche Berechtigung zur Normsetzung. In Abgrenzung zu Richtlinien der Landesärztekammern und der KBV fehlt den herausgebenden Institutionen ein eigenständiges Satzungsrecht, welches eine Verbindlichkeit zumindest für ihre Mitglieder begründen könnte. In Abgrenzung zu Richtlinien der Bundesärztekammer fehlt es an der konkreten normkonkretisierenden Verweisung auf Leitlinien, um über diesen Weg eine rechtliche Verbindlichkeit zu begründen. Auch die Empfehlungen des RKI haben aufgrund der gesetzlichen Regelungen im Infektionsschutzgesetz eine andere rechtliche Qualität. Dies gilt im besonderen Maße auch für die Unfallverhütungsvorschriften, die als Satzungsrecht explizite beweisrechtliche Folgen bei Beachtung/Nichtbeachtung durch den Arzt auslösen. Insbesondere die gesetzlich normierte Vermutungswirkung kommt bei den hier besprochenen medizinischen Leitlinien nicht in Betracht. Im Sinne eines Argumentum e contrario kommt diesen mangels gesetzlich normierter Vermutungswirkung eben gerade keine eigenständige Verbindlichkeit zu. Festzuhalten bleibt aber, dass Leitlinien allein auf Grund ihrer detaillierten Handlungsanweisungen und der Reputation ihrer Herausgeber dennoch eine hohe innermedizinische Bedeutung zukommt. Schließlich ist festzuhalten, dass trotz einiger Parallelen Leitlinien nicht mit DIN-Normen gleichzusetzen sind. Dies primär aufgrund der großen Unterschiede der jeweiligen Regelungsobjekte. Aber auch aufgrund der Zielrichtung und der Entstehung der jeweiligen Regelwerke. Daraus ergibt sich auch, dass juristische Erwägungen und insbesondere die zu DIN-Normen ergangene Rechtsprechung nicht auf Leitlinien übertragbar sind.

Auch über den Umweg des medizinischen Standards kommt Leitlinien keine rechtliche Verbindlichkeit zu. Für eine konstitutive Festsetzung des medizinischen Standards und somit der durch den Arzt geschuldeten Sorgfalt fehlt es regelhaft an der Erfüllung einer der beiden oben genannten Voraussetzungen für die Etablierung eines (neuen) medizinischen Standards. Neben der Erkenntnissäule bedarf es auch der Umsetzungssäule. Da Leitlinien aber unter anderem gerade dem Ziel der Verbreitung neuer Erkenntnisse dienen, die zweite Säule des medizinischen Standards also ggf. noch nicht besteht, können Leitlinien den (verbindlichen) medizinischen Standard nicht konstitutiv begründen. Sie können den Standard aber im Idealfall deklaratorisch wiedergeben. In diesem Fall sind Leitlinie und Standard (temporär) deckungsgleich. Schließlich können Leitlinien auch nicht als Schutzgesetz im Sinne des § 823 BGB angesehen werden. Leitlinien selbst erfüllen nicht die Voraussetzungen einer Rechtsnorm des § 2 EGBGB. Die als Schutzgesetze in Frage kommenden Normen der § 630a Abs. 2 BGB und 73b Abs. 2 Nr. 2 SGB V verweisen nicht auf Leitlinien (§ 630a BGB) bzw. bleiben so unkonkret, dass eine Festlegung der einzuhaltenden Bestimmungen nicht möglich ist.

C Ersteller und Erstellung von Leitlinien

Seitdem die AWMF die strukturelle Organisation der Erstellung und Veröffentlichung von Leitlinien übernommen hat, haben sich die dort veröffentlichten Leitlinien als Maßstab entwickelt. Die Arbeitsweise der AWMF wird im Folgenden dargestellt.

Im Zuge der qualitativen Optimierung von Leitlinien werden bei deren Erstellung immer höhere Anforderungen an die Beteiligten gestellt. Diese Erstellung ist mit erheblichem zeitlichen, personellen und finanziellen Aufwand verbunden.[425] Die Erstellung von Leitlinien obliegt den Medizinern. Dabei sollte neben der medizinischen Wissenschaft auch die medizinische Praxis mitwirken, um die Anwendbarkeit im praktischen Alltag sicher zu stellen. Auch sollen nach Möglichkeit Patientenvertreter an der Entwicklung beteiligt werden.[426] Ziel ist die flächendeckende Verbesserung der medizinischen Versorgung.[427] Derzeit existiert kein fachübergreifender (rechts-)verbindlicher Rahmen unter anderem für die Urheberschaft, Aktualisierung, inhaltliche Ausgestaltung und Qualität der (fachgebietsbezogenen) Leitlinie.[428] Allgemein lassen sich – in zeitlicher Abfolge – fünf Phasen in Bezug auf Entstehung und Anwendung einer Leitlinie benennen: Planung und Organisation, Leitlinienentwicklung, Redaktion und Verbreitung (Dissemination), Implementierung, Evaluierung und Fortschreibung.[429]

I. Herausgeber, Autoren und sonstige Beteiligte

Zu trennen ist zwischen den Herausgebern von Leitlinien, den eigentlichen Autoren und den sonstigen Beteiligten.

1 Herausgeber von Leitlinien

Herausgegeben werden bzw. wurden Leitlinien von der AWMF, den Medizinisch-wissenschaftliche Fachgesellschaften, der Bundesärztekammer, dort dem Wissenschaftlichen Beirat, der Kassenärztlichen Bundesvereinigung, der Arzneimittelkommission der deutschen Ärzteschaft, von Ärztlichen Berufsverbänden, den Kostenträgern (Berufsgenossenschaften, Rentenversicherer), Krankenhäusern und Krankenhausverbünden sowie von Ärztenetzen und Qualitätszirkeln.[430]

---

425 *Kopp/Lelgemann/Ollenschläger*, S. 361, 363.
426 Leitlinien-Manual von AWMF und ÄZQ, ZaeFQ, 2001, 95 Suppl. I, S. 32.
427 *Muche-Borowski/Kopp*, Z Herz- Thorax- Gefäßchir 2011, 1,1.
428 *Grams*, DÄBl. 2005, 102(12); A814, 816, B687, 689, C640, 642.
429 *Kopp/Lelgemann/Ollenschläger*, S. 361, 363.
430 Leitlinien-Manual von AWMF und ÄZQ, a.a.O. S. 13, m.w.N.

2 Die AWMF

Die AWMF hat es sich – angeregt durch eine Empfehlung des Sachverständigenrates für die Konzertierte Aktion im Gesundheitswesen[431] – neben anderen Tätigkeitsfeldern seit 1995[432] zur Aufgabe gemacht, die in Deutschland erscheinenden Leitlinien zu erfassen, zu katalogisieren, zu qualifizieren und zu veröffentlichen. Dabei fungiert die AWMF nicht selbst als Autorin. Ihr obliegt die Koordination und ggf. die methodische Begleitung der Leitlinien ihrer derzeit 179[433] wissenschaftlich arbeitenden Fachgesellschaften. Mit Ausnahme der strukturierten Leitlinienprogramme zur Erstellung von NationalenVersorgungsLeitlinien (NVL-Programm)[434] und Onkologischer Leitlinien im Leitlinienprogramm Onkologie (OL-Programm)[435] fungiert die AWMF nicht als Herausgeberin der sogenannten AWMF-Leitlinien.[436]

3 Fachgesellschaften

Die wissenschaftlich-medizinischen Fachgesellschaften betreiben die Erstellung von Leitlinien auf eigene Initiative. Regelmäßig sind mehrere Fachgesellschaften bei der Erstellung involviert. Die Fachgesellschaften stellen regelmäßig ihre Infrastruktur, wie z.B. Sekretariate zur Verfügung. Sie fungieren als Herausgeber der Leitlinien und bitten unter Verwendung der dort vorhandenen Expertise die geeigneten Experten für das jeweilige Thema um Beteiligung bei der Erstellung der Leitlinie. Diese Experten werden sodann in die Leitliniengruppe entsandt.[437]

4 Einzelne Ärzte und Gruppen von Ärzten

Für die hier relevanten klinischen Leitlinien der AWMF kommen einzelne Ärzte nicht in Betracht, da Leitlinien nur im Konsens erstellt werden können. Auch Gruppen von Ärzten sind ohne Unterstützung einer oder mehrerer Fachgesellschaften kaum in der Lage, den administrativen Anforderungen zu genügen. Zudem publiziert die AWMF nur Leitlinien, die von ihren Mitgliedsfachgesellschaften herausgegeben werden.

---

431 Leitlinien-Manual von AWMF und ÄZQ, a.a.O., S. 14.

432 Leitlinien-Manual von AWMF und ÄZQ, a.a.O.

433 www.awmf.org/die-awmf.html (Stand 10.11.2019).

434 Das NVL-Programm wird gemeinsam von AWMF, BÄK und KBV getragen. Diese drei Institutionen geben die entsprechenden Leitlinien im eigenen Namen heraus. Siehe hierzu: unten, Punkt C.III. und www.awmf.org/leitlinien/leitlinienprogramme.html. (Stand: 17.09.2018).

435 Das OL-Programm wird gemeinsam von AWMF, Deutscher Krebshilfe und der Deutschen Krebsgesellschaft organisiert und herausgegeben. Siehe hierzu: unten, Punkt C.VI.

436 s.u.: Punkt C.I.2.

437 *Ollenschläger/Kopp*; Medizinische Klinik 2007; 102, 383, 385.

5 Autoren von Leitlinien/Leitliniengruppe

a) Begriffsbestimmung

Die eigentlichen Autoren von Leitlinien werden auch als Entwickler bezeichnet.[438] Im Idealfall repräsentiert die Leitliniengruppe erfahrene Anwender und Patienten.[439] Zum einen handelt es sich regelmäßig um Experten, die von den betroffenen Fachgesellschaften benannt und in die Leitliniengruppe „entsendet" werden. Gegebenenfalls stoßen auch weitere „Anwender" und Vertreter von Patientengruppen zu diesen.[440] Bei diesen weiteren „Anwendern" handelt es sich um Experten, die nicht einer bestimmten Fachgesellschaft angehören, mithin nicht entsandt wurden, vielmehr aufgrund ihrer persönlichen, fachgesellschaftsunabhängigen Expertise um Mitarbeit in der Gruppe gebeten werden. Empfohlen wird seitens der AWMF zusätzlich einen erfahrenen Leitlinien-Methodiker einzubinden.[441] Den Autoren obliegt die eigentliche Erstellung der Leitlinie. Sie arbeiten zusammen in der sogenannten Autoren-[442] oder auch Leitliniengruppe.[443] Diese Begrifflichkeit wird nicht immer stringent verwendet. Auch der Begriff Entwicklergruppe wird genutzt.[444] Mitunter werden in einzelnen Leitlinienreporten auch die beteiligten Fachgesellschaften als Mitglied der Leitliniengruppe angesehen. Für diese Arbeit gilt jedoch die Definition und Begrifflichkeit des OLG Köln[445]. Danach sind die Mitglieder der Leitliniengruppe die Autoren der Leitlinie. Je nach Umfang der Leitlinie und Anzahl der beteiligten Fachgesellschaften variiert die Zahl der Mitglieder dieser Gruppe. Sie sollte zur Aufrechterhaltung einer idealen Arbeitsfähigkeit zwischen 10 und 20 Personen liegen.[446] Bei großen Leitlinienprojekten, an der eine Vielzahl von Fachgesellschaften und sonstigen Interessengruppen (Berufsverbände, Patientenorganisationen, öffentlich-rechtliche Körperschaften etc.) beteiligt sind, werden mitunter auch eine Steuergruppe zur Koordinierung und eine oder mehrere Autorengruppe(n), die für die Erstellung der Texte verantwortlich sind, gebildet.[447]

---

438 Leitlinien-Glossar, Stichwort: Multidisziplinäre Entwicklung von Leitlinien, S. 83.
439 AWMF-Regelwerk, S. 10.
440 Leitlinien-Manual von AWMF und ÄZQ, ZaeFQ (2001) 95 Suppl. I S. 32; AWMF-Regelwerk, S. 10.
441 AWMF-Regelwerk, S. 10.
442 Leitlinien-Manual von AWMF und ÄZQ, ZaeFQ (2001) 95 Suppl. I S. 32.
443 OLG Köln, Urt. v. 06.11.2012 – 15 U 221/11 – RN 3.
444 AWMF-Regelwerk, S. 10.
445 OLG Köln, Urt. v. 06.11.2012 – 15 U 221/11 – RN 3.
446 Leitlinien-Manual von AWMF und ÄZQ, ZaeFQ (2001) 95 Suppl. I S. 33.
447 So z.B. bei der S3-Leitline „Screening, Diagnostik und Behandlung des schädlichen und abhängigen Tabakkonsums" (AWMF-Register 076-006), dort Seiten vi und vii der Langfassung, an der 14 AWMF-Mitgliedsgesellschaften und 36 weitere Organisationen beteiligt waren) sowie bei der die S3-Leitlinie „Screening, Diagnose und Behandlung alkoholbezogener Störungen" (AWMF-Registernummer 076-001) mit

b) Stimmberechtigte und beratende Mitglieder

Bei den Abstimmungen über die Formulierung der Empfehlungen sind nur die Fachgesellschaften in Person der von ihnen entsandten Mandatsträger stimmberechtigt.[448] Alle weiteren Mitglieder der Leitliniengruppe, seien es sonstige Experten, seien es Vertreter von Patientengruppen, sind allein beratend beteiligt. Bei den Patientenversionen der Leitlinien sind auch die Vertreter von Patientengruppen oder –organisationen stimmberechtigt.[449]

c) Urheberschaft vs. inhaltliche Verantwortung

Regelmäßig weisen Leitlinien nicht gesondert den jeweiligen Autor/die jeweiligen Autoren eines Kapitels oder Textabschnittes aus.[450] Hintergrund ist, dass diese Texte häufig in Gemeinschaftsarbeit entstehen und zudem im Laufe der Erarbeitung der Leitlinie auch überarbeitet werden. Eine jüngere Entwicklung zeigt parallel zu der Entwicklung, Autorengruppen für bestimmte Teile von umfangreichen Leitlinien zu benennen,[451] dass in einigen Leitlinien nunmehr die Autoren der einzelnen Kapitel oder Textabschnitte gesondert aufgeführt werden.[452] Die jeweiligen Empfehlungen, mithin die Quintessenz der Leitlinien, wird aber auch bei diesen Leitlinien durch alle Mitglieder der Leitliniengruppe im Konsensus verabschiedet,

---

einer vergleichbaren Teilnehmerzahl, dort Seite vi. Gemeinsam hatten diese beiden Leitlinie ein Volumen von ca. 415.000 EUR.

448 Dies geht in dieser Eindeutigkeit aus den Publikationen der AWMF nicht hervor, ergibt sich aber zum einen aus der Natur der Leitlinien als Leitlinien „der wissenschaftlich-medizinischen Fachgesellschaften“ und wurde dem Autor zum anderen durch die Leiterin des AWMF-Instituts für Medizinisches Wissenschaftsmanagement, Frau Prof. Ina Kopp mit E-Mail vom 06.05.2016 bestätigt. Zudem ergibt sich diese Differenzierung aus einer Vielzahl von Leitlinien-Reports, z.B.: Leitlinienreport der S3 Leitlinie für die Diagnostik, Therapie und Nachsorge des Mammakarzinoms, Version 3.1, S. 10 aus dem LL-Programm Onkologie (AWMF Register-Nr. 032-045OL), abrufbar unter www.awmf.org/uploads/tx_szleitlinien/032-045OL_m_S3_Brustkrebs_Mammakarzinom_Diagnostik_Therapie_Nachsorge_2012-07.pdf (Stand: 29.09.2016).

449 Besonders deutlich wird dies bei NVL; *ÄZQ*, Methodenreport zum NVL-Programm, 4. Aufl., S. 17. In der aktuellen 5. Aufl. wird dies nicht mehr explizit aufgeführt, 5. Aufl. S. 5.

450 Dies gilt für die überwiegende Zahl aller Leitlinien, so z.B. auch für die bereits genannten S3-Leitlinien „Adipositas im Kindes- und Jugendalter“ und „Sedierung in der gastrointestinalen Endoskopie“.

451 S.o. Punkt C.I.5.a).

452 Dies gilt z.B. für die S3-Leitlinie „Screening, Diagnostik und Behandlung des schädlichen und abhängigen Tabakkonsums“ (AWMF-Registernummer 076-006) und die S3-Leitlinie „Screening, Diagnose und Behandlung alkoholbezogener Störungen“ (AWMF-Registernummer 076-001).

sodass die Frage, ob für einzelne Kapitel der Leitlinie die Autoren gesondert ausgewiesen werden, für diese Frage ohne Belang ist. Diese neuere Entwicklung ist für die urheberrechtliche Bewertung[453] beachtenswert. Die in dieser Arbeit schwerpunktmäßig betrachtete rechtliche Verantwortung für den Inhalt insbesondere der Empfehlungen ist jedoch von der Frage der Urheberschaft losgelöst eigenständig zu beantworten.

6 Sonstige Beteiligte

Bei der Erstellung werden die Autoren gegebenenfalls durch weitere nicht stimmberechtigte Einzelexperten, z.B. Methodiker, unterstützt.[454] Diese begleiten und erläutern die Evidenzrecherche und/oder die oben genannten durchzuführenden Konsensusverfahren. Bei diesen Methodikern handelt es sich um erfahrene Experten im Bereich der Leitlinienerstellung. Auf Anfrage der Fachgesellschaften können diese von der AWMF benannt werden. Sie werden für die AWMF im Auftrag der betroffenen Fachgesellschaft(en) tätig. Bei einigen Leitlinien werden zudem bestimmte, grundsätzlich in den Aufgabenbereich der Autoren fallende Tätigkeiten extern erbracht. So kommt es vor, dass aufgrund des erheblichen Zeitaufwandes und der nur begrenzt vorhandenen personellen Ausstattung der Leitliniengruppen die Literaturrecherche und -aufbereitung, die zur Ermittlung des vorhandenen Wissens bei evidenzbasierten Leitlinien zwingend erforderlich sind, an externe Institutionen abgegeben wird.[455]

II. Leitlinien nach Vorgaben der AWMF

1 AWMF-Regelwerk

Vor dem Hintergrund großer qualitativer Unterschiede zwischen den in kurzer Zeit entstandenen mehreren hundert[456] Leitlinien steuerte die AWMF durch Einführung eines Regelwerks[457] entgegen. Kernbestandteil dieses Regelwerks ist zum

453 Siehe hierzu unten, Punkt C.VII.5.

454 Leitlinien-Glossar, Stichwort: Multidisziplinäre Entwicklung von Leitlinien, S. 83.

455 *Bauer*, Finanzierungsprobleme und Lösungsansätze; Vortrag auf der 22. Leitlinienkonferenz der AWMF, 09.12.2011, S. 2,3,8; Vortragsfolien abrufbar unter www.awmf.org/leitlinien/ll-veranstaltungen/22-leitlinien-konferenz.html (Stand: 10.11.2019).

456 1998 wurden schon über 500 Leitlinien gezählt; siehe z.B. den Leitartikel: Fünf Jahre Leitliniendiskussion – Sensibles Instrument, DÄBl 1998, 95,27 A-1705 B-1445 C-1345. Einen guten Überblick für die Jahre 2004 – 2009 bietet auch: Kopp, Zeitschrift für Rheumatologie 2010 (69), S. 298, 302, danach entsprachen 2009 von 737 Leitlinien 68 oder knapp 10% der Stufe S3, 120 oder gut 16% der Stufe S2 und 549 oder gut 74% der Stufe S1.

457 AWMF-Regelwerk: Leitlinie zur Erstellung und Publikation aktueller und hochwertiger Leitlinien der Wissenschaftlichen Medizinischen Fachgesellschaften im

einen das Deutsche Instrument zur Bewertung von Leitlinien (DELBI)[458]. Die dort beschriebenen acht Domänen bieten eine Handlungsanweisung zur Einhaltung der methodischen Qualität bei der Erstellung von Leitlinien. Zum anderen ist das von der AWMF eingeführte Drei-Stufen-Konzept[459] zu nennen. Die Stufen S1, S2 und S3 lassen den steigenden methodischen Qualitätsstand der jeweiligen Leitlinie erkennen. Die Qualitätsstufe S2 wurde 2004[460] in die Untergruppen S2e (evidenzbasiert) und S2k (konsensusbasiert) unterteilt, sodass nunmehr streng genommen vier Qualitätsgruppen auf drei Stufen existieren. Die Tendenz der letzten Jahre zeigt eine Verbesserung der methodischen Qualität von Leitlinien, erkennbar an einer Reduzierung der Neuerstellungen und einer absoluten und relativen Erhöhung der Zahl von S2- und S3-Leitlinien.[461] Dabei übersteigt die Nachfrage nach methodisch „guten" Leitlinien offenbar das Angebot.[462] Für den Zeitraum 10/2009 bis 3/2010 waren acht der zehn am häufigsten von den Seiten der AWMF abgerufenen Leitlinien solche der Stufe S3. Unter den Top-25 befanden sich bei 1,2 Mio. Seitenzugriffen 20 S3-, 4 S2- und nur 1 S1-Leitlinie.[463] Die einzelnen Stufen weisen jeweils charakteristische Merkmale auf.

AWMF-Leitlinienregister. http://www.awmf.org/leitlinien/awmf-regelwerk.html (Stand: 09.09.2011)

458 Das Deutsche Instrument zur methodischen Leitlinien-Bewertung (DELBI) ist ein generisches Werkzeug, vorgesehen als Hilfe für Entwickler und Anwender medizinischer Leitlinien zur Beurteilung deren methodologischer Qualität. Es ist das Ergebnis einer Zusammenarbeit zwischen der AWMF und ÄZQ. Das Instrument ist nicht für die Bewertung der inhaltlichen Angemessenheit von Leitlinien-Empfehlungen geeignet.

459 Leitlinien-Manual von AWMF und ÄZQ, a.a.O., S. 14.

460 www.awmf.org/leitlinien/awmf-regelwerk/hilfen-werkzeuge/klassifikation-s2e-und-s2k.html (Stand: 11.05.2011).

461 *Kopp*, Zeitschrift für Rheumatologie 2010 (69), S. 298, 302. Während 2004 von insgesamt 846 Leitlinien 753 (ca. 89%)der Stufe S1, 68 (ca. 8%) der Stufe S2 und nur 25 (ca. 3%) der Stufe S3 entsprachen, lag dieses Verhältnis 2009 bereits bei 737 zu 549 (ca. 74%), 120 (ca. 16%), 68 ca. 10%). Zu dieser Frage sehr ausführlich auch: *Lelgemann*, Kritische Bewertung medizinischer Leitlinien – eine Analyse und Diskussion der Ergebnisse des Deutschen Leitlinien-Clearingverfahrens, S. 86ff, 89.

462 *Kopp*, Zeitschrift für Rheumatologie 2010 (69), S. 298, 302.

463 *Kopp*, Zeitschrift für Rheumatologie 2010 (69), S. 298, 302. Zu beachten ist bei dieser Entwicklung sicher auch der Umstand, dass Leitlinien, die „wichtige", sprich häufige Krankheitsbilder thematisieren, generell, also unabhängig von deren methodischer Qualität, häufiger angefragt werden. Bei solchen Leitlinien besteht – wegen ihrer thematisch bedingten Bedeutung – auch ein erhöhter Verbesserungsdruck bzgl. einer methodischen Aufwertung.

2 S1-Leitlinie: Handlungsempfehlungen von Experten

Eine repräsentativ zusammengesetzte Expertengruppe der wissenschaftlich-medizinischen Fachgesellschaft(en) erarbeitet im informellen Konsens eine Handlungsempfehlung, die vom Vorstand der Fachgesellschaft verabschiedet wird.[464] „Leitlinien" der Stufe S1 werden wegen des Fehlens eines systematischen Entwicklungsprozesses nicht mehr als Leitlinien im eigentlichen Sinne bezeichnet; für S1-Leitlinien wird daher seitens der AWMF nunmehr allein der Begriff „Handlungsempfehlung von Experten" verwendet.[465]

3 S2k-Leitlinie: konsens(us)basierte Leitlinie

S2-Leitlinien sind S1-Leitlinen in der methodischen Qualität überlegen. Bei ihrer Erstellung kommt mindestens eins, regelmäßig zwei oder alle[466] der bewährten formalen Konsensusfindungsmethoden bei der Beratung und Verabschiedung in der Leitliniengruppe zur Anwendung. Formale Konsensusfindungsmethoden sind nominaler Gruppenprozess[467], Delphimethode[468] und

464 Leitlinien-Manual von AWMF und ÄZQ, ZaeFQ, 2001, 95 Suppl. I, S. 14.

465 *Kopp*, Zeitschrift für Rheumatologie 2010 (69), S. 298, 302.

466 *Kopp/Lelgemann/Ollenschläger*, S. 361, 368.

467 Leitlinien-Manual von AWMF und ÄZQ, S. 49: „*Von Delbecq et al.* (1975) entwickelter Gruppenentscheidungsprozess. Das Ergebnis ist eine Liste von Ideen und Stellungnahmen, die nach ihrer Wichtigkeit geordnet sind. Ablauf: (1) Jeder Teilnehmer verfasst zunächst für sich allein, ohne Diskussion, schriftliche Antworten zu den vorgegebenen Problemen und Fragen. (2) Die Antworten werden gesammelt und allen Mitgliedern gezeigt, ohne jedoch den Autor zu nennen. (3) Die einzelnen Mitglieder nehmen in einer gemeinsamen Runde nacheinander Stellung zu den gesammelten Antworten. (4) Die Schritte (1)-(3) können mehrmals wiederholt werden. (5) Nach mehreren Runden einigen sich die Teilnehmer durch Wahl oder Rangbildung schließlich auf einen bestimmten Satz von Antworten".

468 Leitlinien-Manual der AWMF und ÄZQ, S. 49: „Die Delphi-Technik (Delphi-Verfahren, Delphi-Konferenz), die bereits 1948 entwickelt wurde, ist eine interaktive Umfragemethode. Charakteristisch sind das kontrollierte Feedback und die Befragung einander unbekannter, anonymisierter Teilnehmer. Ablauf: (1) Einholung anonymisierter Meinungen von Experten mit Hilfe eines Fragebogens oder eines Interviews. (2) Durchführung mehrerer Befragungsrunden, wobei nach jeder Runde die eingetroffenen Antworten zusammengefasst und den Befragten erneut zur Begutachtung zugeschickt werden. So kommt es zur systematischen Modifikation und Kritik der zusammengefassten anonymen Antworten. (3) Erreichung einer Gruppenantwort durch eine Zusammenfassung (häufig statistisch) der individuellen Meinungen in einer Abschlussrunde. Das Delphi-Verfahren sollte abgeschlossen werden, wenn eine Konvergenz der Meinungen erkennbar wird oder wenn das Interesse der Teilnehmer spürbar abnimmt".

Konsensuskonferenz[469].[470] Diese Methoden sind bei richtiger Vorbereitung und Anwendung geeignet, reproduzierbare Ergebnisse zu erreichen sowie unerwünschte Einflüsse und Verzerrungen zu vermeiden, wie sie etwa durch Status- oder Persönlichkeitsmerkmale der Teilnehmer, persönliche, politische, wirtschaftliche Partikularinteressen und gruppenpsychologische Phänomene entstehen können.[471] Dabei sollte die Leitliniengruppe repräsentativ für den Adressatenkreis sein. Der Inhalt von S2k-Leitlinien wird somit durch eine repräsentative Entwicklergruppe in einem strukturierten Konsensusfindungsprozess bestimmt.

Näher eingegangen werden soll an dieser Stelle auf die strukturierte Konsensuskonferenz, die nach dem AWMF-Regelwerk bei der finalen Verabschiedung der Leitlinie[472] angewendet werden soll und somit aus rechtlicher Sicht für die in dieser Arbeit zu klärende Frage nach der rechtlichen Verantwortung für den Inhalt von Leitlinien Bedeutung hat. Die strukturierte Konsensuskonferenz zeichnet sich – für die vorliegende Arbeit relevant – aus durch die Möglichkeit einer anonymen Abstimmung[473], wodurch bias[474] durch Meinungsführer oder Majoritäts- und Minoritätseinflüsse vermieden werden können.[475] Folge eines solchen anonymen Abstimmungsverfahrens ist, dass außer der abstimmenden Person niemand sagen kann, wie die jeweilige Person abgestimmt hat. In Ermangelung entsprechender Aufzeichnungen (es handelt sich nicht um eine Pseudonymisierung, bei der die Klarnamen wieder herstellbar wären) ist damit weder für die abstimmende Person noch für jeden anderen das Abstimmungsverhalten nach- und vor allem beweisbar.

---

469 Leitlinien-Manual von AWMF und ÄZQ, a.a.O., S. 49: „(1) Bildung einer Vorbereitungsgruppe. (2) Themenauswahl und Zerlegung der Fragestellung in möglichst sich nicht überschneidende Unterthemen durch die Vorbereitungsgruppe. (3) Bildung eines Panels (zusammen 9–15 Experten, Anwender und Laien) und Verteilung der Unterthemen auf Panelmitglieder durch die Vorbereitungsgruppe. (4) Zusammenstellung des Stands des Wissens und der Erfahrungen durch die Vorbereitungsgruppe. (5) Breit gestreute Einladung zur Konsensuskonferenz mit ausführlichen Unterlagen über den Stand des Wissens und der Erfahrungen durch Panelmitglieder. (7) Offene Diskussion, eventuell in Arbeitsgruppen. (8) Versuch einer Konsensusfindung (inklusive „weiße" Felder, zu erwartender Effizienz und Evaluationsstrategie) im Plenum. (9) Offizielle Bekanntmachung in einer Art konzertierter Aktion". Nach dem aktuelleren AWMF-Regelwerk, wird im Rahmen der strukturierten Konsensuskonferenz die anonyme Abstimmung betont.

470 Leitlinien-Manual von AWMF und ÄZQ, a.a.O., S. 14; AWMF-Regelwerk, Anlage 8, S. 79.

471 *Kopp/Lelgemann/Ollenschläger*, S. 361, 368.

472 AWMF-Regelwerk, S. 39.

473 Dass von dieser Möglichkeit auch tatschlich Gebrauch gemacht wird, lässt sich anhand der Leitlinienreporte erkennen. So heißt es z.B. im Leitlinienreport zur S3-Leitlinie Diagnostik und Therapie der Adenkarzionome des Magens und ösophagogastralen Übergangs, Version 1.0 auf Seite 23: „Im Plenum wurde für das Abstimmungsverfahren ein TED-System eingesetzt, um ein anonymisiertes Votieren zu gewährleisten" (abrufbar unter: www.awmf.org/leitlinien Stand:30.03.2016).

474 Zum Begriff „Bias" s.o., Punkt D.III.2.e).dd).(iii).

475 AWMF-Regelwerk, Anlage 8, S. 79f.

4 S2e-Leitlinie: evidenzbasierte Leitlinie

Bei S2e-Leitlinien wird auf die oben beschriebenen formalen Konsensusfindungsmethoden verzichtet. Zur Verbesserung der methodischen Qualität gegenüber S1-Leitlinien wird stattdessen auf die Ergebnisse der Evidenzbasierten Medizin zugegriffen. Konkret bedeutet dies, dass eine systematische Literaturrecherche und Bewertung anhand des Leitlinien-Manuals[476] der AWMF durchgeführt wird. Die Recherche selbst zielt auf die Identifizierung der „besten verfügbaren Evidenz“.[477] Die so gewonnenen Informationen müssen nun durch die Leitliniengruppe bewertet werden. Dazu wird neben der methodischen Qualität der berücksichtigten Studien auch die Konsistenz der Ergebnisse bewertet.[478] Damit stellen evidenzbasierte Leitlinien ein wichtiges Verbindungselement zwischen der externen Evidenz und der konkreten klinischen Entscheidung dar.[479] Das Leitlinien-Manual der AWMF und ÄZQ bietet als Hilfestellung für die Bewertung zum einen eine umfangreiche Synopse[480] der verschiedenen Evidenzstärkeeinteilungen der unterschiedlichen Organisationen, zum anderen wird empfohlen, jede Publikation von mindestens zwei unabhängigen Bewertern analysieren zu lassen[481]. Die Evidenzbasierung ist maßgeblich für die wissenschaftliche Legitimation einer Leitlinie.[482]

5 S3-Leitlinie: konsens(us)- und evidenzbasierte Leitlinie

Bei S3-Leitlinien handelt es sich um Leitlinien die alle oben beschriebenen Elemente beinhalten:

- logische Analyse (klinischer Algorithmus),
- systematischer Erstellung,
- Evidenzbasierte Medizin,
- Entscheidungsanalyse,
- Outcome-Analyse

S3-Leitlinien haben die höchste methodische Qualitätsstufe. Ihre evidenzbasierte Erstellung führt zu einer hohen wissenschaftlichen Legitimation. Die strukturierte Konsensfindung ist ein wichtiger Faktor für die Akzeptanz und Umsetzung der Leitlinie.[483] S3-Leitlinien dienen als bevorzugte Basis für die Erstellung von Nationalen Versorgungsleitlinien.

---

476 Leitlinien-Manual von AWMF und ÄZQ, a.a.O., S. 38ff.
477 Leitlinien-Manual von AWMF und ÄZQ, a.a.O., S. 39.
478 Leitlinien-Manual von AWMF und ÄZQ, a.a.O., S. 40.
479 *Kopp/Lelgemann/Ollenschläger*, S. 361, 367.
480 Leitlinien-Manual von AWMF und ÄZQ, a.a.O., S. 41ff.
481 Leitlinien-Manual von AWMF und ÄZQ, a.a.O., S. 43.
482 *Kopp/Lelgemann/Ollenschläger*, S. 361, 362.
483 *Kopp/Lelgemann/Ollenschläger*, S. 361, 362.

Tabelle 1: *Stufenklassifikation von Leitlinien der AWMF*[484]

	Für den Anwenderkreis repräsentative Entwicklergruppe	**Systematische Recherche, Auswahl, Bewertung der Literatur – Evidenzbasierung**	**Strukturierte Konsensfindung mittels formaler Technik**	**Wissenschaftliche Legitimation der Methode**	**Legitimation für die Umsetzung**
S1 *Handlungsempfehlungen von Experten -*	Nein	Nein	Nein	Gering	Gering
S2k Konsensbasierte Leitlinien	Ja	Nein	Ja	Gering	Hoch
S2e Evidenzbasierte Leitlinien	Nein	Ja	Nein	Hoch	Gering
S3 Evidenz-und konsens-basierte Leitlinien	Ja	Ja	Ja	Hoch	Hoch

484 Kombinierte Übernahme der Darstellungen von Kopp aus: Kopp, Zeitschrift für Rheumatologie 2010 (69), S. 298, 302 und *Kopp/Lelgemann/Ollenschläger*, S. 361, 363.

III. Nationale Versorgungsleitlinien

Klinische Leitlinien sind in der Regel auf umschriebene Teilbereiche des Versorgungsgeschehens ausgerichtet und beschreiben nur selten organisatorische Rahmenbedingungen der Patientenversorgung oder Nahtstellen zwischen den verschiedenen Disziplinen bzw. Versorgungsbereichen (primäre Prävention – sekundäre Prävention – Kuration – Rehabilitation).[485] Vor diesem Hintergrund haben sich BÄK, AWMF und KBV entschlossen, das von der BÄK 2002 begründete[486] Programm für Nationale Versorgungsleitlinien(NVL) seit 2003 gemeinsam[487] zu tragen, um mit Hilfe der NVL diese Aspekte zu ergänzen und die vorhandenen Empfehlungen zur Abbildung der gesamten Versorgungskette zusammenzuführen. Die Grundlagen der Kooperation wurden am 25.09.20103 in einem zeitlich unbefristeten Vertrag zwischen BÄK und KBV einerseits und AWMF andererseits niedergelegt.[488] Das NVL-Programm zielt auf die Entwicklung und Implementierung versorgungsbereichübergreifender Leitlinien zu ausgesuchten Erkrankungen hoher Prävalenz[489] unter Berücksichtigung der Methoden der Evidenzbasierten Medizin.[490] Insbesondere diese umfassende Betrachtung unter Miteinbeziehung aller Fachgebiete unterscheidet die NVL von den Klinischen Leitlinien, die zwar gegebenenfalls auch in Zusammenarbeit verschiedener betroffener Fachgesellschaften entstehen, dennoch einen engeren, höher spezialisierten Fokus verwenden. Finales Ziel des NVL-Programms ist die Verbesserung der Qualität der Versorgung und die Stärkung der Stellung des Patienten.[491] Zudem wird von den Trägern des NVL-Programms bei Berücksichtigung der Empfehlungen eine Effizienzsteigerung im Gesundheitswesen erwartet.[492] Neben den drei genannten Institutionen sind die jeweils beteiligten

---

485 *Ollenschläer et al.*; Medizinische Klinik 2006; 101, 840, 840.

486 *Ollenschläger/Kopp*; Medizinische Klinik 2007; 102, 383, 384.

487 BÄK, KBV, AWMF; Programm für NationaleVersorgungsLeitlinien, Methoden-Report; S. 3; 4. Auflage, Version 1.0. Juli 2010; www.versorgungsleitlinien.de/methodik/reports (Stand 10.04.2014).

488 *BÄK, KBV und AWMF*; Vertrag über eine Kooperation zum Zwecke der Entwicklung und Beschlussfassung im Rahmen des Nationalen Programms für Versorgungsleitlinien, abrufbar unter www.leitlinien.de/mdb/edocs/pdf/vertraege/awmfvertragfinal.pdf (Stand: 02.12.2016).

489 Bisher sind z.B. erschienen: Diabetes Typ II, Asthma und COPD, Kreuzschmerz, Herzinsuffizienz, Koronare Herzkrankheit, unipolare Depression. Zu den Themen Diabetestherapie, COPD, KHK, Demenz und Schizophrenie sind NVL in Arbeit bzw. im Aktualisierungsprozess, Quelle: www.versorgungsleitlinien.de/themen (Stand: 10.04.2014).

490 *Ollenschläger et al.*; Medizinische Klinik 2006; 101, 840, 840.

491 BÄK, KBV, AWMF; a.a.O. S. 3.

492 BÄK, KBV, AWMF; a.a.O. S. 3.

Fachgesellschafter ebenfalls Herausgeber der jeweiligen NVL.[493] Koordiniert wird die Erstellung einer NVL schließlich vom ÄZQ[494], einer gemeinsamen Einrichtung von BÄK und KBV,[495] in Zusammenarbeit mit dem AWMF-IMWI, einer rechtlich unselbständigen Einrichtung der AWMF.[496] Dabei handelt es sich bei dem ÄZQ aus juristischer Sicht um eine GbR deren Gesellschafter BÄK und KBV sind.[497] Gegründet wurde die heute unter dem Namen „Ärztliches Zentrum für Qualität im Gesundheitswesen" bekannte Einrichtung 1995 als gemeinsame Einrichtung von KBV und BÄK unter den Namen „Zentralstelle der deutschen Ärzteschaft zur Qualitätssicherung in der Medizin".[498] Mit Gründungsvertrag vom 02.07.1997 erfolgte dann die auch formelle Umwandlung in eine GbR.[499]

Die drei Trägerorganisationen BÄK, KBV und AWMF haben sich vertraglich zur Kooperation und gemeinsamen Finanzierung des NVL-Programms verpflichtet.[500] Ausweislich des NVL-Vertrages soll es sich bei dieser Kooperation jedoch nicht um eine Außen-GbR handeln. Vielmehr soll die Verbindung zwischen den Vertragsparteien nur durch die „Planungsgruppe des Ärztlichen Zentrums für Qualität in der Medizin" (ÄZQ) tätig werden, in die stimmberechtigte Vertreter der AWMF entsendet werden. Beim ÄZQ handelt es sich – wie dargestellt um eine Außen-GbR deren Gesellschafter KBV und BÄK sind. Die Finanzierung der NVL-Arbeit soll gemeinsam, die entsprechende Abstimmung in der Planungsgruppe erfolgen.[501] Damit liegen die für die Annahme einer Innen-GbR erforderlichen Voraussetzungen vor.

---

493 Dies ergibt sich aus jeder veröffentlichter NVL, die sämtlich ihre jeweiligen Herausgeber neben den Trägern und Herausgebern AWMF, BÄK und KBV nennen. Diese sind abrufbar unter www.versorgungsleitlinien.de (Stand: 10.04.2014).

494 *Ollenschläger et al.* Medizinische Klinik 2006; 101, 840, 842.

495 *BÄK, KBV und AWMF*; § 2 NVL-Vertrag.

496 *BÄK, KBV, AWMF;* NVL-Methoden-Report, S. 5, spricht noch von der Leitlinien-Kommission der AWMF. Diese Aufgabe wird nun jedoch durch das AWMF-Institut für Medizinisches Wissensmanagement (AWMF-IMWi) wahrgenommen, www.awmf.org/leitlinien/awmf-imwi.html (Stand: 28.11.2016).

497 *BÄK und KBV*; Gesellschaftervertrag über den Betrieb des Ärztlichen Zentrums für Qualität im Gesundheitswesen (ÄZQ) als Gesellschaft bürgerlichen Rechts vom 18.03.2016, abrufbar unter: www.aezq.de/mdb/edocs/pdf/vertraege/gesellschafts-vertrag-2016.pdf (Stand:02.12.2016).

498 *BÄK und KBV*; Vereinbarung über die Errichtung einer Zentralstelle der deutschen Ärzteschaft zur Qualitätssicherung in der Medizin vom 17.03.1995 als „gemeinschaftliche Einrichtung im Rahmen der rechtlichen Verantwortung der beiden Spitzenorganisationen" (§ 1 Vereinbraung), abrufbar unter www.aezq.de/mdb/edocs/pdf/vertraege/vereinbarungazq.pdf (Stand: 02.12.2016).

499 *BÄK und KBV*; Gesellschaftsvertrag über die Errichtung einer Zentralstelle der deutschen Ärzteschaft zur Qualitätssicherung in der Medizin als Gesellschaft bürgerlichen Rechts, abrufbar unter www.aezq.de/mdb/edocs/pdf/vertraege/gesellschaftsvertrag-1997.pdf (Stand: 02.12.2016).

500 *BÄK, KBV und AWMF*; NVL-Vertrag und NVL-Methoden-Report.

501 *BÄK, KBV, AWMF;* NVL-Methoden-Report, S. 5.

Es existieren eine vertragliche Dauerbeziehung zwischen den Gesellschaftern, ein gemeinsamer Zweck, die darauf gerichtete Förderungsabsicht sowie, aus den beiden letztgenannten Voraussetzungen folgend, eine Treubindung der Gesellschafter.[502] Für eine Außen-GbR wären weiterhin vertretungsberechtigte Organe, ein Auftreten nach Außen im Rechtsverkehr und ein Gesamthandsvermögen erforderlich. Auch diese Voraussetzungen liegen vor. Die Planungsgruppe beim ÄZQ ist nicht nur für die Abstimmung unter den Vertragspartnern wichtig. Sie tritt jedenfalls gegenüber der Leitliniengruppe auch nach außen auf, auch wenn die Trägerorganisationen im Rahmen der Publikation unmittelbar als Herausgeber erscheinen. Zwar erfolgt die Finanzierung der Leitlinienarbeit soweit bekannt unmittelbar durch die Trägerorganisationen und nicht durch eine gemeinsame Zahlstelle, dennoch bildet allein die Schaffung der Planungsgruppe und die damit einhergehende Einbringung der jeweiligen Arbeitskraft bereits ein Gesamthandsvermögen.

Zur Erstellung einer NVL werden existierende Leitlinien systematisch recherchiert und ausgewertet und im Anschluss nach den Kriterien des deutschen Instruments zur methodischen Leitlinien-Bewertung (Deutsches Leitlinien-Bewertungs-Instrument, DELBI) ausgewählt, wobei besonderer Wert auf eine systematische Entwicklung und nachvollziehbare Evidenzbasierung der abgegebenen Empfehlungen gelegt wird[503], sodass regelmäßig nur S3-Leitlinien in Betracht kommen. Diese werden als Quell-Leitlinien herangezogen und untereinander sowie gegebenenfalls bei einzelnen Fragestellungen mit existierenden Referenz-Leitlinien systematisch verglichen.[504] Ziel ist die Harmonisierung der Empfehlungen, wobei konträre Standpunkte aufgelöst bzw. dargestellt und begründete Unterschiede zu internationalen Empfehlungen explizit dargestellt werden. Der Fokus liegt dabei auf Maßnahmen der Versorgungskoordination. Gegebenenfalls werden nach ergänzender systematischer Recherche weitere Quellen aufbereiteter Evidenz (z.B. systematische Übersichtsarbeiten,[505] Metaanalysen[506] und HTA[507]-Berichte)

502 MüKo-*Ulmer/Schäfer*; Vorbemerkungen zu §§ 705ff. RN 5ff.

503 BÄK, KBV, AWMF; a.a.O. S. 7.

504 BÄK, KBV, AWMF; a.a.O. S. 7.

505 Systematische Übersichtsarbeiten sind literaturbasierende Übersichten, bei denen keinen eigenen Studien durchgeführt, sondern bereits veröffentlichte Studien untersucht und bewertet werden. Durch diese Methode können Widersprüche zwischen einzelnen Studien idealerweise aufgeklärt werden.

506 Metaanalysen sind Zusammenfassungen von klinischen Studien. Deren Ergebnisse werden durch quantitative und insbesondere statistische Methoden zu Metadaten aufbereitet. Durch diese Methode ist es möglich, sehr große Kohorten zu erhalten, und auf diesem Weg statistische Ungenauigkeiten bei einzelnen Studien, die auf zu geringe Teilnehmerzahlen zurückzuführen sind, ausblenden.

507 HTA steht nach Angaben des Deutschen Cochrane Zentrums für: Health-Technology-Assessment, den Prozess der systematischen Bewertung medizinischer Verfahren und Technologien mit Bezug zur gesundheitlichen Versorgung der Bevölkerung. In HTA-Berichten soll die gesamte verfügbare externe Evidenz zur

und Primärstudien herangezogen.[508] Die Initiative zur Erstellung der Leitlinien kommt jedoch von den Trägern des NVL-Programms (AWMF, BÄK, KBV), jeweils vertreten durch entsprechende natürliche Personen in der Planungsgruppe des ÄZQ.[509] Zuständig für den Inhalt der Leitlinien sind die Fachgesellschaften.[510] Die AWMF, die BÄK und die KBV jedoch verantworten die Leitlinien und machen sich deren Inhalt zu eigen, sodass sie auch für den Inhalt der NVL verantwortlich zeichnen.[511]

Die derzeit veröffentlichten NVL entsprechen dem Entwicklungsstand S3 der AWMF. Ihre Implementierung gelingt im Vergleich zu klinischen Leitlinien regelmäßig gut. So war die NVL Asthma nach Ihrer Veröffentlichung über 12 Monate die gefragteste Publikation im Internet-Leitlinienregister der AWMF.[512]

IV. Leitlinien-Programm Onkologie

Das Leitlinienprogramm Onkologie ist ein Gemeinschaftsprojekt der AWMF, des Deutsche Krebsgesellschaft e.V. sowie des Deutsche Krebshilfe e.V. Ziel der Initiatoren und Träger des Programmes ist es, die Entwicklung, Fortschreibung und den Einsatz wissenschaftlich begründeter und praktikabler Leitlinien in der Onkologie systematisch zu fördern.[513] Die wissenschaftlichen Erkenntnisse auf den Gebieten Diagnostik, Therapie und Nachsorge sollen über alle thematisch beteiligten Fachgesellschaften zusammengetragen und interdisziplinär bewertet werden.[514] In

---

jeweiligen Fragestellung aufgefunden, kritisch beurteilt und bewertet, ein zusammenfassender Bericht erstellt und gegebenenfalls Handlungsempfehlungen für die Gesundheitsversorgung gegeben werden. HTA-Berichte informieren behandelnde Ärzte, Gesundheitsbehörden, Krankenkassen, Patienten selbst etc. über die experimentelle Wirksamkeit (efficacy), die Wirksamkeit unter Alltagsbedingungen (effectiveness), die Sicherheit (safety) und den gesundheitsökonomischen Stellenwert (cost-effectiveness), sowie den sozialen, ethischen und legalen Rahmen der jeweiligen Fragestellung. HTA definiert sich über sein originäres Ziel: eine evidenzbasierte medizinische Entscheidungsfindung zu ermöglichen, um Kosteneffektivität („value for money") in der Medizin sicherzustellen. Somit gehen HTA-Berichte über systematische Übersichtsarbeiten zur Wirksamkeit hinaus. Quelle: www.cochrane.de/hta (Stand: 15.07.2011).

508 BÄK, KBV, AWMF; a.a.O. S. 7.

509 § 4 NVL-Vertrag.

510 *Ollenschläger et al.*; Medizinische Klinik 2006; 101, 840, 842.

511 LG Köln, Urt. v. 30.11.2011 – 28 O 523/11 – RN 62 (nach juris), bestätigt von OLG Köln, Urt. v. 06.11.2012 – 15 U 221/11 – RN 60 (nach juris).

512 *Ollenschläger/Kopp*; Medizinische Klinik 2007; 102, 383, 385.

513 *Follmann et al.*; Das Leitlinienprogramm Onkologie der AWMF, DKG und DKH, Meeting Abstract, GMS Publishing House; 2009. Doc09ebmP8.2.

514 *Kalbheim/Müller;* Leitlinienprogramm Onkologie' unterzeichnet. GMS Mitt AWMF. 2008;5: Doc2.

dem seit 2008 bestehenden Programm werden seitdem auf Basis des Regelwerks der AWMF Leitlinienprojekte auf S3-Niveau gefördert.[515] Dazu stellt der Deutsche Krebshilfe e.V. jährlich 1,4 Mio. Euro zur Verfügung.[516] Herausgeber der jeweiligen Leitlinien sind die Träger des Programms, die beteiligten Fachgesellschaften werden als solche benannt. Das Leitlinienprogram Onkologie unterhält ein ständiges Sekretariat mit eigenem Personal in den Räumlichkeiten der Deutschen Krebsgesellschaft und hat mit einem Lenkungsausschuss, der von den Trägern paritätisch besetzt wird, und weiteren dauerhaften Einrichtungen, wie der AG Methodik und Prozesse, eine feste Organisationstruktur.[517] Zudem tritt das „Programm" auch als solches in der Öffentlichkeit auf, sodass auch hier vom Bestehen einer Außen-GbR auszugehen ist.

V. Finanzierung

Der Gesamtaufwand für die Entwicklung von Leitlinien und Implementierungsinstrumenten ist beträchtlich.[518] Allein die Kosten für die Wissensaufbereitung und die Organisation können bei großen Leitlinien bis zu 200.000 Euro betragen.[519] Große S3-Leitlinienprojekte verursachen Kosten bis an die 500.000 EUR-Grenze.[520] Die Entwicklungsdauer pro Leitlinie schwankte bisher zwischen einem und vier Jahren. Die Fachexpertise wird seitens der Fachgesellschaften durch Benennung und Entsendung von Experten in die jeweilige Leitliniengruppe ehrenamtlich zur Verfügung gestellt, bei NVL finanzieren BÄK, AWMF und KBV wissenschaftliches und administratives Personal für Evidenzrecherche, -bewertung und -aufbereitung, Koordination der Leitlinienentwicklung und Durchführung der Konsensprozesse.[521] Bei OL-Leitlinien erfolgt die Finanzierung durch den Deutsche Krebshilfe e.V.[522] Bei AWMF-Leitlinien außerhalb der genannten Programme liegen die Organisation und Finanzierung im Verantwortungsbereich der beteiligten Fachgesellschaften.

---

515 *Follmann et al.*; a.a.O.

516 *Kalbheim/Müller*; a.a.O.

517 www.leitlinienprogramm-onkologie.de/Informationen-zum-Leitlinienprogramm.32.0.html (Stand: 02.12.2016).

518 *Muche-Borowski/Kopp*, Z Herz- Thorax- Gefäßchir 2011, 1,3.

519 *Selbmann*, Leitlinien und Interessenkonflikte; Pressemitteilung der AWMF, Berlin 11.06.2010.

520 So verursachten die S3-Leitlinien „Screening, Diagnostik und Behandlung des schädlichen und abhängigen Tabakkonsums" (AWMF-Registernummer 076-006) und „Screening, Diagnose und Behandlung alkoholbezogener Störungen" (AWMF-Registernummer 076-001) Kosten in Höhe von 413.937 EUR; *AWMF*, Leitlinienreport S3-Leitlinie „Screening, Diagnostik und Behandlung des schädlichen und abhängigen Tabakkonsums", S. 40f.

521 *Ollenschläger/Kopp*; Medizinische Klinik 2007; 102, 383, 385.

522 Follmann et al.; a.a.O.; www.leitlinienprogramm-onkologie.de/Programm.3.0.html (Stand: 03.04.2014).

Das Finanzierungskonzept einer Leitlinie muss bei deren Anmeldung bei der AWMF durch die federführenden Fachgesellschaften offengelegt werden.[523] Dabei führt eine Finanzierung durch Dritte mit direkter Einflussnahme zu einer Ablehnung der Anmeldung.[524]

Zu untersuchen ist daher auch das Verhältnis zwischen den finanzierenden Organisationen und den Erstellern der Leitlinie. Entscheidend bei der Finanzierung ist, dass die Erstellung von Leitlinien auch zukünftig unabhängig von der Pharma- und Medizinprodukteindustrie erfolgt.[525] Ob zur Erreichung dieses Ziels eine Förderung der Leitlinienentwicklung durch die Bundesregierung notwendig ist, wie von AWMF und Deutschen Ärztetag 2010 gefordert,[526] ist zu diskutieren. Zu Recht wird eine finanzielle Unterstützung durch die Pharma- und Medizinprodukteindustrie abgelehnt, da eine solche Unterstützung – auch wenn sie offengelegt ist – die Unabhängigkeit der Entwicklung gefährdet. Diese Gefahr besteht aber unabhängig von der fördernden Institution. Eine interessengeleitete Einflussnahme erscheint zwar bei einer finanziellen Förderung durch die Bundesregierung weniger nahe liegend, sie ist jedoch keinesfalls auszuschließen. Unter Berücksichtigung der chronischen Unterfinanzierung des staatlichen Gesundheitssystems und der erforderlichen Quersubventionierung durch Steuergelder,[527] wäre ein Verfolgen von Eigeninteressen im Rahmen der Erstellung von Leitlinien durch die Bundesregierung prinzipiell vorstellbar. Leitlinien könnten auf diese Weise zur Kosteneinsparung im Gesundheitswesen instrumentalisiert werden. Eine unabhängige Erstellung von Leitlinien scheint demnach aktuell nur bei einer Eigenfinanzierung durch die Fachgesellschaften gewährleistet zu sein. Diese Form der Finanzierung ist jedoch aufgrund der erheblichen Kosten faktisch nicht auf Dauer aufrechtzuerhalten. Diskussionswürdig erscheint daher der Ansatz einer Pool-Lösung. Die Schaffung eines Förderungsfonds oder einer Stiftung, in die die interessierten Finanziers Drittmittel einzahlen ohne zugleich über deren Verwendung entscheiden zu können, erscheint als attraktive Alternative.

VI. Ablauf der Erstellung einer Leitlinie

Um eine Subsumtion der tatsächlichen Verhältnisse unter die in Frage kommenden Rechtsverhältnisse zu ermöglichen, ist zunächst zu eruieren, wie eine Leitlinie entsteht.

---

523 AWMF, Empfehlungen der AWMF zum Umgang mit Interessenkonflikten bei Fachgesellschaften, S. 4.

524 AWMF, a.a.O.

525 So auch: *Rahn*, Pressemitteilung der AWMF vom 11.06.2010, Aufgaben und Ziele der AWMF, S. 1.

526 *Rahn*, a.a.O., S. 1.

527 Der Gesundheitsfond wird zu einem nicht unerheblichen Teil durch direkte Finanzhilfen mit Steuermitteln finanziert, §§ 221ff. SGB V.

1 S-Klassifizierte AWMF-Leitlinien

Von primärem Interesse sind die S-klassifizierten AWMF-Leitlinien.

a) S3-Leitlinie Adipositas im Kindes- und Jugendalter

Beispielhaft soll die im Rahmen einer humanbiologischen Promotion[528] koordinierte und daher in ihrer Erstellung gut dokumentierte S3-Leitlinie Therapie der Adipositas im Kindes- und Jugendalter[529] betrachtet werden.

Nachdem die Arbeitsgemeinschaft Adipositas im Kindes- und Jugendalter (AGA)[530] im Rahmen ihrer Mitgliederversammlung 2006 beschlossen hatte, eine S3-Leitlinie Adipositas im Kindes- und Jugendalter zu erstellen, meldete sie[531] dieses Vorhaben parallel zur Erstellung eines Zeitplans bei der AWMF an.[532] Diese Anmeldung dient der Sicherung der methodischen Qualität durch Kontrolle des korrekten methodischen Vorgehens[533] und muss unter Nennung des Themas, der beteiligten Fachgesellschaften, des Koordinators und der geplanten Klasse (S1–S3) erfolgen.[534] Im Anschluss beriefen die Vorstände der beteiligten Fachverbände fachlich anerkannte und klinisch erfahrene Experten und Vertreter von Betroffenenverbänden in ein Expertengremium.[535] Diese Expertengruppe übernahm die Aufgabe der Leitliniengruppe, wie sie im Projektplan Leitlinienentwicklung[536] der AWMF vorgesehen sind. Zu diesen Aufgaben gehört insbesondere die finale

---

528 Die Koordinatorin dieser Leitlinie, Anja *Moß*, war zugleich und für diese Aufgabe Doktorandin der Humanbiologie am Universitätsklinikum Ulm, Klinik für Kinder- und Jugendmedizin, Sektion Pädiatrische Endokrinologie und Diabetologie, Interdisziplinäre Adipositasambulanz, Prof. Dr. Martin Wabitsch.

529 Arbeitsgemeinschaft Adipositas im Kindes- und Jugendalter; S3-Leitlinie Therapie der Adipositas im Kindes- und Jugendalter (AWMF-Registernummer 050-002), Stand 01.01.2009.

530 Die AGA ist die Vereinigung der auf dem Gebiet der Adipositas im Kindes- und Jugendalter tätigen Wissenschaftler, Kliniker und Therapeuten in Deutschland. Sie tritt nachhiesiger Erkenntnis in der Rechtsform des nichtrechtsfähigen Vereins auf. Die Geschäftsordnung und weitere Details sind im Internet zu finden unter: www.a-g-a.de/.

531 Da die AGA selbst nicht Mitgliedsgesellschaft der AWMF war und ist, war es erforderlich, dass eine der beteiligten Mitglieds-Fachgesellschaften die Anmeldung mitverantwortete.

532 *Moß*, Erstellung evidenzbasierter Leitlinien zur Therapie der Adipositas im Kindes- und Jugendalter, S. 10.

533 *Moß*, a.a.O.

534 AWMF-Regelwerk, abrufbar unter: www.awmf.org/leitlinien/awmf-regelwerk/hilfen-werkzeuge/anmeldeverfahren.html (Stand: 11.09.2011).

535 *Moß*, a.a.O. S. 11.

536 www.awmf.org/fileadmin/user_upload/Leitlinien/Werkzeuge/Projektplan_LL-Entwicklung.pdf (Stand: 16.06.2011).

Abstimmung über den Inhalt der Leitlinie z.B. im Rahmen einer Delphi-Konferenz.[537] Die Abstimmung im Falle der Adipositas-Leitlinie erfolgte dergestalt, dass über einen Teil der Leitlinie im Rahmen eines nominalen Gruppenprozesses abgestimmt wurde, bei dem jeder stimmberechtigte Vertreter über eine Stimme verfügte. Dabei sollen sie ihr Abstimmungsverhalten mit der sie entsendenden Organisation, z.B. Fachgesellschaft, die sie repräsentieren, abstimmen.[538] Jede beteiligte Fachgesellschaft konnte einen Vertreter entsenden; hinzu kamen jeweils ein Vertreter der Patienten und der beteiligten Experten. Schließlich war auch die Koordinatorin stimmberechtigt.[539] Über einen weiteren Teil der Leitlinie wurde im Rahmen zweier Delphi-Verfahren abgestimmt.[540] Nach entsprechender Überarbeitung durch die Koordinatorin wurde der Entwurf für einen Monat zur externen Begutachtung durch Interessierte im Internet veröffentlicht. Daran schloss sich die Freigabe durch die Expertengruppe an. Schließlich verabschiedete die federführende Organisation, die AGA, durch ihren Vorstand die Leitlinie, die sodann den beteiligten Fachgesellschaften zur Verabschiedung vorgelegt wurde.[541]

b) Sonstige AWMF-Leitlinien

Auch bei anderen S-klassifizierten AWMF-Leitlinien lässt sich anhand der Leitlinie selbst und des regelmäßig veröffentlichten Leitlinien-Reports die Entstehung der Leitlinie in unterschiedlicher Tiefe nachvollziehen. Als Beispiel einer detaillierten Beschreibung des Entstehungsprozesses sollen hier die S3-Leitlinie Sedierung in der gastrointestinalen Endoskopie mit dem entsprechenden Leitlinien-Report[542] sowie die Leitlinien der Deutschen Diabetes Gesellschaft (DDG) herangezogen werden. Dabei fällt auf, dass die Methodik der Erstellung in weiten Teilen mit der der oben erörterten Erstellung der Adipositas-Leitlinie identisch ist. Für die Frage, in welchem rechtlichen Verhältnis solche Leitlinien entstehen, ist besonders relevant, dass auch bei dieser Leitlinie die Autoren (Experten) ihre Tätigkeit ausschließlich ehrenamtlich ausübten.[543] Entsprechendes gilt – soweit ersichtlich – bei allen anderen Leitlinien, die von der AWMF veröffentlicht werden. Eine Situation wie sie im Leitlinien-Manual von AWMF und ÄZQ unter Bezugnahme auf die DDG exemplarisch empfohlen wird.[544] So stellt z.B. die DDG

537 AWMF, Projektplan LL-Entwicklung.
538 Leitlinien-Manual von AWMF und ÄZQ, a.a.O., ,4.4.1.
539 *Moß*, a.a.O., S. 17. Ein Stimmrecht für Koordinatoren und Patientenvertreter ist ungewöhnlich und heute regelhaft ausgeschlossen.
540 *Moß*, a.a.O., S. 20.
541 *Moß*, a.a.O., S. 20.
542 Abrufbar unter: www.awmf.org/leitlinien/detail/ll/021-014.html (Stand: 17.06.2011).
543 Leitlinien-Report der S3 Leitlinie Sedierung in der gastrointestinalen Endoskopie, Punkt 10, S. 1, abrufbar unter: www.awmf.org/leitlinien/detail/ll/021-014.html (Stand: 17.06.2011).
544 Leitlinien-Manual von AWMF und ÄZQ, a.a.O., 2.3.2., S. 12.

durch ihren Vorstand und ihre Leitlinienkommission für die jeweils zu erstellende Leitlinie ehrenamtliche[545] Expertengruppen zusammen.[546] Nach Fertigstellung der Leitlinie wird die finale Version durch den Vorstand der DDG verabschiedet.[547] Die DDG zeichnet somit für die Leitlinie verantwortlich.[548] Anderes gilt mitunter für die Recherche und Aufbereitung der Evidenz. Aufgrund des erheblichen Aufwandes, der hierfür betrieben werden muss, greifen LL-Gruppen bzw. die dahinter stehenden Fachgesellschaften mitunter auf externe Institutionen zurück, was zu Kostensteigerungen führt.[549]

c) *Finale Abstimmung über den Inhalt der Leitlinie / Gesamtverabschiedung*

Bei den Leitlinien nach AWMF-Klassifikation handelt es sich um Leitlinien der beteiligten Fachgesellschaften. Daher ist nach der Erstellung des finalen Leitlinientextes deren (förmliche) Zustimmung erforderlich.

Für die Einholung dieser Zustimmung existieren, je nach Fachgesellschaft, verschiedene Vorgehensweisen. In einigen Fällen sind die entsandten Experten von den Fachgesellschaften autorisiert in deren Namen der finalen Fassung der Leitlinie zuzustimmen (das AWMF-Regelwerk spricht insoweit laienhaft von „Prokura"); eine gesonderte Entscheidung der Fachgesellschaft ist damit obsolet. Regelmäßig ist hingegen eine gesonderte Entscheidung des Vorstands erforderlich, die mitunter von einer fachgesellschaftseigenen Leitlinienkommission vorbereitet wird.[550] Entscheidend ist, dass aus rechtlicher Sicht das Recht zur Entscheidung bei der Fachgesellschaft liegt, auch wenn faktisch nicht der Vorstand sondern eine andere Person diese treffen sollte.

d) *Mandatsträger, externe Experten und sonstige Autoren*

Wie oben gezeigt, setzt sich die Leitliniengruppe aus verschiedenen Personengruppen zusammen, die sämtlich als Autoren der Leitlinie zu bezeichnen sind. Zuvorderst sind die von den Fachgesellschaften entsandten Experten zu nennen. Diese sind regelhaft Mitglieder „ihrer" Fachgesellschaft und im Rahmen der Konsensusverfahren stimmberechtigt. Daneben sind weitere Experten zu nennen, die, ohne von einer Fachgesellschaft entsandt und damit ohne Stimmmandat, an

545 DDG, Finanzierung der Leitlinien.
546 DDG, Zur Methodik der Erstellung von Leitlinien.
547 DDG, Zur Methodik der Erstellung von Leitlinien.
548 DDG, Leitlinien der DDG.
549 *Bauer*, Vortrag 22. Leitlinienkonferenz der AWMF, 09.12.2011, Vortragsfolie Seiten 2, 3, 8; abrufbar unter www.awmf.org (Stand: 11.10.2012).
550 AWMF-Regelwerk, S. 49.

der Erstellung der Leitlinie mitwirken. Ebenfalls ohne Stimmberechtigung sind die Vertreter von Patientenorganisationen und die von der AWMF vermittelten Methodiker[551].

2 NVL und Leitlinien des OL-Programms

Zu den Besonderheiten bei NVL und Leitlinien des OL-Programms gilt das oben ausgeführte.[552] Von besonderer Bedeutung sind die Herausgeberstellung von AWMF, BÄK und KBV bei NVL bzw. von AWMF, Deutscher Krebshilfe und Deutscher Krebsgesellschaft und in Bezug auf NVL die Koordinationstätigkeit des ÄZQ in Verbindung mit dem AWMF-IMWI. Dieses im Vergleich zu S-klassifizierten Leitlinien verstärkte Engagement der genannten Einrichtungen führt zu einer stärkeren Involvierung in die Erstellung der Leitlinien. Die rechtlichen Folgen sind im Folgenden zu betrachten.

VII. Rechtsverhältnisse

Nach Erörterung der relevanten tatsächlichen und rechtlichen Grundlagen kann nun geklärt werden, in welchen Rechtsbeziehungen Leitlinien entstehen. Dabei liegt auch hier der Fokus auf S-klassifizierten AWMF-Leitlinien.

Zu beleuchten sind verschiedene Rechtsverhältnisse. Zu nennen sind das Verhältnis zwischen den Autoren und den Fachgesellschaften, das Verhältnis zwischen Fachgesellschaften und der AWMF und ggf. das zwischen Autoren und AWMF. Auch zu beleuchten sind die jeweiligen Innenverhältnisse innerhalb der Gruppe der Autoren und der Fachgesellschaften. Zu untersuchen ist schließlich das Verhältnis zwischen den finanzierenden Organisationen und den Erstellern der Leitlinie.

Zunächst ist festzuhalten, dass die Erstellung einer AWMF-Leitlinie durch eine natürliche Einzelperson ausgeschlossen ist. Bereits für eine Handlungsempfehlung, mithin eine Leitlinie der untersten Qualitätsstufe, S1, ist eine Gruppe von Experten erforderlich. Grundsätzlich kommen zwei Verfahren in Frage. Ein Verfahren ist der bottom-up-Ansatz[553], bei dem eine Gruppe interessierter Ärzte sich an ihre Fachgesellschaft mit dem Vorschlag wendet, zu einem bestimmten Thema ein Leitlinie zu erstellen. Die andere Möglichkeit besteht darin, dass eine Fachgesellschaft oder eine dieser angegliederte Arbeitsgemeinschaft, im Wege des Top-down-Ansatzes,

551 Dies ist unterdessen regelhaft der Fall. Zu früheren Zeiten kam es vor, dass auch die Koordinatoren stimmberechtigt waren, so z.B. bei der oben dargestellten S3-Leitlinie Adipositas im Kindes- und Jugendalter.

552 S.o. Punkt C.III. und IV.

553 Siehe zur Verwendung der Begriffe Top-Down-Ansatz und Bottom-Up-Ansatz im Rahmen der Entwicklung klinischer Algorithmen: Leitlinien-Manual von ÄZQ und AWMF, S. 27.

die Erstellung einer Leitlinie zu einem bestimmten Thema anregt. Unabhängig von dieser tatsächlichen Initiative ist aus rechtlicher Sicht aber festzuhalten, dass das Prozedere der Leitlinienerstellung sodann einheitlich verläuft.

1 Mehrseitiger Vertrag oder mehrere zweiseitige Verträge

Auffällig ist bei dieser Betrachtung, dass sämtliche Akteure in Kenntnis der Handlungen der jeweils übrigen Beteiligten agieren. Die Verabredung zwischen Fachgesellschaft und Mandatsträger erfolgt ebenso in Kenntnis und Voraussetzung der Vorgaben der AWMF zur Veröffentlichung der späteren Leitlinie wie dies bei der Absprache unter den Autoren zum gemeinsamen Vorgehen der Fall ist. Aber auch Absprachen zwischen AWMF und Fachgesellschaften oder zwischen AWMF und Autoren erfolgen in Kenntnis und unter Voraussetzung der Bereitschaft der Fachgesellschaften, die Erstellung der Leitlinie nach Kräften zu fördern und der Bereitschaft der Autoren, die Leitlinie zu erstellen. Die drei Akteure, AWMF, Autoren und Fachgesellschaften agieren in einer (stilschweigenden) Absprache mit dem Ziel der gemeinsamen Schaffung einer Leitlinie. Diese Absprache ist im Regelwerk der AWMF[554] ausformuliert und stellt die Grundlage für die Leitlinienarbeit aller Beteiligten dar. Dieses Regelwerk und die darauf abzielende (stillschweigende) Absprache ist Grundlage der sodann zwischen den Parteien erfolgenden Absprachen.

Es stellt sich mithin die Frage, ob der Erstellung einer (AWMF-)Leitlinie ein mehrseitiger Vertrag zwischen AWMF, Fachgesellschaft(en) und Autoren zugrunde liegt. Auch ist an einen mehrseitigen Rahmenvertrag zu denken, der durch mehrere zweiseitige Verträge ausgestaltet wird.

Ein mehrseitiger Vertrag zeichnet sich dadurch aus, dass – parallel zu der Abgrenzung von mehrseitigen zu ein- oder zweiseitigen Rechtsgeschäften – für das Zustandekommen des Vertrages mehr als zwei Willenserklärungen erforderlich sind.[555] Durch dieses Element wird der mehrseitige Vertrag von solchen zweiseitigen Verträgen abgegrenzt, die nur für ihr Wirksamwerden mehr als zwei Willenserklärungen bedürfen, wie etwa die elterliche Genehmigung nach § 108 BGB; in diesen Fällen kommt der Vertrag auch ohne Genehmigung zustande.[556] Zudem gilt, dass allein eine Personenmehrheit auf einer Vertragsseite noch keinen mehrseitigen Vertrags begründet. Es kommt damit nicht auf die Anzahl der beteiligten Personen, sondern auf die der beteiligten „Lager“ oder „Pole“ an.[557] Ein Vertrag, auf dem auf einer oder beiden Seiten mehr als eine Person Vertragspartei werden soll, wie etwa ein Mietvertrag mit einer Wohngemeinschaft als Mieter, ist demnach ein zweiseitiger Vertrag, bei dem die Mieter ein „Lager“ bilden.[558] Ein

554 AWMF-Regelwerk
555 *Zwanzger*, S. 9.
556 *Zwanzger*, S. 9, von dem auch das Beispiel stammt.
557 *Zwanzger*, S. 10.
558 *Zwanzger*, S. 11, von dem auch das Beispiel stammt.

solcher Vertrag soll im Folgenden als bipolarer Vertrag und, da in einem Lager mehrere Beteiligte, also mehrere Teile aktiv sind, als bipolar-mehrteilig, bezeichnet werden, während ein mehrseitiger Vertrag, bei dem in den Lagern nur jeweils eine Person beteiligt ist, als multipolar-einteilig bezeichnet werden soll.[559]

Ein multipolar-mehrteiliger Vertrag könnte zwischen AWMF, den Fachgesellschaften und den Autoren über die Erstellung und Veröffentlichung einer Leitlinie unter Geltung des AWMF-Regelwerkes geschlossen werden. Alternativ kommen (mehrere) zweiseitige, also bipolare Verträge in Betracht, die (explizit oder konkludent) dynamisch auf das Regelwerk und die Einhaltung der dort aufgestellten Vorgaben verweisen. Diese Verträge könnten jeweils zwischen Einzelpersonen (z.B. einer Fachgesellschaft und einem Autor), also biploar-einteilig, oder auch zwischen mehreren Personen je Vertragspartei (z.B. mehreren Fachgesellschaften und mehreren Autoren), also bipolar-mehrteilig, geschlossen werden. Sollte man auch die AWMF als dritte Vertragspartei betrachten, lägen multipolar-einteilige, bzw. multipolar-mehrteilige Verträge vor.

Je nach Ausgestaltung kämen unterschiedliche Rechtsfolgen in Bezug auf Erfüllung, Rücktritt oder auch Schadensersatzansprüche in Betracht, sodass diese Frage vorab zu prüfen ist.

a) Bipolar-mehrteiliger Vertrag

Bei einem bipolar-mehrteiligen Vertrag, wie er etwa zwischen einer oder mehrerer Fachgesellschaften einerseits und einem oder mehreren Autoren (oder auch einer GbR, bestehend aus den Autoren) andererseits zustande kommen könnte, handelt es sich im Ergebnis um „normale" zweiseitige Verträge, bei denen sich mehrere Personen, die in einem Lager stehen, eine Parteirolle teilen.[560] Juristische Besonderheiten bestehen hier grundsätzlich nicht. Vorliegend wird jedoch ein Augenmerk auf die Abgrenzung zwischen den verschiedenen Formen der Mehrheit von Schuldnern und Gläubigern zu legen sein. Auch die aus dem Arbeitsrecht bekannten Formen von Gruppenarbeit, wie der Betriebs- und der Eigengruppe und die aus dem privaten Baurecht bekannten Arbeitsgemeinschaften (ARGE) sind zu betrachten und deren rechtlichen Strukturen gegebenenfalls nutzbar zu machen.

b) Multipolar-einteiliger oder multipolar-mehrteiliger Vertrag

Während bipolar-mehrteilige Verträge gedanklich auf zweiseitige Verträge reduziert werden können, ist dies bei multipolaren Verträgen nicht der Fall. Hier bestehen komplexe Abhängigkeiten zwischen den korrespondierende Willenserklärungen

---

559 *Zwanzger*, S. 11, verwendet den Begriff „bipolar-mehrseitig". Dies erscheint jedoch verwirrend, da der Begriff der „mehrseitig" gerade den zweiseitigen vom mehrseitigen Vertrag unterschieden soll. Im Ergebnis ist die Frage der zu verwendenden Begrifflichkeit aber zweitrangig.

560 *Zwanzger*, S. 11.

und es bestehen aufgrund der mindestens drei Lager mindestens zwei Interessenkonfliktlinien, für deren Lösung es keine gesetzliche Regelung gibt.[561]

2 Die Leitlinienerstellung im Rahmen eines multipolaren Vertrages

Die an der Erstellung der Leitlinie beteiligten Personen vereint das gemeinsame Interesse an der Erstellung und Veröffentlichung einer hochwertigen Leitlinie. Alle Beteiligten erbringen ihre Beiträge zu diesem gemeinsamen Zweck. Die Autoren steuern Wissen und Zeit, die Fachgesellschaften Infrastruktur, Geld und ihren Namen als Marke und die Publikationsmöglichkeiten und schließlich die AWMF ihr methodisches Wissen, ihren Namen als Marke und die ihr zugänglichen Publikationswege, insbesondere das Leitlinienportal, bei. Dieses gemeinsame Ziel allein führt noch nicht zu einem multipolaren Vertrag, sei es in der hier diskutierten Form, sei es in der Form einer Gesellschaft[562].

Erforderlich ist neben diesem gemeinsamen Ziel auch der allseits bestehende Rechtsbindungswille. Dieser muss sich darauf beziehen, dass jede der Vertragsparteien sich gegenüber den beiden anderen Parteien verpflichten möchte, verbunden mit dem entsprechenden, ggfls. auch einklagbarem Erfüllungsanspruch der Vertragspartner. Ein solcher Wille ist bei den Beteiligten nicht erkennbar. Zwar verpflichten sich die Fachgesellschaften und Autoren im Vorfeld, die Vorgaben des AWMF-Regelwerks zu beachten, jedoch allein mit der potentiellen Folge, dass bei Nichtbeachtung eine Veröffentlichung der Leitlinie als AWMF-Leitlinie unterbliebt und damit gerade kein Erfüllungsanspruch seitens der AWMF besteht, wie dies bei einem multipolaren Vertrag der Fall wäre. Es handelt sich also eher um eine Obliegenheit als um eine Pflicht.

Andererseits soll keine vollständige Beliebigkeit zwischen den Beteiligten herrschen. So ist die Einhaltung der Vorgaben des AWMF-Regelwerks zur Methodik ein gemeinsamer Nenner aller Beteiligten und Gegenstand der Vereinbarungen zwischen Autoren und entsendenden Fachgesellschaften. Eine Notwendigkeit, in dieses Vertragsverhältnis auch noch die AWMF als echte Vertragspartei aufzunehmen besteht jedoch nicht. Die Geltung des AWMF-Regelwerks kann auch durch (dynamische) Bezugnahme in einem zweiseitigen Vertrag zwischen Autor(en) und Fachgesellschaft(en) erfolgen.

3 Zwischenergebnis

Die Leitlinienerstellung erfolgt nicht in einem multipolar-mehrseitigen Vertrag zwischen AWMF, Autoren und Fachgesellschaften.

561 *Zwanzger*, S. 11.

562 Auch bei einer GbR handelt es sich um eine besondere und gesetzlich normierte Form des multipolaren Vertrages. Siehe hierzu auch *Zwanzger*, S. 12.

4 Die Leitlinienerstellung im Rahmen eines oder mehrerer bipolarer Verträge

a) Die Seite der Fachgesellschaften

In dem hier diskutierten Vertragsmodell stellen die Fachgesellschaften die Seite der Gläubiger dar. Sie sind es, die die Erstellung der Leitlinie in Auftrag geben.

Auf ihrer Seite findet sich regelmäßig eine sogenannte federführende Fachgesellschaft. Dies ist regelmäßig diejenige Gesellschaft, in deren Fachgebiet das Thema der Leitlinie schwerpunkmäßig fällt. Neben dieser federführenden Fachgesellschaft beteiligen sich regelmäßig noch weitere Fachgesellschaften angrenzender Disziplinen an der Erstellung einer Leitlinie. Sämtliche beteiligte Fachgesellschaften eint der gemeinsame Wille zur Erstellung der Leitlinie. Auch besteht Einvernehmen, dass eine Erstellung sinnvollerweise nur gemeinsam erfolgen kann, da andernfalls jedenfalls die Anerkennung der Leitlinie in der Fachöffentlichkeit leidet. Auch das erforderliche Expertenwissen ist gegebenenfalls nicht im gleichen Maße abrufbar, wenn wichtige Fachgesellschaften nicht teilnehmen. Es stellt sich mithin die Frage, ob die beteiligten Fachgesellschaften gemeinsam als Vertragspartei auftreten. Während das gemeinsame Ziel für eine solche bipolar-mehrteilige (mehrere Fachgesellschaften in einem „Lager“) Lösung zu sprechen scheint, ist andererseits zu konstatieren, dass auch jede Fachgesellschaft, insbesondere die federführende, allein die Erstellung einer Leitlinie in Auftrag geben könnte, mithin nicht aus tatsächlichen Gründen auf eine Kooperation mit den anderen Gesellschaften angewiesen ist. Dies spricht eher für mehrere eigenständige, quasi parallele bipolar-einteilige (nur eine Fachgesellschaft im „Lager“) Verträge, je Fachgesellschaft mindestens einen mit „ihrem“ oder mit allen Autoren.

Weiter sind die urheberrechtlichen Besonderheiten zu beachten. Bei der Erstellung der Leitlinie kommt es den Auftraggebern letztlich nicht darauf an, das fertige Werk in Händen halten zu können, wie dies etwa bei einem kostbaren, gemeinschaftlich erstellten Gemälde oder einer Skulptur der Fall wäre. Vielmehr beschränkt sich der Wille der Fachgesellschaften auf ein Nutzungsrecht[563] an der erstellten Leitlinie. Das „Original“ ist in soweit nicht von besonderem Interesse.

aa) Mehrheiten von Gläubigern

Unterstellt, die Fachgesellschaften stehen zusammen in einem Lager, an einem Pol, eines gemeinsamen Vertrages mit einem oder mehreren Autoren, stellt sich die Frage, ob die Fachgesellschaften bei diesem bipolar-mehrteiligen Vertrag als Teil-, Gesamt-, Mit- oder gemeinschaftliche Gläubiger auftreten. Schließlich ist an eine singuläre Gläubigerstellung eines Zusammenschlusses der Fachgesellschaften etwa in Form einer GbR – ähnlich der aus dem Baugewerbe bekannten ARGE – zu

563 Zu den urheberrechtlichen Fragen s.u., Punkt C.VII.5.

denken. Alternativ läge eine kumulierte Gläubigerstellung vor, also ein Nebeneinander mehrerer, voneinander unabhängiger Ansprüche verschiedener Gläubiger gegenüber demselben Schuldner.[564]

(i) Teil-, Gesamt-, Mit oder gemeinschaftliche Gläubigerstellung

Eine Teilgläubigerstellung im Sinne des § 420 BGB scheidet aus. Die Fachgesellschaften wollen nicht allein an Teilen der Leitlinie berechtigt sein. Jede Fachgesellschaft möchte die Leitlinie im Ganzen nutzen und verwerten können. Auch eine Gesamtgläubigerstellung kommt nicht in Betracht. Die befreiende Leistung an allein eine der Fachgesellschaften ist nicht in deren Sinne. Ebenfalls unpassend ist die Mitgläubigerstellung, gesetzlich in § 432 Abs. 1 BGB geregelt. Es ist nicht im Interesse der Fachgesellschaften, dass sie – ähnlich einer Gesamthandsgemeinschaft – nur einmal die Leistung und nur an alle gemeinschaftliche zu fordern berechtigt sind. Schließlich erscheint aber auch die Annahme einer gemeinschaftlichen Gläubigerstellung nicht ideal. Unter dieser, nicht in § 432 BGB geregelten Konstellation,[565] ist eine Situation zu verstehen, wonach die Fachgesellschaften nur gemeinsam die Leistung gegenüber den Autoren geltend machen können. Eine solche gemeinschaftliche Gläubigerstellung kommt immer dann in Betracht, wenn die unteilbare Leistung nur an alle Gläubiger gemeinsam erbracht werden kann, ohne dass die Gläubiger in einer Zweckgemeinschaft verbunden sind,[566] etwa einer GbR. So sind bspw. die beiden sich fremden Fahrgäste eines Taxis oder eines Linienbusses zum gleichen Zielort gemeinschaftliche Gläubiger; eine Teilgläubigerstellung scheidet aus, die Fahrt ist nicht teilbar, ebenso sind sie nicht kumulierte Gläubiger, der Fahrer fährt nur einmal, schließlich auch nicht Gesamtgläubiger, keiner kann die Leistung an sich allein verlangen.[567] Vorliegend besteht auf Seiten der Fachgesellschaften jedoch mehr als diese reine Interessengemeinschaft.[568] Tatsächlich ist regelhaft vom Vorliegen einer Zweckgemeinschaft auszugehen.

(ii) GbR zwischen den Fachgesellschaften – Fachgesellschafts-ARGE

Sämtliche beteiligte Fachgesellschaften werden Herausgeber der Leitlinie. Mithin ist zu prüfen, ob neben diesem verbindenden Element auch weitere Gemeinsamkeiten bestehen, die die Annahme nicht nur eines gemeinsamen Interesses sondern auch eines gemeinsam verfolgten Ziels begründen können. Ist dieses gemeinsam verfolgte Ziel gegeben, liegt die Gründung einer GbR nahe.

Aus dem Baurecht sind Situationen bekannt, in denen sich mehrere Unternehmen zu der Erfüllung eines großen Auftrages, die die Ressourcen eines einzelnen

564 MüKo-*Bydlinski*, Vorbemerkungen § 420 BGB, RN 9.
565 MüKo-*Bydlinski*; Vorbemerkungen zu § 420 BGB, RN 14.
566 *Selb*; Mehrheiten von Gläubigern und Schuldnern, S. 263.
567 *Selb*; Mehrheiten von Gläubigern und Schuldnern, S. 263.
568 *Selb*; Mehrheiten von Gläubigern und Schuldnern, S. 263.

Unternehmens übersteigt,[569] zu einer sogenannten Arbeitsgemeinschaft – ARGE – zusammenschließen. Dieser Zusammenschluss erfolgt regelhaft zweckgebunden in der Rechtsform einer GbR. Es handelt sich daher in der Regel um BGB-Außengesellschaften auf Zeit.[570]

Die äußeren Bedingungen, die im Baugewerbe zum Abschluss eines ARGE-Vertrages führen, sind vergleichbar mit den Umständen, die vorliegend zu dem Entschluss führen, eine Leitlinie nicht allein von einer Fachgesellschaft, sondern von mehreren gemeinsam erstellen zu lassen. Dort wie hier übersteigen der finanzielle Aufwand und die Anforderungen an fachspezifisches Wissen und Können in der Regel die Ressourcen einer Organisation. Schließlich ist auch aus berufs- und wissenschaftspolitischen Erwägungen und im Sinne der erwünschten breiten Akzeptanz ein Zusammenwirken der betroffenen Fachgesellschaften geboten.

Während die allgemeine Interessenlage vorliegend mit der im Baugewerbe vergleichbar ist, ist zu prüfen, ob die individuelle Interessenlage der Fachgesellschaften den Abschluss eines GbR-Vertrages mit den damit verbundenen Rechtsfolgen nahelegt.

Die Essentialia einer GbR sind die vertragliche Dauerbeziehung zwischen den Gesellschaftern, der gemeinsame Zweck, die darauf gerichtete Förderungsabsicht sowie, aus den beiden letztgenannten Voraussetzungen folgend, eine Treubindung der Gesellschafter.[571] Eine zeitliche Begrenzung der Gesellschaft in der Form einer Gelegenheitsgesellschaft[572] steht als Unterfall des eine GbR typisierenden Dauerschuldverhältnisses der Annahme einer GbR nicht entgegen.[573]

Die darüberhinausgehende Merkmale einer GbR sind nicht konstitutiv. Insbesondere die eine Außen-GbR kennzeichnenden und für die „Gesellschaftsorganisation" maßgeblichen Elemente, Organe und Gesamthandsvermögen, sind keine Essentialia einer GbR.[574] Bei Fehlen dieser Elemente liegt allein eine Innen-GbR vor.[575]

(1) Fachgesellschafts-Innen-GbR

Die Essentialia einer GbR liegen bei dem diskutierten Zusammenschluss zwischen den beteiligten Fachgesellschaften vor. Ohne Zweifel verfolgen die Fachgesellschaften den gemeinsamen Zweck, eine Leitlinie erstellen zu lassen. Die Förderungsabsicht ist daran erkennbar, dass sie die jeweils vorhandenen Ressourcen (finanzieller und personeller Art) einbringen möchten. Schließlich liegt in dieser Absprache auch die geforderte vertragliche Dauerbeziehung, denn erst mit Zweckerreichung

569 MüKo-*Schäfer*, Vorbemerkungen zu §§ 705ff. RN 44.
570 MüKo-*Schäfer*, Vorbemerkungen zu §§ 705ff. RN 43 m.w.N.
571 MüKo-*Schäfer*, a.a.O., RN 5ff.
572 MüKo-*Schäfer*, a.a.O., RN 87.
573 MüKo-*Schäfer*, a.a.O., RN 5.
574 MüKo-*Schäfer*, a.a.O., RN 8.
575 MüKo-*Schäfer*, a.a.O.

soll die Förderung (vorläufig) beendet sein. Regelmäßig geht die Bindung sogar noch über diese primäre Zweckerreichung inhaltlich und zeitlich hinaus, da die Fachgesellschaften grundsätzlich auch die Überwachung und Überarbeitung der Leitlinie als Ziel verfolgen. Das Fehlen eines schriftlichen Gesellschaftsvertrages hindert das Entstehen einer GbR nicht, da selbst ein konkludenter Vertragsschluss für § 705 BGB genügt. Die erforderliche Willenserklärung liegt jedenfalls in der Zustimmungserklärung des jeweiligen Vereinsvorstandes zur Teilnahme an der Leitlinienerstellung durch Entsendung eines Mandatsträgers und/oder zur finanziellen Unterstützung des Projekts.

Damit liegt jedenfalls eine Innengesellschaft zwischen den beteiligten Fachgesellschaften vor.

Aus dem privaten Baurecht ist als Sonderform der ARGE die Behilfegemeinschaft in Form einer Innen-GbR bekannt. Dabei tritt ein Unternehmen als alleiniger Bauträger auf, versichert sich jedoch im Innenverhältnis der Unterstützung von anderen Unternehmen gegen entsprechende Beteiligung am Erlös.[576] Übertragen auf die hiesige Situation ist in Erwägung zu ziehen, dass die federführende Fachgesellschaft die Leitlinienerstellung nach Außen übernimmt, nach innen sich jedoch der Unterstützung der übrigen beteiligten Fachgesellschaften versichert.

(2) Fachgesellschafts-Außen-GbR

Fraglich ist, ob auch die Voraussetzungen einer rechtsfähigen Außen-GbR, vertretungsberechtigte Organe und ein Gesamthandsvermögen, vorliegen. Als entscheidendes Kriterium verlangen Rechtsprechung und Literatur die Teilnahme der Gesellschaft als solche[577] am Rechtsverkehr durch vertretungsberechtigte Organe. Die Frage, ob die Gesellschaft eine, die bloße schuldrechtliche Beziehung überlagernde Organisation[578] aufweist, ist nur als Indiz zu werten. Nicht ausreichend ist der (alleinige) Umstand, dass die Gesellschaft nach außen erkennbar ist.[579] Eine formal ins Amt gewählte oder bestimmte Geschäftsführung existiert nicht, ist aber auch nicht erforderlich.

Es könnte in Betracht gezogen werden, die federführende Fachgesellschaft, bzw. ihren Vorstand als Organ der Fachgesellschafts-GbR anzusehen. Tatsächlich liegt die Bearbeitung der organisatorischen Fragen der Leitlinienerstellung primär bei der federführenden Fachgesellschaft. Dies spricht für eine Organstellung. Andererseits benennen die einzelnen Fachgesellschaften ihre Mandatsträger eigenständig und verabschieden die fertiggestellte Leitlinie ebenfalls in eigener Regie durch ihre jeweiligen Vorstände.

---

576 MüKo-*Schäfer*, a.a.O., RN 43; Palandt-*Sprau*; § 705 RN 37.

577 *Schmidt*, GesR § 58 II 2 a., S. 1695f.

578 MüKo-*Schäfer*, § 705 RN 276 sieht das Fehlen einer solchen Struktur als klares Indiz für das Vorliegen einer reinen Innen-GbR an.

579 *Schmidt*, NJW 2001, 993, 1001.

Die Benennung von Mandatsträgern und die Verabschiedung der Leitlinie sind aber auch nicht notwendiger Bestandteil des Aufgabenfeldes der Fachgesellschafts-GbR. Das vereinbarte Fördern des gemeinsamen Zwecks muss nicht zwingend ausschließlich innerhalb der Strukturen der GbR erfolgen. So hindert eine Mandatierung im unmittelbaren Verhältnis Fachgesellschaft – Mandatsträger nicht das Entstehen oder Bestehen einer Fachgesellschafts-GbR. Allein ist dies ein Indiz gegen das Vorliegen einer Außen-GbR. Auch der Umstand, dass die Fachgesellschaften die Verabschiedung der Leitlinie durch ihre Vorstände jeweils eigenständig durchführen, spricht eher gegen eine Teilnahme der GbR am Rechtsverkehr durch vertretungsberechtigte Organe im Außenverhältnis.

Letztlich sind dies jedoch keine durchgreifenden Argumente.

Auch bei der aus dem Baurecht bekannten ARGE werden die Mitarbeiter der beteiligten Unternehmen in das gemeinsame Projekt entsandt. Je nach Ausgestaltung[580] begründen sie dabei einen eigenständigen zusätzlichen Arbeitsvertrag mit der ARGE oder verbleiben ausschließlich im Arbeitsverhältnis zu ihrem Unternehmen, während der ARGE allein ein Direktionsrecht zukommt.[581] Obwohl also ein Rechtsverhältnis zwischen den einzelnen Unternehmen und deren Mitarbeitern weiter fortbesteht, handelt es sich bei der ARGE regelhaft um eine Außen-GbR, sodass durchaus auch bei der Annahme einer Fachgesellschafts-Außen-GbR Rechtsbeziehungen zwischen den einzelnen Fachgesellschaften und den von diesen entsandten Experten neben der GbR bestehen können.

Vorliegend würde dies bedeuten, dass neben dem Rechtsverhältnis zwischen Autoren und entsendender Fachgesellschaften auch ein Rechtsverhältnis zwischen der Fachgesellschafts-Außen-GbR und den Autoren oder einer noch näher zu beleuchtenden Leitliniengruppen-GbR über die Erstellung der Leitlinie begründet wird. Die Erscheinungsformen der ARGE sind jedoch vielfältig. Möglich ist es auch, dass die Fachgesellschafts-ARGE allein für die Organisation des Vorhabens zuständig ist, die Rechtsverhältnisse zwischen den Fachgesellschaften und den Autoren jedoch ausschließlich in diesem Verhältnis bestehen.[582] In diesem Fall bestünde kein weiteres Rechtsverhältnis zwischen Fachgesellschafts-ARGE und den Autoren.

Letztlich ist es eine Frage des Einzelfalls, ob eine Innen- oder eine Außen-GbR besteht. Dies gilt insbesondere bei Berücksichtigung des zweiten genannten Aspekts, des Bestehens eines Gesamthandsvermögens. Die Fachgesellschaften unterstützen die Leitlinienerstellung nicht nur durch die Entsendung eines Mandatsträgers sondern auch finanziell. Neben der Zahlung einer Aufwandsentschädigung, die

---

580 Je nach Ausgestaltung kommen aus arbeitsrechtlicher Sicht Gestellung, Abordnung oder Freistellung in Betracht, Küttner-Personalbuch-*Röller/Seidel/Voelzke*; Arbeitsgemeinschaft (ARGE) RN 3ff.

581 Küttner-Personalbuch-*Röller/Seidel/Voelzke*; Arbeitsgemeinschaft (ARGE) RN 3ff.

582 So für Arbeitsverhältnisse, BAG, Urt. v. 05.03.1987 – 2 AZR 623/85 – RN 44 = BAGE 55, 117–137.

regelmäßig im direkten Verhältnis Mandatsträger – Fachgesellschaft erfolgt, finanzieren die Fachgesellschaften auch Kosten für Evidenzrecherche und/oder Sekretariate. Je nachdem wie diese Finanzierung letztlich durchgeführt wird, kann es zu einem Tätigwerden der Fachgesellschafts-GbR im Außenverhältnis kommen. Dies ist z.B. bei der gemeinsamen Anstellung von Personal (vergleichbar einer ARGE) oder der gemeinsamen Finanzierung externer Evidenzrecherche gegeben. Die Möglichkeiten der rechtlichen Gestaltung sind vielfältig.

Ein eigenes verkehrsfähiges Vermögen der Fachgesellschafts-GbR kann ggfls. in Form der Leitlinie gesehen werden. Die fertige Leitlinie und ihre Derivate (Kurzversion etc.) sowie die Ergebnisse der wissenschaftlichen Tätigkeit zur Vorbereitung der Erstellung der Leitlinie (z.B. Evidenzaufbereitung) stellen Vermögenspositionen dar.[583] Sofern die Finanzierung der Leitlinienarbeit durch die Fachgesellschafts-GbR erfolgt, erhält sie auch diese Vermögenswerte. Diese Vermögenspositionen bestehen unabhängig von dem Umstand, dass das Urheberrecht bei den Autoren verbleibt (§ 29 Abs. 1 UrhG) und die Nutzungsrechte unmittelbar auf die Fachgesellschaften übertragen werden[584]. Zudem besteht auf Seiten der Gesellschaft Vermögen in Form der Ansprüche auf Beitragsleistung der einzelnen Gesellschafter (Zahlung von Beiträgen zur Finanzierung der Leitlinienerstellung). Diese gesellschaftsrechtlichen Sozialansprüche stellen Vermögen der Gesellschaft von Beginn an dar.[585] Das Vorliegen von eigenem Vermögen und insbesondere der Umstand, dass diese Vermögensbildung von Beginn an beabsichtigt war, sind als starkes Indiz für eine Außengesellschaft zu werten.[586]

(3) Zwischenergebnis

In den Fällen, in denen die Fachgesellschafts-GbR durch eine institutionalisierte Organisation in Form der federführenden Gesellschaft vertreten wird und als solche z.B. gegenüber der Leitliniengruppe oder der AWMF auftritt und zusätzlich eine zentral gesteuerte Finanzierung der Leitlinienarbeit durch die GbR und nicht allein durch die einzelnen Fachgesellschaften unmittelbar erfolgt, ist vom Vorliegen einer Außen-GbR ähnlich einer ARGE auszugehen. In den übrigen Fällen, in denen die federführende Fachgesellschaft allein in eigenem Namen handelt und zudem kein Gesamthandsvermögen der Fachgesellschafts-GbR begründet wird, ist allein vom Bestehen einer Innen-GbR, vergleichbar der aus dem Baurecht bekannten Beihilfegemeinschaft auszugehen. Letztlich bleibt dies jedoch eine Frage der

---

583 Der Autor hat Kenntnis von Verträgen zwischen privatwirtschaftlichen Instituten und wissenschaftlich-medizinischen Fachgesellschaften, mit denen die Ergebnisse der beauftragten Evidenzrecherche zu Preisen im mittleren fünfstelligen Eurobetrag verkauft wurden.

584 *Nölling/Wienke;* Leitlinien-Mustervertrag zur Einräumung von Nutzungsrechten und Erläuterungen zum Mustervertrag (Addenda zum AWMF-Regelwerk).

585 BeckOK-*Schöne* BGB, 42. Edition, § 705 RN 137.

586 MüKo- *Schäfer*, § 705 RN 275.

Einzelfalls, da es keine Vorgaben für ein einheitliches Vorgehen auf der Ebene der Fachgesellschaften gibt. Bei größeren Leitlinienprojekten der Stufe S3 mit einer Vielzahl von beteiligten Fachgesellschaften und einer umfassend tätigen federführenden Fachgesellschaft kann von einer Außen-GbR ausgegangen werden.

(4) NVL und Leitlinien des OL-Programms

Bei NVL und Leitlinien des OL-Programms ist als Besonderheit zu berücksichtigen, dass neben den Fachgesellschaften auch weitere Organisationen als Träger und Herausgeber der Leitlinien auftreten. Beide Programme beziehen sich nicht nur auf ein einzelnes Leitlinienprojekt, sondern sind gleichsam ohne zeitliche oder enge inhaltliche Begrenzung auf Dauer angelegt und haben die Erstellung und Veröffentlichung einer Vielzahl unterschiedlicher Leitlinien zum Ziel. Wie oben[587] gezeigt, liegen in beiden Fällen Außen-GbRs zwischen den jeweiligen Trägern der Programme vor.

(iii) kumulative Gläubigerstellung

In allen Fällen, in denen keine Außen-GbR erkennbar ist, liegt auf Seiten der Fachgesellschaften jedenfalls eine Innen-GbR vor, sodass für die Annahme einer kumulativen Gläubigerstellung wonach alle Fachgesellschaften eigenständige parallele Verträge mit der Autorenseite schließen, kein Raum bleibt.

bb) Zwischenergebnis

Vorliegend kommt es für die Frage der Gläubigereigenschaft auf die konkrete Ausgestaltung an. In einigen Fällen, insbesondere bei S3-Leitlinien-Projekten, NVL und Leitlinien des OL-Programms kommt eine alleinige Gläubigerstellung durch eine Außen-GbR (Fachgesellschafts-GbR oder Träger-GbR) in Betracht. In diesen Fällen liegt auf Seiten der Fachgesellschaften/Herausgeber ein bipolar-einteiliger Vertrag mit der Seite der Autoren vor. In den übrigen Fällen, in denen keine Außen-GbR angenommen werden kann, liegt ein der Beihilfegemeinschaft vergleichbarer Fall einer Innen-GbR vor.

b) Die Seite der Autoren

Auf Seiten der Autoren ist zu konstatieren, dass sie nur gemeinsam die Leitlinie erstellen können. Hier besteht die Notwendigkeit zur Zusammenarbeit aus tatsächlichen Gründen. Dies gilt insbesondere in Bezug auf den für eine Leitlinie zwingend erforderlichen Konsensprozess. Dieser ist bei Leitlinien aller Klassifikationsstufen erforderlich. Selbst bei den nur selten anzutreffenden S2e-Leitlinien, die keine gesonderte formelle Konsensusbasierung aufweisen, ist die Bewertung

587 S.o., Punkt C.III. und IV.

der erarbeiteten Evidenz durch mehrere Autoren gemeinsam erforderlich. Das für die Fachgesellschaften oben gefundene Ergebnis einer theoretisch möglichen unabhängigen Arbeitsweise, einem Nebeneinander anstelle eines Miteinanders, ist bei den Autoren faktisch ausgeschlossen.

Im Rahmen des unten näher zu beleuchtenden Rechtsverhältnisses zwischen Autoren einerseits und Fachgesellschaften andererseits ist damit zu konstatieren, dass die Aufgabe der Autoren, die Erstellung der Leitlinie und die Übertragung der entsprechenden Nutzungsrechte, nur von allen Autoren gemeinsam zu erfüllen ist. Jeder Autor ist gehalten, seinen Beitrag zu leisten, sodass am Ende ein gemeinsames Werk, die Leitlinie entstehen und die Nutzungsrechte daran übertragen werden können. Bei dieser Verpflichtung, seinen Beitrag zu leisten, kann es sich methodisch um kumulierte Schulden oder um eine Teil- eine Gesamt- oder eine gemeinschaftliche Schuld handeln.[588]

Schließlich ist zu danach zu differenzieren, wer im Rechtsverkehr nach außen auftritt. In Frage kommt ein Auftreten der Mitglieder der Gruppe unmittelbar, ein Auftreten der Gruppe als solche, etwa in Form einer GbR oder auch ein Auftreten eines Mitglieds der Gruppe, etwa des Leitlinienkoordinators. In letzterem Fall ist nach der Ausgestaltung des Innenverhältnisses zu differenzieren, ob der Leitlinienkoordinator als Stellvertreter im Namen der Gruppe, im Namen der einzelnen Gruppenmitglieder oder – ohne Stellvertretung – in eigenem Namen auftritt. In letzterem Fall würden die sonstigen Mitglieder der Gruppe im Außenverhältnis als Gehilfen des Leitlinienkoordinators auftreten, im Innenverhältnis müsste sich der Koordinator deren Mitarbeit vertraglich sichern.

aa) Leitlinienkoordinator als alleiniger Schuldner der Leitlinienerstellung – Kapellmeisterlösung

Ähnlich einem Kapellmeister, der sich gegenüber dem Besteller der Musik verpflichtet, zu einer bestimmten Veranstaltung mit einer Kapelle Musik darzubieten und sich eigenständig um das Engagement der benötigten Musiker kümmert,[589] könnte man erwägen, dass sich der Leitlinienkoordinator gegenüber den Fachgesellschaften (oder auch nur der federführenden Fachgesellschaft) verpflichtet, eine Leitlinie zu erstellen und sich eigenständig um die dazu benötigten Experten kümmert. In diesem Fall wäre allein der Leitlinienkoordinator Vertragspartner und die übrigen Gruppenmitglieder träten nach außen als Erfüllungsgehilfen auf, nach innen bestünde z.B. ein Auftragsverhältnis.[590]

588 Umfassend: *Selb*; Mehrheiten von Gläubigern und Schuldnern.

589 *Selb*; Mehrheiten von Gläubigern und Schuldnern, S. 190.

590 Ein Dienstvertrag scheidet aus, da keine synallagmatische Gegenleistung in Form einer Bezahlung der Dienste erfolgt. Die Arbeit in der Leitliniengruppe erfolgt ehrenamtlich. Siehe hierzu unten, Punkt C.VII.6.

Zunächst spricht der tatsächliche Ablauf in einigen Fällen tatsächlich für die Annahme einer solchen Lösung. Es kommt vor, dass die Initiative für die Erstellung einer Leitlinie nicht nur von einer Fachgesellschaft ausgeht (die dann in der Regel als federführende Fachgesellschaft auftritt) sondern von einem einzelnen Experten, der z.B. während seiner üblichen Arbeit das Fehlen wissenschaftlich aufbereiteter Evidenz in Form einer Leitlinie zu einem bestimmten Thema vermisst und sich aus eigenem Antrieb um die Unterstützung seiner Fachgesellschaft bemüht, um eine entsprechende Leitlinie erstellen zu können. In solchen Fällen kommt es weiter vor, dass die (sodann) federführende Fachgesellschaft sich von der Notwendigkeit einer entsprechenden Leitlinien überzeugen lässt, den Initiator benennt und dieser als Leitlinienkoordinator den Auftrag erhält, eine Gruppe zusammenzustellen, um mit dieser die Leitlinie zu erarbeiten. Man könnte nun auf Basis dieses Geschehensablaufs und der oben beschriebenen „Kapellmeisterlösung" zu dem Schluss kommen, dass tatsächlich allein der Leitlinienkoordinator den Auftrag erhalten hat, die Leitlinie zu erstellen und sich dabei seine Gehilfen selbst zusammensuchen kann und er allein auf die Einhaltung des AWMF-Regelwerks verpflichtet wird (Interdisziplinarität etc.).

Bei einer genaueren Betrachtung lässt sich diese Lösung jedoch nicht halten.

Dies gilt zunächst für NVL bereits aufgrund der im NVL-Methoden-Report eindeutig geregelten Abläufe. Danach entscheidet die beim ÄZQ angesiedelte Planungsgruppe, zu welchen Themen eine NVL erstellt werden soll.[591] Sodann werden die thematisch betroffenen Fachgesellschaften um die Entsendung eines Mandatsträgers in die Leitliniengruppe gebeten, die aus ihrer Mitte die Steuerungsgruppe wählt, die die konkrete Leitlinienarbeit gruppenintern koordiniert.[592] Die Koordination der Leitlinienentwicklung verbleibt derweil bei der Planungsgruppe im ÄZQ.[593]

Ähnliches gilt für Leitlinien des OL-Programms. Auch dieses Programm verfügt mit dem Lenkungsausschuss über ein ständig besetztes Gremium, welches über die übergeordneten Fragen ähnlich der Planungsgruppe des ÄZQ bei den NVL entscheidet.[594] Ach hier werden die Fachgesellschaften unmittelbar um Unterstützung durch Entsendung eines Mandatsträgers gebeten.

Aber auch bei den S-klassifizierten AWMF-Leitlinien scheitert die Kapellmeister-Lösung an den tatsächlichen Begebenheiten und den Vorgaben des AWMF-Regelwerks. Der Kapellmeister, um im Beispiel zu bleiben, ist verpflichtet, zu dem vereinbarten Zeitpunkt die vereinbarte Musik darzubieten. Wenn er es nicht schafft, die dazu benötigten Musiker kostendeckend einzukaufen, muss er entweder einen Verlust hinnehmen, wenn er zu höheren Konditionen

---

591 § 4 NVL-Vertrag.

592 *BÄK, KBV, AWMF*; NVL-Methoden-Report, S. 5

593 *BÄK, KBV, AWMF*; NVL-Methoden-Report, S. 6

594 www.leitlinienprogramm-onkologie.de/Informationen-zum-Leitlinienprogramm.32.0.html (Stand: 02.12.2016).

einkauft oder er sieht sich einen Schadensersatzanspruch des Veranstalters ausgesetzt. Ohne Weiteres kann er sich weder darauf berufen, eben nicht die erforderlichen Musiker zu vertretbaren Konditionen gefunden zuhaben, um von der Leistungspflicht frei zu werden, noch kann er eine höhere Gage verlangen, um die Musiker ohne eigene Verluste bezahlen zu können. Diese Rechtsfolgen der Kapellmeister-Lösung träfen dem Grunde nach auch den Leitlinienkoordinator, wenn man von seiner alleinigen Schuldnerstellung in Bezug auf die Leitlinienerstellung ausginge. Zwar sieht er sich aufgrund der ehrenamtlichen Tätigkeit nicht dem finanziellen Problem gegenüber, dennoch ist er allein in der Verpflichtung, die Leitlinie fertigzustellen. Da er sich aber an das AWMF-Regelwerk halten muss, kann er nicht auf beliebige Experten zurückgreifen. Vielmehr ist er auf diejenigen beschränkt, die die Fachgesellschaften entsenden, auch wenn tatsächlich häufig die vom Koordinator empfohlenen Experten auch letztlich entsendet werden.[595] Damit ist die Position des Leitlinienkoordinators aber weniger mit der eines Kapellmeisters als mit der eines Vorarbeiters oder Teamleiters zu vergleichen, der vom Arbeitgeber verschiedene Mitarbeiter in seine Arbeitsgruppe zugeordnet erhält. Dies führt zu den bereits angesprochenen Mehrheiten von Schuldnern und den aus dem Arbeitsrecht bekannten Gruppenarbeitsverhältnissen.

bb) Mehrheiten von Schuldnern

(i) Kumulierte Schulden

Bei kumulierten Schulden bzw. Schuldnern läge eine Vielzahl von eigenständigen, ggfls. parallel aufgebauten Verträgen zwischen den einzelnen Autoren und den einzelnen Fachgesellschaften vor. Die Schulden stehen unabhängig nebeneinander und befriedigen kein einheitliches, sondern verschiedene Interessen des/der Gläubiger/s.[596] Problematisch erscheint der Vertragsinhalt. Aufgrund der Eigenart der Leitlinienerstellung kann ein einzelner Autor eine Leitlinie nicht alleine erstellen. Zu einer ihm unmöglichen Leistung wird er sich aber kaum verpflichten wollen. Sodass ein Vertrag auf Erstellung der Leitlinie ausscheidet. Ebenfalls kann er sich nicht auf die Übertragung der Nutzungsrechte verpflichten, da er auch hierüber nur gemeinsam mit den anderen Autoren entscheiden kann. Eine Vielzahl von eigenständigen Verträgen zwischen den einzelnen Autoren einerseits und den Fachgesellschaften andererseits kann also nicht mit einem werkvertraglichen Erfolgselement vereinbart werden. Auch lägen dann ein einheitliches Interesse und nicht verschiedene, von einander unabhängige Interessen des Gläubigers vor. In Frage käme insoweit ein Vertrag mit allein dienstvertraglichen Elementen. Danach würden sich die Autoren jeweils zur Beisteuerung ihres Wissens und ihrer Arbeitskraft verpflichten. Das Erfolgsrisiko läge insoweit bei den Gläubigern.

---

595 AWMF-Regelwerk, Anhang 1 Musterbrief „Benennung von Mandatsträgern".
596 MüKo-*Bydlinski*; Vorbemerkungen §§ 420 – 432 BGB RN 3.

Denn selbst wenn alle Autoren ihrer vertraglichen Pflicht nachkämen, folgt daraus noch nicht zwingend, dass die Leitlinie ordnungsgemäß erstellt wurde, denn eine Orchestrierung der Einzelbeiträge wäre nicht garantiert. Bezüglich der erforderlichen urheberrechtlichen Übertragung von Nutzungsrechten an der fertigen Leitlinie stößt dieses Model ebenfalls an Grenzen. Da das Urheberrecht an der gemeinsam erstellten Leitlinie gesamthänderisch gebunden ist, kommt auch nur eine gemeinsame Übertragung in Betracht.

Aufgrund dieser systematischen Schwierigkeiten scheidet eine kumulierten Schuld durch mehrere eigenständige und parallele Verträge aus.

(ii) Teilschuld

Bei einer Teilschuld wird das einheitliche aber teilbare Interesse des Gläubigers durch mehrere Schuldner voneinander unabhängig erfüllt; der Gläubiger hat in diesem Fall gegen jeden Schuldner nur Anspruch auf einen Teil der Leistung.[597]

Eine Teilschuld scheidet vorliegend aus. Wenn man das Interesse der Fachgesellschaften als Interesse an der fertigen Leitlinie, mithin als einheitliches Interesse ansieht, ist dieses nicht in der Form teilbar, dass jeder Schuldner allein auf seinen Teil, vorliegend seine Mitarbeit verpflichtet ist. Denn auch wenn alle Autoren Ihren Teil leisten, folgt daraus noch nicht zwingend eine fertige Leitlinie, mithin eine Befriedigung des Gläubigerinteresses. Es fehlt – wie oben bei der kumulierten Schuld gezeigt – die Orchestrierung der Einzelleistungen zu dem Ganzen. Teilschulden sind daher regelmäßig auf Geldschulden beschränkt.[598]

(iii) Gesamtschuld

Bei einer Gesamtschuld hat der Gläubiger ein einheitliches Interesse, das mehrere Schuldner jeweils ganz, insgesamt aber nur einmal befriedigen sollen, §§ 421, 422 BGB.[599]

Auch eine Gesamtschuld scheidet vorliegend aus. Zwar wäre hier dem Gläubiger das Risiko der Orchestrierung etwaiger Einzelleistungen genommen, jedoch ist – wie oben bei der kumulierten und der Teilschuld gezeigt – dem einzelnen Autor es unmöglich, die Leitlinie allein zu erstellen und die Nutzungsrechte zu übertragen und damit das Gläubigerinteresse im Ganzen zu befriedigen.

(iv) Gemeinschaftliche Schuld

Eine gemeinschaftliche Schuld liegt vor, wenn mehrere Schuldner ein einheitliches Interesse des Gläubigers gemeinschaftlich und nicht in Teilen und nicht jeder ganz befriedigen sollen.[600] Dies liegt insbesondere dann vor, wenn es aus

597 MüKo-*Bydlinski*; a.a.O., RN 3.
598 MüKo-*Bydlinski*; a.a.O.
599 MüKo-*Bydlinski*; a.a.O., RN 5.
600 MüKo-*Bydlinski*; a.a.O., RN 7.

tatsächlichen oder rechtlichen Gründen ausgeschlossen ist, dass ein einzelner die gesamte geschuldete Leistung erbringen kann und der Gläubiger an der Teilleistung kein Interesse hat, wie dies z.B. bei einer Musikdarbietung einer Quartetts der Fall ist. Kein Musiker kann für sich allein das Klangbild des Quartetts liefern auf welches das Interesse des Gläubigers zielt. Zwar könnte jeder Musiker seinen Beitrag allein leisten, darauf (z.B. auf die Solodarbietung des Violinisten) zielt jedoch nicht das Interesse des Gläubigers, der ein Quartett gebucht hat. Eine Erfüllung des Gläubigerinteresses durch einen Schuldner allein ist damit ausgeschlossen. Dieses versprechen die Schuldner in Abgrenzung zu einer Gesamtschuld auch nicht. Sie versprechen allein die Erbringung ihres Beitrages, der, im Zusammenwirken mit den Beiträgen der übrigen Schuldner, die erstrebte Gesamtleistung ergibt und erst in dieser Gesamtheit, in Abgrenzung zu einer Teilschuld bei der die Teilleistung bereits Erfüllungswirkung beikäme, das Gläubigerinteresse befriedigt.[601]

Abzugrenzen ist diese gemeinschaftliche Schuld von im Tatsächlichen ähnlich gelagerten, in ihrer rechtlichen Folge jedoch divergenten Fällen. Zu nennen sind die Gesamthandsschuld, bei der die einzelnen Schuldner nicht individuell sondern in gesamthänderischer Verbundenheit bis hin zu einer gesellschaftsrechtlichen Verbundenheit, etwa in einer GbR, gemeinsam schulden und die alleinige Schuldnerstellung eines Einzelnen, der sich verpflichtet, das Gläubigerinteresse durch Erfüllungsgehilfen zu befriedigen. Um im Beispielsfall des Quartetts zu bleiben, wäre der erste Fall gegeben, wenn die Musiker eine Quartett-GbR als Außen-GbR gegründet hätten, die die Verträge eingeht und deren Gesellschafter die Musiker des Quartetts sind. Die zweite Variante wäre gegeben, wenn einer der Musiker als Kapellmeister die Verträge allein als natürliche Person eingeht und sich zu der Erfüllung der anderen Musiker als seine Erfüllungsgehilfen bedient; mit entsprechenden Dienstverträgen im Innenverhältnis.[602]

(v) Gesamthandsschuld

Bei dieser Form der Schuld, schulden nicht die einzelnen Autoren unmittelbar, sondern zunächst die Gesamthand mit ihrem Sondervermögen. Voraussetzung ist ein organisiertes Gesamthandsvermögen,[603] wie dies z.B. bei der urheberrechtlichen Frage der Nutzungsrechteübertragung nach § 8 Abs. 2 UrhG der Fall ist. In Bezug auf die eigentliche Erstellung der Leitlinien stellt sich die Frage der Abgrenzung einer solchen Gesamthandsschuld von einer Verpflichtung einer ggfls. bestehenden Außen-GbR der Autoren. Bestünde eine solche Außen-GbR, so wäre allein diese zur Erstellung der Leitlinie verpflichtet und die Verpflichtung der einzelnen Autoren zur Beisteuerung ihres Beitrages beruhte auf ihrer Gesellschafterstellung

601 *Selb*; Mehrheiten von Gläubigern und Schuldnern, S. 189.

602 Siehe hierzu: *Selb*; Mehrheiten von Gläubigern und Schuldnern, S. 189f von dem auch das Kappellmeisterbeispiel stammt.

603 *Selb*; Mehrheiten von Gläubigern und Schuldnern, S. 197.

im Innenverhältnis. Im Außenverhältnis gegenüber den Fachgesellschaften käme eine Schuldnerstellung der Autoren nur sekundär über die Gesellschafterhaftung und dann auch nur auf Schadensersatz in Betracht.

Bei der Annahme einer Gesamthandsgemeinschaft der Autoren ohne Annahmen einer Außen-GbR, so z.B. wenn die Autoren sich zwar zu der Erstellung der Leitlinie im Innenverhältnis verabreden und damit eine Innen-GbR begründeten, im Außenverhältnis aber weiterhin eigenständig aufträten, käme eine Doppelverpflichtung der Autoren in Betracht.

(vi) Alleinige Schuldnerstellung einer einzelnen natürlichen oder juristischen Person

Schließlich ist die letzte genannte Variante in Betracht zu ziehen. Schließen sich die Autoren zu einer Außen-GbR zusammen, ist allein diese Vertragspartner der Fachgesellschaften. Ähnlich läge der Fall bei der „Kapellmeisterlösung“. Diese letzte Variante ist abzugrenzen von einer Stellvertreterlösung, also dem Fall, dass z.B. der Leitlinienkoordinator Vertretung der anderen Autoren den Vertrag schließt. Bei dieser Lösung läge, je nach Ausgestaltung, eine gemeinschaftliche Schuld aller Autoren oder eine Verpflichtung einer Gesamthand bzw. Außen-GbR vor.

(vii) Zwischenergebnis

Eine Teilschuld scheidet aus. Die Fachgesellschaften sind nicht an einer Teilleistung interessiert. Auch eine Gesamtschuld aller Autoren kommt aufgrund der tatsächlichen Umstände nicht in Frage. Theoretisch in Frage kommen jedoch die übrigen Schuldformen. Um eine weitere Eingrenzung vornehmen zu können, sollen Erkenntnisse des Arbeitsrechts zur Gruppenarbeitsverhältnissen herangezogen werden.

cc) Gruppenarbeitsverhältnis

Sogenannten Gruppenarbeitsverhältnisse liegen vor, wenn ein bestimmter Arbeitsauftrag nicht von einem Arbeitnehmer alleine, sondern von einer Gruppe von Arbeitnehmern gemeinsam erbracht werden soll[604] und häufig auch nur gemeinsam erbracht werden kann. Sie sind abzugrenzen von Zufallsgemeinschaften, etwa den Mitgliedern eines gemeinsam genutzten Büros und dem mittelbaren Arbeitsverhältnis, bei dem der Arbeitnehmer mit Einverständnis des Arbeitgebers einen Gehilfen beauftragt.[605] Differenziert wird nach der Art und Weise, wie sich die Arbeitsgruppe gefunden hat, zwischen der Eigengruppe und der Betriebsgruppe.[606]

---

604 Siehe allgemein zu Gruppenarbeitsverhältnissen z.B. Küttner-Personalbuch-*Kreitner;* Gruppenarbeitsverhältnis RN 1ff.

605 Küttner-Personalbuch-*Kreitner;* Gruppenarbeitsverhältnis RN 1ff.

606 BAG Urt. v. 23.02.1961 – 5 AZR 110/60 RN 11–13 = AP Nr 2 zu § 611 BGB Akkordkolonne; *Riering*, Gemeinschaftliche Schulden, S. 141.

Bei der Betriebsgruppe werden die Gruppenmitglieder durch den Arbeitnehmer benannt und der Betriebsgruppe zugeordnet. Bei der Eigengruppe finden sich die Gruppenmitglieder eigenständig und bieten dem Arbeitgeber ihre Dienste gemeinsam als Gruppe an. Entscheidend ist mithin, ob die Initiative zur Gruppenbildung vor oder nach Abschluss des oder der Arbeitsverträge entstand.

(i) Betriebsgruppe

Bei einer Betriebsgruppe bestehen zwischen den Mitgliedern und dem Arbeitgeber unmittelbar und individuell Arbeitsverträge.[607] Eine Änderung der Zusammensetzung der Betriebsgruppe ist regelmäßig vom Direktionsrecht des Arbeitgeber umfasst, sodass eine Änderung der Zusammensetzung auf Wunsch der Gruppe dessen Zustimmung verlangt.[608] Der Arbeitgeber kann einzelne Arbeitsverhältnisse ohne Rücksicht auf die Interessen der anderen Gruppenmitglieder oder der Gruppe beenden oder den Arbeitnehmer versetzen.[609] Das bedeutet: Zwischen dem Arbeitgeber und den Mitgliedern der Gruppe bestehen regelmäßig so viele Schuldverhältnisse wie es Gruppenmitglieder gibt.[610] Auch kann der Arbeitgeber individuell zu bestimmten Tätigkeiten anweisen und bestimmen welches Gruppenmitglied welche Tätigkeit auszuüben hat. Daraus folgt auch, dass das Risiko der erfolgreichen Zusammenarbeit beim Arbeitgeber liegt.[611] Regelmäßig liegt keine gemeinschaftliche Schuld der Gruppenmitglieder auf das Ganze, sondern es liegen allein Teilschulden der einzelnen Mitglieder auf die individuellen Teilleistungen vor.[612] Daher besteht zwar die Pflicht eines jeden Gruppenmitglieds, die geschuldete Gemeinschaftsleistung mit allen Kräften zu fördern, ein Einstehen für den anderen ist damit aber nicht verbunden.[613] Anders gewendet sind die vertraglichen Pflichten des Gruppenmitglieds auf das eigene Vertragsverhältnis begrenzt; er ist allein zur Mitarbeit in der Gruppe verpflichtet, entsprechend haftet er auch nur für eigene Pflichtverletzungen, es besteht regelmäßig keine gemeinsame Haftung der Gruppenmitglieder.[614] Einen Betriebsgruppe stellt damit grundsätzlich (nur) eine tatsächliche Gemeinschaft dar. Nur wenn über dies hinaus auf Basis von Mitwirkungsbefugnissen und entsprechender Betätigung der Gruppenmitglieder eine weitergehender innerer Zusammenhalt besteht, kann von einer Interessengemeinschaft oder, bei der Verfolgung eines gemeinsamen Zwecks, auch von einer (Innen-)GbR ausgegangen werden.[615] An dieser Stelle wird die Abgrenzung

---

607 BAG Urt. v. 23.02.1961 – 5 AZR 110/60 RN 12 = AP Nr 2 zu § 611 BGB Akkordkolonne.
608 Schaub-*Koch*; § 181 RN 4.
609 *Riering*, Gemeinschaftliche Schulden, S. 141.
610 *Riering*, Gemeinschaftliche Schulden, S. 141.
611 *Riering*, Gemeinschaftliche Schulden, S. 141.
612 *Riering*, Gemeinschaftliche Schulden, S. 141.
613 *Heinze*, NJW 1985, 2112, 2118.
614 Henssler/Willemsen/Kalb-*Thüsing*; Vor § 611 BGB RN 122.
615 Schaub-*Koch*; § 181 RN 4.

zur Eigengruppe schwierig. Sollte tatsächlich ein gemeinsamer Zweck und damit einen Innen-GbR vorliegen, lassen sich die Mitglieder der Betriebsgruppe nicht mehr ohne weiteres austauschen. Schuldrechtlich ist in diesem Fall eher von einer gemeinschaftlichen Schuld auszugehen und nicht mehr von einer Vielzahl einzelner (Teil-)Schuldverhältnisse. Die Abgrenzung von Betriebs- zur Eigengruppe ist also nicht nur anhand der Frage zu entschieden, von wem die Initiative zur Gruppenbildung ausging, sondern auch anhand der Frage, wie eng die Gruppenmitglieder zusammenarbeiten, wie sehr sie aufeinander angewiesen sind und ob sie einen gemeinsamen Zweck verfolgen.

(ii) Eigengruppe

Bei der Eigengruppe können individuelle Arbeitsverträge mit allen Gruppenmitgliedern vorliegen oder ein einheitlicher Vertrag mit der Gruppe als solcher.[616] Unter Berücksichtigung der nunmehr allgemein anerkannten (Teil-)Rechtsfähigkeit der Außen-GbR kommt heutzutage das Vorliegen von individuellen Verträgen zwischen den Mitgliedern der Eigengruppe und dem gemeinsamen Arbeitgeber in Form einer gemeinschaftlichen Schuld in erster Linie nur noch dann in Betracht, wenn die Gruppenmitglieder erkennbar als Individuen vertragliche Beziehungen eingehen möchten, da andernfalls das Kriterium der Teilnahme am Rechtsverkehr als Eigengruppe klar für die Annahme einer teilrechtsfähigen Außen-GbR spricht.[617] Diskutiert wird das Bestehen eines mittelbaren Arbeitsverhältnisses zwischen den einzelnen Gruppenmitgliedern und dem Auftraggeber,[618] wobei die Rolle der Eigengruppen-GbR in diesem Fall nicht vollends geklärt ist, da sie sicher nicht unmittelbare Arbeitgeberin ihrer eigenen Gesellschafter sein soll.

Daneben existieren zahlreiche Mischformen. So kann vereinbart werden, dass den Mitgliedern der Betriebsgruppe ein Mitwirkungsrecht bei der Zusammensetzung der Gruppe eingeräumt wird.[619] Möglich ist schließlich, dass sich im Verlauf der Zusammenarbeit aus einer Betriebsgruppe eine Eigengruppe entwickelt, mit der Folge der Änderung der rechtlichen Beziehung zum Arbeitgeber.[620]

(iii) Diskussion

Zunächst ist festzuhalten, dass die unmittelbare Anwendung von Dienstvertrags- oder gar Arbeitsrecht vorliegend an der Unentgeltlichkeit der Tätigkeit der Mitglieder der Leitliniengruppe scheitert.[621] Dennoch können die von der

---

616 BAG Urt. v. 23.02.1961 – 5 AZR 110/60 RN 13 = AP Nr 2 zu § 611 BGB Akkordkolonne.

617 Zu den unterschiedlichen Rechtsformen der Eigengruppe, siehe Schaub-*Koch*; § 181 RN 15.

618 Henssler/Willemsen/Kalb-*Thüsing*; Vor § 611 BGB RN 124.

619 Schaub-*Koch*; § 181 RN 1.

620 *Riering*, Gemeinschaftliche Schulden, S. 142.

621 S.u., Punkt C.VII.6.

arbeitsrechtlichen Rechtsprechung und Literatur herausgearbeiteten Grundsätze der Gruppenarbeitsverhältnisse – jedenfalls sofern sie nicht auf die synallagmatische Gegenleistung des Arbeitsentgelts und der damit im Zusammenhang stehenden Regelungen[622] zurückgehen – für die Einordnung der hier bestehenden Rechtsverhältnisse fruchtbar gemacht werden.

Eine Besonderheit der Leitlinienerstellung ergibt sich aus dem Umstand, dass nicht eine einzelne (natürliche) Person oder eine bereits etablierte Personenmehrheit mit der Erstellung beauftragt wird. Vielmehr handelt es sich bei der Leitliniengruppe um eine ad hoc Gemeinschaft. Die Leitlinien kann auch tatsächlich nicht von einer Person alleine erstellt werden, da es – unabhängig von dem Arbeitsanfall, der für eine Person allein nicht zu bewältigen ist – für die erforderlichen Abstimmungen bereits zwingend mehrerer Personen bedarf.

Bereits die Frage, von welcher Seite die Initiative zur Bildung der Leitliniengruppe ausgeht, kann nicht einheitlich beantwortet werden. Bei NVL und Leitlinien des OL-Programms geht die Initiative von den Trägern aus, da diese auch bestimmen, zu welchen Themen eine Leitlinie erstellt werden soll. In der Regel gilt dies auch für Leitlinien der Fachgesellschaften. Dies spricht primär für die Annahme einer betriebsgruppenähnlichen Gemeinschaft. Mitunter kann aber auch aus der Autorenschaft die Initiative zur Schaffung einer Leitlinie entstehen, was eher für eine Eigengruppe spricht. Auch bei der Zusammensetzung der Gruppe ist kein einheitliches Vorgehen erkennbar. Rein formell, bei Zugrundelegung des AWMF-Regelwerks bzw. des NVL-Methoden-Reports ist es an den Fachgesellschaften, geeignete Mandatsträger zu benennen und in die Leitliniengruppe zu entsenden. Ein Umstand, der für die Betriebsgruppe spricht. Bereits in den Regelwerken ist aber bestimmt, dass die so zusammengesetzte Expertengruppe prüft, ob die personelle Zusammensetzung geeignet ist, ob also ausreichend qualifizierte Experten vorhanden sind und ob Interessenkonflikte vorliegen.[623] Ggfls. sind Experten auszutauschen oder nachzunominieren. Dieser Aspekt spricht jedenfalls gegen eine Betriebsgruppe in Reinform und für eine Mischform bzw. für eine Eigengruppe. Denn durch diese Prüfung der Zusammensetzung in eigener Kompetenz geben alle Beteiligten zu erkennen, dass nicht die Fachgesellschaften den Willen und die Fähigkeit haben, die richtige Zusammensetzung der Gruppe zu bestimmen. Vielmehr soll dies durch die Gruppe selbst erfolgen. Der Umstand, dass die Fachgesellschaften erst nach Fertigstellung der Leitlinie sich mit dieser befassen und – wie bei einer werkvertraglichen Abnahme – prüfen, ob sie diese freigeben, spricht ebenfalls für eine eigengruppenähnliche Gemeinschaft. Nicht die Leistung des einzelnen Gruppenmitglieds wird kontrolliert – wie dies bei einer Betriebsgruppe vom Direktionsrecht des Arbeitgebers umfasst wäre –, sondern

622 z.B. Lohnnebenleistungen und die sozialversicherungsrechtliche Ebene.

623 Alle Experten müssen eine entsprechende Erklärung abgeben. Die der Mitglieder der Steuergruppe/des Leitlinienkoordinators wird von den entsendenden Fachgesellschaften, die übrigen von der Steuergruppe bewertet, AWMF-Regelwerk, S. 19.

allein das gemeinsam geschaffene Arbeitsergebnis – ohne auf den Beitrag des einzelnen Mitglieds einzugehen.

Die Fachgesellschaften entsenden ihren Mandatsträger mit dem Auftrag, seinen Anteil an der Erstellung der Leitlinie beizutragen und dabei die erforderlichen Qualitätsstandards nach AWMF-Regelwerk einzuhalten. Eine weitergehende Anweisung unterbleibt. Insbesondere die konkrete Ausgestaltung der Arbeit, die Aufteilung derselben unter den beteiligten Autoren, aber auch welche weiteren Experten ggfls. auch ohne von einer Fachgesellschaft mandatiert zu sein, benötigt werden, obliegt den Autoren, ggfls. dem Koordinator, in eigener Verantwortung. Zudem ist zu beachten, dass die Initiative zur Entsendung eines Experten oft nicht von der Fachgesellschaft kommt. Vielmehr wird diese regelmäßig von dem Leitlinienkoordinator mit der Bitte um Entsendung eines Experten angeschrieben, häufig unter Nennung eines konkreten Namens. So sieht das AWMF-Regelwerk in dem Musterbrief des Leitlinienkoordinators zur Einladung der Fachgesellschaften die Empfehlung einer konkreten Person vor, von der die Fachgesellschaften jedoch abweichen können.[624] An diesem Aspekt ist erkennbar, dass formell zwar die Fachgesellschaften entscheiden, ob sie an der Erstellung teilnehmen und wen sie entsenden, faktisch jedoch jedenfalls ein erhebliches Mitspracherecht der Leitliniengruppe (ggfls. in Person des Leitlinienkoordinators) besteht. Es ist also durchaus im Bereich des Möglichen, dass sich eine Gruppe Autoren aus eigenen Stücken gemeinsam zur der Erstellung einer Leitlinie entschließt und sich im Anschluss von den jeweiligen Fachgesellschaften mandatieren lässt, ein Vorgehen, dass stark an das einer Eigengruppe erinnert.

Letztlich bleibt jedoch zu konstatieren, dass die Fachgesellschaften ihre Mandatsträger benennen und damit über die Zusammensetzung der Leitliniengruppe entscheiden. Eine klassische Eigengruppe zeichnet sich jedoch insbesondere dadurch aus, dass sie sich erst zusammenfindet und sodann ihre Dienste anbietet. Auch besteht – jedenfalls theoretisch – die Möglichkeit, dass eine Fachgesellschaft einem Mandatsträger das Mandat entzieht und einen anderen Experten benennt. Auch werden mitunter Stellvertreter durch die Fachgesellschaften benannt,[625] was ebenfalls gegen eine unveränderbare Eigengruppe spricht. Letztlich kann aber auch dieses Kriterium nicht allein die Entscheidung zwischen Eigen- und Betriebsgruppenähnlichkeit bringen. Denn es sind sowohl Betriebsgruppen anerkannt, bei denen die Gruppe Mitwirkungsrechte in Bezug auf die Zusammensetzung hat,[626] als auch Eigengruppen, bei denen einzelne Gruppenmitgliedern gekündigt werden können[627].

---

624 AMWF-Regelwerk, Anhang Musterbrief_Einladung_Mandatstraeger_fuer Homepage.

625 AMWF-Regelwerk, Anhang Musterbrief_Einladung_Mandatstraeger_fuer Homepage.

626 Schaub-*Koch*; § 181 RN 1.

627 So Henssler/Willemsen/Kalb-*Thüsing*; Vor § 611 BGB RN 123.

Zu Berücksichtigen ist auch die Situation auf der Seite der Fachgesellschaften. Wie ausgeführt, bestehen in aller Regel Rechtsverhältnisse zwischen den entsendenden Fachgesellschaften und den Mandatsträgern unabhängig von einer etwaig bestehenden Fachgesellschafts-ARGE. Damit bestehen individuelle Rechtsverhältnisse zu den Mitgliedern der Leitliniengruppe. Ein Umstand der eindeutig gegen eine Eigengruppe spricht, da diese sich ja gerade dadurch auszeichnet, als Außen-GbR alleiniger Vertragspartner des Auftraggebers zu werden. Die Organisation der Leitlinienerstellung obliegt der federführenden Fachgesellschaft bzw. der Planungsgruppe des ÄZQ (bei NVL) oder dem Lenkungsausschuss (beim OL-Programm). Diese sind damit auch verantwortlich für die sinnvolle Zusammensetzung der Leitliniengruppe. Dass diese Aufgabe an die Gruppenmitglieder bzw. den Leitlinienkoordinator delegiert wird, ändert an dieser Verantwortung nichts. Die sinnvolle Zusammensetzung der Gruppe ist auch im eigenen Interesse der genannten Institutionen. Auch kommt es durchaus vor, dass Fachgesellschaften nicht die vom Leitlinienkoordinator gewünschte, sondern eine andere Person in die Gruppe entsenden. Damit erscheint es ausgeschlossen anzunehmen, von Seiten der Fachgesellschaften würde eine eigenständige Bildung der Leitliniengruppe akzeptiert werden. Eine echte Eigengruppe als Außen-GbR, die nur gemeinsam ihre Arbeit anbietet, gleichsam einem Musikerquartett, scheidet damit aus. Zu berücksichtigen ist auch, dass echte Eigengruppen regelmäßig für einen längeren Zeitraum zusammenbleiben und ihre Dienste als feste Gruppe verschiedenen Auftraggebern anbieten, wie dies bei Musikkapellen, Akkordkolonnen oder – in früheren Zeiten – bei Maurerpartien der Fall war und ist. Eine Leitliniengruppe hingegen kommt nur für ein einziges, zeitlich beschränktes und auf Zielerreichung ausgelegtes Projekt zusammen und findet sich auch erst nach Initiierung und zum Zwecke dieses Projekts.

(iv) Ergebnis

In der Gesamtschau sprechen die überwiegenden Argumente für die Annahme einer betriebsgruppenähnlichen Gemeinschaft zwischen den Mitgliedern der Leitliniengruppe. Hierfür sprechen insbesondere die Tatsachen, dass sich die Gruppe erst durch Benennung/Entsendung der Fachgesellschaften findet und ihre Dienste gerade nicht – eigengruppentypisch – als bestehende Gruppe anbietet und der Umstand, dass Rechtsbeziehungen zwischen den Fachgesellschaften und den einzelnen Mitgliedern und nicht allein mit der Leitliniengruppe bestehen.

5 Rechtsverhältnisse zwischen den Mitgliedern der Leitliniengruppe

Das Rechtsverhältnis zwischen den Mitgliedern der Leitliniengruppe ist näher zu betrachten. Dabei ist zu berücksichtigen, dass die Mitglieder der Leitliniengruppe auch die Urheber der Leitlinie sind.

Tatsächlich erhält nicht jeder Autor eine detaillierte Weisung, die von denen der anderen Autoren von vorneherein klar abgrenzbar wäre. Vielmehr ergehen von den beteiligten Fachgesellschaften (weitestgehend) identische Aufträge an ihre jeweils entsandten Experten (Autoren) – nämlich die Beteiligung an der Erstellung der Leitlinie unter Einbringung des eigenen Sachverstandes. Daneben erhält der Koordinator von seiner federführenden Fachgesellschaft noch den entsprechenden Auftrag zur Koordination der Gruppenarbeit.

Zu beachten ist weiter, dass die Experten bei der Erstellung der Leitlinien mitunter nur insoweit teilnehmen, als ihr Fachgebiet betroffen ist. Die Leitliniengruppe wird bei größeren Leitlinienprojekten in unterschiedlicher Besetzung in sogenannten Arbeitsgruppen tätig. Zudem stoßen einzelne Experten teilweise auch erst später zu der Leitliniengruppe hinzu. Dies ist insbesondere dann der Fall, wenn sich erst im Laufe der Vorbereitung die Notwendigkeit der Einbringung weiterer Expertise darstellt und diese dann bei der entsprechenden Fachgesellschaft mit der Bitte um Benennung eines geeigneten Experten erfragt wird. Häufig sind nur der Leitlinienkoordinator und die Mitglieder der Steuergruppe an dem gesamten Erstellungsprozess beteiligt.

Bei dem von allen Autoren der Leitliniengruppe verfolgten Zweck handelt es sich um die Erstellung und Veröffentlichung einer medizinischen Leitlinie. Eine solche stellt ein Sprachwerk im Sinne der § 2 Abs. 1 Nr. 1 UrhG dar. Zunächst sind daher die spezialgesetzlichen Regelungen des Urheberrechtegesetzes zu prüfen bevor allgemeine Institute des Zivilrechts näher beleuchtet werden sollen.

a) Anwendbarkeit des Urheberrechts

Das Urheberrecht findet auf die Erstellung einer wissenschaftlich-medizinischen Leitlinie grundsätzlich Anwendung. Es handelt sich bei einer solchen Leitlinie um ein Sprachwerk im Sinne von § 2 Abs. 1 Nr. 1 UrhG, auch liegt eine persönliche geistige Schöpfung, also die Schaffung eines bisher noch nicht Dagewesenen,[628] im Sinne von § 2 Abs. 2 UrhG vor. Nach der amtlichen Begründung liegt eine „persönliche geistige Schöpfung“ vor, wenn die Erzeugnisse „durch ihren Inhalt oder durch ihre Form oder durch die Verbindung von Inhalt und Form etwas Neues und Eigentümliches darstellen“.[629] Dabei ist zwischen dem reinen Wortlaut einerseits und der Struktur und dem Aufbau der Leitlinie andererseits zu unterscheiden. Nachdem die Rechtsprechung in der Vergangenheit[630] recht strenge Anforderungen an die Schutzhöhe bei wissenschaftlichen Arbeiten gestellt hatte, erfolgte nach Ansicht *Strauss'* Anfang der 1990er Jahre eine „Trendwende“[631]. Demnach ist der

---

628 Dreier/Schulze-*Schulze*, UrhG, § 2 RN 16.
629 BT-Drs. IV/270, S. 38 re. Spalte.
630 So z.B. die Entscheidungen BGH, Urt. v. 21.11.1980 – I ZR 106/78 (Staatsexamen) = GRUR 1981, 352–355.
631 *Strauss*; Festgabe Schricker 1995, S. 291, 302.

BGH mit zwei[632] wegweisenden Entscheidungen Anfang der 1990er Jahre wohl nicht nur für den Bereich der wissenschaftlichen (Text-)Werke zur Anwendung der „kleinen Münze" zurückgekehrt, auch werden nach dieser Ansicht inhaltliche Elemente und nicht nur die sprachliche Formgebung vom BGH als schutzfähig anerkannt.[633] Seit dieser Feststellung von *Strauss* sind unterdessen über 20 Jahre vergangen. Eine eindeutige Positionierung des BGH liegt jedoch tatsächlich weiterhin nicht vor. Die Rechtsprechung der Obergerichte ist uneinheitlich. Während das OLG Nürnberg die kleine Münze auch auf wissenschaftliche Texte anwendet, die einem Gebrauchszweck dienen,[634] verneint das KG Berlin einen urheberrechtlichen Schutz bereits auf dieser Stufe und verlangt eine Auswahl des (wissenschaftlichen) Materials unter individuellen Ordnungs- und Gestaltungsprinzipien und eine Einordnung in das Einzel- oder Gesamtgeschehen.[635] Die Gedankenformung und –führung führt dabei aus Sicht des Kammergerichts nur dann zu einer Schutzfähigkeit, wenn sie das Alltägliche, Handwerksmäßige, die mechanisch-technische Aneinanderreihung des Materials deutlich übersteigt.[636]

Ob der reine Wortlaut der Leitlinie bei Berücksichtigung dieser uneinheitlichen Rechtsprechung regelmäßig die für den urheberrechtlichen Schutz erforderliche Schöpfungshöhe erreicht, ist damit eine Frage des Einzelfalls. Hingegen kann regelmäßig davon ausgegangen werden, dass die Struktur und wissenschaftliche Aufbereitung der Leitlinie unter dem Blickwinkel der Gedankenformung und -führung den nötigen geistig-schöpferischen Gehalt enthält und somit dem Urheberrecht unterliegt.[637] Zwar könnte eingewendet werden, dass die Ersteller von Leitlinien nicht nur an die Gepflogenheiten des medizinisch-wissenschaftlichen Publikationsbetriebes, sondern darüber hinaus auch an die Vorgaben der AWMF zur Erstellung von Leitlinien im Leitlinien-Manual[638] und im AWMF-Regelwerk[639] gebunden sind. Beide Regelwerke enthalten Vorgaben, wie Leitlinien

---

632 BGH, Urt. v. 12.07.1990 – I ZR 16/89 – (Themenkatalog) = GRUR 1991, 130–133; BGH, Urt. v. 21.11.1991 – I ZR 190/89 – RN 44 (Leitsätze) = GRUR 1992, 382 –386.

633 *Strauss*; a.a.O. S. 302f.

634 OLG Nürnberg, Urt. v. 29.05.2001 – 3 U 337/01 – RN 39 = GRUR 2002, 293–297 (Nichtannahmebeschluss BGH v. 22.02.2002 – I ZR 202/01 – (Sammelwerk/Aufklärungsbögen).

635 KG Berlin, Beschl. v. 11.05.2011 – 24 U 28/11 – = GRUR-RR 2011, 448 (nach Hinweisbeschluss des BGH wurde die Berufung zurückgenommen) zum urheberrechtlichen Schutzumfang bei einem Gutachten unter Verweis auf BGH, Urt. v. 21.11.1980 – I ZR 106/78 – GRUR 1981, 352 (Staatsexamen) zum Schutzumfang bei einer Staatsexamensarbeit. Gegen die „Daseinsberechtigung" des Merkmals „Schöpfungs- und Gestaltungshöhe, *Schricker*, VerlG, § 1 RN 33 m.w.N.

636 KG Berlin, a.a.O. RN 7.

637 So BGH, Urt. v. 11.04.2002 – I ZR 231/99 – RN 21ff. (nach juris), zur Schöpfungshöhe bei Technischen Lieferbedingungen.

638 AWMF und ÄZQ, Leitlinien-Manual.

639 AWMF-Regelwerk.

methodisch zu entwickeln und zu erstellen sind. So befassen sich z.B. Kapitel 6 des Leitlinien-Manuals und das Kapitel „Redaktion“ des AWMF-Regelwerks mit der Frage der Formulierung von Empfehlungen. Inhaltlich sind diese Vorgaben jedoch recht vage gehalten. Der Schwerpunkt der Regelwerke liegt in der methodischen Gewinnung und Aufbereitung von Evidenz und nicht in der Formulierung der Leitlinien. Ein Vergleich der zahlreichen bestehenden Leitlinien bestätigt, dass die formalen Vorgaben der AWMF nicht zu einem strengen Korsett führen, dass keine individuelle Ausgestaltung der Leitlinien ermöglichen würde. Damit gilt, dass Leitlinien urheberrechtlichen Schutz genießen. Dieses Ergebnis wird durch einen erneuten Vergleich mit DIN-Normen gestützt. Wie bei Leitlinien sind auch die Ersteller von DIN-Normen gehalten, Vorgaben in Bezug auf die äußere Form, teilweise sogar in Bezug auf die konkrete Formulierung zu befolgen, die in der DIN-Norm 820 (Normungsarbeit) niedergelegt sind.[640] Nach dem LG Hamburg[641] sind (die streitgegenständlichen) DIN-EN-Normen als Sprachwerke im Sinne des § 2 Abs. 1 Nr. 1, Abs. 2 UrhG und nicht etwa nur als Darstellung wissenschaftlicher oder technischer Art nach § 2 Abs. 1 Nr. 7 UrhG geschützt. Zutreffend führt das Landgericht aus, „an das Vorliegen einer individuellen Schöpfung sind bei Sprachwerken, die Gebrauchszwecken dienen, im Übrigen keine gesonderten Anforderungen im Sinne eines deutlichen Überragens des alltäglichen Sprachschaffens zu stellen“.[642] Damit gilt, dass ein urheberrechtlicher Schutz dann ausscheidet, wenn im Hinblick auf Aufbau und Anordnung des Inhaltes aus Sachgründen zwingend geboten sind und keinen Spielraum für eine individuelle Gestaltung belassen.[643] Im Ergebnis ist die entscheidende Frage, ob im konkreten Einzelfall die für den Schutz erforderliche Schöpfungshöhe erreicht wird.[644] Dies dürfte bei den hier erörterten komplexen Leitlinien der AWMF der Fall sein. Denn verglichen werden müssen die Leitlinien selbst nach der älteren, strikten BGH-Rechtsprechung nicht etwa allein mit anderen Leitlinien oder ähnlich komplexen wissenschaftlichen Arbeiten, sondern mit dem „alltäglichen, mehr oder weniger auf Routine beruhendem“ Schaffen der Berufsgruppe, von dem sie sich in der „Auswahl, Sammlung, Anordnung und Einteilung gegebenenfalls auch in der Darstellung des Stoffs deutlich abheben

---

640 LG Hamburg, Urt. v. 31.03.2015 – 308 O 206/13 – RN 50ff, 58 = Computer und Recht 2016, 223–227.

641 LG Hamburg a.a.O.

642 LG Hamburg a.a.O. RN 54 mit zahlreichen weiteren Nachweisen. A.A. BGH, Urt. v. 17.04.1986 – I ZR 213/83 – RN 14 – wobei nicht klar ist, ob der BGH an dieser Auffassung weiterhin festhält, da er im oben erwähnten Verfahren vor dem OLG Nürnberg, Urt. v. 29.05.2001 – 3 U 337/01 – eine Klärung durch die mögliche Revision durch Nichtannahmebeschluss (BGH v. 22.02.2002 – I ZR 202/01 –) verstreichen ließ.

643 So wohl BGH, Urt. v. 17.04.1986 – I ZR 213/83 – RN 14ff. (Anwaltsschriftsatz).

644 BGH, Urt. v. 11.04.2002 – I ZR 231/99 – RN 21ff. (nach juris), zur Schöpfungshöhe bei Technischen Lieferbedingungen.

muß".[645] Dieses alltägliche, mehr oder weniger auf Routine beruhende Schaffen der Berufsgruppe liegt bei Ärzten aber primär im Bereich der Erstellung von Arztbriefen, Behandlungsdokumentationen und ähnlichen, eher standardisierten Schriftstücken. Im Vergleich zu diesem Schaffen, hebt sich eine Leitlinie „deutlich ab".

Da Leitlinien nach der hier vertretenen Auffassung nicht eo ipso verbindlich sind, unterfallen Sie unter keinen Umständen dem Ausschlusstatbestand des § 5 Abs. 3 UrhG. Auch die Nennung von „evidenzbasierten, praxiserprobten Leitlinien" als zu berücksichtigende Regelungen in § 73 b Abs. 2 Nr. 2 SGB V führt nicht zu einem Verlust des Urheberrechts nach dieser Vorschrift.[646]

Damit bleibt nach dem Vorstehenden festzuhalten, dass Leitlinien regelmäßig dem Schutz des § 2 Abs. 1 Nr. 1 UrhG unterfallen.

b) Urheberrechtliche Gesamthandsgemeinschaft vs. Miturhebergemeinschaft

Nach § 8 Abs. 1 UrhG sind mehrere Personen, wie zum Beispiel die Autoren eines juristischen Handbuchs, Miturheber des entsprechenden Werks, wenn ihre jeweiligen Anteile nicht gesondert verwertet werden können.[647] Dies gilt z.B. auch für juristische Kommentare, unabhängig davon, ob dieser die jeweiligen Autoren der einzelnen Abschnitte ausweist, immer dann, wenn diese sich untereinander abstimmen, damit das Werk wie „aus einem Guss" wirkt und inhaltliche Widersprüche vermieden werden.[648] Abzugrenzen ist diese Miturhebergemeinschaft von der Werkverbindung gem. § 9 UrhG. Bei einer Werkverbindung werden mehrere einzeln verwertbare Schöpfungen zu einem gemeinsamen Werk verbunden, wie dies etwa z.B. bei einer Oper in Bezug auf Musik und Libretto regelmäßig der Fall ist.[649] Hierzu zählen auch z.B. juristische Kommentare, bei denen einzelne, in sich abgeschlossene Teile von unterschiedlichen Autoren stammen und auch gesondert

---

645 BGH, Urt. v. 17.04.1986 – I ZR 213/83 – RN 14 (Anwaltsschriftsatz).

646 Anderes gilt nur für Leitlinien, die vor der Reform des UrhG (2003) veröffentlicht wurden (Gesetz zur Regelung des Urheberrechts in der Informationsgesellschaft, BGBl. I, S. 1774ff.). Nach damaliger Regelung konnten solche Normen, auf die in amtlichen Verlautbarungen wie Gesetzen Verordnungen oder Verwaltungsvorschriften Bezug genommen wurde, dem Begriff des „Amtlichen Werks" im Sinne von § 5 Abs. 1 UrhG unterfallen (so auch BVerfG, Beschl. v. 29.07.1998 – 1 BvR 1143/90 – NJW 1999, S. 414 in Bezug auf DIN-Normen). Wegen der erforderlichen Aktualität von Leitlinien und der Zeitspanne seit Änderung des UrhG und Einführung des § 5 Abs. 3 S. 1 UrhG, wonach der urheberrechtliche Schutz in den Fällen in denen eine bloße Verweisung ohne Wiederholung des Wortlauts erfolgt, bestehen bleibt, ist diese Ausnahmeregelung jedoch allein rechtshistorisch von Interesse.

647 MünchHdb. GesR I-*Schücking*, § 4 RN 66 von dem auch das Beispiel stammt.

648 Ulmer-Eilfort/Obergfell-*Ulmer-Eilfort*; Verlagsrecht, § 1, RN 22.

649 Dreier/Schulze-*Schulze*, UrhG, § 9 RN 2f; Wandtke-Bullinger-*Thum*, § 8 RN 14.

verwertet werden (können).[650] Weiter abzugrenzen ist die Miturherberschaft schließlich von Sammelwerken, bei denen eigenständige Beiträge allein durch eine äußere Klammer verbunden werden, wie bei z.B. Festschriften.[651] Werkverschmelzungen im Sinne einer Miturheberschaft kann es allein bei Werken der gleichen Werkart geben, da sich Werke verschiedener Werkart stets gesondert verbinden lassen.[652] Nicht entscheidend ist der zeitliche Ablauf. Ein gleichzeitiges Schaffen der Werkbestandteile ist nicht erforderlich; auch bei stufenweise entstehenden Werken kann Miturheberschaft bestehen.[653]

Entscheidend ist mithin die Frage der gesonderten Verwertbarkeit. Eine Werkverbindung und damit Miturheberschaft liegt vor, wenn eine „Verschmelzung"[654] der Beiträge zu einem einheitlichen Werk stattfindet. Damit besteht nicht nur bei faktisch untrennbaren Werken Miturheberschaft wie dies z.B. der Fall ist, wenn mehrere gemeinsam ein Bild malen, einen Aufsatz formulieren oder eine Melodie komponieren. Auch originär getrennt und von den einzelnen Autoren gesondert geschaffenen Beiträge für ein gemeinsames Gesamtwerk können dergestalt zu einem einheitlichen Werk verschmelzen, dass eine auch nachträgliche Identifikation der einzelnen Urheber noch möglich, eine faktische Trennung also durchführbar ist.[655] Dies ist z.B. der Fall, wenn mehrere Autoren gesonderte Kapitel oder Szenen geschaffen haben.[656] Entscheidend ist, dass die beteiligten Autoren zusammenwirken, um ein einheitliches Werk zu schaffen und sich damit einer gemeinsamen Gesamtidee unterordnen.[657] Dieses bewusste Zusammenwirken grenzt die Miturheberschaft von der Bearbeitung bei zeitlich nachfolgenden Werkbeiträgen ab.[658] Abzugrenzen ist dies von der Werkverbindung nach § 9 UrhG, bei der originär getrennte Werke nachträglich zu einem Gesamtwerk verbunden werden, ohne ihre Eigenständigkeit dabei aufzugeben.[659] Die Abgrenzung ist danach vorzunehmen, ob die Einzelbeiträge unvollständige Teile des ganzen Werks darstellen oder nicht.[660] Ein Beitrag ist dann gesondert verwertbar, *„wenn er selbstständig verwertbar ist; dies setzt voraus, dass er sich aus dem gemeinschaftlichen Werk herauslösen*

650 Ulmer-Eilfort/Obergfell-*Ulmer-Eilfort*; Verlagsrecht, § 1, RN 22, die als Beispiel einen Zivilrechtskommentar mit gesonderten Teilen für das Sachen- und das Gesellschaftsrechts nennt.
651 Ulmer-Eilfort/Obergfell-*Ulmer-Eilfort*; Verlagsrecht, § 1, RN 22.
652 Wandtke-Bullinger-*Thum*, § 8 RN 9.
653 Wandtke-Bullinger-*Thum*, § 8 RN 9.
654 Wandtke-Bullinger-*Thum*, § 8 RN 7.
655 Wandtke-Bullinger-*Thum*, § 8 RN 7.
656 Wandtke-Bullinger-*Thum*, § 8 RN 7.
657 OLG Düsseldorf, Urt. v. 21.10.2003 – 20 U 170/02 (Beuys-Kopf), RN 22 = GRUR-RR 2005, 1–4
658 OLG Düsseldorf, a.a.O.
659 Wandtke-Bullinger-*Thum*, § 8 RN 7.
660 Wandtke-Bullinger-*Thum*, § 8 RN 7.

lässt, ohne dadurch unvollständig oder ergänzungsbedürftig zu werden".[661] Diese Frage ist objektiv zu beantworten; es kommt nicht auf die subjektive Vorstellung der Beteiligten an.[662] Irrelevant ist, ob die getrennte Verwertung wirtschaftlich sinnvoll ist.[663] Neben der „Ergänzungsbedürftigkeit" des Einzelbeitrages begründet aber auch die Ergänzungsbedürftigkeit des „Restwerks" eine Miturheberschaft.[664] Selbst wenn also der herausgetrennte Werkteil objektiv eigenständig, das Restwerk ohne diesen jedoch nicht mehr verwertbar ist, liegt Miturheberschaft vor.[665] Dieser „Doppelcharakter" des Beitrages führt dazu, dass ein Werkbeitrag innerhalb des Gesamtwerks miturheberrechtlich gebunden bleibt, außerhalb des Gesamtwerks jedoch gesondert verwertbar ist.[666] In diesen Fällen gilt also, dass es sich trotz gesonderter Verwertungsmöglichkeit des Einzelbeitrages dennoch um ein miturheberechtlich gebundenes Gesamtwerk handelt.

Im Falle der Erstellung einer Leitlinie ist es schon auf tatsächlicher Ebene schwierig die einzelnen Beiträge zu trennen. So ist z.B. die Erarbeitung einer Empfehlung in einem nominalen Gruppenprozess unter Berücksichtigung der vorhandenen Literatur nur in einem solchen Gruppenprozess, das heißt im Rahmen eines Konsenses möglich, um die Ergebnisse dann in die gemeinsame Leitlinie als neues wissenschaftliches Werk im Sinne des § 2 Abs. 1 Nr. 1 UrhG einfließen zu lassen. Damit lassen sich die einzelnen schöpferischen Beiträge der Autoren regelmäßig nicht individuell verwerten, sodass eine Werkverbindung im Sinne des § 9 UrhG ausscheidet.

Anderes könnte für einzelne Kapitel der Leitlinie gelten, insbesondere, wenn diese keine Empfehlungen enthalten, wie z.B. einleitende Worte oder Ausführungen zu den jeweiligen Erkrankungsbildern. Dies gilt umso mehr, wenn explizit einzelne Autoren für bestimmte Kapitel oder Textabschnitte genannte werden. Diese neue Entwicklung ist in jüngster Zeit zu beobachten.[667] Sofern und soweit diese einzelnen Kapitel objektiv eigenständig verwertet werden können und tatsächlich auf die alleinige geistige Schöpfung der genannten Autoren zurückgehen, kommt es für die Abgrenzung von Miturheberschaft und Werkverbindung darauf an, ob das Restwerk Leitlinie auch ohne diesen Beitrag bestehen kann, oder ob

---

661 BGH, Urt. v. 26.02.2009 – I ZR 142/06 – RN 39 (Kranhäuser)= GRUR 2009, 1046–1051.

662 BGH, a.a.O.

663 Wandtke-Bullinger-*Thum*, § 8 RN 11.

664 Wandtke-Bullinger-*Thum*, § 8 RN 7.

665 Wandtke-Bullinger-*Thum*, § 8 RN 7; OLG Hamburg, Urt. v. 05.07.2006 – 5 U 105/04 – RN 55 (Kranhäuser) = NJOZ 2007, 2071 spricht von einer „unorganischen Zergliederung" des Gesamtwerks (in der Revision, BGH, Urt. v. 26.02.2009 – I ZR 142/06 – nicht entschieden).

666 Dreier/Schulze-*Schulze*, § 8 RN 5; Wandtke-Bullinger-*Thum*, § 8 RN 7.

667 Zu nennen sind die beiden S3-Leitlinen „Screening, Diagnostik und Behandlung des schädlichen und abhängigen Tabakkonsums" (AWMF-Register 076-006), und „Screening, Diagnose und Behandlung alkoholbezogener Störungen" (AWMF-Registernummer 076-001).

die Herauslösung zu einer „unorganischen Zergliederung“[668] führen würde. Eine eigenständige Verwertung ist insbesondere bei großen Leitlinien wie den NationalenVersorgungsLeitlinien denkbar. Bei den bereits genannten S3-Leitlinien „Tabakkonsum“ und „Alkoholkonsum“ ist eine gesonderte Verwertung sogar explizit im Methodenreport erwähnt. Die dort vorgesehene Veröffentlichung der „Inhalte der Leitlinien in Mitgliederzeitschriften von Patientenorganisationen, Berufsverbänden und Fachgesellschaften“[669] kann nur als auszugsweise Veröffentlichung verstanden werden, führt man sich den Umfang der jeweiligen Langversionen mit 405 Seiten (Alkohol) und 264 Seiten (Tabak) vor Augen. Nach dem oben gefundenen Ergebnis zur erforderlichen Verwertbarkeit des Restwerks bleibt es aber trotz dieser gegebenenfalls bestehenden objektiven Verwertbarkeit von Einzelbeiträgen dabei, dass diese als Bestandteil des Gesamtwerks miturheberrechtlich gebunden sind und insofern den genannten „Doppelcharakter“ zeigen.

Auch diese einzelnen gegebenenfalls gesondert verwertbaren Kapitel wiederum können (und regelmäßig werden) miturheberrechtlich gebunden sein. Dies gilt insbesondere für die in diesen Kapiteln enthaltenen Empfehlungen, da diese Ausfluss eines gemeinsamen schöpferischen Werks der Leitliniengruppe sind. Zwar mag die finale Formulierung der Empfehlung von dem genannten Autor stammen, diese Formulierung stellt aber keine eigene schöpferische Leistung dar. Die schöpferische Leistung liegt vielmehr primär in den Erwägungen und Überlegungen im Vorfeld. Die Entscheidungen zu welchen Fragen es Empfehlungen geben soll und mit welchem Tenor diese Empfehlungen ausgestaltet und begründet werden, stellen die eigentliche schöpferische Leistung dar, die im strukturierten Entscheidungsprozess zunächst formuliert und sodann vom Autor des jeweiligen Kapitels niedergelegt wurden. Damit ist diese konkrete Tätigkeit des Autors vergleichbar mit der einer *„Sekretärin oder eines anderen Mitarbeiters [, denen] „nicht der genaue Wortlaut dessen, was sie in Reinschrift anfertigen sollen, diktiert wird, sondern ein gewisser Spielraum zur Ausformulierung gelassen wird“.*[670] Mit dem *OLG Köln* stellt ein solches Ausformulieren in der Regel keine eigene schöpferische Leistung, sondern allein eine Gehilfenschaft dar.[671] *Thum* geht hingegen davon aus, dass in solchen Fällen eine Miturheberschaft „nahe liegt“.[672] Andererseits gilt aus urheberrechtlicher Sicht bei wissenschaftlichen Arbeiten, dass allein die (auch wesentliche) Beteiligung an der Forschungsarbeit keine Miturheberschaft an der Veröffentlichung der Forschungsergebnisse zur Folge hat.[673] Daran ändern auch die

---

668 OLG Hamburg a.a.O.

669 AWMF Methodenreporte der S3-Leitlinien „Screening, Diagnostik und Behandlung des schädlichen und abhängigen Tabakkonsums“ (AWMF-Register 076-006), und „Screening, Diagnose und Behandlung alkoholbezogener Störungen“ (AWMF-Registernummer 076-001), jeweils S. 43.

670 OLG Köln, Urt. v. 15.04.1988 – 6 U 208/87 – = GRUR 1988, 762.

671 OLG Köln, a.a.O.

672 Wandtke/Bullinger-*Thum*; § 7 RN 15.

673 Wandtke/Bullinger-*Thum*; § 7 RN 16.

Regelung in § 24 Hochschulrahmengesetz und den Regelungen der Landeshochschulgesetze nichts. Die dortigen Vorgaben, wonach entsprechende Mitarbeiter „als Mitautoren" zu nennen sind, hat keinen materiellrechtlichen Einfluss auf die Stellung als Urheber. Diese ist allein nach den Regelungen des UrhG zu bestimmen, die eine eigene relevante schöpferische Leistung in Bezug auf das konkrete Werk verlangen, § 8 UrhG.[674] Bei Leitlinien handelt es sich nicht um Forschung im Sinne des Hochschulrahmengesetzes oder der jeweiligen Landesregelungen, da diese nur den universitären Bereich betreffen. Leitlinien werden regelmäßig außerhalb dieses Bereichs erstellt. Bei einer Subsumtion des Handelns der beteiligten Mandatsträger im Rahmen der Konsensuskonferenzen, also bei der Empfehlungsformulierung im Rahmen der Entscheidungsprozesse unter den Tatbestand des § 7 i.V.m. § 8 Abs. 1 UrhG handelt es sich bei all diesen Mandatsträgern um Miturheber der jeweiligen Empfehlung und somit um Autoren im Sinne des Urheberrechts. Alle Mandatsträger sind an der konkreten Empfehlung schöpferisch beteiligt, da nur durch das kollektive Zusammenwirken überhaupt eine Empfehlung getroffen werden kann.

aa) Gesamthandsgemeinschaft vs. Bruchteilsgemeinschaft

Nach § 8 Abs. 2 Satz 1 UrhG stehen den Autoren die urheberrechtlichen Veröffentlichungs- und Verwertungsrechte zur gesamten Hand zu. Bei dieser Gesamthandsgemeinschaft ex lege handelt es sich zunächst um eine gesetzlich geregelte Rechtsgemeinschaft sui generis und nicht um eine originäre GbR.[675] Diese Gemeinschaft entsteht mit der Entstehung des Werks und endet mit dem Ablauf der Schutzfrist; sie ist unkündbar.[676] Ob die Vorschriften der §§ 705ff. BGB entsprechend anwendbar sind, ist umstritten.[677] *K. Schmidt* argumentiert sogar gegen den Gesetzeswortlaut für eine Anwendung der Vorschriften über die Bruchteilsgemeinschaft nach § 741ff BGB, die durch die in § 8 UrhG gesetzlich bestimmte Vorgabe einer Gesamthandsgemeinschaft nur „modifiziert" werden sollen.[678] Gegen die Anwendbarkeit der GbR-Normen spricht zunächst das Schöpferprinzip des deutschen Urheberrechts.[679] Mit diesem, zuvorderst mit dem Urheberpersönlichkeitsrecht, ist es kaum zu vereinbaren, eine Gemeinschaft als Urheber anzusehen, zumal in den Vorläufervorschriften § 6 LUG und § 8 KUG eine „Gemeinschaft nach Bruchteilen im Sinne des Bürgerlichen Gesetzbuchs" genannt war. Der Gesetzgeber wollte

674 Wandtke/Bullinger-*Thum*; § 7 RN 16.
675 MünchHdb. GesR I-*Schücking*, § 4 RN 66.
676 Dreier/Schulze-*Schulze*, § 8 RN 15.
677 Dafür z.B: *Spindler* FS Schricker, 539, 540; Loewenheim-*v. Becker*, Urheberrecht § 29 RN 143; Schricker/Loewenheim-*Loewenheim*, § 8 RN 10, Dreier/Schulze-*Schulze*, § 8 RN 12; Dagegen z.B: MünchHdb GesR I/*Schücking*, § 4 RN 67.
678 MüKo-*K. Schmidt*, § 741 BGB, RN 65.
679 Siehe hierzu: *Spindler*, FS Schricker, 539, 540, der jedoch im Ergebnis auch für die entsprechende Anwendbarkeit der §§ 705ff BGB votiert.

mit der Begründung der Gesamthandsgemeinschaft ex lege der *„auf gewolltem Zusammenwirken beruhenden besonders engen Gemeinschaft"* unter den Urhebern gerecht werden und Problemen, die sich aus der Anwendung der §§ 741ff BGB ergaben, entgegenwirken.[680] Explizit heißt es in der Gesetzesbegründung zu § 8 Abs. 2 UrhG, dass nach dieser Regelung *„mehrere Miturheber in einer Gemeinschaft zur Gesamten Hand stehen, ähnlich wie eine Gesellschaft des bürgerlichen Rechts."*[681] Es handelt sich somit um eine bewusste Entscheidung des Gesetzgebers, die Miturhebergemeinschaft dem Reglement der §§ 741 ff BGB zu entziehen und nach den Vorschriften über die GbR zu bestimmen; den Vorschriften über die Bruchteilsgemeinschaft kann nur noch dort Bedeutung zukommen, wo auf sie verwiesen wird oder bei einer echten Analogie.[682] Zu beachten ist weiter, dass § 8 UrhG nicht etwa die Urheberrechte bei der Gesamthand verortet. Vielmehr bleiben diese bei den jeweiligen Urhebern als Miturheber.[683] Gegenstand des Gesamthandsvermögens ist allein das „Recht zur Veröffentlichung und Verwertung". Die nach § 8 Abs. 2 UrhG gesetzlich begründete Gesamthandsgemeinschaft betrifft nur die urheberechtlichen Fragen, insbesondere der Verwertung des gemeinsam geschaffenen Werks. Die entsprechende Anwendung der §§ 705ff BGB belastet die Miturheber daher auch nicht ungebührlich. Zunächst betrifft diese nach den Vorgaben des § 8 UrhG nur die Verwertung des Werks. Nur für diese wird die Begründung einer Gesamthandsgemeinschaft ex lege normiert.

bb) Zwischenergebnis

Der in der urheberrechtlichen Literatur bestehende Disput, ob es sich bei den Miturhebern um eine GbR, eine Gesamthandsgemeinschaft sui generis[684] oder gar um eine durch Sonderregelungen modifizierte Bruchteilsgemeinschaft[685] handelt, ist für den hier relevanten Fall dahingehend zu entscheiden, dass die Leitliniengruppe in Bezug auf die urheberrechtlichen Fragestellungen dem Wortlaut des § 8 UrhG und dem Willen des Gesetzgebers entsprechend in der Rechtsform einer Gesamthandsgemeinschaft ex lege tätig wird. Auf diese sind die Vorgaben der Gesellschaft bürgerlichen Rechts jedenfalls entsprechend anzuwenden. Der Ansatz einer modifizierten Bruchteilsgemeinschaft findet weder im Wortlaut des § 8 UrhG Wiederhall noch ist er rechtssystematisch erforderlich. Tatsächlich wird

680 RegE UrhG, BT-Drs. 4/270, S. 41.
681 RegE UrhG, BT-Drs. 4/270, S. 41.
682 so iE auch Dreyer/Kotthoff/Meckel-*Dreyer*, § 8 RN 24.
683 Auch der RegE betont die Bedeutung dieser in § 7 UrhG angelegten Systematik indem er mit dieser die Nichtaufnahme einer seinerzeit geforderten Sonderregelung für ein „Gruppenwerk" nach französischem Vorbild, bei dem die Miturheber mit untergeordnetem Beitrag zugunsten des „Herausgebers" auf Ihr Urheberrecht verzichten müssen, ablehnt.
684 MünchHdb. GesR I-*Schücking*, § 4 RN 66.
685 MüKo-*K. Schmidt*, § 714 BGB, RN 64.

das Urheberpersönlichkeitsrecht als solches gerade nicht auf die Gesamthand übertragen. Vielmehr verbleibt dieses bei den einzelnen Miturhebern. Gerade auch die Unveräußerlichkeit des Urheberpersönlichkeitsrechts, wie sie in § 8 Abs. 4 UrhG aufrechterhalten wird,[686] und damit auch des Miturheberanteils nach § 29 UrhG lassen eine Parallele zu der Regelung des § 719 Abs. 1 BGB erkennen, der, zwar dispositiv ausgestaltet, ein Verfügungsverbot über den Gesellschaftsanteil bestimmt.[687]

cc) Teilrechtsfähigkeit der Miturhebergemeinschaft

Diskutiert wird, ob die Miturhebergemeinschaft nach § 8 Abs. 2 UrhG in Folge der Anerkennung der (Teil-)rechtsfähigkeit der Außen-GbR durch die Rechtsprechung[688] ebenfalls in den Genuss dieser Rechte und Pflichten kommt. Letztlich ist dieser Streit eine Folge des zugrundeliegenden Disputes, ob es sich bei der Miturhebergemeinschaft um eine „echte" GbR, um eine Gesamthandsgemeinschaft sui generis oder sogar um eine modifizierte Bruchteilsgemeinschaft handelt.[689] Mit der hier vertretenen Auffassung, dass die Miturhebergemeinschaft als Gesamthandsgemeinschaft sui generis zu betrachten ist, stellt sich die Frage, ob dieser – parallel zur (Außen)GbR – eine (Teil)rechtsfähigkeit zukommt. *Spindler* befürwortet eine solche Teilrechtsfähigkeit sofern und soweit die nach § 8 UrhG vergemeinschafteten Veröffentlichungs- und Verwertungsrechte betroffen sind.[690] Dies begründet er mit einer Fortschreibung der BGH-Rechtsprechung zur Teilrechtsfähigkeit der Außen-GbR. Gegen diese Ansicht wird argumentiert, die Miturhebergemeinschaft sei gerade keine Miturhebergesellschaft. Nur Letztere könne Teilrechtsfähigkeit erlangen, da jedoch das Urheberrecht personengebunden sei, könne es nicht auf diese übertragen werden und verbleibe bei den Urhebern.[691] Dieses Argument von *Thum* kann nicht überzeugen. § 8 Abs. 2 UrhG bestimmt, dass allein das Recht zur Veröffentlichung und Verwertung gesamthänderisch gebunden sind. Das Urheberpersönlichkeitsrecht soll gerade – so auch der Wille der Gesetzgebers[692] – bei den jeweiligen Miturhebern verbleiben. Auf die Miturhebergemeinschaft übertragen und damit gesamthänderisch gebunden wird aber nach § 8 Abs. 2 UrhG das Recht zur Veröffentlichung und Verwertung. Sofern und soweit aber die Miturheber ihre in der Miturhebergemeinschaft gebundenen Verwertungsrechte nutzbar machen

---

686 RegE UrhG, BT-Drs. 4/270, S. 41f.

687 *Spindler*, FS Schricker, 539, 540.

688 BGH, Urt. v. 29.01.2001 – II ZR 331/00 = BGHZ 146, 341 = NJW 2001, 1056 (Versäumnisurteil, der Sache nach bestätigt durch BGH, Beschl. v. 18.02.2002 = NJW 2002, 1207).

689 Zu diesem Streit, s.o., Punkt C.VII.5.b).

690 *Spindler*, FS Schricker, 539, 545.

691 Wandtke/Bullinger-*Thum*; § 8 RN 23, 41d m.w.N.

692 RegE UrhG, BT-Drs. 4/270, S. 41f.

wollen, treten sie in den Rechtsverkehr ein und zwar nicht als natürliche Einzelpersonen sondern als Miturhebergemeinschaft.

Die Rechtsprechung[693] geht davon aus, dass eine solche Miturhebergesellschaft aufgrund der geringen Anforderungen an die Gründung einer GbR entsteht, sobald die Miturheber im Rahmen ihrer Miturhebergemeinschaft gemeinsam beschließen, das Werk zu veröffentlichen. Danach hätten es die Miturheber gar nicht in der Hand, ob sie eine solche zusätzliche GbR schaffen möchten. Sofern Sie das Werk veröffentlichen möchten, schaffen sie allein durch diesen Beschluss bereits eine GbR. Nach den Ausführungen des 1. Zivilsenats haben es die Miturheber *„auch nicht selbst in der Hand, es bei der aufgrund der gemeinsamen Werkschöpfung kraft Gesetzes entstehenden Gesamthandsgemeinschaft zu belassen oder darüber hinaus eine Gesellschaft bürgerlichen Rechts zu gründen. Miturheber können ihr Werk nach der gesetzlichen Regelung nur gemeinsam verwerten. Bereits der übereinstimmende Entschluss zur gemeinsamen Werkverwertung lösst – soweit die Miturheber keine andere Rechtsform wählen – kraft Gesetzes eine Gesellschaft bürgerlichen Rechts entstehen, ohne dass es dazu eines formellen Gründungsaktes bedarf.“*[694] Für den Regelfall ist diese Feststellung des BGH zutreffend. Jedoch gibt es, wie *Thum* zutreffend ausführt, Ausnahmen, etwa, wenn der gemeinsam Beschluss der Miturheber dahin geht, sich gegenseitig zu einer getrennten Verwertung zu ermächtigen.[695]

dd) Diskussion

Den Mitgliedern der Gesamthandsgemeinschaft nach § 8 Abs. 2 UrhG ist es unbenommen, über die Vorgaben des § 8 Abs. 2 UrhG hinaus eine GbR zum Zwecke der Verwertung zu gründen.[696] Im Rahmen dieser GbR kann dann geregelt werden, wie im Einzelnen das gemeinsam geschaffene Werk verwertet bzw. die Erträge verteilt werden sollen.[697] Zu beachten ist dabei, dass zwar die Gesellschafter diese Miturhebergesellschaft personenidentisch mit den Mitgliedern der Miturhebergemeinschaft sind, zwischen der Miturhebergemeinschaft und der Miturhebergesellschaft jedoch keineswegs Identität besteht.[698] Jedenfalls gegenüber Dritten ist die Miturhebergesellschaft rechtlich eigenständig.[699] Aufgrund der geringen Anforderungen, die § 705 BGB zur rechtsgeschäftlichen Begründung einer GbR aufstellt, ist im konkreten Fall davon auszugehen, dass die Leitliniengruppe sich regelmäßig

693 BGH, Urt. v. 23.02.2012 – I ZR 6/11 RN 25 = BGHZ 193, 49–60 = NJW 2012, 2805–2808.
694 BGH, Urt. v. 23.02.2012 – I ZR 6/11 RN 25. = BGHZ 193, 49–60 = NJW 2012, 2805–2808.
695 Wandtke/Bullinger-*Thum*; § 8 RN 23.
696 MünchHdb. GesR I/*Schücking*, § 4 RN 66. Mit Hinweis auf BGH WM 1998, 1020, 1025
697 MünchHdb. GesR I/*Schücking*, § 4 RN 67.
698 BGH, Urt. v. 23.02.2012 – I ZR 6/11 RN 20 = BGHZ 193, 49–60 = NJW 2012, 2805–2808; Schicker/Loewenheim-*Loewenheim*; § 8 RN 13; Wandtke/Bullinger-*Thum*; § 8 RN 52.
699 BGH, Urt. v. 23.02.2012 – I ZR 6/11 RN 20 = BGHZ 193, 49–60 = NJW 2012, 2805–2808.

stillschweigend zum Zwecke der Veröffentlichung und Verwertung ihres gemeinsam zu schaffenden Werks Leitlinie zusammenschließt und mithin neben der Miturhebergemeinschaft ex lege auch eine Miturhebergesellschaft als originäre GbR nach §§ 705 ff BGB begründet. Allein der (stillschweigend) getroffene gemeinsame Entschluss, die gemeinsam erschaffene Leitlinie der AWMF und den Fachgesellschaften zum Zwecke der öffentlichen Zugänglichmachung und Verbreitung zu überlassen beinhaltet einen entsprechenden urheberrechtlichen Entschluss, Nutzungsrechte einzuräumen. Bereits die nach dem AWMF-Regelwerk erforderliche externe Begutachtung[700] hat zur Folge, dass die Leitlinie – in der dann vorliegenden Arbeitsfassung – im Sinne des § 6 Abs. 1 UrhG veröffentlicht wird. Der aktuelle Mustervertrag[701] der AWMF zu Einräumung von Nutzungsrechten schließlich lässt keine eindeutige Präferenz erkennen.[702] Indem er die Autoren einzeln namentlich aufführt und gerade nicht von der Leitliniengruppe als Vertragspartner spricht, stellt dies eher ein Argument gegen eine Außen-GbR dar.

ee) Zwischenergebnis

Die Miturhebergemeinschaft als solche ist eine Gesamthandsgemeinschaft sui generis und nicht teilrechtsfähig. Sobald die Mitglieder dieser Gesamthandsgemeinschaft jedoch beschließen ihr Werk zu verwerten und damit am Rechtsverkehr teilzunehmen begründen sie, sofern sie nicht explizit anderes vereinbaren,[703] mit dem BGH[704] eine Gesellschaft bürgerlichen Rechts, hier Miturhebergesellschaft genannt. Auf diese finden die Vorschriften der §§ 705 ff BGB und auch die Rechtsprechung des BGH zur Teilrechtsfähigkeit der Außen-GbR Anwendung. Die hier in Frage kommende Teilnahme am urheberrechtlichen Rechtsverkehr erfolgt aktuell tatsächlich nicht erkennbar durch eine Außen-GbR, sondern vielmehr durch die Autoren individuell, zusammengeschlossen in der urheberechtlichen Gesamthandsgemeinschaft. Weder besteht eine über die gesetzlichen Regelungen des UrhG hinausgehende Vertretung der Autoren durch die GbR, noch sind regelhaft – auch wenn dies kein zwingendes Abgrenzungskriterium ist – Vertreter der GbR benannt. Letztlich ist aus Sicht der Autoren aktuell auch kein Grund vorhanden, eine Außen-GbR notwendig zu begründen.

---

700 AWMF-Regelwerk, S. 48: Vorgeschlagen wird entweder eine öffentliche Konsultationsphase im Internet oder durch peer-Verfahren. Jedenfalls bedingen all diese Verfahren das Zugänglichmachen der Leitlinie an Externe und damit das „Zugänglichmachen gegenüber der Öffentlichkeit" im Sinne des § 6 Abs. 1 UrhG.

701 *Nölling/Wienke;* Leitlinien-Mustervertrag zur Einräumung von Nutzungsrechten und Erläuterungen zum Mustervertrag (Addenda zum AWMF-Regelwerk).

702 Siehe zum Mustervertrag, unten Punkt C.VII.6, insb. C.VII.6.a).cc).

703 Wandtke/Bullinger-*Thum*; § 8 RN 23.

704 BGH, Urt. v. 23.02.2012 – I ZR 6/11 RN 25 = BGHZ 193, 49–60 = NJW 2012, 2805–2808.

c) *Zivilrechtliche Rechtsform der Leitliniengruppe: GbR oder Verein*

Neben dieser gesetzlich begründeten urheberrechtlichen Gesamthandsgemeinschaft ist vorliegend zu erörtern, ob die betriebsgruppenähnliche[705] Leitliniengruppe sich im Rahmen der Erstellung der Leitlinie und zur Verfolgung ebendieses Zwecks auch zu einer rechtsgeschäftlich begründeten Innen- oder Außen-GbR zusammenschließt. Oder ob vielmehr die Vorschriften über das Vereinsrecht auf die Leitliniengruppe anzuwenden sind.

Der Umstand, dass der Mitgliederbestand der Autorengruppe vom Grundsatz darauf angelegt ist, unveränderlich zu sein, dass also die Mitglieder nicht ausgetauscht werden, wenn auch nicht immer alle Mitglieder bei jeder Abstimmung anwesend sind, führt dazu, dass die Rechtsform des nichtrechtsfähigen Idealvereins im Sinne des §§ 21, 54 BGB nicht in Betracht kommt. Zudem ist die Autorengruppe nicht auf (unbestimmte) Dauer sondern auf Zweckerreichung angelegt. Auch wenn diese Kriterien nicht zwingend, vielmehr die Übergänge zwischen GbR und Verein fließend sind,[706] sprechen vorliegend die überwiegenden Argumente für die Annahme einer GbR. Insbesondere der Umstand, dass eine Leitliniengruppe nicht auf Dauer begründet wird, um mehrere Leitlinien (oder auch nur die regelmäßig erforderlichen Neuauflagen) zu verfassen, spricht gegen die Annahme eines Vereins. Hier ist auch ein entscheidender Unterschied zu den Normungsausschüssen des DIN e.V. zu sehen, die als nichtrechtsfähige Vereine angesehen,[707] auf Dauer angelegt werden, für größere Themengebiete zuständig sind und eine Vielzahl von Normen verfassen. Auch die vom BGH[708] aufgestellten Voraussetzungen für eine als nichtrechtsfähiger Verein anerkannte Untergliederung eines Gesamtvereins, nämlich die selbständige Wahrnehmung eigener Aufgaben, eine körperschaftliche Verfassung, einen eigenen Namen und Unabhängigkeit vom Wechsel der Mitglieder, sind nicht vollständig erfüllt.

Es ist daher zu prüfen, ob eine GbR vorliegt. Diese GbR könnte sodann auch die Veröffentlichung und Verwertung übernehmen und damit die Gesamthandsgemeinschaft nach § 8 Abs. 2 UrhG bzw. die Miturhebergesellschaft gewissermaßen inkorporieren.

Das primäre Ziel der Leitliniengruppe liegt jedoch nicht in der Veröffentlichung und Verwertung, sondern in der Erschaffung des Werks. Zu diesem gemeinsamen Zweck verbinden sich die Autoren und beschließen diesen Zweck durch vermögenswerte Leistungen – ihre Arbeitskraft – zu fördern. Zwar liegt in dem Willen der Miturheber, an dem Schöpfungsakt mitzuwirken, zunächst nur ein natürlicher Handlungswille.[709] Dies hindert die Beteiligten aber nicht, darüber

705 Hierzu s.o., Punkt E.VII.4.b)cc).

706 Einf. v. § 21 RN 14.

707 *Marburger*, Regeln der Technik, S. 199.

708 BGH, Urt. v. 19.03.1984 – II ZR 168/83 – = BGHZ 90, 331.

709 Schricker/Loewenheim-*Loewenheim*, § 8 RN 8.

hinaus auch einen rechtsgeschäftlichen Willen nach außen erkennbar zu äußern. Wer sich jedoch zur Begründung eines gemeinsamen, untrennbaren Werks mit anderen zusammenschließt, erfüllt damit bereits regelhaft die zwingenden Vorgaben des § 705 BGB zur Begründung einer BGB-Gesellschaft.[710] Damit liegt bereits nach allgemeinen zivilrechtlichen Grundlagen regelmäßig eine BGB-Gesellschaft vor – nicht für die Verwertung, sondern für die Erstellung des Werks als gemeinsamer Zweck der Leitliniengruppe;[711] denn für die Annahme eines gemeinsamen Zwecks genügt bereits jeder erlaubte, auch nichtwirtschaftliche Zweck.[712] Für eine zunächst einmal angenommene reine Innengesellschaft sind keine weiteren Merkmale erforderlich, insbesondere bedarf es keiner gesellschaftlichen Organisation.[713] Vielmehr ist den Gesellschaftern bei einer Vielzahl von BGB-Gesellschaften mitunter noch nicht einmal bewusst, dass sie Gesellschafter einer GbR sind, ein dahingehender Geschäftswille ist nicht erforderlich, konkludentes Handeln und das Bestehen eines Förderungswillens in Bezug auf den gemeinsamen Zweck reichen zur Begründung einer GbR, zum Beispiel im Rahmen einer Fahrgemeinschafts-GbR[714] oder einer Lottogemeinschaft[715] aus.[716] Unschädlich ist dabei, dass die Mitglieder der Leitliniengruppe nicht aus allein intrinsischen Beweggründen ihre Arbeit in der Gruppe aufnehmen, sondern zumindest auch um ihrer individuellen Verpflichtung gegenüber der sie entsendenden Fachgesellschaft zu genügen. Denn das Innenverhältnis unter den Autoren ist zunächst unabhängig von etwaigen im Außenverhältnis bestehenden Rechtsverhältnissen.

Diese, oben[717] als betriebsgruppenähnliche Gemeinschaft bezeichnete, bereits zum Zeitpunkt des Zusammentreffens der Autoren begründete GbR ist im Regelfall personenidentisch mit der soeben beschriebenen Miturhebergesellschaft. Die Autoren verbinden sich zu der Erreichung eines einheitlichen Zwecks, der Schaffung und Veröffentlichung/Verbreitung der Leitlinie in dieser hier Leitlinien-GbR genannten BGB-Gesellschaft.

Gegenstand dieser Gesellschaft ist mehr als nur die Erschaffung der Leitlinie und die gemeinsame Verwertung der jeweiligen Anteile am gemeinsam geschaffenen Werk. Nach Beendigung der eigentlichen Leitlinienarbeit obliegt es der Leitliniengruppe – regelmäßig in Person des Leitlinienkoordinators – für Anfragen betreffend die Leitlinie zur Verfügung zu stehen und insbesondere die weitere

---

710 *Spindler*, FS Schücking, 539, 541.

711 *Schmidt*, Gesellschaftsrecht, S. 1701 zur Teamarbeit.

712 *Spindler*, FS Schücking, 539, 541 m.w.N.

713 MüKo-*Schäfer*, § 705 BGB RN 152.

714 BGH, Urt. v. 20.12.1966 – VI ZR 53/65 = BGHZ 46, 313–319; BGH, Urt. v. 14.11.1978 – VI ZR 178/77 = VersR 1979, 136–137.

715 BGH NJW 1974, 1705, OLG Düsseldorf, Urt. v. 14.01.1982 – 6 U 18/81 = WM 1982, 969–971; OLG Karlsruhe, Urt. v. 10.12.1986 – 9 U 26/85 = NJW-RR 1988, 1266–1268.

716 BGH, Beschl. v. 20.05.1981 – V ZR 25/79 RN 12–13 = NJW 1982, 170–172.

717 S.o., Punkt C.VII.4.b).cc).

aktuelle medizinisch-wissenschaftliche Entwicklung zu beobachten, um die Leitlinie gegebenenfalls anpassen zu können.[718] All diese Aufgaben und Zwecke gehen über die reine urheberrechtliche Verwertung, wie sie in § 8 UrhG benannt ist hinaus.

Vorliegend daher ist vom Bestehen einer GbR auszugehen. Fraglich ist, ob es sich bei dieser GbR um eine Innen- oder eine Außengesellschaft handelt.

aa) Innen- oder Außen-GbR

Dem Gesetz liegt die Gesamthands-Außen-GbR als Regeltypus der §§ 705 ff. BGB zugrunde,[719] wobei zu beachten ist, dass die Annahme einer gesetzlichen Vermutung für das Vorliegen einer Außengesellschaft in ständiger Rechtsprechung verneint wird.[720] Anerkannte Abgrenzungskriterien zwischen Innen- und Außen-GbR sind neben der Bildung von Gesellschaftsvermögen insbesondere die Teilnahme der Gesellschaft am Rechtsverkehr, mithin das Auftreten nach Außen über organschaftliche Vertreter.[721]

(i) Gesellschaftsvermögen

Zu Beginn verfügt die GbR über kein eigenes verkehrsfähiges Vermögen, was für das Vorliegen einer Innengesellschaft spricht. Dieses wird jedoch in Form der Leitlinie geschaffen. Dabei ist zu beachten, dass das Urheberrecht als solches nicht Gesellschaftsvermögen werden kann, da dieses nach § 29 Abs. 1 UrhG nicht übertragbar ist.[722] Die fertige Leitlinie und ihre Derivate (Kurzversion etc.) sowie die Ergebnisse der wissenschaftlichen Tätigkeit zur Vorbereitung der Erstellung der Leitlinie (z.B. Evidenzaufbereitung) stellen jedoch Vermögenspositionen dar.[723] Zudem besteht auf Seiten der Gesellschaft Vermögen in Form der Ansprüche auf Beitragsleistung der einzelnen Gesellschafter (Mitarbeit an der Erstellung der Leitlinie). Diese gesellschaftsrechtlichen Sozialansprüche stellen Vermögen der Gesellschaft von Beginn an dar.[724] Das Vorliegen von eigenem Vermögen und

---

718 AWMF-Regelwerk, S. 58.

719 MüKo-*Schäfer*, § 705 BGB RN 253.

720 Z.B. BGH Urt. v. 23.06.1960 – II ZR 172/59 RN 5 = NJW 1960, 1851–1852; MünchHdb GesR I-*Schücking*; § 3 RN 10 mit zahlreichen weitern Fundstellen aus der Rechtsprechung.

721 MüKo-*Schäfer*, § 705 BGB RN 253.

722 MüKo-*Schäfer*, Vorbemerkungen zu §§ 705ff. BGB RN 128.

723 Der Autor hat Kenntnis von Verträgen zwischen privatwirtschaftlichen Instituten und wissenschaftlich-medizinischen Fachgesellschaften, mit denen die Ergebnisse der beauftragten Evidenzrecherche zu Preisen im mittleren fünfstelligen Eurobetrag verkauft wurden.

724 BeckOK BGB/Schöne BGB § 705 RN 137.

insbesondere der Umstand, dass diese Vermögensbildung von Beginn an beabsichtigt war, sind als Indiz für eine Außengesellschaft zu werten.[725]

(ii) Teilnahme am Rechtsverkehr

Als weiteres und entscheidendes Kriterium für das Vorliegen einer Außengesellschaft verlangen Rechtsprechung und Literatur die Teilnahme der Gesellschaft als solche[726] am Rechtsverkehr durch vertretungsberechtigte Organe. Die Frage, ob die Gesellschaft eine, die bloße schuldrechtliche Beziehung überlagernde Organisation[727] aufweist, ist nur als Indiz zu werten. Nicht ausreichend ist der (alleinige) Umstand, dass die Gesellschaft nach außen erkennbar ist.[728] Tatsächlich verlangen die gesetzlichen Vorgaben der §§ 705 ff. BGB weder die Benennung eines oder mehrerer zur Geschäftsführung berechtigter Gesellschafter noch muss eine besondere organrechtliche Struktur geschaffen werden. Auch ohne schriftlichen oder explizit geschlossenen Gesellschaftsvertrag kann eine GbR nach den Regelungen der §§ 705 BGB wirksam begründet werden. In diesem Fall ist auf die gesetzlichen Auffangregelungen zurückzugreifen. So sind im Zweifel alle Gesellschafter gemeinsam gem. § 709 BGB zur Geschäftsführung berufen und verpflichtet. Konkret treten die Mitglieder der Leitliniengruppe in der Eingehung und Erfüllung ihrer Verpflichtung gegenüber der sie entsendenden bzw., bei „freien“ Experten, der federführenden Fachgesellschaft in den Rechtsverkehr ein. Dies tun sie auch gemeinschaftlich. Da ein solches gemeinschaftliches Auftreten jedoch sowohl im Rahmen einer eigengruppenähnlichen Außen-GbR als auch im Rahmen einer betriebsgruppenähnlichen Innen-GbR möglich ist, stellt es allein kein Argument für das Vorliegen einer Außengesellschaft dar. Vielmehr lässt sich aus dem Umstand, dass die Autoren regelmäßig gemeinsam und unter eigenem Namen und nicht als „Leitliniengruppe“ in Erscheinung treten, ableiten, dass gerade keine weitergehende Organisationsstruktur besteht, die eine Teilnahme am Rechtsverkehr als Außen-GbR argumentativ stützen könnte. Dies könnte dann anders zu beurteilen sein, wenn die Leitliniengruppe nicht nur intern, sondern auch extern bei organisatorischen Fragen auf einen Leitlinienkoordinator oder eine Steuergruppe zurückgreift und diese als Vertreter der Leitliniengruppe nach außen agierten. Letztlich verläuft diese Abgrenzung parallel zu der oben vorgenommenen Abgrenzung zwischen Betriebsgruppe und Eigengruppe, sodass auch hier die besseren Argumente für eine betriebsgruppenähnliche Innen-GbR sprechen.

Der aktuelle Mustervertrag[729] der AWMF zu Einräumung von Nutzungsrechten schließlich ist für die hier interessierende Frage weitestgehend unergiebig, da er

---

725 MüKo-*Schäfer*, § 705 BGB RN 275.

726 *Schmidt*, GesR § 58 II 2 a.

727 Müko.*Schäfer*, § 705 BGB RN 275 sieht das Fehlen einer solchen Struktur als klares Indiz für das Vorliegen einer reinen Innen-GbR an.

728 *Schmidt*, NJW 2001, 993, 1001.

729 *Nölling/Wienke;* Leitlinien-Mustervertrag zur Einräumung von Nutzungsrechten und Erläuterungen zum Mustervertrag (Addenda zum AWMF-Regelwerk).

sich allein zu der urheberrechtlichen Situation verhält. Indem er die Autoren einzeln namentlich aufführt und gerade nicht von der Leitliniengruppe als Vertragspartner spricht, stellt er eher ein Argument gegen eine Außen-GbR dar.

bb) Diskussion

Insgesamt überwiegen die Argumente für das Vorliegen einer reinen Innengesellschaft. Zwar kann das Vorliegen eines Gesellschaftsvermögens in Form der von den Autoren einzubringenden Arbeitsleistung als Argument für eine Außen-GbR genannt werden. Jedoch scheitert diese aktuell an der fehlenden, erkennbaren Teilnahme der Außen-GbR als solcher am Rechtsverkehr.

cc) Zwischenergebnis

Die Mitglieder der Leitliniengruppe schließen sich zu einer betriebsgruppenähnlichen Innen-GbR zusammen.

d) Ergebnis

Die zur Erstellung einer Leitlinie benötigten Experten werden durch die Fachgesellschaft individuell beauftragt. Zur Erstellung der Leitlinie und somit zur Erfüllung ihres Auftrages verbinden sich die Experten in einer betriebsgruppenähnlichen Innen-GbR nach §§ 705ff. BGB. In Bezug auf die Zusammensetzung der Leitliniengruppe besteht ein Vorschlags- und Mitspracherecht der Mitglieder und insbesondere des Leitlinienkoordinators. Letztlich entscheiden jedoch dennoch die Fachgesellschaften über die Zusammensetzung der Gruppe aufgrund des ihnen zukommenden Rechts, Experten in die Gruppe zu entsenden.

Das Urheberrecht liegt bei einer gesetzlich begründeten Gesamthandsgemeinschaft nach § 8 Abs. 2 Satz 1 UrhG, ggfls. bei einer von den Miturhebern begründeten Miturhebergesellschaft. Wenn und soweit die Autoren als Leitliniengruppe gemeinsam in Bezug auf die urheberrechtliche Verwertung ihres Werks auftreten, nehmen sie als Gesellschaft am Rechtsverkehr teil. In diesem Fall liegt eine Außen-GbR vor. Bisher kann nicht regelhaft davon ausgegangen werden, dass zusätzlich eine Miturhebergesellschaft in der Rechtsform einer Außen-GbR besteht. Die Gründung einer solchen wäre aber jederzeit auch nachträglich möglich.[730] Dies könnte z.B. relevant werden, wenn Leitlinien zukünftig weiteren Verwendungen zugeführt werden sollten.[731]

730 Wandke/Bullinger-*Thum*; § 8 RN 52.

731 In Frage kommen hier insbesondere „Zweitverwertungen“ z.B. in Form von Smartphone- und/oder Tablet-PC-Apps, die bereits heute mitunter kostenpflichtig angeboten werden.

e) *Exkurs: mögliche Formen der Einräumung und (Weiter-)Übertragung von Nutzungsrechten*

Erst seit 2014 sieht das AWMF-Regelwerk den Abschluss eines Nutzungsrechteeinräumungsvertrags[732] zwischen den Autoren und den beteiligten Fachgesellschaften und der AWMF vor. Davor existierten nur in Einzelfällen schriftliche Vereinbarungen zwischen den Autoren der Leitlinie, mithin den Urhebern, und den diese Leitlinien verbreitenden und vervielfältigenden Institutionen (Fachgesellschaften und AWMF, BÄK, KBV, etc.).[733] In der Regel erfolgte schlicht eine entsprechende Vervielfältigung und/oder Verbreitung durch diese Institutionen ohne eine weitere Befassung mit den urheberrechtlichen Rahmenbedingungen. Solange alle Beteiligten mit der tatsächlich stattfindenden Nutzung des Werks einverstanden sind, ist dies aus juristischer Sicht im Ergebnis unproblematisch.[734] Konfliktpotential besteht z.B. bei der Frage der Nennung der Autoren. Als Miturheber haben grundsätzlich[735] sämtliche Autoren das Recht als Urheber genannt zu werden, § 13 UrhG. Die Praxis sieht hingegen bei drucktechnischer Veröffentlichungen und Verbreitung in Fachzeitschriften mitunter nur die Nennung einiger Autoren vor. Gleiches gilt im Falle von Buchveröffentlichungen. Hier werden gelegentlich nur ein bis drei Autoren auf dem Einband genannt. Diese Praxis dürfte jedoch rechtlich keinen Bestand haben. Zunächst ist eine Branchenüblichkeit erforderlich, die Regelcharakter hat. Zusätzlich müssen Praktikabilitätserfordernisse hinzukommen. So mag es unüblich und mit unverhältnismäßigem Aufwand verbunden sein, bei industrieller Formgebung und Massenfertigung von Gebrauchsgegenständen wie Lampen oder Möbel, den oder die Urheber auf jedem einzelnen Produkt erkenntlich zu machen.[736] Bei der drucktechnischer Veröffentlichungen und Verbreitung in Fachzeitschriften ist es jedoch regelmäßig unproblematisch und ohne besonderen Aufwand möglich, alle Autoren zu nennen.

Zukünftig besteht jedoch erhebliches urheberrechtliches Konfliktpotential. Denn nicht nur die Frage der Namensnennung, dürfte mit zunehmender

---

732 zum AWMF-Mustervertrag, s.u., Punkt C.VII.8.a).

733 Dem Autor sind vereinzelte Musterverträge zur Einräumung von Nutzungsrechten einzelner Fachgesellschaften bekannt. Die AWMF arbeitete bis 2014 allein mit einem Disclaimer auf Ihre Website (www.awmf.org/leitlinien/aktuelle-leitlinien.html (Stand: 04.05.2014), wonach die erforderlichen Nutzungsrechte „automatisch" mit Einreichung der LL bei der AWMF dieser eingeräumt werden. Zu den Details der dahinterstehenden rechtlichen Konstruktion, siehe: *Wienke/Nölling*; GMS Mitt AWMF. 2012;9.

734 Siehe zu den Details: *Wienke/Nölling*; GMS Mitt AWMF. 2012;9.

735 Ausnahmen können sich aus der Branchenüblichkeit ergeben, BGH, Urt. v. 16.06.1994 – I ZR 3/92 – = NJW 1994, 2621 – 2623.

736 BeckOK-UrhG-*Kroitzsch/Götting;* § 13 RN 22 – 23 von denen das Beispiel übernommen wurde.

Bedeutung[737] der Leitlinien an Brisanz gewinnen. Bereits die Teilnahme an der Erstellung einer Leitlinie steigert die wissenschaftliche Reputation. Schließlich wird bereits damit begonnen, Leitlinien auch entgeltlich abzugeben[738] oder gegen entgeltliche Lizenzen die Verwendung des Leitlinieninhalts z.B. in Datenbanken oder Computerprogrammen (Apps)[739] zu gestatten. Wie diese sich zukünftig verstärkt stellenden Fragen aus rechtlicher Sicht beantwortet werden können, soll unten[740] näher beleuchtet werden.

6 Rechtsverhältnisse zwischen Autoren und Fachgesellschaften

Wie oben dargestellt agiert die Leitliniengruppe regelmäßig als betriebsgruppenähnliche Innen-GbR, während auf Seiten der Fachgesellschaften je nach Organisationsgrad von einer Außen- oder einer Innen-GbR auszugehen ist.

Weiter werden die einzelnen Experten – soweit es sich um Mandatsträger handelt – von den jeweiligen Fachgesellschaften benannt und in die Leitliniengruppe entsandt. Die sonstigen, externen Experten werden durch die Leitliniengruppe herangezogen.

Es ist mithin zwischen mehrere Rechtsverhältnisse zu differenzieren. Es besteht ein Rechtsverhältnis zwischen den in der Leitliniengruppe zusammengeschlossenen Autoren einerseits und den Fachgesellschaften andererseits über die Erstellung der Leitlinie. Wie oben[741] dargestellt, ist hier je nach konkreter Ausgestaltung entweder von Innen- oder Außen-GbRs auszugehen, was zu divergenten

---

737 Die Akzeptanz von hochwertigen Leitlinien in der Ärzteschaft steigt: 2001 beklagten *Kirchner et al.*, Dtsch Med Wochenschr 2001, 1215, noch eine fehlende Akzeptanz bei der Ärzteschaft. 2005 betonen *Lankisch et al.* Dtsch Med Wochenschr 2005, 130, 1627, bereits die hohe Akzeptanz der damals bestehenden Leitlinien zum Thema Diagnose und Therapie der akuten Pankreatitis. 2010 schließlich konstatieren *Weinbrenner et al.* Z. Evid. Fortbild. Qual. Gesundh. wesen (ZEFQ) 104 (2010) 533–539, dass die Akzeptanz von NVL bei den Erstellern und Anwendern von Leitlinien zwar hoch, die Umsetzung ihrer Inhalte in die klinische Praxis (Implementierung) jedoch ausbaufähig sei.

738 So werden gedruckte Versionen von Leitlinien z.B. vom Springer Verlag kostenpflichtig abgegeben. Beispielhaft zu nennen ist die S3-Leitlinie bipolare Störungen (AWMF-Register-Nr: 038/018), federführende Gesellschaften sind die Deutsche Gesellschaft für Psychiatrie und Psychotherapie, Psychosomatik und Nervenheilkunde e.V. (DGPPN), die unter der ISBN 978-3-642-37773-0 in Buchform mit 474 Seiten für knapp 50,00 EUR verkauft wird während diese Leitlinie auf der Seite der AWMF (www.awmf.org/leitlinien/leitlinen-suche.html) mit 511 Seiten im pdf-Format kostenfrei heruntergeladen werden kann.

739 Apps bieten verschiedene Verlage, mitunter in Zusammenarbeit mit den jeweiligen Fachgesellschaften oder auch Fachgesellschaften unmittelbar an. S.u., Punkt C.VII.8.a).ee)

740 S.u., Punkt C.VII.8.a).hh).

741 s.o., Punkt C.VII.4 und 5.

Rechtsverhältnissen führt. Weiter besteht ein „Entsendeverhältnis“ zwischen den Mandatsträgern und den entsendenden Fachgesellschaften. Schließlich besteht ein Rechtsverhältnis in Bezug auf die externen Experten.

a) Rechtsverhältnis zwischen den in der Leitliniengruppe zusammengeschlossenen Autoren und den beteiligten Fachgesellschaften

Die Fachgesellschaften schließen sich entweder in einer Außen-GbR, vergleichbar einer ARGE, zusammen[742] oder, bei einem geringeren Organisationsgrad, verantwortet die federführende Fachgesellschaft allein die Erstellung der Leitlinie und bedient sich der übrigen Fachgesellschaften nur subsidiär. Diese Konstellation ist mit der Beihilfegemeinschaft vergleichbar, sodass zwischen den Fachgesellschaften eine Innen-GbR besteht.[743]

Auf Seiten der Autoren besteht regelmäßig allein eine betriebsgruppenähnliche Innen-GbR.[744] Mithin treten die Autoren als Individuen auf. Anderes gilt nur in den Fällen, in denen sie sich zu einer Außen-GbR zusammengeschlossen haben, was, wie oben gezeigt, grundsätzlich jederzeit möglich ist.

Das urheberrechtliche Verhältnis zwischen Autoren und Fachgesellschaften ist gesondert zu betrachten. Allein durch das Bestehen eines Arbeits- oder Dienstverhältnisses gelten ausweislich der Regelung des § 43 UrhG keine Besonderheiten, insbesondere erfolgt keine automatische Einräumung von Nutzungsrechten aus einem solchen Dienstverhältnis. Das Urheberrecht als solches verbleibt ohnehin beim Urheber.

aa) Bei Vorliegen einer Fachgesellschafts-GbR und bei NVL und OL-Leitlinien

In den genannten Konstellationen existiert, wie oben gezeigt,[745] auf Seiten der Träger-Organisationen jeweils eine rechtsfähige Außen-GbR, die rechtlich als Erstellerin der Leitlinie anzusehen ist. Diese im Folgenden Fachgesellschafts-GbR genannte Außen-GbR bedient sich der in der Leitliniengruppe zusammengeschlossenen Autoren zum Zwecke der Erstellung der Leitlinie. Zu beachten ist, dass dieses Rechtsverhältnis zunächst keinen Einfluss auf die urheberrechtliche Situation hat, § 43 UrhG. Urheber sind und bleiben die Autoren.

Für das Rechtsverhältnis zwischen der Trägerorganisation und den Autoren ist ein entgeltliches Vertragsverhältnis in Form eines Werk- oder eines Dienstvertrages denkbar, auch in der Ausformung als Arbeitsverhältnis. In diesem Fall

---

742 S.o., Punkt C.VII.4.a).aa).(ii).(2).
743 S.o., Punkt C.VII.4.a).aa).(ii).(1).
744 S.o., Punkt C.VII.4.b).cc).(iv). und C.VII.5.d).
745 s.o. Punkt C.VII.4.a).aa).(ii).(4).

könnte die Erstellung der Leitlinie durch die Mitglieder des Expertengremiums im Rahmen des Direktionsrechts des Arbeitsgebers beauftragt werden.[746] Daneben ist ein (unentgeltlicher) Auftrag im Sinne der §§ 671ff. BGB zu prüfen. Schließlich ist gegebenenfalls die Existenz eines eigenständigen Leitlinienerstellungsvertrages zu erörtern.

(i) Werk- oder Dienstvertrag

Aus der ehrenamtlichen Tätigkeit der Autoren ergibt sich zwingend, dass ein Leitlinienerstellungsvertrag weder in Form eines Werk- noch in Form eines Dienstvertrages vorliegen kann. Denn beide Vertragsarten verlangen, dass der Auftragnehmer, hier die Autoren, vom Auftraggeber eine im Gegenseitigkeitsverhältnis stehende Leistung für seine Tätigkeit erhält.[747] An diesem Synallagma fehlt es aber vorliegend. Die Autoren erbringen ihre Leistung unentgeltlich. Daher sind die Leistungen der Autoren auch nicht nach dem Regelungsinhalt eines Gutachtenerstellungsvertrages zu bewerten, da dieser als Sonderfall des Werkvertrages ebenfalls ein Synallagma voraussetzt. Schließlich scheidet aus demselben Grund auch ein Arbeitsverhältnis als Sonderform des Dienstvertrages aus. Die die Leitlinie herausgebende Fachgesellschaft ist zu keiner synallagmatischen Gegenleistung verpflichtet. Der Aufwendungsersatz, den die Fachgesellschaft den Autoren ggfls. zu zahlen verpflichtet ist, ist nicht der Beweggrund für die Tätigkeit der Autoren im Sinne eines do ut des. Durch den Aufwendungsersatz soll lediglich verhindert werden, dass den Autoren bei ihrer unentgeltlichen Tätigkeit Kosten entstehen.[748] Diese Entschädigungspflicht soll die Hauptleistung (Erstellen der Leitlinie) unterstützen und stellt aus schuldrechtlicher Sicht somit eine Nebenleistungspflicht dar.[749] Damit fehlt es an einer Grundvoraussetzung des zweiseitig verpflichtenden Vertrages.[750] Der eventuell nach Veröffentlichung der Leitlinie eintretende Reputationsgewinn in der Fachwelt oder auch urheberrechtliche Tantiemen oder ähnliches stellen keine Gegenleistung der die Leitlinie herausgebenden Fachgesellschaft dar.

(ii) Einseitig verpflichtender Vertrag

Aus der Ermangelung eines Synallagmas kann aber nicht im Wege des arg. e contrario geschlossen werden, es liege ein einseitig verpflichtender Vertrag vor. Zwar soll den Auftraggeber, hier die Fachgesellschafts-GbR, keine Hauptleistungspflicht

---

746 Das Direktionsrecht des Arbeitgebers ergibt sich aus § 106 GewO und reicht soweit wie dessen arbeitsvertraglich vereinbartes Weisungsrecht reicht. Siehe dazu: Palandt-*Weidenkaff*, § 611 RN 45ff. m.w.N.

747 *Medicus/Lorenz*, Schuldrecht II, RN 848.

748 *Medicus/Lorenz*, Schuldrecht I, RN 115.

749 *Medicus/Lorenz*, Schuldrecht I, RN 119.

750 *Medicus/Lorenz*, Schuldrecht I, RN 115.

treffen, andererseits werden durchaus Leistungen durch die Fachgesellschafts-GbR – wie oben beschrieben – erbracht. Dazu soll die Fachgesellschaft nach der Auffassung der Parteien auch verpflichtet sein. Diese Leistungspflicht steht zwar nicht im Gegenseitigkeitsverhältnis zur geschuldeten Tätigkeit der Autoren und somit nicht im Synallagma,[751] es handelt sich dennoch um eine Leistungspflicht, so dass ein einseitig verpflichtender Vertrag ausscheidet.

(iii) Unvollkommen zweiseitig verpflichtender Vertrag/ Auftragsverhältnis, §§ 662ff. BGB

Bei dem Rechtsverhältnis zwischen Autoren und Fachgesellschafts-GbR als Herausgeber der Leitlinie, handelt es sich um einen unvollkommen zweiseitig verpflichtenden Vertrag. In Frage kommt insbesondere ein Auftragsverhältnis im Sinne der §§ 662ff. BGB. Ein Auftragsverhältnis ist eine gesetzlich geregelte Variante des unvollkommen zweiseitig verpflichtenden Vertrages.[752] Es liegt vor, wenn der Beauftragte sich verpflichtet, ein Geschäft des Auftraggebers für diesen unentgeltlich zu besorgen, § 622 BGB. Der Auftrag kennzeichnet sich demnach durch einen Rechtsbindungswillen gerichtet auf eine Geschäftsbesorgung unter Verzicht auf eine synallagmatische Gegenleistung. Dabei ist der Begriff der Geschäftsbesorgung sehr weit zu verstehen; er umfasst jede fremdbezogene Tätigkeit.[753] Bloßes Unterlassen oder Dulden genügt nicht,[754] liegt hier aber auch nicht vor. Ferner ist es unschädlich, wenn auch der Beauftragte ein Interesse an dem Geschäft hat, sofern er auch im Interesse des Auftraggebers handelt.[755] Unerheblich ist zudem, ob eine handlungs- oder erfolgsbezogene Tätigkeit besteht[756], ob bei Entgeltlichkeit also ein Dienst- oder ein Werkvertrag vorliegt, deren unentgeltliches Gegenstück der Auftrag bildet[757]. Dies ergibt sich bereits aus § 675 BGB (arg. e contrario).

(1) Anwendung des Auftragsrechts auf Nicht-Vermögensangelegenheiten

Schließlich wenden Rechtsprechung und Lehre die gesetzlichen Regelungen zum Auftrag auf die Erledigung aller Angelegenheiten des Auftraggebers an,

---

751 *Medicus/Lorenz*, Schuldrecht I, RN 116.

752 *Medicus/Lorenz*, Schuldrecht I, RN 115, *Medicus/Lorenz* Schuldrecht II, RN 849, Palandt-*Sprau*, Einf. v § 662 RN 1.

753 *Medicus/Lorenz* Schuldrecht II, RN 847.

754 Palandt-*Sprau*, § 662, RN 6a.

755 Palandt-*Sprau*, § 662, RN 7; BGH, Urt. v. 09.02.1955 – VI ZR 286/53 – BGHZ 16, 265/273, mit Hinweis auf RGZ 79, 65, *Larenz*, Lehrbuch des Schuldrechts, Band II, Halbband I, S. 410, mit Hinweis auf BGHZ 16, 266.

756 *Medicus/Lorenz* Schuldrecht II, RN 847.

757 *Medicus/Lorenz* Schuldrecht II, RN 848.

unabhängig von der Frage, ob es sich um Geschäfte des Auftraggebers im engeren Sinne, also um vermögensrelevante Angelegenheiten handelt.[758]

(2) Abgrenzung zum reinen Gefälligkeitsverhältnis

Da eine Gegenleistung der Fachgesellschaft oder des sonstigen Auftraggebers nicht vorliegt, ist auch eine außerrechtsgeschäftlich erwiesene Gefälligkeit in Betracht zu ziehen. Entscheidendes Merkmal des Auftrags in Abgrenzung zu einer reinen Gefälligkeit ist der Rechtsbindungswille der Parteien.[759] Auch wenn die Parteien im konkreten Fall diesen Rechtsbindungswillen nicht explizit erklären, muss bei der vorliegenden Situation von einem solchen ausgegangen werden. Entscheidend ist nicht der innere Wille der Parteien, sondern wie sich das Verhalten der Beteiligten bei Würdigung aller Umstände einem objektiven Beurteiler darstellt.[760] Die erheblichen Aufwendungen, die zur Erstellung einer Leitlinie erforderlich sind, insbesondere im Hinblick auf die aufgewendete eigene Arbeitskraft der Autoren, lässt kaum erwarten, dass diese ihre Tätigkeit ohne Anspruch auf Aufwendungsersatz nach den §§ 669, 670 BGB erfüllen möchten. Zudem besteht ein erhebliches Interesse des Auftraggebers an einer rechtlichen Bindung, da durch eine solche das eigentliche Ziel, die Fertigstellung der Leitlinie, erreicht werden kann. Zudem besteht ein erhebliches Interesse des Auftraggebers an einer ordnungsgemäßen Erstellung einer insbesondere von inhaltlichen sowie redaktionellen Fehlern freien Leitlinie. Insoweit liegen dem Leitlinienerstellungsvertrag neben dienstvertraglichen insbesondere werkvertragliche Element zugrunde, die mit denen eines Gutachtenerstellungsvertrages vergleichbar sind. Hier wie da ist der Auftraggeber in erster Linie an dem erstellten „Werk" und weniger an der Dienstleistung als solcher interessiert.

(3) Zustandekommen und Beendigung des Auftrags

Der Auftrag im Sinne des § 662 BGB kommt formlos durch Antrag und Annahme in Form eines Konsensualvertrages zustande.[761] Das Vertragsverhältnis endet mit der vollständigen Besorgung des Geschäfts, also der Erstellung der Leitlinie oder durch Kündigung, die, wenn sie vom Auftraggeber ausgesprochen wird, aus historischen Gründen[762] als Widerruf bezeichnet wird. Wenn der Beauftragte zur Unzeit ohne wichtigen Grund kündigt, macht er sich nach § 671 Abs. 2 BGB schadensersatzpflichtig. Das Recht zur Kündigung aus wichtigem Grund ist nicht

758 *Larenz*, Lehrbuch des Schuldrechts, Band II, Halbband I, S. 409.
759 *Medicus/Lorenz* Schuldrecht II, RN 854.
760 Ständige Rspr. z.B. BGH, Urt. v. 22.06.1956 – I ZR 198/54 – BGHZ 21, 102–112, Urt. v. 02.07.1968 – VI ZR 135/67 – NJW 1968, 1874, Urt. v. 17.05.1971 – VII ZR 146/69 – NJW 1971, 1404.
761 *Medicus/Lorenz* Schuldrecht II, RN 855.
762 *Medicus/Lorenz* Schuldrecht II, RN 857.

disponibel, § 671 Abs. 3 BGB. Für den hier relevanten Leitlinienerstellungsvertrag dürfte – konkludent – nur ein eingeschränktes Widerrufs- bzw. Kündigungsrecht bestehen. Da die Erstellung der Leitlinie nicht nur im Interesse des Auftraggebers liegt, sondern auch in dem der Beauftragten und Dritter (Fachwelt, Patienten), spricht vieles dafür, dass ein Widerruf des Vertragsverhältnisses mit der Folge, dass Aufwendungen nicht mehr erstattet werden müssten, nur bei Vorliegen eines wichtigen Grundes zulässig sein dürfte.

(4) Weisungsgebundenheit

Nach § 665 BGB ist der Beauftragte berechtigt, von den Weisungen des Auftraggebers abzuweichen, wenn er den Umständen nach annehmen darf, dass der Auftraggeber bei Kenntnis der Sachlage die Abweichung billigen würde. Daraus folgt eine grundsätzliche Weisungsgebundenheit des Beauftragten gegenüber dem Auftraggeber. Tatsächlich unterliegen die Mitglieder der Leitliniengruppe keinem Weisungsrecht der Fachgesellschafts-GbR. Die Formulierung der Leitlinien-Inhalte erfolgt in redaktioneller Unabhängigkeit.[763] Die methodischen Vorgaben, nach denen die Leitlinie zu erstellen ist, stammen nicht von der Fachgesellschafts-GbR, sondern aus dem AWMF-Regelwerk, auf welches die Vertragsparteien als einzuhaltender Standard dynamisch verweisen.

(iv) Zwischenergebnis/Leitlinienerstellungsvertrag

Die zur Erstellung einer Leitlinie benötigten Experten werden durch ihre Fachgesellschaft in die Leitliniengruppe entsandt. Die Fachgesellschafts-GbR beauftragt diese sodann individuell mit der Beteiligung an der Erstellung der Leitlinie. Auch etwaige externe Experten, die nicht von einer Fachgesellschaft entsandt werden, erhalten ihren Auftrag von der Fachgesellschafts-GbR. Zur Erstellung der Leitlinie und somit zur Erfüllung ihres Auftrages verbinden sich die Experten schließlich in einer betriebsgruppenähnlichen Innen-GbR nach §§ 705ff. BGB.

Auf dieses als Leitlinienerstellungsvertrag zu bezeichnendes Rechtsverhältnis findet das Auftragsrecht nach §§ 662ff. BGB Anwendung. Dieser bipolar-mehrteilige Leitlinienerstellungsvertrag enthält werk- und dienstvertragliche Elemente und verweist inhaltlich dynamisch auf das Regelwerk der AWMF.

Zivilrechtliche Erstellerin der Leitlinie ist in dieser Konstellation die Fachgesellschafts-GbR. Wie oben ausgeführt,[764] bedeutet dies bei S-klassifizierten Leitlinien, dass die beteiligten Fachgesellschaften in der Fachgesellschafts-GbR zusammengefasst gemeinsam Erstellerin sind, während bei NVL und OL-Leitlinien das ÄZQ[765] bzw. das Leitlinien-Programm Onkologie[766] Erstellerin der Leitlinien aus

763 *ÄZQ*; Methodenreport NVL, 5. Aufl. S. 12.
764 S.o. Punkt C.VII.6.a).aa).
765 s.o. Punkt C.VII.4.a).aa).(ii).(4).
766 s.o. Punkt C.VII.4.a).aa).(ii).(4).

zivilrechtlicher Sicht ist. Keine Auswirkung hat dieses auf die urheberrechtliche Bewertung. Urheber sind und bleiben die Mitglieder der Leitliniengruppe als miturheberrechtlich gebundene Autoren.

Anderes gilt nur, wenn die Autoren sich nicht in einer Innen- sondern einer Außen-GbR zusammenschließen. In diesem Fall werden nicht die einzelnen Mitglieder der Leitliniengruppe Vertragspartner eines bipolar-mehrteiligen Vertrages mit der Fachgesellschafts-GbR, sondern die Leitliniengruppen-GbR wird Vertragspartner eines bipolar-einteiligen Vertrages mit der Fachgesellschafts-GbR. Zivilrechtliche Erstellerin der Leitlinie im Außenverhältnis bleibt dennoch die Fachgesellschafts-GbR, denn auch in diesem Fall erfolgt die Zusammensetzung der Leitliniengruppe nach den gleichen Kriterien des AWMF-Regelwerks[767], sodass weiterhin nicht von einer eigengruppenähnlichen Struktur, sondern von einer betriebsgruppenähnlichen Struktur auszugehen ist.

bb) Bei Vorliegen einer Beihilfegemeinschaft zwischen der federführenden Fachgesellschaft und den sonstigen beteiligten Fachgesellschaften in Form einer Innen-GbR

Bei dieser Konstellation tritt, wie oben dargelegt, allein die federführende Fachgesellschaft gegenüber den in einer betriebsgruppenähnlichen Innen-GbR zusammengeschlossenen Mitgliedern der Leitliniengruppe als Vertragspartner gegenüber. Die übrigen beteiligten Fachgesellschaften sind allein über eine Innen-GbR mit dieser verbunden.

Die obigen Ausführungen zu der Situation bei einer Fachgesellschafts-Außen-GbR gelten mit der Maßgabe entsprechend, dass allein die federführende Fachgesellschaft Vertragspartner wird.

Auch hier ist die urheberrechtliche Situation getrennt zu betrachten.

cc) Urheberrechtliche Situation

Die Verbreitung der fertiggestellten Leitlinie erfolgt – wie oben dargestellt – auf unterschiedlichen Wegen. In der Vergangenheit wurden etwaige urheberrechtliche Fragen nicht oder nur selten thematisiert. Dies dürfte in erster Linie dem Umstand geschuldet sein, dass Leitlinien in der Vergangenheit unentgeltlich verbreitet und die Autoren ehrenamtlich tätig wurden. Unterdessen drängen urheberrechtliche Fragestellungen jedoch verstärkt in den Fokus der Beteiligten. Einige Fachgesellschaften sind in der Vergangenheit davon ausgegangen, ein ausschließliches Nutzungsrecht an den „eigenen" Leitlinien zu besitzen oder haben sich ein solches von den Autoren einräumen lassen. Eine solche Herangehensweise führt jedoch zu Implikationen mit den übrigen beteiligten Fachgesellschaften bzw. der AWMF.

---

767 Im Falle von NVL und OL-Leitlinien gelten die dortigen Regelwerke. Das Ergebnis bleibt aber, wie gezeigt, identisch.

Aufgrund der stetig wachsenden medizinischen Bedeutung und der absehbaren kommerziellen Verwertung von Leitlinien war es daher angezeigt ein einheitliches Vorgehen in Bezug auf urheberrechtliche Fragen bei der Erstellung von medizinischen Leitlinien abzustimmen. Seit dem Jahr 2014 wurde daher das Regelwerk der AWMF zur Erstellung medizinischer Leitlinien um ein Addendum in Form eines urheberrechtlichen Mustervertrages nebst einer entsprechenden laienverständlichen Erläuterung erweitert.[768] Sofern die beteiligten Parteien, die Autoren, die AWMF sowie die entsendenden Fachgesellschaften diesen Vertrag nutzen, richten sich die urheberrechtlichen Fragen nach den dortigen Regelungen[769], andernfalls gelten die Vorgaben des nur bedingt auf die konkrete Situation anwendbaren UrhG.

Die Autoren werden von den Fachgesellschaften benannt und erstellen in deren Auftrag gemeinsam die Leitlinie. Zweck dieser Tätigkeit ist, die fertiggestellte Leitlinie zu veröffentlichen und zu verbreiten. Die Fachgesellschaften, bzw. die sonstigen Herausgeber[770] veröffentlichen die so erstellten Leitlinien über die ihnen zur Verfügung stehenden Publikationsorgane. Die Autoren haben bereits zu Beginn ihrer Tätigkeit in der Leitliniengruppe Kenntnis von diesem Umstand. Jedenfalls konkludent räumen sie daher mit Freigabe der fertiggestellten Leitlinie den jeweiligen Fachgesellschaften ein einfaches Nutzungsrecht an derselben ein.[771] Aktuell[772] wird verstärkt dazu übergegangen, diese Rechteeinräumung auch förmlich zu dokumentieren.[773] Da die Fachgesellschaften die Leitlinien jedoch regelmäßig nicht selbst vervielfältigen und verbreiten im Sinne des § 1 VerlG kommt dieses nicht direkt zur Anwendung auf das Rechtsverhältnis zwischen den Autoren und den jeweiligen Fachgesellschaften. Einzelne Vorgaben des VerlG können jedoch in Zweifelsfällen analog herangezogen werden. Nicht analog anwendbar sind all jene Vorgaben des dispositiven VerlG, die auf die diesem Vertragstyp wesenseigene drucktechnische Vervielfältigung und Verbreitung abstellen, sofern die Leitlinie allein digital verbreitet wird. Dabei sind die Vorgaben des UrhG zu berücksichtigen. Eine Schlechterstellung der Autoren im Vergleich zu den verbindlichen Vorgaben des UrhG durch eine analoge Anwendung des dispositiven VerlG ist ausgeschlossen. Dies gilt insbesondere in Bezug auf das vom VerlG zugrunde gelegte ausschließliche Nutzungsrecht gem. §§ 2–7, 8 VerlG.

---

768 *Nölling/Wienke;* Leitlinien-Mustervertrag zur Einräumung von Nutzungsrechten und Erläuterungen zum Mustervertrag (Addenda zum AWMF-Regelwerk).

769 Zu den Vorgaben des Mustervertrages – s.u.: Punkt C.VII.8.a).

770 Bei NVL treten noch AWMF, BÄK und KBV als weitere Herausgeber hinzu. Bei Leitlinien aus dem OL-Programm sind die beteiligten Fachgesellschaften zwar nicht offiziell Herausgeber, dennoch sind sie bei der Auswahl und Beauftragung der Autoren entscheidungsbefugt. Siehe zu diesen Leitlinienprogrammen oben, Punkt C.III. und IV.

771 Siehe zu den urheberrechtlichen Fragestellungen im Detail unten, Punkt C.VIII.8.a).

772 *Nölling/Wienke;* Leitlinien-Mustervertrag zur Einräumung von Nutzungsrechten (Addenda zum AWMF-Regelwerk).

773 Siehe zu den entsprechenden Bemühungen der AWMF unten Punkt C.VIII.8.a).gg).

b) Rechtsverhältnis zwischen den Mandatsträgern und den entsendenden Fachgesellschaften

Neben dem soeben beschriebenen Leitlinienerstellungsvertrag zwischen der Fachgesellschafts-GbR, bzw. der federführenden Fachgesellschaft und den Mitgliedern der Leitliniengruppe über die Erstellung der Leitlinie existieren auch zwischen den einzelnen Mandatsträgern und den sie entsendenden Fachgesellschaften jeweils individuelle Rechtsverhältnisse.

Es kommen zwei Rechtsverhältnisse in Betracht. Zum einen ist ein vereinsrechtliches zum anderen ein vertragsrechtliches Verhältnis zu den Fachgesellschaften zu untersuchen.

aa) Vereinsrechtliches Rechtsverhältnis – Mitgliedschaft und Organstellung im Sinne der §§ 30 ff. BGB

(i) Leitlinienarbeit als Ausfluss der Vereinsmitgliedschaft

Sofern es sich bei dem jeweiligen Mitglied der Leitliniengruppe um ein Mitglied der entsendenden Fachgesellschaft handelt, kommt eine Tätigkeit in der Leitliniengruppe für den Verein als Ausfluss des mitgliedschaftlichen Verhältnisses in Betracht.

Aus der Vereinsmitgliedschaft als solche ergibt sich keine Pflicht (und kein Recht), an der Erstellung einer Leitlinie mitzuwirken. Die Teilnahme an der Erstellung einer Leitlinie als Mitglied der Leitliniengruppe ist jedoch regelmäßig als satzungsgemäße Vereinsaufgabe zu klassifizieren. So wird die Erstellung von Leitlinien entweder unmittelbar als Vereinszweck in der Satzung explizit benannt[774] oder lässt sich – insbesondere bei bereits älteren Satzungen – ohne weiteres unter die allgemein gefassten Auffangklauseln der „Förderung von Wissenschaft und Praxis“[775] des jeweiligen Fachgebietes subsumieren. Sofern mithin ein Vereinsmitglied im Auftrag der Fachgesellschaft als Mandatsträger an der Erstellung einer Leitlinien als Mitglied der Leitliniengruppe beteiligt ist, ist diese Tätigkeit als satzungsgemäße Aufgabe auch Ausfluss der Mitgliedschaft.

---

774 Siehe z.B. die Satzung der Deutschen Gesellschaft für Radioonkologie, die in § 2 Abs. 2 b) explizit als Vereinszweck benennt: *„Förderung der (...)Radioonkologie durch Erstellung eigener Studien, Datenerhebungen, Leitlinien...“*, abrufbar unter www.degro.de/ueber-uns/satzung (Stand: 30.09.2016).

775 Siehe z.B. die Satzung der Deutschen Gesellschaft für HNO-Heilkunde, die unter § 2 Abs. 1 ihrer Satzung ausführt: *„Die Deutsche Gesellschaft für (...) bezweckt die Förderung der wissenschaftlichen und praktischen Hals-Nasen-Ohrenheilkunde...“*, abrufbar unter: www.hno.org/info/satzung.html#2 (Stand: 30.09.2016).

(ii) Leitlinienarbeit als Organ oder besonderer Vertreter des Vereins

Darüber hinaus kann die Arbeit in der Leitliniengruppe bei entsandten Mandatsträgern auch dann in einem vereinsrechtlichen Kontext gesehen werden, wenn es sich bei der betreffenden Person nicht um ein Mitglied der Fachgesellschaft handelt. Nach § 30 BGB kann neben dem Vorstand für „gewisse Geschäfte" auch ein sogenannter „besonderer Vertreter" benannt werden, der sodann als „Organ"[776] der Fachgesellschaft aktiv werden kann. Bei diesen besonderen Vertretern kann es sich sowohl um Vereinsmitglieder als auch um Externe handeln. Entgegen des klaren Wortlautes der Norm ist nach Rechtsprechung[777] und hL[778] nicht erforderlich, dass die Bestellung des besonderen Vertreters in der Satzung explizit bestimmt sein muss. Die hL verlangt jedoch, dass in der Satzung die Bestellung eines besonderen Vertreters jedenfalls gestattet, was dann der Fall sein soll, wenn sie „eine Einrichtung vorschreibt oder zulässt, mit welcher die Bestellung eines besonderen Vertreters notwendig verbunden ist"[779] *Arnold*[780] lehnt diese weitgehende Auslegung mit dem Hinweis ab, dass diese allzu sehr von dem Wunsch getragen ist, die haftungsrechtlichen Einschränkungen des § 831 BGB auszugleichen und verlangt unter Hinweis auf die vereinssatzungsrechtlichen Rahmenbedingungen, dass in der Satzung die Schaffung eines selbstständigen Geschäftsbereichs explizit vorgesehen sein muss. Dass diese allein gestattet wird, reicht nach dieser Meinung nicht aus. Insbesondere der Hinweis auf den konstitutiven Charakter der Vereinssatzung, der sich auch aus § 71 BGB ergibt, wonach Änderungen der Satzung einer konstitutiven Eintragung in das Vereinsregister bedürfen, gibt ihr einiges Gewicht.

Vorliegend muss dieser Streit für die Mehrzahl der Fachgesellschaften, bei denen eine Zustimmung durch den Vorstand im Rahmen der Gesamtverabschiedung erforderlich ist, nicht entschieden werden, da es an dem weiteren, sowohl von der Rechtsprechung als auch der Literatur geforderten Tatbestandsmerkmal der Repräsentation fehlt. Anders ist dies bei den Fachgesellschaften, bei denen der Entsandte auch im Rahmen der Gesamtverabschiedung für die Fachgesellschaft stimmberechtigt ist (das Prokura-Modell). Für die Mehrzahl der Fachgesellschaften, bei denen einen eigenständige Entscheidung des Vorstandes erfolgt, gilt:

---

776 Staudinger-*Weick*; § 30 BGB RN 1.

777 St. Rspr. siehe z.B. BGH, Urt. v. 30.10.1967 – VII ZR 82/65 = BGHZ 49, 19–24, RN 11; BGH Urt. v. 27.4.1962 – VI ZR 210/61 = VersR 1962, 664; RG, Urt. v. 03.02.1919 – VI 347/18 = RGZ 94, 318.

778 Staudinger-*Weick*, § 30 BGB RN 3 m.w.N. a.A. MüKo-*Arnold*, § 30 BGB, RN 5ff.

779 Staudinger-*Weick*, § 30 BGB RN 3, der unter Hinweis auf RGZ 91, 1, 3 das Beispiel einer auswärtigen Zweigniederlassung mit eigenständigem Geschäftskreis nennt.

780 MüKo-*Arnold*, § 30 BGB, RN 5ff.

(1) Bei Fachgesellschaften, bei denen die Gesamtverabschiedung der Leitlinie durch den Vorstand unmittelbar erfolgt

Dem besonderen Vertreter nach § 30 BGB muss eine Außenwirkung in der Form zukommen, dass er den Verein nach außen „repräsentiert". Der BGH führt dazu aus:

> *„Vielmehr genügt es, daß dem Vertreter durch allgemeine Betriebsregelung und Handhabung bedeutsame, wesensmäßige Funktionen der juristischen Person zur selbständigen, eigenverantwortlichen Erfüllung zugewiesen sind, daß er also die juristische Person auf diese Weise repräsentiert."*[781]

Dabei kommt es nicht darauf an, dass die Mandatsträger im Innenverhältnis gegenüber dem Vorstand der Fachgesellschaft weisungsgebunden sind.[782] Jedoch fehlt es an einer Vertretung nach „außen" und damit an der erforderlichen Repräsentation. Die Tätigkeit innerhalb der Leitliniengruppe stellt keine Tätigwerden im Rechtsverkehr dar. Bei der Leitliniengruppe handelt es sich vielmehr um eine einem internen Beratungsgremium vergleichbare Institution, die die finale Entscheidung des Vereinsvorstandes nur vorbereitet.[783] Das Abstimmungsverhalten des entsandten Mandatsträgers ist für die Fachgesellschaft nicht bindend, allein deren Vorstand trägt – durch das bestehende Vetorecht[784] – Verantwortung im Außenverhältnis.

Dieses Ergebnis wird auch durch einen Vergleich mit den Normungsausschüssen des DIN e.V. bestätigt, die als Organe des DIN e.V. betrachtet werden: Der DIN e.V. kontrolliert nicht mehr das Ergebnis der Ausschüsse, ihm kommt kein Vetorecht gegen deren Entscheidungen zu.[785] DIN-Ausschüsse werden in § 2.2 der aktuellen Satzung des DIN e.V. als „Normungsorgane zur Wahrnehmung der satzungsgemäßen Aufgaben" bezeichnet, die von den „Vereinsorganen" zu unterscheiden seien.[786] Nach den oben dargelegten Grundsätzen sind die DIN-Normungsausschüsse damit Organe i.S.d. §30 BGB.

Vergleichbare Bestimmungen lassen sich in den Satzungen der wissenschaftlich-medizinischen Fachgesellschaften nicht finden.[787]

---

781 BGH, Urt. v. 30.10.1967 – VII ZR 82/65 = BGHZ 49, 19–24, RN 11 m.w.N.

782 BGH, Urt. v. 12.07.1977 – VI ZR 159/75 – RN 16 = NJW 1977, 2259–2261.

783 Zwar existieren höchstrichterliche Entscheidungen, die auch bei einem reinen Innenorgan eine Vertreterstellung i.S.d. § 30 annehmen (z.B. RGZ 163, 21; BGH Urt. v. 27.4.1962 – VI ZR 210/61 = BGH VersR 1962, 664). Diese sind jedoch unterdessen als veraltet zu betrachten (siehe: BGH, Urt. v. 30.10.1967 – VII ZR 82/65 = BGHZ 49, 19 (21) = NJW 1968, 391; BGH, Urt. v. 12.07.1977 – VI ZR 159/75 – RN 16 = BGH NJW 1977, 2259 und früher RGZ 157, 228 (236).

784 AWMF-Regelwerk S. 49.

785 *Terner*, S. 164 FN 612 mit Hinweis auf *Marburger*, S. 199.

786 Satzung des DIN e.V., abrufbar unter: www.din.de/de/din-und-seine-partner/din-e-v (Stand: 30.10.2016).

787 S.o., Punkt C.VII.6.b).aa).

(2) Bei Fachgesellschaften, bei denen die Gesamtverabschiedung der Leitlinie durch einen bevollmächtigten Entsandten erfolgt (Prokura-Modell)

Auch wenn sich die Fachgesellschaft für das „Prokura-Modell“[788] entschieden hat und damit der Entsandte mit seiner Zustimmung zur Leitlinie im Rahmen der Leitliniengruppe zugleich auch die Zustimmung der Fachgesellschaft im Rahmen der Gesamtverabschiedung erklärt, kommt es im Ergebnis nicht auf eine Entscheidung des oben dargestellten Streits an, da in den Satzungen der Fachgesellschaften – soweit ersichtlich – weder die strengen Anforderungen von *Arnold* noch die weicheren Vorgaben der Rechtsprechung und hL erfüllt werden, wonach die Satzung jedenfalls *„eine Einrichtung vorschreibt oder zulässt, mit welcher die Bestellung eines besonderen Vertreters notwendig verbunden ist“*[789]. Mit der Benennung der Erstellung von Leitlinien als Satzungszweck ist keine Einrichtung satzungsmäßig zulässig, *„mit der die Bestellung eines besonderen Vertreters notwendig verbunden ist“*. Auch in diesen Fällen, kann die Fachgesellschaft ohne weiteres die Verabschiedung der Leitlinie dem Vorstand vorbehalten, die Bestellung des besonderen Vertreters ist also nicht *notwendig*.

(iii) Zwischenergebnis

Bei den Mitgliedern der Leitliniengruppe, die als Mandatsträger einer Fachgesellschaft entsandt werden, ist zu differenzieren: Handelt es sich bei ihnen um Mitglieder der Fachgesellschaft, werden sie bei ihrer Tätigkeit in der Leitliniengruppe im Rahmen der satzungsgemäßen Aufgaben der Fachgesellschaft in deren Auftrag tätig. Handelt es sich nicht um Mitglieder finden diese vereinsrechtlichen Sonderregelungen keine Anwendung, da die von den Fachgesellschaften entsandten Mandatsträger, unabhängig von dem Bestehen einer etwaigen Mitgliedschaft in der Fachgesellschaft, nicht als besonderer Vertreter oder Organ der Fachgesellschaft im Sinne des § 30 BGB anzusehen sind. Dabei kommt es auch nicht darauf an, ob die Satzung der Gesellschaft die Entwicklung und/oder Veröffentlichung von Leitlinien explizit vorsieht und ob der Entsandte bevollmächtigt ist, im Namen der Fachgesellschaft auch die Gesamtverabschiedung der Leitlinie durchzuführen (Prokura-Modell).

bb) Vertragsrechtliches Verhältnis

Neben dieser vereinsrechtlichen Verbindung ist auch eine zivilrechtliche Verbindung zu prüfen. Dies liegt für solche Mitglieder der Leitliniengruppe, die, ohne Vereinsmitglied zu sein, von der Fachgesellschaft als Mandatsträger entsandt

---

788 AWMF-Regelwerk S. 49.

789 Staudinger-*Weick*, § 30 BGB RN 3, der unter Hinweis auf RGZ 91, 1, 3 das Beispiel einer auswärtigen Zweigniederlassung mit eigenständigem Geschäftskreis nennt.

werden, auf der Hand. Aber auch für Vereinsmitglieder ist zu prüfen, welche konkreten Absprachen und Bedingungen mit ihrer Entsendung einhergehen.

Wie oben gezeigt liegt mangels einer synallagmatischen Gegenleistung kein Dienst- oder Werkvertrag vor. Auch in diesem Verhältnis zwischen entsendender Fachgesellschaft und Mandatsträger sind die Grundlagen des Auftragsverhältnisses nach §§ 662ff BGB anzuwenden.

(i) Weisungsrecht

Nach § 665 BGB ist der Beauftragte berechtigt, von den Weisungen des Auftraggebers abzuweichen, wenn er den Umständen nach annehmen darf, dass der Auftraggeber bei Kenntnis der Sachlage die Abweichung billigen würde. Daraus folgt eine grundsätzliche Weisungsgebundenheit des Beauftragten gegenüber dem Auftraggeber. Tatsächlich unterliegt der entsandte Experte auch einem begrenzten Weisungsrecht seiner Fachgesellschaft. Dieses ist so ausgestaltet, dass der Experte sich zunächst weisungsfrei an der Erstellung der Leitlinie beteiligt, dabei jedoch seine Beiträge mit der Gruppe bzw. Organisation, die er repräsentiert so umfassend wie möglich abstimmt.[790] Die Formulierung der Leitlinien-Inhalte erfolgt in redaktioneller Unabhängigkeit.[791] Bevor jedoch im Rahmen der Konsensusprozesse über die in der Leitlinie enthaltenen Empfehlungen abgestimmt wird, ist der Experte gehalten, sich mit seiner Fachgesellschaft im Vorfeld über das Abstimmungsverhalten abzustimmen, da nicht der einzelne Experte, sondern die Fachgesellschaft stimmberechtigt und somit auch entscheidungsberufen ist.[792] Der Experte wird somit entsandt, um die Fachgesellschaft zu repräsentieren.

(ii) Ergebnis/Mandatsvertrag

Diese Situation lässt sich mit der gesetzlichen Vorgabe des § 665 S. 2 BGB vereinbaren, nach der der Beauftragte vor dem Abweichen von einer Weisung dem Auftraggeber Anzeige zu machen und dessen Entschluss abzuwarten hat, wenn nicht mit dem Aufschub Gefahr verbunden ist. Die Mandatsträger stehen damit in einem auftragsrechtlichen Verhältnis nach §§ 662ff BGB zu der sie entsendenden Fachgesellschaft. In diesem, im Folgenden als Mandatsvertrag zu bezeichnenden

---

790 Leitlinien-Manual von AWMF und ÄZQ, ZaeFQ (2001) 95 Suppl. I S. 34.

791 *ÄZQ*; Methodenreport NVL, 5. Aufl. S. 12.

792 Für Nationale Versorgungsleitlinien ergibt sich dies unmittelbar aus Punkt 7.3.2 des Methoden-Report des NVL-Programms. Dort heißt es: *„Jeder Organisation steht im Abstimmungsverfahren jeweils eine Stimme zur Verfügung, die nicht-stimmberechtigten Entsandten wirken beratend mit.“* Für „normale“ Leitlinien ergibt sich dies aus dem Umstand, dass eine Veröffentlichung der Leitlinie erst nach Freigabe durch die Vorstände der beteiligten Fachgesellschaften erfolgt. Gegebenenfalls wird der Konsensusprozess, insbesondere die Abstimmung über die in der Leitlinie enthaltenen Empfehlungen nach einem Veto wiederholt, siehe hierzu, AWMF-Regelwerk, S. 49.

Rechtsverhältnis besteht ein begrenztes Weisungsrecht. Dieses Ergebnis gilt unabhängig von der Frage, ob der Mandatsträger Mitglied der Fachgesellschaft ist oder nicht. Allein aus dem mitgliedschaftlichen, mithin vereinsrechtlichen Verhältnis lässt sich die weitgehende und enge Bindung der Person an die Fachgesellschaft und der umfassende Katalog von Aufgaben nicht ableiten, unabhängig davon, ob die Vereinssatzung die Erstellung von Leitlinien als Vereinszweck benennt, da diese Aufgabe allein durch die Nennung in der Satzung noch nicht auf ein einzelnes Mitglied übertragen werden kann.

7 Rechtsverhältnis zwischen Fachgesellschaften und AWMF

Näher zu betrachten ist auch das Rechtsverhältnis zwischen den beteiligten Fachgesellschaften und der AWMF.

Herausgeber der hier besprochenen klinischen Leitlinien nach dem Regelwerk der AWMF sind die jeweiligen Fachgesellschaften[793]. Ihnen obliegt die Auswahl der Themen und die Organisation ihrer Erstellung. Die Initiative geht von den Fachgesellschaften aus[794]. Fachgesellschaften und AWMF kooperieren bei der Leitlinienarbeit.

Abhängig von der jeweiligen Intensität der Zusammenarbeit kommen unterschiedliche Rechtsverhältnisse in Betracht:

a) Vereinsrechtliches Verhältnis

Zunächst besteht ein vereinsrechtliches Verhältnis, die Fachgesellschaften sind Mitglieder der AWMF. Allein auf diesem lässt sich aber die Zusammenarbeit bei der Leitlinienarbeit in der erforderlichen Qualität nicht begründen. So dient die AWMF ausweislich ihrer Satzung primär

> *„der Förderung der fächerübergreifenden Zusammenarbeit ihrer Mitgliedsgesellschaften bei der Wahrnehmung wissenschaftlich-medizinischer Aufgaben und Ziele sowie der Verbindung der wissenschaftlichen Medizin mit der ärztlichen Praxis“*[795].

Die Leitlinienarbeit lässt sich unter den Satzungszweck subsumieren. Die konkrete Ausgestaltung der Zusammenarbeit zwischen AWMF und den Fachgesellschaften ergibt sich hieraus jedoch nicht. Dennoch sind die grundlegenden Fragen der Zusammenarbeit bereits in diesem vereinsrechtlichen Verhältnis behandelt.

So koordiniert die AWMF die Leitlinienerstellung der verschiedenen Fachgesellschaften.

---

793 AWMF-Regelwerk, abrufbar unter: www.awmf.org/leitlinien/awmf-regelwerk/hilfen-werkzeuge/anmeldeverfahren.html (Stand: 11.09.2011).

794 Dies ist der Regelfall, s.o., E.VI.1.

795 § 2 Abs. 1 AWMF-Satzung, abrufbar unter www.awmf.org/die-awmf/satzung.html (zuletzt abgerufen am: 17.01.2017).

Diese müssen, sofern sie an einer Aufnahme der Leitlinie in das Register der AWMF interessiert sind, bereits im Vorfeld Kontakt mit dieser aufnehmen und die Erstellung der Leitlinie unter Nennung des Themas, der beteiligten Fachgesellschaften, des Koordinators und der geplanten Klasse (S1-S3) anmelden.[796] Nur solche im Vorfeld angemeldeten Leitlinien werden in das Register aufgenommen. Sinn und Zweck ist die Vermeidung von Doppelstrukturen und insbesondere widersprüchlichen Aussagen in verschiedenen Leitlinien zum gleichen Themenbereich.[797] Die AWMF koordiniert die Erstellung indem sie überprüft, ob die methodischen Anforderungen des AWMF-Regelwerks eingehalten werden.[798] Diesen Service erbringt die AWMF gegenüber ihren Mitgliedsgesellschaften als über den Mitgliedsbeitrag abgedeckte Leistung ohne gesonderte Rechnungsstellung.[799] Sofern und soweit die Fachgesellschaften eine darüber hinausgehende Betreuung durch die AWMF wünschen, z.B. zur Moderation des Konsensusverfahrens, stellt diese den Gesellschaften geeignete, d.h. methodisch geschulte Experten gegen Entgelt zur Verfügung.[800]

Die grundlegenden Fragen der Kooperation zwischen AWMF und Fachgesellschaften ergeben sich mithin aus dem vereinsrechtlichen Verhältnis.

b) Zivilrechtliches Verhältnis

Zwischen den beteiligten Fachgesellschaften und der AWMF besteht neben dem vereinsrechtlichen Verhältnis auch ein zivilrechtliches Verhältnis über die Mitwirkung bei der Erstellung und Veröffentlichung von Leitlinien. Zunächst soll die Veröffentlichung der Leitlinie auf der Website der AWMF als finales Ziel der Kooperation in den Fokus genommen werden.

c) Verlagsvertrag

Als Vertragstyp, der das Rechtsverhältnis zwischen Fachgesellschaft(en) und AWMF definiert, kommt zunächst ein Verlagsvertrag im Sinne von § 1 VerlG in Frage. Nach dieser spezialgesetzlich kodifizierten Vertragsform wird „der Verfasser [eines Werkes der Literatur oder der Tonkunst] verpflichtet, dem Verleger das Werk zur Vervielfältigung und Verbreitung für eigene Rechnung zu überlassen. Der Verleger ist verpflichtet, das Werk zu vervielfältigen und zu verbreiten", § 1 VerlG. Der Verlagsvertrag als gegenseitiger Vertrag ist ein Vertrag sui generis mit Elementen des Kauf-, Werk-, Miet-, Pacht-, und ggfls. Gesellschaftsrechts; er ist

796 AWMF-Regelwerk, a.a.O.

797 *Müller*, Erweiterte Regeln zur Publikation von Leitlinien bei der AWMF, S. 1; GMS Mitt AWMF. 2010;7: Doc14.

798 Leitlinien-Manual von AWMF und ÄZQ, a.a.O., S. 14, AWMF-Regelwerk, a.a.O.

799 Auskunft von Frau Prof. *Kopp*, AWMF-Institut für Medizinisches Wissensmanagement c/o Philipps Universität Marburg.

800 S.u. Punkt C.VII.7.e).

der Gruppe der Urheberrechtsverwertungsverträge zuzuordnen.[801] Nicht nur der Urheber des Werks, auch ein Dritter, kann Verlaggeber eines Verlagsvertrages werden, sofern er die erforderlichen Rechte besitzt, § 48 VerlG.[802] Damit können auch die Fachgesellschaften grundsätzlich Verlaggeber im Sinne des Verlaggesetzes sein. Ein Verlagsvertrag kann sowohl in Bezug auf ein bereits fertiges Werk, § 11 Abs. 1 VerlG, als auch in Bezug auf ein noch zu erstellendes Werk, § 11 Abs. 2 VerlG abgeschlossen werden. Vorliegend ist letztere Alternative von Bedeutung. Der Verlagsvertrag ist nicht formbedürftig, kann also insbesondere auch mündlich oder konkludent abgeschlossen werden.[803] Die Vorgaben des VerlG sind, mit Ausnahme der hier nicht relevanten §§ 36 (Regelungen im Fall der Insolvenz des Verlegers) und 39 Abs. 1 (Regelung zu urheberrechtsfreien Werken) VerlG dispositiv.[804] Sofern und soweit jedoch von den grundlegenden Vorgaben des VerlG abgewichen wird, liegt kein Verlagsvertrag vor, die Regelungen des VerlG sind in soweit dann auch nicht anwendbar.[805] Nicht begriffswesentlich für einen Verlagsvertrag ist eine Vergütung des Verfassers durch den Verleger;[806] begriffswesentlich sind hingegen die im Synallagma stehenden Pflichten des § 1 VerlG, mithin die Pflicht des Verfassers, dem Verleger das Manuskript zu überlassen und die des Verlegers, dieses Werk zu vervielfältigen und zu verbreiten.[807] In Bezug auf die Vergütung ist darauf hinzuweisen, dass im Rahmen einer seit längeren geplanten Novellierung des VerlG eine Vergütungspflicht als synallagmatische Hauptleistungspflicht vorgesehen ist.[808] Zudem ist in den Fällen, in denen der Verlaggeber zugleich der Urheber ist, § 32 UrhG anwendbar, der eine „angemessene Vergütung“ des Urhebers zwingend vorsieht.

---

801 *Schricker*, VerlG, § 1 RN 11.

802 Dies ist bei Leitlinien tatsächlich jedoch zweifelhaft. Bisher wurden in den meisten Fällen keine schriftlichen oder mündlichen Vereinbarungen über die Übertragung von Nutzung- und Verwertungsrechten an Leitlinien zwischen Urhebern (Autoren) und Fachgesellschaften geschlossen. Der Inhalt der konkludent geschlossenen Verträge ist nicht ohne Weiteres zu bestimmen; nicht möglich ist es auf diesem Weg jedenfalls ein Recht zur Weiterübertragung des Nutzungsrechts zu gewähren. Siehe hierzu unten, Punkt C.VII.8.a). und *Wienke/Nölling*, Urheberrechte an medizinisch-wissenschaftlichen Leitlinien.

803 *Schricker*, VerlG, § 1 RN 13.

804 *Schricker*, VerlG, § 1 RN 3.

805 *Schricker*, VerlG, § 1 RN 3.

806 RG, Urt v. 22.02.1905 – I 473/04 – = RGZ 60, 174 – 178, 177 *Schricker*, VerlG, § 1 RN 8, der darauf hinweist, dass jedoch nach der Zweifelsregelung des § 22 Abs. 1 S. 2 VerlG eine Vergütung als stillschweigend vereinbart gilt.

807 *Schricker*, VerlG, § 1 RN 7.

808 *Schricker*, VerlG, Einleitung RN 29 a, nimmt Bezug auf den im Mai 2000 vorgelegten und unter anderem auf Schricker zurückgehenden „*Entwurf eines Gesetzes zur Stärkung der vertraglichen Stellung von Urhebern und ausübenden Künstlern*“ (abgedruckt in GRUR 2000, 764ff.).

aa) Vervielfältigung

Die Vervielfältigung im Sinne des § 16 VerlG ist nicht mit dem urheberrechtlichen Vervielfältigungsbegriff gleichzusetzen. Während letzterer weit gefasst ist, ist die verlagsrechtliche Vervielfältigung eng auf die typischen Reproduktionsmethoden des Verlagswesens begrenzt.[809] Hergebrachte Methode ist die mechanische Vervielfältigung mittels Druck.[810] Differenziert werden muss mittels Körperlichkeit der Vervielfältigungsstücke; nur wenn die erfolgte Vervielfältigung haptisch ist, die Stücke also greifbar sind, liegt eine Vervielfältigung im Sinne des VerlG vor.[811] Eine rein digitale Vervielfältigung, wie dies z.B. über Datenbankenabruf oder internetbasierte Downloadportale möglich ist, erfüllt nicht die Vorgaben des analogen Vervielfältigungsbegriffes des VerlG.[812] Auch für den Fall, dass der Endnutzer das Werk sodann ausdruckt und auf diesem Weg ein haptisches Vervielfältigungsstück entsteht, führt dies nicht zu einer Vervielfältigung im Sinne des VerlG.[813] §§ 1, 16 VerlG legen dem Verleger auf, die Vervielfältigung durch Herstellen der „Abzüge" (§ 16 VerlG) „auf eigene Rechnung" (§ 1 VerlG) eigenständig vorzunehmen. Zwar kann er sich dabei durchaus eines Erfüllungsgehilfen bedienen. Dennoch muss die Vervielfältigung vor der Verbreitung erfolgt sein. Bei einem digital erworbenen Werk, welches sodann vom Kunden selbst erst durch Ausdrucken verkörperlicht wird, liegt keine tatbestandsmäßige Vervielfältigung im Sinne des § 16 VerlG vor.

bb) Zwischenergebnis bzgl. Leitlinien in elektronischer/digitaler Form

Bei AWMF-Leitlinien liegt mithin in Bezug auf die Veröffentlichung und Verbreitung der Leitlinien über die Internetplattform der AWMF kein Verlagsvertrag im Sinne des VerlG vor. Dies schließt nicht aus, dass dennoch einige Bestimmungen des VerlG analog zur Anwendung gebracht werden können, wenn der Vertrag im Übrigen eng an einen Verlagsvertrag angelehnt ist.[814]

cc) Leitlinien in gedruckter/analoger Form

Das eigentliche Werk bei der Erstellung von Leitlinien ist die sogenannte Langversion mit häufig über 100 (Druck)seiten[815] nebst Leitlinien(Methoden)Report, der

---

809 *Schricker*, VerlG, § 1 RN 51.
810 *Schricker*, a.a.O.
811 *Schricker*, a.a.O., BeckOK-VerlG-*Wegner*, § 1 RN 26.
812 *Schricker*, a.a.O.
813 *Schricker*, a.a.O.
814 *Schricker*, a.a.O.
815 Beispielhaft genannt werden soll die Interdisziplinäre S3-Leitlinie der Deutschen Gesellschaft für Pneumologie und Beatmungsmedizin und der Deutschen Krebsgesellschaft „Prävention, Diagnostik, Therapie und Nachsorge des Lungenkarzinoms" (AWMF-Registernummer 020/007) mit 164 Seiten in der Langversion nebst Kurzfassung (25 Seiten), LL-Report (31 Seiten), Addendum (1 Seite), Patientenfragebogen (8 Seiten), Evidenztabellen (202 Seiten) und englischer Kurzfassung (21 Seiten),

mitunter einen ähnlichen Umfang erreichen kann. Diese Langversionen werden regelhaft allein in digitaler Form zum Download angeboten. Als Derivate dieser Langversion werden sodann Kurzversionen und gegebenenfalls Kitteltaschenversionen erstellt. Die Kurzversionen werden regelmäßig in den jeweiligen Publikationsorganen der beteiligten Fachgesellschaften abgedruckt. Bei NVL wird die Kurzversion als Printfassung herausgegeben und über den Fachbuchhandel verkauft.[816] Die Kitteltaschenversionen werden mitunter drucktechnisch vervielfältigt und in Heftform oder als laminierte Merkblätter abgegeben.[817] Diese Formen der Vervielfältigung unterfallen dem VerlG, wie sich bereits aus dem Wortlaut des § 1 VerlG ergibt.[818] In Bezug auf die Veröffentlichung in Zeitschriften gilt zudem gem. § 41 VerlG, dass die Vorschriften des VerlG mit teilweise abweichenden Regelungen aufgrund der bestehenden Besonderheiten bei einer Veröffentlichung in Zeitschriften anzuwenden sind. Die entsprechenden Verträge werden jedoch nicht zwischen den Fachgesellschaften und der AWMF geschlossen.

dd) Verbreitung

Verbreitung eines Werks im Sinne des VerlG bedeutete Weitergabe der hergestellten Vervielfältigungsstücke, um sie dem Leserpublikum zugänglich zu machen.[819] Der Verbreitungsbegriff des VerlG umfasst allein die Weiterleitung der vervielfältigten Werkstücke, wie sich aus dem Sprachgebrauch des Gesetzes ergibt; in §§ 1, 2, 14 und 28 VerlG werden die Vervielfältigung und Verbreitung als zusammengehörige Tätigkeiten des Verlegers dargestellt.[820]

ee) Zwischenergebnis

Damit wird das oben gefundene Ergebnis in Bezug auf allein online abrufbare Leitlinien in digitaler Form bestätigt. Ohne Vervielfältigung in haptischer Form ist auch keine Verbreitung im Sinne des VerlG möglich.

---

abrufbar unter http://www.awmf.org/leitlinien/detail/ll/020-007.html oder http://dx.doi.org/10.1055/s-0029-1243837.

816 So z.B. für die NVL Kreuzschmerz, die als Kurzversion über den Björn Bruckmeier Verlag unter der ISBN 78-3-89862-929-4 von AWMF, BÄK und KBV herausgegeben wird.

817 So z.B. für die NVL Kreuzschmerz, die als Kitteltaschenversion über den Björn Bruckmeier Verlag unter der ISBN 978-3-89862-163-2 von AWMF, BÄK und KBV herausgegeben wird.

818 *Schricker*, VerlG, § 1 RN 33.

819 *Schricker*, VerlG, § 1 RN 52.

820 *Schricker*, VerlG § 1 RN 52.

ff) Verbreitung von gedruckten Leitlinien über den Buchhandel

Wie oben gezeigt werden bestimmte Leitlinien als Kurzversion und/oder Kitteltaschenversion über den Buchhandel abgegeben. In diesen Fällen liegt somit eine Vervielfältigung und Verbreitung im Sinne des VerlG vor. Die entsprechenden vertraglichen Vereinbarungen werden von den jeweiligen Herausgebern der Leitlinien mit den beauftragten Verlagen geschlossen. Schließlich kann ein solcher Verlagsvertrag grundsätzlich auch durch einen Nichtberechtigten geschlossen werden.[821] Mangels Berechtigung zur Verschaffung der erforderlichen Verwertungsrechte würde dieser Vertrag jedoch an einem Rechtsmangel leiden, §§ 440, 445, 320 BGB, der durch eine Genehmigung durch den Urheber gem. § 185 Abs. 1 BGB ex tunc geheilt werden könnte.[822] Dies ist relevant, wenn die erforderliche Übertragung von Nutzungsrechten nicht erfolgt ist, was mitunter der Fall ist, insbesondere, wenn der zu diesem vorgesehenen Mustervertrag[823] zur Einräumung von Nutzungsrechten nicht verwendet wurde.

gg) Diskussion und Ergebnis

Unter Berücksichtigung des einheitlichen Lebenssachverhaltes erscheint es konstruiert, von verschiedenen Vertragsverhältnissen in Bezug auf die verschiedenen Versionen einer Leitlinie auszugehen. Die Autoren verpflichten sich, eine Leitlinie zu erstellen und den Fachgesellschaften und der AWMF die erforderlichen Nutzungsrechte zu übertragen. Dabei handelt es sich zunächst um die Langversion und den Leitlinien(Methoden)Report. Sodann wird aus dieser Langversion durch die Autoren eine Kurz- und gegebenenfalls eine Kitteltaschenversion erstellt. Dies stellt einen einheitlichen Lebenssachverhalt dar, der auch faktisch ein einheitliches Vorgehen erforderlich macht. Weiter ist zu berücksichtigen, dass das Hauptwerk, die Langversion der Leitlinie, regelhaft nicht drucktechnisch vervielfältigt wird und daher jedenfalls die Erstellung dieser Version nicht im Rahmen eines Verlagsvertrages im Sinne des VerlG erstellt werden kann. Allein der Umstand, dass eventuell in Bezug auf ein Derivat dieser Leitlinie – je nach Ablauf der drucktechnischen Vervielfältigung und Veröffentlichung – die Voraussetzungen für einen Verlagsvertrag im Sinne des § 1 VerlG erfüllt sein könnten, erscheint nicht als ausreichend, das gesamte Vertragsverhältnis zwischen Fachgesellschaften und AWMF als Verlagsvertrag zu klassifizieren, zumal die Vorgaben des VerlG ohnehin dispositiv sind.

Dem Verhältnis zwischen Fachgesellschaften und AWMF in Bezug auf die Veröffentlichung bzw. Verbreitung von medizinischen Leitlinien liegt mithin regelhaft kein Verlagsvertrag im Sinne des VerlG zugrunde. Jedoch kann auf einzelne Vorgaben des VerlG im Rahmen der Vertragsauslegung ggfls. zurückgegriffen werden.

821 *Schricker*, VerlG, § 48 RN 4.
822 *Schricker*, VerlG, § 48 RN 4.
823 *Nölling/Wienke;* Leitlinien-Mustervertrag.

Dies gilt insbesondere für die Vorschriften der §§ 30, 32 VerlG, die Regelungen zu dem Umgang mit einem mangelhaften Werk enthalten.

d) Begleitung und Überprüfung der Einhaltung des Regelwerks durch die AWMF

Die fachliche Begleitung der Erstellung der Leitlinie sowie die Überprüfung der Einhaltung der Vorgaben durch die Ersteller erfolgt als Serviceleistung der AWMF gegenüber ihren Mitgliedsgesellschaften. Die AWMF ist auch im eigenen Interesse tätig; die Einhaltung der geforderten methodischen Qualität unter Berücksichtigung der gewählten S-Klassifikation ist ein Kernanliegen der AWMF.[824] S-klassifizierte Leitlinien, die nicht die geforderten methodischen Qualitätsstandards erfüllen, beschädigen das Vertrauen der Fachwelt in die S-Klassifikation der AWMF als deren Kernkompetenz. Daher verfolgt die AWMF bei dieser Form der Betreuung auch eigene Ziele im vereinsrechtlich-gemeinnützigen Sinne. Zur Einteilung in die S-Klassifikation ist allein erforderlich, dass die Fachgesellschaften gegenüber der AWMF mitteilen, dass ein Konsensusprozess entsprechend den jeweiligen Anforderungen (DELBI) stattgefunden hat. Die AWMF verlässt sich diesbezüglich auf die Aussagen der Fachgesellschaften. Eine Detailkontrolle findet nicht statt; insbesondere kontrolliert die AWMF die getroffenen Empfehlungen der Leitlinie nicht auf fachliche Richtigkeit.[825] Die Überprüfung erfolgt zwar auch im Interesse der Fachgesellschaften. Primär verfolgt die AWMF aber eigene Interessen, nämlich die Einhaltung der von ihr aufgestellten Qualitätsstandards und somit mittelbar die Aufrechterhaltung der Bedeutung ihrer eigenen Klassifikationsmethode.

Die Auskünfte der AWMF während der Erstellung der Leitlinie hinsichtlich des methodischen Vorgehen erfolgen im Rahmen des vereinsrechtlichen Verhältnisses. Die Fachgesellschaften nutzen eine Einrichtung des Vereins. Konkret handelt es sich um ein Auskunftsverhältnis. Nach ständiger Rechtsprechung des BGH ist der stillschweigende Abschluss eines Auskunftsvertrages zwischen Geber und Empfänger der Auskunft und damit eine vertragliche Haftung des Auskunftgebers für die Richtigkeit seiner Auskunft regelmäßig dann anzunehmen, wenn die Auskunft für den Empfänger erkennbar von erheblicher Bedeutung ist und er sie zur Grundlage wesentlicher Entschlüsse machen will; dies gilt insbesondere in Fällen, in denen der Auskunftgeber für die Erteilung der Auskunft besonders sachkundig oder ein eigenes wirtschaftliches Interesse im Spiel ist.[826] Dass die AWMF bei dieser

824 Leitlinien-Manual von AWMF und ÄZQ, a.a.O., S. 14.

825 Dies ergibt sich bereits sinnlogisch aus dem Wesen einer Leitlinie und der Logik ihrer Erstellung. Die fachliche Kompetenz ist in der LL-Gruppe gebündelt. Die AWMF ist nicht in der Lage, die dort gefundenen Ergebnisse auf ihre fachliche Richtigkeit hin zu überprüfen.

826 Vgl. BGH, Urt. v. 18.12.2008 – IX ZR 12/05, WM 2009, 369–371, zur Existenz eines solchen im Rahmen eines bestehenden Steuerberatungsverhältnisses.

Auskunftserteilung auch eigene Interessen verfolgt ist unerheblich. Ein unverbindliches Gefälligkeitsverhältnis ist gerade nicht anzunehmen, da die Einhaltung der von der AWMF geforderten methodischen Standards für die Aufnahme der Leitlinie in das Register der AWMF und somit für deren erfolgreiche Disseminierung aufgrund der quasi-monopolistischen Position der AWMF Voraussetzung ist. Ein Sonderrechtsverhältnis innerhalb der Mitgliedschaft, wie dies bei Abreden im gesellschaftlichen Verkehr angenommen werden kann,[827] liegt erkennbar nicht vor. Denn auf Seiten der AWMF liegt aus Sicht der Fachgesellschaft unter Berücksichtigung des objektiven Empfängerhorizonts, §§ 133, 157 BGB, in der Auskunftserteilung der Ausdruck eines Rechtsfolgewillens und somit eine Willenserklärung. Dieses Ergebnis wird auch durch einen Vergleich mit einem tatsächlich anders, rechtlich aber vergleichbar gelagerten Fall gestützt. Der Einsatz der Pannenhelfer des ADAC ist für die Mitglieder des Vereins grundsätzlich kostenlos, da über den Mitgliedsbeitrag gedeckt. Unbestritten liegt aber ein Vertragsverhältnis zwischen ADAC, vertreten durch seinen Pannenhelfer, und dem Mitglied vor.[828]

e) Individuelle Betreuung des Konsensusprozesses durch die AWMF – Dienstvertrag

Wird die AWMF durch ihre Experten im Rahmen der Erstellung der jeweiligen Leitlinie individuell und gegen gesondertes Entgelt tätig, indem sie z.B. den erforderlichen Konsensusprozess leitet, erfüllt sie in erster Linie Aufgaben der Fachgesellschaften. Auch bei dieser Detailbetreuung (Koordination) überprüft die AWMF (durch ihre Experten) nicht den Inhalt der Leitlinie. Allein das formelle Verfahren wird von ihr in dieser Konstellation betreut und dessen Einhaltung kontrolliert. Synallagmatische Gegenleistung der Fachgesellschaft ist in diesem Fall das gesondert zu zahlende Entgelt der Fachgesellschaft für den Einsatz des Experten an die AWMF. Die Verantwortung für die Einhaltung der formellen Vorgaben liegt weiterhin bei den Fachgesellschaften. Durch die Beauftragung eines externen Experten mit der Koordination des Konsensusverfahrens im Rahmen eines Dienstvertrages geht diese Verantwortung nicht auf die AWMF über, auch wenn der jeweilige Experte im Auftrag und auf Rechnung der AWMF gegenüber der Fachgesellschaft tätig wird. In Frage kommen jedoch grundsätzlich (vertragliche) Regressansprüche.

f) Ergebnis

Die Kooperation zwischen den Fachgesellschaften und der AWMF beruht primär auf der Mitgliedschaft der Fachgesellschaften in der AWMF und damit auf

---

827 Palandt-*Ellenberger*, vor § 116, RN 4.
828 *Margraf*, Deutsches Autorecht 2004, 258, 259; in der Fachwelt wird allein die Frage diskutiert, ob es sich bei diesem Vertrag um einen Werk- oder Dienstvertrag handelt.

vereinsrechtlicher Basis. Insbesondere die grundlegende Aufgabenverteilung zwischen den Parteien wird vereinsrechtlich geregelt. Die Erstellung der Leitlinie durch die Fachgesellschaften einerseits und die Koordination der Leitlinienarbeit nebst der Veröffentlichung auf der AWMF-Website andererseits ergeben sich aus dem AWMF-Regelwerk und sind vereinsrechtlich begründet.

Daneben bestehen aber auch ein oder mehrere zivilrechtliche Verhältnisse. In Bezug auf die Begleitung des Erstellungsprozesses und Überprüfung der Einhaltung der methodischen Vorgaben des Regelwerks besteht ein Auskunftsvertrag zwischen den Parteien, wobei die AWMF Auskunftgeber und die Fachgesellschaften Auskunftnehmer sind. Sofern vereinbart besteht zudem ein Dienstvertrag zwischen den Parteien, sofern die Fachgesellschaft bei der AWMF die Überlassung eines Experten zur Leitung und Organisation des Konsensusprozesses beauftragt. Da es sich bei dieser Aufgabe dennoch um einen originäre Aufgabe der Fachgesellschaft handelt, verbleibt die Verantwortung für die Einhaltung der methodischen Regeln weiterhin bei der Fachgesellschaft. Vertragliche (Regress-)Ansprüche kommen gegebenenfalls in Betracht.

8 Rechtsverhältnis zwischen Autoren und AWMF

Die Verbreitung der Leitlinien durch die AWMF im Wege des Öffentlichen Zugänglichmachens über die eigene Onlineplatform stellt eine Werknutzung im Sinne der §§ 19 a, 15 Abs. 2 Nr. 2, Abs. 3 UrhG dar. Zwar stellt der Umstand, dass die AWMF die Leitlinien kostenfrei zur Verfügung stellt und auch keine Erwerbsabsichten in dem Sinne verfolgt, dass die kostenfreie Zugänglichmachung einen werblichen Charakter erhält, ein Indiz gegen eine Werknutzung dar, da aus Sicht des EuGH ein Erwerbszweck ein nicht unerhebliches Indiz für eine selbständige Werknutzung darstellt.[829] Insgesamt überwiegen jedoch klar die Argumente für eine Werknutzung: Die AWMF handelt in der Absicht, einem Publikum Zugang zu dem Werk zu verschaffen. Zudem wird nicht nur ein zufälliges Publikum erreicht. Vielmehr sucht das Publikum auf der Seite der AWMF gezielt nach genau diesen geschützten Werken und ist damit auch aufnahmebereit im Sinne der EuGH-[830] und BGH[831]-Rechtsprechung.

a) Urheberrechtlich

Die Autoren sind als Urheber der Leitlinie zunächst allein berechtigt, diese zu nutzen und zu verwerten. Es ist jedoch zu konstatieren, dass (auch) die AWMF die fertiggestellten Leitlinien, das Werk im Sinne des Urheberrechts, öffentlich

829 So auch *von Ungern-Sternberg*, GRUR 2012, S. 576 – 582, 577.
830 EuGH, Urt. v. 15.03.2012 – C-162/10 (Phonographic Performance (Ireland)), RN 37, 43ff. = GRUR 2012, 597; EuGH, Urt. v. 15.03.2012 – C135/10 (SCF), RN 91, 98 = GRUR 2012, 593.
831 BGH, Urt. v. 18.06.2015 – I ZR 14/14 – RN 36 = GRUR 2016, 278–283.

zugänglich macht. Damit ist es erforderlich, dass die AWMF zu dieser Nutzung berechtigt ist. In Frage kommen grundsätzlich zwei Wege, auf denen die Autoren das erforderliche Nutzungsrecht der AWMF einräumen. Wie oben dargestellt, räumen die Autoren den jeweiligen Fachgesellschaften – jedenfalls konkludent – ein entsprechendes Nutzungsrecht zur Veröffentlichung ein. Grundsätzlich möglich wäre, dass die Fachgesellschaften ihrerseits an die AWMF ein entsprechendes Nutzungsrecht einräumen. Alternativ kommt eine unmittelbare Rechtseinräumung der Autoren gegenüber der AWMF in Betracht.

Bis 2014 gab es von Seiten der AWMF keine gesonderten vertraglichen Regelungen in Bezug auf das Urheberrecht bei Leitlinien. Die AWMF erklärte vielmehr – insoweit allein deklaratorisch –, dass die Urheberrechte für alle auf den Seiten der AWMF veröffentlichten Leitlinien bei den Autoren, die Verwertungsrechte bei den angegebenen Fachgesellschaften, Autoren oder Autorengruppen (natürliche oder juristische Personen) lägen. Weiter bestimmt sie, dass mit der Einreichung der Leitlinien durch die Autoren bzw. Fachgesellschaften bei der AWMF dieser *„automatisch das Recht eingeräumt"* werde, *„die Texte im elektronischen Medium WorldWideWeb des InterNet zu präsentieren"*.[832] Da sich die Fachgesellschaften und Autoren bereits vor Erstellung der Leitlinie mit den besonderen Regularien und Bestimmungen der AWMF einverstanden erklären mussten, um die Leitlinie anmelden und später über die Seiten der AWMF veröffentlichen zu können, ist in Bezug auf das Verwertungsrecht der AWMF von einer vertraglichen Rechtseinräumung auszugehen. Dieses Ergebnis deckt sich mit der Rechtslage. Nach § 7 UrhG steht das Urheberrecht dem „Schöpfer" zu, das heißt namentlich den Mitgliedern der Leitliniengruppe. Von diesen erwirbt die AWMF ihre (begrenzten) Nutzungs- und Verwertungsrechte durch Vertrag und ist sodann selbst in dieser Rechtsposition nach §§ 31ff, 11ff UrhG geschützt.[833]

Im Zuge der Professionalisierung der Leitlinienarbeit aufgrund der stetig wachsenden Bedeutung der AWMF-Leitlinien, wurde im Jahr 2014 ein Mustervertrag[834] zur Einräumung von Nutzungsrechten an Leitlinien als Addendum zum Regelwerk der AMWF aufgenommen. Als Bestandteil dieses Regelwerks sind die im Mustervertrag genannten Parteien, die AWMF und die Fachgesellschaften einerseits sowie die Autoren der Leitlinie andererseits gehalten, vor Beginn der Leitlinienarbeit die Einräumung der Nutzungsrechte im konkreten Fall vertraglich zu regeln.[835] Die Vorgaben des Mustervertrages sollen im Folgenden dargestellt

---

832 AWMF; www.awmf.org/leitlinien/aktuelle-leitlinien.html (Stand: 21.07.2012); *Müller*, GMS Mitt AWMF. 2010;7.

833 Zur Frage der ggf. analogen Anwendbarkeit des VerlG, s.o., Punkt C.VII.7.c).

834 *Nölling/Wienke;* Leitlinien-Mustervertrag.

835 AWMF-Regelwerk, S. 53 mit Stand 2012 spricht noch davon, dass sich die Leitliniengruppe zu diesem Thema nach Fertigstellung der Leitlinien im Vorfeld der Implementierung „Gedanken machen solle". Durch die Aufnahme des Mustervertrages als Addendum ist eine vertragliche Regelung im nunmehr vor Beginn der Leitlinienarbeit vorgesehen.

werden. Da jedoch einige der aktuell noch geltenden Leitlinien vor der Aufnahme des Mustervertrages erstellt wurden und für diese und für alle anderen Leitlinien, bei denen der Abschluss einer vertraglichen Vereinbarung unterblieben ist, die allgemeinen (gesetzlichen) Regeln gelten, sollen zunächst diese dargestellt werden.

aa) Unmittelbare Einräumung eines Nutzungsrechts zwischen Autoren und AWMF ohne Mustervertrag

Anhand des tatsächlichen Geschehens ist zu prüfen, ob die Autoren der AWMF ein Nutzungsrecht unmittelbar einräumen.

Zwischen den Autoren und der AWMF besteht in diesem Fall ein direktes Rechtsverhältnis in Bezug auf die Einräumung urheberrechtlicher Nutzungs- und Verwertungsrechte. Problematisch ist der Zeitpunkt des Vertragsschlusses. Die AWMF verlangt, dass Leitlinienvorhaben bereits zu Beginn bei ihr angemeldet werden, wenn die fertiggestellte Leitlinie auf den Seiten der AWMF gelistet werden soll.[836] Damit verlangt die AWMF faktisch die Einräumung eines Nutzungs- und Verwertungsrechts an einem noch nicht fertiggestellten Werk. Man könnte nun davon ausgehen, dass eine solche Nutzung vertraglich bei der Anmeldung der Leitlinie der AWMF eingeräumt wird. Ein solcher urheberrechtlicher Nutzungsvertrag unterläge auch keiner besonderen Formvorschrift.[837] Das Schriftformerfordernis des § 40 UrhG für Verträge über künftige Werke, an welches gedacht werden muss, ist im Ergebnis nicht einschlägig, da es sich bei der zu erstellenden Leitlinie zum Zeitpunkt der Anmeldung des Vorhabens bereits um ein sehr konkretes Werk handelt, dessen Umfang und Inhalt bereits in groben Zügen bekannt und somit nicht – wie von § 40 Abs. 1 UrhG vorausgesetzt – „nicht näher oder nur der Gattung nach bestimmt" ist.

Zu diesem Zeitpunkt fehlt es aber (noch) an einem Verfügungsberechtigten. Regelmäßig sind die Autoren zum Zeitpunkt der Anmeldung des Vorhabens noch nicht bekannt.[838] Da diese als „Schöpfer" der Leitlinie im urheberrechtlichen Sinne (individuell bzw. als Gruppe) allein berechtigt sind über dieses Recht zu verfügen, kann der Nutzungsvertrag nur über eine Stellvertreterkonstruktion geschlossen werden. Als Vertreter der jeweiligen Autoren kommen die sie später benennenden und entsendenden Fachgesellschaften oder die natürlichen Personen in Betracht, die das Leitlinienvorhaben auch bei der AWMF anmelden.[839] Bei dieser rechtlichen Konstruktion, die auf das Instrument des stillschweigenden Vertrages zurückgreifen muss, sind auch die Interessen der Autoren gewahrt. Sie kennen die Anforderungen der AWMF in Bezug auf die Rechteinräumung. Durch ihre Zusage an der

836 AWMF-Regelwerk, S. 20.
837 Dreier/Schulze-*Schulze* § 31 RN 22.
838 Erst nach Anmeldung des Vorhabens werden die Experten von den Fachgesellschaften konkret angefragt. S.o. Punkt C.VI.
839 AWMF-Regelwerk, Anhang 4 – Anmeldeformular, S. 71.

Teilnahme bei der Erstellung einer AWMF-Leitlinie erklären sie daher konkludent ihr Einverständnis und genehmigen die von der Fachgesellschaft als Vertreterin ohne Vertretungsmacht vereinbarte Übertragung des Nutzungs- und Verwertungsrechts auf die AWMF, § 177 Abs. 1 BGB. Alternativ kann auch unter Heranziehung des Abstraktionsprinzips eine nachträgliche Genehmigung der Berechtigten nach § 185 Abs. 2 BGB erfolgen. In diesem Fall wäre die Übertragung der Nutzungsrechte durch die Fachgesellschaft an die AWMF als unwirksame Verfügung eines Nichtberechtigten anzusehen, die gemäß § 185 Abs. 2 BGB von den Berechtigten, den Autoren nachträglich genehmigt wird.[840]

Eine theoretisch ebenfalls mögliche Übertragung des Nutzungsrechts auf die AWMF erst nach Fertigstellung der Leitlinie, die ohne eine Stellvertreterkonstruktion möglich wäre, findet in der Praxis keinen Anknüpfungspunkt. Grund für das Erfordernis der vorherigen Anmeldung ist, dass die AWMF prüfen kann, ob das Thema bereits bearbeitet wird/wurde und gegebenenfalls widersprüchliche Aussagen in einzelnen Leitlinien verhindern kann. Wenn die AWMF nach dieser Prüfung ein Leitlinienvorhaben begrüßt, ist ihre Zustimmung bindend. Das heißt, sie verpflichtet sich, die Leitlinie – sofern bei ihrer Erstellung die Anforderungen an die methodische Qualität gewahrt wurden – auf ihrer Seite zu veröffentlichen. Diese Verpflichtung kann sie aber nur eingehen, wenn sie im Gegenzug die dazu erforderlichen Nutzungsrechte erhält.

Es ist daher zu differenzieren. In Bezug auf die Erstellung der Leitlinie besteht kein unmittelbares Rechtsverhältnis zwischen Autoren(gruppe) und AWMF, da die Autoren durch die Fachgesellschaften benannt und beauftragt werden. In Bezug auf die Einräumung urheberrechtlicher Nutzungsrechte besteht ein unmittelbares Rechtsverhältnis zwischen Autoren als Miturheber und der AWMF. Dabei besteht das Rechtsverhältnis zwischen der AWMF und den einzelnen Urhebern. Zwar sind diese in der Urheberrechtsgemeinschaft nach § 8 Abs. 2 UrhG in einer Gesamthandsgemeinschaft verbunden. Eine solche Gesamthandsgemeinschaft ist selbst jedoch nicht rechtsfähig. Für eine grundsätzlich mögliche zusätzliche BGB-Außengesellschaft,[841] die dann eigenständig rechtsfähig wäre, ist jedenfalls derzeit kein regelhafter Rechtsbindungswille bei den Autoren erkennbar. Die Vorgaben des VerlG sind nicht anwendbar, da die AWMF kein Verleger im Sinne des VerlG ist, insbesondere die Leitlinien nicht drucktechnisch vervielfältigt und verbreitet. Gegebenenfalls sind jedoch einzelne Vorgaben des VerlG analog anwendbar.[842]

bb) Sublizenz/Weiterübertragung gem. § 34 UrhG ohne Mustervertrag

Alternativ ist zu prüfen, ob eine Einräumung von Nutzungsrechten auch durch eine Weiterübertragung durch die Fachgesellschaften möglich ist.

840 Diesen Weg beschreibt Dreier/Schulze-*Schulze*, § 31 RN 24.
841 Siehe hierzu oben, Punkt C.VII.5.c).
842 Siehe hierzu oben, Punkt C.VII.7.c).

Vor Anwendung des Mustervertrages erfolgt die Einräumung der erforderlichen Nutzungsrechte an die Fachgesellschaften regelmäßig konkludent. Daraus folgt, dass auch die Berechtigung der Fachgesellschaften zur Weitereichung dieses Nutzungsrechts an die AWMF im Rahmen des konkludenten Vertragsschlusses erfolgen müsste. Die urheberrechtlichen Befugnisse haben jedoch die Tendenz, beim Urheber zu verbleiben,[843] wie in §§ 31 Abs. 5, 34 Abs. 1 UrhG zum Ausdruck kommt. Damit müsste im Rahmen der konkludenten Einräumung der Nutzungsrechte an die Fachgesellschaften der Parteiwille dahingehend eindeutig zum Ausdruck gelangt sein, dass eine Weiterübertragung an die AWMF zulässig ist.[844] Ein solch eindeutiger Wille ist im Rahmen von konkludenten Vertragsschlüssen regelmäßig schwer nachzuweisen. Vorliegend spricht jedoch vieles dafür, dass jedenfalls ein Wille dahingehend besteht und auch zum Ausdruck gelangt, dass die Leitlinie auf der Seite der AWMF veröffentlicht wird.

Bevor die einzelnen Autoren von den Fachgesellschaften benannt werden und mit ihrer Arbeit an der Leitlinie beginnen können, muss das Leitlinienvorhaben verbindlich bei der AWMF angemeldet werden.[845] Die Autoren haben somit Kenntnis von dem Umstand, dass sie eine „AWMF-Leitlinie“ erstellen sollen. Damit ist ihnen auch bekannt, dass diese auf der Internetseite der AWMF publiziert werden soll. Schließlich führt die AWMF auf ihrer Internetseite aus, dass mit Einreichung der Leitlinie bei der AWMF entsprechende Nutzungsrechte übertragen würden.[846] Unabhängig von dem Umstand, dass ein solcher Disclaimer keine unmittelbare Rechtswirkung zu Lasten der Autoren entfalten kann, da diese der Übertragung zustimmen müssen und nicht die AWMF als Begünstigte dieses entscheiden kann, stellt dieser Disclaimer die allgemeine Auffassung in den wissenschaftlich-medizinischen Kreisen zutreffend dar, dass Leitlinien, die als *„AWMF-Leitlinien“* erstellt werden, auch auf der Seite der AWMF veröffentlicht werden sollen. Kein konkretes Bewusstsein besteht bei den Beteiligten über die rechtliche Konstruktion der Übertragung oder Einräumung der dazu erforderlichen Nutzungsrechte nach dem UrhG. Dieses ist aber auch nicht erforderlich, eine Parallelwertung in der Laiensphäre reicht auch hier vollkommen aus. Mithin ist festzuhalten, dass kein Autor einer AWMF-Leitlinie davon ausgeht, dass die erstellte Leitlinie nicht alsbald auf der Seite der AWMF erscheinen soll. Die Autoren beenden die Erstellung

---

843 Z.B. BGH, Urt. v. 23.02.1979 – I ZR 27/77 – RN 15 = GRUR 1979, 637–639; Dreier/Schulze-*Schulze* § 34 RN 16 mit Hinweis auf die Zweckübertragungslehre nach § 31 Abs. 5 UrhG.

844 BGH, Urt. v. 16.10.1959 – I ZR 10/58 – = GRUR 1960, 197, 199 spricht davon, dass *„eine Übertragung urheberrechtlicher Nutzungsbefugnisse in der Regeln nur dann vorgenommen werden kann, wenn ein dahingehender Parteiwille unzweideutig zum Ausdruck gekommen ist.“*

845 AWMF-Regelwerk, S. 20, siehe zu dem Ablauf bei der Erstellung einer Leitlinie, oben Punkt C.VI.

846 Unter www.awmf.org/leitlinien/aktuelle-leitlinien/... findet sich zu jeder Leitlinie ein entsprechender Disclaimer.

der Leitlinie durch eine endgültige Abstimmung, die in der Regel im Rahmen eines Umlaufverfahrens erfolgt.[847] Sodann wird die fertiggestellte Leitlinie, das urheberrechtliche Werk, von den Vorständen der beteiligten Fachgesellschaften formal verabschiedet.[848] Erst danach wird die Leitlinie bei der AWMF zum Zwecke der Publikation eingereicht.[849] Dieser Ablauf spricht zunächst dafür, dass tatsächlich die Einräumung des Nutzungsrechts von den Autoren auf die Fachgesellschaften und sodann von diesen auf die AWMF erfolgt. Dazu wäre die Einräumung eines ausschließlichen Nutzungsrechts bei der federführenden Fachgesellschaft erforderlich, da einfache Nutzungsrechte nicht das Recht beinhalten, weitere (dingliche) (Enkel-)Nutzungsrechte einzuräumen, § 31 Abs. 2 und 3 UrhG. Regelmäßig sind mehrere Fachgesellschaften an der Erstellung einer Leitlinie beteiligt.[850] Eine dieser Fachgesellschaften gilt als federführende Gesellschaft. Bei dieser läuft die Koordination zusammen. Diese wäre es auch, die ihr Nutzungsrecht an die AWMF sublizensiert. Andererseits erfolgt die Einreichung bei der AWMF tatsächlich nicht durch ein vertretungsberechtigtes Organ der Fachgesellschaft(en), sondern durch ein Mitglied der Leitliniengruppe, nachdem die beteiligten Fachgesellschaften zugestimmt[851] haben.[852] Daraus folgt, dass die AWMF unmittelbar von der Leitliniengruppe als Miturhebergemeinschaft das Nutzungsrecht erhält.

cc) Exkurs: Rückruf der Leitlinie bei ausschließlichem Nutzungsrecht

Ein Folgeproblem würde bei der oben beschriebene rechtlichen Konstruktion über ein ausschließliches Nutzungsrecht der federführenden Fachgesellschaft mit Sublizensierung auf die AWMF (und die weiteren Fachgesellschaften) auftreten, wenn die federführende Fachgesellschaft, z.B. aufgrund einer geänderten Ansicht zum medizinisch richtigen Vorgehen in einer die Leitlinie betreffenden Frage, nicht weiter an der Leitlinie festhalten möchte, während die Autoren eine Änderung der Leitlinie nicht für erforderlich erachten. Urheberrechtlich wäre die Fachgesellschaft nicht verpflichtet, die Leitlinie über ihre eigenen Publikationswege weiter zu verbreiten, wie sich aus einem Umkehrschluss der Regelung des § 41 UrhG ergibt. Auch hätte sie die Möglichkeit gegen unberechtigte Nutzer mittels des negativen Verbotsrechts aus dem ihr eingeräumten ausschließlichen Nutzungsrecht vorzugehen.[853] Jedoch stellt sich auch in diesem Fall die Frage, ob sie berechtigt wäre, die

847 AWMF-Regelwerk, S. 13, 49.
848 AWMF-Regelwerk, S. 13, 49.
849 AWMF-Regelwerk, S. 14, 60.
850 Es können mehrere Dutzend Fachgesellschaften an der Erstellung einer einzelnen Leitlinie beteiligt sein.
851 AWMF-Regelwerk, S. 49.
852 AWMF-Regelwerk, S. 60. Auch das Regelwerk geht davon aus, dass die Einreichung durch die Leitliniengruppe erfolgt. Andernfalls wäre der dort enthaltene Hinweis auf eine vorherige Information der federführenden Fachgesellschaft nicht erforderlich.
853 Wandtke/Bullinger-*Wandtke/Grunert*, § 31 RN 29.

Weiterübertragung an die AWMF und die anderen Fachgesellschaften zu widerrufen. Das UrhG sieht einen solchen Widerruf nicht vor. Gemäß §§ 41, 42 UrhG ist allein der Urheber in bestimmten engen Grenzen, insbesondere bei dauernder Nichtausübung des ausschließlichen Nutzungsrechts oder bei gewandelter Überzeugung des Urhebers, berechtigt das eingeräumte ausschließliche Nutzungsrecht zurückzurufen. Da das Gesetz daher allein die gewandelte Überzeugung des Urhebers genügen lässt, um ein Rückrufrecht zu begründen gilt im Sine eines argumentum e contrario für den Nutzungsrechteinhaber – hier die Fachgesellschaft – kein vergleichbares Recht.[854] In Frage kommen somit nur allgemeine zivilrechtliche Institute, um sowohl das Verpflichtungs- als insbesondere auch das Verfügungsgeschäft zwischen Fachgesellschaft und AWMF rückabzuwickeln.

dd) Zwischenergebnis ohne Mustervertrag

Dem tatsächlichen Geschehen näher liegt die unmittelbare Einräumung eines Nutzungsrechts zwischen Autoren und AWMF. Insbesondere unter Berücksichtigung der Grundsätze der Zweckbindungstheorie und den tatsächlichen Begebenheiten erscheint es im vorliegenden Fall sachnäher bei den Autoren den Willen anzunehmen, der AWMF unmittelbar ein Nutzungsrecht an der von ihnen zu erstellenden AWMF-Leitlinie einzuräumen. Im Ergebnis ist jedoch auch bei einer Annahme einer Weiterübertragung nach § 34 UrhG das gewünschte Ziel erreicht, sodass eine Entscheidung nicht erforderlich ist, zumal aufgrund des nunmehr existierenden Mustervertrages die vormals bestehende Rechtsunsicherheit beseitigt werden konnte.

ee) Neue und zukünftige Verwertung der Inhalte von Leitlinien

In der Vergangenheit wurden Leitlinien ausschließlich über die beteiligten Fachgesellschaften und die AWMF (bei NVL auch über das ÄZQ), gegebenenfalls unter Einschaltung externer Verlage, veröffentlicht. Im Zuge der zunehmenden Digitalisierung werden verstärkt neue Verbreitungswege beschritten.

Insbesondere Anwendungssoftware (engl. application software, kurz: Apps) für Smartphones und TabletPCs stellen einen neuen und attraktiven Verbreitungsweg dar.[855]

---

854 Dreier/Schulze-*Schulze*; UrhG, § 41, RN 12; Schricker/Loewenheim-*Schricker/Peukert*; UrhG, § 41 RN 7.

855 Für NVL bietet das ÄZQ seit dem 05.09.2012 eine entsprechende App kostenlos an: www.aezq.de/aezq/service/nachricht/news2012-09-06 die App ist abrufbar z.B. im Apple iTunes-Store unter www.apple.com/itunes; Der Thieme-Verlag bietet in Zusammenarbeit mit der Deutschen Gesellschaft für Neurologie (DGN) eine kostenpflichtige Leitlinien-App auf seiner Homepage an www.thieme.de/apps/dgnleitlinien.html in dieser App werden die Leitlinieninhalte wiedergegeben, die als S-Klassifizierte Leitlinien der AWMF auf deren Homepage kostenfrei angeboten werden, so z.B. die S1-Leitlinie Frühsommer-Meningoenzephalitis (FSME)

Auch bei dieser Form der Nutzung von Leitlinieninhalten sind die gesetzlichen Vorgaben des Urheberrechts zu beachten. Wie oben festgestellt sind die Urheber einer Leitlinie die Autoren. Gegebenenfalls kann in Einzelfällen auch sonstigen Beteiligten ein Urheberrecht zukommen, so z.B. den Koordinatoren der Konsensuskonferenzen oder den wissenschaftlichen Mitarbeitern, die die Recherche und Aufbereitung der externen Evidenz durchführen. Eine Übertragung des Urheberrechts als solches ist grundsätzlich ausgeschlossen, § 29 UrhG. Auch die Verwertungsrechte (§§ 15ff UrhG) sind ausschließliche Rechte des Urhebers und durch Rechtsgeschäft nicht übertragbar. Durch einen Vertrag (Rechtsgeschäft) auf Dritte übertragbar sind allein die Nutzungsrechte (§§ 31ff. UrhG). Da alle Autoren, wie oben gezeigt, als Miturheber im Sinne des § 8 UrhG gelten, kann eine Übertragung von Nutzungsrechten, die für entsprechende Apps erforderlich sind, auch nur gemeinschaftlich erfolgen. Die Urheber können durch Einräumung von Nutzungsrechten oder durch Verzicht auf ihr urheberrechtliches Verbotsrecht (Einwilligung in den Eingriff in das Urheberrecht) anderen die (wirtschaftliche) Verwertung der Leitlinien ermöglichen.[856] Dieses kann auch mündlich und sogar stillschweigend (konkludent) geschehen.[857] Während für die bekannten und hergebrachten Nutzungsarten (Onlineabruf über die Seiten der AWMF, Veröffentlichung in den Fachzeitschriften der Fachgesellschaften, Verkauf von gedruckten Kurz- und Kitteltaschenversionen der NVL) von einer jedenfalls konkludenten Rechteeinräumung durch die Autoren gegenüber den jeweiligen Institutionen ausgegangen werden kann, kann man bei neuen Vertriebswegen nicht von dem erforderlichen Rechtsbindungswillen ausgehen, da bereits das entsprechende Bewusstsein fehlen dürfte.[858] Die Beweislast für das Vorliegen einer entsprechenden Rechtseinräumung liegt bei demjenigen, der behauptet, Nutzungsrechte erworben zu haben.[859] Gegebenenfalls hat er eine lückenlose Vertragskette bis zum Urheber nachzuweisen.[860] Im vorliegenden Fall müsste also der Anbieter der App nachweisen, dass er mit jedem der Urheber eine entsprechende vertragliche Vereinbarung gegebenenfalls über Zwischenstationen, z.B. die Fachgesellschaft, getroffen hat. Dabei gilt zu beachten, dass ein gutgläubiger Erwerb von Rechten nicht möglich ist.[861] Auch die Fachgesellschaft kann also nur solche Nutzungsrechte z.B. an einen Verlag, der Apps (kostenpflichtig) vertreiben möchte, übertragen, die sie selbst zuvor von den Autoren mit der Berechtigung zur Weitergabe erhalten hat. Sofern keine explizite vertragliche Einräumung von Nutzungsrechten, z.B. nach dem Mustervertrag[862]

AWMF-LL-Register-Nr. 030/035; Eine Vielzahl weitere Fachgesellschaften bietet (Teile seiner) Leitlinien zumeist kostenfrei als App an (Stand jeweils: 12.10.2012).

856 *Wienke/Nölling*; GMS Mitt AWMF. 2012;9.

857 *Wienke/Nölling*; GMS Mitt AWMF. 2012;9.

858 *Wienke/Nölling* a.a.O.

859 Dreier/Schulze-*Schulze*, § 31 RN 24.

860 Dreier/Schulze-*Schulze*, § 31 RN 24.

861 BGH, Urt. v. 21.11.1959 – I ZR 98/57 – "Der Heiligenhof"

862 *Nölling/Wienke;* Leitlinien-Mustervertrag.

vereinbart wurde, erfolgt die Übertragung der für die Eigenveröffentlichung erforderlichen Nutzungsrechte zwischen Autoren und AWMF – wie oben gezeigt – und parallel zwischen Autoren und Fachgesellschaft konkludent. Die AWMF sieht in ihrem Regelwerk vor, dass die Autoren ihr beschränkte Nutzungsrechte zur Veröffentlichung auf ihrer Homepage einräumen.[863] Zudem ist ein entsprechender Disclaimer auf ihrer Homepage enthalten.[864] Dieser Umstand ist in den Fachkreisen bekannt und Basis der AWMF-Leitlinienarbeit. Somit kann davon ausgegangen werden, dass jedenfalls die AWMF ein beschränktes Nutzungsrecht zur eigenen Veröffentlichung durch konkludente Übertragung erhalten hat. Dieses beschränkte Nutzungsrecht beinhaltet jedoch nicht das Recht zur Weiterübertragung.[865] Nach § 31 Abs. 5 UrhG gilt, dass ein Nutzungsrecht im Zweifel nur im geringstmöglichen Umfang übertragen wird. Ohne explizite vertragliche Grundlage kann also nicht davon ausgegangen werden, dass die Urheber einer Leitlinie z.B. ein ausschließliches Nutzungsrecht oder ein Nutzungsrecht mit Berechtigung zur Weiterübertragung eingeräumt haben. Auch die Vorschrift des § 24 Abs. 1, Satz 2 UrhG nach der der Urheber die Zustimmung zur Übertragung des Nutzungsrechts nicht wider Treu und Glauben verweigern darf, hilft hier nicht weiter. Denn eine Weiterübertragung im Sinne des § 34 UrhG kann immer nur in dem Umfang erfolgen, in dem das Recht besteht. Vorliegend gilt daher, dass AWMF, Fachgesellschaften und Dritte (BÄK, KBV, ÄZQ) nur ein einfaches Nutzungsrecht in Bezug auf die hergebrachten Veröffentlichungsformen eingeräumt erhielten, gegebenenfalls ergänzt um das Recht der Weiterübertragung auf einen Verlag zur drucktechnischen Vervielfältigung und Verbreitung. Die Veröffentlichung in Apps stellt eine neue Form der Veröffentlichung dar, für die kein eigenes Nutzungsrecht besteht. Daher kann ein solches auch nicht übertragen werden. Da die App von Smartphones oder TabletPCs aufgerufen werden kann, ist bereits aus diesem Grund von einem anderen Medium und somit von einem neuen Vertriebsweg auszugehen.[866]

ff) Leitlinien-Apps

Mehrere wissenschaftliche Verlage haben unterdessen die merkantile Bedeutung[867] von Leitlinien erkannt. Neben dem Angebot des ÄZQ zu NVL bieten auch der Springer-Verlag[868], der Georg-Thieme Verlag[869], sowie der Börm Bruckmeier-Verlag[870],

863 *Müller*, GMS Mitt AWMF. 2010;7: Doc14.

864 www.awmf.org/leitlinien/awmf-regelwerk/ll-entwicklung/einreichung-zur-publikation.html

865 *Wienke/Nölling*; GMS Mitt AWMF. 2012;9.

866 *Wienke/Nölling* a.a.O.

867 So auch *Wienke/Nölling* a.a.O.

868 In Kooperation mit der Deutschen Gesellschaft für Innere Medizin https://play.google.com/store/apps/details?id=com.pfeiffer.leitlinien&hl=de (Stand: 04.08.2017).

869 http://www.media4u.com/de/category/leitlinien/ (Stand: 04.08.2017).

870 http://www.media4u.com/de/category/leitlinien/ (Stand: 04.08.2017).

jeweils in Kooperation mit unterschiedlichen wissenschaftlichen medizinischen Fachgesellschaften Leitlinien-Apps an. Einige dieser Angebote sind kostenpflichtig. So ist z.B. das Angebot des Georg-Thieme-Verlags in Kooperation mit der Deutschen Gesellschaft für Neurologie (DGN) kostenpflichtig.

Bei Leitlinien-Apps ist aus urheberrechtlicher Sicht die Frage zu beantworten, ob es sich bei dieser um ein neues Werk im Sinne des Urheberrechts handelt. Gegebenenfalls schließt sich die Frage an, ob dies Auswirkungen auf den Schutz der Leitlinie hat. Durch die Programmierung der Leitlinien-App wird ein neues Werk erschaffen, das die App steuernde Computerprogramm.[871] Dieses Programm ist für sich genommen ein eigenes urheberrechtlich geschütztes Werk im Sinne der §§ 69a ff. UrhG.[872] Allein das Computerprogramm jedoch hat für den Nutzer der Leitlinien-App noch keinen Mehrwert und stellt im Grunde nichts anderes da als eine anwenderfreundliche Kombination aus Datenträger, Inhaltsverzeichnis, Glossar und Suchfunktion. Die Qualität dieses Programms kann erst genutzt werden, wenn auch ein entsprechender Inhalt hinterlegt ist. Dieser fachliche Inhalt der Leitlinien-App ist identisch mit dem der Leitlinie; gegebenenfalls ist nicht die Lang- sondern die Kurz oder auch nur die Kitteltaschenversion herangezogen worden.

Bei einer solchen Kombination von verschiedenen, jeweils selbstständig schutzfähigen Werken wie Text, Bild, Ton und Computerprogramm spricht man von Multimediawerken.[873] Es ist umstritten, ob solche Multimediawerke für sich genommen urheberrechtlichen Schutz beanspruchen können.[874] Der Wortlaut des § 2 Abs. 1 UrhG lässt zunächst vermuten, dass dies nicht der Fall ist. Multimediawerke lassen sich nicht ohne erhebliche argumentative Bemühungen unter die dort im „insbesondere-Katalog" aufgeführten Beispielwerke subsumieren. Vertreten wird sowohl eine Subsumtion unter § 2 Abs. 1 Nr. 6 UrhG (filmähnliche Werke)[875] als auch als eine Subsumtion unter § 2 Abs. 1 Nr. 1, 69 a UrhG (Computerprogram)[876]. Tatsächlich wird es auf das jeweilige Werk ankommen, unter welchen

---

871 § 1 (i) der Mustervorschriften der WIPO (World Intellectual Property Organization = Weltorganisation für geistiges Eigentum, eine Teilorganisation der Vereinten Nationen) definiert den Begriff *„Computerprogramm"* wie folgt: *„eine Folge von Befehlen, die nach Aufnahme in einen maschinenlesbaren Träger fähig sind zu bewirken, dass eine Maschine mit informationsverarbeitenden Fähigkeiten eine bestimmte Funktion oder Aufgabe oder ein bestimmtes Ergebnis anzeigt ausführt oder erzielt"*, GRUR Int. 1978, 286, 290.

872 Der Gesetzgeber hat darauf verzichtet, den Begriff *„Computerprogramm"* legal zu definieren.

873 Statt vieler: Dreier/Schulze-*Dreier*, UrhG, § 69a RN 18 m.w.N.

874 Zum Stand der Diskussion siehe z.B. Dreier/Schulze-*Schulze*, UrhG, § 2 RN 243 m.w.N.

875 LG München I, Urt. v. 11.11.2004 – 7 O 1888/04 -

876 *Koch*, Software-Urheberrechtsschutz für Multimedia-Anwendungen, GRUR 1995, 459.

der in § 2 Abs. 1 genannten Beispielsfälle das Multimediawerk zu subsumieren ist, oder ob es sich um ein im Gesetz nicht genanntes, aber mit diesen so eng verwandtes und vergleichbares Werk handelt, dass es auch außerhalb des „insbesondere-Katalogs" den von § 2 UrhG vermittelten Schutz genießt.[877] In diesem Fall ist das Multimediawerk aufgrund seiner Gesamtstruktur neben den einzelnen, ebenfalls schützenswerten Bestandteilen, selbständiges, schützenswertes Werk im Sinne des Urheberrechts.[878] Ob bei der jeweiligen Leitlinien-App die dafür erforderliche[879] Schöpfungshöhe erreicht wird, ist eine Frage des Einzelfalls.

Ohne Einfluss ist die Entscheidung dieser Frage jedoch auf den urheberrechtlichen Schutz der Leitlinie als Bestandteil der Leitlinien-App. Die der Leitlinien-App zugrundeliegende Leitlinie ist das Werk der Autoren. Durch die Einarbeitung in die App wird sie weder in Bezug auf ihren Inhalt noch auf die gewählte Struktur, ihren Aufbau geändert, sodass kein neues Werk durch Bearbeitung entstehen kann. Eine Änderung von Aufbau, Struktur oder gar Inhalt der Leitlinie wäre mit dem hochsensiblen Thema der in Frage stehenden medizinischen Leitlinien unvereinbar. Allein die elektronische Verknüpfung einzelner Unterpunkte und Absätze mit einem elektronischen Inhaltsverzeichnis, einer Suchfunktion und ähnlichem reicht nicht aus, um ein neues Werk im Sinne des Urheberrechts zu schaffen, da bei dieser Tätigkeit regelhaft nicht die erforderliche Schöpfungshöhe erreicht wird[880]. Dies ist z.B. für die (reine) Digitalisierung eines Werkes allgemeine Ansicht, da in diesen Fällen keine gestalterische Leistung vorliegt.[881] Das OLG Köln[882] hat, bestätigt vom BGH[883] zutreffend entschieden, dass die Wiedergabe von Ausschnitten im Rahmen eines Suchdienstes für Zeitungsartikel keinen urheberrechtlichen Schutz genießt. Nichts anderes kann bei der hier relevanten Einarbeitung der bereits in digitaler Form vorliegenden Leitlinie in die App gelten. Dies gilt auch unter Berücksichtigung der Abgrenzungsentscheidung des BGH[884], wonach eine eigenständige urheberrechtliche Nutzungshandlung dann vorliegt, wenn nicht ein Link gesetzt wird, sondern die Datei auf dem eigenen Server als Kopie bereitgehalten wird. Dass eine eigenständige Nutzungshandlung vorliegt, unterstützt vielmehr die These, dass kein neues Werk entsteht.

---

877 Dreier/Schulze-*Dreier*, UrhG, § 69a RN 18.
878 Für eine grundsätzliche Schutzfähigkeit: Dreier/Schulze-*Dreier*, § 69a RN 18.
879 Dreier/Schulze-*Dreier*, UrhG, § 69a RN 18.
880 Allgemein zum Schöpfungsgrad bei Bearbeiterurheberrecht: Wandtke/Bullinger-*Bullinger*, § 3 RN 22.
881 Schricker/Loewenheim-*Loewenheim*; § 3 RN 8, Wandtke/Bullinger-*Bullinger*, § 3 RN 25.
882 OLG Köln, Urt. v. .27.10.2000 – 6 U 71/00 – = GRUR-RR 2001, 97/99.
883 BGH, Urt. v. 17.07.2003 – I ZR 259/00 – = BGHZ 156, 1–19, NJW 2003, 3406,3417 (Paperboy).
884 BGH, Urt. v. 04.07.2013 – I ZR 39/12 – RN 14 = GRUR 2014, 180–181.

gg) Regelungen des Mustervertrages

Aufgrund der bestehenden urheberrechtlichen Rechtsunsicherheiten wurde im Jahr 2014 von der AWMF ein Mustervertrag zur Einräumung von Nutzungsrechten bei Leitlinien als Addendum in das Regelwerk zur Erstellung von Leitlinien der AWMF aufgenommen.[885] Vertragsparteien des Vertrages zur Einräumung von Nutzungsrechten sind einerseits die AWMF und die entsendendenden Fachgesellschaften, andererseits die Autoren der Leitlinie, mithin die Urheber.[886] In der Vergangenheit ließen sich einige Fachgesellschaften in den Fällen, in denen sie als federführende Fachgesellschaft auftraten, von den Autoren ein ausschließliches Nutzungsrecht einräumen.[887] Dies ist mit dem Wesen von AWMF-Leitlinien nicht vereinbar, da diese über mehrere Kanäle, jedenfalls aber über alle beteiligten Fachgesellschaften und die AWMF verbreitet werden sollen. Bei einem ausschließlichen Nutzungsrecht der federführenden Fachgesellschaft wäre eine Verbreitung der Leitlinie durch die anderen beteiligten Organisationen jedoch nicht ohne weiteres zulässig. Erforderlich wäre vielmehr die Einräumung von Nutzungsrechten durch die federführende Fachgesellschaft gegenüber den übrigen beteiligten Organisationen. Dies wäre mit dem Gedanken der Gleichordnung nicht vereinbar. Zudem würde es von der Bereitschaft der federführenden Fachgesellschaft abhängig sein[888], ob auch die übrigen beteiligten Organisationen die Leitlinie verbreiten dürfen. Um diese Rechtsunsicherheit zukünftig zu vermeiden, ermöglicht der Mustervertrag allein die Einräumung von einfachen Nutzungsrechten. Da jedoch die Fachgesellschaften – anders als die AWMF – die Leitlinien mitunter nicht nur auf der eigenen Homepage öffentlich zugänglich machen, sondern häufig auch unter Einschaltung eines Dritten, z.B. eines Verlages, drucktechnisch vervielfältigen und verbreiten wollen, ist die Einräumung eines weiterübertragbaren Nutzungsrechts erforderlich.[889] Aufgrund des Umstandes, dass nach der herrschenden Meinung § 35 Abs. 1 UrhG auf einfache Nutzungsrechte nicht analog anwendbar ist,[890] war

885 *Nölling/Wienke;* Leitlinien-Mustervertrag.

886 *Nölling/Wienke;* a.a.O.

887 Entsprechende unveröffentlichte Schriftstücke einiger Fachgesellschaften lagen dem Autor im Rahmen seiner anwaltlichen Tätigkeit vor.

888 Nicht thematisiert werden sollen an dieser Stelle denkbare rechtliche Konstruktionen, wonach die federführende Fachgesellschaft nach Treu und Glauben oder aus anderen allgemeinen Erwägungen heraus auch im Falle der Einräumung eines ausschließlichen Nutzungsrechts jedenfalls obligationsrechtlich verpflichtet sein dürfte, den übrigen beteiligten Organisationen entsprechende Enkelrechte in Form von einfachen Nutzungsrechten einzuräumen. Dafür, das eine solche Verpflichtung bestehen könnte, spricht jedoch die Tatsach, dass nicht nur die federführende Fachgesellschaft, sondern auch die übrigen beteiligten Organisationen ihren jeweiligen Beitrag (auch finanzieller Natur) bei der Erstellung der Leitlinie geleistet haben.

889 *Nölling/Wienke;* a.a.O.

890 siehe hierzu oben, Punkt C.VII.6.a).cc)

eine alternative rechtliche Regelung zu treffen. Die Lösung besteht in der Übertragung von weiterübertragbaren, einfachen Nutzungsrechten. Einfache Nutzungsrechte können im Ganzen von dem Nutzungsrechteinhaber auf einen Dritten per Rechtsgeschäft übertragen werden.[891] Sobald die Fachgesellschaften im Falle der Weiterübertragung des einfachen Nutzungsrechts, z.B. an den Verlag zum Zwecke der Verbreitung der Leitlinie, ihr jeweiliges einfache Nutzungsrecht verlieren, erhalten sie von den Urhebern ein (neues,) identisches Nutzungsrecht. Grundsätzlich wäre es möglich gewesen, den Fachgesellschaften eine Vielzahl von einfachen Nutzungsrechten zu übertragen,[892] wodurch diese einen quasi unerschöpflichen Vorrat an weiterübertragbaren einfachen Nutzungsrechten zur Verfügung hätten. Aufgrund der hohen Sensibilität des Themas und des Erfordernisses, gegebenenfalls veraltete oder falsche Leitlinien effektiv zurückziehen zu können, wurde dieser Weg nicht beschritten. Vielmehr erfolgte eine Regelung, wonach die Fachgesellschaft einen Anspruch auf jeweils ein weiteres einfaches Nutzungsrecht nach erfolgter Weiterübertragung hat. Im Falle der ggf. erforderlichen Überarbeitung der Leitlinie kann auf diesem Weg die Verbreitung der veralteten Version effektiv urheberrechtlich unterbunden werden. Zudem wurde das einfache Nutzungsrecht so ausgestaltet, dass es nur als einmal übertragbares Nutzungsrecht eingeräumt wird. Mit dem Dritten, der das Nutzungsrecht von der Fachgesellschaft übertragen erhalten hat (z.B. der Verlag) endet die Nutzungsrechtekette, sodass auch auf diesem Wege eine Kontrolle über die Verbreitung der Leitlinie erreicht wird und effektiv verhindert werden kann, dass veraltete Leitlinien in Umlauf gebracht werden.

Weitere Regelungen des Mustervertrages betreffen die Frage, wer zur Korrektur etwaiger Fehler in dem Leitlinientext berechtigt ist. Auch hier wurde eine Abstufung je nach Beteiligten vorgesehen, die insbesondere der augenfälligen Gefahr von inhaltlichen Verschlimmbesserungen durch fachfremde Personen, etwa in Verlagen etc., entgegenwirken soll.[893]

Schließlich ist hervorzuheben, dass nach §§ 3 Abs. 6, 4 Abs. 1 Mustervertrag[894] jegliche Einräumung und Übertragung von Nutzungsrechten unter Anwendung des Mustervertrages unentgeltlich zu erfolgen hat. Diese Regelung dient insbesondere der Aufrechterhaltung des hohen fachlichen Ansehens der Leitlinien und der Haftungsprophylaxe. Sobald eine Entgeltlichkeit eingeführt wird, steht die (verdeckte) Einflussnahme interessierter Kreise verstärkt zu befürchten. Zudem führt z.B. die entgeltliche Weiterübertragung an Dritte, z.B. Verlage, dazu, dass gem. § 32 UrhG auch die Autoren als Urheber zwingend an den entsprechenden Einnahmen zu beteiligen sind. Das hohe Ansehen von Leitlinien begründet sich nicht zuletzt auf dem Umstand, dass die Autoren ehrenamtlich tätig werden.

---

891 Dreier/Schulze –*Schulze*; UrhG § 35 RN 5.

892 Dreier/Schulze –*Schulze*; UrhG § 35 RN 5.

893 Nach den Regelungen in §§ 3 Abs. 3 und 4 Abs. 1 Mustervertrag besteht nur auf Ebene der Fachgesellschaften ein eingeschränktes Recht zur Korrektur.

894 *Nölling/Wienke*; a.a.O.

b) Zivilrechtlich

Die AWMF verpflichtet sich gegenüber den Fachgesellschaften, aber auch gegenüber den in der Leitliniengruppe zusammengeschlossenen Leitlinienautoren, die Leitlinie über ihre Internetpräsenz zum Abruf in elektronischer Form bereitzustellen. Dabei handelt es sich urheberrechtlich um einen Vertrag über das öffentliche Zugänglichmachen gem. §§ 19a, 31 UrhG.

Neben diesen urheberrechtlichen Fragen, ist auch die allgemeine zivilrechtliche Situation näher zu beleuchten:

Bei dem zwischen den Autoren der Leitliniengruppe und der AWMF bestehenden Vertrag über das öffentliche Zugänglichmachen handelt es sich um einen gemischttypischen Vertrag. Neben dem im Mustervertrag geregelten Elementen des urheberrechtlichen Nutzungsrechteeinräumungsvertrags liegen auch Elemente eines Dienstvertrags nach §§ 611ff. BGB mit mietvertraglichen Elementen vor. Die AWMF publiziert die von ihren Mitgliedsgesellschaften erarbeiteten und verabschiedeten Leitlinien entsprechend ihrer Selbstverpflichtung vom 04.10.1995 (1. Leitlinienkonferenz).[895] Diese Selbstverpflichtung besteht aber nur innerhalb des Mitgliedsverhältnisses zwischen der AWMF als eingetragenem Verein und ihren Mitgliedern, den Fachgesellschaften. Eine – auch nur konkludente – Verpflichtung gegenüber Dritten, insbesondere den Autoren, die Leitlinie auf ihrer Website zum Download für die Dauer der Gültigkeit der Leitlinie anzubieten und damit öffentlich zugänglich zu machen, ist davon nicht umfasst. Eine solche Verpflichtung zur Veröffentlichung und Verbreitung der Leitlinie auch gegenüber den Autoren der Leitliniengruppe ist jedoch in der Präambel des Mustervertrages zur Einräumung von Nutzungsrechten enthalten. Danach *„werden die Leitlinien durch die Berechtigten* [d.h. AWMF und die Fachgesellschaften] *kostenlos abgegeben“*.[896] Insofern weicht der Mustervertrag von der der gesetzlichen Regelung des dispositiven § 41 UrhG zugrundeliegenden gesetzgeberischen Annahme ab. Während das Urheberrecht es dem Inhaber von einfachen Nutzungsrechten grundsätzlich freistellt, von dem übertragenen Nutzungsrecht Gebrauch zu machen,[897] sieht der Mustervertrag eine Pflicht zur Veröffentlichung/öffentlichen Zugänglichmachung vor. Es handelt sich auch nicht um eine bloße Obliegenheit. Aus den Regelungen des § 3 Abs. 4 und 5 Mustervertrag[898] ergibt sich, dass die AWMF (und die Fachgesellschaften) eine

---

895 AWMF-Regelwerk, S. 60.

896 *Nölling/Wienke;* Leitlinien-Mustervertrag.

897 Anderes gilt bei ausschließlichen Nutzungsrechten. Hier besteht eine Obliegenheit des Rechteinhabers zur Ausübung seines ausschließlichen Nutzungsrechts. Bei Nichtausübung ist der Urheber zum Rückruf berechtigt, § 41 UrhG. So auch OLG Hamm, Urt. v. 27.01.2011 – I-4 U 183/10 – RN 94 = openJur 2013, 6947, das eine entsprechende AGB-Klausel an der Hürde des 307 Abs. 1 S. 1 Abs. 2 Nr. 1 BGB scheitern ließ. Im Umkehrschluss ist der Inhaber eines einfachen Nutzungsrechts im Grundsatz gerade nicht zur Ausübung des Rechts verpflichtet.

898 *Nölling/Wienke;* Leitlinien-Mustervertrag.

echte Pflicht zur Verbreitung/öffentlichen Zugänglichmachung trifft. Andernfalls wären die in § 3 Abs. 4 und 5 Mustervertrag[899] vorgesehenen eng umrissenen Grenzen, in denen eine einseitige Berechtigung zur Nichtausübung der Nutzungsrechte beschrieben sind, überflüssig, da das UrhG, wie oben gezeigt, eine solche Pflicht des Inhabers eines einfachen Nutzungsrechts gerade nicht vorsieht. Diese Pflicht der AWMF zur Ausübung des Nutzungsrechts in der konkreten Form der Einstellung der Leitlinie auf ihrer Website zum Download stellt eine Dienstleistung dar, auf die nicht das Urheberrecht sondern das Dienstvertragsrecht nach §§ 611ff. BGB und damit auch das Leistungsstörungsrecht Anwendung finden. Auf diese allgemeinen schuldrechtlichen Regelungen ist daher zurückzugreifen.

Diese Pflicht soll auch tatsächlich gegenüber den Autoren der Leitliniengruppe gelten. Es handelt sich nicht nur um eine Pflicht der AWMF gegenüber ihren Mitgliedsgesellschaften aus der vereinsrechtlichen Verbindung, wie sie sich auch aus der Selbstverpflichtung der 1. Leitlinienkonferenz ergibt.[900] Die Autoren der Leitlinie erbringen ihre Leistungen ehrenamtlich. Der von den Autoren beigesteuerte Arbeitsaufwand ist enorm und geht über eine reine Gefälligkeit weit hinaus.[901] Ohne die faktische Möglichkeit und den rechtlichen Anspruch darauf, dass die fertiggestellte Leitlinie auf dem zentralen deutschen Leitlinienportal der AWMF veröffentlicht werden, fehlt es an einer wesentlichen (Motivations-)Grundlage für die Erstellung der Leitlinie. Daher handelt es sich bei der Veröffentlichung der Leitlinie auf der Website der AWMF nicht nur um ein Recht der AWMF, sondern auch um eine Pflicht dieser gegenüber den Autoren.

c) Ergebnis

Zwischen den Autoren der Leitliniengruppe als Urheber der Leitlinie und der AWMF besteht ein gemischttypischer Vertrag über das öffentliche Zugänglichmachen gem. §§ 19a, 31 UrhG mit dienst- und mietvertraglichen Elementen. Aus diesem Vertrag ergibt sich nicht nur die Pflicht der Urheber, der AWMF ein Nutzungsrecht zur öffentlichen Zugänglichmachung zu verschaffen, auch ergibt sich eine echte Pflicht der AWMF, die Leitlinie auch tatsächlich über ihre Website öffentlich zugänglich zu machen.

9 Rechtsverhältnis zwischen den finanzierenden Organisationen und den Erstellern der Leitlinie

Zu differenzieren ist zwischen der konkreten Finanzierung einer Leitlinie durch bestimmte Organisationen, Unternehmen oder auch Behörden und den

---

899 *Nölling/Wienke;* a.a.O.

900 AWMF-Regelwerk, S. 60.

901 S.o. zum Leitlinienerstellungsvertrag als Rechtsverhältnis zwischen Autoren und Fachgesellschaften, Punkt: C.VII.6.

sogenannten Interessenkonflikten, die unabhängig von einer konkreten Finanzierung häufig[902] bestehen. Die Gefahr einer unsachgemäßen, d.h. nicht medizinisch-wissenschaftlich motivierten Einflussnahme auf den Inhalt von Leitlinien durch Dritte, z.B. Pharmaunternehmen oder Unternehmen der Medizinprodukteindustrie, ist groß. Versuche, wie die des Pharmaunternehmens im Fall der vor dem LG Köln und dem OLG Köln verhandelten Klage[903] auf Änderung des Inhaltes einer NVL sind nur die sichtbare Spitze des Eisbergs. Weniger offensichtlich, vielmehr gezielt geräuschlos, gerade deswegen aber gegebenenfalls erfolgreicher, dürften Versuche sein, im Vorfeld durch Beeinflussung der Autoren (oder der Zusammensetzung einer Autorengruppe) Einfluss auf den Inhalt einer solchen Leitlinie zu nehmen.[904] Bisherige Untersuchungen konnten keine massiven und durchgreifenden Beeinflussungen konkreter Empfehlungen in Leitlinien nachweisen, zeigten aber auf, dass solche möglich sind.[905] Die Möglichkeit, auf ärztliches Verhalten Einfluss zu nehmen, ist bei der Erstellung von Leitlinien jedenfalls ungleich wirkungsvoller als bei der Einflussnahme auf den einzelnen Arzt.[906]

a) Interessenkonflikte

Nach dem Regelwerk der AWMF müssen die Ersteller der Leitlinie etwaige Interessenkonflikte angeben.[907] Der Begriff Interessenkonflikt ist nicht einheitlich definiert.[908] Bei einer Betrachtung der in Frage kommenden Sachverhalte erscheint eine Abgrenzung jedenfalls zu korruptivem Verhalten (nicht allein im strafrechtlichen,

---

902 *Langer et al.*, DÄBl. 2012; 109 (48): A 836–839.

903 LG Köln, Urt. v. 30.11.2011 – 28 O 523/11 – RN 87 = GRURPrax 2012, 515 und dem OLG Köln, Urt. v. 06.11.2012 – 15 U 221/11 – RN 100 = GesR 2013, 532; DÄBl. 2013, A 106, B 98, C 98.

904 Dieser Aspekt rückt nunmehr auch zunehmend in den Fokus der kritischen Öffentlichkeit. Zu nennen sind z.B. die Expertise von *Ludwig et al.* Im Auftrage der Akademie der deutschen Ärzteschaft vom 23.01.2012, Der Einfluss pharmazeutischer Unternehmen auf ärztliche Leitlinien, die Arbeit von *Schott et al.*, Deklaration und Umgang mit Interessenkonflikten in deutschen Leitlinien, DÄBl 2015, A 224–51, die sich allerdings allein auf Leitlinien der Stufe S1 bezieht, und das Internetportal www.leitlinienwatch.de, eine von Mezis (Mein Essen zahl' ich selbst), Neurology-First und Transparency International Deutschland getragene Initative, die sich zur Aufgabe gemacht hat, Leitlinien auf Ihre Unabhängigkeit von Interessenkonflikten zu überprüfen und nach einem Punktesystem mit Ampelfarben zu bewerten.

905 *Von Schott et al.*, DÄBl 2015, A 224–51; *Ludwig et al*, Der Einfluss pharmazeutischer Unternehmen auf ärztliche Leitlinien. Letztere benennen mit der S3-Leitlinie zur Behandlung der Psoriasis vulgaris (AWMF-Leitlinienregisternummer 013-001) ein Beispiel bei dem eine Beeinflussung in Bezug auf den Wirkstoff Efalizumab (Raptiva®) zwar nicht nachweisbar ist aber jedenfalls möglich erscheint (S. 18f. a.a.O.).

906 *Kern*, MedR 2015, S. 787, 789.

907 DELBI, Domäne 6, Nr. 23, S. 35.

908 *Strech et al.* Interessenkonfliktregulierung, S. 3.

sondern im ethisch-moralischen Sinne), also einem Verhalten, bei dem finanzielle Beziehungen unter bewusster Umgehung geltender Regelungen eingegangen werden, angezeigt. Ein solches Verhalten lässt sich durch die Auflage an die Autoren, Interessenkonflikte offenzulegen, nicht abstellen. Auch die Regelungen der § 299a und §299b StGB[909], die Korruption bei Ärzten und anderen Leistungserbringern unterbinden sollen, greifen an dieser Stelle nicht. Das Erstellen von Leitlinien unterfällt nicht dem Tatbestand der Strafnorm. Dennoch gilt: wer die Grenze des Rechts überschreitet, um den eigenen Vorteil zu mehren, wird sich davon auch durch die Aufforderung Interessenkonflikte offenzulegen nicht abhalten lassen. Interessenkonflikte im hier relevanten Sinne sind damit vielmehr solche „Situationen, die ein Risiko dafür schaffen, dass professionelles Urteilsvermögen oder Handeln, welches sich auf ein primäres Interesse bezieht, durch sekundäre Interessen unangemessen beeinflusst wird."[910] Darunter fallen also z.B. finanzielle Beziehungen mit oder ggfls. auch ohne angemessene Gegenleistung.[911] Entscheidend

---

909 Eingeführt durch das Gesetz zur Bekämpfung von Korruption im Gesundheitswesen vom 30.05.2016, BT-Drs. 18/8106, BGBl. I 2016, 1254–1256, in Kraft getreten am 04.06.2016.

910 *Lieb et al.*, Interessenkonflikte in der Medizin, DÄBl., 2011; 108 (6): A 256–60. Die Definition geht zurück auf die englischsprachige Definition von *Thompson* und *Emanuel*: „A conflict of interest is a set of circumstances that are reasonably believed to create a substantial risk that professional judgment of a primary interest will be unduly influenced by a secondary interest" (The Concept of Conflicts of Interest. The Oxford Textbook of Clinical Research Ethics. Emanuel, E. J., Grady, C., Crouch, R. A.et al. Oxford 2008, Oxford University Press: 758–766.) Fast identisch lautet die Definition der AWMF: „Interessenkonflikte sind definiert als Gegebenheiten, die ein Risiko dafür schaffen, dass professionelles Urteilsvermögen oder Handeln, welches sich auf ein primäres Interesse beziehen, durch ein sekundäres Interesse unangemessen beeinflusst werden." (*Müller*, Empfehlung der AWMF zum Umgang mit Interessenkonflikten bei Fachgesellschaften, GMS Mitt AWMF. 2010:7: Doc8).

911 *Strech et al.* Interessenkonfliktregulierung, S. 5. Die Angemessenheit des Leistungsaustausches ist individuell zu bestimmen. Unter dem Stichwort „Sponsoring im Gesundheitswesen" wurden in der jüngeren Vergangenheit die Grenze des Zulässigen stetig gesenkt. Zu nennen sind in diesem Zusammenhang die Verschärfungen des ärztlichen Berufsrechts, insb. der Musterberufsordnung Ärzte, die der Deutsche Ärztetag regelmäßig überarbeitet. Der Kodex des Freiwillige Selbstkontrolle für die Arzneimittelindustrie e.V., der regelt in welcher Form die Mitglieder dieses Verbandes den Fachkreisen gegenüber noch „angemessene" Vergünstigungen zukommen lassen dürfen, dürfte hingegen eher von dem Leitgedanken getragen sein, möglichst umfassend Zuwendungen zu ermöglichen, so galten Bahnfahrten 1. Klasse, Flüge in der Business-class (bei Interkontinentalflügen) noch 2013 als angemessen. Auch Hotels der Kategorie 5-Sterne seien angemessen, „sofern der Businesscharakter des Hauses im Vordergrund" stehe (Leitlinien des Vorstands des FSA gemäß § 6 Abs. 2 FSA-Kodex Fachkreise, abrufbar unter http://www.fs-pharma.de/verhaltenskodzes/fachkreise/ (Stand: 03.08.2017).

ist, dass ein bedeutsames Risiko für eine unangemessene Beeinflussung auch tatsächlich vorliegt. Nicht jeder Verdacht, eine professionelle Entscheidung könnte durch andere Interessen beeinflusst sein, führt zu einem Interessenkonflikt im vorgenannten Sinne.[912] Auch muss die redaktionelle Unabhängigkeit bestätigt werden.[913] Dazu müssen detaillierte Angaben zu Art und Umfang der finanziellen Unterstützung durch Externe erfolgen. Eine Überprüfung des Wahrheitsgehalts der Angaben durch die AWMF erfolgt nicht. Nach Änderung (Verschärfung) der AWMF-Regelung zur Offenlegung von Interessenkonflikten im Jahr 2010 ist die Deklarationsquote von Interessenkonflikterklärungen signifikant angestiegen. Während vor der verpflichtenden Offenlegung nur bei 8% der untersuchten Leitlinien Interessenkonflikterklärungen von den Autoren abgegeben wurden, beträgt der Wert für 2011 95 %.[914] Signifikant war auch der Anstieg bei dem Anteil von Autorinnen und Autoren mit finanziellen Interessenkonflikten.[915] Ob dieser starke Anstieg allerdings allein auf die neuen Vorgaben zurückzuführen ist, oder auch auf den Umstand, dass 2011 Themen bearbeitet wurden, bei denen Fachgruppen mit größerer Nähe zur Industrie beteiligt waren, ist nicht bekannt.[916] Alle Mitglieder der Leitliniengruppe müssen nach danach eine Interessenkonflikterklärung abgeben. Bei Mitgliedern des Lenkungsgremiums werden diese durch das Präsidium der entsendenden Fachgesellschaft bewertet, bei sonstigen Mitgliedern durch das Lenkungsgremium.[917] Bei bestehenden Interessenkonflikten soll keine Teilnahme an Evidenzbewertung und Konsensfindung erfolgen, eine beratende Funktion soll nur ausgeübt werden, wenn auf die Expertise nicht verzichtet werden kann.[918] Nach dem publizierten Stand wurden nur in Ausnahmefällen Konsequenzen (z.B. Enthaltungen bei bestimmten Abstimmungen) aus angegebenen Interessenkonflikten gezogen.[919] Daher wurde das bestehende Grundsatzpapier zum Umgang mit Interessenkonflikten von 2010[920] überarbeitet. In das aktuelle Papier von 2017 wurde eine Regelung aufgenommen, wonach bei längeren Projekten eine jährliche

912 *Langer et al.*, Interessenkonflikte bei Autoren medizinischer Leitlinien, DÄBl. 2012; 109 (48): A 836, 836; Strech et al. Interessenkonfliktregulierung.
913 DELBI, Domäne 6, Nr. 22, S. 34.
914 *Langer et al.*, DÄBl. 2012; 109 (48): A 836, 838.
915 *Langer et al.*, DÄBl. 2012; 109 (48): A 836, 839.
916 *Langer et al.*, DÄBl. 2012; 109 (48): A 836–849.
917 AWMF-Regelwerk, S. 19.
918 *Bauer et al.*; Empfehlungen der AWMF zum Umgang mit Interessenkonflikten bei Fachgesellschaften, S. 4.
919 *Langer et al.*, DÄBl. 2012; 109 (48): A 836–839.
920 *Bauer et al.*; Empfehlungen der AWMF zum Umgang mit Interessenkonflikten bei Fachgesellschaften.

Erneuerung der Interessenkonflikterklärungen erfolgen muss, jedenfalls aber vor dem Eintritt in die Konsensusfindung.[921]

Daneben ist auf ein weiteres Problem hinzuweisen, das den gesamten medizinisch-wissenschaftlichen Forschungsbereich betrifft, aber durch die Bündelungsfunktion, die Leitlinien in Bezug auf das verfügbare Wissen einnehmen dort besondere Beachtung verdient: Das in evidenzbasierten Leitlinien enthaltene Wissen wird aus vorhandenen Studien generiert. Methode der Wahl ist die Evidenzrecherche. Dieses Wissen kann also immer nur so gut und unbeeinflusst sein, wie die im Rahmen der Evidenzrecherche herangezogenen Erkenntnisquellen. Auch wenn im Rahmen der Leitlinienerstellung eine Bewertung der methodischen Qualität der herangezogenen Leitlinien, Studien und sonstiger Literatur erfolgt,[922] besteht auch hier die realistische Gefahr einer unsachgemäßen Beeinflussung. Eine Untersuchung von *Lelgemann/Sauerland* hat jedoch ergeben, dass ein Durschlagen auf den Inhalt von Leitlinienempfehlungen bisher nicht nachweisbar ist, da bei diesen noch weitere Kontrollmechanismen greifen.[923] Dies gilt sowohl dann, wenn nur eine einzelne Studie die falschen Ergebnisse propagiert, da in diesem Fall durch eine systematische Evidenzrecherche Unstimmigkeiten aufgedeckt werden können, als auch, wenn gleich mehrere Studien über einen längeren Zeitraum gefälscht wurden.[924]

Nicht unmittelbar gefälschte, aber von Dritten finanzierte Leitlinien können ebenfalls problematisch sein. Beispielhaft soll hier die *konsensbasierte* AWMF-Leitlinie „Begutachtung psychischer und psychosomatischer Erkrankungen“[925] erwähnt werden. *Meins* weißt zurecht darauf hin, dass bei der genannten Leitlinie wesentliche Teile im Rahmen einer von der Dr.-Karl-Wilder-Stiftung, einer Stiftung der Lebensversicherungswirtschaft,[926] geförderten Studie entwickelt und evaluiert wurden.[927] Zwar wird dieser *institutionelle* Interessenkonflikt ebenfalls offengelegt. Dadurch aber, dass ein wesentlicher Teil der Leitlinie, nämlich der „Leitfaden zur Beurteilung der beruflichen Leistungsfähigkeit“, auf einer von der Versicherungswirtschaft finanzierten Studie beruht,[928] wird die Wertigkeit derselben jedenfalls in Frage gestellt. Dies um so mehr, als dass in der Leitlinie zwar auf

---

921 *Spies et al.*; Empfehlung der AWMF zum Umgang mit Interessenkonflikten bei Aktivitäten wissenschaftlich-medizinischer Fachgesellschaften – Fassung vom 10.11.2017, abrufbar unter www.awmf.org. (Stand: 04.10.2018).

922 AWMF-Regelwerk, S. 27ff.

923 *Lelgemann/Sauerland,* ZaefQ 2010, 284–291.

924 *Lelgemann/Sauerland,* ZaefQ 2010, 284–291, 289f.

925 AWMF-S2k-Leitlinie „Begutachtung psychischer und psychosomatischer Erkrankungen AWMF-Registernummer 051–029.

926 Gesamtverband der Deutschen Versicherungswirtschaft (GDV e.V.), www,gdv.de/ueber-uns/aktivitaeten/initiativen/karl-wilder-stiftung/ (Stand: 27.05.2016).

927 *Meins,* DÄBl. 2016; 113(16): A-760/B-641.

928 AWMF-S2k-Leitlinie „Begutachtung psychischer und psychosomatischer Erkrankungen AWMF-Registernummer 051–029, S. 66.

die Förderung durch die „Dr.-Karl-Wilder-Stiftung“ verwiesen wird, nicht aber auf die hinter dieser Stiftung stehenden Unternehmen.[929]

In welcher Form auch immer Interessenkonflikte bestehen gilt, dass ihr Vorliegen allein das Risiko beschreibt, dass eine Entscheidung nicht unbeeinflusst von sachfremden Erwägungen erfolgt. Die mitunter verbreitete[930] Fehlvorstellung, ein Interessenkonflikt läge nur vor, wenn eine unbeeinflusste Entscheidung nicht mehr möglich ist, wird hier explizit nicht zugrunde gelegt. Im Fall von reinen Interessenkonflikten besteht demnach kein gesondertes Rechtsverhältnis zwischen den Autoren und etwaigen finanzierenden Organisationen in Bezug auf die Erstellung der konkreten Leitlinie.

b) Direkte Finanzierung einer bestimmten Leitlinie

Die Übergänge zu der unmittelbaren Finanzierung einer konkreten Leitlinie durch eine externe Organisation sind, wie oben gezeigt, fließend. Jedenfalls bei einer unmittelbaren Finanzierung wäre unter Berücksichtigung des Einzelfalls eine genaue Überprüfung notwendig. Bei Zahlung eines Honorars – auch in Form von Sitzungsgeldern etc. – käme ein Werkvertrag zwischen Autor und Finanzier in Betracht. Näherliegend ist aber eine Unterstützung der Herausgeber der Leitlinien, mithin regelmäßig der Fachgesellschaft, durch die finanzierende Organisation, z.B. eine Stiftung. Beispielhaft zu nennen für ein solches Modell sind die Leitlinien des Leitlinienprogramms OL[931], welches von der AWMF gemeinsam mit der Deutschen Krebsgesellschaft und der Deutschen Krebshilfe getragen und durch die Deutsche Krebshilfe finanziert wird[932].

VIII. Grundsätze bei Verbraucherverträgen und besondere Vertriebsformen

Schließlich ist zu prüfen, ob die Abgabe der Leitlinien über die Homepage der AWMF dem Regelungsregime des Buches 2, Abschnitt 3, Titel 1, Untertitel 2 BGB („Grundsätze bei Verbraucherverträgen und besondere Vertriebsformen“ (§§ 312 – 312k BGB) anzuwenden sind.

---

929 Hier liegt auch der Unterschied zu dem oben, Punkt C.V., vorgeschlagenem Weg einer Finanzierung der Leitlinienarbeit durch eine zentrale Stiftung. Während bei einer solchen zentralen Stiftung der Einfluss der Finanziers auf die konkrete Leitlinie durch die fehlende Zweckbindung gering ist, besteht bei dem hier vorliegenden Fall einer einzelnen Leitlinie und der Finanzierung durch eine einzelne Interessengruppe ein erhebliches Interessenkonfliktrisiko.

930 *Strech et al.* Interessenkonfliktregulierung, S. 8.

931 Siehe zum Leitlinienprogramm Onkologie, oben, Punkt C.IV.

932 Leitlinienprogramm Onkologie: www.leitlinienprogramm-onkologie.de/Informationen-zum-Leitlinienprogramm.32.0.html (Stand: 31.07.2015).

1 Unternehmerbegriff

Diese Vorschriften finden nur Anwendung, wenn jedenfalls auf Seiten des Leistungsanbieters ein Unternehmer beteiligt ist. Bei einer vollständigen Unentgeltlichkeit der Leistungen, wie sie bei der kostenfreien zur Verfügungstellung der Leitlinien durch die AWMF vorliegt, ist bereits der Unternehmerbegriff sowohl im Sinne des § 14 BGB als auch im Sinne der zugrundeliegenden Europäischen Richtlinien nicht erfüllt.[933] Dies gilt auch bei Berücksichtigung des Umstandes, dass die AWMF als gemeinnütziger Verein ebenso wenig der Legaldefinition des Verbraucherbegriffs in § 13 BGB[934] unterfällt, der in Übereinstimmung mit der Europäischen RL[935] nur natürliche Personen kennt.

Sofern und soweit Leitlinien kostenfrei abgegeben werden, sind die Vorgaben der §§ 312ff BGB nicht anwendbar.

2 Entgeltlichkeit der Leistung

a) Verbraucherverträge, §§ 312 – 312h BGB

Die Vorgaben der §§ 312 – 312h BGB sind gem. § 312 Abs. 1 auf unentgeltliche Verträge nicht anzuwenden. Die Vorschriften der §§ 312 – 312h BGB finden daher auf die Abgabe der Leitlinien keine Anwendung.

Sofern und soweit die Leitlinien hingegen (zukünftig) entgeltlich abgegeben werden (sollten), sind die Vorschriften der §§ 312 – 312h BGB entsprechend § 312 Abs. 1 BGB grundsätzlich anwendbar. Sodann ist gem. § 312 Abs. 1 BGB auch danach zu differenzieren, ob ein Verbrauchervertrag im Sinne des § 310 Abs. 3 BGB vorliegt. Der Unternehmerbegriff ist bei entgeltlicher Abgabe regelmäßig erfüllt. Es kommt also entscheidend darauf an, ob der Kunde als Verbraucher oder als Unternehmer die Leitlinie abruft.

Eindeutig als Verbraucher handelt ein Patient, der eine Leitlinie zum Thema der eigenen Erkrankung abruft.[936] Der niedergelassene Arzt hingegen, der eine

---

933 Siehe z.B. die Kommentierungen zu den einschlägigen Paragraphen des BGB: MüKo-*Micklitz/Purnhagen*; § 14 BGB RN 61; MüKo-*Wendehorst*; § 312i BGB RN 25.

934 MüKo-*Micklitz/Purnhagen*; § 13 RN 14f.

935 Richtlinie 97/7/EG des Europäischen Parlaments und des Rates vom 20. Mai 1997 über den Verbraucherschutz bei Vertragsabschlüssen im Fernabsatz (ABl. EG Nr. L 144 S. 19) und Richtlinie 1999/44/EG des Europäischen Parlaments und des Rates vom 25. Mai 1999 zu bestimmten Aspekten des Verbrauchsgüterkaufs und der Garantien für Verbrauchsgüter (ABl. EG Nr. L 171 S. 12); MüKo-*Micklitz/Purnhagen*; § 13 RN 14 weisen darauf hin, dass Erwägungsgrund 13 VerbrRRL und Erwägungsgrund 29 FernabsatzRL für Finanzdienstleistungen es den Mitgliedstaaten freistellen, den Anwendungsbereich auf gemeinnützige Organisationen auszuweiten, wovon Deutschland keinen Gebrauch gemacht hat.

936 MüKo-*Micklitz/Purnhagen*; § 13 RN 11.

Leitlinie zum Zwecke der allgemeinen Fortbildung oder auch im Rahmen eines konkreten Behandlungsverhältnisses heranzieht, handelt im Rahmen seiner selbstständigen Tätigkeit und ist damit Unternehmer im Sinne des Gesetzes, § 14 BGB. Andererseits ist der angestellte Arzt Verbraucher im Sinne des Gesetzes, da er die Leitlinie gerade nicht selbständig beruflich tätig ist, § 13 BGB. Aufgrund dieser unbefriedigenden gesetzlichen Regelung, bei der die Anwendbarkeit der §§ 312ff vom konkreten Einzelfall[937] abhängig ist, muss im Hinblick auf die stetig zunehmenden Erwägungen, Leitlinien (auch) kostenpflichtig abzugeben, dringend eine Befassung mit den gesetzlichen Vorgaben der §§ 312ff BGB angemahnt werden.

b) E-Commerce

Hingegen finden die Vorschriften des 3. Kapitels §§ 312i ff. BGB auch auf unentgeltliche Verträge, wie z.B. kostenlose Datenbanken, grundsätzlich Anwendung.[938] Diese Vorschriften gehen auf die E-Commerce-RL[939] zurück und sind daher in deren Lichte auszulegen. So gelten die Vorgaben für Vertragsgegenstände jeglicher Art und sind nicht auf die im Wortlaut erwähnten „Waren und Dienstleistungen" beschränkt; insbesondere die hier relevanten „digitalen Inhalte" sind umfasst.[940] Schließlich ist erforderlich, dass auf Seiten des Dienstanbieters ein Unternehmer steht. Hier ist auf den Unternehmerbegriff des § 14 BGB abzustellen. Dieser muss die vertragscharakteristischen Leistungen nicht selbst erbringen,[941] jedoch, damit er als Unternehmer gilt, die relevante Handlung, hier die Abgabe der Leitlinie in Ausübung seiner gewerblichen oder selbstständigen beruflichen Tätigkeit vornehmen. Auch an dieser Stelle ist wieder auf die Entgeltlichkeit der Tätigkeit abzustellen. Dabei kommt es aber im Rahmen des § 312i BGB darauf an, ob die Tätigkeit „in der Regel gegen Entgelt" erbracht wird.[942] So ist eine anwaltliche Beratung pro bono auch dann „in der Regel" entgeltlich und unterfiele dem Regime des § 312i BGB, obwohl sie im konkreten fall „pro bono", also gerade unentgeltlich geleistet

---

937 Diese Differenzierung ließe sich noch weiter treiben. Wie verhält es sich mit dem angestellten Arzt, der nebenberuflich selbständig Vorträge hält oder mit dem hauptberuflich selbständigen, niedergelassenen Art, der nebenberuflich als angestellter KH-Arzt arbeitet? In diesen Fällen, wäre danach zu differenzieren, für welchen konkreten Anlass die Leitlinien heruntergeladen wurde.

938 MüKo-*Wendehorst*; § 312i BGB RN 40, der neben dem übernommenen Beispiel der kostenlosen Datenbank z.B. auch auf kostenlose Suchmaschinen (z.B. google) verweist.

939 RL2000/31/EG des Europäischen Parlaments und des Rates vom 08.06.2000 über bestimmte rechtliche Aspekte der Dienste der Informationsgesellschaft, insbesondere des elektronischen Geschäftsverkehrs, im Binnenmarkt („Richtlinie über den elektronischen Geschäftsverkehr") ABl. EG Nr. L 178 S. 1.

940 MüKo-*Wendehorst*; a.a.O. RN 38.

941 MüKo-*Wendehorst*; a.a.O. RN 41.

942 MüKo-*Wendehorst*; a.a.O. RN 25.

wurde. Die Abgabe von Leitlinien als digitales Dokument über das Onlineportal der AWMF erfolgt traditionell kostenfrei. Auch viele Fachgesellschaften bieten ihre Leitlinien- soweit sie nicht ohnehin über die AWMF abrufbar sind – kostenfrei zum Download an. Dieser Umstand spricht dafür, dass der Vertragsgegenstand Leitlinie „in der Regel" kostenfrei abgegeben wird. Andererseits existieren vielfältige Vertriebswege, über die Leitlinien (auch) kostenpflichtig abgegeben werden. So werden einige Leitlinien in gedruckter Form verkauft, andere sind über kostenpflichtige Apps nutzbar. Im Rahmen der Frage, ob § 312i BGB Anwendung finden soll, ist jedoch nicht auf den konkreten Einzelfall oder das aktuelle Gebaren eines (auch wichtigen) Anbieters abzustellen. Vielmehr ist zu Fragen, ob der Vertragsgegenstand üblicherweise nur zu „wirtschaftlich eigennützigen Zwecken" geleistet wird, wobei es irrelevant ist, wer im Ergebnis das Entgelt leistet.[943] So sind für den Kunden kostenlose Dienste, deren Finanzierung über Werbepartner erfolgt, entgeltliche Dienste im Sinne des Gesetzes.[944] Leitlinien der AWMF werden nicht mit Gewinnerzielungsabsicht erstellt oder abgegeben. Die Kosten werden in der Regel durch die Fachgesellschaften oder besondere Programme (NVL/Leitlinienprogramm-Onkologie) getragen. Es bestehen weder auf Seiten der AWMF noch auf Seiten der Fachgesellschaften oder Autoren „wirtschaftlich eigennützige Zwecke", sodass jedenfalls derzeit gilt, dass Leitlinien nicht nur im konkreten Einzelfall sondern auch „in der Regel" unentgeltlich abgegeben werden.

Damit finden die Vorgaben der §§ 312i f. BGB jedenfalls derzeit auf die Abgabe von Leitlinien über die Internetseite der AWMF keine Anwendung. Anderes gilt bei kostenpflichtig abgegeben Leitlinien. In diesen Fällen sind die Vorgaben der §§ 312i f. BGB anwendbar.

3 Ergebnis

Die Vorschriften des Buches 2, Abschnitt 3, Titel 1, Untertitel 2 („Grundsätze bei Verbraucherverträgen und besondere Vertriebsformen" (§§ 312 – 312k BGB) sind bei der kostenfreien Abgabe von Leitlinien über die Homepage der AWMF nicht anzuwenden. Bei einer kostenpflichtigen Abgabe sind hingegen die Vorschriften der §§ 312ff BGB grundsätzlich anwendbar.

Eine detaillierte Darstellung der im Falle der Entgeltlichkeit zu berücksichtigenden Vorgaben und Besonderheiten kann an dieser Stelle aus Kapazitätsgründen nicht erfolgen. Auf die entsprechende (Kommentar-)Literatur sei verwiesen.

---

943 MüKo-*Wendehorst*; a.a.O. RN 14.

944 MüKo-*Wendehorst*; a.a.O. RN 14, der das Beispiel des Access-Providers nennt, der Endverbrauchern werbefinanzierte und damit für diese kostenfreie Internetzugänge anbietet.

IX. Zusammenfassung und Zwischenergebnis

Die Initiative zur Erstellung einer Leitlinie kommt regelmäßig aus der Ärzteschaft. Verantwortlich für die Initiative zeichnen in der Regel Fachgesellschaften, mitunter auch einzelne Ärzte. Bei Leitlinien nach der S-Klassifikation der AWMF sind die Fachgesellschaften auch die Herausgeber. Die AWMF hingegen wird nicht initiativ tätig. Anderes gilt bei Leitlinien, die im Rahmen der beschriebenen Leitlinienprogrammen NVL und OL erstellt werden. Hier sind die Träger der Programme auch die Herausgeber der jeweiligen Leitlinien und die Initiatoren zur Erstellung derselben.

Bei größeren AWMF-Leitlinien schließen sich die Fachgesellschaften zu einer Fachgesellschafts-Außen-GbR, vergleichbar einer aus dem Baurecht bekannten ARGE, zusammen, um die Leitlinie zu erstellen. Bei kleineren Leitlinienprojekten erfolgt der Zusammenschluss häufig allein in Form einer Innen-GbR, ähnlich einer aus dem Baurecht bekannten Beihilfegemeinschaft, mit der federführenden Fachgesellschaft als nach außen auftretenden Erstellerin. Die Übergänge sind fließend. Bei NVL ist die Erstellerin das ÄZQ mit der dort angesiedelten Planungsgruppe, bei Leitlinien des OL-Programm der als Außen-GbR anzusehende Lenkungsausschuss der beteiligten Träger.

Die beteiligten Fachgesellschaften entsenden nach Anmeldung des Vorhabens bei der AWMF geeignete Experten in die Leitliniengruppe. Die dort versammelten Experten bilden eine betriebsgruppenähnliche Innen-GbR und werden von der Erstellerin mit der Erstellung der Leitlinie beauftragt. Die eigentliche Erstellung einer Leitlinie erfolgt ehrenamtlich. Daher kommt ein Dienst- oder Werkvertrag, wie er z.B. im Rahmen einer Gutachtenerstellung in Frage kommt, hier nicht in Betracht. Mangels Gegenleistung aufgrund einer Hauptleistungspflicht von Seiten der Auftraggeber fehlt es am Synallagma als zwingende Voraussetzung für diese Vertragstypen.

Die Autoren werden von ihren jeweiligen Fachgesellschaften entsandt und sind gehalten, sich mit diesen betreffend das Abstimmungsverhalten fachlich abzustimmen. Die Fachgesellschaften werden unterstützend tätig, insbesondere stellen sie Auslagenersatz (z.B. Reisekosten, Tagungskosten etc.) und mitunter Schreibkräfte zur Verfügung. Damit besteht zwischen diesen und den Autoren ein verbindliches Rechtsverhältnis in Form eines modifizierten Auftragsverhältnisses nach §§ 662ff. BGB, hier Mandatsvertrag genannt, somit ein unvollkommen zweiseitig verpflichtender Vertrag. Da jedenfalls seitens der Fachgesellschaften ein erhebliches Interesse an der Anfertigung der jeweiligen Leitlinie besteht, ist auch nicht nur von einem reinen Gefälligkeitsverhältnis auszugehen.

Ein ähnlicher Vertrag, Leitlinienerstellungsvertrag genannt, besteht zudem zwischen den Mitgliedern der Leitliniengruppe einerseits und der Erstellerin der Leitlinie. Bei diesem Vertrag handelt es sich um einen bipolar-mehrteiligen Vertrag. Der Leitlinienerstellungsvertrag beinhaltet als Vertrag sui generis auch werkvertragliche Elemente und ist dem entgeltlichen Gutachtenerstellungsvertrag näher als einem reinen Dienstvertrag, aus dem nicht die Ablieferung eines fertigen

Werks, hier die Leitlinie, verlangt werden kann. Um das gemeinsame Ziel, die Veröffentlichung der Leitlinie als AWMF-Leitlinie zu erreichen, verweist der Vertrag dynamisch auf das AWMF-Regelwerk, dessen methodische Vorgaben somit eingehalten werden müssen. Obwohl diese zur Erreichung ihres gemeinsamen Ziels, der Erstellung der Leitlinie, im Rahmen einer GbR zusammenarbeiten, existiert kein einheitlicher Leitlinienerstellungsvertrag zwischen den in der Fachgesellschafts-GbR zusammengeschlossenen Fachgesellschaften auf der einen und der Leitliniengruppen-GbR auf der anderen Seite, da die GbR regelmäßig nicht nach außen in Erscheinung tritt. Vielmehr handelt es sich in der Regel um eine betriebsgruppenähnliche Innengesellschaft.

In Bezug auf die urheberrechtlichen Positionen ist von einer Gesamthandsgemeinschaft in Form einer Urheberrechtsgemeinschaft gem. § 8 Abs. 1, Abs. 2 Satz 1 UrhG, §§ 741ff. BGB auszugehen. Je nach Ausprägung kann in diesem urheberrechtlichen Bereich jedoch auch eine Außen-GbR vorliegen. Hier ist die weitere tatsächliche Entwicklung abzuwarten. Sollte sich zukünftig eine wirtschaftliche Verwertung von Leitlinien durchsetzen, liegt die Bildung einer Außen-GbR nahe.

Zwischen den Fachgesellschaften und der AWMF besteht neben dem vereinsrechtlichen Mitgliedschaftsverhältnis auch ein dienstvertragliches Rechtsverhältnis in Bezug auf die Leistungen, die die AWMF im Rahmen der Mitgliedschaft (Auskünfte während des Erstellungsprozesses betreffend die formalen Kriterien) oder gesondert (z.B. Leitung des Konsensusverfahrens) für die Fachgesellschaften erbringt. Die Überprüfung der Einhaltung der formalen Kriterien nach DELBI erfolgt hingegen im eigenen Interesse der AWMF und ohne synallagmatisches Gegenseitigkeitsverhältnis.

Zwischen Autoren und AWMF existiert neben dem urheberrechtlichen Rechtsverhältnis auch ein zivilrechtliches Vertragsverhältnis über die Veröffentlichung der Leitlinie auf der Website der AWMF und die Einräumung der dazu erforderlichen Nutzungsrechte in Form eines gemischt-typischen Vertrags über das öffentliche Zugänglichmachen gem. §§ 19a, 31 UrhG mit werk- und mietvertraglichen Elementen.

Schließlich sind die „Grundsätze bei Verbraucherverträgen und besondere Vertriebsformen“ (§§ 312 – 312k BGB) bei der kostenfreien Abgabe von Leitlinien über die Homepage der AWMF nicht anwendbar. Bei einer kostenpflichtigen Abgabe hingegen wären die Vorschriften der §§ 312ff BGB grundsätzlich anwendbar.

D Haftung für fehlerhafte Leitlinien

Nachdem die tatsächlichen Umstände sowie die Rechtsbeziehungen bei der Erstellung von Leitlinien dargestellt und erörtert wurden, ist nunmehr zu prüfen, ob und gegebenenfalls in welcher Form die Beteiligten für Fehler bei der Erstellung von Leitlinien rechtlich einzustehen haben.

In der haftungsrechtlichen Rechtsprechung wurde diese Frage bisher – soweit ersichtlich – allein in Bezug auf die (vertragliche und deliktische) Haftung des behandelnden Arztes gegenüber seinem Patienten erörtert. Mit der Rechtsprechung des BGH[945] gilt, dass Leitlinien keine konstitutive Bedeutung für die Frage des ärztlicherseits geschuldeten medizinischen Standards haben.[946] Daher besteht weder eine (quasi automatische) Haftung des Arztes bei Nichtbeachtung[947], noch eine Haftungsfreistellung bei Befolgung[948] der (unerkannt fehlerhaften) Leitlinie.[949]

Auch die Literatur widmet sich bisher fast ausnahmslos dieser Frage. Die bisher einzigen Ausführungen in der deutschsprachigen Literatur zu der im Folgenden zu klärenden Fragen, ob – neben dem behandelnden Arzt – (auch) an der Erstellung der Leitlinie beteiligte Personen und Institutionen[950] für potentielle Schäden haften,[951] finden sich – soweit ersichtlich – bei *Igloffstein*[952], der diese Frage aber, so führt er selbst aus, nur am Rande und knapp erörtert, und bei *Heitz*[953], die feststellt, dass es zu dieser Frage keine Rechtsprechung gibt und sodann einige wenige englischsprachige Literaturquellen bemüht, ohne die Frage weiter zu vertiefen.

Hingegen gibt es Rechtsprechung und Literatur zu der Frage der Haftung in ähnlich gelagerten Fällen. So wurde bereits die Frage der Haftung für Fehler in

945 BGH, Beschl. v. 07.02.2011 – VI ZR 269/09 – siehe oben, Punkt B.III.2.b).

946 Soweit die Gesetzesbegründung des Patientenrechtegesetzes (Reg-Entwurf Patientenrechtegesetz, BT-Drs. 17/10488, S. 19, linke Spalte) prima vista einen anderen Schluss zulässt, ist mit den oben unter Punkt B.III.2.a). erörterten Erwägungen davon auszugehen, dass hier ein Versehen des Normerstellers vorliegt.

947 BGH, Beschl. v. 08.01.2008 – VI ZR 161/07.

948 OLG Düsseldorf, Urt. v. 19.12.1985 – 8 U 155/84.

949 Anderes gilt im Falle der Empfehlungen der ART-Kommission des RKI gem. § 23 Abs. 3 IfSG, siehe zum RKI oben, Punkt B.I.2.c).

950 *Hart*, Leitlinien und Medizinrecht – Arzthaftungsrecht, S. 104, behauptet ohne weiter auf die Frage einzugehen, dass jede Leitlinienempfehlung, die den Standard nicht oder nicht mehr wiedergebe „die empfehlende Institution in die Gefahr der Haftung für fehlerhafte Information“ bringe.

951 So auch DGMR, ZaeFQ 2004, 241, 241f.

952 *Igloffstein*, Regelwerke, S. 170ff, 170.

953 *Heitz*, Leitlinien und Medizinrecht, S. 145f.

Druckwerken sowohl vom BGH als auch von der Literatur erörtert. Auch die Haftung des DIN e.V. für eventuelle Fehler in DIN-Normen ist Gegenstand einiger Abhandlungen. Darüber hinaus kann die Warentestrechtsprechung des BGH zu der Arbeit der Stiftung Warentest fruchtbar gemacht werden. Schließlich gilt es Parallelen zur Sachverständigenhaftung zu prüfen. Als Anspruchsgrundlagen sind zunächst die oben herausgearbeiteten, vielfältigen vertraglichen Grundlagen zwischen den Beteiligten heranzuziehen. Sodann werden quasivertragliche Ansprüche beleuchtet, bevor sich die Arbeit den spezialgesetzlichen und schließlich den allgemeinen deliktischen Anspruchsgrundlagen widmet.

Zu erörtern ist weiter die Frage, ob die an der Erstellung Beteiligten für Fehler gegenüber anderen Dritten z.B. aus lauterkeitsrechtlichen Gründen haften. (Lauterkeitsrechtliche) Unterlassungs- und Berichtigungsansprüche sind zu prüfen.

I. Überblick

An der Erstellung und Anwendung von Leitlinien sind eine Vielzahl von natürlichen und juristischen Personen beteiligt. Die mitunter komplexen Rechtsbeziehungen unter diesen Personen beinhalten Einstandspflichten auf verschiedenen Ebenen. Diese führen zu einer Vielzahl möglicher Haftungskonstellationen, die im Folgenden näher betrachtet werden sollen, gegliedert nach den potentiellen Haftungsschuldnern, den Haftungsgläubigern und den potentiellen Anspruchsgrundlagen.

II. Haftung der Fachgesellschaften

Zu Beginn der Untersuchung stehen die Fachgesellschaften. Diese sind nicht nur eine der treibenden Kräfte der Leitlinienerstellung, auch sind sie regelmäßig Namensgeber[954] der fertiggestellten Leitlinien und damit aus Sicht eines potentiell Geschädigten primärer Ansprechpartner.

---

954 AWMF-Leitlinien erhalten Ihren Namen nach folgendem Muster: 1. Stufe der AWMF-Klassifikation (z.B. S3); 2. Registernummer bei der AWMF (z.B. 057/023); 3. Name der Leitlinie (z.B. Diabetes und Schwangerschaft); 4. Name der Federführenden Fachgesellschaft (z.B. Deutsche Diabetes Gesellschaft). Der vollständige Name dieser beispielhaft gewählten Leitlinie lautet sodann: „S3-Leitlinie 057/023: Diabetes und Schwangerschaft der Deutschen Diabetes Gesellschaft“; http://www.awmf.org/uploads/tx_szleitlinien/057-023l_S3_Diabetes_und_Schwangerschaft_2014-12.pdf (Stand 17.11.2016).

1 Verantwortung der Fachgesellschaft für den Inhalt der Leitlinie im Außenverhältnis

a) Fachgesellschaften als Ersteller der Leitlinie

Alle beteiligten Fachgesellschaften sind bei der Erstellung in der Leitlinien-GbR zusammengeschlossen. Bei größeren Leitlinienprojekten handelt es sich um eine Außen-GbR, sodass diese als Erstellerin der Leitlinie anzusehen ist. Bei kleineren Projekten handelt es sich um ein Innen-GbR, bei der nur die federführende Fachgesellschaft als Erstellerin nach außen auftritt. Diese Fachgesellschafts-GbR bzw. die federführende Fachgesellschaft ist über die Leitlinienerstellungsverträge mit den Autoren verbunden. Als Erstellerin der Leitlinie ist sie nach außen für den Inhalt der Leitlinie verantwortlich.

Neben dieser Verbindung über die Leitlinienerstellungsverträge ist jede Fachgesellschaft, ob Innen- oder Außen-GbR, jedenfalls über den Mandatsvertrag mit „ihrem" Mandatsträger vertraglich verbunden. Aus diesem Mandatsvertrag ergibt sich hingegen keine Verantwortung für den Inhalt der Leitlinie.

b) Herausgeberstellung der Fachgesellschaften

Daneben sind jedoch alle beteiligten Fachgesellschaft auch Herausgeber der Leitlinie. Durch die Herausgabe der Leitlinie machen sie sich deren Inhalt dergestalt zu eigen, dass sie für diesen auch verantwortlich sind.[955]

Nach den Vorgaben des AWMF-Regelwerks wird der von der Leitliniengruppe konsentierte und verabschiedete Entwurf vor Veröffentlichung von den Vorständen der beteiligten Fachgesellschaften formal verabschiedet.[956] Damit liegt im Außenverhältnis die Letztverantwortung für den Inhalt der Leitlinie allein bei den beteiligten Fachgesellschaften.[957]

Dies gilt unter Berücksichtigung des tatsächlichen Ablaufs und der oben gefundenen Ergebnisses zu dem Bestehen einer Fachgesellschafts-GbR und von Leitlinienerstellungs- und Mandatsverträgen zwischen Autoren und Fachgesellschaften aufgrund folgender Erwägungen:

Tatsächlich entsenden die Fachgesellschaften (durch ihren Vorstand) bewusst ausgewiesene Experten in die Leitliniengruppe, um die sachlichen Fragestellungen durch diese bearbeiten und beantworten zu lassen. Dabei ist zum einen zu beachten, dass die Mitglieder des Vorstandes nicht über das besondere Spezialwissen verfügen dürften, über das der aus diesem Grunde ausgewählte und entsendete

---

955 OLG Köln, Urt. v. 06.11.2012 – 15 U 221/11 – RN 60 = GesR 2013, 532; DÄBl. 2013, A 106, B 98, C 98.

956 AWMF-Regelwerk, S. 49.

957 Die Zurechnung des Handelns des Vorstandes als Organ der Fachgesellschaft erfolgt über § 31 Abs. 1 BGB.

Experte verfügt und damit, gerade bei den fachgebietsübergreifenden Leitlinienprojekten, die die Regel darstellen, nicht selten fachlich überfragt sein dürften. Zum anderen gilt, dass gerade die Besonderheiten der Leitlinienerstellung eine nachträgliche Korrektur nur selten ermöglichen. Die konsentierten Empfehlungen beruhen bei den qualitativ hochwertigen und daher besonders interessierenden S3-Leitlinien auf aufbereiteter wissenschaftlich-medizinischer Evidenz, die in einem formalisierten Konsensusverfahren unter Einbringung des Fachwissens der Leitlinienautoren die Grundlage für die konkreten Empfehlungen bildet. Im Rahmen dieses Konsensusprozesses werden den Mitgliedern der Leitliniengruppe regelmäßig mehrere verschiedene Formulierungen zur (anonymen) Abstimmung vorgelegt, aus denen dann eine Formulierung als konsentiert hervorgeht. Es dürfte nur in Ausnahmefällen dazu kommen, dass im Rahmen dieses Prozesses ein Argument für eine andere Formulierung/Empfehlung übersehen wird, das, von einem Vorstand einer beteiligten Fachgesellschaft vorgebracht, in einem erneuten anonymen Konsensusprozess zu einer Umformulierung im Sinne dieser Fachgesellschaft führt.

Unabhängig davon besteht jedoch für die Fachgesellschaft über diesen Weg die rechtliche wie faktische Möglichkeit der Einflussnahme auf den Inhalt der Leitlinie, sodass sie jedenfalls in solchen Fällen, in denen ein Fehler von ihr erkannt wurde, eine Änderung herbeiführen kann. Da die Zustimmung der Fachgesellschaft auch Voraussetzung für die Veröffentlichung der Leitlinie auf der Seite der AWMF ist,[958] hat die Fachgesellschaft über diesen Weg ein Vetorecht. Entscheidet sie sich dennoch, von diesem keinen Gebrauch zu machen, macht sie sich den Inhalt der Leitlinie zu eigen,[959] ermöglicht durch die Nichtausübung des Vetorechts die Veröffentlichung und damit auch den (fiktiv angenommenen) Schadenseintritt und muss im Außenverhältnis für diese Aussage Verantwortung übernehmen und sich im Innenverhältnis jedenfalls ein Mitverschulden anrechnen lassen. Dies gilt auch für den Fall, dass die Mitglieder des Vorstandes der Fachgesellschaft einen Änderungsbedarf nicht erkennen. Auch hier gilt, dass sie sich den Inhalt zu Eigen machen.

c) Organhaftung gem. § 31 BGB

Weiter käme eine Haftung der Fachgesellschaften für Fehler der Leitliniengruppen über § 31 BGB in Betracht. Die Fachgesellschaften sind Vereine im Sinne des BGB. Somit haften sie gemäß § 31 BGB für Verschulden ihrer Organe. Während diese Form der Haftung z.B. beim DIN e.V. und anderen Normungsverbänden unstreitig vorliegt, da z.B. nach § 9 der Satzung des DIN e.V. die Normenausschüsse Organe des DIN e.V. sind, lässt sich aus den Satzungen der Fachgesellschaften nichts Vergleichbares entnehmen. Diese Satzungen sehen als Organe regelmäßig allein das

958 AWMF-Regelwerk, S. 49.
959 OLG Köln, Urt. v. 16.11.2012 – 15 U 221/11 – RN 60.

Präsidium und die Mitgliederversammlung vor. Auch aus den in den Satzungen enthaltenen Zielen und Aufgaben der Fachgesellschaften lässt sich nicht entnehmen, dass die Leitliniengruppen als Organe der Fachgesellschaften angesehen werden könnten. Wie oben[960] gezeigt, handelt es sich bei den Autoren und damit auch bei den Leitliniengruppen nicht um besondere Vertreter oder Organe der Fachgesellschaften im Sinne des § 31 BGB.

Hingegen ist eine Zurechnung eines etwaigen Verschuldens des Vorstandes der Fachgesellschaft über § 31 BGB gegeben. Der Vorstand ist ein Organ der Fachgesellschaft.

d) Ergebnis

Die Fachgesellschafts-GbR bzw. die federführende Fachgesellschaft ist zivilrechtliche Erstellerin der Leitlinie. Sie ist für deren Inhalt verantwortlich, auch wenn sie urheberrechtlich nicht als Schöpferin des Werks Leitlinie anzusehen ist. Daneben erfolgt über die zwingend erforderliche Freigabe der Leitlinie durch jede beteiligte Fachgesellschaft in Verbindung mit der ebenfalls jeder Fachgesellschaft zukommenden Herausgeberstellung eine Zurechnung des Inhalts der Leitlinie mit der Folge eines rechtlichen Vertreten Müssens dieses Inhalts durch die herausgebende Fachgesellschaft in Form einer Herausgeberhaftung. Schließlich erfolgt keine Zurechnung des Handelns der Leitliniengruppe über die Organhaftung nach § 31 BGB, da weder die Leitliniengruppe noch ihre Mitglieder als Organe im Sinne des § 31 BGB anzusehen sind.

2 Aus UWG

Derzeit erfolgt in der Mehrzahl der Fälle eine kostenlose Abgabe und Verbreitung der Leitlinien durch die Fachgesellschaften. Es lässt sich jedoch eine Tendenz zur kostenpflichtigen Abgabe erkennen. Neben den bereits angesprochenen Leitlinien-Apps existieren auch kostenpflichtige gebundene Ausgaben, die über den Buchhandel zu beziehen sind. In einigen Fällen gibt es auch kostenpflichtige Leitlinien-Schemata. Bisher erzielen die Fachgesellschaften durch diese Maßnahmen keine oder nur geringfügige Einnahmen in Form von Lizenzgebühren, da der Verkauf in der Hand der beteiligten Verlage liegt. Sollte sich dieser Trend aber fortsetzen, ist davon auszugehen, dass die Leitlinienerstellung als geschäftliche Handlung im Sinne des § 2 Abs. 1 UWG zu werten sein wird. Eine Haftung der Fachgesellschaft bei einer fehlerhaften Angabe zu einem konkreten Wirkstoff kommt sodann in Betracht wegen einer unlauteren geschäftlichen Handlung in Form eines Verstoßes gegen § 4 Nr. 8 UWG (Verbreitung von nicht erweislich wahren Tatsachen über ein Unternehmen oder dessen Waren) oder wegen einer irreführenden geschäftlichen Handlung in Form eines Verstoßes gegen § 5 Abs. 1 Nr. 1 UWG (Verbreitung

960 S.o. Punkt C.VII.6.b).

unwahrer oder zur Täuschung geeigneter Angaben z.B. über wesentliche Merkmale von Waren, z.B. zu Risiken und Zwecktauglichkeit).

3 Gegenüber Ärzten

Leitlinien richten sich primär an Ärzte. Potentielle Fehler in den Leitlinien sind für Ärzte besonders gravierend, wenn sie ihr ärztliches Handeln nach den Leitlinien ausrichten.

a) Vertragliche Haftung

aa) Aus Kaufvertrag

Mitunter werden Leitlinien kostenpflichtig abgegeben. In den hier bekannten Fällen erfolgt dies durch zwischengeschaltete Verlage. Zu nennen sind neben der klassischen gedruckten Form insbesondere sogenannte Leitlinien-Apps, bei denen der Inhalt der Leitlinien IT-technisch für die Nutzung in mobilen Endgeräten aufbereitet zur Verfügung gestellt wird. Damit rückt eine Haftung aus Kaufvertrag in den Fokus.

(i) Anwendbarkeit des Kaufrechts, §§ 433ff BGB

Die Vorschriften über das Kaufrecht verlangen nach § 433 Abs. 1 S. 1 BGB die Übergabe einer Sache. Sachen im Sinne des BGB sind nach § 90 BGB allein körperliche Gegenstände. Unabhängig von der Frage[961], ob die Leitlinie als gedruckte Version, als individueller Datenträger oder als Datei im Rahmen eines Downloads übergeben wird, kommt es allen Beteiligten nicht auf den haptischen Gegenstand an, so dieser überhaupt existiert, sondern auf den in diesem verkörperten Inhalt der Leitlinie. Diese Leitlinie, mithin ein immaterielles Gut, ist das maßgebliche Element des Vertrages.[962] Dieser Inhalt und damit die Leitlinie als solche ist als „sonstiger Gegenstand" im Sinne des § 453 Abs. 1 BGB zu qualifizieren.[963] Damit sind die Vorschriften über das Kaufrecht auf Leitlinien „entsprechend" anwendbar.[964] Es kommt damit für die Anwendbarkeit des Kaufrechts nicht darauf, ob die Leitlinie als Buch oder in sonstiger Form verkörpert ist oder nur als Datei per Download übertragen wird. Kaufrecht findet mithin nach §§ 433, 453 Abs. 1 BGB auf die kostenpflichtige Abgabe von Leitlinien Anwendung.

---

961 Dieser Frage wird unten, Punkt D.II.4.b)cc). bei der Frage der Produkteigenschaft von Leitlinien im Sinne des ProdHaftG nachgegangen, wo sie entscheidungserheblich ist.

962 so auch für Apps, *Lenz*, S. 96.

963 BT-Drs. 14/6040, S. 242 nennt als unter Berufung auf die bereits nach altem Schuldrecht bestehende Rechtsprechung beispielhaft Erfindungen, technisches Know-How, Software, Werbeideen usw.

964 *Lenz*, S. 96 m.w.N.

(ii) Kaufrechtliche Gewährleistung

Die Gewährleistung richtet sich nach den kaufrechtlichen Vorgaben. Die §§ 434ff., 453 Abs. 1 BGB finden Anwendung. Damit muss die Leitlinie in Ermangelung einer vereinbarten Beschaffenheit nach § 434 Abs. 1 S. 1 i.V.m. § 453 Abs. 1 BGB die Vorgaben nach § 434 Abs. 2 BGB erfüllen, mithin sich für die nach dem Vertrag vorausgesetzte Verwendung eignen, § 434 Abs. 1 S. 2 Nr. 1 BGB, oder – in Ermangelung einer solchen – für die gewöhnliche Verwendung eignen und eine Beschaffenheit aufweisen, die bei Sachen gleicher Art üblich ist und die der Käufer nach der Art der Sache erwarten kann.

(iii) Zusicherung

Der BGH hat im sog. Nottestamentenmappenfall entschieden, dass die Herausgeber (und zugleich Verkäufer) eines Ratgebers für inhaltliche Fehler gegenüber dem Käufer haften.[965] Er begründete diese Haftung mit der durch die Herausgeber erfolgten Zusicherung einer Eigenschaft im Sinne des § 459 Abs. 2 BGB a.F. (§ 433 Abs. 2 BGB). Nach Ansicht des BGH ergab sich die Zusicherung der

> *„inhaltlichen Richtigkeit und Zuverlässigkeit der in der Mappe verkörperten Anleitung allein schon aus der besonderen Art dieses Druckwerks und dem von beiden Vertragsteilen bei Kaufabschluss als selbstverständlich zugrunde gelegten Verwendungszweck. Die Mappe war ausdrücklich dazu bestimmt, die meist rechtsunkundigen und vielfach nur ehrenamtlich tätigen Bürgermeister vorwiegend ländlicher Gemeinden, in denen die Errichtung derartiger Nottestamente fast ausschließlich vorkommt, über die bei der Beurkundung zu beachtenden Formvorschriften zu unterrichten und sie dadurch in die Lage zu versetzen, nichtige Testamente und damit verbundene hohe Regressforderungen zu vermeiden. Sollte die Nottestamentsmappe diesen Zweck erfüllen und für die Gemeinde bzw. die Bürgermeister überhaupt von Wert sein, so musste sie unbedingt zuverlässig sein.“*

Die Haftung der Herausgeber ergab sich schließlich im konkreten Fall insbesondere aus dem Umstand, dass entsprechend geworben wurde. In den Anzeigen hieß es,

> *„die Nottestamentsmappe nehme dem Bürgermeister ‚jede Sorge von Irrtümern und unabsehbaren Haftungskosten‘, sichere ihn bzw. die Gemeinde ‚vor der Gefahr empfindlicher Schadensersatzansprüche‘ und stelle ein ‚einfaches, erschöpfendes, klares und zuverlässiges‘ Hilfsmittel dar, auf das er sich verlassen könne.“*

Der BGH folgerte, dass diese Werbung in Anbetracht der besonderen Zweckbestimmung der Mappe nicht lediglich als unverbindliche Anpreisung angesehen werden, könne. Vielmehr enthalte sie

965 BGH, 14.03.1973 – VIII ZR 137/71 – = NJW 1973, 843–845.

„in Verbindung mit dem von beiden Parteien zugrunde gelegten Verwendungszweck eine ausdrückliche Zusicherung der inhaltlichen Richtigkeit und Zuverlässigkeit der in der Mappe enthaltenen konkreten Anleitung.“[966]

(iv) Haftungsausschluss

Gerade diese Zusicherung der inhaltlichen Richtigkeit und ein dahingehendes Vertrauen beim Käufer scheidet bei Leitlinien jedoch aus. Zunächst ist zu berücksichtigen, dass es sich beim Adressatenkreis um Ärzte und damit um Experten handelt. Zum Anderen beinhaltet jede Leitlinie einen expliziten Hinweis auf mögliche Fehler und eine Erklärung, dass den Empfehlungen der Leitlinie nicht unbesehen gefolgt werden darf (Haftungsausschluss) und damit gerade keine Zusicherung der inhaltlichen Richtigkeit. Der Standard-Text in S-klassifizierten Leitlinien hierzu, der sowohl auf der Website der AWMF als auch auf jeder publizierten Leitlinie zu finden ist, lautet:

„Die „Leitlinien“ der Wissenschaftlichen Medizinischen Fachgesellschaften sind systematisch entwickelte Hilfen für Ärzte zur Entscheidungsfindung in spezifischen Situationen. Sie beruhen auf aktuellen wissenschaftlichen Erkenntnissen und in der Praxis bewährten Verfahren und sorgen für mehr Sicherheit in der Medizin, sollten aber auch ökonomische Aspekte berücksichtigen. Die „Leitlinien“ sind für Ärzte rechtlich nicht bindend und haben daher weder haftungsbegründende noch haftungsbefreiende Wirkung. AWMF online erfasst und publiziert die Leitlinien der Fachgesellschaften mit größtmöglicher Sorgfalt – dennoch kann die AWMF für die Richtigkeit des Inhalts keine Verantwortung übernehmen. Insbesondere bei Dosierungsangaben sind stets die Angaben der Hersteller zu beachten!“[967]

Die kaufrechtlichen Gewährleistungsvorgaben der §§ 433, 437 BGB i.V.m. etwaigen Schadensersatzansprüchen sehen neben dem Fehlen einer zugesicherten Eigenschaft aber auch die fehlende Eignung der Kaufsache als Haftungstatbestand vor. Eine fehlerhafte Leitlinie ist insoweit für ihren Zweck ungeeignet. Unter Berücksichtigung der Verkehrsauffassung kann eine vollständige Fehlerfreiheit der Leitlinie vom Käufer jedoch nicht erwartet werden. Dies ergibt sich bereits aus § 444 BGB. Da es an einer anderslautenden Zusicherung (wie im Nottestametenmappenfall) fehlt, besteht auch über dieses Instrument keine Haftung der Fachgesellschaft.

Ein solcher Haftungsausschluss scheitert auch nicht an den strengen Vorgaben des AGB-Rechts. Insbesondere die enge Begrenzung des Gesetzes bei Haftungsausschlüssen nach § 309 Nr. 7 BGB (Haftungsausschluss bei Verletzung von Leben, Körper, Gesundheit und bei grobem Verschulden) findet keine Anwendung, da die Ärzte die Leitlinie regelmäßig als Unternehmer kaufen und damit gemäß §§ 310

966 BGH, 14.03.1973 – VIII ZR 137/71 – RN 14, 15 = NJW 1973, 843–845.
967 www.awmf.org/leitlinien.html (Stand: 17.11.2016).

Abs. 1, 14 BGB gerade nicht in den Genuss der AGB-rechtlichen Privilegierung gelangen.

Etwas anderes gilt, wenn der Arzt die Leitlinie als Privatperson zum Zwecke der Selbsttherapie erwirbt. In diesem Fall findet § 309 Nr. 7 Anwendung und der Haftungsausschluss der Fachgesellschaften ist unwirksam.

Auch eine Übertragung der Erwägungen zum Verbot eines Haftungsaussschlusses nach § 138 oder § 242 BGB bei einem Behandlungsvertrag auf die vorliegende Situation ist nicht angebracht. Das Zurate ziehen einer Leitlinie durch den Arzt ist nicht vergleichbar mit dem Aufsuchen eines Arztes durch einen Patienten in einer Notfallsituation für die die Vereinbarung, eines Haftungsausschluss als sittenwidrig nach § 138 wegen Ausnutzen einer Monopolsituation angenommen wird.[968] Der Arzt befindet sich nicht in einer vergleichbaren Abhängigkeit. Dies gilt selbst dann, wenn man die Rechtsprechung zur Bedeutung von Leitlinien für die konkrete Behandlungssituation berücksichtigt. Letztlich verbleibt dem Arzt die Therapiehoheit und damit auch die Möglichkeit und die Pflicht, die Leitlinie zu prüfen und von dieser gegebenenfalls abzuweichen.[969] Auch liegt kein Verstoß gegen Treu und Glauben vor, wie dies bei einem vollständigen Haftungsausschluss in einer elektiven Behandlungssituation vertreten wird.[970] Das tragende Argument einer Versicherungspflicht und Versicherbarkeit etwaiger Schäden greift im Verhältnis Arzt-Fachgesellschaft nicht, wie dies im Verhältnis Patient-Arzt der Fall ist. Zwar ist die Versicherbarkeit nicht ausgeschlossen[971], jedoch besteht keine Versicherungspflicht. Zudem ist das Expertenwissen des Arztes zu berücksichtigen, der die Leitlinie konsultiert. Er befindet sich schließlich nicht in einer mehr oder minder verzweifelten Lage, wie dies bei einem kranken Patienten auf der Suche nach Hilfe der Fall ist. Eine vergleichbare Schutzbedürftigkeit ist nicht erkennbar. Aus diesen Gründen wird auch ein Haftungsverzicht bei medizinisch nicht indizierten Eingriffen als möglich angenommen.[972]

Anderes gilt auch im Falle eines arglistigen Verschweigens von Mängeln der Leitlinie. Dies dürfte auf Seiten der Fachgesellschaften nur dann relevant werden, wenn Mitgliedern des Vorstandes, deren Wissen der Fachgesellschaft über § 31 BGB zugerechnet wird, Kenntnis von Fehlern in der Leitlinie haben. Von besonderer Bedeutung dürfte dies bei einem Verschweigen von bekannten Interessenkonflikten seitens einzelner oder mehrerer Autoren sein. Das Vorliegen von nicht ordnungsgemäß deklarierten Interessenkonflikten führt zu einem Mangel der Leitlinie, da der Leser nicht in der Lage ist, den Inhalt der Leitlinie unter Verwendung

---

968 Jorzig-*Kern*, S. 12 RN 45.

969 Siehe hierzu, oben, Punkt B.III.

970 OLG Stuttgart, Urt. v. 07.12.1977 – 1 U 46/77 = NJW 1979, 2355, 2356; Jorzig-*Kern*, S. 13 RN 45.

971 Siehe hierzu unten, Punkt E.

972 HK-AKM, 1. Aufl. 1984 RN 1001 (2990 Kosmetische Behandlung), RN 1125 (Künstliche Insemination), RN 1738 (Sterilisation); Jorzig-*Kern*, S. 13 RN 46.

dieses Wissens kritisch zu hinterfragen. Ein Verschweigen eines bekannten Interessenkonflikts durch die Fachgesellschaft oder durch ihren ihr über § 31 BGB zuzurechnenden Vorstand wäre arglistig im Sinne des § 444 BGB mit der Folge der Unwirksamkeit des Haftungsausschlusses.

(v) Zwischenergebnis

Eine Haftung aus Kaufvertrag scheidet mithin regelmäßig aus. Anderes gilt bei arglistigem Verschweigen eines Mangels oder bei Selbsttherapie des Arztes, da in diesem Fall der Haftungsausschluss nicht wirkt. Arglistiges Verschweigen kommt insbesondere bei Kenntnis des Vorstandes über nicht offenbarte Interessenkonflikte der Autoren in Betracht.

bb) Aus Schenkungsvertrag

Für den Regelfall einer kostenfreien Abgabe der Leitlinie kommt eine Haftung der Fachgesellschaften aus Schenkungsvertrag, §§ 516ff BGB in Betracht. Eine Schenkung liegt danach vor, wenn der Schenkende dem Beschenkten etwas aus seinem Vermögen dauerhaft[973] zuwendet, der Beschenkte dadurch bereichert ist und die Vertragsparteien darüber einig sind, dass diese Zuwendung unentgeltlich erfolgt.[974] Da § 516 BGB nur von einer Zuwendung spricht und damit gem. §§ 523, 524 BGB jede „vermögenswerte Position“[975] also insbesondere sowohl eine Sache als auch ein Recht Objekt einer Schenkung sein können, kommt es hier nicht darauf an, ob Leitlinien, zumal in digitaler Form, als Sache zu qualifizieren sind.

(i) Abgrenzung rechtsgeschäftlicher Schenkung von gesellschaftlicher Gefälligkeit

Abzugrenzen ist die rechtsgeschäftliche Schenkung von einer reinen gesellschaftlichen Gefälligkeit. Die Schenkung nach §§ 516ff. BGB hat als gesetzliches Schuldverhältnis einen obligatorischen Charakter. Es handelt sich um einen einseitig verpflichtenden Vertrag. Er stellt einen Unterfall der unentgeltlichen Verträge dar.[976] Deutlich wird dieser obligatorische vertragliche Charakter anhand der in § 518 BGB normierten Versprechensschenkung. Diese Abgrenzung erfolgt mit Hilfe des Merkmals der rechtlichen Verbindlichkeit;[977] erforderlich ist ein

---

973 Durch das Merkmal der Dauer kann die Schenkung von anderen unentgeltlichen Verträgen abgegrenzt werden, MüKo-*Koch*; § 516 BGB RN 1.

974 Motive BGB Band 2, S 286f.

975 MüKo-*Koch*; § 516 BGB RN 5.

976 MüKo-*Koch*; § 516 BGB RN 1.

977 MüKo-*Kramer*, 5. Aufl. Einl. Band 2 RN 31.

Rechtsbindungswille auf Seiten des Schenkenden,[978] entscheidend ist dabei der tatsächliche Parteiwille.[979]

Ob ein solcher tatsächlicher Parteiwille zu einer rechtsverbindlichen Schenkung im Einzelfall vorliegt ist vom objektiven Empfängerhorizont aus zu bestimmen;[980] nur wenn ein objektiv zu interpretierender Rechtsbindungswille konstatiert werden kann, liegt ein rechtsgeschäftliches Schuldverhältnis vor.[981] Entscheidend ist dabei nicht der *„nicht in Erscheinung getretenen inneren Willen des Leistenden“*, sondern, *„ob der Leistungsempfänger aus dem Handeln des Leistenden unter den gegebenen Umständen nach Treu und Glauben mit Rücksicht auf die Verkehrssitte auf einen solchen Willen schließen mußte.“*[982] Unentgeltlichkeit allein reicht nicht, um einen solchen auszuschließen.[983] Konkret muss der Schenkende, hier die Fachgesellschaft, rechtlich zu einem Verhalten, hier der Zuwendung, verpflichtet sein. Diese Verpflichtung darf nicht von der Entscheidung des Verpflichteten abhängig sein.[984] Zur Abgrenzung geeignete Kriterien können sein:

> *„Der Wert einer anvertrauten Sache, die wirtschaftliche Bedeutung der Angelegenheit, das erkennbare Interesse des Begünstigten und die nicht ihm, wohl aber dem Leistenden erkennbare Gefahr, in die er durch eine fehlerhafte Leistung geraten kann“.*[985]
>
> *„Hat der Leistende selbst ein rechtliches oder wirtschaftliches Interesse an der dem Begünstigten gewährten Hilfe, so wird dies in der Regel für seinen Rechtsbindungswillen sprechen“.*[986]
>
> *„Art der Gefälligkeit, ihr Grund und Zweck, ihre wirtschaftliche und rechtliche Bedeutung, insbesondere für den Empfänger, die Umstände, unter denen sie erwiesen wird, und die dabei bestehende Interessenlage der Parteien können die Gefälligkeit über den Bereich rein tatsächlicher Vorgänge hinausheben und sind daher für die Beurteilung der Frage des Bindungswillens und der Natur des etwa in Betracht kommenden Rechtsgeschäftes*

---

978 RGZ 157, 228; BGH, Urt. v. 22.06.1956 – I ZR 198/54 RN 14 (nach juris) = BGHZ 21, 102 = NJW 1956, 1313.

979 MüKo-*Koch*; § 516 BGB RN 2.

980 BGH, Urt. v. 22.06.1956 – I ZR 198/54 RN 14 (nach juris) = BGHZ 21, 102, 106 = NJW 1956, 1313.mit Hinweis auf RGJW 1915, 19

981 MüKo-*Kramer*, 5. Aufl. Einl. Band 2 RN 30.

982 BGH, Urt. v. 22.06.1956 – I ZR 198/54 RN 14 (nach juris) = BGHZ 21, 102, 106 = NJW 1956, 1313.

983 BGH, Urt. v. 22.06.1956 – I ZR 198/54 RN 12 (nach juris) = BGHZ 21, 102, 106 = NJW 1956, 1313.

984 RGZ 72, 385, 386.

985 BGH, Urt. v. 22.06.1956 – I ZR 198/54 RN 15 (nach juris) = BGHZ 21, 102, 107 = NJW 1956, 1313.

986 BGH, Urt. v. 22.06.1956 – I ZR 198/54 RN 15 (nach juris) = BGHZ 21, 102, 107 = NJW 1956, 1313 mit Hinweis auf RGZ 65, 17 (19).

heranzuziehen. Gefälligkeiten des täglichen Lebens werden sich regelmäßig außerhalb des rechtsgeschäftlichen Bereiches halten".[987]

Wendet man diese von der Rechtsprechung aufgestellten und in der Literatur anerkannten[988] Rechtsgrundsätze auf den vorliegenden Fall an, so liegt der kostenfreien Abgabe von Leitlinien durch die Fachgesellschaften der für einen Schenkungsvertrag erforderliche Rechtsbindungswillen vor:

Die Fachgesellschaften sind gegenüber den Nutzern nicht verpflichtet, Leitlinien kostenlos abzugeben. Ihre gegebenenfalls übernommene satzungsmäßige Selbstverpflichtung, die Erstellung und Verbreitung von Leitlinien zu fördern, wirkt nicht gegenüber den Nutzern der Leitlinie. Leitlinien betreffen jedoch den Kernbereich sowohl der Aufgaben der Fachgesellschaften als auch den der ärztlichen Leser. Im Falle von Patienten betreffen sie deren höchstpersönliches Rechtsgut der eigenen Gesundheit. Leitlinien haben mithin für die Leser, ob Arzt oder Patient, eine erhebliche Bedeutung. Zudem kommt ihnen ein erheblicher auch wirtschaftlicher Wert zu. Für die Erstellung umfangreicher Leitlinien auf dem Niveau S3 ist mit Kosten im unteren bis mittleren sechsstelligen Eurobereich zu rechnen.[989] Weiter ist zu beachten, dass die Fachgesellschaften ein eigenes Interesse an einer möglichst weitgehenden Disseminierung der Leitlinieninhalte haben. Auch wenn dieses Interesse nicht primär rechtlicher oder wirtschaftlicher, sondern ideeler Natur ist, ist zusammenfassend festzuhalten, dass die Bedeutung der Angelegenheit eindeutig über die einer Gefälligkeit des täglichen Lebens hinausgeht und daher ein verbindliches Rechtsverhältnis besteht.

(ii) Vermögenselement

Neben dem soeben festgestellten Rechtsbindungswillen auf Seiten der Fachgesellschaften ist für das Vorliegen eines Schenkungsvertrages weiter erforderlich, dass im Rahmen einer Vermögensverschiebung eine Vermögensmehrung auf Seiten des Beschenkten und eine Vermögensminderung auf Seiten der Fachgesellschaften eintritt.[990]

---

987 BGH, Urt. v. 22.06.1956 – I ZR 198/54 RN 15 (nach juris) = BGHZ 21, 102, 106 = NJW 1956, 1313.

988 MüKo-*Kramer*, 5. Aufl. Einl. Band 2 RN 32.

989 *Selbmann,* Leitlinien und Interessenkonflikte; Pressemitteilung der AWMF, Berlin 11.06.2010 spricht allein für die Wissensaufbereitung und Organisation von bis zu 200.000 EUR. Nicht berücksichtigt dabei ist der Wert der ehrenamtlichen Tätigkeit der Autoren (Mitglieder der Leitliniengruppe), siehe zur Finanzierung von Leitlinien auch oben, Punkt C.V.

990 Diese Grunderfordernisse beschreibt bereits *Savigny*, System des heutigen Römischen Rechts, Bd. 4, S. 23.

(1) Vermögensverschiebung

Diese Vermögensverschiebung verlangt keine Identität zwischen Entreicherungs- und Bereicherungsgegenstand.[991] Mithin ist allein der Umstand, dass die Leitlinie als elektronisches Dokument – regelmäßig über die Website der AWMF – digital kopiert wird, der Annahme einer Schenkung nicht hinderlich.

(2) Vermögensmehrung beim Beschenkten

Auf Seiten des Lesers/Nutzers besteht eine Vermögensmehrung. Eine solche liegt vor bei einer objektiven, im Wege einer wirtschaftlichen Betrachtungsweise festzustellenden Vermögensmehrung;[992] diese ist durch einen Vermögensvergleich vor und nach der Schenkung festzustellen.[993] Weiter gilt, dass der Beschenkte durch die Zuwendung materiell bereichert werden muss; eine rein formale Vermögensmehrung ist nicht ausreichend. Damit liegt nur dann eine Bereicherung vor, wenn der Beschenkte an der Zuwendung auch ein eigenes Interesse hat.[994]

Nach erfolgtem Download ist der Beschenkte dauerhaft in der Lage, das Leitliniendokument zu öffnen und die Leitlinie zu lesen. Weiter lassen sich die im pdf-Format vorliegenden Leitliniendokumente nach Begriffen durchsuchen; einzelne Sätze, Absätze etc. sind markier- und auch kopierbar. Das Leitliniendokument hat damit gegenüber einer papierenen Kopie einen höheren Nutzwert. Diese Nutzungsmöglichkeit stellt auch dann eine Vermögensmehrung dar, wenn – wie hier – das Werk kostenfrei erhältlich ist. Eine dauerhafte Bereicherung ist damit gegeben. Dass auch jeder andere, der ein Interesse an der Leitlinie hat, durch einen Download auf der Webpage der AWMF die entsprechende Datei kostenfrei erhalten kann, ändert nichts an dem eingetretenen Vermögenszuwachs. Auch der Umstand, dass AWMF-Leitlinien in Anwendung des Mustervertrages über die Einräumung von Nutzungsrechten nicht gegen Entgelt veräußert werden dürfen, mithin auch dem Endnutzer, dem Beschenkten, eine Weiterveräußerung untersagt ist, hat keinen Einfluss auf die Tatsache, dass er durch die entsprechende Nutzungsmöglichkeit bereichert ist. Der Nutzer erhält mit dem Leitliniendokument Nutzungsmöglichkeiten, die über das bloße, urheberrechtlich nicht relevante[995] Lesen hinausgehen. Die urheberrechtliche Bedeutung dieser Vervielfältigung lässt sich auch anhand der Spezialregelung zu § 53 UrhG erkennen. Die vorliegende Art der

---

991 Motive BGB Band II, S 287; RGZ 167, 199, 201f; BGH, Urt. v. 02.07.1990 – II ZR 243/89 = BGHZ 112, 40, 46 = NJW 1990, 2616; MüKo-*Koch*; § 516 BGB RN 9; Staudinger-*Chiusi* (2013); § 516 BGB RN 13.

992 RG, Urt. v. 06.02.1905 – Rep. III 273/05 = RGZ 62, 386, 390 spricht von einer „endgültigen, materiellen und nicht bloß formalen Bereicherung"; MüKo-*Koch*; § 516 BGB RN 11.

993 BFH, Urt. v. 03.11.1976 – II R 43/67 = BFHE 120, 549, 550f. = BStBl. II 1977, 159; MüKo-*Koch*; § 516 BGB RN 11.

994 MüKo-*Koch*; § 516 BGB RN 12.

995 MünchHdb Gewerblicher Rechtsschutz-*Nordemann/Czychowski*; § 44 RN 37.

Vervielfältigung lässt sich nicht unter den Ausnahmekatalog der urheberrechtsfreien Vervielfältigungshandlungen nach §§ 53f. UrhG subsumieren. Die erweiterten Nutzungsmöglichkeiten im Vergleich zur papierenen Kopie nach § 53 UrhG und zu der in § 53a UrhG erwähnten digitalen Kopie in Form einer „grafischen Datei“[996] verhindern eine auch nur sinngemäße Anwendung dieser Vorschriften auf die vorliegende Situation. Auch wird die Datei nicht allein im Sinne des §44a UrhG vorübergehend und insbesondere ohne wirtschaftliche Bedeutung und damit urheberrechtsfrei vervielfältigt. Die Datei verbleibt planmäßig dauerhaft auf dem Gerät des Nutzers und wurde damit urheberrechtsrelevant vervielfältigt. Die Situation ist damit vergleichbar mit open-source Software oder kostenfreien Apps, bei der ebenfalls die Übertragung von Nutzungsrechten angenommen wird.[997] Zwar sind die für Computerprogramme geltenden Spezialvorschriften der §§ 69aff. UrhG nach einhelliger Meinung nicht auf Textdateien anwendbar,[998] dennoch handelt es sich bei den Leitliniendateien um mehr als eine einfache digitale Kopie. Diese Ausführungen gelten für die mitunter kostenfrei oder nur gegen Druckkostenersatz abgegebenen gebundenen Leitlinientexte entsprechend. Auch in diesen Fällen liegt eine Vermögensmehrung vor.

(3) Vermögensminderung beim Schenkenden

Bei der kostenfreien Abgabe einer gebundenen Ausgabe der Leitlinie steht eine Vermögensminderung außer Frage. Anders ist dies bei einer digitalen Version.

Die Fachgesellschaften sind nicht Urheber der Leitlinien. Auf Basis des Nutzungsrechteübertragungsvertrags[999] zwischen ihnen und den Urhebern/Autoren der Leitlinie, sind sie jedoch berechtigt, diese öffentlich zugänglich zu machen. Insofern befindet sich die Leitlinie in digitalisierter Form in Verbindung mit den entsprechenden Nutzungsrechten in ihrem Vermögen.

Für die Annahme eines Schenkungsvertrages ist erforderlich, dass durch die Zuwendung aus dem Vermögen des Schenkenden der Beschenkte bereichert wird, § 516 Abs. 1 BGB. Dies wird einhellig als Erfordernis einer Vermögensminderung beim Schenkenden verstanden. Bereits in den Motiven zum BGB heißt es, dass „der Zuwendende ärmer, der Andere reicher“ werde.[1000] Im Zeitalter der Informationsgesellschaft[1001] ist eine wirtschaftliche Vermögensminderung bei der Erstellung

996 Siehe zu diesem Problemfeld

997 So auch *Spindler*, Gutachten: „Rechtsfragen der Open Source Software“, S. 74; Baumgartner/Ewald-*Ewald*; Apps und Recht, RN 31ff., jeweils für die insoweit vergleichbare kostenfreie Abgabe von Open Source Software (Spindler) resp. Kostenfreien Apps (Ewald).

998 Wandtke/Bullinger-*Grützmacher*, § 69a RN 13 m.w.N.; From/Nordemann-*Czychowski;* § 69a RN 12.

999 *Nölling/Wienke;* Leitlinien-Mustervertrag; siehe hierzu oben, Punkt C.VII.8.a).gg).

1000 Motive BGB Band II, S. 287.

1001 Darauf weißt auch *Spindler*, Gutachten: „Rechtsfragen der Open Source Software“, S. 74, hin

einer digitalen Kopie via Datenverbindung jedoch nicht mehr notwendig, um einen anderen in den Genuss eines eigenen, weiteren Exemplars eines (digitalisierten) Werks zu bringen. Dieser technische Fortschritt ist auch bei der Frage nach einer Vermögensminderung beim Zuwendenden zu berücksichtigen. Zwar kostet der jeweilige Download den Zuwendenden nichts, das öffentliche Zugänglichmachen im urheberrechtlichen Sinne ist, abgesehen von einer erforderlichen IT-Infrastruktur und minimale Energiekosten, kostenfrei und durch einen Download, d.h. eine digitale Fernkopie, wird prima vista das Vermögen des Zuwendenden nicht gemindert, da er ja weiterhin über eine entsprechende Datei verfügt. Auch der reine Verzicht auf einen andernfalls möglichen Vermögenserwerb reicht nach wohl einhelliger Meinung nicht aus, einen Vermögensabfluss zu begründen.[1002] Auch die von *J. Koch*[1003] erwähnte Hilfskonstruktion einer konkludent vereinbarten und sodann im Rahmen eines ebenfalls konkludent geschlossenen und als Schenkung zu klassifizierenden Erlassvertrages nach § 397 Abs. 1 BGB erlassenen Vergütungspflicht, kann jedenfalls vorliegend nicht überzeugen. Es bestehen schlicht keine tatsächlichen Anhaltspunkte für ein derartiges Vorgehen der Beteiligten, zumal die Leitlinien auch andernorts kostenfrei erhältlich sind. Schließlich schließt die Norm des § 517 BGB eine solche Hilfskonstruktion gerade aus.[1004]

(4) Vergleichbare Interessenlage/Extensive Auslegung der Norm

Dennoch sprechen bei einer von der modernen Gesetzessystematik, der technischen Entwicklung und vom Telos der Norm ausgehenden Auslegung viele Argumente für die Annahme einer Vermögensminderung beim Zuwendenden im Sinne des § 516 BGB im Rahmen des hier interessierenden kostenfreien Downloads einer Textdatei. Der Wortlaut des § 516 Abs. 1, 1. HS BGB regelt, dass für eine (Hand) Schenkung erforderlich ist, dass „jemand aus seinem Vermögen einen anderen bereichert". Bereits eine (extensiven) Wortlautauslegung lässt die Subsumtion der Übertragung des Nutzungsrechts unter den Wortlaut der Norm, eine Bereicherung des Beschenkten „aus ...[dem] Vermögen" des Schenkenden, zu. Der Wortlaut selbst verlangt bei extensiver Auslegung nicht die Verminderung des Sachvermögens des Schenkenden, allein muss die Bereicherung „aus dem Vermögen" des Schenkenden stammen.

Weiter verweist das Schenkungsrecht in seinem § 523 Abs. 2 S. 2 BGB auf das Kaufrecht, welches wiederum seit der Schuldrechtsreform den Rechts- und den Sachkauf gleichstellt; zumal auch das Schenkungsrecht selbst die Zuwendung eines Rechts kennt.[1005] Die Frage nach einer Vermögensminderung würde sich nicht stellen, würde die AWMF den Beschenkten anstelle der Ermöglichung eines

1002 statt vieler: MüKo-*Koch*; § 516 BGB RN 6.
1003 MüKo-*Koch*; § 516 BGB RN 6 a.E.
1004 MüKo-*Koch*; § 516 BGB RN 6.
1005 MüKo-*Koch*; § 516 BGB RN 5.

Downloads die Textdatei mit der Leitlinie auf einem Datenträger zukommen lassen. Da auch solche Datenträger, z.B. CD-Roms, heute nur noch einen Wert von wenigen Cent haben, könnte auch bei einer solchen Variante kaum von einer echten Vermögensminderung gesprochen werden. Der eigentliche Wert des Geschenks läge auch in diesem Fall in der Möglichkeit (und dem Recht), die Leitlinie verwenden zu dürfen. In diesem Recht ist – in Kombination mit der Textdatei – der Wert des Geschenks zu sehen. Dieses Nutzungsrecht stammt aber aus dem Vermögen des Zuwendenden, hier der Fachgesellschaften. Bildlich kann von einem Pool von Nutzungsrechten gesprochen werden, aus dem der Beschenkte eines erhält.[1006] Andererseits ist zu beachten, dass dieser „Pool von Nutzungsrechten" nie versiegt, er ist unendlich.[1007]

(iii) Zwischenergebnis

Letztlich kann jedoch auch eine extensive Auslegung des Wortlautes diesen nicht völlig hinter sich lassen. Der im BGB kodifizierte typisierte Schenkungsvertrag verlangt nach § 516 Abs. 1 BGB eine Vermögensminderung beim Schenkenden. Auch wenn die Interessenlage der Beteiligten vorliegend mit der bei einem Schenkungsvertrag vergleichbar ist, ist diese Grenze der Auslegung zu achten[1008]. Ein Schenkungsvertrag scheidet aus.

cc) Aus Gefälligkeitsvertrag sui generis

Die Schenkung ist ein gesetzlich normierter Subtypus des Gefälligkeitsvertrages. Auch die weiteren gesetzlich normierten Typen, wie z.B. der Auftrag oder die Leihe, kommen vorliegend nicht in Betracht. Damit ist ein Gefälligkeitsvertrag eigener Art zu prüfen.

Der für einen solchen Gefälligkeitsvertrag erforderliche[1009] beidseitige Rechtsbindungswille liegt, wie oben beim Schenkungsvertrag gezeigt, vor. Dieser Rechtsbindungswille ist anhand objektiver Indizien zu bestimmen.[1010] Insbesondere der Zweck und das (haftungsrechtliche) Risiko der Parteien sprechen klar für einen Rechtsbindungswillen und gegen ein reines Gefälligkeitsverhältnis. Die Einwirkungsmöglichkeiten auf die Rechtsgüter der Parteien gehen über einen rein sozialen Kontakt hinaus. Damit bestehen neben der Hauptleistungspflicht, der Lieferung der Leitlinie durch die Fachgesellschaft, auch gegenseitige Schutz- und Rücksichtnahmepflichten.

1006 Baumgartner/Ewald-*Ewald*; Apps und Recht, RN 32.

1007 So auch für die insoweit vergleichbare Frage bei Software, *Lenz*, S. 111.

1008 *Lenz, S. 114.*

1009 Staudinger-*Bork*, Vorbemerkungen zu §§ 145ff BGB (Aufl. 2015), RN 81; Staudinger-*Feldmann*, § 311 BGB (Aufl. 2018), RN 14f; Staudinger-*Olzen*, § 241 BGB (Aufl. 2015), RN 84.

1010 Staudinger-*Bork*, Vorbemerkungen zu §§ 145ff BGB (Aufl. 2015), RN 81.

Mithin liegt im Verhältnis zwischen den Fachgesellschaften und den Nutzern/ Lesern der Leitlinie ein Gefälligkeitsvertrag vor.

(i) Haftungsmaßstab

Aus diesem Vertragsverhältnis ergibt sich grundsätzlich eine vertragliche Haftung der Fachgesellschaften nach den allgemeinen schuldrechtlichen Grundlagen, §§ 276ff BGB. Wie oben gezeigt, sieht das (nicht unmittelbar anwendbare) Schenkungsrecht jedoch eine umfassende Privilegierung des Schenkenden vor, §§ 521ff. BGB. Es stellt sich daher die Frage, ob auch im Rahmen des vorliegenden Gefälligkeitsvertrages eine Haftungsprivilegierung möglich ist. Gerade die Unentgeltlichkeit lässt eine volle Haftung für Vorsatz und jede Form der Fahrlässigkeit nach § 276 BGB als unangemessen erscheinen.

(ii) Analoge Anwendung des Schenkungsrechts

Dankbar wäre eine analoge Anwendung der schenkungsrechtlichen Haftungsprivilegien anzunehmen. Wie oben gezeigt ist eine direkte Anwendung mangels Vermögensminderung nicht möglich. Die erforderlichen Voraussetzungen für eine Gesetzesanalogie sind eine vergleichbare Interessenlage und eine –vom historischen Gesetzgeber nicht vorhersehbare – bestehende, planwidrige Gesetzeslücke.[1011]

Dabei gilt es jedoch zu beachten, dass das Haftungsprivileg des Schenkungsvertrages eine Ausnahme im Kanon der unentgeltlichen Verträge ist. Der Auftrag als gesetzlich normierter Grundtypus kennt gerade kein solches Privileg, § 662ff. BGB. Ein allgemeiner Rechtsgedanke dahingehend, dass bei unentgeltlichen Verträgen die Haftung begrenzt oder gar ausgeschlossen wird, ist dem Zivilrecht somit fremd.[1012] Eine Analogie allein des schenkungsrechtlichen Haftungsprivilegs ist damit nach dem Grundsatz singularia non sunt extendenda nicht möglich.[1013]

(iii) Haftungsausschluss

In Frage kommt jedoch ein Haftungsverzicht durch die Parteien. Voraussetzung ist ein Rechtsbindungswille.[1014] Verstärkend kommt im Fall des hier diskutierten Regelfalls der kostenfreien Abgabe noch der Umstand hinzu, dass sich aus Sicht der Parteien die Situation im Ergebnis parallel zu einer Schenkung darstellt.

1011 Zu den Voraussetzungen einer Gesetzesanalogie allgemein mit vielen Nachweisen aus der Rechtsprechung und Literatur, siehe z.B. Palandt-*Grüneberg*; Einleitung RN 48.

1012 BGH, Urt. v. 22.06.1965 – I ZR 198/54 = BGHZ 21, 102, 110; Staudinger-*Bork*, Vorbem. zu §§ 145–156 BGB, RN 86.

1013 MüKo-*Koch*; § 521 RN 8; *Lenz*, S. 119.

1014 BGH, Urt. v. 14.11.1991 – III ZR 4/91, RN 10 = NJW 1992, 498, 499. Im Übrigen siehe oben, Punkt D.II.3.a).aa).(iv).

Die Fachgesellschaft hat selbstverständlich ein Interesse an einer Haftungsbeschränkung auf Vorsatz und grobe Fahrlässigkeit. Aber auch der Arzt müsste einen entsprechenden Willen haben. Primär widerspricht eine Haftungsbeschränkung seinen Sicherheitsinteressen. Im Außenverhältnis, d.h. gegenüber dem Patienten haftet er aus dem Behandlungsvertrag nach § 630a BGB voll. Jedoch ist ihm als wissenschaftlich ausgebildeter Mediziner auch bewusst, dass die Erstellung einer fehlerfreien Leitlinie quasi unmöglich ist. Bei einer vollen Haftung ist davon auszugehen, dass keine weiteren Leitlinien mehr veröffentlicht werden. Dies widerspricht aber gerade dem Interesse des Arztes an einer möglichst guten Behandlung seiner Patienten, dank durch Leitlinien aufbereitetem Wissen. Bei „Schlamperei" oder einer aufgrund einer nicht aufgedeckten Interessenkollision fehlerhaften Leitlinie, wäre indes jedenfalls grobe Fahrlässigkeit und damit eine Haftung der Fachgesellschaft anzunehmen. Eine Haftungsbeschränkung auf Vorsatz und grobe Fahrlässigkeit stellt damit einen Mittelweg dar, der sowohl die Interessen der Parteien berücksichtigt als auch rechtspolitisch sinnvoll erscheint. Damit entspricht dieser (konkludente) Haftungsverzicht für leichte und mittlere Fahrlässigkeit den Interessen der Parteien auch unter Wertungsgesichtspunkten.[1015]

Wie oben[1016] gezeigt, lassen sich die Erwägungen zum Verbot eines Haftungsausschlusses im Behandlungsverhältnis nicht auf die vorliegende Situation übertragen. Im Rahmen eines Gefälligkeitsvertrages spricht zudem das Argument der Kostenfreiheit stark für die Möglichkeit eines solchen Haftungsverzichts, selbst wenn man bei einer entgeltlichen Leistung einen solchen für unzulässig erachtet.[1017]

Damit gilt zunächst, dass die Fachgesellschaften nur Vorsatz und grobe Fahrlässigkeit zu vertreten haben. Von dieser Haftung ist auch der Fall umfasst, dass die Verantwortlichen das Bestehen eines Interessenkonflikts bei einem oder mehreren Autoren vorsätzlich oder grob fahrlässig verschweigen, ohne dass es auf die konkrete Kenntnis eines auf diesem Konflikt beruhenden Fehlers der Leitlinie ankommt.

Diese Haftungsbeschränkung greift nicht nur bei – wirtschaftlich unbedeutenden – Schäden an der Leitlinie selbst, etwa in Form einer Fehlers im Dokument, sondern auch bei etwaigen Mangelfolgeschäden. Sofern und soweit der Arzt eine fehlerhafte Leitlinie bei der Behandlung anwendet und sodann vom Patienten in Haftung genommen wird, liegt ein solcher mittelbarer Schaden vor.

1015 so auch für das insoweit vergleichbare Verhältnis zwischen dem Entwickler einer kostenlosen App und dem Nutzer, mithin für Softwareverträge, *Lenz*, S. 101.

1016 Siehe oben, Punkt D.II.3.a).aa).(iv).

1017 Jorzig-*Kern*, S. 13 RN 45 argumentiert, dass bei einer Behandlung pro bono durchaus ein teilweiser Haftungsausschluss möglich sei, mit dem Argument, dass die Haftungserwartung, nicht die Sorgfaltserwartung des Patienten in einer solchen Situation geringer sei.

Selbiges gilt bei einem Arzt, der die Leitlinie zur Selbstbehandlung anwendet. In diesem Fall läge neben dem wirtschaftlichen Schaden auch ein mittelbarer Körperschaden vor.

Damit ist auch in diesen Fällen ein (konkludenter) Haftungsverzicht möglich und nach der Interessenlage der Parteien anzunehmen.

Die Fachgesellschaften haften somit sowohl für Rechts- und Sachmängel als auch für Mangelfolgeschäden nur im Falle von Vorsatz und grober Fahrlässigkeit.

dd) Zwischenergebnis

Zwischen den Fachgesellschaften und den die Leitlinie nutzenden Ärzten liegt bei der üblichen kostenlosen Abgabe ein Gefälligkeitsvertrag vor. In diesem ist ein weitgehender Haftungsverzicht zugunsten der Fachgesellschaften konkludent vereinbart. Dieses Privileg gilt jedoch nicht gegenüber am Vertrag nicht beteiligten Dritten.

b) Deliktische Haftung

Eine deliktische Haftung für fehlerhafte Leitlinien gegenüber Ärzten ist regelmäßig ausgeschlossen. § 823 Abs. 1 BGB als zentrale Norm schützt nicht das Vermögen. Leib und Leben, Gesundheit, Freiheit oder Eigentum des Arztes, der einen Patienten nach den Empfehlungen der fehlerhaften Leitlinie behandelt, werden nicht verletzt. In Frage kommen jedoch Regressansprüche aus §§ 823 Abs. 1, 840 BGB, sofern der Arzt gegenüber dem (geschädigten) Patienten selbst aus Delikt oder Behandlungsvertrag haftet und der Behandlungsfehler auf die Anwendung der fehlerhaften Leitlinie zurückzuführen ist. Dieser Vermögensschaden ist im Rahmen des Gesamtschuldner-Innenausgleichs nach § 840 Abs. 1 BGB gegebenenfalls regressierbar.

aa) Regressanspruch des Arztes und Innenausgleich zwischen Fachgesellschaft und Arzt nach §§ 840 Abs. 1, 426, 254 BGB/ Exculpationswirkung von Leitlinien

(i) Rechtliche Grundlagen

Unschädlich für einen Innenausgleichsanspruch ist zunächst, dass der Arzt ggfls. auch aus Vertrag gegenüber dem Patienten haftet, denn jedenfalls besteht auch eine deliktische Haftung,[1018] sodass es nicht darauf ankommt, ob und unter welchen Voraussetzungen eine gesamtschuldnerische Haftung vorliegen kann, wenn einer

1018 So auch OLG Koblenz, Urt. v. 24.04.2008 – 5 U 1236/07 – VersR 2008, 1071f. für den Fall einer gemeinsamen Haftung von Krankenhaus, Arzt und Verkehrsunfallverursacher.

der Beteiligten allein aus Vertrag, der andere aus Delikt haftet.[1019] Entscheidend ist allein, dass zwischen den beiden Schuldnern eine Zweckgemeinschaft besteht, diese kann sowohl durch einen gemeinsamen Vertragspartner als auch durch jeweils eigenständig begründete deliktische Schuldverhältnisse entstehen.[1020] Die Haftungsquote im Innenverhältnis bestimmt sich nach den Vorgaben des § 426 Abs. 1 BGB. Danach sind die Gesamtschuldner zu gleichen Teilen verpflichtet, soweit nicht ein anders bestimmt ist. Zu den zu berücksichtigenden Umständen zählt neben vertraglichen Regelungen zwischen den Schuldnern insbesondere der Rechtsgedanke des § 254 BGB.[1021] Die Sonderregelungen in § 840 Abs. 2 und 3 BGB sind auf die vorliegende Konstellation nicht anwendbar, sodass es bei der Haftungsquotelung nach § 426 Abs. 1, 254 BGB bleibt. Die Grundregelung des § 426 BGB, nach der eine Haftung zu gleichen Teilen erfolgt, „soweit nicht ein anderes bestimmt ist", ist nur anwendbar, wenn sich weder aus einer vertraglichen Absprache, noch aus Gesetz, noch aus der Natur der Sache[1022] etwas anderes ergibt.

Erforderlich ist daneben eine eigenständige (deliktische) Haftung der Fachgesellschaft gegenüber den betroffenen Patienten. Dieser Frage wird unten[1023] nachgegangen und für die folgenden Ausführungen zum Innenausgleich, das Ergebnis vorwegnehmend, als gegeben unterstellt.

Zunächst ist daher zu prüfen, ob zwischen Arzt und Fachgesellschaft eine vertragliche Regelung zur Haftungsaufteilung besteht. Eine unmittelbare vertragliche Beziehung besteht, wie oben gezeigt,[1024] für den Regelfall in Form eines Gefälligkeitsvertrages sui generis. Dieser beinhaltet einen weitgehenden Haftungsausschluss zugunsten der Fachgesellschaft gegenüber dem dem Arzt. Wie oben gezeigt, gilt dieser Haftungsausschluss zugunsten der Fachgesellschaft auch bei Mangelfolgeschäden.

Nach dem Rechtsgedanken des § 254 BGB sind die Gesamtschuldner im Innenverhältnis gemäß § 426 BGB zur Tragung des sie treffenden Anteils verpflichtet. Die Quote ist also im Einzelfall zu bestimmen, je nachdem inwieweit der Schaden vorwiegend von dem einen oder dem anderen verursacht worden ist[1025]. Im Rahmen dieser Arbeit können nur einige allgemeine Gedanken dazu niedergelegt werden. Primär verantwortlich für die Behandlung des Patienten ist der Arzt. Er hat den Facharztstandard zu gewährleisten. Auch ist er fachlich befähigt und verpflichtet, Leitlinien und andere Informationen, auf die er sich bei seiner Tätigkeit stützt,

---

1019 Dazu BeckOK-BGB-*Spindler;* § 840 RN 5, der für die Anwendbarkeit des § 840 BGB einen „inneren Zusammenhang der Verpflichtungen in einem echten Gesamtschuldverhältnis zueinander" verlangt.

1020 BGH Großer Senat für Zivilsachen, Beschl. v. 01.02.1965 – GSZ 1/64 – RN 12 u. 19.

1021 MüKo-*Wagner*, § 840 RN 14.

1022 BGH, Urt. v. 22.10.1992 – IX ZR 244/91 – RN 22 = NJW 93, 585–588

1023 S.u., Punkt D.II.4.

1024 s.o. Punkt D.II.3.a).cc).

1025 BGH Großer Senat für Zivilsachen, Beschl. v. 01.02.1965 – GSZ 1/64 – RN 12.

kritisch zu hinterfragen. Der einzuhaltende Standard wird nicht durch Leitlinien definiert. Jedoch kommt diesen bei der Bestimmung jenes einige Bedeutung zu.

Exkurs: Ansprüche des Patienten gegen den Arzt

Ansprüche aus dem Behandlungsvertrag/haftungsrechtlicher Standardbegriff

Der Patient hat gegen den behandelnden Arzt[1026] vertragliche Ansprüche aus dem Behandlungsvertrag, wenn der Arzt ihn unter (und aufgrund) Anwendung der fehlerhaften Leitlinie fehlerhaft behandelt hat. Nach §§ 630a, 630b BGB ist der Behandlungsvertrag ein Unterfall des Dienstvertrages.[1027] Gemäß § 630a Abs. 2 BGB hat die Behandlung *„nach den zum Zeitpunkt der Behandlung bestehenden, allgemein anerkannten fachlichen Standards zu erfolgen, soweit nicht etwas anderes vereinbart ist“*. Diese Pflicht gilt – so die Gesetzesbegründung – richtigerweise einschränkend nur, sofern solche Standards bestehen.[1028] Andernfalls muss der Arzt, so die Gesetzesbegründung unter Verweis auf die Rechtsprechung *„die Sorgfalt eines vorsichtig Behandelnden“* einhalten.[1029] Anders ausgedrückt, muss der Arzt jederzeit entsprechend den Regeln der ärztlichen Kunst (lege artis) behandeln. Er hat dabei den (soweit vorhanden) aktuellen medizinischen Standard einzuhalten. Wie oben dargestellt, besteht keine regelhafte Identität zwischen dem Inhalt von Leitlinien und dem geschuldeten ärztlichen Standard.[1030] Dies kann daran liegen, dass noch keine Leitlinie zu dem relevanten Thema existiert, z.B. weil es sich um elementare medizinische Grundregeln handelt, die schlicht bisher nicht perpetuiert wurden,[1031] dass die in der Leitlinie enthaltene neue wissenschaftliche Erkenntnis noch nicht disseminiert und somit noch nicht in der Praxis anerkannt wurde, was dazu führt, dass sich noch kein entsprechender Standard gebildet hat, oder dass

---

1026 Vertraglichen Ansprüche bestehen abhängig von der Rechtsform, in der der Arzt tätig wird entweder unmittelbar gegen ihn (z.B. bei Tätigkeit in eigener Praxis) oder gegenüber der Institution, für die der Arzt tätig wird, z.B. dem Rechtsträger des Krankenhauses oder des MVZ als Vertragspartner des Patienten. Nicht eingegangen werden kann an dieser Stelle auf die Abgrenzung zwischen totalem und gespaltenem Krankenhausaufnahmevertrag und Krankenhausaufnahmevertrag mit Arztzusatzvertrag. Diese Unterscheidung ist für die vorliegende Untersuchung irrelevant, sie entscheidet nicht über die Art des Anspruchs sondern allein über den Anspruchsgegner/vertraglichen Schuldner der Leistung. Siehe zu dieser Abgrenzungsfrage z.B: Geiß/Greiner-*Greiner* RN A 2ff, 26, 32ff.

1027 Jorzig-*Kern*, S. 4 RN 14.

1028 Reg-Entwurf Patientenrechtegesetz, BT-Drs. 17/10488, S. 19, rechte Spalte.

1029 Reg-Entwurf Patientenrechtegesetz, BT-Drs. 17/10488.

1030 Zur insoweit anderslautenden Gesetzesbegründung des Patientenrechtegesetzes s.o., Punkt B.III.2.a).

1031 so z.B. BGH, Urt. v. 20.09.2011 – VI ZR 55/09 –, RN 11 (nach juris).

die entsprechende Leitlinie veraltet[1032] oder tatsächlich inhaltlich falsch ist. In allen diesen und anderen denkbaren Fälle sind Ansprüche des Patienten gegenüber dem behandelnden Arzt aus dem Behandlungsvertrag und aus Delikt denkbar. Der Arzt muss „den Patienten nach den Regeln der Medizin gewissenhaft ... behandeln und ... versorgen".[1033] Er schuldet stets eine Behandlung lege artis[1034] und, soweit vorhanden, nach dem medizinischen Standard[1035]. Zur Bestimmung dieses Standards gelten objektive Kriterien. Der Arzt schuldet die zum Zeitpunkt der Behandlung gebotene, nicht (nur) die übliche Sorgfalt.[1036] Es kommt insofern nicht auf die subjektiven Fähigkeiten des behandelnden Arztes an. Behandelt ein Arzt, der dazu aus in der Person oder in der Sache liegenden Gründen nicht in der Lage ist, kommt ein Übernahmeverschulden in Betracht.[1037] Ein Absenken des jeweils geschuldeten Behandlungsstandards, etwa auf die „übliche Sorgfalt"[1038] ist ausgeschlossen. Dahingegen schuldet der Arzt, sofern er über besondere Kenntnisse und Fähigkeiten verfügt, die über den geltenden Standard hinaus gehen, auch dieses Mehr.[1039] Denn in diesem Fall entspricht nur eine solche Behandlung der geschuldeten lex artis und somit dem nach §§ 230a Abs. 2, 230b, 276 II BGB geschuldeten Sorgfaltsmaßstab.[1040]
Exkurs Ende

(ii) Form und Umfang des Innenausgleichs – Vertrauensgrundsatz

Ein Innenausgleich zwischen Fachgesellschaft und Arzt ist – wie oben gezeigt – deliktsrechtlich möglich. Zu prüfen ist daher, in welcher Form und in welchem Umfang dem Arzt, der die (fehlerhafte) Leitlinie befolgt und gegenüber dem Patienten im Außenverhältnis haftet, ein Regressanspruch gegen die Fachgesellschaft zukommt.

1032 so in Bezug auf die (inhaltlich veraltete) Mutterschaftsrichtlinie, OLG Düsseldorf, Urt. v. 19.12.1985 – 8 U 155/84 –.

1033 OLG Düsseldorf Urt. v. 31.01.1985 – 8 U 13/84 = MedR 1986, 197, 199.

1034 Zur gebotenen Differenzierung zwischen dem „Standard" und der lex artis, s.o. D.I.1.

1035 Laufs/Kern-*Kern*; § 97 RN 5.

1036 Laufs/Kern-*Kern*; § 97 RN 13.

1037 St. Rspr. Aktuell z.B. BGH, Urt. v. 07.07.2011 – 5 Str 561/10 – RN 30 (nach juris); BGH, Urt. v. 12.07.1994 – VI ZR 299/93 – RN 12ff. (nach juris).

1038 BGH, Urt. v. 27.11.1952 – VI ZR 25/52 RN 7 (nach juris) = BGHZ 8, 138,140.

1039 BGH, Urt. v. 10.02.1987 – VI ZR 68/86 – RN 11 = NJW 1987, 1479–1480; BGH, Urt. v. 21.12.2010 – VI ZR 284/09 – = BGHZ 188, 29, 34 = NJW 2011, 1672.

1040 Allgemein zur Beachtlichkeit besonderer persönlicher Fähigkeiten, MüKo-Grundmann, § 276 RN 56, BGH, speziell zur Anwendbarkeit auf den Behandlungsvertrag, BGH, Urt. v.10.02.1987 – VI ZR 68/86 – = NJW 1987, 1479, 1480 mit Anmerkung von Deutsch.

(1) Haftungsmaßstab des Arztes – Fortbildungspflicht

Gemäß §§ 630a Abs. 2, 276 BGB haftet der Arzt als Schuldner der Behandlung grundsätzlich auch für einfache Fahrlässigkeit. Es gehört zu den geschuldeten Pflichten, die einschlägigen Fachzeitschriften[1041] regelmäßig zu lesen und die dort enthaltenen neuen Erkenntnisse – sofern sie wissenschaftlich gesichert[1042] sind und in der Medizin ernsthaft, also auf breiter Basis diskutiert werden[1043] – zeitnah umzusetzen, jedenfalls aber zu berücksichtigen.[1044] Diese Pflicht gilt entsprechend auch für veröffentlichte Leitlinien. Es besteht in der Haftungsrechtsprechung keine feste Frist innerhalb derer neue Erkenntnisse vom Arzt bei der Behandlung berücksichtigt werden müssen. In der Vergangenheit wurde dem Arzt explizit gestattet, neue medizinische Veröffentlichungen und Auffassungen an den eigenen Kenntnissen und Erfahrungen zu messen und zu beobachten, ob diese in der übrigen Fachwelt auf Zustimmung oder Ablehnung stießen.[1045] Andererseits gilt nach OLG Düsseldorf[1046] auch, dass *„dem praktizierenden Arzt grundsätzlich keine längere Karenzzeit bis zur Aufnahme der wissenschaftlichen Diskussion zugebilligt werden kann."* Im Ergebnis gilt auch hier wieder der medizinische Standard. Das bedeutet, dass allein das Vorhandensein neuerer wissenschaftlicher Erkenntnis noch nicht zwangsläufig dazu führt, dass eine bestimmte Behandlungsmethode als überholt und nicht mehr vertretbar anzusehen ist.[1047] Dies ist erst dann der Fall, wenn die „Vorzugswürdigkeit der neuen Methode im wesentlichen unumstritten ist".[1048] Es ist mithin von einer abgestuften Frist, je nach individueller Situation des Arztes auszugehen. Ärzte, die hochspezialisiert in Krankenhäusern der Maximalversorgung (z.B. Universitätsklinika) arbeiten, müssen Neuerungen früher adaptieren als Ärzte in peripheren Häusern oder in der ambulanten Versorgung.[1049] Eine längere Karenzzeit bis zur Aufnahme der Diskussion durch die Praxis billigt der BGH grundsätzlich nicht zu.[1050] Das OLG Koblenz bewertet einen Zeitraum

---

1041 BGH, Urt. v. 29.01.1991 – VI ZR 206/90 – RN 29 = BGHZ 123, 297.

1042 OLG Koblenz, Urt. v. 20.06.2012 – 5 U 1450/11 –.

1043 OLG Köln, Urt. v. 21.08.1996 – 5 U 286/94 – NA-Beschl. v. 17.06.1997 – VI ZR 324/96 –..

1044 So nun auch die Gesetzesbegründung zum Patientenrechtegesetz, Reg-Entwurf Patientenrechtegesetz, BT-Drs. 17/10488, S. 19.

1045 BGH, Urt. v. 29.01.1991 – VI ZR 206/90 – RN 35 = BGHZ 123, 297 mit Hinweis auf: OLG Koblenz, Urt. v. 26.11.1975 mit NA-Beschl. BGH, 28.09.1976 – VI ZR 23/76.

1046 OLG Düsseldorf, Urt. v. 19.12.1985 – 8 U 155/84 – = VersR 1987, 414 (NA-Beschl. BGH, v. 21.10.1986 – VI ZR 231/86)

1047 OLG Hamm, Urt. v. 31.08.2005 – 3 U 277/04 – RN 13 = MedR 2006, 111–113.

1048 OLG Hamm, Urt. v. 31.08.2005 – 3 U 277/04 – RN 13 = MedR 2006, 111–113.

1049 So wohl auch BGH, Urt. v. 29.01.1991 – VI ZR 206/90 – RN 35 = BGHZ 123, 297, der zwischen „Spezialisten", Fachärzten und „Allgemeinmedizinern" differenziert in Bezug auf die Frage, welche Zeitschriften zu lesen seien. OLG Koblenz, Urt. v. 20.06.2012 – 5 U 1450/11 –.

1050 So jedenfalls *Steffen/Pauge*, a.a.O.; RN 200.

von mehreren Monaten als ausreichend, um auch in einem peripheren Haus neue Erkenntnisse umzusetzen.[1051] Zu berücksichtigen ist dabei, dass neue Erkenntnisse, auch wenn sie „wissenschaftlich gesichert" und „auf breiter Basis diskutiert werden" (noch) nicht mit dem geschuldeten medizinischen Standard gleichzusetzen sind. Damit die neue Methode zum Standard avancieren kann, muss sie von der Praxis angewendet werden.[1052] Diagnose und Behandlungsmöglichkeiten, die erst in wenigen Spezialkliniken erprobt und durchgeführt werden, sind bei der Ermittlung des Standards nur insoweit zu berücksichtigen, als es um die Frage einer eventuell erforderlichen Überweisung des Patienten geht,[1053] mithin bei der Frage des Übernahmeverschuldens.

(2) Vertrauensgrundsatz zwischen Arzt und Fachgesellschaft

Auch ist ein Arzt verpflichtet, die vorhandene Literatur, die zur Basis der konkreten Behandlung werden soll, kritisch zu hinterfragen. Zu dieser eigenständigen Leistung ist der approbierte Arzt befähigt und somit verpflichtet. Denn auch die Grundsätze der horizontalen und vertikalen Arbeitsteilung, die es – mit Ausnahmecharakter – ermöglichen, dass ein Arzt zunächst darauf vertrauen darf, dass ein Kollege eines anderen oder auch des gleichen Fachgebiets seinerseits korrekt handelt[1054], können in dieser Situation kein absolut zu schützendes Vertrauen begründen.

Dennoch ist ein vertikaler Vertrauensgrundsatz[1055] zu diskutieren. Dieser gilt grundsätzlich nur innerhalb einer hierarchischen Abteilungsstruktur – und auch dort nur bedingt[1056]. Auch gilt, dass im Rahmen von schriftlichen Informationen immer mit Fehlern, und sei es nur in Form einer fehlerhaften Wiedergabe durch Druckfehler bei Dosierungsangaben, gerechnet werden muss. Diese Erkenntnis ist nicht neu. Bereits *Mark Twain* warnte: *„Seien Sie vorsichtig mit Gesundheitsbüchern, Sie könnten an einem Druckfehler sterben."*[1057] Ein Haftungsausschluss aufgrund einer fehlerhaften Leitlinie ist jedenfalls bei erkennbaren Fehlern daher nicht möglich.[1058] Dieses Ergebnis wird auch durch die BGH-Rechtsprechung zum

---

1051 OLG Koblenz, Urt. v. 20.06.2012 – 5 U 1450/11 –; RN 27f. (nach juris): Der Arzt müsse „neue, wissenschaftliche Erkenntnisse zeitnah umsetzen".

1052 Siehe hierzu oben, Punkt B.II.

1053 BGH, Urt. v. 28.08.1984 – IV ZR 106/82 – a.A. wohl OLG Naumburg,.

1054 St. Rspr. BGH, Urt. v. 16.10.1979 – 1 StR 360/79 = NJW 1980, 650–651 (Abgrenzung der Verantwortung zwischen Anästhesisten und Chirurgen); BGH, Urt. v. 21.01.1988 4 StR 564/87 = BGHR StGB § 15 Fahrlässigkeit 1 (horizontale und vertikale Arbeitsteilung bei gleichem Fachgebiet); BGH, Urt. v. 14.01.2012 – VI ZR 188/09 – RN 23 (nach juris); Geiß/Greiner-*Greiner*, RN B 59.

1055 St. Rspr. Siehe z.B. BGH, Urt. v. 12.07.1994 – VI ZR 299/93 – RN 13 (nach juris).

1056 Z.B. OLG Hamm, Urt. v. 16.01.2006 – 3 U 207/02 – RN 53 (nach juris).

1057 Zitiert nach: Forschung und Lehre, Heft 1–2014, S. 25.

1058 So auch BGH, Urt. v. 07.07.1970 – VI ZR 223/68 – zu einem Druckfehler betreffend eine Dosierungsangabe in einem medizinischen Lehrbuch.

Vertrauensgrundsatz gestützt. Dieser gilt nicht unbegrenzt. So kann sich z.B. ein Hausarzt grundsätzlich darauf verlassen, dass ein Patient im Krankenhaus von den dortigen Klinikärzten *„richtig behandelt und beraten“* wird.[1059] Dies gilt jedoch dann nicht mehr, wenn der (Haus)arzt *„ohne besondere weitere Untersuchungen aufgrund der bei ihm vorauszusetzenden Kenntnisse und Erfahrungen erkennt oder erkennen muss, dass ernste Zweifel an der Richtigkeit der Krankenhausbehandlung (...) bestehen“.*[1060] Diese Grundsätze sind ohne weiteres auch auf die Lektüre von Leitlinien zu übertragen, zumal der BGH in dem zitierten Urteil davon ausging, dass das Vertrauen gerade aufgrund der im Allgemeinen *„besseren Sachkenntnis und größeren Erfahrung“*[1061] der Krankenhausärzte gerechtfertigt sei. Zwar ist zweifelhaft, ob diese Einschätzung in dieser Allgemeinheit richtig ist; jedenfalls zeigt das Urteil, dass die Rechtsprechung bereit ist, einen Vertrauensgrundsatz gegenüber dem Besserqualifizierten zu akzeptieren.

(3) Zwischenergebnis

Damit obliegt dem Arzt bei der Lektüre von Leitlinien eine aktive Kontrolle des Gelesenen auf Plausibilität und Vereinbarkeit mit den vorhandenen Kenntnissen. Erkennbare Fehler begründen kein Vertrauen und können damit auch nicht zu einer Entlastung des Arztes führen.

(4) Versteckte Fehler

Anders könnte die Bewertung hingegen bei Fehlern ausfallen, die für den Leser auch bei gehöriger geistiger Anstrengung nicht erkennbar sind. In der Rechtsprechung ist diese Frage – soweit ersichtlich – bisher nicht behandelt worden. Das OLG Düsseldorf hat sich Mitte der 1980er Jahre zwar dahingehend geäußert, dass einer inhaltlich veraltete Mutterschaftsrichtlinie keine exkulpierende Wirkung zukommt, jedoch lag diesem Urteil ein Sachverhalt zugrunde, bei dem der Fehler der Mutterschaftsrichtlinie unschwer erkennbar war.[1062] In der Literatur[1063]

1059 BGH, Urt. v. 08.11.1988 – VI ZR 320/87 – RN 24 (nach juris) = NJW 1989 1536–1538.

1060 BGH, a.a.O.

1061 BGH, a.a.O.

1062 OLG Düsseldorf, Urt. v. 19.12.1985 – 8 U 155/84. Ausweislich des 2. Orientierungssatzes lag dem OLG jedoch ein Fall vor, indem sich ein Abweichen von der zum Behandlungszeitpunkt zwar offiziell noch „geltenden“, inhaltlich aber veralteten Mutterschaftsrichtlinie hätte aufdrängen müssen und das korrekte alternative Verhalten (konkret: Bestimmung des für Röteln relevanten HaH-Titers) vom Arzt sogar erkannt worden war. Es handelte sich bei dem vom OLG Düsseldorf entschiedenen Fall mithin gerade nicht um einen der hier diskutierten Situationen, in denen der Fehler der Leitlinie nicht ohne weiteres erkennbar ist und eher dem „versteckten Mangel“ aus dem Werkvertragsrecht ähnelt.

1063 Beispielhaft zu nennen sind: *Heitz*, Leitlinien und Medizinrecht – Rechtsvergleichung, S. 145f. die knapp die möglichen Standpunkte referiert, ohne – mit

hat – soweit ersichtlich – keine vertiefte Auseinandersetzung mit dieser Frage stattgefunden. *Gevers*, wohl einer der wenigen, die diese Frage überhaupt gestellt haben, behauptete zunächst, dass eine Haftungsbefreiung für den Arzt gegenüber dem Patienten unter allen Umständen ausgeschlossen sei.[1064] Zur Begründung führt er allein an, dass es den Anschein habe, dass in der internationalen Literatur Einigkeit dahingehend bestünde, dass Leitlinien weder die medizinische Verantwortung noch den Ermessensspielraum des Arztes entfallen ließen.[1065] Später relativierte er diese Einschätzung dahingehend, dass das Befolgen einer Leitlinienempfehlung den Arzt „nicht immer" vor einer Haftung bewahre.[1066] Auch in diesem Fall bleibt er jedoch eine vertiefende Begründung schuldig.

Es ist dem in der Patientenbehandlung tätigem Arzt mangels Zeit, Infrastruktur und Erreichbarkeit der Quellen oft faktisch nicht oder jedenfalls nicht ohne erheblichen Aufwand möglich, Empfehlungen in Leitlinien auf Kohärenz mit den zugrundeliegenden Studien und sonstigen wissenschaftlichen Quellen zu überprüfen. Genau aus diesem Grund werden Leitlinien erstellt. Sie dienen der Disseminierung neuer wissenschaftlicher Erkenntnis in die Praxis.[1067] Hinzu kommt, dass bei der Erstellung von evidenz- und konsensbasierten Leitlinien Empfehlungen nicht immer identisch mit der zugrundeliegenden Evidenz sind.[1068] Dieser Prozess, d.h. zunächst die Evidenzbewertung der zugrundeliegenden wissenschaftlichen Erkenntnisse (Studien etc.) und in der Folge die Ableitung der in der Leitlinie enthaltenen Empfehlungen auf Basis dieser (externen) Evidenz ist für einen Außenstehenden nur unter erheblichen Aufwand nachvollziehbar. Fehler, die während dieses Prozesses jederzeit vorkommen können sind von außen kaum als solche erkennbar. Denn eine Abwägung verschiedener Argumente innerhalb der Leitliniengruppe ist systembedingt komplex.[1069] Diese Erwägungen sprechen dafür, den

---

Ausnahme von *Gevers*, a.a.O., weitergehende Fundstellen anbieten zu können und *Hess*, Der Begriff des medizinischen Standards – Aus der Sicht der vertragsärztlichen Versorgung, S. 63, der ohne weitere Erörterung des Problems die Einführung von exkulpierenden Standards für die vertragsärztliche Versorgung verlangt.

1064 *Gevers*, Clinical Practice Guidelines; Legal Aspects, Med Law 1996 (15), S. 410.

1065 Wörtlich heißt es a.a.O.: *"There would seem to be general agreement, also in the international literature, that guidelines do not replace medical responsibility and cannot completely reduce medical discretion. Therefore, compliance with a guideline never protects a practitioner from liability, in particular if he could and should have realized, that acting in accordance with the guideline would not have the desired effect in that particular case."*

1066 *Gevers*, Legal Issues in the Development and Use of Clinical Practice Guidelines, Med Law 2001 (20), S. 188.

1067 Leitlinien-Manual von AWMF und ÄZQ, Domäne 8, S. 57ff.

1068 *Lelgemann/Thole*, ZaeFQ 2007, 97ff, die ausführen: *„Entgegen vielfachen Missverständnisses ist es dabei nicht so, dass eine methodisch valide Studie, häufig als Evidenz 1 bezeichnet, automatisch zu einer starken Empfehlung führt"*.

1069 Siehe zur Systematik bei der Erstellung von Leitlinien, oben, unter Punkt C.II.

anwendenden Arzt für einen auf nicht zumutbar erkennbare Fehler in der Leitlinie beruhenden Behandlungsfehler gegenüber dem Patienten auch nicht haften zu lassen. Der Bundesgerichtshof hat zur Frage der Verantwortlichkeit der Angestellten einer Landesnervenklinik für die Folgen einer Verletzung eines Insassens durch einen Mituntergebrachten entschieden, dass sich die Angestellten grundsätzlich auf den Rat und die Einschätzung von Fachleuten (hier sachverständiger Arzt) in Bezug auf die erforderlichen Sicherungsmaßnahmen verlassen könnten. Im Urteil heißt es:

> *„Wenn wie hier die zuständigen Fachleute allgemein eine Maßnahme nicht für erforderlich halten, so könnte das Unterlassen der Maßnahme nur schuldhaft sein, wenn die Meinung der Fachleute sich aus tatsächlichen oder auch aus rechtlichen Gründen als irrig erwiese, und zwar derart, daß derjenige, um dessen Verantwortung es geht, dies hätte erkennen müssen.“*[1070]

Nun ist es vorliegend so, dass die behandelnden Ärzte selbst vom Fach sind und jedenfalls in Bezug auf ihre formelle Qualifikation (Approbation und Facharztstatus) nicht hinter den Experten der Leitliniengruppe zurückbleiben. Mithin dürfen sie sich nicht blind auf die Aussage dieser Fachleute verlassen. Auch sind sie, entweder qua Behandlungsvertrags persönlich oder jedenfalls deliktisch, verpflichtet, die Behandlung lege artis zu erbringen. Die Anforderungen an den behandelnden Arzt in Bezug auf die Überprüfung der Empfehlungen einer Leitlinie dürften somit erhöht sein gegenüber einer Situation in der zwischen Expertenrat und Anwender auch ein formaler Wissensunterschied besteht. Dennoch besteht auch im vorliegenden Fall ein zu berücksichtigender Wissensvorsprung der Leitliniengruppe. Zunächst handelt es sich bei den entsandten Experten um besonders qualifizierte Fachleute des jeweiligen Fach- oder Teilgebiets der Medizin. Weiter haben diese Experten durch das Sekretariat der Leitliniengruppe bei der Erstellung der Leitlinie Zugriff auf sämtliches vorhandenes oder jedenfalls erreichbares aktuelles Wissen. Zuletzt haben die Experten bei Verabschiedung der Empfehlungen genügend Zeit, um sich mit der Materie intensiv auseinanderzusetzen. Im Gegensatz dazu steht der anwendende Arzt in der täglichen Praxis regelmäßig unter erheblichen Zeitdruck. Er muss und will dem betroffenen Patienten schnell helfen. Zuletzt hat er kein Sekretariat zur Verfügung, welches ihm das vorhandene Wissen aufbereitet. Somit besteht trotz formal gleichwertiger Qualifikation ein berücksichtigungsfähiger und -pflichtiger Erkenntnisunterschied zwischen Leitliniengruppe und anwendenden Arzt. Solche Fehler in der Leitlinie, die für einen durchschnittlichen Facharzt des jeweiligen Fachgebietes nicht erkennbar sind, können ihm daher auch nicht bei der Frage der Haftung für einen darauf beruhenden Behandlungsfehler zum Nachteil gereichen, wenn er sie tatsächlich nicht erkannt hat.

Auch ein Vergleich mit der Frage des Mitverschuldens bei Auskunftsverträgen stützt das oben gefundene Ergebnis. So halten Literatur[1071] und Rechtsprechung

---

1070 BGH, Urt. v. 08.07.1971 – III ZR 67/68 – RN 16 (nach juris).

1071 Staudinger-*Schiemann*; § 254 RN 59 (Aufl. 2005) m.w.N., MüKo-*Oetker*; § 254 RN 58.

daran fest, dass ein Schädiger (in Person des Auskunfterteilenden) dem Ersatzanspruch des Geschädigten (in Person des Auskunfterfragenden) nach Treu und Glauben regelmäßig nicht ein Mitverschulden dergestalt entgegenhalten kann, dass der Geschädigte dem Schädiger vertraut und dadurch einen Mangel an Sorgfalt offenbart habe.[1072] Ob ein solches Mitverschulden dann anzunehmen ist, wenn der Geschädigte selbst über eine entsprechende Expertise verfügt, musste der BGH – soweit ersichtlich – bisher nicht entscheiden[1073], ein solches dürfte aber – parallel zu dem oben gefundenen Ergebnis – nach Treu und Glauben jedenfalls dann anzunehmen sein, wenn die Fehlerhaftigkeit der Auskunft erkannt wurde. Nach Ansicht der Rechtsprechung ist ein Mitverschulden jedenfalls dann anzunehmen, wenn äußere Umstände die Unrichtigkeit der Auskunft vermuten lassen.[1074]

bb) Zwischenergebnis

Bei dem Vorliegen von behandlungsfehlerursächlichen Fehlern in der Leitlinie ist je nach Verschulden zu differenzieren. Eine Anwendung der Grundsätze des § 276 BGB in vergleichbaren Konstellationen, wie z.B. dem innerbetrieblichen Schadensausgleich, bietet sich an.

Im Falle eines Fehlers, der für den Arzt nicht erkennbar war, scheidet eine Haftung des Arztes im Innenverhältnis aus. In diesen Fällen ist die Fachgesellschaft allein für den Schaden verantwortlich und dem Arzt ggfls. ausgleichspflichtig.

Bei Fehlern, die vom Arzt hätten erkannt werden können, ohne dass sie offensichtlich wären, erscheint eine je nach Einzelfall zu bestimmende Quotelung angemessen. Bei offensichtlichen Fehlern schließlich haftet der Arzt im Innenverhältnis allein; eine Haftung der Fachgesellschaft im Innenverhältnis scheidet aus.

c) Ergebnis

Ein Haftung der Fachgesellschaften aus Kaufvertrag scheitert regelmäßig am Vorliegen eines solchen. Sollte doch einmal Kaufrecht anwendbar sein, können sich die Fachgesellschaften regelhaft auf den vereinbarten Haftungsausschluss berufen, der in den Grenzen des § 444 BGB eine Begrenzung der Haftung auf Arglist ermöglicht. §§ 305ff BGB, insb. § 309 Nr. 7 BGB sind gem. §§310, 14 BGB regelhaft nicht

1072 BGH, Urt. v. 25.05.1964 – VII ZR 246/62 – RN 89 (abrufbar unter www.jurion.de) mit Hinweis auf RGZ 129, 109, 114; 140, 1, 8.; so auch BGH, Urt. v. 07.01.1965 – VII ZR 28/63 – RN 60 = WM 1965, 287, 288 (www.jurion.de); BGH, Urt. v. 16.11.1970 – VIII ZR 227/68 – RN 23 = VersR 1971, 86; BGH, Urt. v. 14.06.2012 – IX ZR 145/11 – RN 37 = BGHZ 193, 297–315 = NJW 2012, 3165–3171;

1073 BGH, Urt. v. 16.11.1970 – VIII 227/68 RN 23 konnte diese Frage offen lassen.

1074 BGH, Urt. v. 17.04.1980 – III ZR 167/78 = NJW 1980, 2576 zum Vertrauen auf die mdl. Auskunft des Bauamts, die im Widerspruch zu einem gleichzeitig ausgehändigtem Schriftstück steht; BGH, Urt. v. 31.10.1967 – VI ZR 31/66 = VersR 1968, 148, 150 zu sich widersprechenden Rechtsauskünften von Anwalt und Notar.

anwendbar, da der Arzt als Unternehmer auftritt. Anders gilt bei einer Selbsttherapie mithilfe einer käuflich erworbenen Leitlinie.

Das Schenkungsrecht mit seinem Haftungsprivileg ist weder direkt noch analog anwendbar, da es mit einer Vermögensminderung bei der Fachgesellschaft an einer gesetzlichen Voraussetzung für die Anwendung des Schenkungsrechts fehlt.

Regelmäßig zum Tragen kommt hingegen ein Gefälligkeitsvertrag sui generis, der ein konkludent vereinbartes Haftungsprivileg, vergleichbar dem schenkungsrechtlichen, enthält. Die Fachgesellschaften haften für eine fehlerhafte Leitlinie für vorsätzliche und grob fahrlässige Fehler. Diese Haftungsprivilegierung endet aber auch bei dem Beschenkten. Dritten gegenüber kann sich die Fachgesellschaft nicht auf das Privileg berufen.

Deliktsrechtlich besteht grundsätzlich ein Regressanspruch des Arztes aus §§ 840 Abs. 1, 426, 254 BGB gegenüber der Fachgesellschaft. Hier kommt eine abgestufte Haftung – je nach Erkennbarkeit des Fehlers für den Arzt – zum Tragen.

4 Gegenüber Patienten

a) Aus Auskunftsvertrag

Leitlinien haben zwar die Behandlung von Patienten zum Thema, sie richten sich aber zunächst nicht an diese. Jedenfalls die primär interessierenden Lang- und Kurzversionen richten sich an Ärzte. Eine Auskunft an Patienten ist weder beabsichtigt, noch kann aufgrund der gewählten Sprache unterstellt werden, dass mit einer Lektüre durch Patienten mit anschließender Selbsttherapie zu rechnen ist und daher im Sinne der Eröffnung einer Verkehrsgefahr Vorkehrungen getroffen werden müssten. Anderes kann bei den sogenannten Patientenleitlinien der Fall sein. Diese richten sich explizit an die Patienten. Sie sollen aber gerade keine Selbsttherapie befördern, sondern dienen allein der Unterstützung des bestehenden Behandlungsverhältnisses.[1075] Ein Auskunftsvertrag scheidet mithin aus.

b) Gesetzliche Anspruchsgrundlagen

aa) Quasi-vertragliche Haftung nach §§ 280 Abs. 1, § 311 Abs. 2 Nr. 3, 241 Abs. 2 BGB (ähnlicher geschäftlicher Kontakt)

Leitlinien richten sich nicht an die Patienten, sondern an Ärzte. Es fehlt somit an jeglichem geschäftlichen darüber hinaus auch an einem nur sozialen Kontakt zwischen den Fachgesellschaften und den nach Leitlinie behandelten Patienten und

---

1075 Auf der AWMF-Homepage heißt es: *„Die als Patienteninformationen zur Verfügung gestellten Dokumente auf der Website „AWMF online“ dienen nur dazu, bereits bestehende Arzt-Patienten-Beziehungen zu unterstützen und keinesfalls zu ersetzen.“* (www.awmf.org/leitlinien/patienteninformation.html (Stand: 15.11.2014).

somit an einer Voraussetzung für die Annahme eines ähnlichen geschäftlichen Kontaktes im Sinne des Gesetzes.

bb) Quasi-vertragliche Haftung nach §§ 280 Abs. 1, § 311 Abs. 3, 241 Abs. 2 BGB (Vertrauenshaftung)

Im Ergebnis scheidet auch eine Haftung wegen in Anspruch genommenen Vertrauens aus. Dabei kommt es gar nicht auf die Frage an, in wie fern die Fachgesellschaften selbst Vertrauen in Anspruch genommen haben. Eine Haftung scheidet bereits bei der Frage aus, ob die Patienten sich in irgendeiner Form durch die Existenz der Leitlinie, und damit ggfls. durch in Anspruch genommenes Vertrauen, in einer Entscheidung haben beeinflussen lassen. Diese Frage ist zu verneinen. Patienten entschieden zwar über das Ob, nicht jedoch über das Wie der Behandlung.[1076] Letzteres obliegt dem Arzt und ist durch die Therapiehoheit abgesichert. Da zudem eine Behandlung unter Berücksichtigung (NB! nicht zwingend Befolgung!) der jeweils geltenden Leitlinien dem geschuldeten ärztlichen Standard entspricht und damit unterstellt werden kann, dass alle in Betracht kommenden Ärzte die Leitlinie berücksichtigen, kann auch über die dem Patienten obliegende Arztwahl kein Vertrauenstatbestand konstruiert werden.

cc) Ansprüche nach dem Produkthaftungsgesetz

Weiter könnte sich ein Anspruch des Patienten aus dem Produkthaftungsgesetz (ProdHaftG) ergeben. Das Produkthaftungsgesetz[1077] statuiert Schadensersatzpflichten des Herstellers aufgrund bereits eingetretener Schäden an den in § 1 Abs. 1 S. 1 ProdHaftG genannten Rechtsgütern. Ersatzfähig sind Körper- und Sachschäden.

(i) Anwendungsbereich des Produkthaftungsgesetzes, § 1 Abs. 1 ProdHaftG

Nach § 1 Abs. 1 S. 1 ProdHaftG hat der Hersteller eines Produkts solche Schäden an Körper und Sachen zu ersetzen, die kausal auf der Fehlerhaftigkeit des Produkts

---

1076 Auch aus § 630a Abs. 2 2. HS BGB „Die Behandlung hat nach dem zum Zeitpunkt der Behandlung bestehenden, allgemein anerkannten fachlichen Standards zu erfolgen, soweit nicht etwas anderes vereinbart ist.", folgt nichts anderes. Insbesondere bedeutet dies nicht, dass es in der Dispositionsfreiheit des Patienten stünde, mit dem Arzt zu vereinbaren, nach unten vom Standard abzuweichen, siehe Spickhoff-*Spickhoff*, § 630a BGB RN 41; im Ergebnis so wohl auch: OLG Hamm, Urt. v. 26.04.2016 – I-26 U 116/14 = GesR 2016, 668–670.

1077 Das „Gesetz über die Haftung für fehlerhafte Produkte" vom 15.12.1989 (BGBl. I S. 2198 ff.) dient der Umsetzung der EG-Produkthaftungsrichtlinie „Richtlinie des Rates vom 25.07.1985 zur Angleichung der Rechts- und Verwaltungsvorschriften der Mitgliedstaaten über die Haftung für fehlerhafte Produkte" – 85/347/EG.

beruhen. Während Ersatz für Körper- und Gesundheitsschäden von jedermann geltend gemacht werden kann, bestimmt § 1 Abs. 1 S. 2 ProdHaftG, dass Sachschäden nur vom privaten Endverbrauchern ersetzt verlangt werden können.[1078] Damit bestimmt das ProdHaftG eine verschuldensunabhängige Haftung des Herstellers und ihm gleichgestellter Personen. Diese sind nach § 4 Abs. 1 ProdHaftG auch die Lieferanten von Grundstoffen und Teilprodukten. Die verschuldensunabhängige Haftung stellt prima vista den größten Unterschied zur deliktischen Produzentenhaftung nach den §§ 823 ff. BGB dar. Tatsächlich ist die Judikatur zur deliktischen Produzentenhaftung jedoch so streng, dass faktisch nur in Ausnahmefällen abweichende Ergebnisse erzielt werden.[1079]

Reine Vermögensschäden werden vom ProdHaftG nicht umfasst, mithin kommt eine Haftung auch nur gegenüber den persönlich an ihrer Gesundheit geschädigten Patienten in Betracht. Etwaige, theoretisch denkbare Regressansprüche des Arztes oder ähnliches können nicht auf die Vorschriften des ProdHaftG gestützt werden. Da das ProdHaftG nur bei Schäden eingreift, die durch ein fehlerhaften Produkt entstanden sind, ist insbesondere die Frage zu beantworten, ob Leitlinien unter den Produktbegriff des ProdHaftG fallen. Zunächst soll aber geprüft werden, ob nicht bereits die Entlastungstatbestände des § 1 Abs. 2 ProdHaftG eine Haftung nach ProdHaftG entfallen lassen und wer als Hersteller im Sinne des §§ 1, 4 ProdHaftG für die Fehlerfreiheit einzustehen hätte.

(ii) Entlastungstatbestände des § 1 Abs. 2 ProdHaftG

Das ProdHaftG schließt in bestimmten Fällen seine Anwendbarkeit aus. Hier in Frage kommen die Entlastungstatbestände des § 1 Abs. 2 Nr. 2, 3 und 5 ProdHaftG.

(1) § 1 Abs. 2 Nr. 2 ProdHaftG

Eine Haftung ist ausgeschlossen, wenn das Produkt zum Zeitpunkt des In-Verkehr-Bringens den Fehler, der den Schaden verursacht hat, noch nicht hatte. Dies könnte im Fall einer veralteten Leitlinie relevant werden.

Das ProdHaftG beinhaltet also keine eigenständige Pflichten zur Produktbeobachtung, zu nachträglichen Warnungen oder zum Rückruf.[1080] Solche Pflichten ergeben sich aber regelmäßig aus der deliktischen Produzentenhaftung nach § 823 Abs. 1BGB. Aus dem Umstand, dass § 3 Abs. 1 lit. c ProdHaftG auf das Inverkehrbringen des konkret schadensträchtigen Einzelstücks abstellt, lässt sich jedoch eine Pflicht dahingehend erkennen, dass die Leitlinie kurzfristig überarbeitet und der weitere Vertrieb eingestellt werden muss. Ein genereller Ausschluss der Haftung ist aus dieser Vorschrift für Leitlinien nicht zu entnehmen.

1078 *Graf von Westphalen*, NJW 1989, 83.
1079 *Graf von Westphalen*, NJW 1989, 83, 84.
1080 auch MüKo-*Wagner*, ProdHaftG, § 1 RN 545

(2) § 1 Abs. 2 Nr. 3 ProdHaftG

Auch § 1 Abs. 2 Nr. 3 ProdHaftG schließt eine Haftung nicht aus. Zwar handeln die Beteiligten beim Vertrieb der Leitlinien (bisher[1081]) nicht „mit wirtschaftlichen Zweck" im Sinne der Vorschrift. Jedoch handeln sie sämtlich in Ausübung ihrer beruflichen Tätigkeit. Nur die Herstellung von Privaten zu privaten Zwecken ist privilegiert.[1082]

(3) § 1 Abs. 2 Nr. 5, § 3 ProdHaftG

Nach § 1 Abs. 2 Nr. 5 ProdHaftG sind sogenannte Entwicklungsrisiken von der Haftung ausgenommen. Nach dieser Ausnahmeregelung ist die Ersatzpflicht ausgeschlossen, wenn „der Fehler nach dem Stand der Wissenschaft und Technik in dem Zeitpunkt, in dem der Hersteller das Produkt in den Verkehr brachte, nicht erkannt werden konnte." Diese Ausnahmeregelung ist im Zusammenspiel mit der Legaldefinition des „Fehlers" in § 3 ProdHaftG zu sehen. Fehlerhaft im Sinne des Gesetzes ist ein Produkt danach, wenn es nicht die Sicherheit bietet, die unter Berücksichtigung aller Umstände berechtigterweise erwartet werden kann. Diese Umstände sind insbesondere die Darbietung (§ 3 Abs. 1 lit. a) ProdHaftG), der Gebrauch, mit dem billigerweise gerechnet werden kann (lit. b) und der Zeitpunkt des in Verkehr Bringens (lit.c). Weiter wird in § 3 Abs. 2 ProdHaftG bestimmt, dass ein Produkt nicht allein deshalb fehlerhaft sei, weil später ein verbessertes Produkt in den Verkehr gebracht wurde. Der Unterschied zwischen diesen beiden Vorschriften ist, dass § 3 Abs. 1 lit. c, Abs. 2 ProdHaftG auf die Grenzen technischer Möglichkeit abstellt, während § 1 Abs. 2 Nr. 5 ProdHaftG auf die Grenzen menschlicher Erkenntnis Bezug nimmt.[1083]

Für die Beteiligten bei der Erstellung von Leitlinien gilt daher, dass eine Entlastung nach § 1 Abs. 2 Nr. 5 ProdHaftG nur dann in Frage kommt, wenn die Fehlerhaftigkeit der Empfehlung anhand der ausgewerteten Literatur nicht erkennbar war, wenn also zum Zeitpunkt der Erstellung der Leitlinie eine entsprechende wissenschaftliche Erkenntnis noch nicht vorlag. Entscheidend ist an dieser Stelle, dass es nicht darauf ankommt, dass sich diese Erkenntnis schon durchgesetzt hat. Eine ernstzunehmende neue Strömung ist aber von den Erstellern jedenfalls zu berücksichtigen.[1084]

Demnach kommt eine Haftung für fehlerhafte Leitlinien nach den Vorgaben des ProdHaftG grundsätzlich in Betracht. Dies jedenfalls, wenn Leitlinien Produkte im Sinne des § 2 ProdHaftG sind.

1081 Anderes gilt, wenn Leitlinien zu einem späteren Zeitpunkt in der Zukunft mit Gewinnerzielungsabsicht verkauft werden sollten.

1082 MüKo-*Wagner*, ProdHaftG, § 1 RN 39f.

1083 MüKo-*Wagner*, ProdHaftG, § 1 RN 50 m.w.N.

1084 So wohl auch MüKo-*Wagner*, ProdHaftG, § 1 RN 54.

(iii) Haftungsschuldner nach ProdHaftG

Haftungsschuldner nach §§ 1, 4 ist der Hersteller des End- oder Teilprodukts. Hersteller des Endproduktes ist bei Druckwerken der Verlag.[1085] Demnach liegt das primäre Haftungsrisiko bei gedruckten Leitlinien nicht bei den Fachgesellschaften sondern bei dem Verlag. Bei einer (Eigen)Publikation allein auf elektronischem Wege durch die Fachgesellschaften bzw. die AWMF sind diese als Hersteller im Sinne des ProdHaftG anzusehen, ohne dass durch diese Feststellung bereits die Frage der Anwendbarkeit des ProdHaftG geklärt wäre. In Frage käme auch eine Haftung der Autoren, wenn man sie als Hersteller eines Teilproduktes im Sinne des § 4 Abs. 1 S. 1 ProdHaftG ansieht. Dazu wäre es erforderlich, dass das Manuskript der Leitlinie ein Produkt im Sinne des ProdHaftG ist. Für den Fall, dass die Autoren als Hersteller eines Teilproduktes anzusehen sind, tritt ihre Haftung neben die unbeschränkt fortbestehende Haftung des Herstellers des Endproduktes.[1086]

(iv) Manuskript als Teilprodukt im Sinne des § 4 Abs. 1 S. 1 ProdHaftG

Das ProdHaftG beruht auf dem Einheitsfehlerbegriff.[1087] Grundsätzlich ist der Endhersteller in der Verantwortung. Eine detaillierte Ausdifferenzierung je nach (Grad des) Verschuldens und des jeweiligen Beitrages, wie dies im Rahmen der deliktischen Produkthaftung nach § 823 BGB möglich ist, kennt das ProdHaftG nicht.[1088] Vielmehr haftet der Teilhersteller wie ein Endhersteller für Fehler in seinem Teilprodukt nur, wenn dieses als eigenständiges Produkt z.B. Rahmen einer Zulieferkette im Endprodukt Verwendung findet.[1089] Für Dienstleistungen wird auch im Rahmen der Zulierferkette nicht nach den Vorschriften des ProdHaftG gehaftet.[1090] In der Literatur wird auch von den Autoren, die einem Druckwerk Sacheigenschaft im Sinne des ProdHaftG zusprechen, die Auffassung vertreten, dass das Manuskript des Autors nicht als Teilprodukt im Sinne des § 4 ProdHaftG anzusehen sei, da es in keiner Weise im Endprodukt Verwendung finde.[1091] Während *Meyer*[1092] mit diesem Argument eine Haftung des Autors nach ProdHaftG ablehnt, stellt *Cahn*[1093] darauf ab, dass es sich bei dem Manuskript um ein Endprodukt handele, welches die Haftung des Autors begründe, da dieses mit Übergabe an den Verleger in den Verkehr

---

1085 *Röhl*, JZ 1979, S. 369, 376; *Foerste*, NJW 1991, 1433, 1435.
1086 MüKo-*Wagner*, ProdHaftG, § 4 RN 19; so auch *Cahn*, NJW 1996, 2899, 2900
1087 *Cahn*, NJW 1996, 2899, 2900 m.w.N.
1088 *Cahn*, NJW 1996, 2899, 2900 m.w.N.
1089 MüKo-*Wagner*, ProdHaftG, § 4 RN 17ff.
1090 MüKo-*Wagner*, ProdHaftG, § 4 RN 18.
1091 *Meyer*, ZUM 1997, 26, 31; *Chan*, NJW 1996, 2899, 2904; MüKo-*Wagner*, ProdHaftG, § 2 RN 14, lässt die Frage offen.
1092 *Meyer*, ZUM 1997, 26, 31.
1093 *Chan*, NJW 1996, 2899, 2904.

gebracht sei. Ob es sich bei dem Manuskript der Autoren um eine Dienstleistung oder ein Teil- oder Endprodukt handelt, ist parallel zu der Frage der Produkteigenschaft der Leitlinie nach dem Kriterium der Sacheigenschaft zu beantworten.

(v) Sacheigenschaft von Leitlinien im Sinne des § 2 ProdHaftG

Produkte im Sinne des Gesetzes ist gemäß der Legaldefinition des § 2 ProdHaftG jede bewegliche Sache, auch wenn sie einen Teil einer anderen beweglichen Sache oder einer unbeweglichen Sache bildet, sowie Elektrizität.

Auf den ersten Blick erscheint eine Anwendbarkeit des ProdHaftG auf Leitlinien somit ausgeschlossen. Der Produktbegriff ist durch Art. 2 85/374/EWG vorgegeben. Danach gilt

> *„als ‚Produkt' jede bewegliche Sache, auch wenn sie einen Teil einer anderen beweglichen Sache oder einer anderen unbeweglichen Sache bildet. Unter Produkt ist auch Elektrizität zu verstehen."*[1094]

Der Begriff der Sache im Produkthaftungsrecht ist nicht identisch mit dem Sachbegriff des § 90 BGB ist; ihm kommt eigenständige Bedeutung zu.[1095] Jedoch kann das Definitionsmuster des § 90 BGB ergänzend herangezogen werden,[1096] auch wenn zu berücksichtigen ist, dass grundsätzlich keine nationale, sondern eine richtlinienorientierte Auslegung vorzunehmen ist.[1097] Im Ergebnis ist jedoch zu fordern, dass das Produkt als bewegliche Sache jedenfalls ein körperlicher Gegenstand ist; Voraussetzung dafür ist, dass er „räumlich abgegrenzt und abgrenzbar ist", wobei die allgemeine Verkehrsanschauung maßgeblich ist.[1098]

Leitlinien der AWMF werden in erster Linie über die Internetseite der AWMF zum Download angeboten. In diesem Fall wird noch nicht einmal ein Datenträger übergeben, der jedenfalls Sacheigenschaft besitzt.[1099] Jedoch ist auch in diesen Fällen eine Verkörperung beim Nutzer gegeben, da die Leitlinie jedenfalls im Arbeitsspeicher des Lesegeräts gespeichert und damit verkörpert wird.[1100] Daneben kommt es auch regelmäßig zu einer drucktechnischen Veröffentlichung jedenfalls der Kurzfassungen in den jeweiligen Publikationsorganen der beteiligten Fachgesellschaften. Ohnehin erscheint eine Differenzierung je nachdem in welcher Form der Inhalt der Leitlinie zur Kenntnis genommen wurde wenig sachgerecht,[1101]

1094 Art. 2 85/374/EWG
1095 Kilian/Heusen-*Littbarski*; Produkthaftung RN 41.
1096 Foerste/v. Westphalen-*v. Westphalen*; § 47 RN 4.
1097 Foerste/v. Westphalen-*v. Westphalen*; § 47 RN 2.
1098 Foerste/v. Westphalen-*v. Westphalen*; § 47 RN 4.
1099 MüKo-*Stresemann*, § 90 BGB, RN 25.
1100 So auch für Software MüKo-*Wagner*; ProdHaftG, § 1 RN 16.
1101 So im Ergebnis auch *Igloffstein*; S. 195, 198, der jedoch nur zwischen gedruckten und online verfügbaren Exemplaren differenziert und das Problem der „verkörperten Information" mithin umgeht.

zumal bei einer Fixierung auf die Sacheigenschaft des Datenträgers (Zeitschrift, Arbeitsspeicher, USB-Stick usw.) zunächst auch nur eine Fehlerhaftigkeit dieses Datenträgers in Betracht käme[1102] – ein für die vorliegende Fragestellung völlig unerheblicher Umstand. Es ist daher zu prüfen, ob eine Leitlinie als verkörperte Information als Produkt im Sinne des ProdHaftG anzusehen ist.

(1) Druckwerke und sonstige verkörperte Information als Produkt im Sinne des ProdHaftG

Es stellt sich mithin die Frage, ob eine (verkörperte) Information unter den Sachbegriff des § 2 ProdHaftG fallen kann. Von der Rechtsprechung wurde diese Frage bisher – soweit ersichtlich – nicht beantwortet.[1103] In der Literatur ist die Frage umstritten. Befürworter argumentieren mit der Vergleichbarkeit des Einflusses von verkörperter geistiger Information auf die Entscheidungsprozesse mit der von Software auf automatisierte Abläufe in Maschinen unter Hinweis auf die allgemein angenommene Produkteigenschaft derselben[1104] oder argumentieren mit dem dadurch erreichten Verbraucherschutz und der vermeintlichen allgemeinen Vergleichbarkeit zu Software.[1105] Weiter wird behauptet, gerade die Verkörperung der Information erhöhe die Gefährlichkeit, da einer z.B. in einem Buch niedergelegten Empfehlung höhere Glaube geschenkt werde, als ohne diese Verkörperung.[1106] Gegner stellen auf den Wortlaut des § 2 ProdHaftG und die Gefahr der unbegrenzten Ausdehnung der Anwendbarkeit des ProdHaftG auf Auskünfte jeder Art ab.[1107]

Es erscheint zunächst sowohl sachgerecht als auch inhaltlich überzeugend eine Anwendbarkeit des ProdHaftG nicht nur in den Fällen anzunehmen, in denen der Informationsträger als solcher einen Fehler aufweist, sondern auch in den Fällen, in denen die darin verkörperte Information zu Schäden führt.[1108] Denn es handelt sich auch dann um eine Schädigung durch ein Produkt, wenn nicht die äußere Hülle oder die Mechanik, sondern die das Produkt steuernde Software (Information) fehlerhaft ist.[1109]

Allein daraus kann aber noch nicht auf eine Anwendbarkeit des ProdHaftG auf Leitlinien und ähnliche verkörperte geistige Leistungen geschlossen werden. Denn zwischen Software und Leitlinien bestehen erhebliche Unterschiede. Leitlinien und

---

1102 *Kullmann*, ProdHaftG, § 2 RN 16.
1103 So auch *Foerste*, NJW 1991, 1433, 1434.
1104 *Cahn*, NJW 1996, 2899, 2902.
1105 Foerste/v. Westphalen-*v. Westphalen*; § 47 RN 16.
1106 *Cahn*, NJW 1996, 2899, 2903.
1107 *Foerste*, NJW 1991, 1433, 1438; *Honsel*; JuS 1995, S. 211, 212.
1108 *Foerste*, NJW 1991, 1433, 1438f. m.w.N.
1109 BGH, Urt. v. 16.06.2009 – VI ZR 107/08 – zur Haftung eines Automobilherstellers für Schäden, die durch einen fehlerhaft auslösenden Airbag verursacht wurden. Mangels fehlender zusätzlicher Sensoren (und somit auf Basis „falscher" Informationen hatte die Steuerungssoftware unnötig ausgelöst.

andere eigenständige verkörperte geistige Leistungen steuern keine automatisierten Prozesse. Immer ist ein dazwischentreten von einem Menschen und seiner Entscheidung erforderlich.

(2) Abgrenzung von Leitlinien zu Computersoftware

Computersoftware ist in gewisser Weise vergleichbar mit Leitlinien im Sinne von *verkörperter Information.* Bei Software werden – ähnlich einem Konstruktionsplan – Anweisungen in codierter Form maschinenlesbar niedergelegt. Dabei handelt es sich zwar um einen „Sonderfall verkörperter Information“,[1110] Computersoftware darf aber keinesfalls als *Unterfall* der verkörperten Information missverstanden werden.[1111] Während eine verkörperte Information in Form eines datenträgergebundenen Textes (jedenfalls derzeit) nicht maschinenlesbar ist und damit ohne menschliches Zutun keine Aktivitäten von Maschinen veranlassen oder steuern kann, ist dies bei Software gerade Sinn und Zweck der verkörperten Information. Insofern handelt es sich bei Software um die Mechanik des Informationszeitalters, für die die Produkteigenschaft allgemein bejaht wird.[1112] Bei Computersoftware geht die herrschende Meinung nach langer Diskussion mittlerweile davon aus, dass diese im Regelfall als Produkt im Sinne des ProdHaftG anzusehen ist.[1113] In der Vergangenheit wurde mitunter differenziert zwischen trägergebundener Übergabe der Software und online übertragener Software, wobei nur bei der ersten Variante aufgrund der Verkörperung währende der Übergabe die Produkteigenschaft bejaht wurde;[1114] unterdessen ist diese Differenzierung aufgegeben worden und die Produkteigenschaft wird in beiden Fällen bejaht, sofern beim Erwerber letztlich eine verkörperte Version der Software vorliegt.[1115] Dies ist nicht zuletzt auf die Veedefelt-Entscheidung des EuGH[1116] zurückzuführen, der das bis dahin im Produkthaftungsrecht allgemein gültige Werkstorprinzip in Frage stellte. Während früher galt, dass das erforderliche in-Verkehr-bringen erst dann erfolgt ist, wenn der Hersteller das Produkt endgültig und willentlich aus seinem Einfluss- und Organisationsbereich entlassen hat. Nunmehr gilt, dass ein Produkt – um im Werkstorbild zu bleiben – dann in den Verkehr gebracht ist, wenn es bestimmungsgemäß auf seinen Verwender trifft, egal ob inner- oder außerhalb des Werksgeländes.[1117]

1110 Müko-*Wagner*, § 2 ProdHaftG RN 15.
1111 So aber Müko-*Wagner*, § 2 ProdHaftG RN 15.
1112 *Taeger*, S. 158.
1113 Statt vieler: Müko-*Wagner*, § 2 ProdHaftG RN 15f. m.w.N.
1114 siehe hierzu *Taeger*, S. 160 mit zahlreichen Nachweisen.
1115 Siehe Müko-*Wagner*, § 2 ProdHaftG RN 16 m.w.N.
1116 EuGH, Urt. v. 10.05.2001 – Rs. C-203/99 – (Henning Veedefeld ./. Århus Amtskommune) = NJW 2001, 2781.
1117 *Bach*, Gynäkologe 2017 (50); 473, 474.

Mitunter wird danach differenziert, ob bei wertender Betrachtung der Waren- oder der Dienstleistungscharakter überwiegt.[1118] Ausgehend von diesem Gedanken, der auf den Umstand zurückzuführen ist, dass Dienstleistungen nicht unter das ProdHaftG fallen, wird nur Standardsoftware Produkteigenschaft zugebilligt, individuell angefertigte Software habe diese Eigenschaft nicht, da hier der Dienstleistungscharakter überwiege.[1119] Diese Differenzierung findet keine Grundlage im Gesetz und war auch vom Gesetzgeber nicht intendiert.[1120] Tatsächlich wurde eine solche Differenzierung im Zuge des Richtlinienverfahrens auf Europäischer Ebene erwogen, jedoch wegen der Erkenntnis, dass eine solche Differenzierung zwischen industrieller und handwerklicher oder künstlerischer Fertigung kaum sicher möglich ist, fallengelassen.[1121] Damit scheidet eine Abschichtung der Anwendbarkeit des ProdHaftG nach dem Grad der Individualisierung aus. Das ProdHaftG findet auf sämtliche Computerprogramme Anwendung.

Während (verkörperte) Software nicht nur notwendiges Zubehör des (End-) Produktes, sondern wesentlicher Bestandteil desselben ist, da es dieses steuert und erst den bestimmungsgemäßen Gebrauch unmittelbar durch physikalischen Einfluss auf die Mechanik oder die elektromagnetische Beschaffenheit ermöglicht, steuert die in einem Druckwerk enthaltene verkörperte geistige Leistung gar nichts.[1122] Sie hat – bestenfalls – Einfluss auf die Willensbildung des Lesers.

(3) Leitlinien(-Apps) als Medizinprodukt

Einige Leitlinien werden bereits heute als App vertrieben. Bei diesen Apps handelt es sich gegebenenfalls um ein Medizinprodukt. Nach Ansicht der Europäischen Kommission, niedergelegt in ihrem unverbindlichen Medizinprodukteleitfaden MEDDEV[1123], liegt ein Medizinprodukt vor, wenn es einen eigenständigen Rechenvorgang ausführt und dieser patientenindividuell[1124] gilt. Je nach Ausgestaltung

---

1118 dafür z.B. Müko-*Wagner*, § 2 ProdHaftG RN 15f.; Dagegen z.B: *Taeger*, S. 165f., 167–168.

1119 dafür z.B. Müko-*Wagner*, § 2 ProdHaftG RN 15f m.w.N..; Dagegen z.B: *Taeger*, S. 165f., 167–168; *ders.* CR 1996, 257, 262–263.

1120 *Taeger*, S. 165f., 168.

1121 BT-Drs. 11/5520, S. 12 mit Hinweisen auf BT-Drs. 7/5812 und 8/3358 S. 2; *Foerste*, NJW 1991, 1433, 1439; *Chan*, NJW 1996, 2899, 2902.

1122 *Foerste*, NJW 1991, 1433, 1438 m.w.N.

1123 Europäische Kommission, MEDDEV, S. 9.

1124 *Bach*, a.a.O. übersieht in seiner Kritik an der Empfehlung der Europäischen Kommission, dass sie nicht nur nach dem Vorhandensein eines Rechenvorgangs fragt, sondern explizit auch die patientenindividuelle Geltung verlangt, Im Ergebnis kommen daher die Europäischen Kommission und *Bach* zu dem gleichen, richtigen Ergebnis: Eine App ist immer dann ein Medizinprodukt wenn es etwas patientenindividuell steuert. Ob dies – um mit *Bach* zu sprechen – ein MRT oder ein Arzt ist, ist letztlich irrelevant.

einer solchen Leitlinien-App könnte diese unter die Definition der Europäischen Kommission subsumierbar sein. Entscheidend für die hier relevante Frage ist jedoch nicht, ob die App ein Medizinprodukt ist, sondern ein Produkt im Sinne des ProdHaftG.

(4) Abgrenzung von Leitlinien zu Instruktionen

Als Instruktionsfehler wird die unzureichende Warnung vor gefährlichen Wareneigenschaften verstanden.[1125] Diese Warnung fällt in den Verantwortungsbereich des Herstellers. Etwaige Dosierungsempfehlungen zu Medikamenten etc. in Leitlinien sind damit – auch wenn sie objektiv falsch und gefährlich sein sollten – nicht als Instruktion(sfehler) in diesem Sinne zu werten, da die Ersteller der Leitlinien nicht Hersteller des Medikaments sind. Sie sind vielmehr Hersteller des „Produkts" Leitlinie.[1126] Eine „gefährliche Produkteigenschaft" des Produktes Leitlinien – einmal die Produkteigenschaft derselben unterstellt – ist kaum vorstellbar. In Frage kämen eventuell z.B. eine falsche Legende zur Bedeutung von Empfehlungssymbolen.[1127] Selbst wenn eine solche „Instruktion" fehlerhaft in einer Leitlinie enthalten sein sollte, hilft das nicht über die Frage hinweg, ob die Leitlinie selbst ein Produkt im Sinne des ProdHaftG ist.

(5) Keine Differenzierung zwischen industrieller und individueller Anfertigung

Wie soeben dargestellt, gilt das ProdHaftG nicht nur für industriell gefertigte Produkte, sondern auch für handwerklich oder gar individuell gefertigte Stücke.[1128] Es ist kein belastbares Argument ersichtlich, warum dies bei Druckwerken – wenn sie denn unter den Produktbegriff subsumiert werden – anders sein sollte. Eine solche Differenzierung wird bei Software vorgenommen, wie oben gezeigt.[1129] Diese Differenzierung kann nicht überzeugen.[1130] Wenn Software als Sache behandelt wird, da sie andere Sachen steuert und mithin als deren Bestandteil zu betrachten ist, kann es keinen Unterschied machen, ob es sich um eine individuell angefertigte

---

1125 Foerste/v. Westphalen-*Foerste*; § 24 RN 217.

1126 Diesen Unterschied übersieht *Cahn*, a.a.O. S. 2902, wenn er ausführt, es mache keinen Unterschied, ob der Arzt die falsche Diagnose wegen einer fehlerhaften Gebrauchsanweisung eines medizinischen Gerätes oder wegen eines fehlerhaften Nachschlagewerkes stellt und mit diesem Argument, verkörperte geistige Leistungen als Produkt im Sinne des ProdHaftG sehen möchte.

1127 Es werden in den tabellarischen Übersichten horizontale und vertikale Pfeile zur graphischen Verdeutlichung der Empfehlung verwendet.

1128 BT-Drs. 11/5520, S. 12 mit Hinweisen auf BT-Drs. 7/5812 und 8/3358 S. 2; *Foerste*, NJW 1991, 1433, 1439; *Chan*, NJW 1996, 2899, 2902.

1129 S.o. Punkt D.II.4.b).cc).(v).(2).

1130 So auch *Taeger*, S. 165f., 168.

oder eine Standardsoftware handelt. Auch Handwerksleistungen unterfallen dem ProdHaftG.[1131]

Daraus folgt, dass auch bei verkörperten geistigen Leistungen keine Differenzierung nach der Art der Fertigung vorzunehmen ist. Wenn man aber solche verkörperten geistigen Leistungen als Produkt im Sinne des ProdHaftG charakterisieren möchte, müssten alle verkörperten geistigen Leistungen der verschuldensunabhängigen Haftung unterworfen sein. Dann fielen auch handschriftliche Verordnungen des Arztes, Schriftsätze des Anwalts und individuelle Ratschläge per E-Mail unter den Anwendungsbereich des ProdHaftG.[1132] Spätestens an dieser Stelle wäre aber die Grenze zur Dienstleistung überschritten, die gerade nicht unter das ProdHaftG fällt. Tatsächlich hat der Gesetzgeber in der Gesetzesbegründung explizit festgehalten, dass für Fehler in Konstruktionsplänen nur der Lizenznehmer, nicht der Lizenzgeber hafte; der Lizenzgeber sei „nicht der tatsächliche Hersteller“[1133] Eine Übertragung auf die verkörperte geistige Leistung dergestalt, dass das Manuskript als „Konstruktionsplan“ für das „Endprodukt“ Buch zu werten sei, ist nicht möglich. Zwar ist das Manuskript erforderlich, um das Buch zu drucken, jedoch nicht in der Form wie dies bei einem Konstruktionsplan der Fall ist. Grundsätzlich wäre auch ohne Manuskript die Herstellung eines Buches möglich, es könnte Blindtext verwendet werden, die Arbeit des Druckers und des Binders wäre die gleiche. Die Herstellung eines Produkts ohne den erforderlichen Konstruktionsplan ist jedoch ausgeschlossen.

(6) Geistige Leistung als Produkt im Sinne des ProdHaftG

Diese Überlegung führt zu einem weiteren Aspekt, der Frage über die Anwendbarkeit des ProdHaftG auf verkörperte geistige Leistungen. Das Produkt als solches, das Buch, ist auch ohne Inhalt oder mit Blindtext existent – vergleichbar einem unbeschrieben oder einem nicht lesbaren elektronischen Datenspeicher. Allein der Umstand, dass die geistige Leistung in diesem Buch verkörpert wird, macht die geistige Leistung in Form der in ihr enthaltenen Information in Verbindung mit dem Buch nicht zu einem Produkt im Sinne des ProdHaftG. Das ProdHaftG soll den Endverbraucher vor Gefahren schützen, die er aufgrund des Umstandes, dass diese im Produkt oder dessen Herstellungsweg verborgen sind, nicht ohne weiteres erkennen kann.[1134] Historisch betrachtet dient das ProdHaftG der Risikozuweisung an den verantwortlichen Hersteller in einer Zeit, in der die Gefährlichkeit der Sache für den Verwender aufgrund der Komplexität des Herstellungsprozesses

1131 S.o. Punkt D.II.4.b).cc).(v).(2).

1132 So auch *Foerste*, NJW 1991, 1433, 1439, von dem auch das Beispiel der ärztlichen Verordnung stammt und argumentiert, in einem solchen Fall, müsste, a fortiori, sogar eine mündliche Auskunft unter das ProdHaftG fallen.

1133 BT-Drs. 11/2447, S. 20

1134 BGH, Urt. v. 26.11.1968 – VI ZR 212/66 – RN 37 = BGHZ 51, 91; BGH, Urt. v. 19.11.1991 – VI ZR 171/91 – RN 17ff, 20 = BGHZ 116, 104.

nicht mehr erkennbar war.[1135] Eine fehlerhafte Information in einem Text kann der Leser aber grundsätzlich ohne weiteres erkennen. Jedenfalls wird der Fehler nicht durch den Herstellungsprozess verdeckt. So ist z.B. im Druckfehlerprozess (Carter-Robbins-Test) des BGH[1136], die fehlerhafte Angabe des Kochsalzlösung mit 25 % anstelle von 2,5 % offensichtlich und ohne weitere Detailkenntnisse des Lesers über den „Herstellungsprozess" erkennbar. Ob er ihn erkennt, hängt mit seinem Wissenstand zusammen, nicht mit den für außenstehenden nicht nachvollziehbaren Produktionsabläufen beim Hersteller.[1137] Ein solcher Fehler ist nicht vergleichbar mit einem verborgenen Fehler z.B. in einer Steuerungssoftware oder einem versteckten Bauteil, welches auch für den Endverbraucher bei normaler Nutzung schlicht nicht erkennbar ist. Fehler in verkörperten geistigen Leistungen sind aber nicht schwerer, sondern leichter erkennbar als identische Fehler in mündlich vorgetragenen geistigen Leistungen. Es ist nicht nachvollziehbar, warum ein und derselbe Fehler bei einem mündlichen Vortrag nur dann zur Haftung führen soll, wenn ein Verschulden nachgewiesen werden kann (Dienstvertrag), aber verschuldensunabhängig zur Haftung führen soll, wenn dieser Vortrag zu Papier gebracht wird. Gerade bei einem mündlichen Vortrag hat der Hörende viel geringere Möglichkeiten der Überprüfung. Hier ist er eher schutzbedürftig. Es mag zwar sein, dass der Empfänger sich auf die verkörperte Information eher verlässt als auf eine mündliche.[1138] Allein daraus ergibt sich aber kein Anlass für eine verschuldensunabhängige Haftung.[1139] Auch trifft es – insbesondere auch bei Leitlinien – zu, dass ein Leser weder die Bereitschaft, noch regelmäßig die Möglichkeit hat, das in einer verkörperten geistigen Leistung Enthaltene auf Richtigkeit zu überprüfen. Diese Situation ist aber nicht zwingend an die Verkörperung gebunden. Der mündliche Vortrag einer anerkannten wissenschaftlichen Koryphäe dürfte bei den Zuhörern in der Regel ein größeres Vertrauen in die Zuverlässigkeit der Ausführungen begründen als der Aufsatz eines unbekannten Nachwuchswissenschaftlers

---

1135 Siehe hierzu *Taeger*, S. 157ff.

1136 BGH, Urt. 07.07.1970 – VI ZR 223/68 – (Druckfehler) = NJW 1970, 1963. Der BGH argumentiert daher in diesem Urteil auch zutreffend über die Grundlagen der Haftung aus in Anspruch genommenen Vertrauen.

1137 der BGH, Urt. v. 19.11.1991 – VI ZR 171/91 – = BGHZ 116, 104–117, verwendet das Argument der bei der Begründung zur Anwendung der Vorschriften der deliktischen Produkthaftung auch bei einem kleinen Familienbetrieb. Wörtlich führt er unter RN 20 aus: *„Der Grundgedanke, der zur Umkehr der Beweislast bei der Produzentenhaftung Anlaß gegeben hat, nämlich die schwerere Durchschaubarkeit der Herstellungsvorgänge und der Organisationssphäre im Betrieb des Produzenten für den Verbraucher, gilt ganz allgemein, gleichgültig ob es sich um einen Groß- oder einen Kleinbetrieb, um industrielle Fabrikation oder handwerkliche Herstellung handelt."*

1138 So *Chan*, NJW 1996, 2899, 2903, der dieses Argument jedoch heranzieht, um eine Anwendbarkeit des ProdHaftG zu begründen.

1139 So im Ergebnis wohl auch BGH, Urt. 07.07.1970 – VI ZR 223/68 – (Druckfehler) = NJW 1970, 1963

oder der Inhalt eines Flugblattes. Warum der eine nur bei Verschulden, die anderen aber verschuldensunabhängig haften sollen, ist nicht nachvollziehbar.[1140] Auch stellen sich schließlich weitergehende Fragen in Bezug zur Kausalität und zeitlichen Korrelation. Angenommen, der fehlerhafte Eintrag zur Dosierung beim Carter-Robbins-Test hätte nicht in einem Nachschlagewerk gestanden, sondern in dem Seminarskript eines Medizinprofessors: Mit *Cahn* und andern Befürwortern der Produkteigenschaft von Druckwerken müsste dieser nun als Hersteller haften, wenn einer seiner Studenten zu einem späteren Zeitpunkt sich dieser (falschen) Dosierungsempfehlung erinnert und ein Patient zu schaden kommt – eine absurde Vorstellung. Sofern der Wunsch besteht, eine dem ProdHaftG vergleichbare Gefährdungshaftung auch für Dienstleistungen und Auskünfte zu etablieren, sollte die Legislative bemüht werden, anstelle einer über den klaren Wortlaut und den Telos der Norm hinausgehenden extensiven Auslegung, zumal ein Haftung aus anderen Anspruchsgrundlagen, zuvorderst § 823 Abs. 1 BGB, durchaus möglich ist.

Mithin stellt allein der Umstand, dass eine geistige Leistung verkörpert ist, kein geeignetes Kriterium dar, die Frage der Haftung für den Inhalt zu beantworten.[1141]

Bach[1142] möchte die Differenzierung zwischen Produkt und Dienstleitung danach vornehmen, was zuerst da war, die Frage oder die Antwort. Wenn die Information eine Antwort auf eine konkrete Frage war, soll eine Dienstleistung vorliegen. Wenn sie hingegen unabhängig von einer konkreten Frage erfolgte, liegt nach dieser Ansicht ein Produkt vor. Überzeugen kann *Bach* mit dieser Differenzierung nicht. Zum einen stellt sich die Frage, warum jemand, dessen Frage zufälligerweise bereits beantwortet wurde schutzbedürftiger sein soll, als jemand dessen Frage noch nicht beantwortet wurde und der daher eine individuelle Antwort in Auftrag gibt. Zum anderen dürfte die Abgrenzung, was zuerst da war, die Frage oder die Antwort in einer Vielzahl von Fällen ähnlich schwer zu beantworten sein wie die nach Henne und Ei.

(7) DIN-Normen als Produkt im Sinne des ProdHaftG

Auch ein Vergleich mit DIN-Normen hilft nicht weiter. DIN-Normen enthalten – wie Leitlinien – Empfehlungen zum Vorgehen in bestimmten Situationen. Der Gesetzgeber hatte solche Normen bei der Schaffung des ProdHaftG auch im Sinn,

---

1140 so auch *Lang*; S. 44 für die Frage des unterschiedlichen Haftungsmaßstabes zwischen Druckschrift und individueller Vermittlung des geistigen Inhaltes unter Berücksichtigung von Kaufrecht einerseits und (altem) Werkvertragsrecht andererseits. Damals galten noch unterschiedliche Maßstäbe im Bereich der Mängelhaftung zwischen Kauf- und Werkvertragsrecht, sodass die dortige Differenzierung auf das hiesige Problem durchaus übertragbar ist.

1141 a.A. wohl *Cahn*; NJW 1996, 2899, 2904, der darauf abstellt, dass entscheidendes Kriterium für die Anwendbarkeit des ProdHaftG der Umstand sei, dass der Empfänger vom Hersteller ein „verkörpertes Exemplar" erhalte.

1142 *Bach*, Gynäkologe 2017 (50); 473, 475.

jedoch als Regelwerk, welches hilft, die Definition des Begriffs „Fehler" im Sinne des § 3 ProdHaftG zu finden.[1143] Zwar ist der Ansicht von *Martin*, Kriterien, die zur Beantwortung der Frage, ob einem Produkt ein Fehler im Sinne des § 3 ProdHaftG anhaftet, könnten nicht selbst ein Produkt im Sinne des Gesetzes sein,[1144] nicht zuzustimmen, denn allein die Tatsache, dass bestimmte Regelwerke zur Bestimmung einer Fehlerfreiheit herangezogen werden, erhebt diese nicht über die Gefahr, selbst fehlerhaft zu sein. Dennoch stimmt das Ergebnis. Die legislatorische Wertung begrenzt den Anwendungsbereich des ProdHaftG damit auf die Haftung für fehlerhafte Produkte: Dienstleistungen sind nicht umfasst.[1145] Hingegen kommt *Terner* zu dem Ergebnis, dass DIN-Normen dem ProdHaftG unterfallen, sie mithin Sacheigenschaft besitzen.[1146] Neue Argumente bringt er nicht. Vielmehr stellt er auf das Vertrauen der Leser in gedruckte Informationen ab[1147] und behauptet schlicht, dass es im Wesentlichen unbestritten sei, dass „Druckwerke mitsamt den hierin enthaltenen Informationen ebenso wie die auf Datenträgern gespeicherten Daten Produkte i.S.v. § 2 ProdHaftG" seien.[1148] Er führt als Argument unter Berufung auf *Cahn* an, dass sich die Käufer auf die Inhaltliche Richtigkeit der DIN-Normen verlassen würden und auch keine Möglichkeit hätten diese zu überprüfen.[1149] Schließlich argumentiert er mit dem hohen Preis von DIN-Normen und sieht darin einen unter dem Aspekt der „Gesamtumstände" des § 3 Abs. 1 ProdHaftG zu berücksichtigende Komponente.[1150] All diese Argumente sind jedoch ersichtlich nicht geeignet, die eigentliche Frage nach der Sach- und damit Produkteigenschaft von verkörperten geistigen Leistungen, mithin sowohl von DIN-Normen als auch von Leitlinien zu klären.

(8) Testberichte der Stiftung Warentest

Schließlich führt auch ein Vergleich mit Testberichten der Stiftung Warentest nicht zu einer Anwendbarkeit des ProdHaftG auf Leitlinien. Nach Auffassung von *v. Westphalen* sind zwar Druckwerke allgemein Produkte im Sinne des ProdHaftG,[1151] jedoch handele es sich bei Testinstituten nicht um Hersteller im Sinne des § 4 ProdHaftG, da das Produkt nicht vom Testinstitut in den Verkehr gebracht werde.[1152] Die Auffassung führt bei stringenter Befolgung letztlich dazu, dass die Stiftung

---

1143 BT-Drs. 11/2447, S. 15.
1144 *Martin*, DS 2008, 176, 178.
1145 MüKo-*Wagner*; ProdHaftG, § 1 RN 13.
1146 *Terner*, S. 200ff.
1147 *Terner*, S. 201.
1148 *Terner*, S. 201 unter Hinweis auf MüKo-*Wagner*, § 2 ProdHaftG, *Chan*, NJW 1996, S. 2899 (2903) u.a..
1149 *Terner*, S. 202.
1150 *Terner*, S. 204 unter Hinweis auf *Graf von Westphalen*, NJW 1990, S. 83 (88).
1151 Foerste/v. Westphalen-*v. Westphalen*; § 47 RN 16 und § 49 RN 9.
1152 Foerste/v. Westphalen-*v. Westphalen*; § 49 RN 10.

Warentest zwar nicht als Hersteller des getesteten Produktes in Frage kommt (was hier auch nicht weiter interessiert), *v. Westphalen* müsste aber eine Haftung für den Fehler im Druckwerk „Testbericht“ anerkennen, sodass nach dieser Auffassung letztlich doch eine (Mit)Haftung der Stiftung Warentest bestünde.

Boecken[1153] vermeidet eine Entscheidung der Frage über die Produkteigenschaft von Warentestberichten. Dabei verweist er darauf, dass fehlerhafte Testbericht der Stiftung Warentest den Verbraucher nicht unmittelbar mit dem gefährlichen Produkt in Kontakt bringen, dieses Risiko nur erhöhen. Er sieht hier den entscheidenden Unterschied zu dem Fall des fehlerhaften Carter-Robbins-Test (Druckfehlerurteil des BGH)[1154], bei dem der Patient über den fehlinstruierten Arzt unmittelbar geschädigt wurde. Fehlerhafte Testberichte seien als fehlerhafte Berichte über ein gefährliches Produkt nicht vom ProdHaftG erfasst.[1155] Im Ergebnis stellen Warentests damit, und in soweit vergleichbar mit Leitlinien, eine Art Instruktion zu verschiedenen Produkten dar. Da aber auch in diesem Fall die „Instruktion“ nicht vom Hersteller des Produktes kommt, unterfällt sie nicht dem ProdHaftG.

Damit verläuft die Argumentation bei Testberichten der Stiftung Warentest letztlich parallel zu der bei Druckwerken im Allgemeinen.

(9) Diskussion und Zwischenergebnis

Bei Leitlinien handelt es sich inhaltlich um (verkörperte) Dienstleistungen. Anders als z.B. bei Baupläne, Schaltskizzen oder ähnliche, technische Erläuterungen und Empfehlungen werden Leitlinien nicht verwendet um ein Produkt herzustellen, welches als solches wieder unter den Anwendungsbereich des ProdHaftG fallen würde. Leitlinien dienen allein der Information des Lesers. Sie sind weiter nicht vergleichbar mit Instruktionen, deren Fehlerhaftigkeit ebenfalls vom ProdHaftG umfasst ist, da – zutreffend – bei einer fehlerhaften Instruktion das Produkt ebenso gefährlich sein kann, wie bei einem originären Produktfehler. Um als Instruktion gelten zu können, müsste es ein konkretes Produkt geben, auf das sich die Instruktion bezieht und das vom selben Hersteller stammt. Dies gibt es aber nicht, die Leitlinie selbst ist in diesem Gedankenkonstrukt das „Produkt“. Damit kann sie nicht zugleich die „Instruktion“ sein.

Schließlich ist auch aus rechtspolitisches Erwägungen eine Haftungsausweitung nicht angezeigt: Würde eine (verschuldensunabhängige) Haftung bei der Erstellung (jeglichen) Druckwerks für inhaltliche Fehler eingeführt, so wäre ein Weiterentwicklung von Wissenschaft und Forschung kaum vorstellbar. Das von *v. Westphalen*[1156] angeführte Argument des Verbraucherschutzes verfängt letztlich nicht. Sollte dieser tatsächlich auch bei geistigen (Dienst)Leistungen gewünscht

---

1153 *Boecken*, S. 304, 305.
1154 BGH, Urt. v. 07.07.1970 – VI ZR 223/68 – = NJW 1970, 1963.
1155 *Boecken*, S. 304, 305.
1156 Foerste/v. Westphalen-*v. Westphalen*; § 47 RN 16.

sein, wäre diese über eine gesetzliche Neuregelung zu schaffen. Es ist jedoch sehr fraglich, ob gesamtgesellschaftlich betrachtet eine solche Ausweitung des haftungsrechtlichen Schutzes sinnvoll ist oder nicht vielmehr die Eigenverantwortung der Verbraucher noch weitergehend schwächt,[1157] als dies bereits durch die bestehenden verbraucherschützenden Normen erfolgt ist. Die von *Cahn*[1158] vorgeschlagene Differenzierung zwischen wissenschaftlichen Veröffentlichungen, die, den Schutz des Art. 5 GG voll genießend, nicht unter das ProdHaftG fallen sollen und solchen Veröffentlichungen, die (nur) den bekannten Stand in Form von Nachschlagewerken oder Handlungsanleitungen zum Gegenstand haben und daher in den Anwendungsbereich des ProdHaftG fallen sollen, führt zu unlösbaren Abgrenzungsschwierigkeiten und zeugt von fehlendem Verständnis für die Realität naturwissenschaftlicher und insbesondere medizinisch-wissenschaftlicher Publikationspraxis. Die Vorstellung, ein „medizinisches Anleitungs- und Nachschlagewerk“ könne in einer Form erstellt werden, die jeglichen Fehler ausschließt, sodass eine verschuldensunabhängige Haftung gerechtfertigt sei, entbehrt den Bezug zur Realität. Eine solche Rechtslage hätte nicht fehlerfreie Publikationen sondern das Fehlen von Publikationen zur Folge. Damit wird nicht einer bedenkenlosen Publikationsfreiheit das Wort geredet. Allein muss es dem Autor möglich sein, durch entsprechend gewissenhaftes Arbeiten sich im Falle eines dennoch unvermeidbaren „Ausreißers“ durch den Nachweis entsprechender Vorkehrungen zu entlasten, wie dies auch vom BGH[1159] im sogenannten Druckfehlerprozess (Carter-Robbins-Test) erkannt wurde. Zudem ist der Leser von Leitlinien aber von seiner Ausbildung und Qualifikation grundsätzlich in der Lage, Fehler zu erkennen. Die Situation ist nicht vergleichbar mit einem automatisch ablaufenden Prozess, der von einer fehlerhaften Software gesteuert wird.

Eine weitere Überlegung zeigt, dass eine Anwendung des ProdHaftG auf Leitlinien auch nicht aus Patientenschutzgesichtspunkten angezeigt ist. Die geschädigten Patienten haben als Ansprechpartner und unmittelbaren Haftungsschuldner den behandelnden Arzt, der sich nicht mit Hinweis auf die Leitlinie exkulpieren kann, selbst wenn diese fehlerhaft oder veraltet war oder aus anderen Gründen hinter dem geschuldeten Standard zurückgeblieben ist.[1160]

1157 So auch *Lang*, S. 62, die von einer „nicht wünschenswerten, noch größeren Leichtgläubigkeit und Kritiklosigkeit gegenüber allem Gedruckten“ spricht.

1158 *Cahn*; NJW 1996, 2899, 2904f.

1159 BGH, Urt. v. 07.07.1970 – VI ZR 223/68 – = NJW 1970, 1963.

1160 In Bezug auf die von der BÄK herausgegebene „Mutterschaftsrichtline“; OLG Düsseldorf, Urt. v. 19.12.1985 – 8 U 155/84 – bestätigt in einem vergleichbaren Fall, OLG Düsseldorf, Urt. v. 07.07.2011 – I-8 U 2/10, 8 U 2/10 –. In dem zuletzt genannten Fall, erläuterte der Sachverständige, dass die Mutterschaftsrichtline aus monetären Gesichtspunkten nicht alle Diagnosemethoden beinhalte, die vom Standard gefordert werden, da dort nur die von der GKV finanzierten Maßnahmen aufgeführt sein.

(vi) Ergebnis:

Leitlinien unterfallen nicht dem Regelungsregime des ProdHaftG, da ihnen keine Produktqualität im Sinne des § 2 ProdHaftG zukommt. Damit unterfällt auch das Manuskript der Autoren nicht dem Begriff des Teilproduktes im Sinne des § 4 Abs. 1 S. 1 ProdHaftG. Da eine Haftung für Dienstleistungen nach den Vorschriften des ProdHaftG nicht in Frage kommt,[1161] ist eine Haftung nach § 1 ProdHaftG ausgeschlossen.

dd) Ansprüche aus deliktischer Produkthaftung gem. § 823 Abs. 1 BGB

In Frage kommen jedoch Ansprüche aus deliktischer Produkthaftung gem. § 823 Abs. 1 BGB. Nach § 15 Abs. 2 ProdHaftG bleibt die Haftung aufgrund anderer Vorschriften „unberührt".[1162] Im Unterschied zu der Haftung gegenüber den behandelnden Ärzten, bei denen mangels Schutzgutverletzung keine Haftung nach § 823 BGB in Betracht kommt, besteht bei den Patienten durchaus die Möglichkeit, dass diese in den Rechtsgütern Leben, Körper oder Gesundheit, Schutzgütern des § 823 Abs. 1 BGB, verletzt werden können. Das gefälligkeitsvertragliche Haftungsprivileg[1163] und die Freizeichnungsklausel finden im Verhältnis Fachgesellschaft – Dritter (hier Patient) keine Anwendung, dies wäre als Vertrag zu Lasten Dritter zu werten[1164] bzw. verstieße gegen § 309 Nr. 7 BGB.

Die deliktische Produkthaftung ist nicht normiert. Vielmehr handelt es sich um Richterrecht. Seit der Hühnerpestentscheidung des BGH gilt, dass Kern des deliktischen Produkthaftungsrechts die Beweislastverteilung zulasten des Produzenten aufgrund der vom Laien nicht mehr durchschau- und kontrollierbaren Struktur der (modernen) Warenproduktion ist.[1165] Später stellte der BGH klar, dass diese Beweislastverteilung auch außerhalb der industriellen Produktion, etwa in Handwerksbetrieben, anzuwenden ist.[1166] Dogmatischer Kern dieser Rechtsprechung ist die prozessuale Beweislastverteilung, die – parallel zur Beweislastverteilung im Arzthaftungsprozess – den erheblichen Nachweisproblemen des Geschädigten bei arbeitsteiliger Produktion Rechnung zollt;[1167] de facto wird durch diese Rechtsprechung der materiellrechtlich zulässige Entlastungsbeweis über § 831 BGB ausgeschaltet.[1168]

1161 MüKo-*Wagner*, ProdHaftG, § 4 RN 19.

1162 MüKo-*Wagner*, ProdHaftG, § 15 RN 1–3 mit weiteren Hinweisen auch auf den § 15 ProdHaftG zugrundeliegenden Art. 13 85/374/EWG.

1163 Siehe oben, Punkt D.II.3.a).cc).

1164 So auch Spindler, Rechtsfragen der Open Source Software, S. 95 m.w.N.

1165 BGH, Urt. v. 26.11.1968 – VI ZR 212/66 – (Hühnerpest) = BGHZ 51, 91.

1166 BGH, Urt. v. 19.11.1991 – VI ZR 171/91 – RN 17ff, 20 = BGHZ 116, 104.

1167 MüKo-*Wagner*, BGB, § 823 RN 623.

1168 MüKo-*Wagner*, BGB, § 823 RN 618.

Die deliktische Produkthaftung bietet im Gegensatz zum Haftungsregime des ProdHaftG die Möglichkeit einer Aufteilung der Haftung je nach Verantwortungsbereich. Nicht der Endhersteller muss für sämtliche Fehler deliktisch haften.[1169] Vielmehr ist genau zu prüfen, wer welchen Beitrag geleistet hat und ob dieser fehlerhaft im Sinne eines haftungsbegründenden Sorgfaltspflichtverstoßes war.

Zu klären ist jedoch zunächst die Produkteigenschaft von Leitlinien im Sinne der deliktischen Produkthaftung.

(i) Produkteigenschaft von Leitlinien im Sinne der deliktischen Produkthaftung

Wie oben[1170] dargestellt, sind Leitlinien, auch wenn sei verkörpert sind, keine Produkte im Sinne des § 2 ProdHaftG, da ihnen die gesetzlichen geforderte Sacheigenschaft fehlt.

Bei der auf Richterrecht beruhenden und damit nicht normierten deliktischen Produkthaftung existiert eine solche Wortlautgrenze nicht. Dogmatischer Hintergrund dieser Rechtsprechung ist die Anerkenntnis von Verkehrssicherungspflichten und die oben beschriebene Beweislastverteilung.[1171] Der Geschädigte muss mithin – parallel zum Arzthaftungsprozess – nur darlegen und ggfls. beweisen, dass ein objektiver Mangel vorliegt; sodann ist es an dem Hersteller, sich und seine Mitarbeiter zu entlasten.[1172] Damit ist die deliktische Produkthaftung trotz ihres Namens nicht auf Produkte im Sinne von (beweglichen) Sachen nach § 90 BGB beschränkt. Die herangezogenen rechtlichen Erwägungen[1173] sind genauso auf Dienstleistungen anzuwenden.[1174] *Röhl*[1175] und *Foerste*[1176] ist zuzustimmen, dass die Hersteller von Druckwerken für Fehler in diesen Werken ebenso haften, wie Unternehmen im produzierenden Gewerbe. Während *Röhl* allein den Verleger, ggfls. noch den Drucker, als Hersteller begreift und insbesondere den Autor aus der Haftung ausnimmt, da dieser nur das Urheberrecht beisteuere, sieht *Foerste* neben dem Verleger auch die Autoren, Herausgeber und Drucker in der Haftung. Jedenfalls aber sind die Vorgaben der deliktischen Produkthaftung mit *Cahn* auf verkörperte geistige Leistungen entsprechend anzuwenden.[1177]

1169 *Cahn*, NJW 1996, 2899, 2900 m. zahlreichen w.N. in der dortigen FN 22.
1170 S.o., Punkt D.II.4.b)cc)
1171 MüKo-*Wagner*, BGB, § 823 RN 624.
1172 MüKo-*Wagner*, BGB, § 823 RN 624.
1173 Siehe z.B: BGH, Urt. v. 03.11.1981 – VI ZR 119/80 – RN 15 = NJW 1982, 699–700.
1174 MüKo-*Wagner*, BGB, § 823 RN 624, mit Hinweis auf Foerste, NJW 1991, 1433.
1175 Röhl, JZ 1979, 369–378, 376
1176 *Foerste*; NJW 1991, 1433ff, 1437.
1177 *Cahn*, NJW, 1996, 2899, 2900.

(ii) Umfang der Haftung nach § 823 Abs. 1 BGB

Eine deliktische Haftung kommt regelmäßig nur bei einer unmittelbaren Schädigung in Betracht. Da eine fehlerhafte Leitlinie als solche keinen Schaden verursacht, dieser vielmehr erst durch ihre Anwendung und somit das Dazwischentreten eines unabhängigen Dritten entstehen kann[1178], kommt eine Haftung der Leitlinienersteller wegen eines Verstoßes nach § 823 Abs. 1 BGB nur bei Vorliegen einer Garantenstellung, z.B. wegen eines Pflichtenverstoßes[1179] oder der Verletzung einer Verkehrssicherungspflicht[1180] in Form eines Verstoßes gegen die einzuhaltende Sorgfaltspflicht, in Betracht.

Ein solcher Verstoß kann bei einer verkörperten geistigen Leistung in der geistigen Leistung als solche liegen. Vorliegend wären dies z.B. und insbesondere inhaltlich fehlerhafte (d.h. falsche) Empfehlungen. Auch kann ein solcher Verstoß bei der Verkörperung der geistigen Leistung auftreten. Hier sind insbesondere Übertragungsfehler bei der Erstellung der Druckvorlage oder auch orthographische und grammatikalische Fehler zu nennen, die z.B. in Dosierungsanleitungen (Kommafehler, Falschangabe der Maßeinheit) oder Off-Label-Empfehlungen zu schwerwiegenden Folgen führen können. Die Fachgesellschaften verantworten den Inhalt der Leitlinie entweder unmittelbar als Ersteller im Rahmen der Fachgesellschafts-GbR, da ihnen Fehler der Leitliniengruppe über die Gehilfenhaftung unter Berücksichtigung der Leitlinienerstellungsvertrages zugerechnet werden oder jedenfalls in ihrer Funktion als Herausgeber.

§ 823 Abs. 1 BGB statuiert keine Haftung für sämtliche denkbare Fehler in Druckwerken. Die Haftung nach § 823 Abs. 1 BGB ist eine Haftung für einen Sorgfaltspflichtverstoß; etwas anderes gilt auch nicht im Bereich der deliktischen Produkthaftung. D.h. gehaftet wird nicht für den Fehler als solchen, sondern für den Verstoß gegen die obliegenden Sorgfaltspflichten, die den Fehler zur Folge hatten.[1181] Daher greift die Haftung auch dann ein, wenn das Produkt wirkungslos ist.[1182] Auf Leitlinien übertragen, wäre das Fehlen einer relevanten Therapieoption mit der genannten Unwirksamkeit eines Produktes vergleichbar. Die für die hiesige Fragestellung relevanten Sorgfalts- oder Verkehrssicherungspflichten sind im Folgenden näher zu beleuchten.

(1) Verkehrssicherungspflicht

Seit Zeiten des Reichsgerichts gilt: „Die Eröffnung eines öffentlichen Verkehrs verpflichtet zur Verkehrssicherung.“[1183] Von diesem historischen Ausgangspunkt

---

1178 *Röhl*, JZ 1979, 369–378, 378, spricht von *„psychisch vermittelter Kausalität“*
1179 Palandt-*Sprau*, § 823 RN 2 m.w.N.
1180 Palandt-*Sprau*, § 823 RN 45ff.
1181 MüKo-*Wagner*, BGB, § 823 RN 642.
1182 BGH, Urt. v. 17.03.1981 – VI ZR 191/79 – (Derosal/Apfelschorf)
1183 RGZ 54, 53, 55 ff.

ausgehend bestehen generelle Sicherungspflichten in Bezug auf die eigene gegenständliche Sphäre,[1184] sowie für erbrachte Dienstleistungen[1185]. Nach aktueller Rechtsprechung des BGH hat derjenige, der in seinem Verantwortungsbereich eine Gefahrenlage gleich welcher Art für Dritte schafft, die mit Gefahren für Rechtsgüter Dritter verbunden ist, Rücksicht auf diese Rechtsgüter zu nehmen und deshalb Vorkehrungen zu treffen, die erforderlich und ihm zumutbar sind, um die Schädigung Dritte zu vermeiden.[1186] Geschützt sind diejenigen Personen, mit deren Verletzung der Sicherungspflichtige üblicherweise rechnen muss,[1187] somit vorliegend die Patienten, bei deren Behandlung die jeweilige Leitlinie bestimmungsgemäß angewendet werden soll und die Hersteller und Vertreiber von in der Leitlinie bewerteten Produkten.

Zu berücksichtigen ist dabei, dass Verkehrssicherungspflichten im Grunde nichts anders als eine spezielle Ausprägung der allgemeinen deliktischen Sorgfaltspflichten sind, die jeder in Bezug auf die eigene Sphäre einzuhalten verpflichtet ist.[1188] Die Verkehrssicherungspflicht ist daher nicht an die Schaffung einer konkreten Gefahrenlage gebunden, vielmehr besteht die allgemeine Pflicht, von vornherein keine Gefahren zu verursachen.[1189]

(2) Eröffnung des Verkehrs

Damit eine Haftung wegen eines Verstoßes gegen Verkehrssicherungspflichten überhaupt greifen kann, muss der Verkehr vom Haftungsschuldner zunächst eröffnet worden sein. Vorliegend müssen Fachgesellschaften die Leitlinie mithin dergestalt aus ihrem alleinigen Zugriff herausgeführt haben, dass sich die potentiell in diesen vorliegende Gefahr bei anderen verwirklichen kann. Bei einer Betrachtung des Ablaufes der Leitlinienerstellung fällt auf, dass die Leitlinie nach der finalen Konsentierung durch die Autoren im Rahmen der Leitlinienkonferenz zunächst als finaler Entwurf an die Fachgesellschaften übermittelt wird, damit diese dem Entwurf zustimmen oder Änderungen verlangen können. Erst danach wird die von den Fachgesellschaften freigegebene Leitlinie durch die Leitlinienkoordinatoren an die AWMF und gegebenenfalls Dritte, wie Verlage etc., zum Zwecke der Veröffentlichung übermittelt. Zudem ist im AWMF-Regelwerk neben der Freigabe durch die Fachgesellschaften auch eine – je nach Ausgestaltung – mehr oder weniger öffentliche Konsultationsphase vor der Veröffentlichung der Leitlinie durch nicht an der Erstellung der Leitlinie beteiligten Personen vorgesehen. Neben der Konsultation durch sogenannte Peers (einzeln ausgewählte externe Experten) sind

1184 MüKo-*Wagner*, § 823 RN 244.
1185 MüKo-*Wagner*, § 823 RN 246.
1186 St. Rspr. zuletzt BGH, Urt. v. 31.10.2006, VI ZR 223/05, RN 11 (nach juris) = NJW 2007, 762–764.
1187 Palandt-*Sprau*, § 823 RN 47.
1188 MüKo-*Wagner*, § 823, RN 241.
1189 MüKo-*Wagner*, § 823, RN 241

auch die kurzfristige freie Veröffentlichung im Internet zur Kommentierung durch die (Fach)Öffentlichkeit oder die Veröffentlichung in einem Peer Review Journal (Fachzeitschrift, bei der Artikel vor Veröffentlichung von Peers geprüft werden) möglich.[1190]

Entscheidend ist dabei, dass in diesem Stadium klargestellt ist, dass die Leitlinie sich noch in der Entwicklung befindet. Eine Eröffnung des Verkehrs im deliktsrechtlichen Sinne scheidet damit aus. Für die Veröffentlichung einer fertiggestellten Leitlinie ist die Zustimmung mindestens einer Fachgesellschaft erforderlich. Damit kommt den Fachgesellschaften ein Vetorecht zu.

Damit erfolgt eine Eröffnung des Verkehrs erst in dem Moment, in dem die Fachgesellschaft die von ihr freigegebene Leitlinie entweder selbst publiziert oder zum Zwecke der Publikation an die AWMF übermittelt, die explizit keine inhaltliche Prüfung mehr vornimmt.

(3) Grenzen der Sorgfaltspflicht

Die oben genannten Sorgfaltspflichten gelten jedoch nicht grenzenlos. Eine Verkehrssicherung, die jeden potentiellen Schaden ausschließt, ist nicht erreichbar.[1191] Daraus folgt, dass Verkehrspflichten immer nur im Rahmen der dem Sicherungspflichtigen zur Verfügung stehenden faktischen und rechtlichen Handlungsmöglichkeiten bestehen.[1192] Die Sorgfaltspflichten sind produkttypisch zu bestimmen. Absolute Sicherheit ist nicht zu gewähren.[1193] Eine weitere Einschränkung der Sicherungspflicht ergibt sich aus der Grenze der Zumutbarkeit. Nicht alles, was theoretisch und/oder technisch möglich ist, um die Schädigung Dritter zu vermeiden, ist auch vom Sicherungspflichtigen tatsächlich erbringbar. Daher gilt mit der Rechtsprechung, dass der Sicherungspflichtige nur solche Maßnahmen leisten muss, „die ein verständiger und umsichtiger, in vernünftigen Grenzen vorsichtiger Mensch für notwendig und ausreichend hält, um andere vor Schaden zu bewahren"[1194]. Konkret gilt für die Bestimmung des einzuhaltenden Sorgfaltsstandards, dass dieser sich nach dem Nutzen und den Kosten von Sicherheitsmaßnahmen richtet.[1195] Erforderlich ist somit eine Kosten-Nutzen-Abwägung, um die Zumutbarkeit von Schutzmaßnahmen zu bestimmen.[1196] Entscheidend für die Ermittlung des Nutzens sind die Höhe des Schadens und der Grad der Eintrittswahrscheinlichkeit.[1197] Sicherungsmaßnahmen sind somit „um so eher zumutbar, je größer die

1190 AWMF-Regelwerk, S. 48.
1191 Palandt-*Sprau*, § 823 RN 51.
1192 BGH Urt. v. 14.03.1985, III ZR 206/83, RN 30 (nach juris) = VersR 1985, 641, 642.
1193 MüKo-*Wagner*, BGB, § 823 RN 645 mit Hinweis auf OLG Celle, Urt. v. 28.05.2003 – 9 U 7/03 – RN 3.
1194 BGH, Urt. v. 08.11.2005, VI ZR 332/04, RN 9 (nach juris) = NJW 2006, 610–613.
1195 MüKo-*Wagner*, § 823, RN 259.
1196 Ständige Rechtsprechung, z.B. BGH, Urt. v. 08.11.2005 – VI ZR 332/04 – RN 9.
1197 MüKo-*Wagner*, § 823, RN 259.

Gefahr und die Wahrscheinlichkeit ihrer Verwirklichung sind".[1198] Daraus folgt, dass Handlungen, die das Potential für schwerwiegende Schäden in sich tragen, einen erheblichen Vermeidungsaufwand auch dann rechtfertigen, wenn der Schadenseintritt unwahrscheinlich ist.[1199] In Abgrenzung dazu sind solche Sicherheitsmaßnahmen nicht mehr gerechtfertigt, wenn der Schadenseintritt außerordentlich unwahrscheinlich ist.[1200] Jedoch steigen die Anforderungen mit den potentiell zu befürchtenden Schäden; insbesondere bei einer potentiellen Gefährdung für Leben und Gesundheit sind die Sorgfaltsanforderungen besonders hoch.[1201] *Wagner* spricht in diesem Zusammenhang von einem zu bestimmenden „Schadenserwartungswert" der sich als Produkt aus Schadenshöhe und Eintrittswahrscheinlichkeit darstelle.[1202] Eine Fahrlässigkeit des Schadensverursachers sieht er dann als ausgeschlossen an, wenn „die Grenzkosten einer zusätzlichen Einheit an Sorgfaltsaufwand gleich dem Grenzertrag in Gestalt zusätzlich vermiedener Schäden sind"[1203] Bei dieser im Grunde zutreffenden Herangehensweise ist selbstverständlich der Aufwand für die Schadensverhinderung nicht mit den Kosten eines einzelnen Schadensereignis zu vergleichen, sondern mit sämtlichen in Betracht kommenden Schadenseintritten.[1204] Auf die vorliegende Problematik übertragen bedeutet dies: bei der Erstellung einer Leitlinie muss zur Fehlervermeidung ein Aufwand betrieben werden, der nicht nur die Kosten einer einzelnen auf einen Fehler in der Leitlinie zurückzuführende potentiellen Fehlbehandlung berücksichtigt, sondern sämtliche auf diesen Fehler zurückzuführende Fehlbehandlungen. Dieser Gedanke wird – zwar nicht in der finalen Stringenz jedoch im Grundsatz – auch von der Rechtsprechung des BGH geteilt.[1205] Stehen die erforderlichen finanziellen Aufwendungen außer Verhältnis zu dem zu erzielenden Sicherheitsgewinn, kann die Maßnahme nicht vom Verantwortlichen verlangt werden.[1206] Das heißt, nur das Mögliche und Zumutbare ist umzusetzen.

Damit steht fest, dass bei der Erstellung von Leitlinien besonders hohe Sorgfaltsanforderungen zu beachten sind. Andererseits kann aber auch in diesem Bereich nicht jeder potentielle Fehler verhindert werden – eine solche Anforderung kann

---

1198 BGH, Urt. v. 31.10.2006, VI ZR 223/05, RN 11 (nach juris) = NJW 2007, 762–764.

1199 BGH, Urt. v. 31.10.2006 – VI ZR 223/05 – RN 11. = VersR 2007, 72, 73.

1200 BGH, Urt. v. 08.11.2005 – VI ZR 332/04 – RN 12ff. („die Wahrscheinlichkeit eines Schadenseintritts unterhalb des Promillebereichs").

1201 MüKo-*Wagner*; BGB, § 823 RN 645 m.w.N.

1202 MüKo-*Wagner*, § 823, RN 259.

1203 MüKo-*Wagner*, § 823, RN 259 so im Ergebnis auch Kötz/Wagner-*Wagner* RN 65 ff. mwN.

1204 MüKo-*Wagner*, § 823, RN 260.

1205 BGH, Urt. v. 05.10.2004 – VI ZR 294/03 – RN 10ff. wonach die Kosten für eine technisch mögliche Ampelsicherung an einer Wasserrutsche aufgrund des geringen Gefälles der fraglichen Rutsche und der damit einhergehenden geringe(re)n Verletzungsgefahr nicht zumutbar seien.

1206 BGH, Urt. v. 29.11.1983 – VI ZR 137/82 – RN 17.

nur durch Unterlassen der Publikation sicher erfüllt werden. Genau dies wird aber im Bereich der deliktischen Produkthaftung mitunter gefordert. Der BGH stellt auf den höchsten denkbaren Standard ab und verpflichtet die Hersteller zur Durchführung solcher Sicherungsmaßnahmen, die nach dem „im Zeitpunkt des Inverkehrbringens vorhandenen neuesten Stand von Wissenschaft und Technik" konstruktiv möglich sind.[1207] Auf Branchenüblichkeit wird keine Rücksicht genommen.[1208] Der Begriff „neuester Stand von Wissenschaft und Technik" darf in diesem Zusammenhang aber wohl nicht mit dem Begriffsverständnis aus dem öffentlichen Sicherheitsrecht, hier dem AtomG und dem GenTG, denen der Begriff entstammt, angewendet werden. In den genannten Bereichen besteht ein erhebliches und im Falle des Kontrollverlustes völlig unabsehbares Gefahrenrisiko für große Teile der Bevölkerung. Es ist daher gerechtfertigt und der Sachlage angemessen, die Eröffnung einer Verkehrsgefahr nur zuzulassen, wenn diese durch geeignete und tatsächlich auch technisch umsetzbare Sicherungsmaßnahmen kontrolliert werden kann. Wenn also Sicherungsmaßnahmen nach dem neuesten Stand von Wissenschaft und Technik mangels technischer Realisierbarkeit nicht umsetzbar sind, darf in diesen Bereichen der Verkehr nicht eröffnet werden. Anderes gilt wohl nach BGH-Rechtsprechung für den Bereich der deliktischen Produkthaftung, auch wenn die Begrifflichkeiten identisch verwendet werden.[1209] In der Airbag-Entscheidung des BGH[1210] formuliert dieser nämlich, *„die Möglichkeit der Gefahrvermeidung ist gegeben, wenn nach gesichertem Fachwissen der einschlägigen Fachkreise praktisch einsatzfähige Lösungen zur Verfügung stehen"*. Damit ist die „Serienreife" des Sicherungssystems gemeint; Lösungen die bisher nur „auf dem Reißbrett" existieren, müssen nicht verwendet werden.[1211] Damit dürfte im Bereich der deliktischen Produkthaftung tatsächlich ein geringerer Standard verlangt werden, als dies die Bezeichnung „Stand von Wissenschaft und Technik" vermuten lässt.[1212] Es gilt jedoch zu beachten, dass diese Rechtsprechung nicht dahingehend verstanden werden darf, dass bei Fehlen eines serienreifen Sicherheitssystems das Produkt ohne ein solches vertrieben werden darf. Vielmehr ist „unter Abwägung von Art und Umfang der Risiken, der Wahrscheinlichkeit ihrer Verwirklichung und des mit dem Produkt verbundenen Nutzens zu prüfen, ob das gefahrträchtige Produkt überhaupt in den Verkehr gebracht werden darf."[1213] Daraus folgt, dass ein Produkt, von dem erhebliche Gefahren ausgehen, die sich nicht durch serienreife Sicherheitssysteme kontrollieren lassen, im Zweifel nicht in den Verkehr gebracht werden darf.[1214]

1207 BGH, Urt. v. 16. 6. 2009 – VI ZR 107/08 – RN 16 = NJW 2009, 2952.
1208 BGH, a.a.O.
1209 MüKo-*Wagner*, § 823, RN 646.
1210 BGH, a.a.O.
1211 BGH, a.a.O.
1212 So auch MüKo-*Wagner*, § 823, RN 646.
1213 BGH, Urt. v. 16. 6. 2009 – VI ZR 107/08 – RN 17 = NJW 2009, 2952.
1214 So auch MüKo-*Wagner*, § 823, RN 646.

Ein vergleichbarer Gedanke des Kosten-Nutzen-Verhältnisses ist im medizinrechtlichen Bereich aus der Rechtsprechung zum ärztlichen Aufklärungsgespräch bekannt. Neben der für die Rechtmäßigkeit der ärztlichen Maßnahme erforderlichen Einwilligungs- oder Risikoaufklärung[1215], schuldet der Arzt gegenüber dem Patienten auch eine sogenannte therapeutische oder Sicherungs- oder Sicherheitsaufklärung.[1216] Auch bei dieser Verpflichtung des Arztes handelt es sich letztlich um eine Form der Verkehrssicherung. Der Arzt schuldet dem Patienten eine Aufklärung über ein therapierichtiges Verhalten zur Sicherung des Therapieerfolgs.[1217] Damit wird aber nichts anderes verlangt, als dass der Arzt die von ihm geschaffene[1218] Gefahrensituation durch entsprechende geeignete Maßnahmen entschärft.[1219] Es handelt sich somit ebenfalls um eine Form der Verkehrssicherungspflicht. Auch hier muss der Arzt nicht über sämtliche theoretisch in Betracht kommende Umstände aufklären. Jedoch besteht nach der Rechtsprechung auch bei sehr niedrigen Zwischenfallquoten eine Informationspflicht des Arztes, sofern das sich potentiell verwirklichende Risiko nur ausreichend schwerwiegend ist.[1220] Diese Abwägung lässt sich nur dann erklären, wenn berücksichtigt wird, dass der zu betreibende Aufwand für den Verkehrssicherungspflichtigen sehr gering ist – es muss allein ein entsprechender Hinweis im Aufklärungsgespräch erfolgen,[1221] während die Folgen für den Betroffenen gravierend sind.

Vorliegend gilt somit für die Ersteller von Leitlinien, dass sie einen erheblichen Aufwand betreiben müssen, um sicher zu stellen, dass keine vermeidbaren Fehler in der Leitlinie enthalten sind. Dabei ist zwischen den möglichen Arten von

1215 Ohne wirksame Einwilligung des Patienten ist jeder ärztliche Heileingriff – unabhängig von seiner fachlichen Qualität – als Körperverletzung im Sinne des § 223 StGB anzusehen. Siehe zur Risiko- oder Einwilligungs- (mitunter auch Eingriffs-) Aufklärung z.B.: Steffen/Pauge; Arzthaftungsrecht, RN 366ff.

1216 *Steffen/Pauge*; Arzthaftungsrecht, RN 370 mit vielfältigen Hinweisen auf die Rechtsprechung.

1217 *Steffen/Pauge*; Arzthaftungsrecht, RN 370.

1218 Bei der vom Arzt geschaffenen Gefahrensituation handelt es sich um die durch seine (freie) Therapiewahl geschaffenen Gefahren. Gefahren die unabhängig von der Behandlung durch den Arzt aufgrund der Grunderkrankung bestehen unterliegen dieser Aufklärungspflicht nur insoweit, als dass der Arzt den Patienten über die Grenzen der Therapie aufklären muss.

1219 Laufs/Kern-*Laufs*; § 58 RN 1 und *Steffen/Pauge*; Arzthaftungsrecht, RN 370 sprechen übereinstimmend von „Gefahrsicherung".

1220 BGH, Urt. v. 07.07.1994 – III ZR 52/93 – = BGHZ 126, 386–396 sieht Aufklärungspflicht bei einer allgemeinen statistischen Ansteckungsquote von Kontaktpersonen des Geimpften bei Impfung gegen Polio von 1:15,5 Millionen.

1221 Nicht weiter vertieft werden soll an dieser Stelle, ob, durch die von ärztlicher Seite nicht ohne Grund beklagte ständige Zunahme von – im Einzelfall nur kleinen, in der Summe aber umfangreichen – Dokumentations- und Aufklärungspflichten, diese Abwägung ab einer bestimmten „Gesamtsumme an Pflichten" anders ausfallen muss.

Fehlern zu unterscheiden. Inakzeptable sind redaktionelle Fehler, wie z.B. falsche Dosierungsangaben oder die Falschbezeichnung von Wirkstoffen. Solche Fehler sind mit vergleichsweise geringem Aufwand z.B. durch ein konzentriertes Lektorat vermeidbar, können aber erhebliche Folgen für den Patienten haben. Grundsätzlich ist daher bei Leitlinien ein „Null-Fehler-Druck" geboten.[1222] Dieser ist insbesondere durch sorgfältiges Lektorat und ggfls. detailliertes Kollationieren[1223] zu erreichen. Dennoch wird es mitunter trotz sorgfältigster Vorgehensweise dazu kommen, dass ein Fehler im Druckwerk unbemerkt bleibt. Der BGH hat sich im Druckfehlerurteil diesbezüglich großzügig gezeigt und ausgeführt, dass ein solcher Ausreißer nicht zur Haftung führe.[1224] Aus Sicht des BGH erlaube ein einzeln auftretender Druckfehler nicht den Schluss, der Autor (bzw. der für die Korrektur Verantwortliche) habe nicht mit der im Verkehr erforderlichen Sorgfalt gearbeitet.[1225] Für den Bereich der Medizin schränkt der BGH diese Aussage ein. Die Fehlertoleranz gelte, wie bei mathematischen oder baustatischen Tabellen (wohl) nicht, wenn es sich um „Anweisungen für die Dosierung gefährlicher Medikamente und für ungewöhnliche, bislang nicht bekannte und gefährliche Eingriffe"[1226] handele. Diese Differenzierung ist in der Literatur auf Kritik gestoßen,[1227] in der Sache jedoch richtig. Nicht jede Veröffentlichung in der Medizin verlangt eine Null-Fehler-Doktrin. Dies ist offensichtlich bei der Veröffentlichung neuer Studienergebnisse oder sonstiger Veröffentlichungen, die im engeren Sinne wissenschaftlich sind. Würde in diesen Bereichen die Autoren vor die Wahl gestellt, entweder mit einer Null-Fehler-Anforderung zu publizieren oder die Publikation vollständig zu unterlassen, stellte dies nicht nur einen Verstoß gegen die durch Art. 5 GG geschützte Wissenschaftsfreiheit dar; insbesondere wäre ein wissenschaftlicher Erkenntnisgewinn und ein entsprechender Fortschritt faktisch ausgeschlossen.[1228] Wobei hier zu differenzieren ist zwischen inhaltlichen Fehlern und Druckfehlern. Sofern es sich allein um Druckfehler handelt, ist die Wissenschaftsfreiheit nicht berührt und die Null-Fehler-Anforderung begegnet keinen stärkeren Bedenken als bei anderen Veröffentlichungen.[1229]

Aber auch diesseits des Bereichs der medizinischen Publizistik, die durch die (weit auszulegende) Wissenschaftsfreiheit des Art. 5 GG geschützt wird, unterfallen nicht alle Publikationen der Null-Fehler-Doktrin. Entscheidend für die konkrete Ausgestaltung des Sorgfaltsmaßstabs ist insbesondere die Verkehrserwartung[1230]

1222 So *Foerste*, NJW 1991, 1433, 1436, für die Bereiche Medizin und Pharmazie.
1223 BGH, Urt. v. 07.07.1970 – VI ZR 223/68 – RN 17 = NJW 1970, 1963f.
1224 BGH, a.a.O.
1225 BGH, a.a.O. RN 14.
1226 BGH, a.a.O. RN 19.
1227 *Foerste*, NJW 1991, 1433, 1436; wohl auch: *Chan*, NJW, 1996, 2899.
1228 So im Ergebnis auch *Foerste*, NJW 1991, 1433, 1436 und *Chan*, NJW, 1996, 2899.
1229 So auch *Igloffstein*, S. 185
1230 So wohl auch: BGH, 07.07.1970 – VI ZR 223/68 – RN 14 = NJW 1970, 1963f.

und damit – in Bezug auf verkörperte geistige Leistungen – der Leserkreis. Wissenschaftlich-medizinische Leitlinien richten sich mit Ausnahme der Patientenleitlinien an approbierte Mediziner, mithin einen Leserkreis der nicht nur erfahren in der Lektüre wissenschaftlicher Publikationen ist, sondern auch positive Kenntnis von dem Umstand hat, dass bei der Erstellung solch umfangreicher Publikationen ein Null-Fehler-Druck faktisch kaum zu realisieren ist. Zudem, und dass ist entscheidend, handelt es sich um einen Leserkreis, der in der Lage ist, inhaltliche Widersprüche zu erkennen[1231] und zur kritischen Lektüre solcher Publikationen bereits durch die berufsrechtlichen Vorgaben angehalten ist; gemäß § 2 Abs. 2 und 3 MBO haben Ärztinnen und Ärzte ihren Beruf gewissenhaft auszuüben und dem ihnen entgegengebrachten Vertrauen zu genügen. Die gewissenhafte Berufsausübung erfordert insbesondere die notwendige Qualifikation und die Beachtung des anerkannten Standes der medizinischen Erkenntnisse.[1232] Dem BGH ist daher zuzugeben, dass ein Arzt eine um den Faktor 10 falsche Dosierungsangabe bei einem absoluten Standardmedikament erkennen können muss.[1233] Dies gilt auch und gerade wenn die Praxis immer wieder zeigt, dass auch bei solchen Standardmethoden schwerwiegende Falschangaben erfolgen und nicht erkannt werden.[1234] Anderes gilt, und auch insoweit ist dem BGH zuzustimmen, wenn es um einen neuen Wirkstoff oder eine neue Behandlungsmethode geht. Hier kann nicht von jedem Arzt verlangt werden, dass er inhaltliche Fehler sofort erkennt. Ein Erfahrungswissen liegt nicht vor und die bei modernen Wirkstoffen häufig zugrundeliegenden biochemischen Wirkmechanismen sind so komplex, dass sie von einem praktisch tätigen Arzt, der sich im Unterschied zu den wissenschaftlich-forschend tätigen Kollegen, die die Publikation regelmäßig veröffentlichen, nicht regelmäßig mit diesen Fragen befasst, nicht ohne weiteres nachvollzogen und auf etwaige Unstimmigkeiten bei der Lektüre überprüft werden können. Vielmehr besteht ein berechtigtes Vertrauen, dass die Ersteller der Publikation bei solchen Anleitungen für neue Methoden oder Wirkstoffe besonders darauf achten, dass die Angaben korrekt sind.

1231 So wohl auch: BGH, 07.07.1970 – VI ZR 223/68 – RN 20 = NJW 1970, 1963f.

1232 Musterberufsordnung für die in Deutschland tätigen Ärztinnen und Ärzte – MBO-Ä 1997 – in der Fassung der Beschlüsse des 114. Deutschen Ärztetages 2011 in Kiel.

1233 In der Kommafehlerentscheidung des BGH wurde die Dosierung des NaCl bei einer 630ccm Kochsalzinfusion anstelle der korrekten Dosierung von 2,5 % mit 25 % angegeben.

1234 Immer wieder kommt es bei Medikationsplänen zu Verwechselungen der Tages- und Wochendosierung, mitunter mit letalen Folgen. Hochproblematisch ist z.B. die Verwechselung der Wochendosis mit der Tagesdosis bei dem Medikament Methotrexat (MTX). Eine angeblich fehlerhafte Angabe im Entlassbrief und ein Übersehen dieses Fehlers bei den nachbehandelnden Ärzten führte in kurzer Zeit zum Tod des Patienten; ÄrzteZeitung Online vom 25.01.2017, abrufbar unter: http://www.aerztezeitung.de/praxis_wirtschaft/rezepte/article/928230/fahrlaessige-toetung-aerzte-wehren-geldstrafe.html?cm_mmc=Newsletter-_-Newsletter-C-_-20170125-_-Rezepte+%26+Co.

(4) Diskussion

Bei wissenschaftlich-medizinischen Leitlinien ist zu differenzieren. Sofern und soweit eine Leitlinien eine eingeführte und allseits bekannte Therapie (ggfls. allein der Vollständigkeit halber) aufführt, ist ein vereinzelter (Druck-)Fehler in diesem Bereich unschädlich. Von dem betroffenen Verkehrskreis ist zu erwarten, dass dieser den Fehler unschwer erkennt. Anderes gilt, wenn die Leitlinie, ihrem Ziel,[1235] neue wissenschaftliche Erkenntnisse zu verbreiten entsprechend, Behandlungs- und Therapiemöglichkeiten beschreibt, die noch nicht zum medizinischen Standard gehören oder wenn diese Methoden zwar bereits zum Standard gehören, aber so komplex sind, dass auch einem erfahrenen Facharzt dieses Gebietes Fehler nicht ohne Weiteres auffallen. In diesen Situationen ist davon auszugehen, dass sich der angesprochene Verkehrskreis, mithin die Ärzte des jeweiligen Fachgebietes, auf die Fehlerfreiheit der jeweiligen Publikation verlassen und sogar verlassen müssen, da es ihnen nicht oder nur unter völlig unverhältnismäßigem Aufwand möglich ist, die Angaben in der Leitlinie zu kontrollieren. Aufgabe der Leitlinienarbeit ist es ja gerade, den in der Patientenbehandlung tätigen Ärzten die Durchsicht, Aufbereitung und Bewertung der massenhaft publizierten neuen wissenschaftlichen Erkenntnisse abzunehmen.[1236]

(a) Aussagen in Leitlinien als Meinungsäußerungen

Hier liegen jedoch auch die größten Schwierigkeiten, verbindliche Aussagen zu treffen. Tatsächlich handelt es sich bei den Fragestellungen, die sich im Rahmen der Erstellung von Leitlinien ergeben, regelmäßig um solche die dem Schutzbereich der Wissenschaftsfreiheit des Art. 5 Abs. 3 GG unterfallen. Zudem handelt es sich bei dem absolut überwiegenden Teil der Aussagen in einer Leitlinie um Meinungsäußerungen im Sinne des Art. 5 Abs. 1 GG.[1237] Bei den Grundrechten nach Art. 5 Abs. 1 (Meinungsfreiheit) und Abs. 3 (Wissenschaftsfreiheit) GG handelt es sich um sogenannte Jedermanngrundrechte, die zudem über Art. 19 Abs. 3 GG auch zugunsten von juristischen Personen des Privatrechts gelten.[1238] Mithin genießen nicht nur die Autoren als natürliche Personen, sondern auch die Fachgesellschaften und die AWMF den Schutz dieser Grundrechte. Meinungsäußerungen im Sinne des Art. 5 Abs. 1 GG können aber einen Sorgfaltspflichtverstoß im Sinne des § 823 Abs. 1 BGB nur in Ausnahmefällen begründen. Bei Meinungsäußerungen

---

1235 Ziel der Leitlinienarbeit der AWMF ist insb. die Disseminierung neuer medizinsicher Erkenntnisse. Hierzu s.o. Punkt B.III.2.e).dd).(i).

1236 Delegiertenkonferenz der AWMF; Resolution vom 09.11.2013.

1237 So im Ergebnis wohl auch OLG Köln, Urt. v. 06.11.2012 – 15 U 221/11 – RN 83, dass jedenfalls in Bezug auf die im dortigen Verfahren als falsche Tatsachenbehauptungen zur Wirksamkeit eines bestimmten Wirkstoffs getroffenen Aussagen als Meinungsäußerungen klassifizierte.

1238 BeckOK GG-*Kempen*; GG Art 5 RN 2 und 185 m.w.N.

im Sinne des Art. 5 GG kann der Leser die Aussage nicht ohne weiteres für „bare Münze“ nehmen. Es muss also ein Umstand hinzutreten, die der Meinungsäußerung ein solches Gewicht verleiht, dass sie trotz ihres Charakters als Meinungsäußerung den Anschein erweckt, verlässlich zu sein. Bei Leitlinien ist dieser Umstand in dem hohen Ansehen der herausgebenden Institutionen und dem fachlichen Ansehen der Autoren zu sehen, welche dieses Ansehen auch für sich in Anspruch nehmen.[1239] Ziel der Leitlinienarbeit ist die Verbesserung der medizinischen Versorgung durch die Vermittlung (Disseminierung) neuer wissenschaftlicher Erkenntnisse in die Praxis.[1240] Im Unterschied zu anderen Quellen aufbereiteten Wissens formulieren Leitlinien klare Handlungsempfehlungen, in die auch eine klinische Wertung der Aussagekraft und Anwendbarkeit von Studienergebnissen einfließt.[1241] *„Leitlinien“*, so formuliert die AWMF[1242] *„sind als ‚Handlungs- und Entscheidungskorridore' zu verstehen, von denen in begründeten Fällen abgewichen werden kann oder sogar muss. Die Anwendbarkeit einer Leitlinie oder einzelner Leitlinienempfehlungen muss in der individuellen Situation geprüft werden nach dem Prinzip der Indikationsstellung, Beratung, Präferenzermittlung und partizipativen Entscheidungsfindung.“* Bei Leitlinien besteht damit grundsätzlich der erwünschte Eindruck, dass die dort enthaltenen Empfehlungen korrekt sind und grundsätzlich befolgt werden sollten. Das Verlassen des Handlungskorridors, etwa weil die Leitlinie auf den konkreten Einzelfall nicht anwendbar ist, bedarf einer genauen Abwägung und sollte vom Arzt im eigenen Interesse gerichtsfest begründbar sein. Aufgrund der Tatsache, dass gerichtlich bestellte Sachverständige bestehende Leitlinien bei der Erstellung ihrer Gutachten berücksichtigen und auch berücksichtigen müssen, kann ein unbegründetes Abweichen den Arzt im Falle eines Haftungsprozesses in Beweisschwierigkeiten bringen.[1243] Diesem Eindruck kann jedoch durch entsprechende Formulierungen entgegengewirkt werden. Jedenfalls ist es dem Ersteller der Leitlinie zumutbar, entsprechende Klarstellungen aufzunehmen, sofern eine Formulierung ohne solche Klarstellungen vom Leser

---

1239 So im Ergebnis wohl auch OLG Köln, Urt. v. 06.11.2012 – 15 U 221/11 –, dass sich allerdings nur zu den Tatbeständen der §§ 824 und 823 Abs. 1 i.V.m. § 1004 BGB äußert.

1240 AWMF-Regelwerk, S. 5.

1241 AWMF-Regelwerk, S. 5.

1242 AWMF-Regelwerk, S. 5.

1243 In mehreren Entscheidungen haben Gerichte bereits festgestellt, dass Leitlinien zwar nicht verbindlich sind, der gerichtlich bestellte Sachverständige diese aber bei der Erstellung seines Gutachtens zu berücksichtigen habe. Abweichungen bedürften einer Begründung. Siehe etwa: OLG Hamm, Beschl. v. 18.06.2014 – I-3 U 66/14, 3 U 66/14 – RN 28ff, 30.

fälschlich als gesichertes Erfahrungswissen[1244] oder als aus Sicht der Autoren gesicherte wissenschaftliche Erkenntnis aufgefasst werden könnte.

Nicht geschützt von Art. 5 GG sind jedoch Äußerungen, die nicht als Beitrag zum Prozess öffentlicher und privater Meinungsbildung, sondern als Meinungsdurchsetzung kraft Machstellung zu klassifizieren sind.[1245] Hierzu dürfte der fiktive Fall einer Negativ-Empfehlung für bestimmte Wirkstoffe zählen, die nicht auf medizinisch-wissenschaftlichen Erwägungen beruht, sondern der Verbesserung von Marktchancen konkurrierender Produkte zu dienen bestimmt ist. Durch die hohe Glaubwürdigkeit und das bisher erarbeitete Vertrauen in die Aussagen von Leitlinien wäre eine solche Empfehlung mit einem Boykottaufruf vergleichbar, der – parallel zur *Blinkfüer*-Entscheidung des BVerfG[1246] – mit der Androhung einer negativen Folge bei Nichtbefolgung verbunden wird.[1247] Solche Aussagen in Leitlinien unterfielen nicht dem Schutzbereich des Art. 5 GG.

(b) Einzelne Aussagen in Leitlinien

Es ist also zu differenzieren. Leitlinien enthalten eine Vielzahl verschiedener Aussagen. Nicht allen Aussagen kommt die gleiche Bedeutung zu; nicht allen soll aus Sicht der Ersteller und auch der Leser Verbindlichkeit zukommen.

(aa) Anwendungsbereich

Die Ausführungen zum Anwendungsbereich der Leitlinie sind als verbindliche Ausführungen zu verstehen. Anhand der diesbezüglichen Kriterien soll und muss der Leser, mithin der Arzt, entscheiden, ob die Leitlinie auf den konkreten Behandlungsfall anzuwenden ist. Fehler an dieser Stelle kann der Leser kaum erkennen und wirken sich massiv auf die Behandlung des Patienten aus. Jedoch sind die Ersteller der Leitlinie verpflichtet, erkennbaren Anwendungsfehlern durch entsprechende

---

1244 *Foerste*, NJW 1991, 1433, 1438 unterscheidet – ohne den Begriff Meinungsäußerung zu verwenden – auch danach, ob es sich bei der jeweiligen Textpassage aus Sicht des Lesers um „gesichertes Erfahrungswissen“ handelt oder eben nicht.

1245 Zu der durchaus potentiell vergleichbaren Situation eine Boykottaufrufs im Wirtschaftsleben mit Androhung von wirtschaftlich stark belastenden Maßnahmen: BVerfG, Beschl. v. 26.02.1969 – 1 BvR 619/63 – (Blinkfüer); MüKo-BGB-*Wagner*, 6. Aufl. § 823 RN 283 m.w.N.

1246 BVerfG, Beschl. v. 26.02.1969 – 1 BvR 619/63 – (Blinkfüer).

1247 Im Fall Blinkfüer hatte der AxelSpringer Verlag angedroht bei Nichtbefolgung seines Boykottaufrufs surch den Einzelhandel die Belieferung mit eigenen Druckwerken einzustellen. Zwar fehlt es im Unterschied zur Blinkfüer-Entscheidung an der Androhung einer negativen Folge bei Nichtbefolgung durch die Autoren. Aufgrund der oben (Punkt B.III.2.) beschriebenen haftungsrechtlichen Relevanz von Leitlinien bei der Bestimmung des medizinisches Standards besteht für die betroffenen Ärzte jedoch eine vergleichbare Zwangslage.

Warnhinweise oder Ähnliches entgegenzuwirken. Die Ersteller müssen mit vorhersehbarem Fehlgebrauch rechnen.[1248]

(bb) Bewertungen

Bei der Bewertung neuer wissenschaftlicher Forschungsergebnisse und deren Übertragbarkeit auf die Patientenversorgung verlassen sich die relevanten Verkehrskreise auf die Aussagen der Leitlinienersteller. Damit bestehen diesbezüglich erhöhte Sorgfaltspflichten. Jedoch ist es den Erstellern möglich, durch klarstellende Formulierungen immer dann, wenn Unsicherheiten in Bezug auf die Sicherheit und Geeignetheit der Methode/Therapie bestehen, die Leser über diesen Umstand zu informieren und damit ihren Sorgfaltspflichten zu genügen. Bei der Wiedergabe bekannter und eingeführter Therapiemöglichkeiten, ist jedoch ein kritisches Hinterfragen durch die Leser zu erwarten.

(cc) Dosierungsangaben und Anleitungen

Auch bei Dosierungsangaben und anderen Aussagen mit Anleitungscharakter ist zu differenzieren zwischen neuen Methoden und altbekannten Therapieoptionen. Bei neuen Methoden sind Fehler unter allen Umständen zu vermeiden. Hier müssen und werden sich die Leser auf die Angaben der Leitlinie verlassen. Bei bekannten Therapieoptionen ist ebenfalls davon auszugehen, dass die Leser die Aussagen kritisch und aufmerksam lesen. Blindes Vertrauen ist hier nicht gerechtfertigt.

(dd) Leitlinien-Apps

Dies gilt grundsätzlich auch bei Leitlinien-Apps, die allein eine elektronische Version der Leitlinie beinhalten – gegebenenfalls ergänzt um eine Suchfunktion oder ein aktives Inhaltsverzeichnis.

Anderes gilt bei interaktiver Software, die in für mobile Endgeräten aufbereiteten Leitlinien-Apps vermehrt Verwendung finden. Wenn die App durch vorgegeben Frage-Antwort-Kombinationen den Arzt in der konkreten Behandlungssituation bei der Diagnose so unmittelbar unterstützt, dass dieser durch das Ankreuzen bestimmter Frage-Antwort-Kombinationen durch einen Fragenkatalog geleitet wird, an dessen Ende eine Diagnose- und Therapieempfehlung steht,[1249] dann ist derjenige, der ein solches Programm[1250] in den Verkehr bringt für die

---

1248 So MüKo-*Wagner*, BGB § 823 RN 814 für den Hersteller bei der deliktischen Produkthaftung m.w.N..

1249 Ein solches Programm verwendet z.B. die Leitlinien-App „Venenthrombose" der Deutschen Gesellschaft für Innere Medizin (DGIM) in Zusammenarbeit mit dem Verlag Springer Medizin, abrufbar unter www.springermedizin.de oder im apple appstore.

1250 In Bezug auf etwaige Fehler des Programms, die nicht auch in der Leitlinie enthalten sind, finden die Vorschriften des Produkthaftungsgesetzes unmittelbar

Richtigkeit der dort hinterlegten Algorithmen und medizinischen Inhalte voll verantwortlich.[1251] Es handelt sich bei einem solchen Programm zudem nach richtiger Einschätzung der Europäischen Kommission regelhaft um ein Medizinprodukt, da hier ein patientenindividueller Rechenvorgang erzeugt wird,[1252] der letztlich den Arzt in seiner Entscheidung genauso steuert wie eine Gerätesoftware etwa einen MRT.[1253] Eine (kritische) Überprüfung durch den anwendenden Arzt ist nicht möglich, da sich die hinterlegten Informationen seinem Zugriff weitestgehend entziehen. Zudem entfiele der Nutzen der App vollständig, wenn der Arzt jedes Ergebnis individuell überprüfen müsste.[1254]

(ee) Empfehlungen

Von besonderem Interesse ist die Frage, wie die in den Leitlinien enthaltenen Empfehlungen zu bewerten sind. Diese stellen den Kern der jeweiligen Leitlinie dar. Das AWMF-Regelwerk differenziert drei Empfehlungsgrade. Die „Starke Empfehlung“, Typ A, wird mit der Formulierung „soll/soll nicht“ ausgedrückt. Die „Empfehlung“, Typ B, wird mit der Formulierung „sollte/sollte nicht“ zum Ausdruck gebracht. Die „offene Empfehlung“, Typ C, erkennt man schließlich an der Formulierung „kann“.[1255] Eine Differenzierung der Sorgfaltsanforderungen je nach verwendeten Empfehlungsgrad erscheint nicht sachangemessen. Der Leser verlässt sich auf eine „starke Empfehlung“ nicht stärker als auf eine „offene Empfehlung“. Jeweils wird er das gleiche Maß an Vertrauen in die Aussage der Leitlinie setzen und die Behandlung seines Patienten entsprechend gestalten. Jedoch ist auch in Bezug auf die „Empfehlungen“ zunächst zu beachten, dass es sich bei diesen um Meinungsäußerungen im Sinne des Art. 5 Abs. 1 GG handelt.[1256] Auch hier sind also grundsätzlich Formulierungen denkbar, die das Entstehen eines Vertrauens der Leserschaft in die Richtigkeit der Empfehlung hindern können. Dies ist jedoch von den Erstellern der Leitlinien gerade nicht gewünscht. Die in den Leitlinien enthaltenen Empfehlungen sollen nach dem Wunsch der Ersteller von den Lesern befolgt werden, so die autonome Prüfung der Anwendbarkeit der Leitlinien auf den konkreten Behandlungsfall durch den Leser positiv verlief. Das bedeutet, dass sich der Leser – abgesehen von unübersehbaren (Druck-)Fehlern[1257] – auf den Inhalt

---

Anwendung, da es sich bei dieser Software um ein Produkt im Sinne des § 2 ProdHaftG handelt, MüKo-*Wagner*, ProdHaftG, § 2 RN 15, 16. Daneben finden auch die Grundsätze der deliktischen Produkthaftung gem. § 823 Abs. 1 BGB Anwendung.

1251 So im Ergebnis auch *Bach*, Gynäkologe 2017 (50), 473, 477.

1252 Europäischen Kommission, MEDDEV.

1253 So auch *Bach,* Gynäkologe 2017 (50), 473,476, von dem das Beispiel stammt.

1254 *Bach,* a.a.O.

1255 AWMF-Regelwerk, S. 42f.

1256 OLG Köln, Urt. v. 06.11.2012 – 15 U 221/11 – RN 83f.

1257 auch hier kann wieder auf das Beispiel des Kommafehler-Urteils (BGH, 07.07.1970 – VI ZR 223/68 – RN 14 = NJW 1970, 1963f) zurückgegriffen werden. Eine 10fache

der Empfehlungen verlassen kann und können muss. Die Empfehlungen stellen die Essenz der gesamten Leitlinienarbeit dar. Könnte sich der Leser nicht auf die dort enthaltenen Aussagen verlassen, entfiele der Sinn und Zweck der Arbeit. Der Leser der Leitlinie will sich gerade die aufwendige Recherche und Aufbereitung der vorhandenen wissenschaftlichen Daten ersparen. Damit begibt er sich in eine Abhängigkeit von den Erstellern der Leitlinie, die auch von diesen erkannt (und im gewissen Rahmen auch gewünscht) wird. Denn nur wenn die Ärzte die Empfehlungen der Leitlinie befolgen, kann sich das dort enthaltene (neue) Wissen auch verbreiten. Wer jedoch möchte, dass seine Empfehlungen befolgt werden, muss auch die Verantwortung für deren Richtigkeit übernehmen.[1258]

(c) Zwischenergebnis

Die in Leitlinien enthaltenen Aussagen erheben den Anspruch richtig zu sein. Bei einem Großteil der Aussagen besteht für den Leser keine Möglichkeit, Fehler zu erkennen. Der Leser darf und soll sich auf die Aussagen verlassen, sofern und soweit die Leitlinie auf den konkreten Behandlungsfall anwendbar ist. Auch die zur Beantwortung dieser Frage erforderlichen Kriterien unterliegen den Sorgfaltsanforderungen des § 823 Abs. 1 BGB. Die Beantwortung dieser Vorfrage obliegt dem Leser. Er muss sich auf die von der Leitlinie zur Verfügung gestellten Kriterien verlassen können. Auch die weiteren Bestandteile der Leitlinie erheben den Anspruch richtig zu sein. Auch in Bezug auf diese gelten die Kriterien des § 823 Abs. 1 BGB. Bei offensichtlichen Fehlern, insbesondere in Bezug auf altbekannte Diagnose- oder Therapiemethoden besteht eine Mithaftung des ärztlichen Lesers im Rahmen eines Mitverschuldens nach § 840 BGB.[1259] Unabhängig davon ist der ärztliche Leser jederzeit verpflichtet, die Leitlinie kritische zu lesen und erkennbare Fehler aufzuspüren.[1260]

(5) Ausformung der Sorgfaltspflicht

Die Ersteller der Leitlinie sind verpflichtet, alles Erforderliche zu unternehmen, um Fehler zu vermeiden. Dazu gehört zunächst eine strukturierte und exakte Vorgehensweise bei der Erstellung der Leitlinie, wie dies z.B. in Form des AWMF-Regelwerks vorliegt.[1261] Ein solches detailliertes Regelwerk ist grundsätzlich geeignet,

---

Überdosierung eines absoluten Standardmedikaments kann und muss von jedem Arzt erkannt werden.

1258 So im Ergebnis auch *Chan*, NJW 1996, 2899, 2905f.

1259 Keine Aussage wird hier zu der Eigenhaftung des Arztes aus dem Behandlungsvertrag gegenüber dem Patienten getroffen. Diese besteht unabhängig von der Fehlerhaftigkeit oder auch nur der Anwendung einer Leitlinie.

1260 Zum Mitverschulden des Arztes s.o., Punkt D.II.3.c).cc).

1261 AWMF-Regelwerk.

die Erfüllung der Sorgfaltsanforderungen nachzuweisen.[1262] Daneben ist mit einem Fehlgebrauch zu rechnen, so dass in Bezug auf die Formulierungen besonderer Wert darauf gelegt werden muss, dass dem Leser der Anwendungsbereich der Leitlinie klar ist. Schließlich gilt in Bezug auf die eigentliche Formulierung der Leitlinie und insbesondere der Empfehlungen, Dosierungsangaben (soweit vorhanden) und sonstigen Ausführungen mit Anleitungscharakter, dass diese mit maximalem Bemühen um eine Fehlerfreiheit mit dem Ziel einer Null-Fehler-Toleranz erstellt werden. Dazu gehören neben konzentrierten Korrekturlesen durch die Autoren[1263] sicher auch ein sorgfältiges Kollationieren jedenfalls in Bezug auf die kritischen Passagen und eine Letztkontrolle die – im Falle des Drucks der Leitlinie – Fehler zu erkennen dient, die erst im Rahmen des Drucks aufgetreten sind (z.B. Verwechseln von Druckfahnen oder Seiten).[1264] Nicht mehr im Bereich der Verantwortung der Fachgesellschaften liegt diese Letztkontrolle, sofern der Druck nicht in Eigenregie erfolgt. Bei der Verbreitung über die Homepage der AWMF gilt dies sinngemäß für die Übertragung des Leitliniendokuments in ein zur Veröffentlichung geeignetes Format,[1265] sofern dies nicht durch die Fachgesellschaft erfolgt. Diese Übertragung in ein unveränderliches PDF-Dokument erfolgt aktuell[1266] regelmäßig bereits durch die Fachgesellschaften. Sofern doch auf Wunsch einer Fachgesellschaft die AWMF die Umwandlung der Textdatei in ein pdf-Dokument vornimmt, erfolgt eine Fahnenkorrektur und eine finale Freigabe durch die Fachgesellschaft, sodass die Fachgesellschaften in jedem Fall die Verantwortung für etwaige Fehler tragen.

1262 OLG Köln, Urt. v. 06.11.2012 – 15 U 221/11 – RN 93. unter Hinweis auf die (aus Sicht des OLG) insoweit heranzuziehende Rechtsprechung des BGH zu den Testmethoden der Stiftung Warentest; a.A. wohl *Igloffstein*, S. 189, der im Rahmen der Beweislastverteilung darauf abstellt, dass das Regelwerk der AWMF nicht detailliert genug sei um einer Beweisnot abzuhelfen und zudem ein solches Regelwerk immer nur aufzeigen könne, wie die Erstellung und Veröffentlichung erfolgt sein sollen und nicht wie sie tatsächlich erfolgt sind.

1263 Der BGH sieht hier eine Verkehrssitte nach der die „Fahnenkorrektur" vom Autor zu übernehmen ist, BGH Urt. v. 07.07.1970 – VI ZR 223/68 – RN 14 = NJW 1970, 1963f. Diese Auffassung ist nicht ohne Kritik geblieben, z.B. *Röhl*, JZ 1979, S. 369, 377f. Sie steht konträr zum – dispositiven – Wortlaut des VerlG.

1264 *Foerste*; NJW 1991, 1433, 1437, von dem auch die Beispiele stammen.

1265 So ausführlich *Igloffstein*, S. 186f. zur Umwandlung des Leitlinientextes in ein HTML-Format. Diese Ausführungen sind durch die technische Fortentwicklung weitestgehend obsolet geworden, da heutzutage keine Umwandlung mehr erforderlich ist. Die Leitliniendokumente werden als (unveränderbare) pdf-Dateien zum Download angeboten.

1266 Auskunft von Frau Prof. Kopp, Leiterin des AWMF-IMWI-Instituts per E-Mail v. 13.04.2017 an den Verfasser, die darauf hinweist, dass auch für den Fall, dass zu einem unbekannten Zeitpunkt in der Zukunft aufgrund der technischen Entwicklung ein anderes Dateiformat genutzt werden sollte, die inhaltliche Verantwortung immer allein bei den Fachgesellschaften liegen solle und entsprechende Freigabeerklärungen auch zukünftig eingeholt werden.

Schließlich muss auch eine Produktbeobachtung dergestalt erfolgen, dass Leitlinien, deren Fehlerhaftigkeit erst nach Veröffentlichung festgestellt wird, oder die erst zu einem späteren Zeitpunkt fehlerhaft werden, etwa aufgrund neuer wissenschaftlicher Erkenntnis, zurückgezogen und ggfls. zurückgerufen werden können und müssen. Ob die Vorgaben, die im Regelwerk[1267] der AWMF diesbezüglich vorgesehen sind, ausreichen,[1268] muss bezweifelt werden. Sinnvoll wäre hier eine noch deutlichere Aufforderung, dass Leitlinien bei Vorliegen neuer Erkenntnisse umgehend überarbeitet werden müssen und solange (ggfls. teilweise) zurückgezogen werden sollten.

c) Ergebnis

Durch die Eröffnung des Verkehrs stehen die Fachgesellschaften der Leitlinie in der Verantwortung gegenüber den Patienten, die im Ergebnis das Risiko einer fehlerhaften Leitlinie trifft. Die Fachgesellschaften können sich nicht vollständig auf das Dazwischentreten des behandelnden Arztes berufen. In den Fällen, in denen dem Arzt ein Fehler in der Leitlinie nicht auffallen konnte, oder jedenfalls unverschuldet nicht aufgefallen ist, stehen die Autoren als Verantwortliche für die Eröffnung des Verkehrs in der (Garanten-)Haftung gem. § 823 Abs. 1 BGB. Das gefälligkeitsvertragliche Haftungsprivileg greift in diesem Falle nicht zugunsten der Fachgesellschaften, da die Patienten nicht Vertragspartei sind und auch nicht der Sphäre des Arztes als Vertragspartner zuzurechnen sind. Eine vertragliche Haftung besteht hingegen nicht.

5 Gegenüber Pharmaunternehmen/Unternehmen der Medizinprodukteindustrie

a) Vertragliche Ansprüche

Unmittelbare vertragliche Beziehungen zwischen den Fachgesellschaften und den Unternehmen der Pharma- und Medizinprodukteindustrie in Bezug auf die Erstellung von Leitlinien bestehen nicht.

1267 AWMF-Regelwerk, S. 57: Es wird eine Fortschreibung und Aktualisierung der Leitlinie bei neuer wissenschaftlicher Erkenntnis bzw. nach Evaluierung der bisherigen Leitlinienanwendung ohne Zeitvorgaben verlangt. Im Sinne eines Mindeststandards wird von Seiten der AWMF nach 5 Jahren ohne Aktualisierung die Leitlinie als „nicht aktualisiert" eingestuft.

1268 Tatsächlich reagiert die AWMF sehr schnell auf neue Erkenntnisse. Dies ist aber nicht bei allen Fachgesellschaften im gleichen Maße gegeben. Eine klare Formulierung im Regelwerk wäre hilfreich.

b) Gesetzliche Ansprüche

aa) Ansprüche aus dem Gesetz gegen den unlauteren Wettbewerb (UWG)

Infrage kommen hingegen Ansprüche gegen die Fachgesellschaften aus dem Gesetz gegen den unlauteren Wettbewerb (UWG). Das UWG sieht als mögliche Ansprüche des Geschädigten gegen den Schädiger die Beseitigung und Unterlassung des wettbewerbswidrigen Verhaltens, § 8 UWG, und gegebenenfalls auch Schadensersatz, § 9 UWG, vor. Telos des UWG ist gem. § 1 Satz 1 UWG der „Schutz der Mitbewerber, der Verbraucherinnen und Verbraucher sowie der sonstigen Marktteilnehmer vor unlauteren geschäftlichen Handlungen." Das UWG schützt nach § 1 Satz 2 „zugleich das Interesse der Allgemeinheit an einem unverfälschten Wettbewerb".

(i) §§ 3, 4 Nr. 2 UWG „Anschwärzung"

Nach §§ 3, 4 Nr. 2 UWG handelt unter dem Aspekt der „Anschwärzung"[1269] unlauter und somit wettbewerbswidrig, wer

> *„über die Waren, Dienstleistungen oder das Unternehmen eines Mitbewerbers oder über den Unternehmer oder ein Mitglied der Unternehmensleitung Tatsachen behauptet oder verbreitet, die geeignet sind, den Betrieb des Unternehmens oder den Kredit des Unternehmers zu schädigen, sofern die Tatsachen nicht erweislich wahr sind..."*

Das Verbreiten von Negativempfehlungen zu einen bestimmten Wirkstoff, einem bestimmten Produkt oder einer Produktgruppe in Leitlinien ist grundsätzlich geeignet „den Betrieb des Unternehmens oder den Kredit des Unternehmens zu schädigen".

(ii) Herabsetzung von Mitbewerbern gem. §§ 3, 4 Nr. 1 UWG

Ergänzend zu dem Tatbestand des Anschwärzens nach §§ 3, 4 Nr. 2 UWG kommt auch der Tatbestand des Herabsetzens und Verunglimpfens von Mitbewerbern in Betracht. Nach dieser Vorschrift handelt unlauter, wer:

> *„die Kennzeichen, Waren, Dienstleistungen, Tätigkeiten oder persönliche oder geschäftliche Verhältnisse eines Mitbewerbers herabsetzt oder verunglimpft."*

Dieser Tatbestand betrifft die Fälle der Geschäftsehrverletzung, insbesondere die Schmähkritik, aber auch, und somit für die vorliegende Fragestellung interessant, die Verbreitung herabsetzender (wahrer) Tatsachenbehauptungen.[1270] Wie auch der Tatbestand des § 4 Nr. 2 UWG[1271] dient auch der des § 4 Nr. 1 UWG[1272] nicht

---

1269 Der Begriff „Anschwärzung" wird allgemein für den Tatbestand des § 4 Nr. 2 UWG, mithin die Verbreitung von unwahren Tatsachenbehauptungen über Mitbewerber verwendet, siehe z.B. Köhler/Bornkamm-*Köhler*, § 4 RN 2.1.

1270 Köhler/Bornkamm-*Köhler*, UWG-Komm, § 4 RN 1.1.

1271 Köhler/Bornkamm-*Köhler*, UWG-Komm, § 4 RN 2.2.

1272 Köhler/Bornkamm-*Köhler*, UWG-Komm, § 4 RN 1.2.

dem Schutz des Verbrauchers oder sonstiger Marktteilnehmer, sondern allein dem Schutz des Mitbewerbers. Beide Tatbestände sind daher nicht im Lichte der europarechtlichen UPG-Richtlinie (2005/29/EG) zu sehen.[1273] Diese dient ausschließlich dem Verbraucherschutz.[1274]

(iii) „Geschäftliche Handlung im Sinne des § 2 Abs. 1 Nr. 1 UWG

Damit die Verbreitung einer Negativempfehlung in einer Leitlinie gemäß §§ 3, 4 Nr. 2 oder §§ 3, 4 NR. 1 UWG als wettbewerbswidrig eingestuft werden kann, ist es erforderlich, dass sie als „geschäftliche Handlung" im Sinne des UWG anzusehen ist. „Geschäftliche Handlung" im Sinne des UWG ist gemäß § 2 Abs. 1 NR. 1 UWG

> *„jedes Verhalten einer Person zugunsten des eigenen oder eines fremden Unternehmens vor, bei oder nach einem Geschäftsabschluss, das mit der Förderung des Absatzes oder des Bezugs von Waren oder Dienstleistungen oder mit dem Abschluss oder der Durchführung eines Vertrags über Waren oder Dienstleistungen objektiv zusammenhängt..."*

(1) Unternehmensbezug

Weiter müsste in der Negativempfehlung ein Unternehmensbezug liegen. Die Fachgesellschaften handeln bei der Erstellung und Veröffentlichung von Leitlinien regelmäßig ohne eigenes wirtschaftliches Interesse. Durch die Veröffentlichung entstehen bei diesen keine Einnahmen. Sie haben allein Ausgaben. Sie werden im (gemeinnützigen) Allgemeininteresse zur qualitativen Verbesserung der medizinischen Versorgung der Bevölkerung tätig. Ein eventuell bestehendes Interesse an der Etablierung oder Aufrechterhaltung des „guten Rufes" der Fachgesellschaft ist nicht schädlich. Daher sind sie selber als „Verbraucher" im Sinne der Richtlinie anzusehen.[1275] Zwar ist der Unternehmensbegriff im Lauterkeitsrecht weit auszulegen, mangels jeglicher auf Dauer angelegter, selbstständiger wirtschaftlicher Betätigung, die darauf gerichtet ist, Waren oder Dienstleistungen gegen Entgelt zu vertreiben, handelt es sich bei den Fachgesellschaften aber eindeutig nicht um Unternehmen im Sinne des UWG. Etwas anderes gilt, wenn die Fachgesellschaften, etwa über eine Tochtergesellschaft, begännen, Leitlinien gegen Entgelt abzugeben.

1273 Köhler/Bornkamm-*Köhler*, UWG-Komm, § 4 RN 1.2.

1274 Bereits der Name der Richtlinie lässt dies erkennen: „RICHTLINIE 2005/29/EG DES EUROPÄISCHEN PARLAMENTS UND DES RATES vom 11. Mai 2005 über unlautere Geschäftspraktiken im binnenmarktinternen Geschäftsverkehr zwischen Unternehmen und Verbrauchern..." Diese Selbstbeschränkung wird weiter deutlich in Nr. 7 der einleitenden Gründe der Richtlinie. Dort heißt es: *„Diese Richtlinie bezieht sich auf Geschäftspraktiken, die in unmittelbarem Zusammenhang mit der Beeinflussung der geschäftlichen Entscheidungen des Verbrauchers in Bezug auf Produkte stehen. Sie bezieht sich nicht auf Geschäftspraktiken, die vorrangig anderen Zielen dienen,...".*

1275 Köhler/Bornkamm-*Köhler*, UWG-Komm, § 2, RN 18.

In diesem Fall wäre die Unternehmereigenschaft anzunehmen, eine Gewinnerzielungsabsicht ist Lauterkeitsrechtlich irrelevant.[1276]

Schließlich besteht bei der Veröffentlichung von Leitlinien auch kein Unternehmensbezug, da die Fachgesellschaften nicht im Interesse eines fremden Unternehmens handeln. Wie ausgeführt handeln sie aus altruistischen Motiven. Dies lässt sich auch daran erkennen, dass nicht bestimmte Medikamente – die bestimmten Unternehmen zugeordnet werden könnten – in den Leitlinien besprochen werden, sondern ausschließlich die relevanten Wirkstoffe.

(2) Objektiver Zusammenhang mit der Förderung des Absatzes oder Bezugs von Waren oder Dienstleistungen

Auch besteht in der Veröffentlichung von Leitlinien kein objektiver Zusammenhang mit der Förderung des Absatzes oder Bezuges von Waren. Zunächst ist auch diesbezüglich eine richtlinienkonforme Auslegung vorzunehmen. Der Begriff „objektiver Zusammenhang“ stellt die Umsetzung des UPG-Richtlinien-Begriffs „unmittelbarer Zusammenhang“ dar. Erwägungsgrund 7 der UGP-Richtlinie gibt vor, dass solche Geschäftspraktiken erfasst werden sollen, „die in unmittelbarem Zusammenhang mit der Beeinflussung der geschäftlichen Entscheidung des Verbrauchers in Bezug auf Produkte stehen“.[1277] Weiter heißt es dort, die Richtlinie beziehe „sich nicht auf Geschäftspraktiken, die vorrangig anderen Zielen dienen, wie etwa bei kommerziellen, für Investoren gedachten Mitteilungen, wie Jahresberichten und Unternehmensprospekten“. Schließlich sollen bei der Anwendung der Richtlinie „die Umstände des Einzelfalls umfassend gewürdigt werden“.[1278]

An einem solchen „objektiven Zusammenhang“ und damit regelmäßig bereits an einem, für die Anwendbarkeit des UWG erforderlichen,[1279] Handeln zugunsten des eigenen oder eines fremden Unternehmens fehlt es, wenn die Handlung sich zwar auf die geschäftlichen Entscheidungen von Verbrauchern und sonstigen Marktteilnehmern tatsächlich auswirken kann, aber vorrangig anderen Zielen als der Förderung des Absatzes oder Bezugs dient, wie dies in aller Regel bei der Wahrnehmung pressetypischer Berichterstattungs- und Infor-mationsaufgaben der Fall ist.[1280] Insbesondere bei Handlungen, die der Unterrichtung der Öffentlichkeit oder

1276 Köhler/Bornkamm-*Köhler*, UWG-Komm, § 2, RN 24.

1277 Richtlinie 2005/29/EG über unlautere Geschäftspraktiken (UGP-Richtlinie), Erwägungsgrund 7.

1278 Richtlinie 2005/29/EG über unlautere Geschäftspraktiken (UGP-Richtlinie), Erwägungsgrund 7.

1279 LG Köln, Urt. v. 30.11.2011 – 28 O 523/11 – RN 87 = GRURPrax 2012, 515.

1280 OLG Köln, Urt. v. 06.11.2012 – 15 U 221/11 – RN 100 = GesR 2013, 532; DÄBl. 2013, A 106, B 98, C 98. mit Hinweis auf: Köhler/Bornkamm-*Köhler*, UWG-Komm., § 2 RN 51 m.w.N.

wissenschaftlichen oder künstlerischen Zielen dienen, fehlt es somit in aller Regel an dem tatbestandlich erforderlichen „objektiven Zusammenhang".[1281]

Vorliegend haben die Fachgesellschaften an einer etwaigen wirtschaftlichen Auswirkung ihrer Leitlinie für einzelne Pharmaunternehmen oder sonstige Marktteilnehmer kein Interesse. Auch besteht kein wirtschaftliches, sondern allein ein medizinisches Interesse an einer Beeinflussung des Verordnungsverhaltens. Ziel des Handelns der Leitlinienersteller ist in erster Linie die Information der angesprochenen Fachkreise über die verschiedenen Behandlungsalternativen in Form einer begründeten Orientierungshilfe zum Zwecke einer möglichst effektiven Therapie der konkreten Erkrankung.[1282] Auch die teilweise bestehenden „Patientenleitlinien"[1283] verfolgen keinen lauterkeitsrechtlich relevanten Zweck. Diese dienen vielmehr dem Zweck, den von der jeweiligen Erkrankung betroffenen Patienten in möglichst verständlicher Form eine Aufklärung über Behandlungsmöglichkeiten zu bieten.[1284] Zwar berücksichtigt eine NVL nachrangig auch die Therapiekosten. Diese werden jedoch aus altruistischen Motiven im Sinne eines kostengünstigen Gesundheitswesens im Sinne des § 12 SGB V (Wirtschaftlichkeitsgebot) berücksichtigt. Ein eigenes wirtschaftliches Interesse besteht nicht. Der Inhalt der Leitlinien und somit die Handlung im Sinne des UWG kann sich zwar auf den Wettbewerb auswirken, sie erfolgt jedoch im Rahmen der definierten Aufgabenstellung der Leitlinienersteller zu gänzlich anderen, nichtgeschäftlichen Zielen und dient daher auch objektiv nicht der Absatzförderung[1285] oder der Wettbewerbsbeeinflussung.[1286]

Bei der Veröffentlichung von Empfehlungen in Leitlinien handelt es sich somit nicht um „geschäftliche Handlungen" im Sinne des UWG. Dieses ist daher auf Leitlinien – jedenfalls sofern und soweit bei der Erstellung derselben die hohen Qualitätsmaßstäbe der AWMF eingehalten werden – nicht anwendbar.

1281 Köhler/Bornkamm-*Köhler*, § 2 RN 51 m.w.N.

1282 So auch OLG Köln, Urt. v. 06.11.2012 – 15 U 221/11 – RN 100 = GesR 2013, 532; DÄBl. 2013, A 106, B 98, C 98..

1283 Patientenleitlinien sind Kurzfassungen der Leitlinien in allgemeinverständlicher Sprache, die sich an Personen wenden, die nicht zum medizinischen Fachpersonal gehören. Ziel der AWMF im Sinne einer wirkungsvollen Implemetierung ist es, dass jedenfalls bei Leitlinien der Stufe S3 neben der eigentlichen Leitlinie, der sogenannten Langversion auch eine Kurzversion, eine Kitteltaschenversion und eine Patientenleitlinie erstellt werden (Leitlinien-Manual von AWMF und ÄZQ, ZaeFQ, 2001, 95 Suppl. I, Domäne 8, S. 60). Für Leitlinien im Rahmen des NVL-Programms ist dies vorgeschrieben (NVL-Methoden-Report, 4. Aufl. S. 4).

1284 So auch OLG Köln, Urt. v. 06.11.2012 – 15 U 221/11 – RN 101 = GesR 2013, 532; DÄBl. 2013, A 106, B 98, C 98.

1285 OLG Köln, Urt. v. 06.11.2012 – 15 U 221/11 – RN 101 = GesR 2013, 532; DÄBl. 2013, A 106, B 98, C 98..

1286 LG Köln, Urt. v. 30.11.2011 – 28 O 523/11 – RN 87 = GRURPrax 2012, 515.

(3) „Geschäftliche Handlung" im Sinne des § 2 Abs. 1 Nr. 1 UWG wegen unsachlicher oder willkürlicher Bewertung in der Leitlinie

Ausnahmsweise könnte eine Leitlinie dann als „geschäftliche Handlung" betrachtet werden, wenn eine objektive Zielsetzung der Fachgesellschaften darin liegen würde, quasi unter dem Deckmantel einer nur vermeintlich objektiven Leitlinie, unlauter in den bestehenden Wettbewerb zwischen verschiedenen Unternehmen zu Ungunsten eines Unternehmens einzugreifen. Für das Vorliegen einer solchen objektiven Zielrichtung und somit dem Vorliegen einer „geschäftlichen Handlung" wäre eine willkürliche oder unsachliche Bewertung eines Wirkstoffs, eines Medizinproduktes oder auch eventuell einer sonstigen Form der Therapie, ein starkes Indiz.[1287] Da aber in dem streng formalisierten Entwicklungsprozess einer Leitlinie, insbesondere auch unter Berücksichtigung der vorgeschriebenen[1288] Abgabe einer Interessenkonflikterklärung, eine solche Zielrichtung regelhaft nicht vorliegt, soll dieser Aspekt nicht weiter verfolgt werden. Sollte jedoch einmal tatsächlich, z.B. in Form eines kollusiven Zusammenwirkens mehrerer Autoren der Leitliniengruppe eine bewusst falsche Empfehlung zum Zwecke der Absatzförderung eines bestimmten Produktes erfolgen, so z.B. wenn ein bestimmtes Produkt gar nicht in der Leitlinie Erwähnung findet, um der Konkurrenz einen Wettbewerbsvorteil zu verschaffen, wäre der Anwendungsbereich des UWG mit all seinen Folgen (Beseitigung und Unterlassung, § 8 UWG, Schadensersatz, § 9 UWG) grundsätzlich eröffnet.

(iv) Zwischenergebnis

Mangels Vorliegens einer „geschäftlichen Handlung" durch das Erstellen oder Veröffentlichen einer Leitlinie fehlt es regelhaft bereits an einer tatbestandlichen Grundvoraussetzung für die Anwendung von Lauterkeitsrecht.[1289] Die Vorgaben des UWG finden somit keine Anwendung.

bb) Aus Delikt

Je nach Person des Geschädigten und Art der Schädigung kommen Ansprüche nach § 824 BGB (Kreditgefährdung) oder § 823 BGB in Betracht. Eine Haftung wegen sittenwidriger vorsätzlicher Schädigung nach § 826 BGB ist hingegen nicht relevant. Zwar ist die Erfüllung der Tatbestandsvoraussetzungen theoretisch denkbar, zum Beispiel in einem Fall, in dem ein bestimmtes Produkt in Schädigungsabsicht gar keine Erwähnung in der Leitlinie erhält. In einem solchen Fall

---

1287 So auch LG Köln, Urt. v. 30.11.2011 – 28 O 523/11 – RN 86 = GRURPrax 2012, 515.

1288 Für S1-Handlungsempfehlungen und S2- und S3-Leitlinien: AWMF-Regelwerk Leitlinien, S. 19; Für NVL: NVL-Methodenreport, 5. Aufl. S 12.

1289 So auch OLG Köln, Urt. v. 06.11.2012 – 15 U 221/11 – RN 101 = GesR 2013, 532; DÄBl. 2013, A 106, B 98, C 98. in Bestätigung von LG Köln, Urt. v. 30.11.2011 – 28 O 523/11 – RN 86 = GRURPrax 2012, 515.

der sittenwidrigen vorsätzlichen Schädigung dürfte aber auch Lauterkeitsrecht anwendbar sein, da dann die objektive Zielrichtung (Vorsatz) der Leitlinie durchaus lauterkeitsrechtlichen Charakter hat und somit eine geschäftliche Handlung im Sinne des § 2 Abs. 1 Nr. 1 UWG vorliegt. Ein Rückgriff auf § 826 BGB wäre dann nicht mehr erforderlich.

(i) Ansprüche aus § 824 BGB, Kreditgefährdung

Nach der Rechtsprechung des BGH („Kirch") setzt § 824 BGB voraus, „dass unwahre Tatsachen mitgeteilt werden, die geeignet sind, den Kredit eines anderen zu gefährden oder sonstige Nachteile für dessen Erwerb oder Fortkommen herbeizuführen. Vor abwertenden Meinungsäußerungen und Werturteilen bietet § 824 BGB hingegen keinen Schutz."[1290]

Erfolgen die angegriffenen Äußerungen im Rahmen von Bewertungen wie sie in Leitlinien enthalten sind, ist nach zutreffender Ansicht des LG Köln „regelmäßig davon auszugehen, dass den Äußerungen ein überwiegender Meinungsäußerungsgehalt zukommt, so dass für die Anwendung von § 824 BGB in der Regel kein Raum ist"[1291].

(1) Meinungsäußerung vs. Tatsachenbehauptung

Entscheidend für die Frage der Anwendbarkeit des § 824 BGB ist, wie vom BGH zutreffend in der genannten Entscheidung („Kirch") ausgeführt, ob es sich bei den angegriffenen Äußerungen um (unwahre) Tatsachenbehauptungen oder um Meinungsäußerungen handelt. Meinungsäußerungen und wahre Tatsachenbehauptungen sind vom Regelungstatbestand des § 824 BGB grundsätzlich nicht erfasst.

Die Bewertung der Äußerungen in einer Leitlinie hat daher im Lichte der grundgesetzlich geschützten Meinungs- und insb. Wissenschaftsfreiheit zu erfolgen. Letztere unterliegt allein den verfassungsimmanenten Schranken.[1292]

Der Begriff „Meinung" im Sinne des Grundgesetzes ist dabei weit zu verstehen.[1293] Er umfasst nicht nur Werturteile, sondern jedenfalls weithin auch Tatsachenbehauptungen.[1294] Meinungen in Sinne des Grundgesetzes sind auch

---

1290 BGH, Urt. v. 24.01.2006 – XI ZR 384/03 -, = BGHZ 166, 84 (Kirch), RN 62.

1291 LG Köln, Urt. v. 30.11.2011 – 28 O 523/11, RN 64 = GRURPrax 2012, 515 – bestätigt durch OLG Köln, Urt. v. 06.11.2012 – 15 U 221/11, RN 62 = GesR 2013, 532; DÄBl. 2013, A 106, B 98, C 98.

1292 Während die Meinungsfreiheit nach Art. 5 Abs. 1 GG ihre Schranken gemäß Art. 5 Abs. 2 GG u.a. in den allgemeinen Gesetzen findet, gilt diese Einschränkung verfassungssystematisch nicht für die in Art. 5 Abs. 3 GG gewährleitete Freiheit der Wissenschaft, Forschung und Lehre.

1293 BVerfGE 61, 1, 9.

1294 Jarass/Pieroth-*Jarass*, GG-Komm, Art. 5 RN 5, 6.

Tatsachenbehauptungen, jedenfalls, wenn sie Voraussetzung für die Bildung von Meinungen sind.[1295]

Auch die Zielrichtung oder Zweckbestimmung der Meinungsäußerung ist kein allein entscheidendes Kriterium. Eine Meinung bleibt auch dann Meinungsäußerung, wenn sie wirtschaftliche Vorteile bringen soll.[1296] Schließlich ist es ohne Belang ob die Äußerung als abwegig eingestuft wird[1297] oder sonst irgendwelche – wie auch immer gearteten – Qualitätsmerkmale aufweist. Außerhalb des Schutzbereiches der Meinungsfreiheit liegen nur solche Tatsachenbehauptungen, die bewusst unwahr sind oder deren Unwahrheit bereits zum Zeitpunkt der Meinungsäußerung unzweifelhaft feststeht.[1298]

Für die Abgrenzung von Tatsachenbehauptungen von Werturteilen gilt, dass jene durch die „objektive Beziehung zwischen der Äußerung und der Wirklichkeit" geprägt[1299] und der Überprüfung mit Mitteln des Beweises zugänglich sind[1300]. Werturteile hingegen sind gekennzeichnet durch „die subjektive Beziehung des sich Äußernden zum Inhalt seiner Aussage"[1301]. Sie sind durch das „Element der Stellungnahme, des Dafürhaltens" geprägt. Es kommt bei dieser Abgrenzung auf den objektiven Sinn der Äußerung an, in Grenz- und Überschneidungsfällen ist von einer Meinung auszugehen.[1302]

Insbesondere in den Fällen, in denen beide Äußerungsformen miteinander verbunden werden und erst gemeinsam den Sinn einer Äußerung ausmachen, ist die Abgrenzung schwierig. In solchen Fällen ist der Begriff der Meinung mit dem Bundesverfassungsgericht im Interesse eines wirksamen Grundrechtsschutzes weit zu verstehen[1303]: Sofern eine Äußerung, in der Tatsachen und Meinungen sich vermengen, durch die Elemente der Stellungnahme, des Dafürhaltens oder Meinens geprägt sind, wird sie als Meinung von dem Grundrecht des Art. 5 Abs. 1 GG geschützt. Das gilt insbesondere dann, wenn eine Trennung der wertenden und der tatsächlichen Gehalte den Sinn der Äußerung aufhöbe oder verfälschte. Würde in einem solchen Fall das tatsächliche Element als ausschlaggebend angesehen, so könnte der grundrechtliche Schutz der Meinungsfreiheit wesentlich verkürzt werden.[1304]

Selbst falsche Tatsachenbehauptungen, die in eine Meinungsäußerung eingebunden sind, ändern grundsätzlich nichts am Charakter der Gesamtäußerung als

---

1295 BVerfGE 94, 1,7.
1296 Jarass/Pieroth-*Jarass*, GG-Komm, Art. 5 RN 5.
1297 Jarass/Pieroth-*Jarass*, GG-Komm, Art. 5 RN 5.
1298 BVerfGE 99, 185,197.
1299 BVerfGE 94, 1,8.
1300 BGHZ 139, 95,102.
1301 BVerfGE 94, 1,8.
1302 BVerfGE 85, 1,15f.
1303 Ständige Rechtsprechung, z.B. BVerfGE 61, 1,8 f.
1304 BVerfGE 61, 1,8 f.

Meinung. Die Richtigkeit der tatsächlichen Bestandteile der Aussage kann jedoch im Rahmen der Abwägung der kollidierenden Interessen eine Rolle spielen.[1305]

Geschützt wird schließlich das Äußern und das Verbreiten von Meinungen, Art. 5 Abs. 1 GG, so dass auch die Fachgesellschaften als Verbreiter der Meinung der Leitliniengruppe den Schutz des Grundrechts genießen.

Weiter ist nicht nur in den jeweiligen Leitlinien, sondern insbesondere auch auf der Website der AWMF[1306] bzw. des NVL-Programms[1307], auf denen die entsprechenden Leitlinien zum Download angeboten werden, mehrfach der eindeutige Hinweis enthalten, dass es sich bei Leitlinien nicht um verbindliche Handlungsanweisungen, sondern allein um Empfehlungen für den Regelfall handele, von denen im Einzelfall mitunter abgewichen werden müsse.[1308] Daraus ergibt sich der insgesamt wertende Charakter einer Leitlinie, sodass es sich bei den Aussagen einer solchen auch regelhaft allein um Meinungsäußerungen und nicht um Tatsachenbehauptungen handelt.[1309]

Letztlich spricht auch folgender Gedanke für eine Einstufung der Aussagen einer Leitlinie als Meinungsäußerung: Bei den Empfehlungen der Leitlinien handelt es sich im Grunde um ärztliche Wertungen. Im Gegensatz z.B. zu einer „normalen" Diagnose wird im Rahmen einer Leitlinie allein ein erheblich größerer Begründungsaufwand betrieben, da die Empfehlungen nicht nur für den Einzelfall, sondern für eine Vielzahl von vergleichbaren „Standardfällen" gelten sollen. Ärztliche (Be-)Wertungen aber sind Meinungsäußerungen.[1310]

(2) Wissenschaftsfreiheit gem. Art. 5 Abs. 3 GG

Die Wissenschaftsfreiheit, so das Bundesverfassungsgericht, „schützt die auf wissenschaftlicher Eigengesetzlichkeit beruhenden Prozesse, Verhaltensweisen

---

1305 BGH, AfP 2011, 259 – „Gerlach-Report – RN 11.

1306 www.awmf.org (Stand: 05.04.2013).

1307 www.versorgungsleitlinien.de (Stand: 05.04.2013).

1308 So heißt es z.B. im AWMF-Regelwerk Leitlinien, S. 5 exemplarisch: „Leitlinien sind als ‚Handlungs- und Entscheidungskorridore' zu verstehen, von denen in begründeten Fällen abgewichen werden kann oder sogar muss.".

1309 Mit diesem Ergebnis auch: OLG Köln Urt. v. 06.11.2012 15 U 221/11, RN 69.

1310 In diesem Sinne hat z.B. das OLG Stuttgart mit Beschluss vom 10.08.2000 – 4 W 48/00 – festgestellt und unter RN 3 ausgeführt: *„Die Behauptung* ... [„Die Eigenschaften und die Fähigkeiten des Vitamin C's werden maßlos überschätzt. Hochdosiert kann dieses Vitamin C sogar problematisch sein. Das geht jetzt hier nicht nur um Durchfälle oder ähnliches, was erzeugt werden kann. Es gibt sogar Beispiele von Todesfällen bei bestimmten Erbkrankheiten"], *die sich der Antragsgegner 2 als Redaktionsleiter, die Antragsgegner 3 und 4 als verantwortliche Redakteure und Autoren zu eigen gemacht haben und die die Antragsgegnerin 1 gesendet hat, verletzt das Persönlichkeitsrecht des Antragstellers nicht, denn sie ist als Meinungsäußerung von der Meinungs- und Pressefreiheit (Art. 5 Abs. 1 GG) gedeckt und erreicht nicht die Grenze der Schmähkritik."*

und Entscheidungen bei der Suche nach Erkenntnissen, ihrer Deutung und Weitergabe".[1311] Die oben detailliert dargestellte Methodik bei der Erstellung von Leitlinien ist bestrebt, genau diese wissenschaftlichen Kriterien ausnahmslos anzuwenden. Leitlinien stellen ein entscheidendes Vehikel zur Implementierung wissenschaftlicher Erkenntnisse in die Arbeitspraxis dar. Bei der Erstellung der Leitlinien, insbesondere bei der zunächst zu erfolgenden Bewertung der vorhandenen Evidenz, werden strenge wissenschaftliche Maßstäbe angelegt.[1312] Solche wissenschaftlichen Maßstäbe prägen auch den zweiten Pfeiler einer Leitlinie, die Konsensusfindung im Rahmen der moderierten Konsensuskonferenzen.[1313] Diese entscheidenden Arbeitsschritte folgen einer strengen und klaren Methodik und sind durch ihre Darlegung im jeweiligen LL-Report für alle Interessierten nachvollziehbar. „Methodisch geordnetes und kritisch reflektierendes Denken sowie wechselseitige Kommunikation und Publizität kennzeichnen die Wissenschaft".[1314] Es handelt sich bei der Erstellung und Veröffentlichung von Leitlinien somit um Ausübung von Wissenschaft, Art. 5 Abs. 3 GG durch das Verbreiten von Meinungen, Art. 5 Abs. 1 GG.

Auch das Landgericht Köln kommt in dem bereits mehrfach erwähnten Urteil vom 30.11.2011 zu dem zutreffenden Ergebnis, dass es sich bei der Erstellung von Leitlinien um das Ausüben von Wissenschaft handelt. Das LG führt in Bezug auf die NVL Kreuzschmerz zutreffend aus:

> *„Die Beantwortung der Frage, ob eine vorhandene Datenlage quantitativ oder qualitativ unzureichend ist, liegt im Auge des Betrachters und ist integraler Bestandteil des wissenschaftlichen Diskurses."*[1315]

Bei einem Eingriff in die Wissenschaftsfreiheit durch die Ausübung privater Rechte, wie im beschriebenen Fall von der Klägerin beabsichtigt, muss die Ausstrahlungswirkung der Wissenschaftsfreiheit beachtet werden. Dies führt, so *Jarass*, etwa zur Einschränkung des Rechts am eingerichteten und ausgeübten Gewerbebetrieb im Hinblick auf – wie hier – wissenschaftliche Kritik.[1316] Da dieses Grundrecht nicht nur natürlichen sondern auch juristischen Personen zukommt,[1317] können sich auch die Fachgesellschaften und auch die AWMF darauf berufen, deren satzungsgemäße Zwecke unter anderem in der *„Nutzbarmachung und Auswertung von wissenschaftlichen Erkenntnissen und Erfahrungen (...) für die Allgemeinheit durch*

1311 BVerfGE 111, 333,354.
1312 Siehe DELBI, insb. Domäne 3; im Bereich der NVL: NVL-Methodenreport, 5. Aufl., S. 7; im Bereich S-klassifizierte Leitlinien: AWMF-Regelwerk Leitlinien, S. 27ff..
1313 Im Bereich der NVL: NVL-Methodenreport, 5. Aufl. S. 10; Im Bereich S-klassifizierte Leitlinien: AWMF-Regelwerk Leitlinien, S. 39.
1314 Jarass/Pieroth-*Jarass*, GG-Komm, Art. 5 RN 136.
1315 LG Köln, Urt. v. 30.11.2011 – 28 O 523/11 – RN 76.
1316 Jarass/Pieroth-*Jarass*, GG-Komm, Art. 5 RN 147.
1317 Jarass/Pieroth-*Jarass*, GG-Komm, Art. 5 RN 141.

zeitnahe Veröffentlichung"[1318] ist. Da die Wissenschaftsfreiheit nicht den Schranken des Art. 5 Abs. 2 GG unterfällt, kann sie nur durch kollidierendes Verfassungsrecht eingeschränkt werden.

Andererseits bleibt festzuhalten, dass falsche Tatsachenbehauptungen auch dann unzulässig sind, wenn sie in einer wissenschaftlichen Arbeit enthalten sind.[1319] Daraus darf jedoch nicht der Schluss gezogen werden, alle „Tatsachenangaben", wie z.B. Wirkstoffempfehlungen, in einer Leitlinien stellten Tatsachenbehauptungen dar und unterfielen damit nicht mehr dem Schutz des Art. 5 Abs. 3 GG. Auch bei diesen Angaben handelt es sich in der Regel um Meinungsäußerungen.

(3) Berufsfreiheit, Art. 12 GG und Therapiehoheit des Arztes

Nicht zuletzt ist bei der deliktsrechtlichen Bewertung des Inhalts einer Leitlinie auch die Berufsfreiheit nach Art. 12 GG zu berücksichtigen. Als spezielle einfachgesetzliche Ausgestaltung der ärztlichen Berufsfreiheit in Verbindung mit den oben besprochenen verfassungsrechtlich geschützten Gütern Meinungs- und Wissenschaftsfreiheit ist die ärztliche Therapiefreiheit zu nennen. Diese in § 1 Abs. 2 2 HS BÄO niedergelegte Grundsatz findet seine Ausgestaltung in dem Umstand, dass der Arzt nicht an eine bestimmte Therapiemethode gebunden ist.[1320]

Ausfluss dieser Therapiehoheit oder -freiheit ist, dass der Arzt die Wahl der Behandlungsmethode trifft. Sie belässt ihm einen „von ihm zu verantwortenden Risikobereich" im Rahmen der Regeln der ärztlichen Kunst[1321]. Nach der Rechtsprechung des BGH ist die Anwendung nicht allgemein anerkannter Therapieformen rechtlich grundsätzlich erlaubt.[1322] Allein der Umstand, dass der Arzt eine Therapie verfolgt, die nicht unter den Begriff der „Schulmedizin" fällt, lässt für sich nicht auf einen Behandlungsfehler schließen,[1323] ihre Kosten müssen nach § 2 Abs. 1 Satz 2 SGB V von der GKV übernommen werden. Allein gilt, dass der Arzt unter mehreren medizinisch anerkannten Heilverfahren dasjenige wählen muss, das einerseits die besten Heilungschancen eröffnet, andererseits die geringste Gefahr für den Patienten mit sich bringt und ihm die wenigsten Schmerzen bereitet.[1324]

1318 So beispielhaft der Wortlaut von § 2 Abs. 3 b) der Satzung der Deutschen Gesellschaft für Chirurgie, abrufbar unter: www.dgch.de (Stand: 29.09.2016). Vergleichbare Inhalte finden sich in allen Satzungen der betroffenen Fachgesellschaften

1319 BVerfG, Beschl. v. 04.10.1988 – 1 BvR 556/85 –.

1320 Eine vergleichbare Regelung findet sich auch in § 2 Abs. 1 Satz 2 SGB V wonach Behandlungsmethoden, Arznei- und Heilmittel der besonderen Therapierichtungen explizit nicht ausgeschlossen werden.

1321 BGHSt 37, 385, 387.

1322 BGH, NJW 1991, 1536.

1323 BGH, NJW 1991, 1536.

1324 Laufs/Kern-*Ulsenheimer*, § 139 RN 33 m.w.N.

Wenn aber nun der Arzt in seiner Therapieentscheidung frei ist, muss es ihm auch gestattet sein, entsprechende Therapieempfehlungen zu veröffentlichen – auch in Form eines verbandsmäßigen Zusammenschlusses wie einer Fachgesellschaft. Andernfalls gäbe es keinen medizinischen Fortschritt. Die Veröffentlichung von Leitlinien als besondere Form der Therapieempfehlung stellt somit einen Ausfluss der ärztlichen Therapiehoheit und –freiheit dar und ist insoweit verfassungsrechtlich (Artt. 5 Abs. 1, 5 Abs. 3, 12 GG) geschützt.

(4) Ergebnis

Bei den Aussagen einer Leitlinie handelt es sich somit regelhaft um reine Meinungsäußerungen im Sinne des Art. 5 Abs. 1 GG, die zudem durch die Wissenschaftsfreiheit nach Art. 5 Abs. 3 GG und gegebenenfalls durch die Berufsfreiheit nach Art. 12 GG geschützt sind. Mangels Tatsachenbehauptungen kommt daher eine Anwendung des § 824 BGB nicht in Betracht, sodass es auf die Frage, ob diese unwahr sind und ob sie geeignet sind, den Kredit eines anderen zu gefährden oder sonstige Nachteile für dessen Erwerb oder Fortkommen herbeizuführen,[1325] nicht mehr ankommt.

(ii) Ansprüche aus § 823 BGB

(1) § 823 Abs. 1 BGB

Ansprüche könnten sich eventuell aber aus § 823 Abs. 1 BGB ergeben:

Eine deliktische Haftung kommt regelmäßig nur bei einer unmittelbaren Schädigung in Betracht. Da eine fehlerhafte Leitlinie als solche keinen Schaden verursacht, dieser vielmehr erst durch Ihre Anwendung und somit das Dazwischentreten eines unabhängigen Dritten entstehen kann, kommt eine Haftung der Leitlinienersteller wegen Verstoßes gegen § 823 Abs. 1 BGB nur bei Vorliegen einer Garantenstellung z.B. wegen eines Pflichtenverstoßes[1326] oder der Verletzung einer Verkehrssicherungspflicht[1327] in Betracht. In Bezug auf die Hersteller von Arzneimitteln oder Medizinprodukten ist der vermögensschützende Charakter des § 823 Abs. 1 BGB in Form des Rechts am eingerichteten und ausgeübten Gewerbebetrieb näher zu beleuchten.

(a) Verkehrssicherungspflicht

Für die Ersteller von Leitlinien gilt, wie oben[1328] detailliert dargestellt, dass sie einen erheblichen Aufwand betreiben müssen, um sicher zu stellen, dass keine vermeidbaren Fehler in der Leitlinie enthalten sind. Diese Verpflichtung besteht auch

1325 Diese Kriterien stellt der BGH im Kirch-Urteil auf: BGH, Urt. v. 24.01.2006 – XI ZR 384/03 -, = BGHZ 166, 84 (Kirch), RN 62.

1326 Palandt-*Sprau*, § 823 RN 2 m.w.N.

1327 Palandt-*Sprau*, § 823 RN 45ff.

1328 s.o.: Punkt D.II.4.c).bb).

gegenüber betroffenen Wirtschaftsunternehmen. Zu den Details und Grenzen der Verkehrssicherungspflicht darf an dieser Stelle auf die obigen Ausführungen[1329] verwiesen werden, die auch hier gelten.

(b) § 823 I BGB, Verletzung des Unternehmerpersönlichkeitsrechts

Der Unternehmensschutz nach § 823 Abs. 1 BGB ist subsidiär gegenüber den Vorschriften des UWG.[1330] Da diese – wie oben gezeigt – mangels geschäftlicher Handlung jedoch nicht eingreifen, ist im Folgenden auf den Unternehmensschutz nach § 823 Abs. 1 BGB einzugehen. Das Unternehmerpersönlichkeitsrecht stellt eine Ausformung des allgemeinen Persönlichkeitsrechts dar und beruht damit auf Artt. 1, 2 GG. Das Unternehmerpersönlichkeitsrecht des § 823 Abs. 1 BGB schützt ein Unternehmen aber regelmäßig nicht vor wahren Tatsachenbehauptungen, auch wenn diese geeignet sind, dem Unternehmen zu schaden. Zu beachten ist, dass der Schutzbereich des Persönlichkeitsrechts nicht durch die Beeinträchtigung von Persönlichkeitsinteressen bestimmt wird. Vielmehr muss er im Einzelfall im Rahmen einer Interessenabwägung festgelegt werden.[1331] Das Persönlichkeitsrecht als Rahmenrecht bedarf der Abwägung der widerstreitenden grundrechtlich geschützten Interessen im Einzelfall, sodass der Eingriff in das Persönlichkeitsrecht nur dann rechtswidrig ist, wenn das Schutzinteresse des Betroffenen die schutzwürdigen Belange der anderen Seite überwiegt.[1332]

Vorliegend sind die fehlende Erwähnung eines Produktes oder dessen negative Bewertung in einer Leitlinie näher zu beleuchten. Ohne das Hinzutreten weiterer Aspekte ist ein solches Verhalten seitens der Autoren der Leitlinie – sofern und soweit dieses sachliche und tatsächlich gerechtfertigt ist – jedenfalls nicht als rechtswidrig zu werten. Es ist bereits fraglich, ob in der negativen Bewertung der Wirksamkeit oder der fehlenden Erwähnung eines bestimmten Arzneimittels eine Beeinträchtigung des Ansehens des dahinterstehenden Pharmaunternehmens zu sehen und damit die Tatbestandsmäßigkeit gegeben ist. Selbst wenn die Kritik an der Wirksamkeit soweit geht, dass die Zulassungsfähigkeit eines zugelassenen Wirkstoffs in Frage gestellt wird, stellt dies nach der überzeugenden Auffassung des OLG Köln[1333] keinen Eingriff in das Persönlichkeitsrecht des Pharmaunternehmens dar. Betroffen von der Kritik ist vielmehr die Zulassungsbehörde. Aus solchen Äußerungen folgende mögliche Einschränkungen der Absatzfähigkeit sind schließlich nicht unter dem Gesichtspunkt des Unternehmenspersönlichkeitsrechts, sondern unter dem des eingerichteten und ausgeübten Gewerbebetriebs zu

---

1329 s.o.: Punkt D.II.4.c).bb).

1330 Köhler/Bornkamm-*Köhler*, UWG-Komm, § 4 RN 7.8.

1331 Müko-*Wagner*, § 823 RN 324.

1332 BGH, Urt. v. 08.05.2012 – VI ZR 217/08 – RN 35 = NJW 2012, 2197–2201.

1333 OLG Köln, Urt. v. 06.11.2012 – 15 U 221/11 – RN 85 = GesR 2013, 532; DÄBl. 2013, A 106, B 98, C 98.

beurteilen.[1334] Dies gilt auch, wenn die Bewertung des Wirkstoffs selbst fehlerhaft war. Auch in diesem Fall ist ein Eingriff in das Persönlichkeitsrecht nicht ohne weiteres anzunehmen.

(c) § 823 I BGB, Eingriff in den eingerichteten und ausgeübten Gewerbebetrieb

Medizinische Leitlinien widmen sich regelmäßig einer bestimmten Erkrankung, einem bestimmten Erkrankungsbild. Während die S-klassifizierten Leitlinien der Fachgesellschaften tendenziell thematisch einen etwas engeren Zuschnitt haben, geht das Bemühen bei NationalenVersorgungsLeitlinien dahin, versorgungsbereichübergreifende Leitlinien zu ausgesuchten Erkrankungen hoher Prävalenz umfassend zu behandeln. Sie dienen insbesondere der strukturierten medizinischen Versorgung.[1335] Regelmäßig werden zumindest in solchen NVL sämtliche in Betracht kommenden Therapiemöglichkeiten besprochen. Dadurch kommt es sinnlogisch auch zu einer Auseinandersetzung und Bewertung mit Produkten von am Markt tätigen Unternehmen der Pharma- und Medizinprodukteindustrie. Zwar werden in Leitlinien regelmäßig keine individuellen Produkte bewertet. Indem aber der Nutzen und die Wirksamkeit z.B. von bestimmten Wirkstoffen oder einer Gattung von Heil- oder Hilfsmitteln bewertet werden, besteht die Möglichkeit, dass die Leitlinie sich indirekt auf die Absatzchancen solcher Unternehmen auswirkt, die mit entsprechenden Produkten auf dem Markt sind. Selbst und insbesondere die Nicht-Erwähnung eines Produktes in der Leitlinie kann entsprechende Auswirkungen haben, da auch das Schweigen über eine bestimmte Behandlungsalternative Folgen für deren Anwendung in der Praxis und somit auf den Absatz des dazu erforderlichen Produktes haben kann. Insbesondere bei Monopolsituationen, etwa in Folge von bestehendem Patentschutz, kann auch die Befassung mit dem Wirkstoff ausschließlich ein einzelnes Unternehmen betreffen. Damit besteht die Möglichkeit, dass die Autoren und Herausgeber einer Leitlinie (unbewusst) in geschützte Rechte von Unternehmen eingreifen. In Frage kommt hier das Recht am eingerichteten und ausgeübten Gewerbetrieb.

Das Recht am eingerichteten und ausgeübten Gewerbebetrieb unterfällt dem Vermögen. Damit unterfällt es bei strenger dogmatischer Betrachtung nicht dem Schutzbereich des § 823 BGB. Das Deliktsrecht des BGB beschränkt sich grundsätzlich auf den Schutz absoluter Rechte und kennt als Ausnahme nur den Schutz vor Verletzungen gesetzlicher und individualschützender Verhaltenspflichten nach § 823 Abs. 2 BGB und vor sittenwidriger, vorsätzlicher Schädigung nach § 826 BGB.[1336] Sachlicher Hintergrund ist, dass nur die absoluten Rechte wirksam

---

1334 So auch: OLG Köln, Urt. v. 06.11.2012 – 15 U 221/11 – RN 85 = GesR 2013, 532; DÄBl. 2013, A 106, B 98, C 98.

1335 *BÄK, KBV, AWMF*; Programm für Nationale VersorgungsLeitlinien, Methoden-Report; S. 4; 4. Auflage, 2010

1336 MüKo-*Wagner*, § 823, RN 3.

und faktisch umfassend vor Eingriffen durch das Deliktsrecht zu bewahren sind.[1337] Während somit das Vermögen als solches richtigerweise nicht dem gesetzessystematischen Schutzbereich der §§ 823ff. BGB unterfällt, sofern nicht die Ausnahmetatbestände der §§ 823 Abs. 2, 826 BGB eingreifen, ist es rechtspolitisch erforderlich, in gewissen Fällen auch ohne Vorliegen eines täterseitigen Vorsatzes Vermögenswerte dem Schutz des Deliktsrechts zu unterstellen. Bereits das Reichsgericht hat die Notwendigkeit erkannt, in bestimmten Fällen auch bei nur fahrlässiger Verletzung Vermögenswerte deliktsrechtlich zu schützen und erkannte das Recht am eingerichteten und ausgeübten Gewerbebetrieb als deliktsrechtlich zu schützendes Recht an.[1338] Auch der Gesetzgeber hat im hier relevanten Bereich der Schutzinteressen von Unternehmen mit der Generalklausel des § 3 UWG bereits 1909 einen deliktsrechtlichen Schutz des Unternehmensvermögens bei auch fahrlässiger Verletzung begründet.[1339] Unter Führung des BGH hat sich dann die heute geltende Rechtsprechung zum Recht am eingerichteten und ausgeübten Gewerbebetrieb etabliert.[1340] Die bestehende und durchaus berechtigte Kritik an dieser im Grunde systemwidrigen Verortung der Anspruchsgrundlage in § 823 Abs. 1 BGB soll an dieser Stelle nicht weiter vertieft werden, da sie weniger die Ergebnisse, mithin die Haftung für entsprechendes Verhalten, als vielmehr die Herleitung, also den dogmatischen Überbau, betrifft.[1341] Zudem hat die Rechtsprechung bisher nicht auf die Stimmen der Literatur gehört und hält an § 823 Abs. 1 BGB als Anspruchsgrundlage für Schadensersatzansprüche aufgrund Verletzung des Rechts am eingerichteten und ausgeübten Gewerbebetrieb fest.[1342] Zu beachten ist schließlich, dass die Rechtsprechung bei den sogenannten offenen Verletzungstatbeständen, zu denen das Recht am eingerichteten und ausgeübten Gewerbebetrieb zählt, eine positive Rechtswidrigkeitsprüfung verlangt.[1343] Es ist also eine Abwägung der im Einzelfall widerstreitenden Interessen des Schädigers und des

---

1337 zu den (rechtsgeschichtlichen) Hintergründen MüKo-*Wagner*, § 823, RN 3.

1338 RGZ 58, 24, 29ff. zu fahrlässig unbegründeten Schutzrechtsverwarnungen mit Hinweisen auf Rechtsprechungshistorie. Auf Seiten 29,30 heißt es zur Begründung der Eröffnung des Schutzbereichs des § 823 Abs. 1 BGB: *„Dadurch, daß es sich bei dem bestehenden selbständigen Gewerbebetriebe nicht bloß um die freie Willensbetätigung des Gewerbetreibenden handelt, sondern dieser Wille darin bereits seine gegenständliche Verkörperung gefunden hat, ist die feste Grundlage für die Annahme eines subjektiven Rechts an diesem Betriebe gegeben. Störungen und Beeinträchtigungen, welche sich unmittelbar gegen den Gewerbebetrieb richten, dürfen deshalb als eine unter § 823 Abs. 1 fallende Rechtsverletzung angesehen werden.“*

1339 MüKo-*Wagner*, § 823, RN 372.

1340 MüKo-*Wagner*, § 823, RN 372, 317, 340ff..

1341 Ausführlich zu den dogmatischen Ansätzen, sie MüKo-*Wagner*, § 823, RN 318ff, 320, m.w.N.

1342 BGH, Urt. v. 15.07.2005 – GSZ 1/04 = BGHZ 164, 1,2ff.

1343 BGH, Urt. v. 13.03.1979 – VI ZR 117/77 – RN 15 = BGHZ 74, 9–20 = NJW 1979, 1351–1353.

Geschädigten vorzunehmen,[1344] vorliegend kommen insbesondere auf Seiten des „Schädigers“ die Meinungs- und Wissenschaftsfreiheit als rechtfertigende Elemente in Betracht.[1345]

(d) Anwendbarkeit und/oder Übertragbarkeit der „Warentestrechtsprechung“ des Bundesgerichtshofs auf die deliktsrechtliche Überprüfung der Aussagen in Leitlinien

Zu diskutieren ist schließlich die Frage, ob die Warentestrechtsprechung des Bundesgerichtshof in Gänze[1346] oder in ihren Grundzügen[1347] oder gar nicht[1348] auf die deliktsrechtliche Überprüfung von Leitlinien übertragen werden kann. Der Bundesgerichtshof hat in mehreren Grundsatzentscheidungen[1349] einen Rechtsrahmen geschaffen, in dem sich Produkt- und sonstige Bewertungen bewegen können, ohne dass die Verantwortlichen von den Anbietern schlecht bewerteter Produkte/Dienstleistungen deliktsrechtlich in Anspruch genommen werden können.

Dabei geht die Rechtsprechung von dem Grundsatz aus, dass derjenige, der sich bei der wertenden Kritik an gewerblichen Leistungen auf sein Recht zur freien Meinungsäußerung beruft, sorgfältig zu prüfen hat, ob er sich mit seiner Äußerung noch im Bereich der sachlich gerechtfertigter Kritik bewegt; unzulässig ist mithin insbesondere Schmähkritik.[1350]

In den genannten Urteilen zu Warentests hat die Rechtsprechung[1351] einige Grundsätze aufgestellt. Dies sind:

- Neutralität:

Die dem Testergebnis zugrunde liegende Untersuchung ist neutral vorzunehmen. Fehlt diese Neutralität, wird die Unzulässigkeit der Testveröffentlichung vielfach schon aus den Regeln des Wettbewerbsrechts folgen.

1344 Bamberger/Roth-*Förster*, § 823 BGB RN 18.

1345 So auch Bamberger/Roth-*Förster*, § 823 BGB RN 23.

1346 So wohl LG Köln, Urt. v. 30.11.2011 – 28 O 523/11 RN 64.

1347 So OLG Köln, Urt. v. 06.11.2012 – 15 U 221/11 RN 91 = GesR 2013, 532; DÄBl. 2013, A 106, B 98, C 98...

1348 So LG Hamburg, 29.03.2010 – 325 O 387/09, S. 18.

1349 Warentestrechtsprechung des BGH, insb. BGH, Urt. v. 09.12.1975 – VI ZR 157/73 – Warentest II (Ski-Sicherheitsbindung); BGH Urt. v. 10.03.1987 – VI ZR 144/86 – Warentest IV; BGH, Urt. v. 21.02.1989 – VI ZR 18–88 – Warentest V.

1350 BGH, Urt. v. 09.12.1975 – VI ZR 157/73 (Warentest II) RN 30 = BGHZ 65, 325, NJW 1976, 620.

1351 BGH, a.a.O. RN 31; OLG Köln, Urt. v. 06.11.2012 – 15 U 221/11 RN 88 = GesR 2013, 532; DÄBl. 2013, A 106, B 98, C 98.

- Objektivität:

Die Untersuchung muss objektiv sein. Hierbei kommt es nicht in erster Linie auf die objektive Richtigkeit eines gewonnenen Ergebnisses, sondern auf das Bemühen um diese Richtigkeit an.

- Sachkenntnis

Schließlich ist die der Veröffentlichung zugrunde liegende Untersuchung sachkundig durchzuführen.

Nach Ansicht der Rechtsprechung[1352] steht, soweit diese Anforderungen erfüllt sind, nichts entgegen, einen erheblichen Spielraum zuzulassen, soweit es um die Angemessenheit der Prüfungsmethoden, die Auswahl der Testobjekte und die Darstellung der Untersuchungsergebnisse geht. Der Verlauf der Grenzen dieses weiten Spielraums hängt im Wesentlichen von den Umständen des Einzelfalles ab. Sie sind jedenfalls bei bewussten Fehlurteilen und bewussten Verzerrungen, insbesondere auch bei bewusst unrichtigen Angaben und bewusst einseitiger Auswahl der zum Vergleich gestellten Waren und Leistungen überschritten.[1353] Aus dem Kriterium der Objektivität folgt darüber hinaus, dass die Grenze der Unzulässigkeit auch dort überschritten ist, wo die Art des Vorgehens bei der Prüfung und die aus den durchgeführten Untersuchungen gezogenen Schlüsse indiskutabel erscheinen.[1354]

Fraglich ist, ob diese Kriterien für die hier interessierende Erstellung und Verbreitung von Leitlinien herangezogen werden können. Vergleichbar ist der zu lösende Interessenkonflikt. In beiden Fällen, sowohl bei Warentests als auch bei Leitlinien zielen die Ersteller auf eine Information der Leser über Geeignetheit, Risiken und Alternativen zu den Objekten des Berichts, hier Diagnose- und Behandlungsmethoden, dort Waren und Dienstleistungen, ab. Auf der anderen Seite stehen die betroffenen Unternehmen mit ihren gewerblichen Interessen.[1355]

An dieser Stelle enden aber auch die Parallelen. Während bei Warentests die Ersteller nicht nur den Testbericht verfassen, sondern insbesondere umfassende Tests der jeweiligen Produkte durchführen, führen die Leitliniengruppen selbst keine Studien oder ähnliches zum Zwecke der Bewertung der vorhandenen diagnostischen und therapeutischen Möglichkeiten durch. Vielmehr beruhen die in Leitlinien veröffentlichten Bewertungen und Empfehlungen auf fremden Untersuchungen und Studien sowie sonstiger fremder Quellen, wie insbesondere Quellleitlinien. Diese Erkenntnisquellen (externe Evidenz) werden von den Autoren und /oder weiteren wissenschaftlichen Mitarbeitern recherchiert und sodann gewichtet und ihrerseits bewertet.[1356] Leitlinienautoren können somit nicht auf Basis selbst entwickelter und durchgeführter Testverfahren das zu bewertende

1352 BGH, a.a.O. RN 32; OLG Köln, a.a.O. RN 89.
1353 BGH, a.a.O. RN 32; OLG Köln, a.a.O.
1354 BGH, a.a.O. RN 32; OLG Köln, a.a.O. RN 89.
1355 So auch OLG Köln, a.a.O. RN 90.
1356 OLG Köln, a.a.O. RN 91.

Objekt beurteilen. Insbesondere können keine gleichbleibenden Testbedingungen geschaffen werden, da der menschliche Organismus aufgrund der biologischen Gegebenheiten nicht als gleichbleibende Testbasis geeignet ist, wie dies etwa bei der Bruchlasttestung von Skibindungen oder ähnlichem in einem genormten Prüfstand ohne weiteres möglich ist. Wie der BGH in ständiger Rechtsprechung[1357] erkannt hat, kann jeder Patient wegen der Unterschiedlichkeiten des menschlichen Organismus die Anzeichen ein und derselben Krankheit in anderer Ausprägung aufweisen. Der menschliche Organismus als „Testgelände" ist also nicht geeignet, identische „Testbedingungen" anzubieten. Genau das ist aber für Warentests erforderlich. Eine Leitlinie stellt mithin keinen „Warentest" für Medikamente oder sonstige Therapiemethoden dar. Der BGH[1358] führt aus, dass ein Warentest nur dann möglich sei, wenn die verschiedenen Produkte nach den immer gleichen Methoden getestet werden müssen. Dies ist bei einer Leitlinie nicht möglich.

Dennoch sind einige der vom BGH aufgestellten Grundsätze zur Warentestrechtsprechung auf die vorliegende Fragestellung übertragbar. Ebenso wie bei Warentests handelt es sich bei Leitlinien um eine vergleichende Untersuchung der in einem bestimmten (Markt-)Bereich konkurrierenden Alternativen, die anhand eines bestimmten eigens entwickelten Beurteilungssystems bewertet werden.[1359] Dies rechtfertigt es, die Grundsätze der Warentest-Rechtsprechung insoweit sinngemäß heranzuziehen, als sie die oben aufgeführten Grundsätze Neutralität, Objektivität und Sachkenntnis herausgearbeitet hat. Nicht anwendbar sind hingegen die Grundsätze der Warentestrechtsprechung zu den Bedingungen der Warentests als solcher, also insbesondere der von der Rechtsprechung aufgestellten Anforderungen zu immer gleichen Testbedingungen.[1360]

Damit ist es jedoch verfehlt von einer „Anwendbarkeit der Warentestrechtsprechung auf Leitlinien" zu sprechen. Die vom BGH aufgestellten Anforderung sind bei genauer Betrachtung Ausfluss einer grundrechtlich orientierten Abwägung zwischen den Interessen der Beteiligten. Auch ohne „Warentestrechtsprechung" ermöglicht Art. 5 GG nicht die willkürliche Bewertung fremder Leistungen. Die aufgestellten Kriterien Objektivität, Neutralität und Sachkunde sind unmittelbarer Ausfluss der verfassungsrechtlich vorzunehmenden Interessenabwägung im Sinne der praktischen Konkordanz.

Das LG Hamburg[1361] hat in einem Verfahren[1362] eines Medizinprodukteherstellers gegen die Autoren einer knappen wissenschaftlichen

---

1357 z.B. BGH. Urt. v. 08.07.2003 – VI ZR 304/02 – NJW 2003, 2827–2828.

1358 BGH, Urt. v. 09.12.1975 – VI ZR 157/73 – Warentest II, RN 16.

1359 So auch OLG Köln, a.a.O. RN 91.

1360 BGH, Urt. v. 09.12.1975 – VI ZR 157/73 – Warentest II, RN 16.

1361 LG Hamburg, Urt. v. 29.03.2010 – 325 O 387/09 – nicht veröffentlicht, bestätigt durch OLG Hamburg, Urt. v. 01.11.2011 – 7 U 55/10 – S. 10, veröffentlicht unter: www.buskeismus.de/urteile/7U5510.pdf (Stand 30.07.2013), Nichtzulassungsbeschwerde abgewiesen durch BGH, Beschl. v. 25.06.2013 – IV ZR 340/11 – nicht veröffentlicht.

1362 Inhaltlich geht es in dem Verfahren um eine Stellungnahme der „Kommission Pharmatherapie" der Deutschen Gesellschaft für Rheumatologie zu dem Produkt

Stellungnahme[1363] im Namen ihrer Fachgesellschaft auf den ersten Blick gegenteilig geurteilt, wenn es ausführt:

„Weder aus dem allgemeinen (Unternehmens-)Persönlichkeitsrecht noch aus dem Recht am eingerichteten und ausgeübten Gewerbebetrieb lässt sich herleiten, dass die Beklagten zu einer umfassenden Darstellung des wissenschaftlichen Meinungsstandes und/oder zu einer „ausgewogenen" Darstellung verpflichtet sind, wenn sie ihre Meinung äußern. Ferner sind die Beklagten auch nicht verpflichtet, bei der Äußerung ihrer medizinischen Wertungen die in der Rechtsprechung für die Veröffentlichung von Warentests entwickelten Grundsätze zu beachten. Bei der von den Beklagten veröffentlichten Stellungnahme handelt es sich ersichtlich nicht um die Darstellung eines (vergleichenden) Warentests und der Ergebnisse eines solchen Tests und es gibt auch keinen Rechtssatz dahingehend, dass sich kritische Veröffentlichungen im Wissenschaftsbereich an den für die Veröffentlichung von Warentests entwickelten Grundsätzen messen lassen müssten."

Diese Rechtsprechung wurde in der Folge durch das OLG Hamburg[1364] bestätigt, der BGH[1365] hat die gegen das Urteil eingelegte Nichtzulassungsbeschwerde zurückgewiesen. Die im Anschluss erhobene Verfassungsbeschwerde[1366] wurde gem. § 93b i.V.m. § 93a BVerfGG nicht zur Entscheidung angenommen,[1367] das oberlandesgerichtliche Urteil ist somit rechtskräftig. Wörtlich führt das OLG aus:

„Das Landgericht hat zutreffend darauf hingewiesen, dass es sich bei der von den Beklagten veröffentlichten Stellungnahme ersichtlich nicht um die Darstellung eines (vergleichenden) Warentests und der Ergebnisse eines solchen Tests handelt und dass es auch keinen Rechtssatz dahingehend gibt, dass sich kritische Veröffentlichungen im Wissenschaftsbereich an den für die Veröffentlichung von Warentests entwickelten Grundsätzen messen lassen müssten. Auch der Hilfsantrag der Klägerin ist unbegründet. Die Beklagten sind nicht zu einer umfassenden Darstellung des wissenschaftlichen Meinungsstandes

---

Orthokin® der Fa. Orthogen AG. Bei dem Orthokin®-Verfahren nimmt der Arzt dem Patienten Blut mit einer speziellen Spritze ab, die chemisch aktivierte Glasperlen enthält. Aus diesem Blut wird nach 24h Inkubationszeit ein Serum gewonnen, das dem Patienten sodann z.B: in ein entzündetes Gelenk injiziert wird. (Quelle: news.doccheck.com/de/39427/orthokin-juristische-spritzen/ – Abgerufen am 28.02.2015). Es handelt sich mithin um eine Art Eigenbluttherapie.

1363 Die streitgegenständliche Stellungnahme ist – um zwei Passagen geschwärzt – abrufbar unter: http://dgrh.de/fileadmin/media/Startseite/orthokin-stellungnahme_2009_geschwaerzt_final.pdf (Stand 28.02.2015).

1364 OLG Hamburg, Urt. v. 01.11.2011 – 7 U 55/10 – S. 10, veröffentlicht unter: www.buskeismus.de/urteile/7U5510.pdf (Stand 30.07.2013).

1365 BGH, Beschl. v. 25.06.2013 – IV ZR 340/11 –.

1366 BVerfG 1 BvR 2951/13 (Quelle: http://news.doccheck.com/de/39427/orthokin-juristische-spritzen/ – Abgerufen am 28.02.2015).

1367 BVerfG, Beschl. v. 28.06.2016 – 1 BvR 2951/13 –.

und/oder zu einer „ausgewogenen Darstellung verpflichtet, wenn sie ihre Meinung äußern.“

Zu beachten ist, dass das LG Hamburg und die Folgeinstanzen sich nicht mit einer Leitlinie auseinandersetzen mussten. Die dort angegriffene kritische Stellungnahme zu dem Produkt Orthokin® der Orthogen Lab Service GmbH erfolgte unter der Überschrift: *„Aktuelle Stellungnahme zu ...“*[1368] im Namen der „Kommission Pharmatherapie“ der Deutschen Gesellschaft für Rheumatologie[1369] unter namentlicher Nennung der Autoren, die weitestgehend zugleich Mitglieder der Kommission waren. Damit handelt es sich bei der Stellungnahme jedoch nicht um eine Leitlinie, die z.B. verschiedene Therapieoptionen bei einer bestimmten Erkrankung zum Gegenstand hat, sondern – wie die mit der Angelegenheit befassten Gerichte zutreffend entschieden haben – um eine wissenschaftliche Meinungsäußerung, die allein an Art. 5 Abs. 1 und 3 GG zu messen ist. Eine solche Stellungnahme ist vielmehr vergleichbar z.B. mit einer klinischen Studie oder einer juristischen Urteilsanmerkung, die durchaus explizit kritischen Inhalt – bis hin zu mitunter regelrecht vernichtender Kritik – beinhalten können. Allein die Tatsache, dass die Stellungnahme nicht nur im Namen der Autoren sondern auch in dem der Fachgesellschaft[1370] veröffentlicht wurde, kann den Maßstab der Bewertung nicht grundlegend ändern.

Damit bleibt es dabei, dass die Warentestrechtsprechung des BGH auf Leitlinien nicht unmittelbar angewendet werden kann. Jedoch sind deren – unmittelbar aus der verfassungsrechtlichen Güterabwägung sich ergebenden – Grundsätze Neutralität, Objektivität und Sachkenntnis auch auf die rechtliche Beurteilung von Aussagen in Leitlinien anzuwenden.

(e) Ergebnis

Durch die Veröffentlichung von fehlerhaften Empfehlungen in Leitlinien werden Unternehmen regelhaft nicht in ihrem Unternehmerpersönlichkeitsrecht i.S.d. § 823 Abs. 1 BGB betroffen. Hingegen kann eine solche – auch fahrlässige – Falschbehauptung einen Eingriff in den eingerichteten und ausgeübten Gewerbebetrieb darstellen. In diesem Fall kommt eine Haftung nach § 823 Abs. 1 BGB in Betracht. Die Grundsätze der Warentestrechtsprechung des BGH sind schließlich auf Leitlinien nur bedingt übertragbar. Anwendbar sind die im Rahmen dieser Rechtsprechung auf Basis des Art. 5 GG herausgearbeiteten Grundsätze Neutralität,

1368 LG Hamburg, Urt. v. 29.03.2010 – 325 O 387/09 – nicht veröffentlicht.

1369 Der Vorstand der Deutsche Gesellschaft für Rheumatologie; Erneuter Rechtsstreit mit der Orthogen Lab Service GmbH wegen kritische Stellungnahme zu Orthokin; abrufbar unter: http://dgrh.de/9410.html (Stand 28.2.2015) und http://news.doccheck.com/de/39427/orthokin-juristische-spritzen/ – Abgerufen am 28.02.2015).

1370 Die Stellungnahme ziert das Logo der DGRH, http://dgrh.de/fileadmin/media/Startseite/orthokin-stellungnahme_2009_geschwaerzt_final.pdf (Stand 28.02.2015).

Objektivität und Sachkenntnis. Hingegen sind die Grundsätze der Warentestrechtsprechung zu den Bedingungen der Warentests als solcher, also insbesondere der von der Rechtsprechung aufgestellten Anforderungen zu immer gleichen Testbedingungen, nicht übertragbar, da es beim „Testfeld“ des menschlichen Organismus gerade an solchen immer gleichen Testbedingungen fehlt.[1371]

cc) Ergebnis

In Ermangelung vertraglicher Beziehungen bestehen keine vertraglichen Ansprüche der Industrie gegenüber den Fachgesellschaften. Auch wettbewerbsrechtliche Ansprüche scheiden regelmäßig aus, da die Erstellung und Veröffentlichung von Leitlinien – jedenfalls sofern und soweit dieses weiterhin unentgeltlich geschieht – keine geschäftliche Handlung im Sinne des § 2 Abs. 1 Nr. 1 UWG darstellt. In Frage kommt schließlich eine Haftung aus allgemeinem Deliktsrecht, § 823 Abs. 1 BGB. Während eine Verletzung des allgemeinen Unternehmerpersönlichkeitsrechts regelhaft ausgeschlossen ist, da nicht das Unternehmen als solches bewertet wird, sondern allein ein Wirkstoff, der (auch) in einem Produkt des jeweiligen Unternehmens verwendet wird, kommt ein (fahrlässiger) Eingriff in den ausgeübten und eingerichteten Gewerbebetrieb als Haftungsgrundlage in Betracht. Dabei sind die Grundsätze der sog. Warentestrechtsprechung des BGH bedingt übertragbar.

6 Ergebnis

Die Fachgesellschaften haften, soweit sie sich in einer Außen-GbR zusammengeschlossen haben, als Gesellschafter dieser GbR für deren Verbindlichkeiten. Da die GbR Erstellerin der Leitlinie und daher für deren Inhalt voll verantwortlich ist, sind auch die in der GbR zusammengeschlossenen Fachgesellschaften gesamtschuldnerisch für den Inhalt der Leitlinie verantwortlich. Sofern eine solche GbR nicht als Außengesellschaft besteht, greift die Erstellerhaftung nur gegenüber der federführenden Fachgesellschaft. Diese und die übrigen Fachgesellschaften verantworten den Inhalt der Leitlinie darüberhinaus aus ihrer Herausgeberstellung.

Im Falle der kostenpflichtigen Abgabe von Leitlinien durch die Fachgesellschaften kommen auch Ansprüche aus UWG in Betracht, die aktuell daran scheitern, dass die Erstellung und Veröffentlichung der Leitlinien nicht als geschäftlichen Handlung im Sinne des § 2 Abs. 1 NR. 1 UWG anzusehen ist.

Gegenüber den die Leitlinie anwendenden Ärzten besteht nur eine beschränkte vertragliche Haftung der Fachgesellschaften. Die Leitlinien werden in einem Gefälligkeitsvertrag sui generis abgegeben, der einen konkludenten Haftungsverzicht beinhaltet. Nach diesem Haftungsprivileg haften die Fachgesellschaften nur für Vorsatz und grobe Fahrlässigkeit. Deliktisch kommt nur eine Regresshaftung über § 840 BGB in Betracht.

1371 BGH, Urt. v. 09.12.1975 – VI ZR 157/73 – Warentest II, RN 16.

Auch gegenüber den nach Leitlinie behandelten Patienten scheidet ein Auskunftsvertrag aus. Ebenfalls handelt es sich bei Leitlinien nicht um Produkte im Sinne des ProdHaftG, sodass eine entsprechende Haftung nicht in Frage kommt. Jedoch sind Leitlinien als Sachen im Sinne der deliktischen Produkthaftung anzusehen. In den Fällen in denen dem Arzt der Fehler in der Leitlinie nicht zumutbar auffallen konnte, können sich die Fachgesellschaften nicht auf ein Dazwischentreten des Arztes berufen, sodass sie in diesen Fällen gegenüber dem geschädigten Patienten – neben dem Arzt – aus deliktischer Produkthaftung nach § 823 BGB verantwortlich sind.

Schließlich besteht ein Haftungsrisiko auch gegenüber den von der Leitlinie betroffenen Pharmaunternehmen und Unternehmen der Medizinprodukteindustrie. Vertragliche Ansprüche scheitern regelmäßig am Fehlen vertraglicher Beziehungen, wettbewerbsrechtliche Ansprüche am Vorliegen einer geschäftlichen Handlung im Sinne des § 2 Abs. 1 Nr. 1 UWG. Es besteht mithin allein ein Haftungsrisiko aus allgemeinem Deliktsrecht, § 823 Abs. 1 BGB. Eine Haftung wegen Kreditgefährdung und eine Verletzung des allgemeinen Unternehmerpersönlichkeitsrechts sind regelhaft nicht gegeben, jedoch kommt ein (fahrlässiger) Eingriff in den ausgeübten und eingerichteten Gewerbebetrieb als Haftungsgrundlage in Betracht. Dabei sind die Grundsätze der sog. Warentestrechtsprechung des BGH bedingt übertragbar.

III. Haftung der AWMF

Neben den Fachgesellschaften kommt als Haftungsschuldner bei den hier im Fokus stehenden AWMF-Leitlinien insbesondere auch die AWMF selbst in Betracht. Bei Leitlinien aus dem NVL-Programm und dem Leitlinienprogramm Onkologie tritt die AWMF offiziell als Herausgeberin auf.[1372] Bei diesen Leitlinien gilt mit dem OLG Köln, dass sich die AWMF den Inhalt der Leitlinie als Herausgeberin zu Eigen gemacht hat und damit für diesen wie die Fachgesellschaften bei S-klassifizierten Leitlinien jedenfalls deliktisch haftet.[1373] Daneben ist die AWMF bei diesen Leitlinien aber auch über ihren Gesellschafterstatus der erstellenden GbR[1374] gemeinsam mit ihren jeweiligen Partnern als Erstellerin für den Inhalt verantwortlich. Aber auch bei den S-klassifizierten Leitlinien der Mitgliedsfachgesellschaften der AWMF, die über die Website der AWMF abrufbar sind, kommt eine Haftung der AWMF in Betracht, da auch bei diesen die AWMF prominent genannt wird.

1372 Siehe zu diesen Leitlinienprogrammen oben, Punkte: C. III. und C. IV.
1373 OLG Köln, Urt. v. 16.11.2012 – I-15 U 221/11 – RN 60 nach juris.
1374 Siehe zu den gesellschaftsrechtlichen Hintergründen oben, Punkt C. III. und IV.

1 Vertragliche Haftung

Da die AWMF selbst Leitlinien ausschließlich kostenlos zum Download bereithält, scheidet ein Kaufvertrag als Haftungsgrundlage aus. Es fehlt an dem hierfür zwingend erforderlichen synallagmatischen Gegenleistungsverhältnis. Ein Schenkungsvertrag scheitert auch hier am Ausbleiben einer Vermögensminderung.

Auch in Bezug auf die AWMF kann ein Gefälligkeitsvertrag vorliegen. Dies ist der Fall, wenn die Leitlinie über das Portal der AWMF kostenlos abgerufen wird.

Die AWMF kann sich gegenüber dem Empfänger der Leitlinie sowohl in Bezug auf S-klassifizierte Leitlinien ihrer Mitgliedsgesellschaften als auch in Bezug auf Leitlinien aus den Leitlinienprogrammen, bei denen sie als (Mit-) Herausgeberin auftritt, auf den konkludenten Haftungsverzicht berufen, sodass sie im Ergebnis nur Vorsatz und grobe Fahrlässigkeit zu vertreten hat. Dritten gegenüber kann sich AWMF nicht auf das gefälligkeitsvertragliche Haftungsprivileg berufen.

2 Aus UWG

Auch in Bezug auf eine Haftung der AWMF gilt das oben[1375] gefundene Ergebnis, wonach eine Haftung aus dem UWG regelmäßig ausscheidet. Mangels Vorliegens einer „geschäftlichen Handlung“ durch das Erstellen oder Veröffentlichen einer Leitlinie fehlt es regelhaft bereits an einer tatbestandlichen Grundvoraussetzung für die Anwendung von Lauterkeitsrecht.[1376] Mithin kommt es auf die Frage, welche Auswirkungen die kürzliche Aufgabe der Störerhaftung im Wettbewerbsrecht durch den BGH[1377] auf die hiesige Situation hat, gar nicht an.

3 Aus Delikt

a) Telemediengesetz (TMG)

Zunächst stellt sich die Frage, ob die allgemeine Haftung der AWMF für die Bereitstellung der Leitlinien im Internet durch die Regelungen des TMG beeinflusst wird. Zunächst ist festzuhalten, dass die Website der AWMF unter den Anwendungsbereich des TMG fällt. Es handelt sich um einen Elektronischen Informations- und Kommunikationsdienst im Sinne des § 1 Abs. 1 TMG.[1378] Die AWMF ist auch Dienstanbieter im Sinne des § 2 NR. 1 TMG. Nicht nur der Content-Provider,

---

1375 S.o. Punkt D.II.2.

1376 So auch OLG Köln, Urt. v. 06.11.2012 – 15 U 221/11 – RN 101 in Bestätigung von LG Köln, Urt. v. 30.11.2011 – 28 O 523/11 – RN 86.

1377 BGH, Urt. v. 22.07.2010 – I ZR 139/08 – Kinderhochstühle im Internet; BGH, Urt. v. 16.05.2013 – I ZR 216/11 – Kinderhochstühle im Internet II; BGH, Urt. v. 05.02.2015 – I ZR 240/12 – Kinderhochstühle im Internet III

1378 So für Websites im Allgemeinen, Spindler/Schuster-*Ricke*, § 1 TMG RN 4, 11.

der seine Inhalte auf eigenen Rechnern (Servern) speichert, sondern auch derjenige der sich der Speicherkapazitäten Dritter bedient, ist Dienstanbieter in diesem Sinne.[1379] Die Frage, ob die AWMF einen eigenen Server betreibt oder weiterhin die der Universität Düsseldorf nutzt[1380], ist insoweit irrelevant. Weiter gilt, dass das TMG keine eigenen Verantwortlichkeiten des Dienstanbieters begründet.[1381] Auch lässt sich ihm keine Anspruchsgrundlage entnehmen.[1382] Der (vermeintlich) Geschädigte ist diesbezüglich auf die allgemeinen Gesetze zurückgeworfen. Zunächst gilt, dass nach § 7 Abs. 1 TMG eine volle Verantwortung für eigene Informationen besteht. Fremde Informationen im Sinne des § 7 TMG sind bei Richtlinienkonformer Auslegung allein solche, die vom Nutzer eingegeben werden. Für diese fremden Informationen bestehen grundsätzlich Haftungsprivilegierungen in den §§ 8-10 TMG. Bei den Leitlinien handelt es sich nach dieser Definition jedoch um „eigene Informationen" im Sinne des TMG, auch wenn die Leitlinien nicht von der AWMF erstellt wurde. Sie wurden von ihr ihrem Informationsdienst hinzugefügt. Eine Privilegierung der AWMF nach den Regelungen des § 7 Abs. 1 i.V.m. §§ 8-10 TMG (bzw. § 8 Abs. 1 TDG a.F.) scheidet damit aus, da bereits die Grundvoraussetzung „fremde Information" nicht vorliegt.

Andererseits bedeutet eine fehlende Privilegierung noch keine Haftung. Diese ist nach allgemeinen Grundsätzen zu prüfen.[1383]

b) Aus § 824 BGB – Kreditgefährdung

Wie oben[1384] dargestellt, scheidet eine Kreditgefährdung, für die falsche Tatsachenbehauptungen vorliegen müssen, aus, da die Aussagen und insbesondere die Empfehlungen in Leitlinien regelhaft den Charakter von Meinungsäußerungen haben, sodass dieser Frage hier nicht weiter nachgegangen werden soll.

c) Aus § 823 BGB

Wie oben[1385] dargestellt haftet die AWMF bei Leitlinien aus dem NVL und OL-Programmen so wie die Fachgesellschaften bei S-klassifizierten Leitlinien.

Eine deliktische Haftung der AWMF für S-klassifizierte Leitlinien der Fachgesellschaften kommt insbesondere gegenüber Dritten in Betracht. Zu nennen sind neben den Patienten zuvorderst Pharma- und Medizinprodukteunternehmen. Es

---

1379 Spindler/Schuster-*Ricke*, § 2 TMG RN 2.

1380 Laut *Igloffstein*, nutzte die AWMF in der Vergangenheit (ca. 2002) Server der Uni Düsseldorf; *Igloffstein*; S. 176 unter Hinweis auf Aussagen des damaligen Geschäftsführers der AWMF, Herrn Wolfgang Müller.

1381 Spindler/Schuster-*Ricke*, Vor § 7 TMG RN 24.

1382 Spindler/Schuster-*Ricke*, Vor § 7 TMG RN 24.

1383 Spindler/Schuster-*Hoffmann*: § 8 TMG, RN 26.

1384 s.o. Punkt D.II.5.b).cc).

1385 S.o. Punkt D.III.

kommen einerseits Eingriffe in das Unternehmerpersönlichkeitsrecht und das Recht am eingerichteten und ausgeübten Gewerbebetrieb und andererseits presse- und äußerungsrechtliche Haftungskonstellationen in Frage. Zu differenzieren ist weiter danach, ob die AWMF für Fehler in S-klassifizierten Leitlinien als Täter oder als Störer in Anspruch genommen werden kann.

aa) Kein Haftungsausschluss durch Disclaimer

Zunächst ist zu prüfen, ob die von der AWMF verwendete Haftungsausschlusserklärung wirksam ist. Es existiert die folgende Haftungsausschlusserklärung, die auf der Website der AWMF und auf vielen, jedoch nicht allen, der dort veröffentlichten Leitlinien zu finden ist:

> *„Die „Leitlinien" der Wissenschaftlichen Medizinischen Fachgesellschaften sind systematisch entwickelte Hilfen für Ärzte zur Entscheidungsfindung in spezifischen Situationen. Sie beruhen auf aktuellen wissenschaftlichen Erkenntnissen und in der Praxis bewährten Verfahren und sorgen für mehr Sicherheit in der Medizin, sollten aber auch ökonomische Aspekte berücksichtigen. Die „Leitlinien" sind für Ärzte rechtlich nicht bindend und haben daher weder haftungsbegründende noch haftungsbefreiende Wirkung.*
>
> *Die AWMF erfasst und publiziert die Leitlinien der Fachgesellschaften mit größtmöglicher Sorgfalt – dennoch kann die AWMF für die Richtigkeit – insbesondere von Dosierungsangaben – keine Verantwortung übernehmen. Insbesondere zu Dosierungsangaben sind stets die Angaben der Hersteller zu beachten!"*

Bei NationalenVersorgungsLeitlinien und Leitlinien aus dem OL-Programm ist folgender Text, jeweils in der Formulierung auf den Leitlinientyp angepasst, enthalten:

> *„Die Medizin unterliegt einem fortwährenden Entwicklungsprozess, sodass alle Angaben, insbesondere zu diagnostischen und therapeutischen Verfahren, immer nur dem Wissensstand zurzeit der Drucklegung der VersorgungsLeitlinie entsprechen können. Hinsichtlich der angegebenen Empfehlungen zur Therapie und der Auswahl sowie Dosierung von Medikamenten wurde die größtmögliche Sorgfalt beachtet. Gleichwohl werden die Benutzer aufgefordert, die Beipackzettel und Fachinformationen der Hersteller zur Kontrolle heranzuziehen und im Zweifelsfall einen Spezialisten zu konsultieren. Fragliche Unstimmigkeiten sollen bitte im allgemeinen Interesse der OL-Redaktion mitgeteilt werden.*
>
> *Der Benutzer selbst bleibt verantwortlich für jede diagnostische und therapeutische Applikation, Medikation und Dosierung."*[1386]

Damit wird für den Leser klargestellt, dass die AWMF für den Inhalt der Leitlinien keine Verantwortung übernehmen möchte.

1386 S3-Leitlinie „Diagnostik, Therapie und Nachsorge des Melanoms" Kurzversion 1.1-Februar 2013 AWMF-Register-Nummer: 032-024O, abrufbar unter: www.awmf.org/leitlinien

Jedoch verbreitet sie diese Leitlinien über ihre Website und auch der Name und mitunter das Logo der AWMF werden auf der ersten Seite der S-klassifizierten Leitlinie regelmäßig wiedergegeben. Während die AWMF durch die Verbreitung der Leitlinien über ihre Website und die Genehmigung zur Verwendung ihres Namens bzw. Logos auf diesen einerseits den Anschein erwecken könnte, sich den Inhalt derselben wie eine Herausgeberin zu eigen zu machen, stellt sie andererseits explizit klar, dass sie gerade nicht für den Inhalt der Leitlinien verantwortlich zeichnen möchte und allein die Publikation verantwortet. Dieser Disclaimer stellt äußerungsrechtlich eine Distanzierung vom Inhalt der Leitlinien dar,[1387] führt jedoch nicht ohne Weiteres zu einer Vermeidung einer Haftung nach Deliktsrecht.[1388] Um eine solche zu erreichen, wäre es erforderlich, dass die Information, in diesem Fall die Leitlinie, von der die Distanzierung erfolgen soll, nicht ohne den Disclaimer eingesehen werden kann.[1389] Diese Voraussetzung ist nicht durchgängig erfüllt, da der Disclaimer nicht auf jeder Leitlinie und wenn, dann nicht auf jeder Seite der S-klassifizierten Leitlinie zu lesen ist, wenn diese über das Portal der AWMF abgerufen wird. Aber auch wenn dies der Fall wäre, kann der Haftungsausschluss nur auf vertraglicher Basis[1390], mithin gegenüber dem Leser, Wirkung entfalten.[1391] Auch dann ist eine einseitige Haftungsfreizeichnung nicht möglich. Erforderlich wäre eine Einbeziehung der Haftungsfreistellungsklausel in den Vertrag. Da diese Klausel vom Verkäufer der Leitlinie eingebrachte werden würde, wären grundsätzliche die Bestimmungen des AGB-Rechts gem. §§ 305 ff BGB anwendbar. Gem. § 309 Nr. 7 a BGB ist eine solche Freizeichnung jedoch in den hier relevanten Fällen einer Verletzung von Leben, Körper und Gesundheit in AGB ausgeschlossen, bei der Verletzung sonstiger Rechtsgüter gem. § 309 Nr. 7 b) BGB nur für Fälle der einfachen Fahrlässigkeit möglich. Auch eine Beschränkung der Haftung der Höhe nach ist bei mindestens grober Fahrlässigkeit unzulässig.[1392] Eine Individualvereinbarung im Sinne des § 305 BGB erscheint bei der Abgabe von Leitlinien aus tatsächlichen Gründen ausgeschlossen, sodass die Möglichkeit einer Haftungsfreizeichnung für deliktische Ansprüche auf diesem Wege hier nicht weiter erörtert

---

1387 Siehe hierzu: Wenzel-*Burkhardt*; Das Recht der Wort- und Bildberichterstattung, Kapitel 4, RN 102.

1388 OLG München, Urteil v. 17.05.2002 – Az.: 21 U 5569/01, abrufbar unter: http://www.online-und-recht.de/urteile/Oberlandesgericht-Muenchen-20020517/; Wenzel-*Burkhardt*; Das Recht der Wort- und Bildberichterstattung, Kapitel 4, RN 102.

1389 Hoeren/Sieber/Holznagel-*Seitz*; Handbuch Multimedia-Recht, Teil 8 RN 29, 43.Erg-Lfg. 2016.

1390 OLG München, Urteil v. 17.05.2002 – Az.: 21 U 5569/01, abrufbar unter: http://www.online-und-recht.de/urteile/Oberlandesgericht-Muenchen-20020517/.

1391 Hoeren/Sieber/Holznagel-*Seitz*; Handbuch Multimedia-Recht, Teil 8 RN 29, 43.Erg-Lfg. 2016.

1392 MK-*Grundmann*, § 276 RN 184.

werden soll.[1393] Allein auf die Regelungen der § 276 Abs. 3, § 278 S. 2 BGB, nach der eine Haftung für eigenen Vorsatz in jedem Fall zwingend ist, soll hingewiesen werden. Aufgrund der insgesamt bestehenden Probleme mit Haftungsfreistellungsklauseln verzichtet der DIN e.V. offenbar seit einigen Jahren auf die Verwendung vergleichbarer Klauseln.[1394]

Dem Verletzten, hier z.B. dem Pharmaunternehmen gegenüber, welches durch eine fehlerhafte Darstellung in der Leitlinie in eigenen Rechten verletzt wird, kann ein solcher Disclaimer bereits mangels vertraglicher Beziehung keinen Haftungsausschluss bewirken.[1395] Damit kann der von der AWMF verwendete Disclaimer keinen deliktsrechtlichen Haftungsausschluss bewirken.

bb) Täterhaftung

Ein Haftung der AWMF auch bei S-klassifizierten Leitlinien der Fachgesellschaften im Rahmen der Täterhaftung käme nur in Betracht, wenn diese der AWMF inhaltlich zuzurechnen wären. Die AWMF tritt nicht als Herausgeberin dieser Leitlinien auf. Sie ist vielmehr allein für die Publikation zuständig, also als Verlegerin anzusehen. Eine Haftung für den Inhalt der Leitlinien käme in Betracht, wenn sie entweder für die Fehlerfreiheit des Leitlinientextes originär verantwortlich oder ihr dieser zuzurechnen wäre. Letzteres wäre der Fall, wenn sie ihn sich durch die Veröffentlichung auf ihrer Website zu eigen gemacht hat.

(i) Originäre Verantwortlichkeit der AWMF für die Fehlerfreiheit des Inhalts der Leitlinie

Die Frage, ob Autor oder Verleger für die Fehlerfreiheit eines Textes verantwortlich sind, besteht unabhängig vom gewählten Medium der Veröffentlichung. Ursprünglich obliegt die Druckfehlerkorrektur dem Verleger als Endhersteller, was mit der (dispositiven) Regelung des § 20 Abs. 1 S. 1 VerlG begründet wird.[1396] Tatsächlich ist es jedoch üblich, dass von dieser dispositiven Regelung des Verlagsgesetzes regelhaft abgewichen wird, zumal dieses mangels drucktechnischen Verbreitens auf die Online-Veröffentlichung ohnehin keine Anwendung findet.[1397]

1393 Palandt-*Sprau*, Einf v § 823 RN 10: *„Bei vertraglich vereinbarten Haftungsbeschränkungen oder Haftungsausschlüssen ist es mangels ausdrücklicher Regelung Auslegungsfrage, ob sie auch die Haftung aus unerlaubter Handlung erfassen (BGH NJW 77, 379/81, 79, 2148 für Kauf und Werkverträge...). So kann bei einer auf Anfrage erteilten Bankauskunft der Zusatz „ohne Verbindlichkeit“ vertragliche und außervertragliche Haftung wegen Fahrlässigkeit ausschließen (BGHZ 13, 198; s. aber § 675 RN 43).“*

1394 *Igloffstein*, Regelwerke, S. 192f. unter Hinweis auf ein Telefonat mit dem Justitiar des DIN e.V., Herrn Löhrs vom 03.08.2000 sowie m.w.N.

1395 Hoeren/Sieber/Holznagel-*Seitz*; Handbuch Multimedia-Recht, Teil 8 RN 29.

1396 *Forste*, NJW 1991, 1433, 1435; siehe hierzu auch: BGH, Urt. v. 07.07.1970 – VI ZR 223/68 – = NJW 1970, 1963f.

1397 s.o. Punkt C.VII.7. c).

Eine solche vertragliche Vereinbarung zwischen AWMF als Online-Verlegerin und den Fachgesellschaften, wie sie sich aus dem AWMF-Regelwerk ergibt und damit auch Vertragsbestandteil wurde, ist, wie der BGH im Druckfehlerurteil feststellt,[1398] nicht nur üblich sondern insbesondere auch regelmäßig[1399] zulässig und führt zu einer alleinigen Verantwortlichkeit des Autors auch im Außenverhältnis. Die hiergegen erhobene Kritik[1400] ist letztlich – jedenfalls für die hier interessierenden Leitlinien – nicht stichhaltig. Insbesondere das Argument der wirtschaftlichen Stärke der Verlegers im Vergleich zur wirtschaftlichen Schwäche des Autors und der damit verbundenen Verhandlungsmacht sowie der leichteren Versicherbarkeit etwaiger Schäden durch den Verleger gerade aufgrund seiner wirtschaftlichen Stärke ist auf das Verhältnis zwischen AWMF und den Fachgesellschaften nicht übertragbar. Zum einen erfolgt die Erstellung der Leitlinien unentgeltlich, sodass es nicht darauf ankommt, wer welche zusätzliche Leistung (auch) unentgeltlich erbringt,[1401] zum anderen stehen sich mit den Fachgesellschaften einerseits und der AWMF andererseits Partner gegenüber, bei denen keiner einen Vorteil hat bei der Frage eines Versicherungsabschlusses. Tatsächlich dürften gerade größere Fachgesellschaften gegenüber der AWMF die wirtschaftlich stärkere Institution sein.

Es gilt damit, dass die Verantwortung für die Fehlerkorrektur zwischen AWMF und Fachgesellschaften wirksam auf letztere übertragen wurde. Im originären Verantwortungsbereich der AWMF verbliebe damit nur noch die fehlerfreie Übertragung des übermittelten Leitlinientextes in ein zur Veröffentlichung geeignetes Dateiformat.[1402] Der technische Fortschritte durch die Einführung des unveränderlichen PDF-Formats und der Umstand, dass diese Umwandlung bereits im Verantwortungsbereich der Fachgesellschaften erfolgt, führt dazu, dass auch die rechtliche Verantwortung bei den Fachgesellschaften anzusiedeln ist.[1403]

Damit besteht keine originäre Verantwortung der AWMF für den Inhalt der Leitlinien.

(ii) Verantwortung der AWMF durch ein sich zu eigen Machen des Leitlinieninhalts

Voraussetzung für die Aufnahme einer fertiggestellten Leitlinie in das AWMF-Register und damit für eine Verbreitung über die AWMF-Website ist, dass das

---

1398 BGH, Urt. v. 07.07.1970 – VI ZR 223/68 – RN 18 = NJW 1970, 1963f.

1399 BGH, Urt. v. 07.07.1970 – VI ZR 223/68 – RN 19 = NJW 1970, 1963f, lässt offen, ob bei besonders gefahrgeneigten Druckwerken, wie z.B. „für die Dosierung gefährlicher Medikamente und für ungewöhnliche, bisher nicht bekannte und gefährliche Eingriffe", eine Kontrollpflicht des Verlegers hinzutritt, die er aber, so der BGH ebenfalls auf den Autor übertragen kann.

1400 *Röhl*, JZ 1979, S 369, 377f.

1401 *Igloffstein*, S. 186.

1402 *Igloffstein*, S. 187.

1403 Hierzu s.o., Punkt D.II.4.c).cc).

Regelwerk der AWMF bei der Erstellung eingehalten wurde, was gegenüber der AWMF zuzusichern ist. Eine Überprüfung durch die AWMF, ob diese methodischen Regeln tatsächlich eingehalten wurden, erfolgt genauso wenig wie eine inhaltliche Überprüfung der Leitlinien. Eine Überprüfung der methodischen Qualität, nicht des Inhalts, findet statt, wenn für eine S3-Leitlinie eine Zertifizierung durch die AWMF beantragt wird.[1404] In diesem Fall erfolgt u.a. eine Bewertung der methodischen Qualität der Leitlinie anhand von DELBI durch die AWMF; eine inhaltliche Kontrolle/Bewertung erfolgt auch in diesen Fällen nicht.[1405] Wird die Überprüfung erfolgreich durchlaufen, wird das „Leitlinien-Prädikat" der AWMF vergeben und die Leitlinie darf als „AWMF-zertifiziert" bezeichnet werden.[1406] Eine solche Zertifizierung ist letztlich vergleichbar mit der Leitlinien-Methodenbewertung durch das IQWiG.[1407] Geprüft wird auf Basis des AGREE II- Instruments, dem das deutsche DELB-Instrument[1408] nachgebildet wurde und die folgenden Prüfungsschritte umfasst:

Domäne 1: Geltungsbereich und Zweck
Domäne 2: Beteiligung von Interessengruppen
Domäne 3: Methodologische Exaktheit der Leitlinienentwicklung
Domäne 4: Klarheit der Präsentation
Domäne 5: Anwendbarkeit
Domäne 6: Redaktionelle Unabhängigkeit.[1409]

Mithin erfolgt auch in diesem Prüfungssystem keine Überprüfung des Inhalts einer Leitlinie. Damit kann festgehalten werden, dass zu keinem Zeitpunkt (und soweit ersichtlich durch keine Institution) eine Überprüfung des Inhalts einer Leitlinie nach deren Fertigstellung und Freigabe durch die Fachgesellschaften erfolgt.

Diese Umstände sind dem Interessierten zwar bekannt und bei entsprechender Suche auch als Erklärungen der AWMF-Seite zu entnehmen, sie sind jedoch nicht ohne weiteres erkennbar und jedenfalls nicht offensichtlich. Zudem erfolgt bei einer Gesamtbetrachtung des Disclaimers vom objektiven Empfängerhorizont des Durchschnittsempfängers nicht nur eine Distanzierung vom Inhalt, sondern zugleich eine Identifizierung mit diesem. Während die Distanzierung primär auf die „Richtigkeit" und hier insbesondere die der „Dosierungsangaben" abzielt, erfolgt im ersten Absatz des Disclaimers eine Adelung der Leitlinien als „systematisch entwickelte Hilfen für Ärzte zur Entscheidungsfindung", die „auf

1404 AWMF-Regelwerk, S. 61.
1405 AWMF-Regelwerk, S. 61.
1406 AWMF-Regelwerk, S. 61.
1407 *IQWiG*, Allgemeine Methoden, Version 4.2, Punkt 5.2.2, S. 111; auch zukünftig bleibt es wohl dabei: Entwurfs-Version 5.0 Punkt 5.2.4, S. 116.
1408 *Beyer et al.*, DELBI.
1409 *IQWiG*, Allgemeine Methoden, Version 4.2, Punkt 5.2.2, S. 111; auch zukünftig bleibt es wohl dabei: Entwurfs-Version 5.0 Punkt 5.2.4, S. 116.

aktuellen wissenschaftlichen Erkenntnissen und in der Praxis bewährten Verfahren" beruhen und damit „für mehr Sicherheit in der Medizin" sorgen sollen. Dieses pauschale Lob der Leitlinien, dass durch die AWMF ausgesprochen wird, führt dazu, dass sie aus Sicht von Außenstehenden untrennbar mit den Leitlinien und deren Inhalt in Verbindung gebracht wird. Dies ist auch Absicht der AWMF. Nicht zuletzt erfolgt die Bezeichnung dieser Leitlinien nach der Registratur der AWMF als *„AWMF-Leitlinien-Register Nr. xy"*. Auch die von der AWMF vor Veröffentlichung durchgeführte Kontrolle, ob die (methodischen) Vorgaben des AWMF-Regelwerks eingehalten wurden, führt zu einer Zuordnung der Leitlinie in die Sphäre der AWMF. Selbst wenn die Kontrolle sich nur auf die Zusicherung des Einhaltens der methodischen Vorgaben durch die Ersteller begrenzt, ist die Außendarstellung so, dass auch eine Identifikation mit dem Inhalt sich aufdrängt. Schließlich wird nach Außen der Eindruck vermittelt, nur „geprüfte" Leitlinien seien auf der Seite der AWMF zu finden. Zudem verfügt die AWMF über Nutzungsrechte an den Leitlinien, was ebenfalls als Indiz für ein „zu eigen machen" mit dem Inhalt zu werten ist.[1410]

Andererseits lässt sich aus dem Umstand, dass die AWMF diese Leitlinie auf ihrer Website zum Download bereithält, zunächst keine inhaltliche Billigung durch die AWMF entnehmen, sondern allein die Erklärung, dass die Leitlinie nach ordnungsgemäßer Anmeldung und nach ungeprüfter Zusicherung der Einhaltung der methodischen Anforderungen erstellt wurde. Auch handelt es sich bei dem Nutzerkreis nicht um die Allgemeinheit, sondern um eine Fachöffentlichkeit, der die grundlegende Struktur des deutschen Leitlinienwesens bekannt ist. Im AWMF-Regelwerk erfolgt eine klare Aufgabenverteilung zwischen Fachgesellschaften als Leitlinienersteller und AWMF als online-Verleger. Zudem ist der inhaltlich Verantwortliche für den Leser auch ohne Kenntnis des Regelwerks unschwer erkennbar. Die herausgebenden Fachgesellschaften werden auf der Homepage der AWMF und in jeder Leitlinien explizit benannt. Es ist somit nicht so, dass ein zivil- und oder strafrechtlich Verantwortlicher nicht erkennbar wäre.[1411]

Mithin kann der Inhalt der Leitlinie nicht der AWMF als eigener zugerechnet werden, sodass ihr auch nicht ein entsprechendes Behaupten im äußerungsrechtlichen Sinne vorgeworfen werden kann.[1412] Durch die eindeutige Distanzierung vom Inhalt der Leitlinie mittels des verwendeten Disclaimers erfolgt zudem eine äußerungsrechtlich wirksame Distanzierung. Mangels Herausgeberstellung und aufgrund dieser expliziten Distanzierung vom Inhalt der Leitlinie scheidet eine

---

1410 BGH, Urt. v. 12.11.2009 – I ZR 166/07 (marions-kochbuch.de) = GRuR 2010, 16–620; OLG Köln, Urt. v. 28.05.2002 – 15 U 221/01, RN 8.

1411 Mit diesem Argument begründete das OLG Köln die Haftung des Betreibers eines Chatforums, obwohl sich dieser explizit vom Inhalt distanzierte, aus Gründen des Datenschutzes jedoch die Nennung des Namens ablehnte, OLG Köln, Urt. v. 28.05.2002 – 15 U 221/01, RN 10.

1412 Siehe hierzu: OLG Köln, Urt. v. 16.11.2012 – I-15 U 221/11 – RN 60 nach juris.

Herausgeberhaftung mit dem Argument des „sich zu eigen Machens", wie es das OLG Köln[1413] zutreffend für NVL festgestellt hat, trotz der Verwendung des Zeichens der AWMF auf dem Leitliniendokument und des Umstandes, dass die AWMF die Leitlinie über ihre Website zugänglich macht, aus. Denn im Unterschied zu NVL wirkt das Verhalten der AWMF in Bezug auf den Inhalt von S-klassifizierten Leitlinien für den Durchschnittsempfänger[1414] nicht wie ein Sich-zu-eigen-Machen der in der Leitlinie enthaltenen Äußerungen.

cc) Störerhaftung

Durch das Einstellen der Leitlinien auf ihrer Website könnte die AWMF jedoch als Störer nach § 823 i.V.m. § 1004 BGB in Anspruch genommen werden. Insbesondere Unterlassungsansprüche der betroffenen (Pharma-)Unternehmen können sich auf diese Rechtsgrundlage stützen, wenn in einer Leitlinie z.B. falsche Tatsachenbehauptungen enthalten sind, die das Unternehmen nicht hinnehmen muss. Weitergehende Ansprüche gegenüber der AWMF scheiden hingegen aus.

d) Gefälligkeitsvertragliches Haftungsprivileg

Die AWMF kann sich gegenüber dem Vertragspartner, d.h. gegenüber derjenigen Person, die die Leitlinie zur Nutzung von der Website der AWMF herunter geladen hat, auf das gefälligkeitsvertragliche Haftungsprivileg berufen, da diese Privilegierung auch für deliktsrechtliche Ansprüche gilt.

Zu beachten ist jedoch, dass dieses Privileg nur gegenüber dem Vertragspartner und nicht gegenüber Dritten gilt. Insbesondere gegenüber den Patienten bzw. Pharma- und Medizinprodukteunternehmen, die von etwaigen Fehlern in Leitlinien betroffen sein können, kann sich die AWMF mithin nicht darauf berufen.

e) Ergebnis

Deliktisch haftet die AWMF für S-klassifizierte Leitlinien der Fachgesellschaft nur als Störer im Sinne der §§ 823, 1004 BGB und damit allein auf Unterlassung. Eine Täterhaftung kommt nicht in Frage, da ihr die Leitlinien nicht inhaltlich zugeordnet werden können. Der Haftungsausschluss mittels des verwendeten Disclaimer ist unwirksam, so dass über diesen keine Haftungsprivilegierung erfolgen kann. Hingegen kann sich die AWMF gegenüber denjenigen, die die Leitlinien von ihrer Website herunterladen auf das gefälligkeitsvertragliche Haftungsprivileg berufen. Dieser Haftungsausschluss wirkt aber nicht gegenüber Dritten, mithin insbesondere nicht gegenüber Patienten, der Pharma- und der Medizinprodukteindustrie.

1413 OLG Köln, Urt. v. 16.11.2012 – I-15 U 221/11 – RN 60 nach juris.
1414 Siehe hierzu: Wenzel-*Burkhardt*; Das Recht der Wort- und Bildberichterstattung, Kapitel 4, RN 102.

4 Organhaftung gem. § 31 BGB

Wie oben[1415] gezeigt, handelt es sich bei den Autoren und damit auch bei den Leitliniengruppen nicht um besondere Vertreter oder Organe der Fachgesellschaften im Sinne des § 31 BGB. Genauso wie bei den Fachgesellschaften,[1416] scheidet auch in Bezug auf die AWMF eine Organhaftung aus.

5 Mitgliederhaftung gem. § 31b Abs. 2 BGB

Zu denken wäre noch an eine Haftung der AMWF für das Verhalten der Fachgesellschaft als ihre Mitglieder nach § 31b Abs. 2 BGB. Nach dieser Regelung können Vereinsmitglieder im Innenverhältnis Freistellung verlangen, wenn sie im Rahmen der ihnen übertragenen Aufgaben satzungsgemäßen Vereinsaufgaben Schadensersatz leisten müssen. An dieser Aufgabenübertragung scheitert ein solcher Freistellungsauftrag. Die Fachgesellschaften werden in originär eigenen Aufgaben tätig. Die Erstellung von Leitlinien der Fachgesellschaften (S-klassifizierte AWMF-Leitlinien) ist zudem nicht satzungsgemäße Aufgabe der AWMF. Die AWMF wird nur in Bezug auf die Leitlinien des NVL-Programms und der Leitlinien des Onkologie-Programms als Herausgeber aktiv. Auch bei diesen werden die Fachgesellschaften, so sie beteiligt sind, in Wahrnehmung eigener Aufgaben und nicht im Auftrag der AWMF tätig.[1417]

6 Ergebnis

Eine Haftung der AWMF besteht zunächst bei Leitlinien aus dem NVL-Programm und dem OL-Programm aufgrund der dort gegebenen Herausgeberstellung der AWMF. Bei diesen Leitlinien haftet die AWMF darüber hinaus aus ihrer Gesellschafterposition für Ansprüche, die gegen die erstellenden GbRs, deren Gesellschafterin sie ist, geltend gemacht werden. Daneben scheidet zunächst eine vertragliche Haftung aus Kauf- und Auskunftsvertrag aus. Der Gefälligkeitsvertrag zwischen AWMF und dem die Leitlinie abrufenden Anwender begründet zunächst grundsätzlich eine vertragliche Haftung, jedoch ist auch in diesem Fall ein konkludent vereinbartes Haftungsprivileg zu beachten. Eine Haftung aus UWG scheitert regelhaft am Fehlen der dazu erforderlichen geschäftlichen Handlung, da das Erstellen und Veröffentlichen einer Leitlinie den Tatbestand nicht erfüllt.

Bezüglich einer denkbaren deliktischen Haftung gilt zunächst, dass die Haftungsprivilegierung des Telemediengesetzes ausscheidet, da es sich bei den Leitlinien gerade nicht um fremde Informationen im Sinne des Gesetzes handelt. Auch

---

1415 S.o. Punkt C.VII.6.b).

1416 s.o. Punkt D.II.1.c).

1417 So benennt z.B. die NVL Kreuzschmerz alle Herausgeber, mithin auch die Fachgesellschaften, gleichrangig und hebt BÄK, KBV und AMWF nur als Träger des dahinterstehenden NVL-Programms hervor.

ist der Tatbestand einer Kreditgefährdung nach § 824 BGB regelhaft nicht erfüllt. Bei § 823 BGB gilt, dass der verwendete Disclaimer nicht die erwünschte deliktische Haftungsbegrenzung erreichen kann. Aber auch eine Täterhaftung kommt nicht in Betracht, da die Leitlinien der AWMF nicht zuzurechnen sind. Hingegen haftet die AWMF als Störer im Sinne der §§ 823, 1004 BGB und damit allein auf Unterlassung. Im Fall einer Haftung kann sie sich gegebenenfalls auf das vereinbarte Haftungsprivileg berufen. Da dieses aber nicht gegenüber Dritten wirkt, läuft es bei einer Störerhaftung leer. Eine vereinsrechtliche Haftung für das Verhalten ihrer Mitgliedsgesellschaften oder auch der Leitliniengruppe nach § 31ff BGB greift schließlich ebenfalls nicht, da der AWMF das Verhalten dieser Personen(gruppen) nicht zugerechnet werden kann. Weder sind die Mitglieder der Leitliniengruppe oder diese selbst als Organ der AMWF anzusehen, noch handeln die Fachgesellschaften bei der Erstellung von Leitlinien als Vereinsmitglieder der AWMF im Rahmen ihrer übertragenen satzungsgemäßen Vereinsaufgaben.

IV. Haftung der Leitlinien-Gruppe und ihrer Mitglieder

Wie oben[1418] dargestellt, handelt es sich bei der Leitliniengruppe um eine Gesellschaft bürgerlichen Rechts. In den Fällen, in denen eine Außen-GbR vorliegt, ist eine zivilrechtliche Verantwortlichkeit dieser Gesellschaft[1419] und darüber hinaus auch der einzelnen Autoren als Mitglieder der Leitliniengruppe und mithin als Gesellschafter grundsätzlich möglich. Wie gezeigt, liegt aktuell jedoch regelmäßig keine Außen-, sondern allein eine Innen-GbR vor.

Mangels Teilnahme am Rechtsverkehr scheidet eine Haftung der Leitliniengruppe als GbR damit regelhaft aus. In Frage kommt daher nur eine individuelle Haftung der Autoren.

Besondere Bedeutung erlangt dabei der Umstand, dass die Empfehlungen der Leitlinie im Rahmen einer Konsensuskonferenz durch die Leitliniengruppe verabschiedet werden. Es handelt sich mithin um Empfehlungen, die nicht von Einzelnen, sondern von einer Personenmehrheit getroffen werden. Zudem werden regelmäßig anonyme Abstimmungsverfahren genutzt, um einen Abstimmungsbias zu vermeiden. Dies führt zu erheblichen Schwierigkeiten bei der Feststellung der haftungsrechtlich relevanten Kausalität des Handelns einzelner Gruppenmitglieder. Nach AWMF-Regelwerk gilt ein Konsens als erzielt, wenn über 75 % der Teilnehmer zustimmen, bei einer Zustimmungsrate von über 95% gilt das Ergebnis als starker Konsens, bei einer Zustimmungsrate unter 50% gilt ein Konsens als nicht erzielt, Zustimmungsraten zwischen 50% und 75% gelten als mehrheitliche

1418 s.o., E.VII.5.c).

1419 Die Rechtsfähigkeit der Außen-GbR ist seit dem Grundsatzurteil des BGH vom 29.01.2001 – II ZR 331/00 – = BGHZ 146, 341, NJW 2001, 1056 anerkannt.

Zustimmung.[1420] Dabei gilt: die dogmatisch-methodische Lösung darf nicht von der prozessualen Frage der Beweisbarkeit abhängig gemacht werden.[1421]

1 Gegenüber den Fachgesellschaften

a) Vertragliche Haftung

Die Mitglieder der Leitliniengruppe stehen sämtlich in einem vertraglichen Verhältnis zur Fachgesellschafts-GbR (oder, bei Vorliegen allein einer beihilfeähnlichen Gemeinschaft auf Seiten der Fachgesellschaften, zu der federführenden Fachgesellschaft).[1422] Dieser Leitlinienerstellungsvertrag kommt haftungsrechtlich als Vertragsgrundlage in Betracht. Daneben stehen einige Mitglieder der Leitliniengruppe, die Mandatsträger, zusätzlich in einer vertraglichen Beziehung zu der sie entsendenden Fachgesellschaft. Auch dieser Mandatsvertrag kommt als Vertragsgrundlage in Betracht.

aa) Leitlinienerstellungsvertrag

Die Vertragsparteien haben für eine vertragsgemäße Erfüllung der ihnen obliegenden Haupt- und Nebenleistungspflichten aus dem Leitlinienerstellungsvertrag gegenseitig einzustehen. Die Autoren sind dabei verpflichtet ihren Anteil an der Erstellung der Leitlinie nach bestem Wissen und Gewissen zu erfüllen. Wie oben dargestellt handelt es sich bei dem Leitlinienerstellungsvertrag weder um einen echten Dienst- noch um einen echten Werkvertrag, sondern um ein Auftragsverhältnis mit dienst- und werkvertraglichen Elementen.[1423] Das gemeinsam zu schaffende Werk Leitlinie wird durch Beisteuern des jeweiligen Wissens und der Arbeitskraft der Autoren gemeinschaftlich erstellt. Einige Aufgaben haben werkvertragsähnlichen Charakter. So sind, ähnlich einer Gutachtenerstellung, Erläuterungen, Bewertungen und Empfehlungen in Schriftform zu erstellen. In anderen Aspekten hat die von den Autoren geschuldete Leistung hingegen dienstvertraglichen Charakter. So ist die Teilnahme an den erforderlichen Konsensuskonferenzen eher dienstvertraglicher Natur. Hier kann der einzelne Autor nicht mehr leisten, als sein Fachwissen in das Gremium einzubringen. Ob sein Beitrag am Ende in der Leitlinie Berücksichtigung findet, ist ohne Einfluss auf die Erfüllung seiner vertraglichen Verpflichtung zur Teilnahme. Insgesamt überwiegen die dienstvertraglichen Elemente. Zwar richtet sich das eigentliche Interesse des Auftraggebers auf das fertige „Werk“, die Leitlinie. Jedoch handelt es sich bei der Leitliniengruppe – wie

---

1420 AWMF-Regelwerk, S. 40.

1421 So für den insoweit vergleichbaren strafrechtlichen Bereich: *Knauer*, Kollegialentscheidung, S. 205 m.w.N.

1422 S.o. Punkt C.VII.4.

1423 S.o., Punkt C.VII.6.

oben gezeigt – um eine betriebsgruppenähnliche Gemeinschaft. Das Risiko für das fertige Werk liegt daher primär beim Auftraggeber, die Autoren haben in erster Linie ihren Beitrag beizusteuern.[1424] Auch wenn die Situation so ist, dass die Leitliniengruppe die Leitlinie vollständig fertigstellt und erst dann diese den Fachgesellschaften zur Freigabe übergibt, überwiegen insgesamt die dienstvertraglichen Elemente im Rechtsverhältnis Autor – Fachgesellschafts-GbR (bzw. federführende Fachgesellschaft). Somit sind potentielle Ansprüche der Herausgeber aus dem Leitlinienerstellungsvertrag insgesamt unter Berücksichtigung dieses dienstvertragsähnlichen Charakters zu beurteilen.

Etwas anderes kann gelten, wenn sich die Autoren zu einer Außen-GbR zusammenschließen und aufgrund des tatsächlichen Ablaufs ein Vertrag zwischen dieser Eigengruppe in der Rechtsform einer Außen-GbR und der Fachgesellschafts-GbR über die Erstellung der fertigen Leitlinie geschlossen werden sollte. Eine dahin gehende Entwicklung ist derzeit aber nicht absehbar. In diesem Fall, wären gegebenenfalls die Mängelgewährleistungsrechte des Werkvertragsrechts nach §§ 633ff. BGB analog anwendbar. Ebenfalls wäre bei der Annahme einer fehlerhaften Leitlinie über ein Mitverschulden der Fachgesellschaften im Rahmen der Freigabe der Leitlinie nachzudenken. In Frage kämen in diesem Fall nicht nur Mängelgewährleistungsansprüche, hier insbesondere Nacherfüllungsansprüche, sondern ggfls. auch Schadensersatzansprüche nach §§ 634 Nr. 4, 1. Alt., 636 BGB analog.

(i) Haftungsmaßstab

Aus dem Leitlinienerstellungsvertrag zwischen der Fachgesellschafts-GbR, bzw. der federführenden Fachgesellschaft einerseits und den einzelnen Autoren andererseits ergeben sich die üblichen Verpflichtungen eines Auftragsverhältnisses. Die Autoren haften mithin für eigenes Verschulden nach den Grundsätzen des § 276 BGB.

Eine volle Haftung der Autoren für Fehler in Leitlinien, ist rechtspolitisch unerwünscht.[1425] Durch die weite Verbreitung der Leitlinien drohen im Fall eines Fehlers erhebliche Schadensersatzforderungen, die die Leistungsfähigkeit eines Autors weit überschreiten kann. Daraus folgt die berechtigte Befürchtung, dass die fachlich geeigneten Personen für diese wichtige und ehrenamtliche Tätigkeit nicht weiter zur Verfügung stehen.[1426] Es ist daher zu prüfen, ob den Mitgliedern der Leitliniengruppe Haftungserleichterungen zukommen.

1424 So. o. Punkt C.VII.4.b).cc) mit Hinweis auf *Riering*, Gemeinschaftliche Schulden, S. 141.

1425 so auch: *Igloffstein*, S. 205ff.

1426 so auch: *Igloffstein*, S. 205.

(1) Haftungserleichterung nach den Grundsätzen der gefahrgeneigten Arbeit

Im Rahmen der ähnlich gelagerten Problematik für Mitglieder von Normungsausschüssen[1427] und den Autoren von Druckwerken in Bezug auf die erforderliche Fahnenkorrektur[1428] wird diskutiert, ob die Grundsätze des innerbetrieblichen Schadensausgleichs[1429] zur Entlastung der jeweiligen natürlichen Personen herangezogen werden können. Zwar werden die Autoren nicht im Rahmen eines Anstellungsverhältnisses tätig, dieser Umstand allein hindert aber noch nicht die Übertragung der arbeitsrechtlichen Grundsätze auf das bestehende Auftragsverhältnis in Form des Leitlinienerstellungsvertrages[1430]. Die Rechtsprechung des BGH[1431], wonach im Rahmen eines Auftragsverhältnisses die Grundsätze der gefahrgeneigten Tätigkeit keine Anwendung finden, ist auf die hier interessierende Situation nicht ohne weiteres übertragbar. Bei einer genaueren Betrachtung der Gründe für die Haftungsprivilegierung des Angestellten fällt aber auf, dass die vorliegende Situation nicht vergleichbar mit der ist, die das BAG[1432] zur Begründung dieses richterrechtlichen Instituts geführt hat. Während der Arbeitnehmer sich in einem Abhängigkeitsverhältnis zu seinem Dienstherrn befindet, in die Betriebsorganisation eingegliedert wird und den tatsächlichen und insbesondere den rechtlichen Vorgaben des Arbeitgebers in Form des Weisungsrecht unterliegt, ist das Mitglied der Leitliniengruppe nicht vergleichbar eingebunden. Anders als im Arbeitsverhältnis wird den Mitgliedern der Leitliniengruppe keine bestimmte Tätigkeit zugewiesen. Vielmehr engagieren sie sich freiwillig. Haben sie sich jedoch einmal frei und eigenständig zur Mitarbeit entschieden, unterliegen sie bei der Ausübung gewissen Vorgaben. Als Entsandte ihrer jeweiligen Fachgesellschaften stimmen sie nicht im eigenen Namen sondern in dem der Fachgesellschaft ab. Wie oben ausgeführt unterliegen sie dabei einem begrenzten Weisungsrecht der entsendenden Fachgesellschaft. Sie sind gehalten, vor der Abstimmung in der Leitliniengruppe einen Konsens über das Abstimmungsverhalten mit der entsendenden Fachgesellschaft herbeizuführen. Sollte es zu einer nicht auflösbaren Meinungsverschiedenheit zwischen Fachgesellschaft und entsandten Mandatsträger in Bezug auf das Abstimmungsverhalten kommen, kann er sein Mandat jederzeit niederlegen. Damit beendet er auch den Leitlinienerstellungsvertrag zur Fachgesellschafts-GbR (bzw. zur federführenden Fachgesellschaft) Sollte er gegen

---

1427 *Igloffstein*, S. 205 m.w.N.

1428 *Foerste*, NJW 1991, 1433, 1436.

1429 Bis zum Beschluss des Großen Senats des BAG vom 27.09.1994 – GS 1/89 (A) – = NJW 1995, 210–213 wurde der „innerbetriebliche Schadensausgleich" noch allein auf „gefahrgeneigte Tätigkeiten" beschränkt. Nunmehr kommt es auf dieses Merkmal nicht mehr an.

1430 Hierzu s.o. E.VII.6.

1431 BGH, Urt. v. 30.04.1959 – II ZR 126/57 – RN 19 = BGHZ 30, 40–50.

1432 BAG, Beschl. v. 27.09.1994 – GS 1/89 –.

den Willen der Fachgesellschaft abstimmen, besteht ein Vetorecht des Vorstandes der Fachgesellschaft, der die fertiggestellte Leitlinie vor ihrer Veröffentlichung freigeben muss.[1433] Hierin ist ein begrenztes Weisungsrecht der Fachgesellschaft zu sehen: Der Mandatsträger ist zwar frei in seinem Abstimmungsverhalten. Bei abweichender Auffassung seiner Fachgesellschaft muss diese das Abstimmungsergebnis jedoch nicht akzeptieren. Dieses Vetorecht der Fachgesellschaften betrifft einzelne Teile oder auch die Leitlinie als Ganzes. Das AWMF-Regelwerk sieht vor, dass auf Antrag der Fachgesellschaften einzelne konsensuspflichtige Passagen korrigiert werden können, in diesem Fall ist aber eine erneute Konsentierung der Leitlinie durch die Leitliniengruppe und Verabschiedung durch die Vorstände der Fachgesellschaften erforderlich.[1434]. Ein Änderungswunsch einer Fachgesellschaft, der nicht auf Zustimmung der Leitliniengruppe trifft, hat keine Chance auf Verabschiedung durch die Leitliniengruppe. Bleibt es bei dem Dissens sieht das AWMF-Regelwerk ein abgestuftes Konzept vom Abdruck eines Sondervotums bis zum Rückzug der Fachgesellschaft von der Leitlinienerstellung vor.[1435] Damit hat die Fachgesellschaft im Ergebnis eine durchgreifende Kontrolle über den Inhalt der veröffentlichten Leitlinie. Sie kann entschieden, ob sie den Inhalt mittragen möchte. Möchte sie nicht, wird die Leitlinie nicht als S-klassifizierte AWMF-Leitlinie in ihrem Namen veröffentlicht. Sollten alle beteiligten Fachgesellschaften, die in der Fachgesellschafts-GbR zusammengeschlossen sind, die von der Leitliniengruppe verabschiedete Leitlinie nicht mittragen, kann die Leitlinien nicht als AWMF-Leitlinie veröffentlicht werden. Somit können sowohl die Fachgesellschaften als auch die Mitglieder der Leitliniengruppe eine Veröffentlichung der Leitlinie verhindern. Unter Berücksichtigung dieser Umstände erscheint eine Ausweitung der Grundsätze des innerbetrieblichen Schadensausgleichs auf Leitlinienautoren als rechtsdogmatisch nicht begründbar.[1436]

(2) Haftungserleichterung durch Vertragsauslegung des Auftragsvertrages/Leitlinienerstellungsvertrages

Der historische Gesetzgeber ging für den Beauftragten im Rahmen eines Auftragsverhältnisses von dem allgemeinen Haftungsmaßstab des § 276 BGB aus.[1437] Er sah den Anknüpfungspunkt für die Haftung in dem Vertrauen, das der Auftraggeber dem Beauftragten entgegenbringt und dem Umstand, dass dieser fremde Angelegenheiten wahrnimmt.[1438] Die hL hingegen sieht eine dermaßen strenge

1433 AWMF-Regelwerk S. 13. Nach der endgültigen Abstimmung der LL-Gruppe erfolgt die formale Verabschiedung durch die Vorstände der beteiligten Fachgesellschaften.

1434 AWMF-Regelwerk, S. 49.

1435 AWMF-Regelwerk S. 41.

1436 So im Ergebnis auch *Igloffstein*, S. 206.

1437 Mot. II S. 530, 531. Wörtlich heißt es: *„Der Beauftragte ... haftet dabei wegen jeder Fahrlässigkeit."*

1438 Mot. II S. 530, 531.

Haftung des Beauftragten als im Einzelfall unangemessen an.[1439] Zwar wird sich eine allgemeine Haftungsbeschränkung allein wegen der Unentgeltlichkeit des Auftrages nicht begründen lassen.[1440] Jedoch kann eine Vertragsauslegung nach § 157 BGB zu einer Begrenzung z.B. auf versicherbare Schäden führen.[1441] Hierfür sind bei dem Leitlinienerstellungsvertrag keine offensichtlichen Argumente erkennbar. Beispiele, die in der Literatur genannt werden, sind der dringende Wunsch des Auftraggebers, dass gerade der Beauftragte tätig werde oder die Abwendung einer Gefahr, die dem Auftraggeber droht.[1442] Der vorliegende Fall ist mit diesen Beispielsfällen, die sich durch besondere selbstloses Handeln des Beauftragten charakterisieren lassen, nicht vergleichbar. Vielmehr stellt die Tätigkeit als Leitlinienautor für eine Fachgesellschaft nicht nur eine große Verantwortung und auch Belastung für den Autor dar, sondern auch eine Form der fachlichen Wertschätzung und persönlichen Ehrerbietung, sodass auch ein Eigeninteresse des Autors an der Tätigkeit zu konstatieren ist. Für eine Haftungsbeschränkung bleibt daher unter diesem Gesichtspunkt kein Raum. Zudem spricht die gesellschaftliche und damit über das Auftragsverhältnis hinausgehende Bedeutung der Fehlerfreiheit einer Leitlinie gegen eine Haftungsbegrenzung. Schließlich ist auch zu berücksichtigen, dass gegen den Willen der Leitliniengruppe eine Veröffentlichung der Leitlinie nicht möglich ist, was gegen das Erfordernis einer Haftungsreduktion spricht.

(3) Zwischenergebnis

Eine vertragsrechtliche Haftungserleichterung für die Mitglieder der Leitliniengruppe ist dogmatisch nicht begründbar und scheidet damit aus. Im Verhältnis zwischen Autor und Fachgesellschaft wäre es aber möglich, eine Haftungsbegrenzung vertraglich zu vereinbaren.

(ii) Vereinsmitgliedschaftliches Privileg aus § 31b Abs. 1 und 2 BGB

Gem. § 31b Abs. 1 BGB haften Vereinsmitglieder für einen Schaden, den sie bei der Wahrnehmung der ihnen übertragenen satzungsgemäßen Vereinsaufgaben verursacht haben, gegenüber dem Verein nur, sofern sie den Schaden vorsätzlich oder grob fahrlässig verursacht haben. Damit genießen solche Mitglieder der Leitliniengruppe, die auch Mitglieder einer Fachgesellschaft sind, grundsätzlich eine weitgehende Haftungsprivilegierung.

1439 MüKo-*Seiler*, 6. Aufl.; § 662 BGB, RN 5; MüKo-*Schäfer*, 7. Aufl. RN 71 sieht eine Haftungserleichterung auf Vorsatz und grobe Fahrlässigkeit nur in Notsituationen, in denen keine Weisung des Auftraggebers mehr einholbar ist, als möglich an.

1440 Bamberger/Roth-*Fischer*; § 662 RN 14.

1441 MüKo-*Seiler*, 6. Aufl.; § 662 BGB, RN 56.

1442 MüKo-*Seiler*, 6. Aufl.; § 662 BGB, RN 56.

Vorliegend besteht der Leitlinienerstellungsvertrag jedoch nicht zwischen der entsendenden Fachgesellschaft und dem Mitglied der Leitliniengruppe, sondern zwischen der Fachgesellschafts-GbR resp. der federführenden Fachgesellschaft und dem Mitglied. Unmittelbar privilegiert sind daher nur Vereinsmitglieder der federführenden Fachgesellschaft und dies auch nur im Fall der zuletzt genannten Alternative.

In Anwendung des § 31b Abs. 2 BGB haben die übrigen Mitglieder der Leitliniengruppe die als Mandatsträger ihrer Fachgesellschaft aktiv werden und zugleich vereinsrechtlich Mitglied dieser Fachgesellschaft sind, einen Freistellungsanspruch gegenüber ihrer Fachgesellschaft bei etwaigen Ersatzansprüchen Dritter für Schäden, die sie bei der Wahrnehmung der ihnen übertragenen satzungsgemäßen Vereinsaufgaben verursacht haben. Damit besteht ex lege für diese Mitglieder der Leitliniengruppe ein Freistellungsanspruch gegenüber ihrer Mitgliedsfachgesellschaft für etwaige Ansprüche der Fachgesellschafts-GbR bzw. der federführenden Fachgesellschaft.

Mitgliedern der Leitliniengruppe, die nicht Mitglied eines entsendenden Vereins sind, kommt weder das Haftungsprivileg des § 31b Abs. 1 BGB noch der Freistellungsanspruch des § 31b Abs. 2 BGB zugute. Sie können sich auch nicht auf das parallel bestehende Haftungsprivileg des § 31a Abs. 1 BGB bzw. den Freistellungsanspruch des § 31a Abs. 2 BGB berufen, da sie – wie oben gezeigt[1443] – nicht als besondere Vertreter im Sinne des Gesetzes anzusehen sind.

Zu konstatieren ist damit eine haftungsrechtliche Drei-Klassen-Gesellschaft innerhalb der Leitliniengruppe.

Bei § 31b BGB handelt es sich um zwingendes, mithin vertraglich nicht abdingbares Recht.[1444] Daraus folgt, dass das oben[1445] gefundene Ergebnis zur Innenhaftung zwischen Autor und Fachgesellschaft in den Fällen, in denen § 31b Abs. 1 und Abs. 2 BGB Anwendung findet, einer Änderung bedarf:

Der Anwendungsbereich des § 31b Abs. 1 BGB ist bei solchen Autoren der Leitliniengruppe eröffnet, die Mitglied der sie entsendenden federführenden Fachgesellschaft sind. Diese handeln unabhängig von der konkreten Ausgestaltung der Satzung der jeweils entsendenden Fachgesellschaft in „Wahrnehmung der ihnen übertragenen satzungsgemäßen Vereinsaufgaben". Wie oben[1446] gezeigt, stellt die Erstellung und Veröffentlichung von Leitlinien, unabhängig von dem konkreten Wortlaut der Satzung regelmäßig eine satzungsgemäße Vereinsaufgabe dar.

Sofern der Autor Mitglied der ihn entsendenden und federführenden Fachgesellschaft ist, haftet er aus dem Leitlinienerstellungsvertrag nur bei Vorliegen von grober Fahrlässigkeit oder Vorsatz. Im Falle leichter Fahrlässigkeit besteht aufgrund der gesetzlich normierten Haftungsprivilegierung kein Schadensersatzanspruch

1443 S.o. Punkt C.VII.6.b).
1444 MüKo-*Arnold*; § 31b BGB RN 2.
1445 S.o. Punkt D.IV.1.a).aa).(i).
1446 S.o. Punkt C.VII.6.b).aa).(i).

des Vereins. Besteht Streit, ob die Schwelle zur groben Fahrlässigkeit erreicht wurde, liegt die Beweislast gemäß § 31b Abs. 1 Satz 2 i.V.m. § 31a Abs. 1 S. 3 BGB bei der Fachgesellschaft. Diese Frage dürfte insbesondere bei bestehenden (und ggfls. nicht ordnungsgemäß deklarierten) Interessenkonflikten seitens der Autoren Bedeutung erlangen.

(iii) Privileg des § 31b Abs. 1 BGB auch gegenüber Fachgesellschafts-GbR – Analogie oder extensive Auslegung

Das oben gefundene Ergebnis bei einer wortlautgetreuen Anwendung des § 31b BGB führt – wie gezeigt – zu einer Ungleichbehandlung, je nachdem, ob das Mitglied der Leitliniengruppe einerseits Mitglied der federführenden Fachgesellschaft oder einer der übrigen beteiligten Fachgesellschaften ist und andererseits, ob eine Fachgesellschafts-Außen-GbR oder nur eine beihilfeähnliche Innen-GbR gebildet wurde. Während das Mitglied der federführenden Fachgesellschaft bei einer Innen-GbR in den vollen Schutz des § 31b Abs. 1 BGB kommt und mithin – auch bei einer wirtschaftlichen Überforderung der Fachgesellschaft – persönlich nicht in Haftung genommen werden kann, kommt den Vereinsmitgliedern in allen anderen Konstellationen allein die Haftungsfreistellung des § 31b Abs. 2 BGB zu Gute. Sie tragen damit das Insolvenzrisiko ihrer jeweiligen Fachgesellschaft für den Fall einer haftungsrechtlichen Inanspruchnahme z.B. durch die leitlinienerstellende Fachgesellschafts-GbR aus dem Leitlinienerstellungsvertrag.

Es fällt auf, dass das Haftungsrisiko allein von der zivilrechtlichen Vertragsgestaltung unter den beteiligten Fachgesellschaften abhängig ist, während sich für die Mitglieder der Leitliniengruppe die jeweilige Arbeit identisch darstellt. Jeweils werden die Mandatsträger für ihre Fachgesellschaft tätig. Der Umstand, dass Auftraggeber des Leitlinienerstellungsvertrags nicht die Mitgliedsfachgesellschaft ist, sondern die Fachgesellschafts-GbR hat Gründe, die allein auf Seiten der Fachgesellschaft liegen. Damit könnte in der Bildung der Fachgesellschafts-GbR sogar eine Umgehung der gesetzlichen Regelung gesehen werden. Andererseits sieht § 31b Abs. 2 BGB bei Situationen, in denen das Vereinsmitglied in Wahrnehmung seiner satzungsgemäßen Aufgaben einem Dritten, hier z.B. der Fachgesellschafts-GbR, einen Schaden zufügt, eine eigenständige Regelung in Form der Freistellung vor. Damit scheidet eine Gesetzesanalogie aus, da eine Regelungslücke gerade nicht vorliegt. Gegen eine extensive Auslegung der Norm in dem Sinne, dass auch die federführende Fachgesellschaft oder die Fachgesellschafts-GbR als Verein im Sinne des § 31b Abs. 1 BGB anzusehen ist, sprechen die tatsächlichen und rechtlichen Umstände. Die federführende Fachgesellschaft ist ein anderer Verein als die entsendende Mitgliedsfachgesellschaft des Mandatsträgers und damit eine andere juristische Person. Gerade diese Fälle regelt § 31b Abs. 2 BGB. Auch die Fachgesellschafts-GbR ist als Außen-GbR jedenfalls teilrechtsfähig und daher nicht mit ihren Gesellschaftern personenidentisch. Bei einer Gesellschaft bürgerlichen Rechts und ihren Gesellschaftern handelt es sich um verschiedene Rechtssubjekte.[1447] Eine Erstreckung der Haftungsprivilegierung des § 31b Abs. 1 BGB auch gegenüber der Fachgesellschafts-GbR würde das Risiko einer Insolvenz der Fachgesellschaft vom Mandatsträger, mithin vom Vereinsmitglied auf die anderen Gesellschafter der Fachgesellschafts-GbR übertragen. Eine solche Mithaftung der GbR oder ihrer Gesellschafter für Verbindlichkeiten eines einzelnen Gesellschafters ist den §§ 705ff. BGB jedoch fremd. Insbesondere die Regelung des § 736 BGB kann eine solche Haftung nicht begründen, da nur zur Vollstreckung in das Gesellschaftsvermögen ein Titel gegen alle Gesellschafter erforderlich ist.[1448] Ein solcher Anspruch gegen alle beteiligten Fachgesellschaften als Gesellschafter der GbR liegt aber gerade nicht vor. Zudem ist eine solche extensive Auslegung über den Wortlaut des § 31b Abs. 1 BGB auch nicht aus Wertungsgesichtspunkten erforderlich, da der Mandatsträger nicht schutzlos bleibt. Er behält seinen Freistellungsanspruch gegenüber seiner Fachgesellschaft. Zudem kann das Insolvenzrisiko versichert werden. Damit scheidet auch eine extensive Auslegung des § 31b Abs. 1 BGB und damit eine Anwendung des Haftungsprivilegs auch gegenüber der Fachgesellschafts-GbR bzw. der federführenden Fachgesellschaft aus.

(iv) Haftung für eigenes und/oder fremdes Fehlverhalten – Das Problem der Kollegialentscheidungen

Der jeweilige Autor haftet aus dem Leitlinienerstellungsvertrag mithin für eigene Fehler und solche seiner Erfüllungsgehilfen, §§ 664 Abs. 1, S. 3, 278 BGB. Die übrigen Mitglieder der Leitliniengruppe sind nicht als Gehilfen in diesem Sinne zu sehen. Gehilfen in diesem Sinne sind nur solche (Hilfs-)personen, die bei einfachen Tätigkeiten (z.B. Schreibdienste etc.) dem Beauftragten zur Hand gehen, ohne dass dieser die Leitung aus der Hand gäbe.[1449] Vergleichbar also mit der aus dem Medizinrecht bekannten Delegation im Gegensatz zu der nur mit Zustimmung des Auftraggebers zulässigen Substitution, § 664 Abs. 1 S. 1 BGB. Die weiteren Mitglieder der Gruppe sind hingegen dem Autor gleichgeordnet. Der Autor bedient sich nicht ihrer, um den Auftrag zu erfüllen, vielmehr arbeitet er mit ihnen zusammen an dem nur gemeinsam erfüllbaren Auftrag. Dabei hat der Autor aufgrund der Eigenheit der Leitlinienarbeit nur begrenzten Einfluss auf die finale Ausgestaltung des Leitlinientextes. Er ist daher gegenüber seinem Aufraggeber verpflichtet, selbst gewissenhaft zu arbeiten und erkennbare Fehler anderer soweit möglich zu korrigieren. Ist im eine solche Korrektur nicht möglich, ist er verpflichtet, seinem Auftraggeber die Fehlerhaftigkeit der Leitlinie zu offenbaren und gegebenenfalls von einer Verabschiedung der Leitlinie durch die Fachgesellschaft abzuraten. Dies beinhaltet grundsätzlich auch eine Haftung für Fahrlässigkeit, § 276 BGB, etwa

---

1447 BGH, Urt. v. 22.03.2011 – II ZR 249/09 – RN 7.

1448 BGH, Urt. v. 22.03.2011 – II ZR 249/09 – RN 10ff.

1449 MüKo-*Seiler*, 6. Aufl.; § 664 BGB RN 12.

dann, wenn dem Autor die Fehlerhaftigkeit des Leitlinientextes aufgrund fahrlässig unterlassener konzentrierte Lektüre (Kontrolllesen) nicht aufgefallen ist.

Weitere Verpflichtungen oder eine weitergehende Haftung können sich aus dem Leitlinienerstellungsvertrag nicht ergeben. Der Fachgesellschaft sind die besonderen Umstände der Leitlinienerstellung im Rahmen einer Kollegialentscheidung und damit der begrenzte Einfluss eines einzelnen Gruppenmitgliedes bekannt. Nach den Grundsätzen von Treu und Glauben kann sie von ihrem Vertragspartner nichts verlangen, von dem sie weiß, dass es nicht in seiner Kompetenz liegt. Eine Haftung für die Fehlerfreiheit der Leitlinie, die eine Art Garantiehaftung darstellen würde, ist daher nach § 242 BGB ausgeschlossen.

(v) Zwischenergebnis

Die einzelnen Autoren haften der Fachgesellschafts-GbR bzw. der federführenden Fachgesellschaft aus dem Leitlinienerstellungsvertrag nach dem Maßstab des § 276 BGB für Vorsatz und Fahrlässigkeit. Dabei sind sie zunächst verpflichtet, ihren Auftrag gewissenhaft zu erfüllen. Darüber hinaus sind sie aber auch verpflichtet, der Fachgesellschaft auch solche erkennbaren Fehler in der Leitlinie zu offenbaren, an deren Entstehung sie nicht beteiligt waren und die sie damit nicht verhindern konnten. Sollte ein entsprechender Konsens zwischen den Vertragspartnern bestehen, wäre die vertragliche Vereinbarung einer Haftungsbegrenzung möglich.

Mandatsträger haben gegenüber der sie entsendenden Fachgesellschaft einen Freistellungsanspruch gemäß § 31b Abs. 2 BGB, sofern sie Mitglied dieser Fachgesellschaft sind. Mitglieder der federführenden Fachgesellschaft kommt das Haftungsprivileg des § 31b Abs. 1 BGB zugute. Sie haften gegenüber dieser nicht. Eine Ausdehnung dieses Haftungsprivilegs auf alle Mitglieder einer beteiligten Fachgesellschaft auch gegenüber der Fachgesellschafts-GbR ist weder im Wege einer Gesetzesanalogie noch im Wege einer extensiven Auslegung möglich oder geboten.

Schließlich stehen den Fachgesellschaften grundsätzlich Regressansprüche gegen die Autoren zu, wenn jene von Dritten, z.B. von Patienten oder Ärzten erfolgreich in die Haftung wegen eines Fehlers in der Leitlinie genommen wurden. Der den Fachgesellschaften in Höhe des an die Dritten als Schadensersatz zu leistende Betrag stellt seinerseits einen ersatzfähigen Vermögensschaden im Sinne der §§ 280 ff BGB dar.[1450] Auch hier greifen jedoch – soweit einschlägig – die Privilegierungen des § 31 Abs. 1 und Abs. 2 BGB.

1450 So auch BGH, Urt. v. 16.03.2010 – VI ZR 176/09 – = NJW 2010, 1533 für den Fall einer Videoüberwachungsanlage, die vermeintlich das Persönlichkeitsrecht des Nachbarn verletzt im Regeressprozess des Bestellers und Grundstückseigentümers gegen den Werkunternehmer, der das Überwachungssystem lieferte und installierte.

bb) Aus dem Mandatsvertrag

Neben dem Leitlinienerstellungsvertrag besteht regelhaft auch ein Mandatsvertrag zwischen dem entsandten Autor und der ihn entsendenden Fachgesellschaft.[1451] In diesem Fall handelt es sich bei dem betreffenden Mitglied der Leitliniengruppe um einen Mandatsträger. Auch aus diesem Vertrag können Haftungsansprüche der Fachgesellschaft gegen den Mandatsträger erwachsen. Der Autor ist insbesondere verpflichtet, die Interessen der Fachgesellschaft bei der Erstellung der Leitlinie zu vertreten und zu waren. In den Fällen, in denen der Mandatsträger zugleich Mitglied der entsendenden Fachgesellschaft ist, kommt ihm das haftungsrechtliche Privileg des § 31b Abs. 1 BGB zugute. Sollte eine solche Mitgliedschaft im Einzelfall nicht vorliegen, kommt eine Haftungsbegrenzung nicht in Betracht. Die Haftung verläuft im Übrigen parallel zu der oben detailliert dargestellten Haftung aus dem Leitlinienerstellungsvertrag.

(vi) Zwischenergebnis

Die einzelnen Autoren haften der sie entsendenden Fachgesellschaft aus dem Mandatsvertrag nach dem Maßstab des § 276 BGB für Vorsatz und Fahrlässigkeit. Dabei sind sie zunächst verpflichtet, ihren Auftrag gewissenhaft zu erfüllen. Darüber hinaus sind sie aber auch verpflichtet, der Fachgesellschaft auch solche erkennbaren Fehler in der Leitlinie zu offenbaren, an deren Entstehung sie nicht beteiligt waren und die sie damit nicht verhindern konnten. Sollte ein entsprechender Konsens zwischen Autor und Fachgesellschaft bestehen, wäre die vertragliche Vereinbarung einer Haftungsbegrenzung möglich. Mandatsträger, die zugleich Mitglied der entsendenden Fachgesellschaft sind, kommt das Haftungsprivileg des § 31b Abs. 1 BGB zugute.

cc) Deliktische Ansprüche – Das Problem der Kollegialentscheidungen

Daneben stellt sich die Frage nach einer deliktischen Haftung einzelner Ausschussmitglieder gegenüber der Fachgesellschafts-GbR bzw. der federführenden Fachgesellschaft, der AWMF, Ärzten und Patienten.

Prima vista fällt auf, dass die Frage nach der deliktischen Haftung eines einzelnen Mitglieds der Leitliniengruppe für Fehler in einer konsentierten Leitlinie erhebliche Fragen im Bereich der Kausalitat, objektiven Zurechnung und (Mit-)täterschaft aufwirft. Aus strafrechtlicher Sicht handelt es sich bei Kollegialentscheidungen aus Sicht von *Knauer* um das „komplexeste Beispiel einer ‚Mehrfachkausalität'"[1452]. Bei einer schlichten Anwendung der üblicherweise heranzuziehenden Äquivalenzformel fällt auf, dass bei einer Mehrheitsentscheidung, bei der auch nur

---

1451 S.o. Punkt C.VII.6.b).

1452 *Knauer*, S. 2.

eine Stimme mehr als vom Quorum gefordert für den Beschluss vorlag, jeder der für den Beschluss Stimmenden sich im Sinne der conditio sine qua non auf den Standpunkt stellen könnte, seine Stimme sei nicht kausal für den Erfolgseintritt gewesen.[1453] Gelöst wird dieses Problem auf unterschiedlichen, nicht immer dogmatisch überzeugenden Wegen. In der Regel wird auf eine Modifikation der conditio sine qua non-Formel durch die Grundsätze über kumulative Kausalbeiträge abgestellt[1454], also eine Mischung aus kumulativer und alternativer Kausalität[1455]. Zu nennen ist hier auch der aus der US-amerikanischen Jurisprudenz übernommene Begriff des NESS-Tests (Necessary Element of a Sufficient Set)[1456]. Danach gilt, dass sämtliche Elemente kausal sind, die zusammen mit anderen Elementen eine hinreichende Mindestbedingung für den Erfolg bilden.[1457]

Insbesondere bei fahrlässig begangenen Delikten stößt dieser auf der Annahme einer Mittäterschaft beruhenden Lösungsweg jedoch auf dogmatische Grenzen.[1458] Diskutiert wird stattdessen eine Lösung über eine Weiterentwicklung der Risikoerhöhungskategorien.[1459]

(i) Leitliniengruppe als Kollegialorgan/Gremium im Sinne des Deliktsrechts

Bevor an dieser Stelle jedoch in die hochkomplexe Diskussion eingestiegen wird, sind zwei Fragen vorab zu prüfen: Zum Einen ist zu klären, ob mit der Abstimmung in der Leitliniengruppe tatsächlich der deliktsrechtliche Tatbestand vollendet ist, oder ob nicht danach noch weitere Handlungen durch die Mitglieder der Leitliniengruppe erfolgen (müssen), die notwendige Bedingung für den Erfolgseintritt sind, sodass die Abstimmung als Vorbereitungshandlung zu werten ist.[1460]

1453 Sowohl für das Straf- als auch für das hier relevante Deliktsrecht ist dies einhellige Auffassung. Statt vieler: MüKo-*Wagner*, § 830 BGB RN 76; Schönke/Schröder-*Schuster/Sternberg-Lieben*, § 15 RN 218.

1454 Schönke/Schröder-*Schuster/Sternberg-Lieben*, § 15 RN 218.

1455 MüKo-*Wagner*, § 830 BGB RN 76.

1456 MüKo-*Wagner*, § 830 BGB RN 76.

1457 MüKo-*Wagner*, § 830 BGB RN 76. Der NESS-Test geht zurück auf den Fall *Summers v. Tice* aus dem Jahr 1947, der vor dem Supreme Court of California (Urteil v. 17.11.1947 – 33 Cal.2d 80, 199 P.2d 1) verhandelt wurde. Der Leitsatz lautet: „*When a plaintiff suffers a single indivisible inury, for which the negligence of each of several potential tortfeasors could have been a but-for cause, but only one of which could have actually been the cause, all the potential tortfeasors are jointly and severally liable to the plaintiff*“ (abrufbar unter: guweb2.gonzaga/~dewolf/torts/pdf/Summers.pdf – Stand: 27.07.2016).

1458 *Knauer*, S. 93ff, 128ff, 181ff stellt die dogmatischen Hürden detailliert und überzeugend dar, auf die hier nicht weiter eingegangen werden kann.

1459 *Knauer*, S. 189ff.

1460 So für den insoweit ähnlich Problemkreis von rechtsbeugenden Urteilen durch Kollegialgerichte *Dencker*, S. 63f., der mit Recht darauf hinweist, dass der Ansatz

Zum Anderen ist die Frage zu klären, ob in der hier zu betrachtenden Konstellation einer Leitliniengruppe überhaupt ein Kollegialorgan oder Gremium im Sinne der in der Literatur und Rechtsprechung behandelten Kollektive vorliegt, insbesondere, ob den Entscheidungen der Leitliniengruppe Außenwirkung zukommt. Im Unterschied zu den in der Rechtsprechung und Literatur bekannten Fällen von der Haftung einzelner Mitglieder von Kollegialorganen, allen voran der Erdal-Rex- oder Lederspray-Entscheidung des BGH[1461], handelt es sich bei der Leitliniengruppe nicht um ein klassisches Führungs- und Entscheidungsgremium an der Spitze einer Organisationshierarchie, wie z.B. ein Geschäftsführergremium[1462] oder der Vorstand einer Aktiengesellschaft[1463]. Sollte den Entscheidungen der Leitliniengruppe keine Außenwirkung zukommen, wird durch den Beschluss der Leitliniengruppe kein Verkehr eröffnet, wodurch auch eine Verkehrsgefährdung durch die Leitliniengruppe ausgeschlossen ist. Damit ist auch eine Haftung des einzelnen Ausschussmitgliedes für seinen Handlungsbeitrag ausgeschlossen, sodass die schwierigen Kausalitätsfragen nicht erörtert werden müssen.

Zunächst ist festzuhalten, dass nicht jede Gruppe, die eine gemeinsame Entscheidung trifft, als Kollegialorgan oder Gremium anzusehen ist. Die von *Knauer*[1464] für das Strafrecht entwickelte Kategorisierung, nach der die Begriffe Gremium und Kollegialorgan synonym zu verwenden sind und einen Unterfall des Kollektivs bilden, ist überzeugend und auch für das hier interessierende Deliktsrecht geeignet. Während jede auch zufällig zusammengesetzte Gruppe als Kollektiv angesehen werden kann, sind für ein Kollegialorgan oder Gremium weitere Voraussetzungen als allein eine Personenmehrheit erforderlich. Aus dem Umstand, dass Mehrheitsentscheidungen notwendig sind, ist die Mindestanzahl auf drei Personen festzulegen. Darüber hinaus ist eine gewisse Struktur und insbesondere eine Organisation des Entscheidungsfindungsprozesses erforderlich.[1465]

Für den Bereich der Kriminologie hat *Franke*[1466] eine Definition der Kollegialdelinquenz entwickelt. Danach sind als wesentliche Elemente anzusehen:

---

der BGH-Rechtsprechung, auf das Abstimmungsverhalten des jeweiligen Richters abzustellen (so z.B. BGH, Urt. v. 30.04.1968 – 5 StR 670/67 – = NJW 1968, 1139f. zur Verantwortung eines Beisitzers des Volksgerichtshofs – sog. Rehse-Fall; BGH, Urt. v. 16.11.1995 – 5 StR 747/94 – RN 39 = BGHSt 41, 317–347 = NJW 1996, 857–865 zur Verantwortung eines DDR-Strafrichters bei der Mitwirkung an Todesurteilen unter Hinweis auf BGH GA 1958, 241, 242; OGHSt 1, 217, 222), nicht trägt, da die eigentliche Tatvollendung erst mit Verkündung des Urteils erfolgt, an der der Richter trotz gegebenenfalls ablehnenden Votums teilgenommen hat und somit die Voraussetzung für die formelle Wirksamkeit des Urteils geschaffen hat.

1461 BGH, Urt. v. 06.07.1990, – StR 549/89 – = BGHSt 37, 106–135 = NJW 1990, 2560–2569.

1462 BGH, a.a.O.

1463 hierzu ausführlich, *Fleischer*, BB 2004, 2645–2652.

1464 *Knauer*, S. 10.

1465 so auch *Knauer*, S. 6ff.

1466 *Franke*, FS Blau, S. 237.

- *„Das Bestehen einer (auf Gesetz oder Vereinbarung beruhenden) zweckorientierten Verbindung mehrerer Personen (Organisat);*
- *Die Bildung eines unter Bezugnahme auf präfixierte Entscheidungsstrukturen und gleichmäßiger Beteiligung aller gewonnenen gemeinsamen Willens (Beschluß);*
- *Ein deliktsbezogener Inhalt des Beschlusses;*
- *Dessen Außenwirkung durch die gemeinschaftliche, durch eines oder mehrere Mitglieder der Verbindung oder durch Dritte unternommene Umsetzung (deliktische Erheblichkeit)"*

Diese Definition kann auch für den Bereich des Deliktsrechts weitestgehend übernommen werden. Die entscheidenden Elemente, Organisat, Beschluss und Außenwirkung sind enthalten.[1467] Nicht übernommen werden kann hingegen die Deliktsbezogenheit des Beschlusses, da diese Frage im Deliktsrecht – im Unterschied zur Kriminologie, die die Strafbarkeit des betrachteten Verhaltens voraussetzt – erst noch geklärt werden muss.[1468] Hervorgehoben werden muss hingegen noch ein weiteres Element, das von *Franke* stillschweigend vorausgesetzt wurde und sich im Begriff der Außenwirkung als zwingend notwendige Voraussetzung verbirgt: die Bindungswirkung des Beschlusses, die sich in der faktischen oder rechtlich verbindlichen Befolgung des Beschlusses durch die dazu berufenen Personen oder Institutionen manifestiert.[1469] *Dencker*, führt dazu aus: *„Mit dem Stichwort Gremium sind kollektive Leitungsorgane vorgegeben, in denen wichtige Entscheidungen durch Abstimmungen vorgenommen werden, deren Ergebnis respektiert zu werden pflegt."*[1470] Durch diese Bindungswirkung wird ein die Entscheidung fällendes von einem nur beratenden Organ differenziert. Sofern die Entscheidung der Leitliniengruppe nur empfehlenden Charakter für die spätere Leitlinie hat und weder über eine rechtliche noch eine tatsächliche Bindungswirkung verfügt, kommt ihr auch keine Außenwirkung zu. Sie wäre vergleichbar mit einer aus dem Verwaltungsrecht bekannten, den späteren Verwaltungsakt vorbereitenden behördeninternen Vorbereitungshandlungen.

(ii) Bindungswirkung der Entscheidung der Leitliniengruppe

Unabhängig von der obigen[1471] Feststellung, dass nach dem Leitlinienerstellungsvertrag zwischen der jeweiligen Fachgesellschaft und dem entsendeten Autor eine vertragliche Pflicht zur Lieferung einer fehlerfreien Leitlinie besteht, stellt sich damit die Frage, nach der Verbindlichkeit der Beschlussfassung durch die Leitliniengruppe. Wie oben dargestellt, hat die Fachgesellschaft nach Konsentierung und Verabschiedung der Empfehlungen durch die Leitliniengruppe die

---

1467 So für den Bereich des Strafrechts auch *Knauer*, S. 7.
1468 *Knauer*, S. 7 für den Bereich des Strafrechts.
1469 So wohl auch *Knauer*, S. 7.
1470 *Dencker*, S. 64.
1471 S.o., Punkt C.VII.6.

Möglichkeit, einzelne Empfehlungen oder auch die Leitlinie als Ganzes abzulehnen, bzw. konkrete Änderungsvorschläge der Leitliniengruppe zu unterbreiten.[1472] Erst nach Zustimmung sämtlicher beteiligter Fachgesellschaften zu der ggfls. überarbeiteten Leitlinie oder Rückzug der dissenten Fachgesellschaften von der Leitlinienarbeit kann die Leitlinie veröffentlicht werden.

Damit gilt, dass die Entscheidungen der Leitliniengruppe zum konkreten Inhalt der Leitlinie auch gegenüber den Fachgesellschaften rechtlich unverbindlich sind. Gegenüber den Anwendern ist dies durch die Rechtsprechung bereits hinreichend geklärt.[1473] Anderes kann gelten, wenn auf die tatsächliche Übung abgestellt wird. Wie oben dargestellt, kann auch dann von einer Bindungswirkung im Sinne einer Außenwirkung ausgegangen werden, wenn die Entscheidungen des Kollektivorgans „respektiert zu werden pflegt"[1474]. Mit dieser Formulierung ist jedoch ein höheres Maß an informeller Verbindlichkeit gemeint, als die allein auf der fachlichen Expertise der Gruppenmitglieder beruhende Verbindlichkeit der Leitlinienempfehlungen gegenüber den Vorständen der beteiligten Fachgesellschaften. Tatsächlich kommt es immer wieder vor, dass Fachgesellschaften mit dem Inhalt einzelner Empfehlungen einer Leitlinie nicht einverstanden sind und entsprechende Sondervoten zu Protokoll geben.

Damit gilt, dass den Entscheidungen der Leitliniengruppe im Rahmen der Konsensuskonferenzen keine Außenwirkung zukommt, da in den erforderlichen Beschlüssen der Vorstände der Fachgesellschaften ein eigenständiges Dazwischentreten dieser vorliegt, welches die Kausalkette unterbricht.

(iii) Außenwirkung der Leitlinienempfehlungen

Darüber hinaus ist zu berücksichtigen, dass nach ständiger Rechtsprechung und hL Leitlinien keine Bindungswirkung gegenüber den behandelnden Ärzten oder sonstigen Personen zukommt.[1475] Selbst wenn man sich daher auf den Standpunkt stellen sollte, dass die Entscheidungen der Leitliniengruppe aufgrund der hohen fachlichen Qualität und moralischen Verbindlichkeit gegenüber den Fachgesellschaften unmittelbar wirkten, wäre eine Außenwirkung ein Sinne einer verbindlichen Wirkung gegenüber den Anwendern nicht gegeben.

(iv) Zwischenergebnis

Eine deliktische Haftung der Leitliniengruppe oder von einzelnen Gruppenmitgliedern besteht nicht. Bei der Leitliniengruppe handelt es sich nicht um ein Kollegialorgan oder Gremium im deliktsrechtlichen Sinne. Ihren Entscheidungen kommt keine rechtlich verbindliche Außenwirkung zu, da die beteiligten

1472 S.o. Punkt C.VII. 6.
1473 S.o. Punkt B.III.2.b).
1474 *Dencker*, S. 64.
1475 S.o. Punkt B.III.2.

Fachgesellschaften der Leitlinien und damit auch den Entscheidungen der Leitliniengruppe zustimmen müssen. Es handelt sich bei der Erstellung der Leitlinien und deren Verabschiedung durch die Leitliniengruppe allein um eine deliktsrechtlich irrelevante Vorbereitungshandlung. Auch eine quasiverbindliche Außenwirkungen in der Form, dass die Entscheidungen „gepflegt respektiert zu werden" besteht nicht, denn immer wieder werden Leitlinien durch Fachgesellschaften erst nach Änderungen oder auch gar nicht gebilligt. Damit scheidet mangels Eröffnung eines Verkehrs eine Gefährdung desselben aus, sodass eine deliktische Haftung der Leitliniengruppe oder ihrer Mitglieder für eine auch nur mittelbare Gefährdung fremder Rechtsgüter ausgeschlossen ist.

b) Ergebnis

Eine Haftung von einzelnen Leitliniengruppenmitgliedern besteht gegenüber der Leitlinien-GbR bzw. der federführenden Fachgesellschaft einerseits und dem Mitglied und der jeweils entsendenden Fachgesellschaft andererseits auf vertraglicher Basis. In diesen Konstellationen kommen gegebenenfalls die vereinsrechtlichen Haftungsprivilegien des § 31 Abs. 1 und Abs. 2 BGB zum Zuge. Da es sich bei der Erstellung und der Verabschiedung der Leitlinie durch die Leitliniengruppe deliktsrechtlich nur um eine Vorbereitungshandlung handelt und damit der Entscheidungen der Leitliniengruppe keine Außenwirkung zukommt, fehlt es an einer Verkehrsgefährdung als Voraussetzung für eine deliktische Haftung bei mittelbarer Gefährdung fremder Rechtsgüter sowohl gegenüber den Fachgesellschaften als auch sonstigen Dritten.

2 Gegenüber der AWMF

Auch gegenüber der AMWF ist eine Haftung der Leitliniengruppe oder ihrer Mitglieder denkbar. Zu prüfen ist daher, welche rechtlichen Verbindungen zwischen den Parteien bestehen und ob diese als Haftungsgrundlage in Betracht kommen.

Das Leitlinienvorhaben wird bei der AWMF angemeldet.[1476] Dies geschieht ausweislich des Anhangs 4 des AWMF-Regelwerks verantwortlich durch eine natürliche Person (in der Regel der LL-Koordinator) und eine anmeldende Fachgesellschaft.[1477] Leitlinien, die nicht im Vorfeld bei der AWMF angemeldet worden sind, werden nicht veröffentlicht.[1478] Nach Verabschiedung der Leitlinie durch die Leitliniengruppe und die Vorstände der beteiligten Fachgesellschaften wird sie bei der AWMF offiziell zur Veröffentlichung eingereicht.[1479] Damit wird jedenfalls konkludent erklärt, dass die Leitlinie vollständig und fehlerfrei ist. Eine inhaltliche

1476 AWMF-Regelwerk, S. 12.
1477 AWMF-Regelwerk, S. 71.
1478 *AWMF*; Richtlinien der AWMF für die LL-Publikation, Punkt 1.
1479 AWMF-Regelwerk, S. 49.

(sachliche) Überprüfung der Leitlinie erfolgt durch die AWMF nicht; es erfolgt allein eine Überprüfung auf formale Kriterien zur Finanzierung und zum Umgang mit Interessenkonflikten sowie zum methodischen Vorgehen (Stufenklassifikation).[1480] Es stellt sich mithin die Frage, ob in diesem Verhältnis eine Haftung der LL-Gruppe für die inhaltliche Richtigkeit der Leitlinie begründet wird.

Ein eigener Schaden aufgrund einer fehlerhaften Leitlinie könnte der AWMF parallel zu den obigen Ausführungen zu den Fachgesellschaften in erster Linie in Form von fehlgeschlagenen Aufwendungen entstehen. Weiter ist an einen etwaigen Reputationsverlust zu denken, der sich jedoch kaum monetär beziffern lässt und bei einer einzelnen inhaltlich fehlerhaften Leitlinie wohl auch tatsächlich nicht eintreten dürfte. Ein Reputationsverlust der AWMF als solche im Zusammenhang mit fehlerhaften Leitlinien dürfte nur zu beklagen sein, wenn sich systematische Fehler ergeben sollten. Diese dürften dann jedoch in erster Linie mit der Methodik der Leitlinienerstellung zusammenhängen. Die Methodik stellt jedoch ohnehin eine originäre Aufgabe der AWMF dar, sodass die einzelne Leitliniengruppe hierfür nicht verantwortlich wäre. Zu prüfen sind zunächst die in Frage kommenden vertraglichen Anspruchsgrundlagen bevor auf deliktische Anspruchsgrundlagen eingegangen werden soll.

a) Aus Leitlinienerstellungsvertrag

Der Leitlinienerstellungsvertrag kommt ohne Beteiligung der AWMF zwischen der jeweiligen Fachgesellschaft und dem jeweiligen entsandten Experten (Autor) zustande.[1481] Die AWMF ist auch nicht etwa begünstigte Dritte.[1482] Der Leitlinienerstellungsvertrag scheidet daher als Anspruchsgrundlage aus.

b) Aus Auskunftsvertrag

Ein Auskunftsverhältnis zwischen AWMF und den LL-Autoren liegt nicht vor. Die AWMF ist nicht selbst an den inhaltlichen Aussagen der LL interessiert. Vielmehr sieht sie ihre Aufgabe in der Disseminierung des in den Leitlinien enthaltenen Wissens und koordiniert daher die Entwicklung von Leitlinien durch die Fachgesellschaften.[1483] Damit erfüllt sie durch die Verbreitung der Leitlinien ihre satzungsgemäße Aufgabe, ihre Mitgliedsgesellschaften bei der Wahrnehmung wissenschaftlich-medizinischer Aufgaben und Ziele sowie der Verbindung der wissenschaftlichen Medizin mit der ärztlichen Praxis zu unterstützen.[1484] Ein Auskunftsvertrag scheidet daher als Anspruchsgrundlage aus.

1480 *AWMF*; Richtlinien der AWMF für die LL-Publikation, Punkt 2.

1481 S.o., Punkt C.VII.6.

1482 Der Leitlinienerstellungsvertrag ist kein Vertrag mit Schutzwirkung. Auch eine Drittschadensliquidation scheidet aus. S.u., Punkt D.IV.3.a).

1483 AWMF; Aufgaben und Ziele, abrufbar unter www.awmf.org/die-awmf/aufgaben-und-ziele.html (Stand: 24.09.2015).

1484 AWMF; Satzung.

c) *Aus Publikation-/Veröffentlichungsvertrag gem. § 611 BGB i.V.m. §§ 19a, 31 UrhG*

Wie ausgeführt verpflichtet sich die AWMF gegenüber den Fachgesellschaften, aber auch gegenüber den in der Leitliniengruppe zusammengeschlossenen Leitlinienautoren, das Werk Leitlinie über ihre Internetpräsenz zum Abruf in elektronischer Form bereitzustellen.[1485]

Insbesondere die urheberrechtlichen Fragen, die in diesem Zusammenhang auftauchen, werden durch den Mustervertrag[1486] der AWMF zur Einräumung von Nutzungsrechten an Leitlinien für die Parteien geregelt.[1487] Dieser schriftliche Mustervertrag verhält sich jedoch nicht zu etwaigen Haftungsfragen im Falle einer fehlerhaften Leitlinie.

Wie oben aufgezeigt, handelt es sich bei der Veröffentlichung der Leitlinie auf der Website der AWMF nicht nur um ein Recht der AWMF, sondern auch um eine Pflicht dieser gegenüber den Autoren.[1488]

Sofern und soweit die AWMF aufgrund einer fehlerhaften Leitlinie, die sie auf ihrer Website anbietet, von Dritten in Haftung genommen werden sollte[1489], besteht daher aus dem oben beschriebenen Vertragsverhältnis grundsätzlich eine Rückgriffsmöglichkeit der AWMF bei der Leitliniengruppe.

d) *Aus Delikt*

Eine deliktische Haftung für fehlerhafte Leitlinien gegenüber der AWMF ist regelmäßig ausgeschlossen. § 823 Abs. 1 BGB als zentrale Norm schützt nicht das Vermögen. Die im Gesetzeskanon genannten, geschützten Rechtspositionen sind bei der AWMF nicht betroffen; Leib und Leben, Gesundheit und Freiheit sind bei einer juristischen Person nicht relevant. Eine Verletzung des Eigentums schließlich ist nicht ersichtlich. Zudem fehlt es an der Außenwirkung der Entscheidung der Leitliniengruppe, da diese deliktsrechtlich nur als Vorbereitungshandlung zu werten ist.

e) *Ergebnis*

Eine Haftung der Leitliniengruppe oder ihrer Mitglieder gegenüber der AWMF ist weitestgehend ausgeschlossen. Allein auf Basis des Publikationsvertrages zwischen der Urhebergemeinschaft und der AWMF könnte eine solche Haftung in Betracht kommen. Deliktisch scheidet eine Haftung mangels Außenwirkung der Entscheidungen der Leitliniengruppe und der in Frage kommenden Rechtsgüter aus.

1485 S.o., Punkt C.VII.8.

1486 *Nölling/Wienke;* Leitlinien-Mustervertrag.

1487 S.o., Punkt C.VII.8.a).gg).

1488 S.o., Punkt C.VII.8.

1489 Siehe zu der Frage der Haftung der AWMF für die inhaltliche Richtigkeit von Leitlinien, unten, Punkt D.III.

3 Gegenüber Ärzten und Patienten

a) Vertragliche Ansprüche

Wie oben[1490] dargestellt, liegt der Erstellung einer Leitlinie ein Vertrag sui generis, hier Leitlinienerstellungsvertrag genannt, zwischen den Fachgesellschaften (bzw. auch AWMF, KBV, BÄK bei NVL) und den jeweils entsandten Autoren zugrunde.

aa) Aus Leitlinienerstellungsvertrag mit Schutzwirkung

Zu prüfen ist, ob sich aus diesem Vertragsverhältnis eine Schutzwirkung auch für Dritte ergibt.

In Frage kommt ein Anspruch von Ärzten oder Patienten gegenüber den Erstellern der Leitlinie sofern und soweit diese in den Schutzbereich des Vertrages aufgenommen worden sind. Die Existenz von sogenannten Verträgen mit Schutzwirkung zugunsten Dritter ist anerkannt.[1491] Dogmatisch handelt es sich um ein vertragsähnliches, gesetzliches Schuldverhältnis,[1492] auf das die Vorgaben der §§ 328 ff. BGB weitestgehend nicht anwendbar sind.[1493] Verlangt werden Leistungs- und Gläubigernähe des Dritten, Erkennbarkeit für den Schuldner und Schutzbedürftigkeit des Dritten.[1494] Zunächst ist zu klären, in welchen Konstellationen eine Vertrag mit Schutzwirkung zugunsten Dritter denkbar ist. In Frage kommt, das Schuldverhältnis zwischen Autoren und Fachgesellschaften heranzuziehen und die die Leitlinie anwendenden Ärzte als Dritte anzusehen (unten aa)). Alternativ könnten auch die auf Basis der Leitlinie behandelten Patienten als Dritte angesehen werden (unten bb)). Abzugrenzen ist der Vertrag mit Schutzwirkung zugunsten Dritter schließlich von der nunmehr in §§ 280 Abs. 2, §311 Abs. 2, 241 Abs. 2 BGB kodifizierten c.i.c., der Eigenhaftung Dritter nach §§ 280 Abs. 2, §311 Abs. 3, 241 Abs. 2 BGB und der Drittschadensliquidation.

(i) Schuldverhältnis: Leitlinienautoren (Schuldner), Fachgesellschaft(en) (Gläubiger), Ärzte (Dritte)

Eine für den Schuldner erkennbare Leistungsnähe, also die potentielle Gefährdung des Dritten durch eine Pflichtverletzung des Schuldners, d.h. der Leitlinienautoren, parallel zur Gefährdung des Gläubigers liegt vor. Vorliegend ist der Dritte in Person des Arztes ebenso wie der Gläubiger, d.h. die Fachgesellschaft, gefährdet, einer Inanspruchnahme durch den Patienten ausgesetzt zu sein. Weiter besteht auch die sogenannte Gläubigernähe; für den Schuldner ist die Gefährdung des Arztes

---

1490 S.o., Punkt C.VII.6.

1491 MüKo-*Gottwald*, § 328 RN 164ff. m.w.N.

1492 Lorenz, JZ 1960, S. 108–114, 112.

1493 Lorenz, JZ 1960, S. 108–114,108; MüKo-*Gottwald*, § 328 RN 167.

1494 MüKo-*Gottwald*, § 328 RN 164ff., 179–188.

erkennbar, da dieser die Empfehlungen der Leitlinie letztlich befolgen soll. Problematisch erscheint die Frage, ob das Schutzinteresse für den Schuldner erkennbar ist. Aufgrund der Vielzahl der potentiellen Leitlinienanwender ist die Zahl der Dritten allein durch die Anzahl der das jeweilige Fachgebiet ausübenden Ärzte begrenzt.

(ii) Schuldverhältnis: Leitlinienautoren (Schuldner), Fachgesellschaft(en) (Gläubiger), Patienten (Dritte)

Denkbar wäre auch, die auf Basis der Leitlinie behandelten Patienten als Dritte anzusehen. Letztlich sind sie die Schutzbedürftigen, die vom Inhalt der Leitlinie betroffen sind. Zudem existiert in Form der Patientenleitlinie häufig auch eine Leitlinie („Gutachten"), welches sich unmittelbar an diese wendet. Auch in dieser Konstellation stellt sich verstärkt die Frage, ob das Schutzinteresse für den Schuldner erkennbar ist. Die Zahl der potentiell von der Leitlinie betroffenen Patienten ist nicht überschaubar. Insbesondere aber sind die Patienten als Dritte regelmäßig nicht schutzbedürftig, da sie mit den behandelnden Ärzten regelhaft einen Schuldner als unmittelbaren Anspruchsgegner haben, der aus dem Behandlungsvertrag und Delikt haftet. Sofern und soweit ein Patient auf Basis der Patientenversion eine Selbsttherapie durchführt und damit keinen unmittelbaren Anspruchsgegner hat, fehlt es ebenfalls an der Schutzbedürftigkeit, da es sich bei einer Selbsttherapie um eine eigenverantwortliche Selbstgefährdung handelt. Die Patientenversionen der Leitlinien sind als Informationsmittel für die Patienten im Sinne einer verbesserten Compliance konzipiert.[1495] In ihnen wird regelhaft darauf hingewiesen, dass eine Therapie durch oder in Absprache mit dem Arzt erfolgt.[1496]

(iii) Rechtsprechung zu drittschützender Wirkung von Gutachtenerstellungsverträgen bei Wertgutachten

Bejaht hat die Rechtsprechung bereits die grundsätzliche Haftung des Erstellers eines Wertgutachtens über ein bestimmtes Grundstück gegenüber allen betroffenen Kapitalanlegern, denen der Auftraggeber dieses Gutachten zum Beweis der Werthaltigkeit der als Kreditsicherheit eingetragenen Grundschuld vorgelegt hat.[1497] Beachtenswert ist in diesem Zusammenhang, dass das dortige Gutachten ausweislich einer expliziten Klausel „für Planungs- und Finanzierungszwecke benötigt" werde und „nur für den Auftraggeber und den angegeben Zweck bestimmt sei."[1498] Es ist daher zu erwägen, diese Rechtsprechung auf die hier relevante Frage der Leitlinien zu übertragen.

1495 *AWMF, BÄK, KBV*; Methodenreport NVL-Patientenbeteiligung, S. 5.
1496 Siehe z.B. *Donner-Banzhoff et al.*; DEGAM-S3-Patientenleitline „Müdigkeit".
1497 BGH, Urt. v. 20.04.2004 – X ZR 250/02 –.
1498 BGH, Urt. v. 20.04.2004 – X ZR 250/02 – RN 3f. (nach juris).

(iv) Diskussion

Die Konstruktion einer Haftung des Sachverständigen über den Vertrag mit Schutzwirkung zugunsten Dritter ist in der Literatur auf berechtigte Kritik[1499] gestoßen. Ausgangspunkt einer solchen Haftung ist immer das Vertragsverhältnis zwischen Auftraggeber und Auftragnehmer. Neben den damit regelhaft bestehenden beweisrechtlichen Problemen[1500] im Falle einer gerichtlichen Auseinandersetzung, ist diese Konstruktion – wie das genannte BGH-Urteil[1501] zeigt – kaum praxistauglich, da eine Haftung im konkreten Einzelfall von einer Vielzahl Faktoren im Innenverhältnis zwischen Auftraggeber und Auftragnehmer abhängt,[1502] die insbesondere vom schutzbedürftigen Dritten nicht zu überblicken sind. Entscheidend ist unter anderem, dass die Haftung des Auftragnehmers, im genannten Urteil des Sachverständigen, hier der Leitlinienautoren, nicht primär vom Inhalt des Gutachtens, hier der Leitlinie, abhängig ist; dieses wird nur zu Auslegungszwecken herangezogen.[1503] Entscheidungserheblich ist vielmehr der Inhalt des Gutachtenerstellungsvertrages, hier des Leitlinienerstellungsvertrages. Der diesbezügliche Inhalt dürfte jedoch im Regelfall nur schwer nachweisbar sein, da ein Schriftformerfordernis nicht besteht und in den hier interessierenden Fällen der Erstellung einer Leitlinien auch keine Schriftform gewahrt wird. Für die entscheidenden Frage, ob ein haftungsbegründendes Vertrauensverhältnis dergestalt besteht, dass der Auftragnehmer damit rechnen musste, dass Dritte auf Basis des Gutachtens zu Vermögensdipositionen veranlasst werden, ist nicht auf den objektivierbaren Empfängerhorizont des Dritten, sondern auf die individuellen vertraglichen Absprachen zwischen Auftragnehmer und Auftraggeber abzustellen.[1504] Hierbei wird deutlich, dass die vom BGH gewählte Konstruktion nicht geeignet ist, eine über den Einzelfall hinausgehende Rechtssicherheit zu schaffen. Vorzugswürdig[1505] erscheint mit dem Gesetzgeber[1506] spätestens seit Aufnahme des § 311 Abs. 2 Nr. 3 BGB mit der Schuldrechtsreform[1507] ein Lösung über die damit kodifizierte c.i.c.

Unabhängig von dieser rechtsdogmatischen Frage scheidet eine Übertragung der Rechtsprechung des BGH auf die hier vorliegende Konstellation aus.

1499 Finn, NJW 2004, 3752ff. mit zahlreichen Nachweisen.

1500 So auch: Finn, NJW 2004, 3752, 3753.

1501 BGH, Urt. v. 20.04.2004 – X ZR 250/02 –.

1502 BGH, Urt. v. 20.04.2004 – X ZR 250/02 – RN 17ff, 21.

1503 BGH, Urt. v. 20.04.2004 – X ZR 250/02 – RN 21.

1504 Finn, NJW 2004, 3572, 3573.

1505 So auch Finn, NJW 2004, 3572 – 3574 m.w.N. A.A. Soergel-*Harke*, BGB, 13. Aufl. § 311 RN 119, der die Ansicht vertritt, die sogenannte Expertenhaftung sei nicht über die kodifizierte c.i.c., sondern allein über die Vertragshaftung im Wege des Vertrages mit Schutzwirkung zugunsten Dritter zu lösen.

1506 BT-Drs. 14/6040, S. 163.

1507 Gesetz zur Modernisierung des Schuldrechts vom 26. November 2001 (BGBl. I Seite 3138), in Kraft getreten am 01.01.2012.

Beteiligt sind vorliegend die Autoren der Leitlinie, die Fachgesellschaften und ggfls. die AWMF, die die Leitlinie anwendenden Ärzte sowie die potentiell geschädigten Patienten. Die Autoren erstellen die Leitlinie im Auftrag der Fachgesellschaften. Diese geben die Leitlinie unmittelbar oder über die AWMF an die Ärzte ab, welche die dort enthaltenen Angaben verwenden, um ihre Patienten zu behandeln. Der ggfls. ersatzfähige Schaden entsteht bei den Patienten und ggfls. als Haftungssschaden auch bei den Ärzten. Bei Annahme einer derzeit noch als Regelfall anzusehenden kostenfreien Abgabe der Leitlinie an die Ärzte besteht nur zwischen Autoren und Fachgesellschaften ein Vertragsverhältnis (Leitlinienerstellungsvertrag) welches Drittschutz entfalten könnte. Zunächst gilt, dass den Autoren bei der Erstellung der Leitlinie bekannt ist, dass die Fachgesellschaften diese an die Ärzte weitergeben. Diesbezüglich besteht mithin keine Beschränkung der Haftung wie sie im oben genannten Wertgutachtenfall diskutiert wurde. Das Gutachten war von Beginn an zum Zwecke der Weitergabe an Dritte erstellt worden. Die Zahl der Dritten ist jedoch faktisch nur durch die Anzahl der im jeweiligen Fachgebiet tätigen Ärzte beschränkt. Eine geographische Beschränkung ist aufgrund der weitestgehenden Identität medizinischer Behandlungsmethoden weltweit kaum möglich, sodass die Zahl der potentiellen Dritten nicht seriös beschränkbar und damit fast grenzenlos ist. Zwar war diese Zahl der Dritten auch beim oben genannten Urteil des BGH unbeschränkt, durch die wertmäßige Beschränkung des Risikos auf den im Wege des Gutachtens ermittelten Wert des Grundstücks und damit der als Sicherheit dienenden Grundschuld war das wirtschaftliche Risiko jedenfalls summenmäßig für den Auftragnehmer erkennbar und damit das Risiko einschätz- und nicht zuletzt auch versicherbar[1508].[1509] Hier ist dieses Risiko hingegen nicht ermittelbar. Ein Fehler in einer Leitlinie kann in einer Vielzahl von Behandlungsfällen zu Schäden führen, die gegebenenfalls jeder für sich genommen bereits erhebliche Schadensersatzforderungen begründen können.

(v) Zwischenergebnis

Zusammengefasst sind die Grundsätze des Vertrages mit Schutzwirkung zugunsten Dritter auf den vorliegend in Betracht kommenden Fälle nicht übertragbar. Im Falle der Patienten fehlt es an der Schutzbedürftigkeit und der Erkennbarkeit des Schutzinteresses für den Schuldner. Im Falle der – in die Haftung genommenen Ärzte – fehlt es regemäßig an der Erkennbarkeit des Schutzinteresses für den Schuldner, da die Anzahl der potentiellen Dritten unüberschaubar ist.[1510]

1508 Zum Thema Versicherungsschutz für Leitlinien s.u. Punkt E.

1509 BGH, Urt. v. 20.04.2004 – X ZR 250/02 – RN 29.

1510 So auch *Lang*, S. 65f. für Druckwerke allgemein, insbesondere für sogenannte „Anleitungsbücher".

bb) Aus Drittschadensliquidation

Schließlich scheidet auch eine Haftung der Ersteller von Leitlinien über die Grundsätze der Drittschadensliquidation aus. Anspruchsvoraussetzung ist, dass eine aus Sicht des Schuldners zufällige Schadensverlagerung vom Anspruchsinhaber (Vertragspartner/Gläubiger) auf den Dritten eintritt.[1511] Vorliegend ist eine solche zufällige Schadensverlagerung nicht ersichtlich. Es ist gerade Ausfluss des planmäßigen Ablaufs der Erstellung, Verbreitung und Anwendung wissenschaftlich-medizinischer Leitlinien, dass die durch die Anwendung der fehlerhaften Leitlinie potentiell geschädigten Patienten (bzw. im Falle eines Haftungsfalls mit entsprechenden Schadensersatzforderungen die behandelnden Ärzte) nicht Vertragspartner des Leitlinienerstellungsvertrages sind.

cc) Zwischenergebnis

Eine Haftung der Autoren gegenüber den die Leitlinie anwendenden Ärzten auf vertraglicher Basis scheidet damit aus. Zu prüfen sind daher gesetzliche Ansprüche

b) Gesetzliche Ansprüche

aa) Regelungen des Urheberrechts

Die gesetzlichen Vorgaben des Urheberrechts regeln unmittelbar nur etwaige urheberrechtliche Ansprüche.

Für eine individuelle Haftung spricht zunächst der Gedanke, dass Miturheber unterschiedliche Beiträge liefern und ggfls. an dem fehlerhaften Teil der Leitlinie gar nicht beteiligt waren. Zudem besteht ex lege keine GbR, sondern eine nicht rechtsfähige Gesamthand. Andererseits bestimmt § 8 Abs. 2 S. 3 UrhG, dass ein Miturheber nur Leistung an alle Verlangen kann. Wenn aber die Gesamthand nur als Gesamtgläubiger auftreten kann, darf sie im Gegenzug auch als Gesamtschuldner belangt werden, zumal das Risiko, nicht den richtigen Miturheber ausfindig machen zu können, nicht auf den Dritten abgewälzt werden darf. Dies wäre unbillig. Im Innenverhältnis ist hingegen der „Umfang der Mitwirkung" nach § 8 Abs. 3 UrhG auschlaggebend für die Frage des jeweiligen Anteils des einzelnen Miturhebers.[1512] Sofern der jeweilige Umfang der Mitwirkung nicht ermittelt werden kann, ist eine Schätzung des Umfangs nach § 287 Abs. 2 BGB, und somit nach Billigkeit, in Betracht zu ziehen, sofern ausreichende tatsächliche Anhaltspunkt eine solche zulassen.[1513] Wenn auch solche belastbaren Anhaltspunkte nicht ersichtlich sind, ist im Zweifel von gleichen Anteilen auszugehen. Hierbei sind die Regelungen der § 722 BGB bzw. §§ 742, 743 Abs. 1 BGB zur Verteilung der Beweislast

---

1511 MüKo-*Oetker*, § 249 RN289ff.

1512 so auch: Wandtke/Bullinger-*Thum*; UrhG; § 8RN34.

1513 Wandtke/Bullinger-*Thum*; UrhG; § 8 RN 36; Schricker/Loewenheim-*Loewenheim; § 8RN19.*

heranzuziehen, damit ist derjenige beweisbelastet, der sich auf die für ihn günstige Regelung beruft.[1514]

Etwaige Ansprüche auf Ausgleichszahlungen im Innenverhältnis unterliegen der regelmäßigen Verjährung nach § 195 BGB.[1515]

Diese Entscheidung des Gesetzgebers gilt unmittelbar jedoch allein für die urheberechtlichen Ansprüche nach § 8 UrhG. Betroffen sind mithin z.B. etwaige Ansprüche der Miturheber aus Verwertungserlösen oder auch Verbindlichkeiten aus etwaig begangenen Urheberrechtsverletzungen. Nicht von dieser gesetzlichen Regelung betroffen sind die hier besonders interessierenden Ansprüche gegen die Miturheber wegen eines fehlerhaften Leitlinieninhaltes.

bb) Deliktische Ansprüche

Die Entscheidungen der Leitliniengruppe haben keine unmittelbare Außenwirkung. Für eine Haftung wegen einer Verkehrsgefährdung fehlt es an der Eröffnung des Verkehrs. Die Veröffentlichung der Leitlinie erfolgt erst und allein durch die Fachgesellschaften. Damit besteht keine deliktische Verantwortung der Gruppe oder ihrer Mitglieder gegenüber Ärzten und Patienten.

cc) Ergebnis

Auch auf gesetzlicher Basis bestehen keine Anspruchsgrundlagen, um eine Haftung der Leitliniengruppe oder ihrer Mitglieder unmittelbar gegenüber Ärzten oder Patienten zu begründen.

c) Ergebnis

Ärzte und Patienten können weder auf vertraglicher noch auf gesetzlicher Basis Haftungsansprüche gegenüber der Leitliniengruppe und ihren Mitgliedern unmittelbar geltend machen. Zum einen fehlt es an einer vertraglichen Beziehung zwischen den Parteien, zum anderen an der für eine deliktische Haftung erforderlichen Außenwirkung der Handlungen und Entscheidungen der Leitliniengruppe und ihrer Mitglieder, die deliktsrechtlich allein als Vorbereitungshandlung zu werten sind. Dies hat zur Folge, dass eine Eröffnung des Verkehrs und damit auch eine Verkehrsgefährdung als Haftungstatbestand ausscheiden.

1514 LG Mannheim, Urt. v. 12.08.2005 – 7 O 514/04 = ZUM 2005, 915, 917; Wandtke/Bullinger-*Thum*; UrhG; § 8 RN 36 m.w.N.

1515 BGH, Urt. v. 11.11.1977 – I ZR 56/75 – RN 30 = GRUR 1978, 244–246 (zur alten Rechtslage). Wandtke/Bullinger-*Thum*; UrhG; § 8 RN 36.

4 Ergebnis

Die Leitliniengruppe als solche wird nicht nach außen im Rechtsverkehr tätig, sodass auch eine Haftung der Gruppe als Außen-GbR ausscheidet. Einzelne Leitliniengruppenmitglieder haften gegenüber der Fachgesellschafts-GbR bzw. der federführenden Fachgesellschaft einerseits und dem Mitglied und der jeweils entsendenden Fachgesellschaft andererseits auf Basis des Leitlinienerstellungsvertrages bzw. des Mandatsvertrages. In diesen Konstellationen kommen gegebenenfalls die vereinsrechtlichen Haftungsprivilegien des § 31 Abs. 1 und Abs. 2 BGB zum Tragen. Darüber hinaus scheidet eine deliktische Haftung sowohl gegenüber den Fachgesellschaften als auch sonstigen Dritten mangels Außenwirkung der Entscheidungen der Leitliniengruppe aus.

Eine Haftung der Leitliniengruppe oder ihrer Mitglieder gegenüber der AWMF ist weitestgehend ausgeschlossen. Allein auf Basis des Publikationsvertrages zwischen der Urhebergemeinschaft und der AWMF könnte eine solche Haftung in Betracht kommen. Deliktisch scheidet eine Haftung mangels Außenwirkung der Entscheidungen der Leitliniengruppe und der in Frage kommenden Rechtsgüter aus.

Ärzte und Patienten können weder auf vertraglicher noch auf gesetzlicher Basis Haftungsansprüche gegenüber der Leitliniengruppe und ihren Mitgliedern unmittelbar geltend machen. Zum einen fehlt es an einer vertraglichen Beziehung zwischen den Parteien, zum anderen an der für eine deliktische Haftung erforderlichen Außenwirkung der Handlungen und Entscheidungen der Leitliniengruppe und ihrer Mitglieder.

V. Zusammenfassung und Ergebnis

Bei der Erstellung wissenschaftlich-medizinischer Leitlinien bestehen zahlreiche rechtliche Verantwortlichkeiten. Die vertraglichen Beziehungen sind vielfältig und komplex. Auch deliktsrechtlich müssen die Akteure Verantwortung übernehmen.

Die die Leitlinie erstellende Fachgesellschafts-GbR bzw. die federführende Fachgesellschaft sind für deren Inhalt voll verantwortlich. Die beteiligten Fachgesellschaften haften, soweit sie sich in einer Außen-GbR zusammengeschlossen haben, als Gesellschafter dieser Fachgesellschafts-GbR gesamtschuldnerisch für deren Verbindlichkeiten und sind damit letztlich auch für den Inhalt der Leitlinie verantwortlich. Sofern eine solche GbR nicht als Außengesellschaft besteht, greift die Erstellerhaftung nur gegenüber der federführenden Fachgesellschaft. Diese und die übrigen Fachgesellschaften verantworten den Inhalt der Leitlinie darüberhinaus aus ihrer Herausgeberstellung, da sie sich als Herausgeber den Inhalt der Leitlinie zu Eigen machen.

Im Falle der kostenpflichtigen Abgabe von Leitlinien durch die Fachgesellschaften kommen auch Ansprüche aus UWG in Betracht, die aktuell daran scheitern, dass die Erstellung und Veröffentlichung der Leitlinien nicht als geschäftlichen Handlung im Sinne des § 2 Abs. 1 NR. 1 UWG anzusehen ist.

Gegenüber den die Leitlinie anwendenden Ärzten besteht keine vertragliche Haftung der Fachgesellschaften. Ein Haftung aus Kaufvertrag scheidet aus. Vielmehr werden die Leitlinien im Rahmen eines Gefälligkeitsvertrages sui generis abgegeben, der ein Haftungsprivileg enthält. Danach haften die Fachgesellschaften nur für Vorsatz und grobe Fahrlässigkeit. Diese Situation könnte insbesondere bei verschwiegenen Interessenkollisionen der Autoren und darauf beruhender inhaltlicher Fehler eintreten. Deliktisch kommt mangels betroffener Rechtsgüter bei den Ärzten persönlich regelmäßig nur eine Regresshaftung über § 840 BGB in Betracht, bei der ebenfalls das Haftungsprivileg greift, sodass auch hier nur im Fall von Vorsatz und grober Fahrlässigkeit eine Haftung in Frage kommt.

Auch gegenüber den nach Leitlinie behandelten Patienten scheidet ein Auskunftsvertrag aus. Ebenfalls handelt es sich bei Leitlinien nicht um Produkte im Sinne des ProdHaftG. Jedoch sind Leitlinien als Sachen im Sinne der deliktischen Produzentenhaftung anzusehen. In den Fällen, in denen dem Arzt der Fehler in der Leitlinie nicht zumutbar auffallen konnte, können sich die Fachgesellschaften nicht auf ein Dazwischentreten des Arztes berufen, sodass sie in diesen Fällen gegenüber dem geschädigten Patienten – neben dem Arzt – aus deliktischer Produzentenhaftung nach § 823 BGB verantwortlich sind.

Schließlich besteht ein Haftungsrisiko auch gegenüber den von der Leitlinie betroffenen Pharmaunternehmen und Unternehmen der Medizinprodukteindustrie. Vertragliche Ansprüche scheitern regelmäßig am Fehlen vertraglicher Beziehungen, wettbewerbsrechtliche Ansprüche am Vorliegen einer geschäftlichen Handlung im Sinne des § 2 Abs. 1 Nr. 1 UWG. Es besteht mithin allein eine Haftungsrisiko aus allgemeinem Deliktsrecht, § 823 Abs. 1 BGB. Eine Haftung wegen Kreditgefährdung und eine Verletzung des allgemeinen Unternehmerpersönlichkeitsrechts sind regelhaft nicht gegeben, jedoch kommt ein (fahrlässiger) Eingriff in den ausgeübten und eingerichteten Gewerbebetrieb als Haftungsgrundlage in Betracht. Dabei sind die Grundsätze der sog. Warentestrechtsprechung des BGH bedingt übertragbar.

In Bezug auf die AWMF ist zwischen Leitlinien der NVL- und OL-Programme einerseits und der S-klassifizierten Leitlinien der Fachgesellschaften andererseits zu differenzieren.

Bei Leitlinien aus den NVL- und OL-Programmen haftet die AWMF aus ihrer Gesellschafterposition für Ansprüche, die gegen die erstellenden GbRs, deren Gesellschafterin sie ist, geltend gemacht werden. Eine deliktische Haftung der AWMF besteht bei diesen Leitlinien zudem aufgrund der dort bestehenden Herausgeberstellung der AWMF, da sich die AWMF den Inhalt dieser Leitlinien zurechnen lassen muss.

Bei S-klassifizierten Leitlinien der Fachgesellschaften, die über das Portal der AWMF abgerufen werden können, gilt, dass eine unmittelbare vertragliche Haftung aus Kauf- und Auskunftsvertrag mangels Vorliegens derselben ausscheidet. Der Gefälligkeitsvertrag sui generis zwischen AWMF und dem die Leitlinie abrufenden Anwender begründet zunächst grundsätzlich eine vertragliche Haftung, jedoch ist das vereinbarte Haftungsprivileg zu beachten. Eine Haftung aus UWG scheitert regelhaft am Fehlen der dazu erforderlichen geschäftlichen Handlung, da weder das Erstellen noch das in Bezug auf die AWMF relevante Veröffentlichen einer Leitlinie den Tatbestand erfüllt.

Bezüglich einer denkbaren deliktischen Haftung gilt zunächst, dass die Haftungsprivilegierung des Telemediengesetzes ausscheidet, da es sich bei den Leitlinien gerade nicht um fremde Informationen im Sinne des Gesetzes handelt. Auch ist der Tatbestand einer Kreditgefährdung nach § 824 BGB regelhaft nicht erfüllt. Bei § 823 BGB gilt zunächst, dass der verwendete Disclaimer nicht die erwünschte deliktische Haftungsbegrenzung erreichen kann. Aber auch eine Täterhaftung kommt nicht in Betracht, da die Leitlinien der AWMF nicht, auch nicht als Herausgeberin, die sie bei diesen Leitlinien nicht ist, zuzurechnen sind. Hingegen haftet die AWMF als Störer im Sinne der §§ 823, 1004 BGB und damit allein auf Unterlassung. Im Fall einer Haftung kann sie sich gegebenenfalls auf das vertragliche Haftungsprivileg berufen. Da dieses aber nicht gegenüber Dritten wirkt, läuft es bei einer Störerhaftung leer. Eine vereinsrechtliche Haftung für das Verhalten ihrer Mitgliedsgesellschaften oder auch der Leitliniengruppe nach § 31ff BGB greift schließlich ebenfalls nicht, da der AWMF das Verhalten dieser Personen(gruppen) nicht zugerechnet werden kann. Weder sind die Mitglieder der Leitliniengruppe oder diese selbst als Organ der AMWF anzusehen, noch handeln die Fachgesellschaften bei der Erstellung von Leitlinien als Vereinsmitglieder der AWMF im Rahmen ihrer übertragenen satzungsgemäßen Vereinsaufgaben.

Die Leitliniengruppe als solche wird nicht nach außen im Rechtsverkehr tätig, sodass auch eine Haftung der Gruppe als Außen-GbR ausscheidet.

Einzelne Leitliniengruppenmitglieder haften gegenüber der Leitlinien-GbR bzw. der federführenden Fachgesellschaft einerseits auf Basis des Leitlinienerstellungsvertrages und gegenüber der jeweils entsendenden Fachgesellschaft andererseits auf Basis des Mandatsvertrages. In diesen Konstellationen kommen die vereinsrechtlichen Haftungsprivilegien des § 31 Abs. 1 und Abs. 2 BGB zum Tragen, sofern das jeweilige Mitglied der Leitliniengruppe auch Vereinsmitglied der jeweiligen Fachgesellschaft ist. Darüber hinaus scheidet eine deliktische Haftung sowohl gegenüber den Fachgesellschaften als auch sonstigen Dritten mangels Außenwirkung der Handlungen und Entscheidungen der einzelnen Mitglieder der Leitliniengruppe aus.

Eine Haftung der Leitliniengruppe oder ihrer Mitglieder gegenüber der AWMF ist weitestgehend ausgeschlossen. Allein auf Basis des Publikationsvertrages zwischen der Urhebergemeinschaft und der AWMF könnte eine solche Haftung in Betracht kommen. Deliktisch scheidet eine Haftung mangels Außenwirkung der Entscheidungen der Leitliniengruppe resp. ihrer Mitglieder und aufgrund der in Frage kommenden Rechtsgüter der §§ 823ff. BGB aus.

Ärzte und Patienten können weder auf vertraglicher noch auf gesetzlicher Basis Haftungsansprüche gegenüber der Leitliniengruppe und ihren Mitgliedern unmittelbar geltend machen. Zum einen fehlt es an einer vertraglichen Beziehung zwischen den Parteien, zum anderen an der für eine deliktische Haftung erforderlichen Außenwirkung der Handlungen und Entscheidungen der Leitliniengruppe und ihrer Mitglieder.

E Versicherungsschutz

Da es im Zusammenhang mit dem Unterlassen falscher Tatsachenbehauptungen grundsätzlich nicht auf ein Verschulden des Verantwortlichen ankommt, ist zu erwägen, für die an der Erstellung von Leitlinien Beteiligten einen entsprechenden Versicherungsschutz, z.B. in Form einer sogenannten D&O-Versicherung (Directors-and-Officers-Versicherung) abzuschließen, da nie gänzlich ausgeschlossen werden kann, dass den Bewertungen in den einzelnen medizinisch-wissenschaftlichen Leitliniengruppen gegebenenfalls falsche Tatsachenbehauptungen zugrunde liegen. Im Nachgang an die auch in dieser Arbeit zitierten Gerichtsverfahren hat der weit überwiegende Anteil der Fachgesellschaften bereits entsprechende Versicherungen abgeschlossen.[1516]

1516 Telefonische Auskunft von Frau Prof. Kopp, AWMF vom 24.09.2018.

F Gesamtergebnis – Leitsätze

I. Medizinische Leitlinien

§ 1

Medizinische Leitlinien sind Regelwerke eigener Art. Sie beinhalten konkrete Empfehlungen für konkrete Behandlungssituationen. Sie beanspruchen keine rechtliche Verbindlichkeit und es kommt ihnen eine solche auch nicht zu. Die Ersteller haben keine eigene gesetzliche Berechtigung zur Normsetzung.

§ 2

Der Medizinische Standard besteht unabhängig von Leitlinien. Letztere können ersteren nicht bestimmen. Sie können ihn wiedergeben und im Idealfall helfen, ihn im Sinne einer Verbesserung fortzuentwickeln.

§ 3

Medizinische Leitlinien sind nicht mit sonstigen Regelwerken für die humanmedizinische Individualbehandlung[1517] oder Unfallverhütungsvorschriften gleichzusetzen. Dies gilt trotz einiger Parallelen auch gegenüber DIN-Normen. Die Unterschiede der jeweiligen Regelungsobjekte sind zu groß. Aber auch die Zielrichtung und Entstehung der jeweiligen Regelwerke führt zu erheblichen Divergenzen. Daraus folgt, dass juristische Erwägungen und insbesondere die zu DIN-Normen ergangene Rechtsprechung nicht auf Leitlinien übertragbar sind.

II. Die Erstellung medizinischer Leitlinien

§ 4

Die Erstellung wissenschaftlich-medizinischer Leitlinien ist nicht nur inhaltlich-medizinisch, sondern auch juristisch komplex. Erstellerin der Leitlinie ist bei größeren Leitlinienprojekten eine Außen-GbR bestehend aus den beteiligten Fachgesellschaften. Bei kleineren Projekten ist die federführende Fachgesellschaft die Erstellerin, die über eine Innen-GbR mit den übrigen beteiligten Fachgesellschaften verbunden ist.

§ 5

Die Erarbeitung des Inhalts und die Formulierung der Leitlinie erfolgt in der Leitliniengruppe. Diese setzt sich aus verschiedenen Experten zusammen, die teilweise, aber nicht ausschließlich, durch die beteiligten Fachgesellschaften mandatiert und

1517 Der Begriff stammt von *Igloffstein*, Regelwerke für die humanmedizinische Individualbehandlung.

in die Leitliniengruppe entsandt werden. Beauftragt werden die Mitglieder der Leitliniengruppe durch die Erstellerin. Die Mitglieder der Leitliniengruppe sind in einer betriebsgruppenähnlichen Gemeinschaft in der Rechtsform einer Innen-GbR miteinander verbunden.

Urheberrechtlich bilden die Mitglieder der Leitliniengruppe eine Gesamthandsgemeinschaft nach § 8 Abs. 2 Satz 1 UrhG, je nach Einzelfall kann auch eine Miturhebergesellschaft begründet werden.

§ 6

Die Erstellerin der Leitlinie ist über individuelle Leitlinienerstellungsverträge mit den einzelnen Mitgliedern der Leitliniengruppe verbunden. Bei diesen Leitlinienerstellungsverträgen handelt es sich um Verträge sui generis auf die das Auftragsrecht der §§ 662ff BGB Anwendung findet. Sie enthalten dienst- und werkvertragliche Elemente und verweisen inhaltlich dynamisch auf das Regelwerk der AWMF.

§ 7

Zwischen den entsendenden Fachgesellschaften und den entsandten Mitgliedern der Leitliniengruppe besteht neben einem etwaig vorhandenen vereinsrechtlichen Verhältnis auch ein Mandatsvertrag. Auch bei diesem Vertrag handelt es sich um ein Auftragsverhältnis nach §§ 662ff BGB.

§ 8

Fachgesellschaften und AWMF verbindet primär die vereinsrechtliche Mitgliedschaft jener bei dieser. Die Leitlinienarbeit der AWMF, insbesondere die koordinativen Tätigkeiten, zählt zu ihren satzungsgemäßen Aufgaben. Einzelne Leistungen der AWMF können, sofern sie über das im Rahmen der Mitgliedschaft Leistbare hinausgehen, über einen Auskunfts- bzw. einen Dienstvertrag erbracht werden.

§ 9

Autoren und AWMF verbindet primär ein urheberrechtliches Verhältnis. Diese wird durch den als Mustervertrag von der AWMF bereitgestellten Nutzungsrechteeinräumungsvertrag geregelt und beinhaltet zuvorderst das Recht und die Pflicht zum öffentlichen Zugänglichmachen der Leitlinien gem. §§ 19a, 31 UrhG.

§ 10

Die Finanzierung der Leitlinienarbeit erfolgt derzeit durch die jeweiligen Träger. Bei S-klassifizierten Leitlinien sind dies die Fachgesellschaften. Die besonders kostenintensive NationalenVersorgungsLeitlinien und Leitlinien des Onkologie-Programms werden durch ihre jeweiligen Träger finanziert.

§ 11

Um offenkundige Möglichkeiten der Einflussnahme zu vermeiden ist eine direkte Unterstützung z.B. durch die Pharma- und/oder Medizinprodukteindustrie ausgeschlossen. Problematisch sind daher indirekte Formen der Beeinflussung, insbesondere in Form von Interessenkonflikten bei den beteiligten Autoren der Leitliniengruppe, die z.B. durch eine (zu) enge Kooperation mit Industrieunternehmen entstehen können. Allein das Vorliegen eines Interessenkonflikts ist jedoch nicht gleichzusetzen mit dem Nachweis von sachfremden Erwägungen, die die Entscheidung beeinflusst hätten. Nach aktuellem Stand sollen Autoren mit Interessenkonflikten jedenfalls an der Evidenzbewertung und Konsensusfindung nicht teilnehmen.

III. Haftung für fehlerhafte Leitlinien

§ 12

Primär verantwortlich für die Leitlinien und deren Inhalt ist die Erstellerin. Die Fachgesellschaften als solche haften aufgrund ihrer Herausgeberstellung. Bei die Abgabe der Leitlinien kommt ein Gefälligkeitsvertrag sui generis mit einem konkludent vereinbarten Haftungsverzicht zur Anwendung. Anderes kann zukünftig für den Fall gelten, dass Leitlinien kostenpflichtig abgegeben (verkauft) werden.

§ 13

Das Produkthaftungsgesetz findet auf Leitlinien keine Anwendung.

§ 14

Die Haftung aus deliktischer Produzentenhaftung ist gegenüber den unmittelbaren Nutzern der Leitlinie, mithin regelhaft den Ärzten, aufgrund des bestehenden gefälligkeitsvertraglichen Haftungsprivilegs eingeschränkt, gegenüber Dritten jedoch aufgrund der verantwortlichen Schaffung einer Verkehrsgefahr grundsätzlich unbegrenzt. Gegenüber Patienten muss jedoch das Handeln des Arztes berücksichtigt werden, welches vielfach die haftungsrechtliche Kausalität durchbricht. Gegenüber der Industrie kommt insbesondere eine Haftung wegen eines Eingriffs in den eingerichteten und ausgeübten Gewerbebetrieb in Betracht.

§ 15

Die AWMF haftet bei S-klassifizierten Leitlinien primär auf Basis der Störerhaftung nach §§ 823, 1004 BGB für die auf ihrer Website abrufbaren Leitlinien der Fachgesellschaften.

§ 16

Die Leitliniengruppe als solche haftet mangels Teilnahme am Rechtsverkehr nicht. Ihre Mitglieder haften auf vertraglicher Basis gegenüber der Erstellerin. Da die Mitglieder der Leitlinienkommission häufig auch Mitglieder einer der beteiligten Fachgesellschaften sind, kommen die vereinsrechtlichen Privilegien des § 31 Abs. 1 und 2 BGB ggfls. zum Tragen.

§ 17
Gegenüber Dritten besteht keine deliktische Haftung der Leitliniengruppe, da den Handlungen und Entscheidungen ihrer Mitglieder keine Außenwirkung zukommt. Die Leitliniengruppe ist kein Kollegialorgan im haftungsrechtlichen Sinne.